한국속담활용사전

문학박사 김 도 환 편저

1993

내용강목(內容綱目)

인생(人生)의 공리(公理)
처세(處世)의 원리(原理)
처사(處事)의 원리(原理)
경제적(經濟的) 행위(行爲)의 원리(原理)
인간(人間)의 심성(心性)──일반(一般)
성품(性品)・언행(言行)
특정부류인(特定部類人)의
　　심리(心理)와 생활상(生活相)
세태(世態)──일반(一般)
상사(常事)
처지(處地)
자기보전(自己保全)・수학(修學)
　　・수양(修養)・자제(自制)
가정규범(家庭規範)
가(可)・불가(不可)・불필요(不必要)
유호(愈好)
심적(心的) 상태(狀態)
감각(感覺)
인지(認知)・망각(忘却)
부지(不知)・몰이해(沒理解)
지식(知識)
인간관계(人間關係)・교제(交際)
개인(個人)의 경험(經驗)
인과(因果)・응보(應報)
필연성(必然性)・획연성(確然性)
집산(集散)・내왕(來往)・만남
자세(姿勢)・동작(動作)

표정(表情)・음성(音聲)
식음(食飮)
신체적(身體的) 사상(事象)
능력(能力)의 유무(有無)
난이성(難易性)
가능성(可能性)・가망성(可望性)의
　　여부(與否)
종사(從事)・취임(就任)
작업(作業)・처사(處事)
사상(事相)
실패(失敗)・허사(虛事)
성사(成事)・길사(吉事)
소득(所得)・소비(消費)・손해(損害)
　　・피해(被害)
상독(相同)・상이(相異)
다소(多少)・대소(大小)
사물(事物)・**사상(事象)**의 질(質)
중요성(重要性)・유용(有用)
　　・무용(無用)・무관(無關)
사상(事象)의 야기(惹起)
　　・변화(變化)・감소(減少)
지속성(持續性)
노출(露出)・탄로(綻露)
사람・사물(事物)・사상(事象)의 유무(有無)
양상(樣相)
시기(時期)・시간(時間)・거리(距離)
자연현상(自然現象)

이 따를 것으로 생각하여 우리 나라의 속담들의 각각의 기능적(機能的) 의미를 음미하여 미흡하지마는 본서를 저작해 보았다. 본 사전의 활용에 있어서는 내용목차(內容目次)를 자주 훑어보고 알고 싶은 속담들을 찾아 보는 연습을 하는 것이 필요하다고 생각된다. 본서의 속담풀이에 있어서는 이기문 편 『속담사전』이 주로 참고되었다. 이기문 교수님께 심심한 사의(謝意)를 표한다.

1993. 1. 5.

김 도 환

(俗諺, 俗言), 이언(俚諺, 俚言), 비언(鄙諺, 鄙言), 이담(耳談) 등등의 말을 연상하게 되는데, 우리는 이러한 말들을 속담과 서로 비슷한 개념으로 사용해 왔다. 그러나 천시권·김종택의 저서(著書)『국어의미론』(國語意味論)에 속담의 자격(資格)이 학술적으로 명백히 규정되어 있으며 속담의 개념이 상기(上記)의 다른 말들과는 명백히 구별되어 진술되어 있다. 필자는 이에 입각하여 본서(本書)에서 우리 나라의 속담들을 수록해 두기로 하였다. 천시권·김종택의 이론(理論)에 비춰본다면, 우리 나라의 속담사전들 가운데는 속담이 아닌 것이 속담으로서 실려 있는 것들이 허다하다.

본서(本書)에서는 우리 나라의 속담들이 [群] 1, [群] 2 …… 등등의 48개의 대(大) 카테고리로 분류되어 있으며, 그 각각(各各)에 속하는 속담들은 다시 소(小) 카테고리로 분류되어 있다. 이러한 분류는 작자(作者)의 주관적 관점에서 이루어졌다. 물론 카테고리의 명칭이나 수(數)는 분류하는 사람의 주관에 따라 얼마든지 서로 달라지게 마련이다. 그리고 단어(單語)에 있어서와 마찬가지로 속담에 있어서도 한 가지의 뜻만을 지니고 있는 것이 아니라 두 가지 또는 그 이상의 뜻을 지니고 있는 것들이 허다하다. 그러므로 어떤 속담을 예컨대 [群] 5에 넣을 수도 있고 [群] 6에 넣을 수도 있으며, 또한 같은 [群]에 있어서도 소(小) 카테고리 3에 넣을 수도 있으며 6에 넣을 수도 있다. 이러한 속담들에 대해서는 어느 뜻이 더 우세(優勢)한가를 작자 나름대로 판단하여 어느 한 카테고리에만 넣어두기로 하였다.

우리 나라의 속담사전들 가운데는 속담들이 모두가 가나다 순(順)으로 수록되어 풀이되어 있다(부분적으로 약간의 카테고리로 분류된 것이 있음). 필자는 이러한 사전들로는 우리가 속담을 활용하기에 커다란 곤란

머 리 글

　속담에는 "민족의 마음이 반영되고, 민중의 꿈과 삶의 슬기와 유우머와 아이러니가 색동저고리의 무늬처럼 아로새겨져 있다. 속담은 낫 놓고 기역자를 모르는 무식(無識)꾼에서 하나를 들으면 열을 아는 식자(識者)에 이르기까지 그들의 마음 속에 어필되어 천하의 통화(通貨)로서 폭 넓게 사용되고 있다"(金思燁,『俗談論』). 속담은 간명성(簡明性)과 지성(知性)과 쾌미성(快美性)과 해학성(諧謔性)을 지니고 있는 "민중(民衆)의 시(詩)다"(千時權・金宗澤,『國語意味論』). 속담은 오랜 세월을 통하여 민중의 생활경험 가운데서 자연적으로 발생하여 오늘날까지 자연적으로 구전(口傳)되어 왔다. 흔히 성현(聖賢)들이나 식자(識者)들의 문헌(文獻) 가운데서 속담들을 볼 수 있다. 그러나 그것들 가운데는 그들에 의해서 만들어진 것들이 있을지도 모르겠지마는 작자(作者) 부지(不知)의 자연발생적인 것들이 많이 기록되어 있을 것이라고 생각된다.
　전통적 미풍양속이 보존되고 전달되어야 하는 것과 마찬가지로 조상전래(祖上傳來)의 보전(寶典)으로서의 속담들도 보존되고 후세에 전달되어야 한다. 속담은 민중(民衆)에 의해서 의식적으로나 무의식적으로나 널리 사용되고 있다. 왜냐하면, 속담은 사람으로 하여금 자기의 의사(意思)나 생각이나 사상(思想)을 명백하게 힘 있게 표현할 수 있게 하며 청자(聽者)에게 이해(理解)와 공명(共鳴)과 재인식(再認識) 등등의 의식(意識)을 환기(喚起)시켜주기 때문이다.
　속담이란 말은 문헌상(文獻上)으로는 먼저 조선조 선조(宣祖) 때의 류몽인(柳夢寅)의『어우야담』(於于野談) 가운데서 한자(漢字)로 적혀 있고, 그리고 영조(英祖) 때의『동문류해』(同文類解) 가운데서 '속담'이란 한글로 적혀 있으며, 또한 정조(正祖)때의『명의록언해』(明義錄諺解) 가운데서도 '속담'이란 한글로 적혀 있다. 우리는 속담이란 말에 이어 속언

한국속담활용사전

한국속담활용사전 / 내용목차

[群] 1. 인생(人生)의 공리(公理)

1. 결정(決定)된 운명(運命) / 21
2. 운명(運命)의 불가피(不可避) / 21
3. 짧은 인생(人生) / 22
4. 죽음 / 23
5. 인생(人生)의 무상(無常) / 24
6. 인생(人生)에서의 고락(苦樂)과 경험(經驗) / 25

[群] 2. 처세(處世)의 원리(原理)

1. 의리(義理)·지조(志操) / 27
2. 품행(品行)·예의(禮儀) / 27
3. 겸손(謙遜)·친절(親切) / 28
4. 적선(積善)·심덕(心德) / 28
5. 보은(報恩)·감사(感謝) / 29
6. 인정(人情) / 30
7. 호언(好言), 현명(賢明)한 말 / 30
8. 말조심 / 31
9. 자랑하지 말 것 / 35
10. 흉보지 말 것 / 35
11. 처우(處遇) / 36
12. 해(害)치지 말 것 / 37
13. 다투지 말 것 / 38
14. 교제(交際) / 38
15. 수용(受容) / 40
16. 기타(其他) / 40

[群] 3. 처사(處事)의 원리(原理)

1. 준비(準備)·대비(對備) / 42
2. 실천(實踐)·전위(專爲) / 44
3. 근면(勤勉)·노력(努力) / 45
4. 정성(精誠) / 48
5. 인내(忍耐) / 48
6. 신중(愼重) / 49
7. 요령(要領) / 52
8. 철지(徹底) / 54
9. 순서(順序) / 54
10. 격식(格式) / 54
11. 기타(其他) / 55

[群] 4. 경제적(經濟的) 행위(行爲)의 원리(原理)

1. 절약(節約) / 57
2. 저축(貯蓄)·간수(看守) / 58
3. 재물(財物)의 효과적(效果的) 사용(使用) / 59
4. 부채상환(負債償還)·차용(借用) / 60
5. 매매(賣買) / 60
6. 실리취득(實利取得) / 61
7. 직업적응(職業適應) / 61
8. 기타(其他) / 61

[群] 5. 인간(人間)의 심성(心性) —— 일반(一般)

1. 본성(本性)·습성(習性)의 불변(不變) / 63
2. 애정(愛情)·인심(人心) / 65
3. 모정(慕情) / 66
4. 연민(憐憫)·결연(缺然) / 67
5. 애석(愛惜) / 68
6. 호상(好尙)·희락(喜樂) / 68
7. 만족(滿足)·감사(感謝)·득의(得意) / 71
8. 증오(憎惡)·앙심(怏心) / 71
9. 염기(厭忌) / 72
10. 소격(疏隔) / 73
11. 괄시(恝視)·천시(賤視) / 74
12. 분노(忿怒)·해원(解冤) / 75
13. 놀람 / 76
14. 위축(萎縮) / 76
15. 평온(平穩)·불안(不安) / 76
16. 과언(寡言)·다언(多言)·변명(辯明)·평계 / 77
17. 자회(自晦)·누설(漏泄) / 77
18. 의향(意向) / 78
19. 욕심(慾心) / 78
20. 이기(利己)·타산(打算) / 79
21. 자기본위(自己本位) / 80
22. 자조(自助)·노력(努力) / 80
23. 관심(關心) / 81
24. 자기보호(自己保護) / 81
25. 공격(攻擊)·보복(報復) / 83
26. 반항(反抗)·굴복(屈服) / 84
27. 추종(追從) / 84
28. 유유상종(類類相從) / 85
29. 상응(相應)·응락(應諾)·응종(應從) / 86
30. 용서(容恕)·화목(和睦) / 86
31. 친근(親近) / 87
32. 소원(疏遠)·냉정(冷情)·불화(不和) / 87
33. 대우(待遇)·불고(不顧) / 88
34. 자제(自制) / 89
35. 외모단정(外貌端正)·체면유지(體面維持)·수조(守操) / 90
36. 허세(虛勢)·압제(壓制) / 90
37. 착취(搾取)·포악(暴惡)·악행(惡行) / 91
38. 망은(忘恩)·배은(背恩) / 91
39. 망각(妄却)·각심(刻心) / 92
40. 망측(罔測)·몰지각(沒知覺)·무례(無禮) / 93
41. 변경(變更)·변심(變心) / 93
42. 성격변화(性格變化) / 94
43. 방효(倣效) / 94
44. 조심(操心)·민감(敏感) / 95

45. 혹닉(惑溺) / 95
46. 흥취(興趣) / 96
47. 상념(想念) / 97
48. 의심(疑心) / 97

49. 오인(誤認) / 98
50. 이해(理解) / 100
51. 실기(失氣)·용기(勇氣) / 100
52. 기타(其他) / 101

[群] 6. 성품(性品)·언행(言行)

1. 총명(聰明)·영민(英敏) / 104
2. 우매(愚昧)·유치(幼稚) / 105
3. 청렴(淸廉)·인선(仁善)·유순(柔順)·사나움 / 108
4. 악질(惡質)·악행(惡行)·비행(非行) / 109
5. 몰인간미(沒人間味)·몰풍정(沒風情) / 115
6. 처우(處遇) / 116
7. 동정(同情)·비정(非情)·협조(協助)·비협조(非協助) / 117
8. 심술(心術)·농락(籠絡) / 118
9. 파렴치(破廉恥)·배짱부림 / 121
10. 무례(無禮)·방자(放恣) / 123
11. 배은망덕(背恩忘德) / 125
12. 음흉(陰凶) / 125
13. 위식(僞飾)·이중인격(二重人格) / 126
14. 불신실(不信實)·신실(信實) / 129
15. 속임·시치미·숨김·발설(發說) / 130
16. 아부(阿附) / 132
17. 작간(作奸)·계교(計巧)·요사(妖邪) / 133
18. 가증(可憎)·가소(可笑) / 133
19. 망측(罔測)·망동(妄動)·망령(妄靈) / 135
20. 배리(背理) / 137
21. 분풀이·전노(轉怒) / 137

22. 전가(轉嫁) / 138
23. 책망(責望)·비방(誹謗)·욕설(辱說) / 139
24. 흉봄 / 141
25. 해(害)의 자초(自招)·자기모욕(自己侮辱) / 142
26. 사역(使役) / 144
27. 떠듦·지껄임·고함(高喊) / 145
28. 행세(行勢)·기세(氣勢)·호언장담(豪言壯談)·큰소리 / 146
29. 자랑 / 148
30. 과장(誇張) / 149
31. 과분(過分) / 150
32. 잔소리 / 152
33. 참여(參與)·관여(關與) / 153
34. 간섭(干涉) / 154
35. 권유(勸誘)·요구(要求) / 156
36. 거절(拒絶)·외면(外面) / 159
37. 자기본위(自己本位) / 160
38. 이욕(利慾) / 160
39. 인색(吝嗇) / 164
40. 다툼 / 166
41. 고집(固執)·우김·주장(主張) / 166
42. 덤빔·날뜀 / 168
43. 생색(生色) / 170
44. 비루(鄙陋) / 171
45. 격식(格式)차림 / 171
46. 싱거움 / 171

47. 옹졸(壅拙)·고지식 / 172
48. 까다로움·딱딱함 / 173
49. 공연(空然)한짓 / 173
50. 엉뚱한짓 / 175
51. 의외(意外)의 언동(言動) / 176
52. 불쾌(不快)한 말〈言〉 / 177
53. 다언(多言)·무언(無言)·무반응(無反應) / 178
54. 중얼거림 / 179
55. 진술(陳述)·평계·비평(批評) / 179
56. 효빈(效顰) / 180
57. 언어반복(言語反復) / 181
58. 급한 성미(性味)·서두름·완만(緩慢) / 182
59. 물음·찾음 / 183
60. 부득이(不得已)한 행동(行動), 이유(理由) / 184
61. 견강(堅剛) / 186
62. 우유부단(優柔不斷) / 186
63. 추어올림·추어올려짐 / 187
64. 기타(其他) / 187

[群] 7. 특정부류인(特定部類人)의 심리(心理)와 생활상(生活相)

1. 권세가(權勢家) / 194
2. 관리(官吏) / 195
3. 부자(富者)·빈자(貧者) / 196
4. 농민(農民)·상인(商人)·훈장(訓長)·사공(沙工) / 199
5. 양반(兩班)·상놈 / 201
6. 남자(男子)·여자(女子) ─ 일반(一般) / 202
7. 부모(父母)·자식(子息) / 204
8. 남편(男便)·아내 / 208
9. 시부모(媤父母)·며느리 / 211
10. 빙부모(聘父母)·사위 / 213
11. 형제자매(兄弟姉妹)·동서(同壻)·시숙(媤叔)·제수(弟嫂)·형수(兄嫂)·올케·시누이 / 214
12. 친조부모(親祖父母)·외조부모(外祖父母)·시고모(媤姑母)·외삼촌(外三寸)·생질(甥姪) / 216
13. 광부(曠夫)·과부(寡婦)·처녀(處女)·기녀(妓女) / 216
14. 노인(老人)·아동(兒童) / 217

[群] 8. 세태(世態) ─ 일반(一般)

1. 험악(險惡)한 인심(人心) / 220
2. 사법(司法)의 불공정(不公正) / 221
3. 모략(謀略)에 의한 희생(犧牲) / 221
4. 시대(時代)의 변천(變遷), 평화(平和) / 222

[群] 9. 상사(常事)

1. 인물(人物)의 배출(輩出) / 223
2. 소문(所聞) / 223
3. 의심(疑心) / 224
4. 혼담(婚談)·혼인(婚姻) / 225
5. 성사(成事) / 225
6. 수혜(受惠) / 225

7. 선행(善行) / 226
8. 결함(缺陷) / 227
9. 낭패(狼狽) / 227
10. 패가(敗家) / 230
11. 파손(破損)·손해(損害)·피해(被害) / 230
12. 수난(受難) / 232
13. 사건(事件)·사고(事故) / 232
14. 실패(失敗)·실수(失手) / 233
15. 길사(吉事) / 234
16. 예외지사(例外之事) / 235
17. 방치(放置)·불감당(不堪當) / 236
18. 기타(其他) / 236

[群] 10. 처지(處地)

1. 빈곤(貧困) / 241
2. 곤경(困境) / 242
3. 의비(依庇)·무의(無依) / 245
4. 외로움·버림받음 / 246
5. 부랑(浮浪) / 247
6. 다망(多忙)·절박(切迫) / 247
7. 고생(苦生) / 248
8. 몰락(沒落) / 249
9. 위축(萎縮) / 250
10. 자유(自由)·부자유(不自由) / 251
11. 탈위(脫危) / 251
12. 유복(裕福) / 252
13. 평온(平穩) / 253
14. 무위도식(無爲徒食)·한가(閑暇) / 254
15. 익부(益富)·익빈(益貧) / 254
16. 기타(其他) / 254

[群] 11. 자기보전(自己保全)·수학(修學)·수양(修養)·자제(自制)

1. 건강관리(健康管理) / 257
2. 품위유지(品位維持)·명예보전(名譽保全) / 258
3. 본분준수(本分遵守) / 258
4. 응분(應分) / 259
5. 조심(操心) / 260
6. 마음의 안정(安定) / 261
7. 수학(修學)·수양(修養) / 262
8. 자제(自制) / 263
9. 기타(其他) / 265

[群] 12. 가정규범(家庭規範)

1. 남자(男子)로서 해야 할 일 / 267
2. 여자(女子)로서 해야 할 일 / 268
3. 자녀교육(子女教育)·양육(養育) / 269
4. 자식(子息)으로서 지녀야 할 도의(道義) / 271
5. 기타(其他) / 271

[群] 13. 가(可)·불가(不可)·불필요(不必要)

1. 파악(把握)·비평(批評)·판단(判斷)·인정(認定) / 272
2. 처우(處遇)·동정(同情) / 273
3. 제지(制止)·제재(制裁)·제거(除去)·취소(取消) / 273
4. 협조(協助)·단결(團結) / 274
5. 보답(報答)·성의(誠意) / 275
6. 강요(強要)·자행(恣行)·행세(行勢) / 275
7. 경시(輕視) / 276
8. 관여(關與)·참여(參與) / 276
9. 다툼 / 277
10. 정확(正確)·적합(適合)·시정(是正)·변별(辨別) / 278
11. 실행(實行)·수단(手段) / 278
12. 지속(持續)·단념(斷念)·낙심(落心) / 279
13. 실속차림 / 279
14. 정언(正言)·변명(辨明)·불평(不平) / 280
15. 신중(慎重)·조심(操心)·유의(留意) / 280
16. 심념표시(心念表示) / 282
17. 전직(轉職)·이사(移徙) / 282
18. 거주선택(居住選擇) / 282
19. 정신(精神)차림 / 283
20. 불필요(不必要) / 283
21. 기타(其他) / 285

[群] 14. 유호(愈好)

1. 선택(選擇) / 291
2. 취득(取得)·소유(所有) / 292
3. 지위(地位) / 292
4. 실견(實見)·물견(勿見)·불문(不聞)·부지(不知) / 293
5. 기타(其他) / 293

[群] 15. 심적(心的) 상태(狀態)

1. 쾌연(快然)·희락(喜樂)·만족(滿足)·미흡(未洽) / 295
2. 우스움 / 297
3. 미련(未練) / 297
4. 분통(憤痛)·비통(悲痛)·고민(苦悶)·상심(傷心) / 298
5. 서러움·측은(惻隱) / 299
6. 분노(忿怒) / 299
7. 원통(冤痛) / 300
8. 경악(驚愕) / 300
9. 공포(恐怖)·불안(不安) / 301
10. 증오(憎惡) / 302
11. 불쾌(不快) / 302
12. 답답함 / 303
13. 당황(唐慌)·주저(躊躇) / 304
14. 귀찮음 / 306
15. 아연(啞然) / 306
16. 무시(無視)·괄시(恝視)·멸시(蔑視) / 307
17. 무안(無顔)·수치(羞恥) / 308
18. 위축(萎縮) / 308
19. 불신(不信)·몰이해(沒理解)·의심(疑

心) / 309
20. 염려(念慮) / 309
21. 기다림・기대(期待) / 310
22. 경심(傾心)・심취(心醉) / 313
23. 망상(妄想) / 314
24. 흐리멍덩함・멍청함 / 314
25. 현훈(眩暈) / 315
26. 의향(意向) / 315
27. 기타(其他) / 317

[群] 16. 감각(感覺)

1. 외부감각(外部感覺) / 321
2. 내부감각(內部感覺) / 322

[群] 17. 인지(認知)・망각(忘却)

1. 신인(信認)・불신인(不信認) / 324
2. 불변(不辨)・추측(推測) / 324
3. 오인(誤認)・오판(誤判) / 325
4. 망각(忘却) / 326
5. 기타(其他) / 326

[群] 18. 부지(不知)・몰이해(沒理解)

1. 부지(不知) / 328
2. 몰이해(沒理解) / 332

[群] 19. 지식(知識)

1. 유식(有識) / 334
2. 피상적(皮相的) 지식(知識) / 335
3. 무식(無識) / 335

[群] 20. 인간관계(人間關係)・교제(交際)

1. 정분(情分)・친근(親近)・화합(和合) / 337
2. 불화(不和)・불교(不交) / 338
3. 반수(伴隨) / 339
4. 복종(服從)・추종(追從) / 340
5. 무관(無關) / 341
6. 기타(其他) / 341

[群] 21. 개인(個人)의 경험(經驗)

1. 고락(苦樂) / 342
2. 다방적(多方的) 경험(經驗) / 342
3. 첫 경험(經驗) 및 기타(其他) / 342

[群] 22. 인과(因果)・응보(應報)

1. 인과(因果) / 344　　　　　　　2. 응보(應報) / 346

[群] 23. 필연성(必然性)·확연성(確然性)

1. 필연성(必然性) / 348　　　　　2. 확연성(確然性) / 349

[群] 24. 집산(集散)·내왕(來往)·만남

1. 집합(集合)·이산(離散) / 351　　3. 만남 / 355
2. 내왕(來往) / 352

[群] 25. 자세(姿勢)·동작(動作)

1. 부동·앉음·쭈그림 / 356　　　　6. 걸음거리·넘어감·뜀·뜀 / 359
2. 앙시(仰視)·응시(凝視)·원시(遠視) 　7. 뒤척거림·완만(緩慢)·졸음·껌벅거
　／ 356　　　　　　　　　　　　　　림 / 360
3. 넘어다봄·기웃거림 / 357　　　 8. 만짐·붙듦·주무름 / 360
4. 허둥거림·어설픔 / 357
5. 속주(速走)·민속(敏速)·서두름 /
　358

[群] 26. 표정(表情)·음성(音聲)

1. 찌푸림·웃음·울음 / 362　　　　3. 고(苦)·비(悲)·분(憤)·공(恐) /
2. 무안(無顔)·민망(憫惘)·부끄러움　　　363
　／ 363　　　　　　　　　　　　4. 음성(音聲) / 364

[群] 27. 식음(食飮)

1. 식음양식(食飮樣式) / 366　　　 2. 섭취량(攝取量) / 367

[群] 28. 신체적(身體的) 사상(事象)

1. 체구(體軀) / 369　　　　　　　　373
2. 용모(容貌)·안면(顔面)·외양(外樣) 　4. 체력(體力)·체질(體質) / 374
　／ 370　　　　　　　　　　　　 5. 건강상태(健康狀態)·수명(壽命) /
3. 신체(身體)의 특정(特定) 부위(部位) /　　375

[群] 29. 능력(能力)의 유무(有無)

1. 유능(有能) / 377
2. 무능(無能) / 379

[群] 30. 난이성(難易性)

1. 일하기 / 382
2. 구득(求得)·회수(回收)·찾기 / 383
3. 길들이기·교정(矯正)·다루기·감당(堪當) / 384
4. 파악(把握)·분별(分別)·해결(解決) / 385
5. 독심(讀心) / 385
6. 기타(其他) / 386

[群] 31. 가능성(可能性)·가망성(可望性)의 여부(與否)

1. 성사(成事) / 388
2. 실행(實行) / 396
3. 소득(所得) / 397
4. 취득(取得) / 398
5. 습득(習得) / 399
6. 개변(改變) / 399
7. 재기(再起)·복귀(復歸) / 400
8. 진전(進展)·번영(繁榮) / 401
9. 영향(影響)·발휘(發揮)·효과(效果) / 402
10. 해결(解決)·추급(追及)·감당(堪當) / 402
11. 가지(可知) / 404
12. 불가지(不可知) / 405
13. 기타(其他) / 406

[群] 32. 종사(從事)·취임(就任)

1. 종사(從事) / 410
2. 취임(就任) / 410

[群] 33. 작업(作業)·처사(處事)

1. 준비(準備)·대비(對備) / 412
2. 만시지사(晩時之事) / 413
3. 작업양식(作業樣式) / 414
4. 장식(裝飾) / 416
5. 도로(徒勞) / 417
6. 이용(利用) / 419
7. 위탁(委託) / 420
8. 연기(延期) / 421
9. 태만(怠慢) / 422
10. 기타(其他) / 422

[群] 34. 사상(事相)

1. 착수(着手)·미착수(未着手) / 425
2. 낭패(狼狽) / 425

3. 부진(不振) / 428
4. 호전(好轉) / 429
5. 종료(終了) / 430
6. 기타(其他) / 430

〔群〕 35. 실패(失敗)·허사(虛事)

1. 실패(失敗) / 432
2. 허사(虛事) / 432

〔群〕 36. 성사(成事)·길사(吉事)

1. 성사(成事) / 436
2. 길사(吉事) / 438

〔群〕 37. 소득(所得)·소비(消費)·손해(損害)·피해(被害)

1. 소득(所得)·소비(消費) / 440
2. 손해(損害)·피해(被害) / 443
3. 기타(其他) / 451

〔群〕 38. 상동(相同)·상이(相異)

1. 상동(相同) / 453
2. 상이(相異) / 455

〔群〕 39. 다소(多少)·대소(大小)

1. 다소(多少) / 459
2. 대소(大小) / 461

〔群〕 40. 사물(事物)·사상(事象)의 질(質)

1. 양질(良質) / 463
2. 저질(低質) / 464
3. 유해(有害) / 465

〔群〕 41. 중요성(重要性)·유용(有用)·무용(無用)·무관(無關)

1. 중요성(重要性) / 466
2. 유용(有用) / 467
3. 무용(無用) / 469
4. 무관(無關) / 471

〔群〕 42. 사상(事象)의 야기(惹起)·변화(變化)·감소(減少)

1. 야기(惹起) / 472
2. 변화(變化) / 473

3. 감소(減少) / 474

[群] 43. 지속성(持續性)

1. 지구(持久) / 476
2. 잠시성(暫時性) / 477
3. 기타(其他) / 477

[群] 44. 노출(露出)·탄로(綻露)

1. 노출(露出) / 479
2. 탄로(綻露) / 479

[群] 45. 사람·사물(事物)·사상(事象)의 유무(有無)

1. 사람 / 482
2. 사물(事物) / 483
3. 형적(形迹) / 485
4. 허물 / 486
5. 만무(萬無) / 486
6. 기타(其他) / 490

[群] 46. 양상(樣相)

1. 조화(調和) / 492
2. 부조화(不調和) / 492
3. 옷차림 / 494
4. 소란(騷亂)·조용함 / 494
5. 밀도(密度) / 495
6. 질서(秩序)·무질서(無秩序) / 495
7. 명실(名實)의 불일치(不一致) / 496
8. 누추(陋醜) / 496
9. 기타(其他) / 496

[群] 47. 시기(時期)·시간(時間)··거리(距離)

1. 시기(時期) / 498
2. 시간(時間) / 499
3. 거리(距離) / 500

[群] 48. 자연현상(自然現象)

1. 기온(氣溫) / 501
2. 강우(降雨) / 502
3. 소생(蘇生)·성장(成長) / 503
4. 기타(其他) / 503

찾아보기 Ⅰ / 505
찾아보기 Ⅱ / 553

[群] 1. 인생(人生)의 공리(公理)

1. 결정(決定)된 운명(運命)

① 작은 복(福)은 제게 달렸고, 큰 복은 하늘에 달렸다.
➡ 작은 복은 자신의 노력에 의해서 얻을 수 있지마는, 큰 복은 하늘에 의해서 결정되어 있다.
② 부모가 반(半) 팔자다.
➡ 자식의 운명은 그를 낳은 부모에 의해서 반쯤은 결정된다.
③ 봉사님 마누라는 하늘이 점지한다.
➡ 사람의 결연(結緣)은 운명적인 것이지 우연(偶然)에 의한 것이 아니다. 점지……신불(神佛)이 사람에게 자식이 생기게 하여 줌. 점수(點授).
④ 헌 고리도 짝이 있다.
⑤ 헌 짚신도 짝이 있다.
➡ ④·⑤ 아무리 못난 사람이라도 배필을 얻게 마련이다.
⑥ 호박꽃에도 벌·나비는 온다.
➡ 아무리 못난 여자라도 시집은 가게 된다.
⑦ 가난은 죄가 아니다.
➡ 죄를 받아서 가난한 것이 아니라, 가난은 한때의 운명이다.
⑧ 먹고 자는 식충(食蟲)도 복을 타고 났다.
➡ 사람이 잘살고 못사는 것은 천명으로 타고난 것이지, 아무리 잘났어도 복 없이 사는 사람이 있고 아무리 못났어도 복을 받아 잘사는 사람이 있다. 식충……제 구실을 못하는 사람. 밥벌레.

2. 운명(運命)의 불가피(不可避)

① 귀신은 속여도, 팔자는 못 속인다.
② 뒤로 오는 호랑이는 속여도, 앞으로 오는 팔자는 못 속인다.
③ 제 팔자 개〈犬〉못 준다.
④ 팔자는 독에 들어가서도 못 피한다.
⑤ 팔자 도망 못 간다.
⑥ 팔자 도망은 독 안에 들어도 못 한다.
➡ ①~⑥ 운명은 이를 아무리 피할래야 피할 수 없다.
⑦ 타고난 팔자는 관(棺) 속에 들어가도 못 속인다.
⑧ 팔자는 무덤에 가기 전에는 못 피한다.
➡ ⑦·⑧ 자기가 타고난 팔자는 인위적(人爲的)으로 고칠 수 없다.
⑨ 쥐 구멍에도 눈이 든다.
➡ 사람은 누구나 불행을 면할 수 없다.

3. 짧은 인생(人生)

① 백년을 다 살아야 삼만육천일. 〈歌詞, 老處女歌〉
➡ 아무리 오래 산다고 한들 사람의 일생은 끝 없는 시간에 비하면 어이 없이 짧은 것이다.
② 아침에 났다가 저녁에 시드는 버섯.
③ 인생은 초로(草露).
④ 틈으로 보는 흰 말〈馬〉 지나가듯. [참고] 白駒過隙〈莊子〉
➡ ②~④ 사람의 인생은 덧없이 짧다.
⑤ 대문 밖이 저승이다.
⑥ 문턱 밑이 저승이다.
⑦ 저승 길이 대문 밖에 있다.
➡ ⑤~⑦ 죽음이란 것은 먼 곳에 있는 것 같으나, 실상은 가까운 곳에 있다.
⑧ 목숨은 바람 앞의 등불과 같다. [참고] 壽命猶如風前燈燭〈俱舍論疏〉
⑨ 목숨은 기러기 털보다 가볍다. [참고] 命輕於鴻毛〈燕丹子〉
⑩ 파리 목숨이다.

➡ ⑧~⑩ 사람의 목숨은 언제 죽을는지 모르는 짧은 목숨이다.

4. 죽음

① 구만리장천(九萬里長天)이 지척(咫尺).
➡ 높고 먼 저 세상이 곧 지척간에 있다 함이니, 사람은 지금 이 세상에서 살고 있지마는 언제 죽을는지 모른다.
② 때를 잃으면 복령(茯苓)도 말라 죽는다. [참고] 失時苓落〈漢書〉
➡ 복령과 같이 생활력이 강한 식물도 철이 지나면 죽게 되듯이, 사람도 늙어지면 필연적으로 죽게 마련이다. 복령……소나무 뿌리에 기생하는 버섯의 일종. 풍낭이.
③ 땡감도 떨어지고, 익은 감도 떨어진다.
➡ 늙은 사람이나 젊은 사람이나 사람은 다 죽게 마련이다. 땡감……덜 익은 떫은 감.
④ 변소 길과 저승 길은 대(代)로 못 간다.
➡ 자기를 대신하여 죽음의 세계로 들어가는 사람이 없듯이, 사람은 언젠가는 필연코 죽게 마련이다.
⑤ 봄이 온다고 죽은 나무에서 꽃이 필까.
➡ 사람은 한번 죽으면, 아무리 해도 되살아날 수 없다.
⑥ 게 새끼는 나타나면 잡힌다.
➡ 게 새끼가 나타나면 사람에게 잡히듯이, 사람도 그의 비운(悲運)에 따라 죽게 마련이다.
⑦ 기름이 다 닳으면 등불은 꺼진다. [참고] 油盡燈滅〈旬五志〉
➡ 사람은 나이를 많이 먹으면 죽게 된다.
⑧ 물에 죽을 팔자면, 접시 물에도 빠져 죽는다.
➡ 사람이 죽으려면 대수롭지 않은 일에도 죽게 된다.
⑨ 날 받아 놓고 죽는 사람 없다.
➡ 사람은 언제 어디서 죽을는지 모른다.
⑩ 모든 냇물은 바다로 들어간다. [참고] 百川歸海〈淮南子〉
⑪ 구멍에서 나서 구멍으로 들어간다.

➡ ⑩·⑪ 사람은 이 세상에 태어나서 묘 속으로 들어간다
⑫ 죽음에 들어 노소(老少) 있나.
➡ 늙으나 젊으나 죽는 데 있어서는 일반이다.

5. 인생(人生)의 무상(無常)

① 귀천궁달(貴賤窮達)이 수레바퀴다.〈古本春香傳〉
② 부귀빈천(富貴貧賤)이 물레바퀴 돌듯.
③ 음지(陰地)가 양지(陽地) 되고 양지가 음지 된다.
④ 이랑이 고랑 되고 고랑이 이랑 된다.
⑤ 흥망성쇠(興亡盛衰)와 부귀빈천이 물레바퀴 돌듯.
➡ ①~⑤ 사람의 운수(運數)는 늘 돌고 돌며 변한다.
⑥ 일월(一月)은 크고 이월(二月)은 작다.
⑦ 한 달이 크면 한 달은 작다.
➡ ⑥·⑦ 한번 좋은 일이 있으면 다음에는 궂은 일이 있게 마련이다.
⑧ 그릇도 차면 넘친다.
⑨ 봄 꽃도 한때.
➡ ⑧·⑨ 이 세상의 부귀영화는 일시적인 것이어서 한때가 지나면 그만이다.
⑩ 달도 차면 기운다.
➡ 행운과 순경은 길이 계속되지 않는다.
⑪ 열흘 붉은 꽃 없다. (花無十日紅)
➡ 권세와 영화는 일시적이어서 계속되지 않는다.
⑫ 해는 중천에 뜨면 기울고, 달은 차면 이지러진다. [참고] 日中則昃月盈則食〈易經〉
➡ 왕성한 것도 극도에 도달하면 곧 쇠퇴한다.
⑬ 떨어진 꽃은 나무가지에 올라 피지 못한다. (落花難上枝)
➡ 청춘은 한번 지나가면 되돌아오지 않는다.
⑭ 인생은 뿌리 없는 부평초(浮萍草).〈歌詞, 勸酒歌〉
➡ 사람이 살아간다고 하는 것은 마치 물 위에 떠도는 부평초와 같이 믿

을 수 없는 것이다.

6. 인생(人生)에서의 고락(苦樂)과 경험(經驗)

① 손톱은 슬플 때마다 돋고, 발톱은 기쁠 때마다 돋는다.
➡ 손톱이 발톱보다 더 잘 자라듯이, 인생에서는 슬픈 일이 기쁜 일보다 많고 슬픈 일보다 기쁜 일이 적다.
② 한 치의 기쁨에는 한 자의 걱정이 따른다.
➡ 인생에서는 기쁜 일보다 걱정되는 일이 더 많이 생긴다.
③ 감옥살이에서도 웃을 날이 있다.
④ 거지도 바가지 장단 멋으로 산다.
➡ ③·④ 사람은 고생을 하고 지내더라도, 언젠가는 즐거움을 누릴 때가 있다.
⑤ 거지도 쌀밥 먹을 날이 있다.
➡ 고생하는 사람도 잘살 때가 있다.
⑥ 마루 밑에도 볕 들 날이 있다.
➡ 고생만 하는 사람도 좋은 시기를 만날 적이 있다.
⑦ 삼현(三絃)·육각(六角) 잡히고 시집 간 사람 잘산 데 없다.
➡ 호화로운 잔치를 하고 시집 간 사람이 도리어 불행하게 사는 수가 허다하다. 삼현……거문고, 가야금, 당비파. 육각……북, 장구, 해금, 피리 및 대평소 한 쌍.
⑧ 이고 지고 가도, 제 복 없으면 못산다.
➡ 여자가 출가할 때 혼구(婚具)와 예물을 많이 가지고 간다 하여 반드시 잘살게 되는 것은 아니다.
⑨ 얼레빗·참빗 품에 품고 가도, 제 복 있으면 잘산다.
➡ 여자는 출가할 때 가난하여 가지고 갈 것이 없더라도, 시집 가서는 제 복이 있으면 잘살게 된다.
⑩ 하루 가다 보면 소도 보고 말도 본다.
⑪ 하룻 길을 가다 보면 소 탄 놈도 보고 말 탄 놈도 본다.
➡ ⑩·⑪ 세상을 살아가다 보면 이런 꼴·저런 꼴, 별의 별 것을 다 경

험하게 된다.
⑫ 이 세상은 언제나 꽃 동산이 아니다.
➡ 세상을 살아가다 보면 기쁜 일 즐거운 일도 경험하고 슬픈 일 괴로운 일도 경험한다.

[群] 2. 처세(處世)의 원리(原理)

1. 의리(義理)·지조(志操)

① 도둑에도 의리가 있고, 딴꾼에도 꼭지가 있다.
➡ 사람은 의리를 지켜야 한다. 딴꾼……옛날, 포도청에서 포교(捕校)의 심부름으로 도둑 잡는 일을 거들던 사람. 꼭지……거지나 딴꾼의 우두머리를 놀림조로 이르는 말.
② 의붓아비 아비라 하랴. [참고] 匪我孤苦 豈繼父 〈耳談續纂〉
➡ 아무리 어렵고 궁하더라도, 의리에 닿지 않는 일은 해서는 안 되며 의리를 지켜나가도록 해야 한다.
③ 제 부모 나쁘다고 내버리고, 남의 부모 좋다고 내 부모라 할까.
➡ 좋건 나쁘건 인륜(人倫) 관계는 어쩔 수 없으니, 사람은 인륜을 지켜야 한다.
④ 물은 거꾸로 흐르지 않는다.
➡ 정의(正義)를 굽히지 말아야 한다.
⑤ 부러질망정 휘어지지 않아야 한다.
➡ 어떠한 곤란을 당하더라도 지조(志操)를 굽혀서는 안 된다.

2. 품행(品行)·예의(禮儀)

① 개〈犬〉는 잘 짖는다고 좋은 개가 아니다. [참고] 狗不以善吠爲良 〈莊子〉, 犬不以善吠爲良 〈寶鑑〉
➡ 말만 잘 한다고 훌륭한 사람이 아니라 행동을 잘 해야 훌륭한 사람이다.
② 옳은 일을 하면, 죽어도 옳은 귀신이 된다.

➡ 사람은 마땅히 행실을 바로 해야 한다. 그러면 죽더라도 한(恨)이 없다.
③ 정(情)에서 노염이 난다.
④ 친한 사이에도 담을 쌓으랬다.
➡ ③·④ 아무리 친한 사이에서도 예절을 지켜야 한다.
⑤ 계집의 매도 너무 맞으면 아프다. [참고] 妻毆雖弄 恒受則痛〈耳談續纂〉
➡ 비록 친한 사이라도 함부로 하면 좋지 않은 일이 생기는 법이니, 예의(禮儀)를 잃지 말도록 해야 한다.

3. 겸손(謙遜)·친절(親切)

① 곡식 이삭은 잘될수록 고개를 숙인다.
② 물은 깊을수록 소리가 없다.
➡ ①·② 사람은 교만하지 않고 겸손해야 한다.
③ 절 하고 뺨 맞는 일 없다.
④ 존대(尊待)하고 뺨 맞지 않는다.
➡ ③·④ 남에게 겸손하게 대하라. 그러면 욕이 돌아오지 않는다.
⑤ 잔생이 보배라.
➡ 자기를 낮추어 지지리 못난 체하라. 그렇게 하는 것이 처세에 이(利)롭다. 잔생이……지지리. 지지리 못난 체함.
⑥ 말〈言〉에 밑천 들지 않는다.
➡ 말 하는 데는 돈이 들지 않으므로, 말은 친절하게 해야 한다.
⑦ 나가는 이삿짐은 밀어내고, 들어오는 이삿짐은 받아들인다.
➡ 이사 오는 사람은 친절하게 맞아주어야 한다.

4. 적선(積善)·심덕(心德)

① 앙재(殃災)는 금년이요, 적덕(積德)은 백년이라.
➡ 덕을 닦아서 좋은 일을 하면 그 공(功)이 오래도록 남게 되므로, 사람

은 좋은 일을 많이 해야 한다.
② 부처님 공양 말고, 배고픈 사람 밥을 먹여라.
➡ 부처에게 정성을 들여 복(福)을 구하려 하기보다는 적은 것이나마 실지로 선행(善行)을 하는 것이 낫다.
③ 옳은 일을 하면, 옳은 귀신이 된다.
➡ 사람은 남을 위하여 착한 마음씨로 착한 일을 많이 해야 한다.
④ 스스로 뿌린 씨앗은 그 자신이 거둔다.
➡ 자기가 한 일의 댓가는 자기가 받게 되므로, 착한 일을 많이 해야 한다.
⑤ 흘러가는 물도 떠 주면 공(功)이다. [참고] 流水酌給亦爲德〈東言解〉
➡ 작고 손쉬운 일이라도 남을 위하여 해주도록 하여라.
⑥ 마음을 잘 가지면, 죽어도 옳은 귀신이 된다.
➡ 언제나 착한 마음씨를 지니고 살아가야 한다. 그러면 죽어도 한(恨)이 없다.
⑦ 마음 한번 잘 먹으면, 북두칠성이 굽어 보신다.
➡ 착한 마음을 지니고 살아가라. 그러면 신명(神明)이 알아 보살피신다.

5. 보은(報恩)・감사(感謝)

① 개〈犬〉도 기르면, 은혜를 안다.
② 개도 닷새가 되면 주인을 안다.
③ 개도 사흘을 기르면, 주인을 잊지 않는다.
④ 개도 키워 준 은혜를 안다.
➡ ①~④ 남으로부터 입는 은혜를 잊지 말고 갚도록 해야 한다.
⑤ 개도 꼬리를 친 다음에 먹는다. (先掉尾後知味)
⑥ 개도 제 주인을 보면 반가와한다.
⑦ 개도 제 주인을 알아본다.
⑧ 개새끼도 주인을 보면 꼬리를 친다.
➡ ⑤~⑧ 은혜를 베푼 사람에게는 감사해야 한다.

6. 인정(人情)

① 가려운 데를 긁을 줄 알아야 한다.
➡ 남의 어려운 사정을 알면, 동정할 줄 알아야 한다.
② 가는 정(情)이 있어야, 오는 정이 있다.
③ 오는 정이 있어야, 가는 정이 있다.
➡ ②·③ 남이 자기에게 정을 베풀면, 자기도 남에게 정을 베풀어야 한다.
④ 기러기도 형제(兄弟)는 안다.
⑤ 형제 간에는 콩도 반쪽씩 나눠 먹는다.
➡ ④·⑤ 형제 간에는 우애가 좋아야 한다.

7. 호언(好言), 현명(賢明)한 말

① 가는 말이 고와야, 오는 말이 곱다.
② 오는 말이 고와야, 가는 말이 곱다. [참고] 來言不美 去言何美 〈旬五志〉,〈桂鎔默, 夫婦〉
③ 오는 말이 미우면, 가는 말도 밉다.
➡ ①~③ 말은 누구에게나 듣기 좋게 점잖고 부드럽게 해야 한다.
④ 비단(緋緞)·대단(大緞) 곱다 해도, 말 같이 고운 것 없다.
➡ 말이란 것은 하는 사람의 마음씨에 따라 얼마든지 상대방의 환심을 살 수 있고 노여움을 풀게 할 수 있으니, 말을 잘 해야 한다.
⑤ 거짓말도 잘 하면, 오려논 닷 마지기보다 낫다.
⑥ 거짓말이 외삼촌보다 낫다.
⑦ 글 잘하는 자식 낳지 말고 말 잘하는 자식 낳으랬다.
⑧ 말로 온 공(功)을 갚는다.
⑨ 말 잘 하고 징역 가랴.
⑩ 천냥 빚도 말로 갚는다.
⑪ 천냥 빚에 말이 비단.
⑫ 힘 센 아이 낳지 말고, 말 잘하는 아이 낳으랬다.

➡ ⑤~⑫ 말을 현명하게 잘 하도록 하라. 그러면 처세하는 데에 이(利)를 보게 된다.

8. 말조심

① 눈은 뜨고, 입은 다물어야 한다.
➡ 보는 것은 똑똑히 보고, 말은 삼가야 한다.
② 가루는 칠수록 고와지고, 말은 할수록 거칠어진다.
➡ 말이 많으면 해(害) 되는 일이 많으니, 말을 삼가도록 하라.
③ 귀는 크게 열고, 입은 작게 열랬다.
➡ 많이 들을 필요는 있지마는, 말은 적게 해야 한다.
④ 쌀은 쏟고 주워도, 말은 하고 못 줍는다.
⑤ 화살은 쏘고 주워도, 말은 하고 못 줍는다.
➡ ④·⑤ 말을 한번 한 후에는 그 말에 대한 다른 사람의 반응은 어쩔 수 없으니, 말에 조심해야 한다.
⑥ 숨은 내쉬고, 말은 내하지 말라.
➡ 말을 함부로 해서는 안 된다.
⑦ 귀 없는 고기도 듣는다. [참고] **魚無耳而聽** 〈淮南子〉
⑧ 귀 없는 코도 듣는다.
⑨ 낮 말은 새가 듣고, 밤 말은 쥐가 듣는다. [참고] **晝言雀廳 夜言鼠咐** 〈耳談續纂〉, **晝語雀聽 夜語鼠聽** 〈旬五志〉,〈李無影, 農民〉
⑩ 낮에는 눈〈目〉이 있고, 밤에는 귀가 있다.
⑪ 낮에는 보는 사람이 있고, 밤에는 듣는 사람이 있다.
⑫ 담에도 귀가 있다. [참고] **牆有耳** 〈管子〉
⑬ 담에도 눈이 있고, 벽에도 귀가 있다.
➡ ⑦~⑬ 상대방에게 비밀을 절대로 지켜달라고 당부한 말일지라도, 결국은 다른 사람들의 귀에 들어가게 되니 말에 조심해야 한다.
⑭ 한 말은 삼년 가고, 들은 말은 백년 간다.
⑮ 한 말은 일년이요, 들은 말은 삼년이다.
➡ ⑭·⑮ 남에게 듣기 싫은 말을 하면 그 말이 그의 마음 속에 오랫 동

안 사무치기 때문에, 듣기 싫은 말을 하지 않도록 조심하라.
⑯ 솟은 땀은 되들어가지 않고, 뱉은 말은 지울 수 없다.
⑰ 구슬 이지러진 것은 갈면 되지마는, 말 이지러진 것은 바로잡을 수 없다. (白圭之玷尙可磨 斯言之玷不可爲)
⑱ 칼날 흠은 고쳐도, 말 흠은 못 고친다.
➡ ⑯~⑱ 한번 잘못한 말은 고치기 어려우므로, 말에 조심해야 한다. 이지러지다……물건의 한 귀퉁이가 떨어져 없어지다.
⑲ 귀는 아름다운 소리를 좋아한다.
⑳ 귀는 아름다운 소리만 듣고 싶어한다.
➡ ⑲·⑳ 남에게 그가 듣기 싫어하는 좋지 못한 소리를 해서는 안 된다.
㉑ 정(情) 들었다고 정(情)말 말라. 〈嶺南, 아리랑〉
➡ 남에게 자기의 진정(眞情)을 털어놓으면 나중에 좋지 않은 일이 생길지도 모르기 때문에, 남에게 정을 경솔히 털어놓아서는 안 된다.
㉒ 제게서 한 말이 제게로 돌아간다.
➡ 말이란 것은 한번 하고 나면 한(限) 없이 돌고 퍼지므로, 말에 조심하라.
㉓ '어' 해 다르고, '아' 해 다르다. [참고] 於異阿異〈東言解〉
➡ 비록 사소한 차이(差異)가 있는 말일지라도 그것이 상대방에게 주는 느낌이 크게 다르므로, 말씨에 조심해야 한다.
㉔ 좁은 입으로 말하고, 넓은 치맛자락으로 못 막는다.
➡ 일단 입 밖에 낸 말은 취소할 수도 없고 막을 수도 없기 때문에, 말을 하기 전에 미리 생각하여 잘 말하도록 해야 한다.
㉕ 문(門) 바른 집은 써도, 입바른 집은 못 쓴다.
➡ 문짝이 바로 달린 집은 무방하지마는 입바른 말을 하는 집의 사람은 좋지 못하듯이, 사람은 너무 시비(是非)를 가려서 까다롭게 따지지 말도록 해야 한다.
㉖ 내 말은 남이 하고, 남 말은 내가 한다.
➡ 남도 자기의 허물을 들어 이야기할 것이므로, 남의 허물을 잡아 말하지 않도록 조심해야 한다.

㉗ 곰은 쓸개 때문에 죽고, 사람은 혀 때문에 죽는다.
㉘ 사슴은 사향(麝香) 때문에 죽고, 사람은 입 때문에 죽는다.
➡ ㉗·㉘ 입을 잘못 놀리면 자기를 망치게 되니, 말에 조심하라.
㉙ 가만히 있으면, 무식(無識)을 면한다.
➡ 모르는 것을 아는 척하다가는 무식이 탄로나므로, 모르는 것에 대해서는 일절 말하지 말라.
㉚ 귀는 커야 하고, 입은 작아야 한다.
➡ 남의 말을 많이 들어야 하지마는, 말을 많이 해서는 안 된다.
㉛ 장님 노릇은 말아도, 벙어리 노릇은 하랬다.
➡ 사물(事物)을 많이 보고 식견(識見)을 넓혀야 하지만 말은 적게 하고 삼가야 한다.
㉜ 돈은 많은 것이 좋지마는, 말이 많아서는 안 된다.
➡ 되도록이면 말을 적게 하라.
㉝ 짧은 쇠조각으로 살인(殺人)할 수 있다. (寸鐵殺人)
➡ 짧은 말로도 남의 마음을 아프게 할 수 있으니, 간단한 말을 해도 조심해야 한다.
㉞ 입은 사람을 해치는 도끼로도 된다. [참고] 口是傷人斧〈寶鑑〉
➡ 말을 잘못하면 남에게 큰 해(害)를 주게 되므로, 말에 조심해야 한다.
㉟ 말로 해치는 것이 칼로 해치는 것보다 무섭다.
㊱ 칼에 찔린 상처는 쉽게 나아도, 말에 찔린 상처는 낫기 어렵다. [참고] 刀瘡易好 惡語難消〈寶鑑〉
➡ ㉟·㊱ 남의 말로 인하여 입은 마음의 상처는 낫기 어렵기 때문에, 마음에 상처를 입히는 말을 해서는 안 된다.
㊲ 혀는 몸을 베는 칼이다. (舌斬身刀)
㊳ 혀는 칼보다 날카롭다.
➡ ㊲·㊳ 남을 말로 해치는 것이 칼로 해치는 것보다 더 무서운 것이므로, 말로 남을 해치지 말라.
㊴ 말은 혀를 베는 칼이다. [참고] 言是割舌刀〈君平〉
㊵ 혀 밑에 죽을 말이 있다.

㊶ 혀 아래 도끼 들었다. [참고] 舌下斧入〈東言解〉, 舌下有斨人用自戕 〈耳談續纂〉, 舌底有斧〈松南雜識〉
➡ ㉟~㊶ 말을 잘못하면 화(禍)를 입게 되니, 말조심을 하라.
㊷ 관(棺) 속에 들어가도 막말은 하지 말라.
➡ 어떤 경우에라도 말이란 것은 절대로 함부로 해서는 안 된다.
㊸ 입찬 말은 묘(墓) 앞에 가서 하라. [참고] 到墓前言方盡〈旬五志〉
㊹ 입찬 말은 무덤 앞에 가서 하라.
㊺ 찬 소리는 무덤 앞에 가 하라.
➡ ㊸~㊺ 희떱게 자기를 자랑하거나 장담을 하지 말라. 묘 앞에 가서……죽은 뒤에.
㊻ 자식 둔 사람은 도둑놈 보고 흉보지 말라.
㊼ 자식 둔 사람은 화냥년 보고 웃지도 말고, 도둑놈 보고도 흉보지 말라.
➡ ㊻·㊼ 자기 자식도 장래에 어떻게 될지 모르기 때문에, 남의 자식의 잘못을 보더라도 입찬 소리를 해서는 안 된다.
㊽ 바른 말 하는 사람 귀염 못 받는다.
➡ 남의 잘못을 따지고 이야기하지 말라. 따지면 상대방이 싫어하므로, 그로부터 호감을 살 수 없다.
㊾ 자발없는 귀신은 무랍도 못 얻어 먹는다.
➡ 경솔하게 굴면 얻을 것도 못 얻게 되니, 말을 경솔히 하지 말고 삼가도록 하라. 자발없다……방정맞아 참을성이 없다. 무랍……굿을 하거나 물릴 때에 귀신을 위하여 물에 말아 문간에 내두는 한술 밥.
㊿ 모르면 약(藥)이요, 아는 게 병(病).
㉑ 아는 게 병.
➡ ㊿·㉑ 남이 싫어하거나 불쾌를 느끼므로, 모르면서도 아는 척하여 지껄이는 일이 없도록 하라.
㊽ 범은 가죽을 아끼고, 군자(君子)는 입을 아낀다. (虎豹愛皮 君子愛口)
➡ 사람은 언제나 말에 신중(愼重)을 기해야 한다.

9. 자랑하지 말 것.

① 기는 놈 위에 나는 놈이 있다.
② 나는 놈 위에 타는 놈이 있다.
③ 뛰는 놈 위에 나는 놈이 있다. 〈李熙昇, 隨筆〉
④ 뛰는 놈이 있으면, 나는 놈이 있다.
⑤ 치〈寸〉 위에 치가 있다.
⑥ 파리 위에 날나리가 있다.
➡ ①~⑥ 잘나거나 유능한 사람이 있으면 그보다 더 잘나고 유능한 사람이 있으니, 사람은 잘난 체하거나 잘하는 체하여 자기를 자랑해서는 안 된다. 치……길이를 재는 단위의 한 가지. 촌(寸).
⑦ 온통으로 생긴 놈 계집 자랑, 반편으로 생긴 놈 자식 자랑. [참고] 全癡誇妻 半癡誇兒〈耳談續纂〉
⑧ 자식 자랑은 팔불출(八不出)의 하나, 아내 자랑은 삼불출(三不出)의 하나.
⑨ 자식 추기 반 미친 놈, 계집 추기 온 미친 놈.
➡ ⑦~⑨ 남이 듣기 싫어하니, 남자는 아내나 자식을 자랑하지 말라.
⑩ 자식 자랑과 남편 자랑은 팔불출의 하나.
➡ 여자는 자식 자랑이나 남편 자랑을 하지 말라.
⑪ 떡가루 두고 떡 못 할까.
➡ 으레 되기로 정해져 있는 것을 자기의 힘으로 했다고 자랑하지 말라.
⑫ 자랑 끝에 불 붙는다.
⑬ 자랑 끝에 쉬 슨다.
➡ ⑫·⑬ 무슨 말썽거리가 생길지도 모르니, 너무 자랑을 해서는 안 된다.

10. 흉보지 말 것

① 남의 흉이 한 가지면, 내 흉이 몇 가지냐. 〈民謠, 誡女歌〉
② 남의 흉이 한 가지면, 제 흉이 열 가지.

➡ ①·② 사람은 흔히 제 잘못과 흉은 몰라도 남의 잘못과 흉에 대해서는 말하기 쉬우니, 남의 허물을 말하고 싶어도 제 허물이 더 많은 줄 알고 자제(自制)하여 남을 흉보지 않도록 해야 한다.
③ 남의 자식 흉보면, 제 자식도 그 아이 닮는다.
➡ 남의 자식을 흉보면 상대방도 자기 자식의 흉을 보게 되니, 흉보는 일 없도록 하라.

11. 처우(處遇)

① 나라 상감님도 늙은이 대접한다.
➡ 사람은 누구나 노인(老人)을 잘 대접해야 한다.
② 한 잔 술에 눈물 난다. [참고] 由酒一盞或淚厥眼〈耳談續纂〉, 一酌酒淚出〈東言解〉
➡ 사소한 일로 인하여 원한이 생기는 수도 있으니, 사람을 대접할 때 어떤 사람에게는 후(厚)하게 하고 다른 사람에게는 박(薄)하게 하는 일 없이 고르게 해야 한다.
③ 찬 물도 위 아래가 있다.
➡ 남들을 대접할 때에는 **윗사람부터** 먼저 대접해야 한다. [무엇에나 순서가 있으니 그 순서를 따라 해야 한다는 뜻으로도 사용됨].
④ 사돈도 이럴 사돈 다르고, 저럴 사돈 다르다.
⑤ 사돈에도 이럴 사돈 있고, 저럴 사돈이 있다.
⑥ 이렇게 대접할 손님이 있고, 저렇게 대접할 손님이 따로 있다.
➡ ④~⑥ 사람을 상대할 경우에 그의 존비(尊卑)나 그와의 친소(親疎)에 따라 차이(差異)를 두고 대하도록 하라.
⑦ 귀신도 빌면 듣는다.
⑧ 비는 놈한테는 져야 한다.
➡ ⑦·⑧ 자기의 잘못을 뉘우치고 진심으로 비는 사람에게는 용서를 해 주어야 한다.
⑨ 개울이나 못은 더러운 물도 받아들인다. [참고] 川澤納汚〈春秋左傳〉
➡ 남들을 다스리는 자가 되려면, 탐탁치 않은 사람도 너그럽게 포섭해

야 한다.
⑩ 싸리말을 태워라.
➡ 내보내는 사람에 대해서는 좋은 낯으로 마음 상하지 않게 잘 타일러 내보내도록 하라. 싸리말……싸리 대로 만든 말 모양. [옛날, 천연두에 걸려 열이틀째 되는 날이면 싸리 대로 말 모양을 만들어 두역신을 쫓는 풍속이 있었음]
⑪ 범도 제 굴에 들어온 토끼는 안 잡아먹는다.
⑫ 품 속에 들어온 새〈鳥〉는 잡지 않는다.
➡ ⑪·⑫ 굴복하는 사람에게는 관대하게 대하라.
⑬ 다시 긷지 않는다고 이 우물에 똥 눌까. [참고] 謂不再綆汙此舊井〈耳談續纂〉
⑭ 안 먹겠다고 침 뱉은 물 돌아서서 다시 먹는다.
⑮ 이 샘물 안 먹는다고 똥 누고 가더니, 그 물이 맑기도 전에 다시 와서 먹는다.
⑯ 이 우물에 똥을 누어도, 다시 그 물을 먹는다.
➡ ⑬~⑯ 두 번 다시는 그 사람을 보지 않을 것처럼 좋지 않게 대하지 마는 오래 안 가서 그에게 청(請)까지 드리게 되는 일이 있으니, 사람은 누구에 대해서나 괄시를 하지 말고 좋게 대해야 한다.
⑰ 넓은 하늘을 보지 말고, 한 뼘 얼굴을 보랬다.
➡ 상대방의 체면을 존중해야 한다.

12. 해(害)치지 말 것.

① 피를 입에 물고 남에게 품으면, 제 입이 먼저 더러워진다.
➡ 남을 해치려면 자신이 먼저 해를 입게 되니, 먼저 남을 해치려고 하지 말라.
② 남을 물에 넣으려면, 제가 먼저 물에 빠진다.
③ 남 잡이가 제 잡이.
➡ ②·③ 남을 해치려고 하는 일은 도리어 자기를 해치는 결과가 되니, 남을 해치려고 하지 말라.

④ 남의 눈에 눈물 내면, 제 눈에는 피가 난다.
⑤ 남의 눈에서 피를 내리려면, 제 눈에서는 고름이 나야 한다.
➡ ④·⑤ 남에게 모질고 악한 짓을 하면, 자기는 반드시 그보다 더한 죄벌을 받게 되므로, 남에게 악독한 짓을 해서는 안 된다.
⑥ 저 긷지 않는다고 우물에 똥 눌까.
➡ 사람은 항상 남의 경우도 살펴주고 남에게 해(害)되는 짓은 하지 말아야 한다.
⑦ 개〈犬〉도 제 주인은 물지 않는다.
➡ 주인에게 잘못이 있더라도, 그를 해쳐서는 안 된다.

13. 다투지 말 것.

① 참새가 아무리 떠들어도, 구렁이는 움직이지 않는다.
➡ 실력이 없고 변변치 않은 자가 아무리 떠들어대더라도, 그와는 맞붙어 다투지 말아야 한다.
② 갖에서 좀 난다.
③ 제 갖에 좀 난다. (自皮生蟲)
➡ ②·③ 가죽에 좀이 나면 좀이 먹은 가죽은 남지 않고 그렇게 되면 좀도 없어지는 것과 같이, 형제가 서로 다투거나 동료끼리 서로 해치고 싸우는 것은 양편에 다 해로움이 초래되므로, 서로 다투지 않도록 해야 한다.

14. 교제(交際)

① 똥은 건드릴수록 구린내만 난다.
② 똥은 칠수록 튀어오른다.
③ 북은 칠수록 소리가 난다.
➡ ①~③ 못된 사람을 건드리면 불쾌한 일만 생기니, 그러한 사람은 건드리지도 말고 상대도 하지 말아야 한다.
④ 똥 보고 밟는 사람 없다.

➡ 상대할 사람이 못 되거든 아예 상대하지 말라.
⑤ 손자를 귀여워하면 할아버지 뺨을 친다.
⑥ 손자를 귀여워하면 할아버지 상투를 당긴다.
➡ ⑤·⑥ 철이 없거나 어리석은 사람과 교제하면 망신을 당하게 되니, 아예 그런 사람과는 교제하지 말라.
⑦ 개〈犬〉를 따라가면 칙간으로 간다. [참고] 較狗如厠〈東言解〉
➡ 되지 못한 자와 함께 다니면 좋지 못한 곳으로 가게 되니, 그러한 사람과는 사귀지 말라. 칙간……변소.
⑧ 개〈犬〉를 친하면, 옷에 흙칠을 한다.
⑨ 아이를 친하면, 옷에 똥칠을 한다.
➡ ⑧·⑨ 어리석거나 좋지 못한 사람과 친하게 사귀게 되면 해(害)만 입게 되니, 그러한 사람과는 사귀지 말아야 한다.
⑩ 새〈鳥〉하고 짐승은 함께 떼지어 살 수 없다. [참고] 鳥獸不可與同群 〈論語〉
➡ 짐승과 같은 사람과는 사귀지 말라.
⑪ 담을 맞 바라보면, 아무 것도 보이지 않는다.
➡ 담을 맞 바라보면 담에 가리어 아무 것도 볼 수 없듯이, 악인과 사귀게 되면 착한 것을 볼 수 없게 되므로, 악인과는 사귀지 말라.
⑫ 세 코 짚신 제 날이 좋다. [참고] 藁履其徑好〈旬五志〉, 藁鞋其徑好 〈東言解〉
⑬ 짚신도 제 날이 좋다.
⑭ 짚신은 제 날에 맞는다.
➡ ⑫~⑭ 자기와 같은 정도의 사람과 짝을 맺어야 한다. 날……피륙·돗자리 따위를 짜거나, 짚신·미투리 따위를 삼거나 할 때, 세로 놓인 실·노끈·새끼 따위.
⑮ 열 성방(姓房) 사귀지 말고, 한 성방 사귀라.
➡ 여러 사람을 사귀지 말고, 한 사람을 깊이 사귀도록 하라.
⑯ 새〈鳥〉도 가지를 가려 앉는다. (良禽擇木)
➡ 사람을 잘 가려서 사귀도록 해야 한다. [이 속담은 직업을 가지려는 경우에 잘 가리도록 하라는 뜻으로도 사용됨]

⑰ 장(醬) 단 집에는 가도, 말 단 집에는 가지 말라.
➡ 늘 말만 좋게 하고 친절한 체하는 사람에게는 조심하고 가까이 하지 말라.

15. 수용(受容)

① 미친 놈의 말에도 쓸 말이 있다.
② 미친 사람의 말도 성인(聖人)이 가려 쓴다.
➡ ①·② 누구의 말에나 쓸 말이 있기 때문에, 잘 듣고 자기를 위하여 쓸 말은 받아들이도록 하라.
③ 단 말은 병(病)이 되고, 쓴 말은 약(藥)이 된다.
④ 달콤한 사탕은 몸을 해쳐도, 쓴 약은 병을 고친다.
⑤ 듣기 싫은 말은 부드러운 말이다.
⑥ 듣기 싫은 말은 약이다.
⑦ 쓴 약이 몸에는 좋다.
⑧ 입에 쓴 약이 병에는 좋다.
➡ ③~⑧ 자기에게 충고하는 말이 듣기 싫은 것일지라도, 그것은 자기를 도와주는 말이기 때문에, 자기수양(自己修養)을 위해서는 그것을 달게 받아들여야 한다.

16. 기타(其他)

① 큰 고기는 큰 그물로 잡아야 한다.
➡ 상대방을 잘 알고 그에게 알맞는 방법을 사용해야 한다.
② 거짓말 하고 뺨 맞는 것보다 낫다.
➡ 언제나 사람은 좀 무안하더라도 사실을 사실대로 말해야지 거짓말을 해서는 안 된다.
③ 거짓말은 사흘 안 간다.
➡ 거짓말은 오래 가지 못하고 곧 드러나므로, 사람은 거짓말을 해서는 안 된다.

④ 휘는 버들가지는 부러지지 않는다.
➡ 사람은 부드러운 성격을 지녀야 한다.
⑤ 기러기도 날을 때 줄 지어 날은다.
➡ 사람은 사회질서(社會秩序)를 잘 지켜야 한다.
⑥ 꿀 같은 말 속에 칼이 숨어 있다. (口蜜腹劍)
➡ 듣기 좋게 하는 말 속에는 나쁜 야심(野心)이 담겨 있으므로, 그러한 말에 넘어가지 않도록 조심해야 한다.
⑦ 대문(大門)은 넓어야 하고, 귓문은 좁아야 한다.
➡ 남의 말을 잘 분석하여, 안 들을 것은 안 듣고 들을 것은 들어주어야 한다.
⑧ 독사는 작아도 독이 있다.
➡ 작다고 하여 너무 멸시하지 말라. 멸시하면 도리어 화를 입게 된다.
⑨ 남자의 말〈言〉은 천년 가도 변하지 않는다. (丈夫一言千年不改)
⑩ 남자의 말 한 마디는 천금보다 무겁다. (男兒一言重千金)
➡ ⑨·⑩ 남자가 일단 하겠다고 한 것은 변해서는 안 되며 자기의 말대로 지켜나가야 한다.
⑪ 대가리가 동쪽으로 가면, 꼬리는 서쪽으로 가야 한다.
➡ 아랫사람은 윗사람의 지시(指示)에 잘 따라야 한다.
⑫ 정직한 사람의 자식은 굶어 죽지 않는다.
➡ 정직한 사람은 언제나 복(福)을 받게 되니, 사람은 어디까지나 정직해야 한다.
⑬ 깊은 물이 고요하다.
⑭ 얕은 물은 소리를 내도, 깊은 물은 소리가 없다.
➡ ⑬·⑭ 아는 체하지 말고 묵중(默重)해야 한다.
⑮ 입은 거지는 얻어 먹어도, 벗은 거지는 못 얻어 먹는다.
➡ 남에게 대우를 받으려면, 옷 차림새를 깨끗이 해야 한다.

[群] 3. 처사(處事)의 원리(原理)

1. 준비(準備)・대비(對備)

① 개구리도 옴쳐야 뛴다. [참고] 蛙跼矣 乃能躍矣 〈耳談續纂〉
② 나는 새〈鳥〉도 깃을 쳐야 날아간다.
③ 나는 새도 움직여야 난다. 〈古本春香傳〉
➡ ①~③ 아무리 급하더라도 어떤 일을 이루려면 시간적 여유를 가지고 준비를 해야 한다.
④ 터를 닦아야 집을 짓는다.
➡ 본작업(本作業)을 하기에 앞서 기초작업을 잘 해두어야 어떤 일을 이룰 수 있다.
⑤ 바람에 잘 견디는 나무는 뿌리가 튼튼하다.
➡ 무슨 일에서나 기반을 튼튼하게 해두어야 한다.
⑥ 둠벙을 파야 개구리가 뛰어 들지.
⑦ 방죽을 파야 머구리가 뛰어 들지.
➡ ⑥・⑦ 원하는 것을 얻으려면 준비를 완전히 해 놓고 기다리도록 하라.
⑧ 개〈犬〉장수도 올가미가 있어야 한다.
⑨ 거미가 줄을 쳐야 벌레를 잡는다.
⑩ 도끼 없이는 장작을 팰 수가 없다.
⑪ 백정(白丁)도 올가미가 있어야지.
➡ ⑧~⑪ 일을 하기에 앞서 필요한 도구(道具)를 반드시 갖추도록 하라.
⑫ 한 자를 짜도 베틀은 차려야 한다.
⑬ 한 자(字)를 써도 지묵(紙墨)은 있어야 한다.

➡ ⑫ · ⑬ 아주 사소한 일을 하더라도 준비 작업을 해야 한다. 지묵……
 종이와 먹.
⑭ 새〈鳥〉를 보고 싶거든 나무를 심어라.
➡ 일을 하려면, 먼저 그 일을 이루게 할 수 있는 분위기를 조성해야 한다.
⑮ 거미도 줄을 쳐야 벌레를 잡는다.
⑯ 고양이가 이마가 있어야 망건을 쓰지.
⑰ 눈을 떠야 별을 보지.
⑱ 바다에 가야 고기를 잡는다.
⑲ 범 굴에 들어가야 범을 잡지.
⑳ 산에 가야 꿩을 잡는다.
㉑ 산에 가야 범을 잡지.
㉒ 서울에 가야 과거에 급제하지.
㉓ 임을 보아야 아이를 낳지.
㉔ 잠을 자야 꿈을 꾸지.
㉕ 죽어보아야 저승을 알지.
㉖ 짧은 두레박 줄로 깊은 우물 물을 긷지 못한다.
㉗ 하늘을 보아야 별을 따지.
㉘ 호랑이 굴에 가야 호랑이 새끼를 잡는다. [참고] 不入虎穴焉得虎子
 〈後漢書〉
➡ ⑮~㉘ 어떤 일을 이루려면 선행조건(先行條件)을 갖추어야 한다.
 [이 속담들은 발 벗고 나서야 비로소 성공할 수 있다는 뜻으로도 사용됨]
㉙ 개미 구멍으로 공(功)든 탑이 무너진다.
㉚ 작은 틈만 있어도 배〈船〉는 가라앉는다.
㉛ 적은 물이 새면 큰 배가 가라앉는다.
㉜ 큰·방축도 개미 구멍으로 무너진다. [참고] 千丈之隄以螻蟻穴潰〈韓非子, 喩老篇〉, 千里之隄以螻蟻之穴漏〈淮南子〉
㉝ 호미로 막을 것을 가래로 막는다.
➡ ㉙~㉝ 아주 사소한 결함이라 하여 그것에 손을 대지 않으면 그것이

커져 전체를 망치게 되니, 그러한 후환이 없도록 미리 대비책(對備策)을 세워야 한다.
㉞ 가물에 도랑 친다.
㉟ 비 오기 전에 우비를 갖추어라.
➡ ㉞·㉟ 일을 망치지 않도록 또는 낭패를 보지 않도록 미리 대비(對備)해야 한다.
㊱ 너구리도 들 굼, 나갈 굼을 판다.
㊲ 쥐도 들 굼, 나갈 구멍이 있다.
➡ ㊱·㊲ 무슨 일을 하거나 후사(後事)를 생각하여 낭패를 당하였을 때에는 빠져 나올 수 있는 대책을 세워야 한다.
㊳ 가까운 데를 가도 점심밥을 싸 가지고 가라.
㊴ 십리 길에 점심 싸기.
➡ ㊳·㊴ 쉬운 일을 하더라도, 낭패되는 일이 없도록 준비를 든든히 해야 한다.

2. 실천(實踐)·전위(專爲)

① 소리 없는 벌레가 구멍을 뚫는다.
② 소리 없는 고양이가 쥐를 잡는다.
➡ ①·② 목적을 달성하기 위하여 묵묵히 실천하라.
③ 구더기 무서워 장(醬) 못 담글까.
➡ 다소 방해가 되는 일이 있더라도 해야 할 일은 마땅히 해야 한다.
④ 범 무서워 산에 못 갈까.
➡ 다소 위험을 느끼더라도 해야 할 일은 해야 한다.
⑤ 장부(丈夫)가 칼을 빼었다가 도로 꽂나.
➡ 일단 결심한 것은 끝까지 해나가도록 하라.
⑥ 쉰 길 나무도 토막 내면 끝이 있다.
➡ 많은 시일(時日)이 걸리는 일이라도 일단 시작하면 끝까지 해나가도록 하라.
⑦ 길을 알면 앞서 가라.

➡ 해나갈 자신(自信)이 있으면, 서슴치 말고 해나가도록 하라.
⑧ 길이 아무리 가까와도 가지 않으면 이르지 못한다. [참고] 道雖邇不行不至〈荀子〉
➡ 아무리 사소한 일이라도 저절로 되는 것이 없기 때문에 하고자 하는 일은 실천에 옮겨야 한다.
⑨ 가는 토끼 잡으려다가 잡은 토끼 놓친다. (奔獐顧放獲兎)
⑩ 토끼 둘 잡으려다가 하나도 못 잡는다.
➡ ⑨·⑩ 욕심을 내어 한꺼번에 여러 가지 일을 하면 하나도 이루지 못하니, 하나의 일에만 힘을 쓰도록 하라.
⑪ 우물을 파도 한 우물을 파라.
➡ 어떠한 일에서나 한 가지 일을 끝까지 철저하게 하라.
⑫ 주인 많은 나그네 밥 굶는다.
⑬ 주인 많은 나그네 조석(朝夕)이 간 데 없다.
➡ ⑫·⑬ 무슨 일이든 한 곬으로만 하라. [주인이 많으면 서로 믿고 그 중에서 누군가 밥을 해 주었으려니 생각하고 주지 않아 나그네는 결국 굶게 된다]

3. 근면(勤勉)·노력(努力)

① 개〈犬〉도 부지런해야 더운 똥을 얻어 먹는다.
② 거지도 부지런하면 더운 밥을 얻어 먹는다.
③ 드나드는 개〈犬〉가 꿩을 문다.
④ 땅을 후비는 닭이 얻어 먹는다.
⑤ 부지런한 부자(富者)는 하늘도 못 막는다.
➡ ①~⑤ 사람이 잘살려면 부지런히 일하도록 해야 한다.
⑥ 돌쩌귀에 녹이 슬지 않는다.
⑦ 부지런한 물방아는 얼 새도 없다.
⑧ 홈통은 썩지 않는다.
➡ ⑥~⑧ 실수를 하지 않고 성공하려면, 무슨 일에서나 부지런해야 한다. 홈통……창짝·장지짝 따위가 드나들게 하기 위하여 장지틀의

위·아래를 오목하고 길게 파낸 줄. [이 속담들은 묵혀두는 물건은 탈이 생기므로 자주 활용해야 한다는 뜻으로 사용되기도 함]

⑨ 자는 놈의 몫은 없어도 나간 놈의 몫은 있다.
➡ 게으름을 부리면 혜택을 입을 수 없으니, 부지런히 일하도록 하라. 나간 놈……일하러 나간 사람.

⑩ 게으름뱅이 언덕 진다.
➡ 일을 하지 않으려고 꾀를 부려 빠져나가면 도리어 어려운 일을 당하게 되니, 부지런히 일하도록 하라.

⑪ 여름에 하루 놀면 겨울에 열흘 굶는다.
➡ 훗 일을 위하여 하루라도 게으름을 부리지 말고 부지런히 일해야 한다.

⑫ 말〈馬〉가는 데 소도 간다. [참고] 馬往處牛亦往〈旬五志〉, 馬行處牛亦去〈洌上方言〉

⑬ 잰 말〈馬〉이 성내 가면 뜬 말도 도그내 간다.
➡ ⑫·⑬ 능력이 부족하더라도 부지런히 노력해보도록 하라. 그러면 어느 정도 능력 있는 사람을 따라갈 수 있게 된다. 재다……재빠르고 날쌔다. 뜨다……느리다.

⑭ 철 들자 망령(妄靈) 난다.
➡ 인생(人生)은 길지 못하여 사람은 곧 늙어진다. 어물어물하다가는 아무 일도 이루지 못하게 되니, 늙기 전에 힘껏 노력하여 뜻하는 바를 이루도록 해야 한다. 망령……늙거나 정신이 흐려서 말이나 행동이 보통에서 어그러지는 상태.

⑮ 고기도 묵으면 어룡(魚龍)이 된다.
⑯ 고기도 용이 된다.
⑰ 낙락장송(落落長松)도 근본은 종자(種子).
⑱ 미꾸라지 천년(千年)에 용(龍) 된다.
⑲ 천리(千里) 길도 한 걸음으로부터.
➡ ⑮~⑲ 훌륭한 성과(成果)를 얻으려면 시초부터 끝까지 노력해 나가야 한다.

⑳ 몸을 구부리는 자벌레는 장차 곧게 펴르는 것이다. [참고] 枉則直〈老

子〉
㉑ 찧는 방아에도 손이 드나들어야 한다.
➡ ⑳·㉑ 무슨 일에서든지 성공하려면 노력이 있어야 한다. 자벌레……자벌레과(科)에 딸린 나방의 어린 벌레. 몸은 가늘고 길며, 기어갈 때는 마치 손뼘으로 길이를 재는 모양으로 꼬리를 대가리 쪽에 오그려 붙이고 몸을 앞으로 펴면서 감.
㉒ 먹돌도 뚫으면 굵이 난다.
㉓ 무쇠도 갈면 바늘이 된다.
㉔ 백(百) 번 찍어 아니 넘어가는 나무 없다.
➡ ㉒~㉔ 대단히 어려운 일이라도 성취하려면 초지일관(初志一貫)하여 끝까지 노력해야 한다. 먹돌……제주도 방언으로 물 가에 있는 여문 돌.
㉕ 옥(玉)을 쪼지 않으면, 그릇을 이루지 못한다. [참고] 玉不琢不成器 〈禮記學記〉
➡ 뜻하는 바를 성취하려면 고생을 겪으면서 끝까지 노력해야 한다.
㉖ 가는 말〈馬〉에도 채를 치랬다. (走馬加鞭)
㉗ 가는 말에 채찍질.
㉘ 닫는 말에도 채를 치랬다.
㉙ 닫는 말에 채찍질.
➡ ㉖~㉙ 일이 잘 되어 나가더라도, 방심하지 말고 더욱 노력해야 한다. 채……채찍. 닫다……달리다.
㉚ 코 아니 흘리고 유복(有福)하랴. [참고] 鼻涕不流基福自優〈耳談續纂〉, 鼻不爛有福好〈東言解〉
➡ 이(利)를 얻으려면 수고하고 노력해야 한다.
㉛ 첫 술(숟가락)에 배 부르랴.
㉜ 한 술 밥에 배 부르랴.
➡ ㉛·㉜ 효과(效果)가 나타날 때까지 노력을 계속해야 한다.
㉝ 거지 노릇만 하라는 팔자 없다.
➡ 고생만 하다가 죽으라는 팔자는 없기 때문에 누구나 노력하면 잘 살 수 있다.

㉞ 땀은 벼의 거름이다. (汗滴禾下土)
➡ 노력을 많이 할수록 그만큼 좋은 성과(成果)를 얻게 된다.
㉟ 감나무 밑에 누워도 삿갓 미사리를 대어라.
㊱ 감나무 밑에서도 먹는 수업(修業)을 하여라.
➡ ㉟·㊱ 아무리 좋은 환경이나 좋은 조건(條件)에 놓여 있을지라도, 무엇을 얻으려면 애써 노력해야 한다. 미사리……전모·삿갓·방갓 따위의 밑에 붙여 그것을 쓸 때에 머리에 걸려 얹히도록 된 둥근 테두리. 수업을 하여라……강구(講究)하라. [㉟ 감나무 밑에 누워서 떨어지는 감이 바로 입으로 들어갈 수 있도록 미사리를 입에 대고 있어야 한다는 말임]
㊲ 누워서 저절로 입에 들어오는 떡은 없다.
➡ 노력하지 않고 저절로 이루어지는 일이 없으니, 무슨 일에나 노력해야 한다.

4. 정성(精誠)

① 공(功) 든 탑(塔)이 무너지랴. [참고] 積功之塔不墮〈松南雜識, 旬五志〉, 功入塔豈毀也〈東言解〉
➡ 이루어질 일이 헛되지 않도록 정성을 기울이도록 하라.
② 돌도 십년을 보고 있으면 구멍이 뚫린다.
③ 정성(효성)이 지극하면 돌 위에 풀이 난다.
④ 지성(至誠)이면 감천(感天)이다.
➡ ②~④ 사람이 무슨 일을 하든지 지극히 정성을 기울이면 이룰 수 있다.
⑤ 금방 먹을 떡에도 소를 박는다.
➡ 잠시 후면 없어지거나 쓸데 없는 것이 될지라도 일을 하는 당장에는 정성껏 해야 한다. 소……송편·만두 따위를 만들 때 맛을 내기 위하여 익히기 전에 그 속에 넣는 여러 가지 재료.

5. 인내(忍耐)

① 구름이 지나가면 해를 본다.
② 태산(泰山)을 넘으면 평지(平地)를 본다.
➡ ①·② 고생을 겪고 나면 즐거운 일이 있으니, 끝까지 참도록 하라.
③ 시어머니가 오래 살면 개숫물통에 빠져 죽는다. 〈蔡萬植, 濁流〉
④ 시어미 죽는 날도 있다.
⑤ 오래 살면 시어미 죽을 날도 있다.
➡ ③~⑤ 현재는 고생스럽더라도 오랜 시일(時日)이 지나면 좋은 일이 생기니, 끝까지 참도록 하라. 개숫물……설겆이 할 때 음식 그릇을 씻는 물.
⑥ 초년(初年) 고생은 양식(糧食) 지고 다니며 한다.
⑦ 초년 고생은 은(銀) 주고 산다.
➡ ⑥·⑦ 젊어서 고생하면 후년(後年)에 낙(樂)이 오니, 젊은이는 고생을 감수(甘受)하고 참아나가도록 하라.
⑧ 깊은 산에서 목마르다고 하면, 호랑이를 본다.
➡ 곤경에 빠지더라도 묵묵히 참을성을 가지고 일을 지속하도록 하라.
⑨ 대〈竹〉끝에서도 삼년이다. [참고] 竿頭過三年〈旬五志〉, 竿頭苟延或至三年〈耳談續纂〉, 竹竿頭過三秋〈洌上方言〉
➡ 곧 떨어질락말락하는 대 끝에서도 떨어지지 않고 삼년이나 더 붙어 있듯이, 역경(逆境)에 놓이더라도 굳은 의지(意志)를 가지고 참고 나가도록 하라.
⑩ 굿 구경을 하려면 계면떡이 나올 때까지.
⑪ 백리(百里)에 구십리가 반(半)이다. [참고] 行百里者半於九十〈戰國策〉
➡ ⑩·⑪ 성과(成果)를 얻으려면, 일을 중도에서 포기하지 말고 참을성을 가지고 끝까지 계속하라. 계면떡……굿이 끝난 뒤에 무당이 구경꾼에게 주는 떡.

6. 신중(愼重)

① 함부로 나는 새가 그물에 걸린다.

➡ 무슨 일이든 조심해서 하라. 함부로 하다가는 변(變)을 보게 된다.
② 구운 게도 다리를 떼고 먹어라.
③ 구운 게도 매어 먹어라.
④ 돌다리도 두들겨보면서 건너라.
⑤ 두부 먹다가 이 빠진다. [참고] 豆腐喫齒或落〈洌上方言〉
⑥ 무른 감도 쉬어가면서 먹어라.
⑦ 물에도 체한다.
⑧ 방바닥에서 낙상(落傷)한다.
⑨ 삼년 벌던 전답(田畓)도 다시 돌아보고 산다.
⑩ 수박 먹다가 이 빠진다.
⑪ 식은 죽도 불어가면서 먹어라.
⑫ 얕은 내도 깊게 건너라.
⑬ 장판방에서 자빠진다.
⑭ 평지(平地)에서 낙상(落傷)한다.
⑮ 홍시(紅柿) 먹다가 이 빠진다.
➡ ②~⑮ 마음 놓고 무엇을 하다가도 실수(失手)를 하거나 사고(事故)가 생겨 해(害)를 입게 되므로, 어떠한 일을 하더라도 변(變)을 당하지 않도록 항상 조심하도록 하라.
⑯ 원숭이도 나무에서 떨어진다.
⑰ 잘 뛰는 염소가 울타리에 뿔 걸린다.
⑱ 헤엄 잘 치는 놈 물에 빠져 죽고, 나무에 잘 오르는 놈 나무에서 떨어져 죽는다.
➡ ⑯~⑱ 익숙한 일을 하더라도 실수(失手)를 하여 해(害)를 입게 되는 경우가 있으므로, 그러한 일을 할지라도 마음을 놓지 말고 조심해서 해야 한다.
⑲ 고쟁이를 열두 벌 입어도 보일 것은 다 보인다.
➡ 일을 서투르게 하면 하지 않는 것만 못하니, 일을 신중하게 해야 한다. 고쟁이……여자 속옷의 한 가지.
⑳ 아는 길도 물어 가라.
➡ 쉬운 일에도 조심하여 물어서 틀림이 없도록 해야 한다.

㉑ 느린 걸음이 잰 걸음이다.
➡ 무슨 일에나 천천히 정확하고 끈기 있게 해야 한다. 그래야 성과(成果)가 크다.
㉒ 빨리 먹은 밥 똥 눌 때 보자 한다.
➡ 일을 급하게 서둘러 하지 말라. 급히 하면 탈이 생긴다.
㉓ 사흘 길에 하루쯤 가서 열흘씩 눕는다. [참고] 三日之程一日往十日臥 〈松南雜識〉
➡ 사흘에 갈 길을 빨리 가려고 하루에 많이 걷고 병들어 열흘을 눕게 되듯이, 일을 빨리 하려고 서두르면 도리어 더디게 된다.
㉔ 타는 닭이 꼬꼬하고 그슬린 돝이 달아난다.
➡ 안심하고 있다가 돌연히 손실(損失)을 보는 경우가 있으니, 마음을 놓지 말고 조심해야 한다.
㉕ 다리를 건너갈 때는 말에서 내려라.
➡ 무슨 일이든지 안전하게 하려면 조금이라도 위험성이 있는 짓은 하지 말도록 조심해야 한다.
㉖ 광주리에 담은 밥도 엎어질 수가 있다.
㉗ 동방삭(東方朔)이는 백지(白紙)장도 높다고 하였다.
➡ ㉖·㉗ 확실히 안전하다고 생각되는 일도 잘못하여 그르칠 수가 있으니, 실수하지 않도록 조심해야 한다. 동방삭……중국 한(漢)나라 무제(武帝) 때의 사람으로 해학과 변설로 이름이 났다. 속설(俗說)에, 서왕모(西王母)의 복숭아를 훔쳐 먹어 죽지 아니하고 장수(長壽)하였으므로 '삼천갑자 동방삭'이라고 일컫는다.
㉘ 한번 채인 돌에 다시 채이지 않는다.
➡ 한번 실패한 일에 다시는 실패하지 않도록 조심하라.
㉙ 한번 엎지른 물은 다시 주워 담지 못한다.
➡ 한번 실수를 하면 회복할 수 없으므로, 실수하지 않도록 조심해야 한다.
㉚ 복철(覆轍)을 밟지 말라.
➡ 남이 저질렀던 잘못을 마음 속에 간직하여 그와 같은 잘못을 저지르지 않도록 조심해야 한다. 복철……수레가 뒤집힌 자리.

㉛ 불똥이 집을 태운다.
→ 아무리 사소한 사건(事件)이라도 그것이 큰 재해(災害)을 가져오기도 하므로, 이에 대하여 조심해야 한다.
㉜ 눈 찌를 막대기는 누구 앞에나 있다.
→ 화(禍)를 입을 일은 누구에게나 있으므로, 화를 입지 않도록 조심해야 한다.
㉝ 급히 먹는 밥에 체한다.
㉞ 빠른 걸음에 넘어지기 쉽다.
→ ㉝·㉞ 일을 급하게 서둘러 하지 말라. 서둘러 하면 실패하기 쉽다.
㉟ 솥 속의 콩도 쪄야 익지.
㊱ 솥에 넣은 팥이라도 익어야 먹지.
→ ㉟·㊱ 일을 너무 급히 서둘러 하면 안 된다. 서둘러 하면 낭패를 보게 된다.
㊲ 바삐 찧는 쌀에 뉘가 많다.
→ 일을 빨리 하지 말라. 빨리 하면 일이 거칠게 된다. 뉘……쌀 속에 섞인 겨가 벗겨지지 아니한 벼 알갱이.
㊳ 잰 놈 뜬 놈만 못하다.
→ 일을 빨리 하지 말고 성실하게 차근차근 해야 한다. 그렇게 해야 성과(成果)가 좋다.
㊴ 다리도 뻗을 자리 보고 뻗는다.
→ 일을 할 때는 결과가 어떻게 될 것인가를 미리 생각해 본 다음에 시작하도록 하라.
㊵ 총명(聰明)은 둔필(鈍筆)만 못하다.
→ 아무리 똑똑하고 머리가 좋더라도 일을 틀림 없이 하려면 잊어서 낭패나 실패를 보는 일이 없도록 적어두도록 해야 한다.

7. 요령(要領)

① 돌 지고 방아 찧는다.
→ **디딜방아를** 찧을 때 돌을 지고 찧으면 일을 쉽게 할 수 있듯이, 무슨

[群] 3. 처사(處事)의 원리(原理) 53

일을 하든 요령 있게 해야 한다.
② 접시 굽에도 담을 탓이다.
③ 접시 밥도 담을 탓이다.
➡ ②·③ 무슨 일을 하더라도 머리를 써서 솜씨 있고 요령 있게 해야 한다.
④ 고사리도 꺾을 때 꺾는다.
⑤ 맛 있는 음식도 식기 전에 먹어야 한다.
⑥ 소나무는 정월(正月)에 대나무는 오월에 심어야 한다. (正松五竹)
⑦ 술은 괼 때 걸러야 한다.
⑧ 종기는 곪았을 때 짜야 한다.
⑨ 호박떡도 더워서 먹어야 한다.
➡ ④~⑨ 일은 적절한 시기(時期)에 기회를 놓치지 말고 해야 한다.
⑩ 쇠뿔도 손 대었을 때 뽑아버려라.
⑪ 쇠뿔은 단김에 빼라.
➡ ⑩·⑪ 일은 열이 나는 그 당장에 해치우도록 하라.
⑫ 꾸부릴 때는 꾸부리고 펼 때는 펴야 한다. [참고] 時詘則詘 時伸則伸 也〈荀子〉
➡ 무슨 일이든지 실정(實情)에 맞추어 신축성 있게 해야 한다.
⑬ 대가리를 삶으면 귀까지 익는다. [참고] 烹頭耳熟〈旬五志〉
➡ 중요한 부분부터 먼저 처리하도록 하라. 그러면 남은 것은 저절로 처리된다.
⑭ 게으른 놈 짐 많이 진다.
⑮ 게으른 놈 짐 탐한다.
⑯ 게으른 말 짐 탐한다.
➡ ⑭~⑯ 일을 빨리 해치우려고 한꺼번에 많이 하려고 하지 말고, 나누어서 조금씩 해나가도록 하라. 한꺼번에 하다가는 도리어 더 더디게 된다.
⑰ 큰 일이면 작은 일로 두 번 치르라.
➡ 큰 일을 할 경우에는 한꺼번에 많이 하지 말고 나누어서 조금씩 해나가도록 하라.

8. 철저(徹底)

① 풀을 베고 뿌리도 뽑는다. (翦草除根), (斬草除根)
② 풀을 베면 뿌리를 없이 하라. 〈謝氏南征記〉
③ 풀을 없애려면 뿌리까지 뽑아라.
④ 피사리에서는 뿌리째 뽑아야 한다.
➡ ①~④ 일은 철저히 해야 한다. 피사리……농작물 가운데 섞여 자란 피를 뽑아내는 일. [이 속담들은 후환이 없도록 나쁜 것은 근본부터 없애버리라는 뜻으로 사용되기도 함]

9. 순서(順序)

① 겨울이 지나지 않고 봄이 올까.
② 꽃이 펴야 열매도 연다. (先花後果)
➡ ①·② 일은 순서대로 해야 한다.
③ 급하다고 갓 쓰고 똥 쌀까.
④ 급하다고 콩마당에서 간수 칠까.
⑤ 급하면 바늘 허리에 실 매어 쓸까. [참고] 雖忙針腰繫用乎〈東言解〉
⑥ 아무리 바빠도 바늘 허리 매어 쓰지 않는다.
➡ ③~⑥ 무슨 일에나 일정한 절차와 순서가 있는 법이니, 아무리 급하더라도 순서에 따라 사리에 맞도록 일을 해야 한다.

10. 격식(格式)

① 꼴 보고 이름 짓는다. [참고] 名視其貌〈耳談續纂〉
② 체(體) 보고 옷 짓는다. [참고] 衣視其體〈耳談續纂〉
③ 체수(體數) 맞춰 옷 마른다.
④ 체수 보고 옷 지으랬다고.
➡ ①~④ 격(格)에 맞도록 일을 계획하고 처리해야 한다.
⑤ 베는 석 자라도 틀은 틀대로 해야 한다.

⑥ 석 자 베를 짜도 베틀 벌리기는 일반.
→ ⑤·⑥ 일을 많이 하거나 적게 하거나, 준비를 하고 격식을 차려야 한다.

11. 기타(其他)

① 부스럼이 크면, 고약도 크게 발라야 한다.
→ 무슨 일이든 실정(實情)에 알맞게 해야 한다.
② 하루 물림이 열흘 간다.
→ 한번 연기하기 시작하면 자꾸만 연기하기 쉬우니, 뒤로 미루지 말고 다잡아해야 한다.
③ 가을 일은 미련한 놈이 잘 한다.
→ 가을의 농촌 일은 매우 바쁘므로, 꾀를 부려 약은 수단으로 일을 하지 말고 그저 닥치는대로 해치워야 한다. 그래야 성과(成果)가 많다.
④ 농사 일은 머슴에게 물어 하고, 길쌈질은 계집종에게 물어 하라. [참고] 耕當問奴 織當問婢〈魏志〉
→ 일을 시작하려면 그 일에 능한 사람과 상의(相議)를 해서 하라.
⑤ 동여맨 놈이 푸느니라. (結者解之)
→ 일을 시작한 사람이 끝을 맺도록 해야 한다.
⑥ 나무는 먹줄을 따라 다듬어야 바르게 된다. [참고] 從繩則正〈書經〉
→ 무슨 일에서든지 계획을 세우고 계획대로 해야 한다.
⑦ 쓰러져가는 나무는 아주 쓰러뜨린다.
→ 잘 될 가망이 없는 일은 빨리 그만두도록 하라.
⑧ 뒤에 볼 나무는 그루를 돋우어라.
⑨ 뒤에 볼 나무는 뿌리를 높이 잘라라. [참고] 後見之木 高斫其根〈松南雜識, 旬五志〉
→ ⑧·⑨ 뒷일을 미리부터 생각하여 처리하도록 하라.
⑩ 나는 새〈鳥〉도 생각이 있어서 난다.
→ 무슨 일을 할 때는 목적을 분명히 해야 한다.
⑪ 담은 게으른 놈이 쌓아야 하고, 방아는 미친 년이 찧어야 한다.

➡ 돌과 흙으로 쌓는 담은 빨리 쌓으면 무너지기 쉽기 때문에 천천히 쌓아야 하고, 방아는 빨리 찧어야 하기 때문에 미친 사람처럼 찧어야 하듯이, 사람을 부릴 때는 그 일에 알맞는 사람을 배치해야 한다.

[群] 4. 경제적(經濟的) 행위(行爲)의 원리(原理)

1. 절약(節約)

① 가을 식은 밥이 봄 양식이다.
② 굳은 땅에 물이 고인다. [참고] 行潦聚亦于硬土 〈耳談續纂〉
➡ ①·② 마음을 단단히 먹고 재물(財物)을 함부로 쓰지 말고 절약해야 한다.
③ 소 같이 벌어서 쥐 같이 먹어라.
④ 소 같이 일하고 쥐 같이 먹어라.
➡ ③·④ 재산(財産)을 모으려면, 애써 벌어 헤프게 쓰지 말고 아껴 써야 한다.
⑤ 싸라기 쌀 한·말에 칠푼오리라도 오리(五厘) 없어 못 먹는다.
➡ 아무리 적은 돈이라도 우습게 여기지 말고 소중히 여겨 아껴 쓰도록 하라.
⑥ 까먹는 새를 쫓는다.
⑦ 한 알 까먹은 새도 날린다.
➡ ⑥·⑦ 보잘것 없는 것이라도 아끼도록 하라.
⑧ 강물도 쓰면 준다.
⑨ 바닷물도 쓰면 준다.
➡ ⑧·⑨ 많이 가지고 있다 하여 그것을 헤프게 써서는 안 된다.
⑩ 가을에 내 아비 재(齋)도 못 지내거든 봄에 의붓아비 재 지낼까. [참고] 秋未行之婦翁僧齋春可行乎 〈東言解〉
⑪ 봄에 의붓아비 재 지낼까.
➡ ⑩·⑪ 궁한 처지에 놓여 있을 경우에는, 그다지 긴요하지 않은 체면을 세우기 위하여 무리하게 재물을 쓰는 일이 없도록 해야 한다.

⑫ 없으면 제 아비 제사도 못 지낸다.
→ 아주 가난한 경우에는, 해야 할 중(重)한 일이 있더라도 그것을 비용(費用)을 들여 하는 일이 없도록 하라.
⑬ 혼인(婚姻)치레 말고 팔자치레 하랬다.
→ 혼인 잔치에 많은 비용(費用)을 들일 것이 아니라, 비용을 아껴서 검소하게 해야 한다.
⑭ 큰 굿 한 집에 저녁이 없다.
→ 고생을 하지 않으려면 재물(財物)을 아껴 쓰도록 하라.
⑮ 물도 아껴 쓰면 용왕(龍王)이 좋아한다.
⑯ 물을 아껴 쓰면 용왕이 돕는다.
⑰ 흐르는 물도 아껴 쓰면 용왕(龍王)이 복을 준다.
→ ⑮~⑰ 무슨 물자(物資)나 아껴 쓰도록 하라.

2. 저축(貯蓄)·간수(看守)

① 빗물도 모이면 못이 된다. (積水成淵)
② 티끌 모아 태산. (塵合泰山)
→ ①·② 적은 것이라도 많이 모으면 큰 것이 되니, 저축에 힘써야 한다.
③ 조밥도 많이 먹으면 배 부르다.
→ 보잘것 없는 것일지라도 많이 모아 두도록 하라. 그러면 한 몫 볼 수 있다.
④ 사람에 버릴 사람 없고, 물건에 버릴 물건 없다.
→ 무슨 물건이든 쓸 때가 있으니, 버리지 말고 잘 보관해 두어라.
⑤ 남편은 두레박, 아내는 항아리.
→ 남편이 벌어들인 재물을 아내는 잘 간수해야 한다.
⑥ 썩은 새끼도 쓰일 때가 있다.
→ 소용이 없다고 생각되는 폐물도 쓰일 때가 있으니, 잘 챙겨 두도록 하라.
⑦ 훔친 놈의 죄(罪)보다 잃은 놈의 죄가 크다.

➡ 도둑 맞지 않도록 항상 정신을 차려라. 도둑을 맞으면 으레 죄 없는 남들까지도 의심하게 되니 의심하는 그 자체가 죄를 짓는 셈이 된다.
⑧ 살림에는 눈이 보배다.
➡ 살림살이를 잘 보살피도록 하라.

3. 재물(財物)의 효과적(效果的) 사용(使用)

① 아끼다가 똥 된다.
② 아끼던 것이 찌로 간다. [참고] 我所珍虐竟歸人屎 〈耳談續纂〉
➡ ①·② 재물은 제 때에 유효적절하게 쓰도록 하라. 찌……똥.
③ 술·담배 참아 소〈牛〉 샀더니, 호랑이가 물어 갔다.
➡ 돈을 모으기만 할 것이 아니라, 쓸 필요성이 있을 경우에는 마땅히 써야 한다.
④ 기와 한 장 아끼다가 대들보 썩힌다. [참고] 由惜一瓦梁摧大廈 〈洌上方言〉
⑤ 닭 잡아 겪을 나그네 소 잡아 겪는다.
⑥ 새〈鳥〉 잡아 잔치할 것을 소〈牛〉 잡아 겪는다. [참고] 殼雀宴宰牛 〈旬五志〉
⑦ 좁쌀 만큼 아끼다가 담돌 만큼 손해 본다.
⑧ 한 푼 아끼다가 백냥 잃는다.
➡ ④~⑧ 너무나 인색하여 조그마한 것을 아껴서 **제때에** 쓰지 않으면 큰 손해를 보게 되는 경우가 있으므로, 재물은 제 때에 적절하게 사용해야 한다.
⑨ 한라산이 금덩이라도 쓸 놈이 없으면 못 쓴다.
➡ 아무리 재물을 많이 가지고 있더라도 쓰지 않으면 무용지물이 되므로, 재물은 유효적절하게 사용해야 한다.
⑩ 언제 쓰자는 하눌타리냐. [참고] 圓子將焉用哉 〈旬五志〉
⑪ 용천검(龍泉劍)도 쓸 줄 알아야 한다.
➡ ⑩·⑪ 귀중한 물건이라도 사용해야 할 필요성이 있을 경우에는 아끼지 말고 마땅히 사용해야 한다. 하눌타리……박과(科)에 딸린 덩굴진

풀. 용천검……옛날 중국의 보검(寶劍)의 이름.
⑫ 궤 속에서 녹 슬은 돈으로는 똥도 못 산다.
➡ 돈은 쓸 필요가 있을 때는 마땅히 써야 한다. 그래야 그 값어치를 다 하게 된다.

4. 부채상환(負債償還)·차용(借用)

① 십년 묵은 환자(還子)라도 지고 들어가면 그만이다.
➡ 오래된 빚을 빨리 갚고 떳떳하게 지내도록 하라. 환자……봄에 환곡(還穀)으로 받은 곡식을 가을에 갚는 것.
② 여수(與授)가 밑천이다.
➡ 빚을 쓴 다음에는 곧 갚도록 하라. 그렇게 하면 신용을 얻게 되어 다음부터 일이 잘 된다. 여수……주고 받음. 수수(授受).
③ 오뉴월 품앗이도 먼저 갚으랬다.
➡ 시일(時日)이 넉넉하다고 하여 오래 끌고 갈 것이 아니라, 갚을 것은 진작 갚아야 한다.
④ 꾼 값은 말 닷 되.
➡ 한 말을 꾸어 쓰면 한 말 닷 되로 갚아야 한다. 그러므로 고리로 차용하는 일이 없도록 하라.

5. 매매(賣買)

① 방앗공이는 제 산(山) 밑에서 팔아먹으랬다.
➡ 물건은 산출되는 그 본 바닥에서 팔도록 하라. 더 이익(利益)을 보려고 먼 곳에 가서 팔면 도리어 손해를 본다.
② 부잣집 외상보다 거지 맞돈이 낫다.
➡ 현금을 받고 팔도록 하라.
③ 대천(大川) 가의 논은 살 것이 아니다.
➡ 사서 손해가 될 우려가 있는 것은 아예 사지 말아야 한다.

6. 실리취득(實利取得)

① 목탁(木鐸) 귀가 밝아야 한다.
➡ 실속을 차리는 데에 민감해야 한다. [절에서 밥 먹으러 모이라는 신호로 목탁을 침]
② 꽃은 목화가 제일이다.
➡ 바깥 모양은 보잘것 없더라도, 실제의 이익(利益)만 있으면 그것을 취하도록 하라.
③ 꿀은 적어도 약과(藥果)만 달면 쓴다.
➡ 비록 품질이 좋지 않더라도 실리(實利)가 있으면 그것을 취득하도록 하라.
④ 땅을 열 길 파면 돈 한 푼 생기나.
➡ 헛 수고를 하지 말고, 소득(所得)이 있는 일을 하라.

7. 직업적응(職業適應)

① 메고 나면 상두꾼, 들고 나면 초롱꾼.
➡ 어떠한 천한 일을 하더라도 조금도 부끄러워하지 말 것이며, 경우에 따라서는 무슨 일이라도 해야 한다.
② 순(舜) 임금이 독 장사를 했을까.
➡ 천한 직업을 가지더라도 참고 견디어 나가도록 하라.
③ 천냥 잃고 조리 걸기.
➡ 직업을 버리면 손실만 얻게 되며, 보잘것 없는 짓을 하여 생계를 유지해 나갈 수 밖에 없게 되니 직업을 버리지 말도록 하라. 조리……흔히 쌀을 이는 데 쓰는 물건. 겯다……대·갈대·싸리채 같은 빳빳한 물건의 여러 오리로 씨(피륙이나 돗자리 따위를 짜는 데 가로 놓인 실이나 노)와 날이 서로 어긋매기게 짜다.

8. 기타(其他)

① 인왕산(仁旺山) 차돌을 먹고 살기로 사돈의 밥을 먹으랴.
➡ 살림이 궁하더라도 사돈의 도움은 받지 말아야 한다. 인왕산……서울 서쪽에 있는 산.
② 겉 보리 서 말만 있으면 처가살이 할까.
➡ 아무리 살기에 고생스럽더라도, 처가의 도움을 받지 말도록 하라.
③ 남의 고기 한 점 먹고, 내 고기 열 점 준다.
➡ 남으로부터 적은 이익을 얻으면 나중에는 큰 손해를 보게 되니, 그러한 일이 없도록 하라.
④ 부지런한 새〈鳥〉가 벌레 더 먹는다.
➡ 넉넉한 생활을 하려면 부지런히 일해야 한다.
⑤ 밭 팔아 논 사면 좋아도, 논 팔아 밭 사면 안 된다.
➡ 살림을 줄어드는 방향으로 경영해서는 안 된다.
⑥ 땅을 열 길을 파도 돈 한닢 안 나온다.
➡ 땅을 아무리 파도 돈 한푼 안 나오기 때문에, 한푼의 돈이라도 귀중히 여겨야 한다.

[群] 5. 인간(人間)의 심성(心性) —— 일반(一般)

1. 본성(本性)·습성(習性)의 불변(不變)

① 개〈犬〉 꼬리 삼년 두어도, 황모(黃毛) 못 된다. [참고] 狗尾三朞不成貂皮〈耳談續纂〉, 三年狗尾不爲黃毛〈東言解〉
② 개 꼬리 삼년 묻어도, 황모(黃毛) 되지 않는다.
③ 센 개 꼬리 시궁창에 삼년 묻었다 보아도, 센 개 꼬리다.
④ 흰 개 꼬리 굴뚝에 삼년 두어도, 흰 개 꼬리다.
➡ ①~④ 타고난 좋지 않은 성질은 언제까지 가도 변하지 않는다.
⑤ 뱀이 용(龍)이 되어도 뱀은 뱀이다.
➡ 본 바탕이 못된 사람은 설혹 훌륭하게 되더라도, 그의 본성은 그대로 지닌다.
⑥ 게를 똑바로 기어가게 할 수 없다.
➡ 타고난 본래의 성질은 고칠 수 없다.
⑦ 게 새끼는 나면서부터 집는다.
⑧ 게 새끼는 집고, 고양이 새끼는 할퀸다.
➡ ⑦·⑧ 본성(本性)이 악한 사람은 어려서부터 나쁜 짓을 한다.
⑨ 고운 사람은 멱 씌워도 곱다.
➡ 보기 흉하게 하기 위하여 멱서리를 씌워도 곱게 보이는 것과 같이 본색(本色)은 어쨌든 나타나기 마련이다. 멱……멱서리. 짚으로 날을 촘촘이 결어서 빈틈 없게 만든 그릇의 한 가지.
⑩ 굽은 지팡이는 그림자도 굽어 비친다.
➡ 좋지 못한 본래의 성질이나 모습은 아무리 감추려고 하더라도 숨기지 못한다.
⑪ 집에서 새는 바가지는 들에 가도 샌다.

⑫ 집에서 새는 쪽박 들에서도 샌다.
➡ ⑪~⑫ 나쁜 성질을 지닌 사람은 어디서든지 그 본색을 드러내게 된다.
⑬ 바보는 약으로 못 고친다.
➡ 날 때부터 어리석고 못난 사람은 어쩔 수 없다.
⑭ 고니의 날개는 물에 젖지 않는다.
⑮ 기러기 털은 물에 젖지 않는다.
➡ ⑭·⑮ 교양이 높은 사람은 나쁜 것에 물들지 않는다.
⑯ 조개 껍질은 녹슬지 않는다.
⑰ 호박(琥珀)은 더러운 먼지를 빨아들이지 않는다.
➡ ⑯·⑰ 착한 사람은 나쁜 짓을 받아들이지 않는다. 호박……장식용으로 쓰이는 광물.
⑱ 따오기는 먹을 감지 않아도 희다.
➡ 착한 사람은 지도를 받지 않더라도 착하게 행동한다.
⑲ 세 살 적 버릇이 여든까지 간다. [참고] 三歲之習至于八十〈耳談續纂〉
➡ 어릴 때 몸에 젖은 버릇은 늙도록 고치기 힘들다.
⑳ 어려서 굽은 나무는 커서도 굽는다.
➡ 어려서 나쁜 짓을 하는 사람은 커서도 나쁜 짓을 하게 된다.
㉑ 거지 노릇도 사흘 하면 못 버린다.
㉒ 낙숫(落水)물은 떨어진 데 또 떨어진다.
㉓ 배운 도둑질 못 고친다.
㉔ 뱀은 굼틀거리는 버릇을 못 버린다.
㉕ 제 버릇 개 못 준다.
㉖ 제 버릇 남 못 준다.
㉗ 화로불을 쬐던 사람은 요강만 봐도 쬔다.
➡ ㉑~㉗ 한번 든 버릇은 고칠 수 없거나 매우 고치기 어렵다.
㉘ 오그라진 개 꼬리 대〈竹〉 봉투에 삼년 두어도 안 펴진다.
➡ 한번 고질이 된 습벽은 고칠 수 없다.
㉙ 남산(南山)골 생원(生員)이 망하여도 걸음 걷는 보수(步數)는 남는다.

㉚ 놀던 계집이 결딴이 나도 엉덩이 짓은 남는다.
㉛ 백정이 버들잎 물고 죽는다.
㉜ 왈자가 망하여도 왼다리질 하나는 남는다.
㉝ 한량이 죽어도 기생집 울타리 밑에서 죽는다.
㉞ 행담 짜는 놈은 죽을 때도 버들잎을 둘러메고 죽는다.
➡ ㉙~㉞ 오랜 습관이 된 것은 좀처럼 떼어 버릴 수 없다. 왈자……왈패. 말이나 행동이 단정치 못하고 수선스러운 사람. 행담(行擔)……싸리나 버들 따위로 결어서 만든 길 가는 데 가지고 다니는 작은 상자.
㉟ 포도군사(捕盜軍士)의 은동곳 물어 뽑는다.
➡ 도둑이 잡혀 벌을 받고 갇힐 때에 그를 잡고 있는 포도군사의 은동곳을 몰래 물어 뽑는 것과 마찬가지로, 나쁜 제 버릇은 어디를 가서도 고치지 못한다. 은동곳……은(銀)으로 만든 동곳(상투를 짠 뒤에 풀어지지 않도록 꽂는 물건).
㊱ 구정물에 주정(酒酊)한다.
➡ 한번 든 버릇은 자신도 모르게 행동화된다.
㊲ 닭 도둑이 소 도둑 된다.
㊳ 바늘 도둑이 소 도둑 된다. [참고] 針賊大牛賊 〈東言解〉
㊴ 바늘 쌈지에서 도둑이 난다.
➡ ㊲~㊴ 처음에는 하찮은 것을 훔치다가 나중에 가서는 큰 도둑질을 하게 된다.
㊵ 등겨 먹던 개가 말경에는 쌀을 먹는다.
➡ 나쁜 짓을 처음에 조금씩 하게 되면 차차 재미를 붙여 더 크게 악화(惡化)된다.
㊶ 들어서 죽 쑤는 놈은 나가도 죽 쑨다.
➡ 집에서 하던 버릇은 집 밖에 나가서도 버리지 못한다.
㊷ 중〈僧〉은 뭣을 해도, 무릎을 꿇고 한다.
➡ 사람은 언제나 제가 지니고 있는 습성을 버리지 못한다.

2. 애정(愛情)·인심(人心)

① 내리 사랑은 있어도, 치 사랑은 없다.
➡ 윗사람이 아랫사람을 사랑하기는 쉽지마는, 아랫사람이 윗사람을 사랑하기는 어렵다.
② 잔(盞) 잡은 팔이 밖으로 펴지 못한다. [참고] 把盃之臂不外曲〈旬五志〉, 把否之腕不外卷〈洌上方言〉, 執盞之臂出曲乎〈東言解〉
③ 잔 잡은 팔이 안으로 굽는다.
④ 팔이 들이굽지 내 굽나. [참고] 臂不外曲〈旬五志, 松南雜識〉
⑤ 팔이 안으로 굽는다.〈廉想涉, 三代〉
➡ ②~⑤ 자기에게 조금이라도 더 가까운 사람에게 정(情)이 쏠리게 된다.
⑥ 타관(他官) 도방(道傍)에서는 구면(舊面)이 내 식구다.
➡ 타향(他鄉)에서는 아는 사람만 만나도 다정하게 대한다. 도방……길가.
⑦ 새〈鳥〉한 마리도 백 놈이 갈라 먹는다.
➡ 아무리 적은 것이라도 의(誼)가 좋으면 여러 사람이 서로 나눠 먹는다.
⑧ 광에서 인심 난다.
⑨ 쌀독에서 인심 난다.
➡ ⑧·⑨ 여유가 있으면 비로소 남을 돕고 생각해 줄 수 있게 된다.
⑩ 봄비가 잦으면 가을에 부인네 손이 커진다.
⑪ 봄비가 잦으면 마누라 손이 커진다.
⑫ 봄비가 잦으면 시어머니 손이 커진다.
➡ ⑩~⑫ 봄비가 잦으면 가을에 풍년이 들어 인심이 좋아진다.
⑬ 의(誼)가 좋으면 천하(天下)도 반분(半分) 한다.
➡ 사이가 좋으면 무엇이나 서로 나눠 가진다.

3. 모정(慕情)

① 갇힌 새〈鳥〉는 하늘을 그리워한다.
➡ 구속된 사람은 자유(自由)를 그리워한다.

② 나는 새도 옛 집을 그리워한다.
➡ 사람은 누구나 자기의 옛 고향을 그리워한다.
③ 떠다니는 새는 옛 숲을 그리워한다.
④ 호마(胡馬)는 북풍(北風)을 그리워한다.
➡ ③·④ 타향살이를 하는 사람은 항상 고향을 그리워한다.
⑤ 못에 갇힌 고기는 옛 놀던 물을 그리워한다.
➡ 객지(客地)에서 외롭게 지내는 사람은 고향을 몹시 그리워한다.
⑥ 말〈馬〉은 콩을 그리워한다.
➡ 좋아하는 것이 있으면 잊지 않고 항상 그리워한다.
⑦ 술〈酒〉 안주만 보아도 끊은 술 생각이 난다.
➡ 잊어버렸던 것도 그와 관련이 있는 것을 보게 되면 되살아나 그리워하게 된다.
⑧ 범도 저 자란 고향은 떠나지 않는다.
➡ 사람은 누구나 정(情)든 고향에서 떠나기를 싫어한다.

4. 연민(憐憫)·결연(缺然)

① 토끼가 죽으니 여우가 슬퍼한다.
➡ 동료의 슬픔·괴로움이나 비운(悲運)을 불쌍하게 여긴다.
② 같은 병을 앓는 사람끼리는 서로 불쌍히 여긴다. [참고] 同病相憐〈吳越春秋〉
➡ 어려운 처지에 놓인 사람들끼리는 서로 동정하며 불쌍히 여긴다.
③ 범도 잡고 나면 불쌍하다.
➡ 평소에 미웠던 사람도 죽으면 불쌍한 생각이 난다.
④ 호랑이도 쏘아 놓고 나면 불쌍하다.
➡ 아무리 밉던 사람이라도 죽게 되었을 경우에는 측은하게 여겨진다.
⑤ 여름 불도 쬐다 나면 섭섭하다.
⑥ 오뉴월 겻불도 쬐다 나면 서운하다.
⑦ 오뉴월 불도 쬐다 나면 섭섭하다. [참고] 五月炙火猶惜退坐〈耳談續纂〉, 五六月火退亦悵〈東言解〉

➡ ⑤~⑦ 대단치 않거나 귀찮은 것이라도 그것이 없어지게 되면 아쉽고 서운하게 여겨진다.
⑧ 시아버지 죽으라고 축수(祝手)했더니 동지 섣달 맨발 벗고 물 길을 때 생각난다.
⑨ 시어머니 죽으라고 축수했더니 보리방아 물 부어 놓고 생각난다.
⑩ 죽은 시어머니도 방아 찧을 때 생각난다.
➡ ⑧~⑩ 제가 미워하던 사람이나 싫어하던 것이 막상 없어지게 되면 아쉽게 생각나는 때가 있다. 축수……두 손바닥을 마주 대고 빎.
⑪ 매도 맞으려다 안 맞으면 서운하다.
⑫ 정배(定配)도 가려다 못 가면 섭섭하다.
➡ ⑪·⑫ 무슨 일을 하려다가 못 하게 되면 서운하다.

5. 애석(愛惜)

① 돈 떨어지자 입맛 난다.
② 뒤주 밑이 긁히면 밥맛이 더 난다.
➡ ①·② 무엇이나 없어지는 것을 보면 애석하게 여겨지고 그것에 대한 생각이 간절해진다.
③ 나그네 먹던 김칫국도 먹자니 더럽고 남 주자니 아깝다.
➡ 별로 가지고 싶지 않은 것이라도 남에게 주려면 아깝게 여겨진다.

6. 호상(好尙)·희락(喜樂)

① 내 땅 까마귀는 검어도 귀엽다.
➡ 사람은 누구나 제 집의, 또는 제 고향의 정(情)든 사람이나 사물을 좋아한다.
② 바람도 지난 바람이 낫다.
➡ 사람은 무엇이나 과거의 것을 좋아한다.
③ 신정(新情)이 구정(舊情)만 못하다.
④ 옷은 새 옷이 좋고 님은 옛 님이 좋다.

⑤ 옷은 새 옷이 좋고 사람은 옛 사람이 좋다.
➡ ③~⑤ 사람은 새로이 사귄 사람보다 오래 정(情)을 두고 사귀어 온 사람을 좋아한다.
⑥ 찬 물도 상(賞)이라면 좋다.
➡ 사람은 상으로서 받는 것은 무엇이나 다 좋아한다.
⑦ 굶주린 개가 뒷간을 바라보고 기뻐한다.
➡ 허기(虛飢)진 사람은 먹을 것만 보아도 좋아라 한다.
⑧ 사흘 굶은 개는 몽둥이를 맞아도 좋다고 한다.
➡ 굶주릴 때에는 비록 괴로운 일을 당하더라도 먹을 것만 얻게 되면 좋아라 한다.
⑨ 남의 소 들고 뛰는 건 구경거리.
➡ 자기와 관계가 없는 경우에는 불행한 일이라도 재미 있게 구경하게 된다.
⑩ 남의 집 불 구경 않는 군자(君子) 없다.
➡ 아무리 착하고 어진 사람이라도 남의 불행한 일도 보기에 재미 있는 것은 구경하기를 좋아한다.
⑪ 심사는 좋아도 이웃집 불 붙는 것 보고 좋아한다.
➡ 마음씨가 그다지 나쁘지 않은 사람도 남이 잘 못 되는 것을 보면 좋아한다.
⑫ 도둑은 달을 싫어한다.
➡ 나쁜 짓을 하는 사람은 사람들이 보이지 않는 곳을 좋아한다.
⑬ 개살구도 맛 들일 탓.
⑭ 쓴 배도 맛 들일 탓.
➡ ⑬·⑭ 별로 좋아하지 않는 일이지마는 거기에 취미를 붙이게 되면 그것을 좋아하게 된다.
⑮ 공것은 쓰도 달다.
⑯ 공것이라면 비상(砒霜)도 먹는다.
⑰ 공것이라면 소금도 짜다고 않는다.
⑱ 공것이라면 양잿물도 들고 마신다.
⑲ 공것이라면 자던 놈도 일어난다.

⑳ 공것이라면 초를 술이라고 해도 먹는다.
㉑ 공술이라면 삼십리도 멀지 않다.
㉒ 공술이라면 한 잔 더 먹는다.
㉓ 공술이 맛이 더 있다.
㉔ 공술 한 잔 보고 십리 간다.
㉕ 공짜라면 당나귀도 잡아 먹는다.
➡ ⑮~㉕ 사람은 공것을 좋아한다.
㉖ 고기와 자라는 깊은 물을 좋아한다.
➡ 사람은 재산이 많은 것을 좋아한다.
㉗ 닭보다 꿩을 좋아한다.
➡ 사람은 늘 보는 것보다 새로운 것을 좋아한다.
㉘ 말〈馬〉도 용마(龍馬)라면 좋아한다.
㉙ 범도 대호(大虎)라면 좋아한다.
㉚ 소〈牛〉도 대우(大牛)라면 좋아한다.
➡ ㉘~㉚ 존대(尊待)해서 말하면 상대방이 매우 좋아한다.
㉛ 봉사도 장님이라면 좋아한다.
➡ 천대(賤待)를 받는 사람이라도 존대(尊待)를 해주면 매우 좋아한다.
㉜ 똥 마다는 개 없다.
➡ 사람은 누구나 돈을 좋아한다.
㉝ 잔치에는 먹으러 가고 장사(葬事)에는 보러 간다.
➡ 혼인 잔치에서는 잘 먹기를 좋아하고 장사에서는 구경하기를 좋아한다.
㉞ 고산(高山) 강아지 감 꼬챙이 물고 나선다.
➡ 강아지가 좋아하는 고기 뼈다귀를 얻을 수 없어서 모양이 뼈다귀 비슷한 감 꼬챙이를 보고 물고 나오듯이, 살림이 궁하여 자기가 먹고 싶은 것을 먹지 못하는 사람은 그것과 비슷한 것만 보아도 좋아라 한다.
㉟ 까마귀도 내 땅 까마귀라면 반갑다.
➡ 객지(客地)에서 고향 사람을 만나면 아주 반갑게 여긴다.
㊱ 소나무가 무성하면 잣나무가 기뻐한다.

➡ 사람은 친구가 잘 되는 것을 기뻐한다.
㊲ 돼지는 목청 때문에 백정 신명을 돋군다.
➡ 백정은 돼지를 잡을 때 돼지의 죽는 소리에 신명이 나듯이, 남이 불쌍하게 된 것을 보고 즐긴다.
㊳ 큰 집을 지으면 제비와 참새도 좋아한다. [참고] 大廈成燕雀相賀〈淮南子〉
➡ 밝은 정치를 하면 평화롭게 살게 된 백성들이 즐거워한다.
㊴ 천리(千里) 길도 십리(十里).
➡ 그리운 사람을 만나러 갈 때는 길이 아무리 멀어도 고생스럽게 여기지 않고 즐거워한다.

7. 만족(滿足)·감사(感謝)·득의(得意)

① 내 배 부르니, 평안감사(平安監司)가 조카 같다.
② 제 배가 부르니, 평양(平壤)감사가 조카 같이 보인다.
➡ ①·② 잘먹고 배만 부르면, 부러운 것 없이 그것으로만 만족을 느낀다.
③ 한 잔 술에 정(情)이 든다.
➡ 사소한 것을 얻어도 성의(誠意)가 있으면 고맙게 여긴다.
④ 비단 옷을 입으면 어깨가 올라간다.
➡ 가난한 사람이 돈을 벌게 되면 신이 나서 우쭐거리게 된다.

8. 증오(憎惡)·앙심(怏心)

① 개 꼬라지 미워 낙지 산다.
➡ 사람이 고기를 사서 먹고 남은 뼈다귀를 먹는 개의 꼴이 미워서 뼈 없는 낙지를 사게 된다. 이와 같이 사람은 미운 사람이 좋아하는 일은 조금이라도 하지 않을 정도로 미운 사람을 어디까지나 철저하게 미워한다. 꼬라지……꼬락서니.
② 고운 사람 미운 데 없고, 미운 사람 고운 데 없다. [참고] 愛人無可憎

憎人無可愛〈旬五志〉
→ 한번 좋게 보면 그 사람이 하는 일은 다 옳게만 보이고, 한번 나쁘게 보면 그 사람이 하는 일은 무엇이나 다 밉게만 보인다.
③ 까마귀 열두〈十二〉 소리에 하나도 좋지 않다. [참고] 烏聲十二無一娩媚〈耳談續纂〉
→ 미운 사람이 하는 일은 하나부터 열까지 다 밉게만 보인다.
④ 며느리가 미우면 손자까지 밉다.
⑤ 중〈僧〉이 미우면 가사(袈裟)도 밉다.
→ ④·⑤ 한 사람이 미우면 그에게 딸린 사람이나 사물도 미워하게 된다.
⑥ 받으러 와도 고운 사람 있고, 주러 와도 미운 사람 있다.
→ 사람은 자기에게 약간의 불리(不利)를 주는 사람이라도 자기가 좋아하는 사람이라면 언제나 좋아하지만, 이(利)를 주는 사람이라도 자기가 미워하는 사람이라면 언제나 그를 미워하게 마련이다.
⑦ 미련한 놈 가슴에 고드름이 안 녹는다.
→ 둔하고 못난 사람이 한번 앙심을 품으면, 그는 그것을 풀지 않고 두고두고 앙갚음을 하려고 한다.

9. 염기(厭忌)

① 눈 먼 소더러 눈 멀었다 하면 성낸다.
② 늙은이도 늙었다면 싫어한다.
③ 병신보고 병신이라면 싫어한다.
④ **봉사보고 눈 멀었다 하면 싫어한다.**
⑤ **봉사보고 봉사라 하면 싫어한다.**
⑥ 소경보고 눈 멀었다 하면 노여워한다.
→ ①~⑥ 사람은 자기의 결함이나 약점에 대하여 남이 바른 말을 하면 싫어한다.
⑦ 초라니 열〈十〉은 보아도 능구리 하나는 못 본다.
→ 사람은 까불까불하고 경박한 사람보다도 엉큼한 사람을 더 싫어한

다.
⑧ 듣기 좋은 꽃 노래도 한두 번이다.
⑨ 듣기 좋은 노래도 늘 들으면 듣기 싫다. [참고] 艶歌每唱厭 〈東言解〉
⑩ 듣기 좋은 노래도 세 번 들으면 싫어진다.
➡ ⑧~⑩ 사람은 아무리 좋은 말이라도 여러 번 들으면 싫증을 느끼게 된다.
⑪ 남의 일은 오뉴월에도 손이 시리다.
➡ 사람은 남의 일을 하기 싫어한다.
⑫ 맛 있는 음식도 늘 먹으면 싫다.
➡ 아무리 좋은 일이라도 자주 되풀이하게 되면 싫증이 나게 된다.
⑬ 큰 무당이 있으면 작은 무당은 춤을 안 춘다.
➡ 자기보다 기술이 나은 사람이 보는 데서는 그 일을 하기를 꺼려한다.
⑭ 미운 놈 떡 하나 주고, 우는 놈 한 번 더 때린다.
➡ 미운 놈보다 우는 놈을 더 귀찮게 여기고 꺼려한다.
⑮ 비지 먹은 배〈腹〉는 약과도 싫다 한다.
➡ 좋지 않은 음식이나마 배불리 먹게 되면 아무리 좋은 음식일지라도 그것을 먹기를 꺼려한다.
⑯ 팔대(八代) 독자(獨子) 외아들이라도 울음 소리는 듣기 싫다.
➡ 사람은 아이의 울음 소리를 매우 싫어한다.
⑰ 등 시린 절 받기 싫다. [참고] 受背寒拜 〈東言解〉
➡ 자기가 푸대접한 사람으로부터 대접 받는 것을 꺼려한다.
⑱ 동냥치가 동냥치를 꺼린다.
➡ 이해관계(利害關係)가 있는 사람들끼리는 서로 꺼려한다. [한 동냥치가 구걸을 하고 있는 데에 또 다른 동냥치가 와서 구걸하면 그를 미워하고 꺼려함]

10. 소격(疏隔)

① 가난하면 찾아오는 벗도 없다.
② 가난하면 찾아오는 친척도 없다.

③ 가난하면 친구도 찾아오지 않는다.
④ 가난하면 친척도 멀어진다.
⑤ 가난하면 친한 사람이 적다.
➡ ①∼⑤ 사람이 가난하게 되면 친한 사람이라도 그를 멀리하게 된다.
⑥ 꿀 있는 꽃이라야 벌이 찾아 간다.
➡ 허울이 좋지마는 실속이 없는 사람에게는 가까이 하지 않는다.
⑦ 꽃이라도 십일홍(十日紅) 되면 오던 봉접(蜂蝶)도 아니 온다.
⑧ 낡이라도 고목(古木)이 되면 오던 새도 아니 온다.
⑨ 늙고 병든 몸에는 눈 먼 새도 아니 온다.
➡ ⑦∼⑨ 사람이 늙고 시들어지게 되면 그를 찾아 주지 않는다.
⑩ 터서구니 사나운 집에는 까마귀도 앉지 않는다.
➡ 집안이 말썽스럽고 불화한 집에는 아무도 와 보는 사람이 없다. 터서구니 사납다……가풍(家風)이 좋지 못하고 집안이 불화하다.

11. 괄시(恝視)·천시(賤視)

① 대신댁(大臣宅) 송아지는 백정 무서운 줄 모른다.
② 대신댁 송아지는 범 무서운 줄 모른다.
➡ ①·② 세력 있는 사람에게 의지하여 사는 사람은 그 세력을 믿고 안하무인지격(眼下無人之格)으로 남을 업신여기고 깔본다.
③ 가난하면 성(姓)도 없다.
④ 가난한 놈은 제 성도 못 가진다.
➡ ③·④ 가난하지 않은 사람은 가난한 사람을 업신여기고 깔본다.
⑤ 용(龍)이 물 밖에 나오면 개미가 침노한다.
⑥ 함정에 빠진 호랑이는 토끼도 깔본다.
➡ ⑤·⑥ 권세를 가졌던 사람이 그것을 잃고 나면 세인(世人)들은 그를 업신여기고 깔본다.
⑦ 고니는 귀하게 여기고 닭은 천하게 여긴다.
⑧ 따오기는 귀하게 여기고 닭은 천하게 여긴다.
➡ ⑦·⑧ 먼 데 있는 것은 귀하게 여기고 가까이에 있는 것은 천하게

여기듯이, 남의 것은 귀하게 여기면서 자기의 것은 천시한다. 고니……오리과(科)에 딸린 물에 사는 큰 보호조. 따오기……따오기과(科)에 딸린 새.
⑨ 흉년의 떡도 많이 나면 싸다.
➡ 귀한 물건이라도 많이 나면 천시하게 된다.
⑩ 내가 중〈僧〉이 되니 고기가 천하다. [참고] 我爲僧魚肉賤〈東言解〉
➡ 사람은 무엇이나 필요하여 구할 때는 그것을 귀한 것으로 여기지마는, 필요 없게 되면 그것을 천한 것으로 여기게 된다.

12. 분노(忿怒)・해원(解冤)

① 부처님도 화 낼 때가 있다.
➡ 아무리 착한 사람이라도 남이 지나친 행동을 하면 화를 낸다.
② 강철(鋼鐵)이 달면 더 뜨겁다.
➡ 더디 다는 강철이 달면 보통 쇠보다 더 뜨거운 것과 마찬가지로, 웬만해서는 사물(事物)에 잘 움직이지 않고 화도 낼 것 같지 않은 사람이 한번 성나면 한층 더 무섭게 된다.
③ 느린 소〈牛〉도 성낼 적이 있다. [참고] 綏牛怒〈東言解〉
④ 뜬 솥도 달면 무섭다.
⑤ 뜬 쇠도 달면 어렵다.
➡ ③~⑤ 성질이 느리고 온화하고 무던한 사람이라도 무섭게 성을 내는 수가 있다.
⑥ 뒷간 문은 열수록 구린내만 난다.
➡ 악한 짓을 보면 볼수록 의분(義憤)이 커진다.
⑦ 골 나면 보리방아 더 잘 찧는다.
➡ 사람은 골이 나면 분풀이로 기세(氣勢)를 돋우어 힘차게 일을 하게 된다.
⑧ 부앗김에 서방질 한다.
⑨ 속 상하는데 서방질 한다.
⑩ 홧김에 서방질(화냥질) 한다.

→ ⑧~⑩ 사람은 분에 못 이기면 분풀이로 이성(理性)을 잃고 잘못을 저지르기 쉽다.

13. 놀람

① 대가리 보고 놀란 놈은 꼬리만 봐도 놀란다.
② 더위 먹은 소 달만 봐도 허덕인다.
③ 뜨거운 국에 덴 개는 물만 봐도 무서워한다.
④ 뱀에 놀란 사람은 새끼만 봐도 놀란다.
⑤ 자라 보고 놀란 가슴 솥뚜껑 보고 놀란다.
→ ①~⑤ 무엇에 한번 놀란 사람은 그와 비슷한 것만 봐도 놀란다.

14. 위축(萎縮)

① 가진 돈이 없으면 망건 꼴이 나쁘다.
→ 가지고 다니는 돈이 없으면 그 만큼 겉모양도 허술해 보이고 마음이 떳떳하지 못하다.
② 빚 지면 문서(文書) 없는 종이 된다.
③ 빚 진 놈이 죄(罪) 지은 놈이다.
④ 빚 진 종이라.
→ ②~④ 빚을 진 사람은 빚을 준 사람 앞에서는 기(氣)가 죽어 떳떳하지 못하다.

15. 평온(平穩)·불안(不安)

① 도둑질 한 사람은 오그리고 자고, 도둑 맞은 사람은 펴고 잔다.
② 때린 놈은 가로 가고, 맞은 놈은 가운데로 간다.
③ 때린 놈은 다리를 못 뻗고 자도, 맞은 놈은 다리를 뻗고 잔다.
④ 친 사람은 다리를 오그리고 자고, 맞은 사람은 다리를 펴고 잔다.
→ ①~④ 남을 괴롭힌 가해자(加害者)는 뒷 일이 걱정되어 마음이 불안

하지마는, 해(害)를 입은 사람은 마음이 평온하다.

16. 과언(寡言)·다언(多言)·변명(辯明)·핑계

① 담긴 통(桶)의 소리는 적고 빈 통의 소리는 크다.
➡ 많이 아는 사람은 말을 적게 하는데, 모르는 사람일수록 말을 많이 한다.
② 과부가 아이를 낳아도 할 말이 있다.
③ 과부가 아이를 배도 할 말이 있다.
④ 처녀가 아이를 낳고도 할 말이 있다.
⑤ 도둑질을 하다 들켜도 변명을 한다.
⑥ 도둑질을 하다 들켜도 발명(發明)한다.
➡ ②~⑥ 사람은 무슨 일에나 잘못을 변명하는 심리를 가진다. 발명……변명, 발뺌.
⑦ 늙어서 죽어도 동티(動土)에 죽는다.
⑧ 똥 싼 년이 핑계 없을까.
⑨ 여든 나도 방아 동티에 죽는다.
⑩ 여든에 죽어도 핑계에 죽는다.
⑪ 핑계가 좋아서 사돈네 집에 간다.
⑫ 핑계 없는 무덤 없다.
➡ ⑦~⑫ 사람은 누구나 핑계를 하기 마련이다. 동티……건드려서는 안 될 땅을 파거나 돌을 다치거나 나무를 벨 때, 이것을 맡은 지신(地神)의 성냄을 입어 재앙(災殃)을 받는다는 일, 또는 그 재앙.

17. 자회(自晦)·누설(漏泄)

① 무는 개는 이빨을 보이지 않는다. [참고] 噬犬不見其齒〈新論〉
➡ 남을 해치려는 사람은 그 의도를 감추어 드러내지 않는다.
② 한 품에 든 임의 마음도 알 수 없다.
➡ 사람은 아무리 친한 사람에 대해서라도 말해서는 안 될 것을 드러내

지 않는다.
③ 속에 옥을 지닌 사람은 허술한 옷을 입는다. [참고] 被褐懷玉〈老子〉
➡ 훌륭한 사람은 세상에 알려지려고 하지 않는다.
④ 속에 숨은 말〈言〉은 술이 몰아낸다.
➡ 술에 취하면 속에 간직한 비밀도 누설하게 된다.

18. 의향(意向)

① 노루 본 놈이 그물을 질머진다.
➡ 이(利)가 될 것을 직접 본 사람이 그것을 얻으려는 생각을 일으킨다.
② 말은 노상 뛸 생각만 한다.
➡ 사람은 누구나 자기의 본성(本性)대로 하고 싶어한다.
③ 절에 가면 중 노릇 하고 싶다.
④ 절에 가면 중 되고 싶고 마을에 가면 속인(俗人) 되고 싶다.
➡ ③·④ 흔히 사람은 주견(主見) 없이 남의 일을 보면 그것이 좋게 여겨져 그것을 하고 싶은 마음을 일으킨다.

19. 욕심(慾心)

① 골짜기는 채우기 쉬워도, 사람의 마음은 채우기 어렵다. [참고] 谿壑易滿 人心難滿〈菜根譚〉
② 말〈馬〉 타면 경마 잡히고 싶다. [참고] 騎馬欲率奴〈旬五志, 松南雜識〉, 旣乘馬又思牽者〈耳談續纂〉, 乘馬欲有牽〈東言解〉
③ 바다는 메워도, 사람의 욕심은 못 채운다.
➡ ①~③ 사람의 욕심은 한(限)이 없다.
④ 학(鶴)은 거북이 나이를 부러워한다.
➡ 사람의 욕심은 한(限)이 없어서 부자가 되어도 더 큰 부자가 되려고 한다.
⑤ 익은 고기 보고 침 안 삼키는 사람 없다.
➡ 사람은 누구나 좋은 것을 탐낸다.

⑥ 어느 말〈馬〉이 물 말다 하고 여물 말다 하랴.
➡ 말하지 않더라도 사람은 누구나 자기 나름대로의 욕심을 가지고 있다.
⑦ 딸의 굿에 가도 자루 아홉을 가지고 간다.
⑧ 딸의 굿에 가도 전대가 셋.
➡ ⑦·⑧ 자기 딸을 위하여 하는 굿에도 무엇을 담아 올 것을 가지고 가듯이, 사람은 무슨 일에나 자기 이익을 꾀한다. 전대……무명이나 베 헝겊으로 길게 만든 자루.
⑨ 떡 다 건지는 며느리 없다.
➡ 며느리가 시집에서 천대를 받고 밥도 제대로 얻어 먹지 못하기 때문에 떡을 건질 때는 좀 남겨 두었다가 뒤에 남 몰래 먹듯이, 사람은 남의 눈을 피하여 자기의 실속을 차리는 성향(性向)을 지니고 있다.

20. 이기(利己)·타산(打算)

① 무당은 병(病)이 생기라고 빌고, 관(棺) 짜는 목수는 사람 죽기만 기다린다.
➡ 흔히, 사람은 남의 불행(不幸)은 조금도 생각하지 않고, 자기의 이익(利益)만을 추구한다.
② 부처님 위해 불공하나, 제 몸 위해 불공하지.
➡ 사람은 무슨 일에서나 자기에게 이(利)로운 것을 염두에 두고 한다.
③ 동성(同姓) 아주머니 술도 싸야 사 먹는다.
④ 아주머니 떡도 싸야 사 먹는다.
⑤ 할아버지 떡도 커야 사 먹는다.
➡ ③~⑤ 아무리 친한 사이에서라도 이해타산(利害打算)을 한다.
⑥ 대감(大監) 말〈馬〉 죽은 데는 가도, 대감 죽은 데는 안 간다.
⑦ 호장(戶長) 댁네 죽은 데는 가도, 호장 죽은 데는 가지 않는다.
⑧ 좌수상사(座首喪事)라.
➡ ⑥~⑧ 흔히 사람은 체면이나 이익을 저울질하여 유리(有利)한 쪽으로 기울어지게 된다. 호장……고려 때 향리(鄕吏)의 으뜸 구실, 신라

시대에는 촌주(村主). 좌수……조선조 때 주(州)·부(府)·군(郡)·현(縣)에 두었던 향청(鄕聽)의 우두머리.
⑨ 인정(人情)은 바리로 싣고, 진상(進上)은 꼬챙이로 꿴다.
⑩ 진상은 꼬챙이로 꿰고, 인정은 바리로 싣는다.
➡ ⑨·⑩ 나라에 바치는 것은 꼬챙이로 꿸 만큼 적고 관원(官員)에게 주는 뇌물은 바리로 실을 정도로 많듯이, 사람은 이해관계(利害關係)를 따져 남을 대우하기 마련이다.

21. 자기본위(自己本位)

① 넉달 가뭄에도 하루만 더 개었으면 한다.
② 백일 장마에도 하루만 더 비 왔으면 한다.
➡ ①·② 사람은 일기(日氣)에 대해서는 자기본위로 어떠한 날씨가 되었으면 좋겠다고 바란다.
③ 갓 쓰고 박치기 해도 제 멋.
④ 도포(道袍)를 입고 논을 갈아도 제 멋.
⑤ 동냥 자루도 제 멋에 찬다.
⑥ 동냥치 첩(妾)도 제 멋에 취한다.
⑦ 오이를 거꾸로 먹어도 제 멋.
➡ ③~⑦ 사람은 남이야 뭐라 하든지 상관하지 않고 자기가 하고 싶은 대로 마음대로 한다. [제가 좋아서 하는 짓이니, 거기에 관여할 바가 아니다라는 뜻으로도 사용됨]
⑧ 소금을 지고 물에 들어가도 제 멋이다.
➡ 손해 보는 짓이라도 제가 하고 싶으면 한다.

22. 자조(自助)·노력(努力)

① 벙어리가 말을 못 해도 서방질은 한다.
➡ 아무리 못난 사람이라도 자기가 할 일은 자기가 다 한다.
② 소 잃은 놈은 소 찾고, 말 잃은 놈은 말 찾는다.

➡ 사람은 누구나 자기에게 필요한 일을 하게 마련이다.
③ 사공(沙工)이 배를 더 타게 마련이다.
➡ 어떤 일에 책임을 지고 있는 사람은 남보다 일을 더 하게 된다.
④ 중상(重賞) 아래 반드시 날랜 사람이 있다.
➡ 큰 소득(所得)을 바라는 사람은 열심히 노력한다.
⑤ 김 매는데 주인(主人)이 아흔아홉 몫 맨다.
➡ 남을 부려서 하는 일에서는 주인은 애를 많이 쓰며 노력한다.

23. 관심(關心)

① 나그네 귀는 간짓대 귀.
② 나그네 귀는 석 자라.
➡ ①~② 나그네는 주인과 그 집 사람들에 대하여 신경을 쓰므로, 소근 소근하는 그들의 말에 관심을 두고 듣게 된다. 간짓대……대나무로 만든 긴 장대.
③ 거지 눈에는 밥만 보인다.
④ 거지는 부엌부터 들여다본다.
⑤ 거지는 밥그릇 소리에 깬다.
⑥ 금산(錦山) 체 장수 말 꼬리 먼저 본다.
➡ ③~⑥ 사람은 누구나 자기와 이해관계(利害關係)가 있는 일에 관심(關心)을 많이 쓴다.
⑦ 사돈네 집에 가도 부엌부터 들여다본다.
➡ 사람은 언제나 먹는 데 관심을 많이 쓴다.

24. 자기보호(自己保護)

① 급하면 관세음보살. [참고] 臨急誦觀世音〈松南雜識〉
② 급하면 부처 다리를 안는다.
③ 물에 빠지면 짚이라도 잡는다.
➡ ①~③ 사람은 위급한 처지에 놓이면 어쩔 줄 몰라 닥치는대로 아무

에게나 잡고 늘어져 구호(救護)를 받으려고 한다.
④ 급하면 엄나무도 잡는다.
➡ 평소에 귀신의 존재를 부정(否定)하는 사람이라도 위급하게 되면 귀신의 도움을 받으려고 한다. 엄나무……두릅나무과(科)에 딸린 갈잎 큰키나무.
⑤ 급하면 임금 망건 사러 가는 돈이라도 쓴다.
⑥ 나라 상감님 망건 값도 쓴다.
➡ ⑤·⑥ 급하고 어려운 경우에 부딪히게 되면 당장 큰 일이 생길지라도 어려움에 대처해 나가기 위하여 남의 돈을 가져다 쓰게 된다.
⑦ 중〈僧〉의 망건 사러 가는 돈이라도.
➡ 급하면 어떻게 해서라도 돈을 구하여 어려움에서 벗어나려고 한다.
⑧ 굶으면 아낄 것 없이 통비단도 한끼라.
⑨ 비단이 한끼라.
➡ ⑧·⑨ 가난하여 굶주리게 되면, 한끼 밖에는 못 먹게 될지라도 간직했던 비단을 팔아 우선 살아나 보자고 할 정도로, 사람은 곤경에 빠지면 살기 위해서 간직했던 물건을 팔아 버리게 된다.
⑩ 개〈犬〉가 물똥을 마다하지 않는다.
⑪ 굶주린 놈이 찬 밥, 더운 밥을 가리지 않는다.
⑫ 굶주린 범은 가재도 먹는다.
⑬ 굶주린 사람은 털도 먹는다.
⑭ 굶주린 호랑이가 고자라고 마다하지 않는다.
⑮ 범도 시장하면, 가재를 잡아 먹는다.
⑯ 범도 시장하면, 나비를 잡아 먹는다.
⑰ 범도 시장하면, 왕개미를 먹는다.
⑱ 사흘 굶은 범이 원님을 안다더냐.
⑲ 새벽 호랑이가 중〈僧〉이나 개〈犬〉를 헤아리지 않는다.
⑳ 새벽 호랑이가 쥐나 개나 모기나.
㉑ 하루살이나 하는 판.
㉒ 없는 놈은 찬 밥, 더운 밥 안 가린다.
➡ ⑩~㉒ 긴급할 때는 무엇이나 닥치는대로 가리지 않고 취하여 어려움

에서 벗어나려고 한다.
㉓ 막다른 골목이 되면 돌아선다.
➡ 사람은 누구나 곤경에 빠지면 거기서 벗어나려는 궁리를 하게 마련이다.
㉔ 몽둥이 뜸질에 앉은뱅이도 도망친다.
➡ 사람은 누구나 남의 가혹(苛酷)한 짓에서 벗어나려고 한다.
㉕ 갑갑한 놈이 송사(訟事) 한다.
㉖ 목 마른 놈이 우물 판다. 〈蔡萬植, 太平天下〉
➡ ㉕·㉖ 사람은 급하게 되면 문제를 해결하기 위하여 서둘러서 일을 시작하게 된다.
㉗ 내 발등의 불을 꺼야 아들 발등의 불을 끈다.
㉘ 내 발등의 불을 꺼야 아비 발등의 불을 본다.
㉙ 제 발등의 불을 먼저 끄고 아비 발등의 불을 끈다.
➡ ㉗~㉙ 자기나 다른 사람이 다급한 일을 당하여도 자기의 문제를 먼저 처리하려고 한다.
㉚ 군자(君子) 말년에 배추씨 장사 한다.
➡ 학문이나 덕망이 높은 사람이라도 늙어서 가난하게 되면 배추씨 장사라도 하게 되듯이, 가난해지면 사람은 체면도 차리지 않고 아무 일이나 하게 된다.
㉛ 호랑이에게 물려 갈 줄 알면 누가 산(山)에 갈까.
㉜ 호환(虎患)을 미리 알면 산에 갈 이 뉘 있으랴.
➡ ㉛·㉜ 사람은 매우 위험하다고 생각되는 일은 자기보호를 위하여 아예 하지 않는다.

25. 공격(攻擊)·보복(報復)

① 개〈犬〉가 미치면 사람을 가리지 않고 문다.
➡ 사람이 이성(理性)을 잃게 되면 아무에게나 함부로 덤빈다.
② 며느리 늙어 시어미 된다. [참고] 婦老爲姑 〈東言解〉
③ 며느리 자라 시어미 되니, 시어미 티 더한다. [참고] 婦老爲姑彌不效

尤〈耳談續纂〉
④ 종이 종을 부리면, 식칼로 형문(刑問) 한다.
➡ ②~④ 남에게 눌려 지내던 사람은 자기의 과거를 생각하지 않고 아랫사람에 대하여 더 심하게 군다.
⑤ 방망이로 맞고, 홍두깨로 때린다.
⑥ 방망이로 얻어 맞은 놈 홍두깨로 친다.
➡ ⑤·⑥ 흔히 사람은 자기가 당한 것보다 더 크게 앙갚음을 한다.

26. 반항(反抗)·굴복(屈服)

① 굼벵이도 다치면 꾸풀한다.
② 굼벵이도 디디면 꿈틀한다.
➡ ①·② 아무리 약한 사람이라도 멸시를 당하면 반항을 하게 된다.
③ 참새가 방앗간에 치어 죽어도 쩍 하고 죽는다.
➡ 아무리 약한 사람이라도 막다른 경우에 이르면 반항을 하게 된다.
④ 궁서(窮鼠)가 고양이를 문다.
➡ 처지가 궁박해진 사람은 상대(相對)가 강자(强者)일지라도 용기를 내어 그에게 반항하게 된다.
⑤ 마치가 가벼우면 못이 솟는다. [참고] 椎輕釘聳〈旬五志〉
⑥ 방망이가 가벼우면 주름이 잡힌다.
➡ ⑤·⑥ 윗사람이 엄격하게 하지 않으면 아랫사람은 반항하게 된다.
⑦ 바람이 불면 나무 뿌리는 깊어진다.
➡ 탄압을 하면 탄압을 받는 사람은 저항하게 된다.
⑧ 달고 치는데 아니 맞는 장수가 있나.
⑨ 매 위에 장사(壯士) 있나. [참고] 惟杖無將〈耳談續纂〉
➡ ⑧·⑨ 사람은 불가항력(不可抗力)에는 굴복하기 마련이다.

27. 추종(追從)

① 개〈犬〉는 안 주인을 따르고, 소는 바깥 주인을 따른다.

➡ 아이나 동물은 좋아하는 사람을 따른다.
② 골이 깊어야 범도 있고, 숲이 깊어야 도깨비도 있다.
③ 물이 깊어야 고기가 모인다.
④ 산이 깊어야 범이 있다.
⑤ 숲이 깊어야 도깨비가 나온다.
➡ ②~⑤ 사람은 덕(德)이 많은 사람을 따르게 된다.
⑥ 남의 술에 삼십리 간다.
➡ 자기는 가고 싶은 생각이 없으나 술을 받아 주겠다는 권유에 못 이겨 삼십리나 따라가듯이, 사람은 남이 간절히 권유하면 그를 따르게 마련이다.
⑦ 물이 줄어들면 고기는 깊은 물로 돌아간다. [참고] 涸魚返淸源〈白居易〉
➡ 권세가 없어지면 오던 사람들도 권세가 있는 사람에게 따라가게 된다.

28. 유유상종(類類相從)

① 가재는 게 편이다.
② 같은 깃의 새는 같이 모인다.
③ 거지는 거지 친구를 좋아한다.
④ 검정개는 돼지 편이다.
⑤ 까치는 까치끼리 어울린다.
⑥ 문둥이는 문둥이 친구를 좋아한다.
⑦ 소리개는 매 편이다.
⑧ 초록(草綠)은 동색(同色). [참고] 綠雖異織終是一色〈耳談續纂〉
⑨ 축은 축대로 붙는다.
➡ ①~⑨ 사람은 서로 비슷한 사람끼리 서로 친하게 따르며 어울리게 된다. 축……일정한 특성으로 나뉘는 사람들의 부류(部類).
⑩ 무는 말〈馬〉 있는 데 차는 말 간다. [참고] 噬馬廄踶馬〈東言解〉
➡ 나쁜 사람들은 그들끼리 어울리게 된다.

29. 상응(相應)·응락(應諾)·응종(應從)

① 소〈牛〉가 우는데 소가 따라 운다.
➡ 같은 무리끼리는 서로 마음이 잘 통한다.
② 말〈馬〉 우는 데 말 가고, 소〈牛〉 우는 데 소 간다.
➡ 같은 처지에 있는 사람들은 누가 호소하면 서로 응하여 부탁을 들어 주게 된다.
③ 기름 먹인 가죽이 부드럽다.
➡ 뇌물을 받은 사람은 남의 부탁을 잘 들어준다.
④ 취중(醉中)에 이웃집 땅 사 준다.
➡ 술에 취한 사람은 남의 부탁을 잘 들어준다.
⑤ 범도 과부 외아들이라면 물어 가다가도 놓아 준다.
⑥ 범도 삼대(三代) 독자라면 잡아 먹지 않는다.
➡ ⑤·⑥ 아무리 포악한 사람이라도 딱한 사람의 간절한 부탁을 들어준다.
⑦ 오는 떡이 두터워야 가는 떡이 두텁다.
➡ 저 쪽에서 보내는 정분(情分)의 두텁고 엷음에 따라 이 쪽의 대응책이 결정된다.
⑧ 물은 트는대로 흐른다.
➡ 길을 트는대로 물이 따라 흐르듯이, 사람도 가르치는대로 응하게 된다.

30. 용서(容恕)·화목(和睦)

① 꼬리 치는 개〈犬〉는 때리지 못한다.
➡ 설령 잘못이 있더라도, 웃으며 상냥하게 대하는 사람에게는 용서를 해준다.
② 비는 장수 목 벨 수 없다.
③ 비는 데는 무쇠도 녹는다.
➡ ②·③ 잘못을 뉘우치고 비는 사람에게는 아무리 완고한 사람이라도

그를 용서해 준다.
④ 마음이 맞으면 삶은 도토리 한 알을 가지고도 시장 멈춤을 한다.
⑤ 의(誼)가 좋으면 세 어이딸이 도토리 한 알을 먹어도 시장 멈춤을 한다.
➡ ④・⑤ 사이가 좋고 마음이 맞는 사람들끼리는 고난 가운데서도 불평 없이 서로 도우며 화목하게 잘 지낸다. 어이딸……모녀(母女).

31. 친근(親近)

① 가까운 남이 먼 일가보다 낫다.
② 먼 사촌보다 가까운 이웃이 낫다.
③ 이웃 사촌.
④ 지척(咫尺)의 원수가 천리(千里)의 벗이라.
➡ ①~④ 사람은 멀리 있는 친척보다도 이웃에서 자주 만나는 사람과 더 친근해진다.
⑤ 소금 밥에 정(情) 붙는다.
➡ 사람은 성의(誠意)껏 음식물을 지어 대접해 주는 가난한 사람에 대해서는 매우 고맙게 여기며 그와 친근하게 된다.

32. 소원(疎遠)・냉정(冷情)・불화(不和)

① 빈 틈에 바람 난다.
➡ 사이가 뜨면 뜰수록 그 만큼 정의(情誼)는 멀어지게 된다.
② 호랑이와 사슴은 같이 놀지 않는다. [참고] 虎鹿不同遊〈淮南子〉
➡ 강자(强者)와 약자(弱者)는 서로 가까이 지내지 않는다.
③ 한 다리가 천리(千里).
④ 한 치 건너 두 치.
➡ ③・④ 사람은 조금이라도 더 가까운 사람에게 정이 쏠리며, 촌수가 먼 사람에게는 자연적으로 등한하게 된다.
⑤ 물은 얼면 차갑게 된다. [참고] 凝水其寒〈松齋公家訓〉

➡ 사랑이 식으면 냉정하게 된다.
⑥ 한 솥의 밥 먹고도 송사(訟事) 한다. [참고] 一鼎食赴訟 〈東言解〉
⑦ 한 자루에 양식(糧食) 넣어도 송사 한다.
➡ ⑥·⑦ 흔히 사람은 정분(情分)이 친밀한 사이에서라도 하찮은 일을 가지고 서로 다투게 된다.

33. 대우(待遇)·불고(不顧)

① 돈만 있으면, 개도 멍첨지(僉知)라.
➡ 천한 사람도 돈만 있으면 남들이 귀하게 대우해준다. 멍첨지……개〈犬〉가 멍멍 짖으므로 멍가 성(姓)을 가진 첨지라고 함. 첨지……영감. 조선조 때의 관직(官職)의 하나.
② 보채는 아이 밥 한 술 더 준다.
③ 보채는 아이 젖 준다.
④ 울지 않는 아이 젖 줄까.
➡ ②~④ 가만히 있지 않고 간청하는 사람에게는 더 잘해주기 마련이다.
⑤ 말이 고우면, 비지 사러 갔다가 두부 사 온다.
➡ 사람은 상대방의 태도가 마음에 들고 뜻이 고마우면, 상대방에게 훨씬 후(厚)하게 해준다.
⑥ 개〈犬〉도 무는 개를 돌아본다. [참고] 諸狗趍後 必顧瘋狗 〈耳談續纂〉
⑦ 개〈犬〉도 사나운 개를 돌아본다.
➡ ⑥·⑦ 바른 말을 하거나 보채거나 귀찮게 굴어야만 말을 들어주거나 대우를 받게 되는 것이어서 너무 순하기만 하면 도리어 사람 대접을 해주지 않는다. [영악하고 험한 사람에게 해를 입지 않도록 그를 잘 대하고 조심해야 한다는 뜻으로도 사용됨]
⑧ 깨가 귀하다고 해도 기름을 짜고 나면 버린다.
➡ 학식이나 재능을 지닌 사람을 처음에는 우대하지마는 그것을 다 이용하게 되면 그를 푸대접한다.
⑨ 고기를 잡고 나면 바리를 버린다.

⑩ 고기를 잡고 나면 바리를 잊게 된다. [참고] 得魚忘筌〈莊子〉
⑪ 내〈川〉를 건너간 놈은 지팡이를 팽개친다.
⑫ 물을 건너면 지팡이를 버린다.
⑬ 토끼를 다 잡으면 사냥개를 삶는다.
⑭ 토끼를 잡고 나면 올무를 버린다.
➡ ⑨~⑭ 자기가 필요한 때는 사람이나 사물을 긴요하게 이용하지마는, 이용가치(利用價値)가 없을 경우에는 함부로 다루거나 돌보지 않는다. 올무……새나 짐승을 잡는 올가미.
⑮ 말을 기르는 사람은 닭·돼지를 돌보지 않는다. [참고] 畜馬乘不察雞豚〈大學〉
⑯ 사슴을 쫓는 사람은 토끼를 돌보지 않는다. [참고] 逐鹿者不顧兎〈淮南子〉
➡ ⑮·⑯ 큰 일을 하는 사람은 작은 일을 돌보지 않는다.
⑰ 나 낳은 후에야 에미 몫이 바르거나 기울거나.
➡ 자기 일만 좋게 끝나 버리면 그 일을 하는 데에 필요했거나 도움이 된 것도 돌보지 않는다.

34. 자제(自制)

① 귀신(鬼神)은 경문(經文)에 막히고, 사람은 인정(人情)에 막힌다.
➡ 사람은 인정이 있어서 사정하는 사람에게는 심하게 대하지 않는다.
② 도끼 가진 놈이 바늘 가진 놈을 못 당한다.
③ 바늘 가진 사람이 도끼 가진 사람에게 이긴다.
➡ ②·③ 바늘을 가지고 휘둘러도 상대편을 별로 상해하지 않으나 도끼를 휘두르면 상대편에게 치명적인 상해를 주거나 그를 죽이게 되므로 강한 힘을 지닌 사람은 그것을 함부로 사용하지 않고 삼가듯이, 그는 자기의 감정이나 욕망을 억제한다.
④ 독을 보아 쥐를 못 친다.
⑤ 쥐를 때리려 해도 접시가 아깝다.
➡ ④·⑤ 해(害)가 되는 것을 처리해 버리려고 해도 그 때문에 다른 해

가 생길까 두려워 못 하고 참는다.
⑥ 봉(鳳)은 먹이를 탐내지 않는다. [참고] 鳳不貪餕〈楚辞〉
➡ 훌륭한 사람은 재물을 탐내지 않는다.

35. 외모단정(外貌端正)·체면유지(體面維持)·수조(守操)

① 맛 좋은 실과는 겉모양도 좋다.
➡ 마음이 착한 사람은 외모를 단정하게 한다.
② 닷새를 굶어도 풍잠(風簪) 멋으로 산다.
➡ 체면을 중시하는 사람은 그것을 유지하기 위하여 온갖 곤란을 다 참고 견딘다. 풍잠……망건 앞쪽에 꾸미는 물건.
③ 나귀는 샌님만 섬긴다.
➡ 보잘것 없는 사람이라도 자기의 지조(志操)를 지킨다.
④ 물클어져도 준치, 썩어도 생치(生雉).
⑤ 봉(鳳)은 굶어도 좁쌀은 먹지 않는다.
⑥ 썩어도 생치.
➡ ④~⑥ 훌륭한 사람은 아무리 고생스럽더라도 그의 본성(本性)을 유지해 나간다. 준치……청어과의 바다 물고기. 생치……익히지 않은 생것으로서의 꿩.

36. 허세(虛勢)·압제(壓制)

① 금(金) 없는 곳에서는 구리가 보배 노릇을 한다.
② 범 없는 골에서는 토끼가 스승이다. [참고] 谷無虎先生兎〈洌上方言〉
③ 사자 없는 산에서는 토끼가 대장 노릇을 한다.
④ 호랑이 없는 골에서는 토끼가 선생 노릇을 한다.
⑤ 호랑이 없는 산에서는 삵쾡이가 호랑이 노릇을 한다. [참고] 無虎洞中狸作虎〈東言解〉
➡ ①~⑤ 잘나고 세력이 있는 사람이 없는 곳에서는 못나고 약한 사람이 잘난 체하며 기세(氣勢)를 부린다.

⑥ 개도 텃세 한다.
⑦ 닭 싸움에도 텃세 한다.
➡ ⑥·⑦ 먼저 터를 잡고 사는 사람은 나중에 전입(轉入)하여 사는 사람에게 잘난 체하며 기세(氣勢)를 부린다.
⑧ 호랑이는 덮친다.
➡ 강한 자는 약한 자를 누른다.

37. 착취(搾取)·포악(暴惡)·악행(惡行)

① 큰 고기는 작은 고기를 잡아 먹는다.
➡ 강한 자는 약한 자를 착취한다.
② 굶주린 매는 사납게 덮친다.
➡ 굶주리면 성질이 사나와진다.
③ 양반도 사흘 굶으면 도둑질 한다.
④ 열흘 굶어 군자(君子) 없다.
➡ ③·④ 아무리 점잖은 사람이라도 굶주리게 되면 서슴지 않고 나쁜 짓을 하게 된다.
⑤ 구복(口服)이 원수라.
⑥ 목구멍이 포도청.
⑦ 사흘 굶어 담 아니 넘을 놈 없다.
⑧ 사흘 굶어 도둑질 아니 할 놈 없다.
➡ ⑤~⑧ 사람은 굶주리면 마음이 변하여 불가피하게 나쁜 짓을 하게 된다.
⑨ 고기가 썩으면 구더기가 생긴다.
➡ 마음에 녹이 슨 사람은 나쁜 짓을 하게 된다.
⑩ 번개가 잦으면 벼락을 친다.
➡ 나쁜 행동을 자주 하게 되면 큰 일을 저지르게 된다.

38. 망은(忘恩)·배은(背恩)

① 거지는 고마운 줄 모른다.
➡ 언제나 남에게 신세를 지거나 덕을 입고 지내는 사람은 고마워 할 줄 모른다.
② 날 샌 은혜 없다.[참고] 曆日無恩〈耳談續纂〉
➡ 남에게 신세를 지거나 은혜를 입고서도 시일(時日)이 지남에 따라 차차 잊어버리게 된다.
③ 더위가 가면 그늘 덕을 잊는다.
➡ 남의 은덕(恩德)을 입고도 바로 곧 잊어버리는 사람이 있다.
④ 검은 머리 가진 짐승은 구제 말란다.
⑤ 사람은 구하면 앙문을 하고, 짐승은 구하면 은혜를 안다.
➡ ④·⑤ 사람들 가운데는 짐승보다 못할 정도로 자기가 진 은혜를 잊어버리는 사람이 허다하다.
⑥ 개〈犬〉도 미치면 주인을 문다.
⑦ 기르는 개에도 무는 개가 있다.
➡ ⑥·⑦ 변절한 사람은 은인(恩人)도 해친다.

39. 망각(忘却) · 각심(刻心)

① 밤 잔 원수 없다.〈古本春香傳〉
➡ 남에게 원한을 품고 있다가도 때가 지나면 잊어버리게 된다.
② 세월(歲月)이 약(藥)이다.
➡ 세월이 지나면 괴로운 것이 다 잊혀지게 된다.
③ 뜨거운 것도 목구멍에만 넘어가면 그만이다.
➡ 뜨거운 것도 목구멍에만 넘어가면 뜨거운 줄을 모르듯이, 고생스러운 것도 그 고비를 넘기면 모르게 된다.
④ 들은 말은 삼년 가고, 한 말은 사흘 간다.
⑤ 들은 말은 백년 가고, 한 말은 삼년 간다.
➡ ④·⑤ 들은 말은 오래도록 기억에 남지마는, 자기가 한 말은 곧 잊어버리게 된다.
⑥ 굴 껍질 한 조각만 먹어도 동정호(洞庭湖)를 잊지 않는다.

➡ 아무리 적은 은혜를 입어도 그것을 잊을 수 없게 된다. 동정호……중국 호남성 북부에 있는 중국에서 가장 큰 민물 호수.

40. 망측(罔測)·몰지각(沒知覺)·무례(無禮)

① 촌년이 아전(衙前) 서방을 하면 갈지(之) 자(字) 걸음을 걷고, 육개장 아니면 밥을 안 먹는다.
② 촌년이 아전 서방을 하면 날 새는 줄을 모른다.
③ 촌년이 아전 서방을 하면 중의(中衣) 꼬리에 단추를 붙인다.
➡ ①~③ 되지 못한 사람은 어쩌다가 믿는 데가 있으면 거만하게 굴고 눈에 거슬리는 어처구니 없는 아니꼬운 짓을 한다.
④ 흰 술은 사람의 얼굴을 누르게 하고, 황금은 사람의 마음을 검게 한다.
➡ 세상의 악한 일은 언제나 돈 때문에 생기며, 사람은 돈 때문에 의리(義理)를 모르게 된다.
⑤ 술에 취하면 임금도 없다. (醉中無天子)
➡ 술에 취하면 정신을 잃어 윗사람도 몰라보고 무례한 짓을 한다.

41. 변경(變更)·변심(變心)

① 고려 공사 삼일. (高麗公事三日) 〈世宗實錄〉
② 조선 공사 삼일. (朝鮮公事三日) 〈於于野談〉
➡ ①·② 우리 나라 사람은 참을성이 부족하여 일을 자주 변경한다.
③ 뒷간에 갈 적 마음 다르고, 올 적 마음 다르다. (如厠二心)
④ 뒷간에서 나올 적에 서두르는 사람 없다.
⑤ 똥 누러 갈 적 마음 다르고, 올 적 마음 다르다. [참고] 上圊而歸心異去時 〈耳談續纂〉, 放矢者去 去時心來時心判異 〈東言解〉
➡ ③~⑤ 사람은 제가 긴요(緊要)할 때는 다급(多急)하게 굴다가, 제 할 일을 다 하면 마음이 변하여 쌀쌀하게 군다. [이 속담들은 사람의 마음은 종잡을 수 없이 자주 변한다라는 뜻으로도 사용됨]

⑥ 사람의 마음은 조석변(朝夕變)이라.
⑦ 사람의 마음은 하루에도 열두 번 변한다.
➡ ⑥·⑦ 사람의 마음은 시시각각으로 변한다.

42. 성격변화(性格變化)

① 땅은 비 온 뒤에 굳어진다.
➡ 고생을 해보면 의지가 굳어진다.
② 사나운 개도 사귀면 안 짖는다.
➡ 사납고 못된 사람도 친해지면 마음이 유순하게 되어 해를 끼치지 않는다.
③ 범도 위엄을 잃으면 쥐가 된다. [참고] 猛虎爲鼠〈李白〉
➡ 권력을 잃으면 비겁한 사람이 된다.
④ 나이가 약이다.
⑤ 나이보다 더 좋은 약이 없다.
➡ ④·⑤ 나쁜 짓을 하는 사람도 나이를 먹게 되면 어질고 착한 사람이 된다.
⑥ 이〈虱〉도 머리에 있으면 검어진다. (虱處頭而黑)
➡ 사람의 성질은 환경에 따라 변한다.
⑦ 흰 개〈犬〉도 검어진다.
➡ 사람은 환경에 따라 악해질 수 있다.
⑧ 그림자는 형체(形體)를 닮는다.
➡ 아랫사람의 성격이나 행동 따위는 윗사람의 그것과 닮게 된다.
⑨ 사내가 부엌일을 하면 불알이 떨어진다.
➡ 남자가 여자가 하는 일을 하면 그는 여자와 같은 사람이 된다.

43. 방효(倣效)

① 미친 놈이 뛰면 성한 놈도 뛴다.
➡ 나쁜 짓을 하는 사람이 있으면, 착한 사람도 그것을 본받아 따라하게

된다.
② 대가리가 움직이면 꼬리도 움직인다.
➡ 윗사람이 시범(示範)을 보이면 아랫사람도 그것을 본받아 따라하게 된다.
③ 개는 안 주인을 닮는다.
➡ 사람은 가까이 접촉하는 사람을 본받게 된다.

44. 조심(操心)·민감(敏感)

① 국에 덴 놈은 간장도 불어 먹는다.
② 국에 덴 놈은 찬 물도 불고 마신다.
③ 국에 덴 사람은 푸성귀찬도 불어 먹는다.
④ 국에 덴 사람은 회(膾)도 불어 먹는다.
⑤ 군 고기에 덴 놈은 회(膾)도 불어 먹는다.
⑥ 끓는 물에 덴 사람은 찬 물도 불어 마신다. [참고] 懲湯吹冷水〈旬五志〉
➡ ①~⑥ 어떤 일에 몹시 놀란 사람은 그와 비슷한 것만 보아도 미리 겁을 먹고 조심하게 된다.
⑦ 술 취한 놈이 외나무 다리를 잘 건너간다.
➡ 술에 취한 사람이라도 정신을 가다듬고 실수하지 않으려고 또는 해(害)를 입지 않으려고 조심한다.
⑧ 상제(喪制)가 울어도 젯상의 가자미 물어 가는 것 안다.
➡ 사람은 자기의 손해에 대해서는 언제나 민감하다.

45. 혹닉(惑溺)

① 곶감 단 맛에 배탈 나는 줄 모른다.
➡ 당장 재미 있는 것에 반하면 장래에 해(害)가 될 것을 모르고 골몰하게 된다.
② 새침덕이 골로 빠진다. 〈玄鎭健, 無影塔〉

③ 시시덕이는 재를 넘어도, 새침덕이는 골로 빠진다.
➡ ②·③ 얌전한 체하는 사람이 한번 길을 잘못 들면 거기에 빠져 걷잡을 수 없게 된다. 새침덕이……겉으로만 얌전한 체하는 사람. 시시덕이……시시덕거리기 잘하는 사람.
④ 고기 맛 본 중〈僧〉구유를 핥는다.
⑤ 중이 고기 맛을 보더니 절에 빈대 껍질이 안 남는다.
⑥ 중이 고기 맛을 보면 법당(法堂)에 파리가 안 남는다.
⑦ 중이 고기 맛을 안다고 촌에 내려가 외양간 널판자를 핥는다.
⑧ 중이 고기 맛을 알면 법당에 오른다. [참고] 僧知肉味升法堂〈東言解〉
⑨ 중이 고기 맛을 알면 절에 빈대가 안 남는다.
➡ ④~⑨ 무슨 좋은 일을 한번 경험하면 거기에 혹(惑)하여 정신을 못 차리고 자꾸만 그것을 하려고 한다.

46. 흥취(興趣)

① 깻묵에 맛들인다.
② 떫은 배〈梨〉도 씹어볼만하다.
③ 신 배도 맛들일 탓이다.
➡ ①~③ 무슨 일에서나 처음에는 좋아하지 않더라도 정(情)을 붙여 참고 자꾸 하게 되면 재미를 느끼게 된다.
④ 정월(正月) 초하룻날에 먹어 보면 이월(二月) 초하룻날에 또 먹으려 한다.
⑤ 초하룻날에 먹어 보면 열하룻날에도 간다.
➡ ④·⑤ 어떤 일에서 한번 재미를 보면 자꾸만 그 일에서 재미를 보려고 한다.
⑥ 상두꾼은 연포(軟泡)국에 반한다.
➡ 어떠한 천한 직업이나 일에서도 그 일이 아니면 맛볼 수 없는 재미를 느끼게 된다. 연포국……무우·두부·쇠고기·북어·다시마 따위를 맑은 장에 넣어서 끓인 국. 발인(發靷)날 상가(喪家)에서 흔히 끓임.
⑦ 거지는 모닥불에 살찐다.

➡ 어려운 사람이라도 무엇이나 하나에 재미를 붙여 살아 나간다.
⑧ 술〈酒〉이 술을 먹는다. [참고] 酒呑酒〈法華經抄〉
➡ 술을 마실수록 흥(興)이 나서 자꾸 술을 마시게 된다.
⑨ 무당은 장구소리만 나도 춤을 춘다.
➡ 사람은 흥겨운 소리를 들으면 저절로 흥이 나서 즐거워진다.

47. 상념(想念)

① 봉사가 보지는 못해도 꿈은 꾼다.
➡ 사람은 비록 무엇을 보지 못했거나 경험하지 못했더라도 그것을 상상해 본다.
② 사흘 굶어 아니 나는 생각 없다. [참고] 人飢三日無計不出〈耳談續纂〉
➡ 사람은 굶주림에 시달리면 거기에서 벗어나려는 갖가지 생각을 하게 된다.
③ 엄동설한(嚴冬雪寒)에는 따신 아랫목 생각 밖에 없다.
➡ 사람은 곤란한 처지에 놓이게 되면 곤란을 해결하려는 생각에 몰두하게 된다.
④ 아이 못 낳는 년이 밤마다 용(龍) 꿈만 꾼다.
⑤ 아이 못 낳는 년이 밤마다 태몽 꿈만 꾼다.
➡ ④·⑤ 소원을 이루지 못하여 애타는 사람은 부질없이 환상(幻想)만 한다.

48. 의심(疑心)

① 내 것 잃고 죄(罪) 짓는다.
② 도둑놈은 한 죄, 잃은 놈은 열 죄.
③ 도둑 맞고 죄 된다.
➡ ①~③ 사람은 도둑을 맞고는 무고한 사람까지도 의심하게 된다(그 의심은 죄가 되는 것이다).
④ 도둑 맞으면 아내 치마 속도 더듬는다.

⑤ 도둑 맞으면 어미 품도 들춰 본다.
→ ④・⑤ 사람은 물건을 잃게 되면 남을 의심하게 되며 심지어는 가장 가까운 사람까지도 의심하게 된다.
⑥ 언 사람은 봄이 돼도 옷을 껴입는다. [참고] 凍者假衣於春〈莊子〉
→ 한번 속아 본 사람은 다른 사람까지도 의심하게 된다.

49. 오인(誤認)

① 까마귀도 제 소리는 아름답다고 한다.
② 당나귀도 제 울음은 듣기 좋다고 한다.
③ 부엉이 소리도 제가 듣기에는 좋다.
→ ①~③ 흔히 사람은 자기의 단처(短處)를 모르고 자기가 하는 일은 무조건 좋다고 생각한다.
④ 자기 자식의 잘못 모르고, 자기 곡식 잘된 것 모른다. [참고] 莫知其子之惡莫知其苗之碩〈曾氏傳〉
→ 흔히 사람은 자기의 것을 편견(偏見)으로 오인(誤認)한다.
⑤ 노닥노닥 기워도 마누라 장옷.
⑥ 노닥노닥 해도 비단.
→ ⑤・⑥ 본시 좋았던 것이 헐고 낡아 보잘것 없는 것이 되어도, 사람은 그것을 가치(價値)가 있는 좋은 것으로 여긴다.
⑦ 나간 머슴이 일은 잘했다.
⑧ 놓친 고기가 더 크다.
⑨ 놓친 고기 크게 뵌다.
→ ⑦~⑨ 사람은 잃은 것을 애석하게 여겨 현재 가지고 있는 것보다 먼젓 것을 더 나은 것으로 여긴다.
⑩ 얽은 자국도 보조개로 보인다.
→ 사람은 정(情)만 들면 상대편에게 결점이 있더라도 그를 좋게만 보게 된다. 보조개……웃을 때 양쪽 볼에 오목하게 들어가는 자국.
⑪ 미친 개 눈에는 몽둥이만 보인다.
→ 항상 신경을 쓰는 일이 있으면 다른 것도 그것과 같은 것으로 여기게

된다.
⑫ 옷이 날개다.
➡ 못난 사람도 옷을 잘 입으면 잘나 보인다.
⑬ 분(盆)에 심어 놓으면 못 된 풀도 화초(花草)라 한다.
➡ 못난 사람도 좋은 지위에 앉게 되면 잘나 보인다.
⑭ 밤 길이 붓는다. 〈古本春香傳〉
➡ 밤에 걷는 길은 멀게 생각된다.
⑮ 달기는 엿집 할미 손가락이다.
➡ 엿 맛이 달다고 해서 달 리가 없는 엿집 할머니의 손가락까지도 단 줄 알고 있는 것처럼, 무슨 일에 너무 혹(惑)하게 되면 그것에 관계되는 다른 것까지도 좋은 것으로 여기게 된다.
⑯ 소를 못 본 사람은 송아지 보고도 크다고 한다.
➡ 견문(見聞)이 없는 사람은 사물을 올바르게 평가하지 못한다.
⑰ 담 밖의 것은 눈에 보이지 않는다.
➡ 악한 마음을 가진 사람은 사물을 올바르게 인식하지 못한다.
⑱ 개 눈에는 똥만 보인다.
➡ 어떤 것을 좋아하면 다른 것도 그와 같은 것으로 여기게 된다.
⑲ 남의 고기 한 점이 내 고기 열 점보다 낫다.
⑳ 남의 밥에 든 콩이 굵어 보인다.
㉑ 담 너머 감이 더 맛 있게 보인다.
➡ ⑲~㉑ 제가 가진 것보다 남이 가진 것이 더 좋게 보인다.
㉒ 같은 떡도 남의 것이 커 보인다.
➡ 같은 물건이라도 남이 가진 것이 돋보인다.
㉓ 얻은 장(醬) 한 번 더 먹는다.
➡ 남의 집 음식이 더 맛 있어 보인다.
㉔ 남의 짐이 가벼워 보인다.
➡ 사람은 남의 고통이 더 큰 것이 사실이라도 자기가 직접 당하고 있는 괴로움을 더 큰 것으로 여긴다.
㉕ 남의 흉은 홍두깨로 보이고, 제 흉은 바늘로 보인다.
➡ 사람은 남의 잘못은 큰 것으로 보고, 자기의 잘못은 작은 것으로 본

다.
㉖ 가까운 제 집은 깎이고, 먼 데 절은 비친다.
㉗ 동네 무당보다 건너 마을 무당이 영(靈)하다.
㉘ 먼 데 점(占)이 영하다.
㉙ 이웃집 무당 영하지 않다.
➡ ㉖~㉙ 늘 접촉하는 사람이 하는 일은 신통치 않게 여기며, 자주 보지 않는 먼 데 사람이 하는 일은 신통하고 훌륭하게 여긴다.
㉚ 닭은 구슬을 보리알 만큼도 안 여긴다.
➡ 사람은 아무리 좋은 것일지라도 자기에게 필요하지 않으면 그것을 좋은 것으로 여기지 않는다.
㉛ 술 취한 사람은 넓은 개천을 좁은 줄 알고 건너 뛴다.
➡ 술에 취하면 사상(事象)이나 상황을 잘못 판단하게 된다.

50. 이해(理解)

① 과부 사정은 과부가 안다.
② 과부 설움은 동무 과부가 안다.
③ 홀아비 사정은 홀아비가 안다.
➡ ①·③ 어려운 처지에 같이 놓인 사람들은 서로의 사정을 잘 이해(理解)한다.
④ 앓아봐야 아픈 것도 안다.
⑤ 자식을 키워봐야 어미 속을 안다.
➡ ④·⑤ 직접 고생을 해본 사람은 남의 고생을 잘 이해한다.
⑥ 불이 제 발등에 안 떨어지면 뜨거운 줄 모른다.
➡ 고생을 해보지 않은 사람은 남의 고생을 이해하지 못한다.

51. 실기(失氣)·용기(勇氣)

① 겁 많은 고양이 쥐를 못 잡는다.
➡ 겁이 많은 사람은 무엇을 해볼 용기를 내지 못한다.

② 겁 많은 개가 제 집에서는 짖는다.
➡ 겁이 많은 사람도 믿는 데가 있으면 용기를 낸다.
③ 급하면 담도 뛰어 넘는다.
➡ 궁지에 빠진 사람은 비상한 용기를 내게 된다.

54. 기타(其他)

① 고욤 맛 알아 감 먹는다.
➡ 사람은 경험을 통하여 그것과 비슷한 일을 하게 된다. 고욤……감나무과에 속하는 고욤나무의 열매.
② 물 본 기러기가 어부(漁夫)를 두려워하지 않는다.
➡ 사람은 그리운 사람을 만나기 위해서는 위험한 짓까지도 감행한다.
③ 오기(傲氣)에 쥐 잡는다.
➡ 사람은 오기를 내면, 낭패를 보거나 손해될 짓까지도 감행한다. 오기……남에게 지기 싫어하는 마음.
④ 족제비는 꼬리 보고 잡는다.
➡ 족제비는 긴요하게 쓸 부분인 꼬리가 있으므로 잡듯이, 모든 일은 다 목적이 있고 까닭이 있어 행한다.
⑤ 성급한 놈 술값 먼저 낸다.
➡ 성미가 급한 사람은 손해될 짓까지 한다.
⑥ 빈 양철통은 굴릴수록 요란하다.
⑦ 빈 통이 소리는 더 크다.
➡ ⑥·⑦ 모르는 사람일수록 아는 체하고 더 떠든다.
⑧ 한번 체한 사람은 그것을 다시 먹지 않는다.
➡ 한번 봉변을 당한 일은 무서워서 다시는 하지 않는다.
⑨ 호랑이는 삼대독자(三代獨子)도 모른다.
➡ 사납고 모진 사람은 불쌍한 사람이나 외로운 사람의 사정을 돌봐주지 않는다.
⑩ 목 매어 죽을 놈이 높은 나무만 고를까. [참고] 憤欲其死 木不擇高 〈東言解〉

→ 죽을 놈이 이것 저것을 가리지 않듯이, 막된 사람은 가리는 것이 없다.
⑪ 남산(南山)골 샌님이 역적(逆敵) 바란다.
⑫ 남촌(南村) 양반이 반역할 뜻을 품는다.
→ ⑪·⑫ 불평(不平)이 많고 불우한 처지에 놓인 사람은 반역할 뜻을 품게 된다. [옛날, 서울 남촌에는 몰락하여 가난한 양반들이 많이 살았음]
⑬ 호랑이는 뒷걸음질을 하지 않는다.
→ 용감한 사람은 후퇴(後退)하지 않는다.
⑭ 볶은 콩도 골라 먹는다.
→ 사람은 무엇이나 자기 마음에 맞는 것만을 골라 가지려는 성질을 가지고 있다.
⑮ 앞에서 꼬리 치는 개〈犬〉는 후(後)에 발뒤꿈치 문다.
→ 앞에 와서 살살 좋은 말만 하고 비위를 맞추기에 급급한 사람일수록 보이지 않는 데서는 도리어 험담을 하고 모해를 한다.
⑯ 남의 말 하기는 식은 죽 먹기. [참고] 言人言冷粥飡〈旬五志〉, 他人事如食冷粥〈松南雜識〉, 言人言冷粥咐〈洌上方言〉, 談人事如喫冷粥〈東言解〉
→ 사람은 남의 잘못을 끄집어내어 말하기 쉽다.
⑰ 원님보다 아전(衙前)이 더 무섭다.
→ 흔히 윗사람보다 아랫사람이 더 야단스럽게 군다. 아전……관아(官衙)에서 벼슬아치 아래서 일을 보던 사람. 구실아치.
⑱ 짠물 고기는 민물에서 놀지 않는다. [참고] 鹹水魚不游於江〈曹植〉
→ 크게 놀던 사람은 작게 놀지 않는다.
⑲ 군색한 감 장수는 오월부터 판다.
→ 궁지에 빠지면 사람은 누구나 조급증을 일으킨다.
⑳ 귀신도 떡 하나로 쫓는다.
→ 사나운 사람이라도 성의(誠意)껏 친절하게 대하면 해치지 않는다.
㉑ 살아 생이별(生離別)은 생초목(生草木)에 불이 붙는다. 〈京板春香傳〉,〈歌詞, 船遊歌〉

㉒ 생초목에 불 붙는다. 〈高大本, 춘향전〉
➡ ㉑·㉒ 생이별을 할 때는 몹시 슬퍼한다.

[群] 6. 성품(性品)·언행(言行)

1. 총명(聰明)·영민(英敏)

① 알기는 태주(胎主) 같다.
➡ 지극히 총명하다. 태주……마마를 하다가 죽은 어린 계집애 귀신. [태주는 신어(神語)을 할 수 있다고 함]
② 하나를 들으면, 백을 통한다.
③ 하나를 보면(들으면), 열을 안다.
➡ ②·③ 매우 민첩하고 영특하다. [③ 하는 행동 하나를 보면, 다른 여러 행동까지도 짐작할 수 있다는 뜻으로도 사용됨]
④ 난리가 나도, 얻어 먹고 살겠다.
➡ 어떠한 경우에 놓일지라도, 능히 살아갈 수 있을 정도로 총명하다.
⑤ 가랑잎에 꿩 새끼 구워 먹겠다.
⑥ 담뱃불에 콩 구워 먹겠다.
⑦ 참새 굴레 씌우겠다.
⑧ 참새 얼려 잡겠다.
➡ ⑤~⑧ 매우 꾀가 있고, 눈치가 빠르며 민첩하다. 굴레……소〈牛〉나 말〈馬〉을 부리기 위하여 고삐에 걸쳐 얽어 매는 줄.
⑨ 도갓집 강아지다.
➡ 사람들 사이에서 많이 단련을 받아 눈치가 빠르다.
⑩ 꾀를 빼면 넘어지겠다.
➡ 몸뚱이에서 꾀를 빼면 넘어질 정도로 아주 꾀가 많다.
⑪ 잔 고기 가시 세다.
➡ 작은 사람이지마는 똘똘하고 빈틈이 없다.

2. 우매(愚昧)·유치(幼稚)

① 길러낸 사위.
➡ 제 일은 처리할 줄 모르고 못난 짓만 한다.
② 동쪽인지 서쪽인지 구별하지 못한다. (不分東西)
③ 똥인지 된장인지 모른다.
④ 말과 사슴을 구별하지 못한다.
⑤ 콩과 보리를 구별하지 못한다.
⑥ 향기도 악취도 모른다.
➡ ②~⑥ 무엇이 무엇인지 분간하지 못할 정도로 어리석다.
⑦ 경우가 삼칠장이다.
➡ 어리석어서 옳고 그름과 좋고 나쁨을 가리지 못한다. 경우……'그 사람은 경우가 밝다'와 같이 쓰이는 말로서 본래는 경위(涇渭)에서 나온 말이라고 한다. 경위는 경수(涇水)와 위수(渭水)를 가리킴. 둘 다 중국에 있는 강(江) 이름이며 경수는 탁하고 위수는 맑다. 삼칠장……투전(鬪錢)에서 나온 말이며 삼칠장 즉 십점(十點)은 무점(無點)이다.
⑧ 똥 싸 놓고 제 자리에서 뭉기는 소리.
➡ 어리석고 못난 소리를 한다.
⑨ 미련한 놈 똥구멍에 불송곳이 안 들어간다.
➡ 고집스럽고 미련한 짓을 한다.
⑩ 눈치나 있으면 떡이나 얻어 먹지.
➡ 사람이 아주 둔하고 미련하다.
⑪ 구더기 될 놈.
⑫ 나올 적에 봤더라면 짚신짝으로 틀어 막을 것.
⑬ 날 적에 봤더라면 도로 몰아 넣었겠다.
⑭ 대가리에 쉬 슨 놈.
⑮ 보리 범벅이다.
⑯ 아이를 사르고 태(胎)를 길렀다.
⑰ 여덟달 반(半).

⑱ 열을 듣고도 하나도 모른다.
⑲ 오뉴월에 똥 도둑도 못 해먹겠다.
⑳ 저런 걸 낳지 말고 호박이나 낳았더라면 국이나 끓여 먹지.
㉑ 제 아비 아이 적만 못하다.
㉒ 제웅으로 만들었나.
㉓ 초남태(初男胎) 같다.
㉔ 태(胎)만 길렀다.
㉕ 햇볕 구경을 못 하고 자랐나.
➡ ⑪~㉕ 사람이 지지리 못나고 우둔하다. 쉬(를) 슬다……파리가 알을 깔기다. 제웅……액(厄) 막이를 하기 위하여 짚으로 사람의 모양을 본떠 만든 물건. 초남태……첫번으로 낳은 사내아이의 태(胎).
㉖ 허파에 쉬 슨 놈이다.
➡ 사람이 주관도 없이 멍청하다. 쉬……파리의 알.
㉗ 마음은 걸걸해도 왕골자리에 똥 싼다.
➡ 말로는 잘난 체 큰소리를 하지마는, 실제로는 못난 짓만 한다.
㉘ 귀에 당나귀 뭣 박았나.
㉙ 귓구멍에 마늘쪽 박았나.
➡ ㉘·㉙ 여러번 일러 주어도 사람이 우매하여 알아 듣지를 못한다.
㉚ 밥 빌어다 죽을 쑤어 먹을 놈.
➡ 성질이 느리고 게으르며 하는 짓이 어리석다.
㉛ 밥 팔아 똥 사 먹겠다.
➡ 사람이 미련하고 모자라서 일을 시원스럽게 하지 못한다.
㉜ 표주박을 차고 바람을 잡는다.
➡ 표주박 속에 바람을 잡아 넣으려 하듯이 매우 어리석은 짓을 한다.
㉝ 표주박으로 바닷물을 된다.
➡ 바가지로 바닷물 되듯이, 처리해야 하는 사물의 양(量)도 모르면서 어리석은 짓을 한다.
㉞ 어버이 죽었는데 춤 추기.
➡ 경우에 맞지 않는 어리석은 행동을 한다.
㉟ 한 살 더 먹고 똥 싼다.

➡ 나이를 먹어가면서 철 없는 짓을 한다.
㊱ 밤 새도록 울다가 누가 죽었느냐고 한다. [참고] 旣終夜哭問誰不祿 〈耳談續纂〉
㊲ 밤 새도록 통곡해도 어느 마누라 초상인지 모른다.
➡ ㊱·㊲ 무슨 일인지도 모르고 어리석게 그 일에 참여하고 있다.
㊳ 신랑(新郞) 마두(馬頭)에 발괄한다.
㊴ 조마거둥(調馬擧動)에 격쟁(擊錚)한다.
➡ ㊳·㊴ 경우를 바로 알아차리지 못하고 어리석은 짓을 한다. 발괄……관청에 억울한 사정을 글이나 말로 하소연하던 일. 조마거둥……거둥의 절차에 따라 한 달에 몇 차례씩 미리 임금이 타는 말을 훈련시키는 일. 격쟁……꽹과리를 침.
㊵ 비가 오면 모종(苗種)하듯이 조상의 무덤을 이장(移葬)하라.
㊶ 비가 오거든 산소 모종을 내어라.
➡ ㊵·㊶ 사람이 아주 어리석다. [사람이 잘나고 못나고, 집안이 잘되고 못되고 하는 것은 조상의 산소가 좋으냐 나쁘냐에 달려 있으므로, 비 오는 날 모종하듯이 조상의 산소를 이안(移安)하여 너 같이 못난 자식이 나오지 않았으면 좋겠다]
㊷ 삼촌 못난이 조카 장물 짐 진다.
➡ 등치가 큰 사람이 못난 짓을 한다.
㊸ 손으로 흙을 날라 산(山)으로 옮긴다.
➡ 도무지 되지도 않을 어리석은 짓을 한다.
㊹ 봄에 깐 병아리 가을에 와서 세어 본다.
➡ 이해타산(利害他算)에 어수룩하다.
㊺ 하나만 알고 둘은 모른다.
➡ 융통성이 없고 미련하다.
㊻ 시거든 떫지나 말고, 얽거든 검지나 말지.
➡ 사람이 쓸모가 없고 변변치 못하고 어리석다.
㊼ 미련이 담벼락을 뚫는다.
➡ 사람이 곰 같이 미련하다.
㊽ 누른 입술에 젖내 난다. (黃口乳臭)

㊾ 대가리의 물도 안 말랐다.
(50) 대가리의 피도 안 말랐다.
(51) 이마빡의 피도 안 말랐다.
(52) 입에서 젖내 난다. 〈李熙昇, 隨筆〉
➡ ㊽~(52) 하는 짓이 어리석고 유치하다.

3. 청렴(淸廉)·인선(仁善)·유순(柔順)·사나움

① 옥(玉)에나 티가 있지.
② 흠 없는 옥이다.
➡ ①·② 아주 결백한 사람이다.
③ 솥이 검기로 밥도 검을까.
④ 솥은 검어도 밥은 희다.
➡ ③·④ 겉모양은 추하지만 속은 청렴한 사람이다.
⑤ 가난에도 비단 가난이다.
➡ 가난하지마는, 고상한 의지를 가지고 청렴하게 살아간다.
⑥ 내 것이 아니면 남의 밭머리의 개똥도 안 줍는다.
➡ 남의 것을 조금도 탐내지 않는 결백한 사람이다.
⑦ 금(金)으로 만든 사발에는 흠이 없다.
➡ 덕(德)이 있는 사람에게는 흠이 없다.
⑧ 호랑이는 썩은 고기를 먹지 않는다.
➡ 훌륭하고 어진 사람은 아무리 구차해도 부정(不正)한 짓을 하지 않고 청렴하게 살아간다.
⑨ 버릴 것은 똥 밖에 없다.
⑩ 부처님 가운데 토막. 〈廉想涉, 三代〉
⑪ 부처님 허리 토막. 〈李箱, 幻視記〉
➡ ⑨~⑪ 성질이 온순하고 마음이 어질다.
⑫ 비단결 같다.
➡ 성미나 품행이 곱고 부드럽다.
⑬ 병(甁)의 물은 저어도 소리가 나지 않는다.

➡ 학덕(學德)이 높은 사람은 겸손하다.
⑭ 굶주린 범이다.
⑮ 물고 차는 상사말이다.
➡ ⑭·⑮ 사람이 몹시 사납다. 상사말……홀레할 때가 되어서 성질이 일시적으로 사나와진 숫말.
⑯ 쌀 먹은 개〈犬〉 욱대기듯.
➡ 나쁜 짓을 한 자가 도리어 공연히 딱딱거리고 우락부락하게 군다.

4. 악질(惡質)·악행(惡行)·비행(非行)

① 굴러온 돌〈石〉이 박힌 돌을 뺀다.
② 굴러온 돌이 주춧돌을 밀어낸다.
➡ ①·② 타지(他地)에서 들어온 사람이 본래부터 있던 사람을 내쫓는다.
③ 굴러온 돌이 박힌 돌을 성낸다.
➡ 다른 데서 새로 온 사람이 본래부터 있던 사람을 시기하여 못된 행실을 부린다.
④ 송도(松都) 말년의 불가살(不可殺)이다.
➡ 나쁜 짓을 심하게 하는 사람이다. [고려 말년에 불가살이라는 괴물이 나타나 흉행(兇行)을 그지없이 했다고 함. 이 속담은 나쁜 짓을 하지마는 아무도 그것을 말리지 못할 경우에도 사용됨]
⑤ 낯짝은 사람인데, 마음은 짐승이다.
➡ 아주 못된 사람이다.
⑥ 밭도랑을 베개하고 죽을 놈.
➡ 제 집에서 편히 누워 죽지를 말고, 여기 저기 떠돌아다니다가 객사(客死)해야 마땅한 아주 악질적인 인간이다.
⑦ 염병(染病)에 땀을 낼 놈.
➡ 죽어야 할 악독한 놈이다.
⑧ 널도깨비가 복은 못 주어도 화(禍)는 준다.
➡ 못된 놈은 어디를 가나 남에게 해(害)만 끼친다.

⑨ 논둑 족제비 까치 잡듯 한다.
➡ 족제비가 몸에 진흙칠을 하여 논둑에 꼿꼿이 서 있으면, 까치가 말뚝인 줄 알고 앉으면 잡아 먹듯이 남을 속여서 해친다.
⑩ 무는 아가리와 깨어진 독 서슬 같다.
➡ 사람이 도무지 가까이 할 수 없을 정도로, 됨됨이 사납고 독살스러운 악질적인 인간이다. 서슬……쇠붙이로 된 연장이나 유리 조각이나 그릇 조각 등의 날카로운 부분.
⑪ 담에 구멍을 뚫는다.
➡ 도둑질을 하는 놈이다.
⑫ 가어사(假御使)가 어사보다 더 무섭다.
➡ 진짜 어사보다도 가짜로 어사 노릇을 하는 놈이 더 무섭듯이, 참 권세를 지닌 사람보다도 어떤 세력을 빙자하여 유세를 부리는 사람이 남에게 더 혹독한 짓을 한다.
⑬ 뺨 잘 때리는 나막신 신은 깎정이다.
➡ 포교(捕校)의 염탐을 하여 주는 젊은 딴꾼이 남의 뺨을 치듯이, 되지 못하고 비열한 자가 도리어 잘난 체하며 남을 학대한다.
⑭ 눈 먼 개〈犬〉 씨암탉만 물어 죽인다.
➡ 제가 할 일은 하지 못하는 주제에 남에게 해(害)가 되는 짓을 한다.
⑮ 눈 안에 든 가시 같은 놈.
➡ 자기에게 해를 주는 악한 사람이다.
⑯ 잿독에 말뚝 박는다.
➡ 약한 사람을 학대한다. 잿독……재를 담아두는 독.
⑰ 김(金)서방이 아픈데 이(李)서방을 침 준다.
➡ 엉뚱한 사람에게 해를 끼친다.
⑱ 목 매단 사람을 구한다면서, 그 발을 잡아 당긴다.
⑲ 소〈牛〉 사정을 본다는 놈이 짐 지고 소를 탄다.
➡ ⑱·⑲ 남을 도와준다면서 도리어 해를 끼친다.
⑳ 비루 오른 강아지 범 복장거리 시킨다.
➡ 털이 빠지고 병든 강아지가 범 속을 썩이듯이, 못난 자가 유능한 자에게 타격을 준다.

㉑ 들어온 놈이 동네 팔아먹는다.
➡ 도중에 끼어든 놈이 본래의 전체에게 해를 끼친다.
㉒ 자는 놈 입에 콩가루 떨어넣는다.
➡ 남에게 좋은 일을 한다면서 도리어 남을 곤란에 빠뜨린다.
㉓ 가랑니가 더 문다.
➡ 보기에는 매우 작은 것이 도리어 큰 괴로움을 준다.
㉔ 가슴에 못을 박는다.
➡ 커다란 심적(心的) 타격을 가(加)한다.
㉕ 닭장에 족제비를 몰아 넣는다.
➡ 남에게 무자비하게 가혹한 짓을 한다.
㉖ 갈치가 갈치 꼬리를 문다.
㉗ 망둥이가 제 동무 잡아 먹는다.
➡ ㉖·㉗ 동류(同類)끼리 서로 못 살게 해친다.
㉘ 칼로 베고 소금 친다.
➡ 강압적으로 남을 해친다.
㉙ 등 치고 간(肝) 내어 먹는다.
㉚ 등 치고 간 낸다.
➡ ㉙·㉚ 겉으로는 위해주는 척하면서 속으로는 해를 끼친다.
㉛ 숨어서 활 쏜다.
➡ 사람들 모르게 남을 해친다.
㉜ 넘어진 놈 걷어찬다.
㉝ 넘어진 놈 발로 차기다.
㉟ 넘어진 놈 뺨 친다.
㊱ 아픈 상처에 소금 치기다.
㊲ 엎더져 가는 놈 꼭뒤 찬다.
㊳ 엎어진 놈 꼭뒤 차기다.
㊴ 자빠진 놈 꼭뒤 차기다.
㊵ 함정에 빠진 놈 돌로 친다.
➡ ㉜~㊵ 불우한 처지에 놓인 사람을 가혹하게 괴롭힌다.
㊶ 죽은 중〈僧〉에 곤장(棍杖) 익히기. [참고] 死僧習杖〈東言解〉, 遇死僧

習杖 〈旬五志〉

㊷ 죽은 중에 매질하기. 〈古本春香傳〉

➡ ㊶ · ㊷ 세력이 없고 외로운 사람을 공연히 괴롭힌다.

㊸ 넘어지는 말〈馬〉이 수레를 부순다. (躓馬破車)

➡ 못된 짓을 하는 사람이 집안을 망친다.

㊹ 죽은 고기 안문(按問)하기.

➡ 공연히 허세를 부려 힘 없는 사람을 윽박아 기(氣)를 꺾는다.

㊺ 아이 밴 여자 배 차기다.

➡ 심술이 사납고 포악하다.

㊻ 푸성귀에 더운 물 끼얹는다.

㊼ 푸성귀에 소금 친다.

➡ ㊻ · ㊼ 커다란 타격을 주어 기(氣)를 꺾는다.

㊽ 잘 자라는 나무 순(筍) 치기다.

➡ 잘 자라는 어린이의 장래를 망친다.

㊾ 극락 길을 버리고 지옥 길로 간다.

➡ 착한 데라고는 조금도 없고 악행(惡行)만을 일삼는다.

㊿ 도둑 고양이가 젯상에 오른다.

(51) 못된 벌레가 쏜다.

➡ ㊿ · (51) 못된 놈이 못된 짓만 가려서 한다.

(52) 용 못된 이무기.

➡ 되먹지 못한 놈이 심술만 남아 남에게 손해만 입힌다.

(53) 피 맛 본 호랑이다.

➡ 악한 짓을 해본 사람이 또 악한 짓을 한다.

(54) 눈 벌리고 에비야 한다.

➡ 뻔한 얕은 수단으로 남을 위협한다.

(55) 대통 장수 망신은 고불통이 시킨다.

(56) 둠벙 망신은 미꾸라지가 시킨다.

(57) 친구 망신은 곱사등이가 시킨다.

➡ (55)～(57) 못난이가 옆의 사람을 망신시킨다. 대통……담뱃대의 담배를 담는 부분. 고불통……흙을 구워서 만든 담배통. 둠벙……웅덩이.

(58) 과일 망신은 모과가 시킨다.
(59) 생선 망신은 꼴뚜기가 시킨다.
(60) 어물전 망신은 꼴뚜기가 시킨다.
(61) 황아 장수 망신은 고불통이 시킨다.
➡ (58)~(61) 못난이가 그의 주위에 있는 사람들 전체를 망신시킨다. 황아……끈목·담배 쌈지·바늘·실 따위 모든 잡살뱅이의 물건.
(62) 집안 망신은 며느리가 시킨다.
➡ 내막을 잘 알고 있는 사람이 남을 망신시킨다.
(63) 둠벙 망신은 송사리가 한다.
➡ 못난이가 집안을 망신시킨다.
(64) 북어 한 마리 주고 젯상 엎는다.
➡ 보잘것 없는 것을 주고는 큰 손해를 끼친다.
(65) 순(笋)을 누르고 싹을 꺾는다. [참고] 能壓基笋 折其萌也 〈茶山論叢〉
(66) 크는 나무의 순을 꺾는다.
➡ (65)·(66) 젊은 사람의 장래를 망친다. 순……풀이나 나무의 줄기나 가지로 될 길게 돋는 싹.
(67) 얼굴에 똥칠 한다.
➡ 남에게 불명예가 되는 짓을 한다.
(68) 눈 먼 장닭 같다.
➡ 남에게 폐가 되는 일만 저지르고 다닌다.
(69) 미꾸라지 한 마리가 온 웅덩이를 흐린다. 〈李無影, 農民〉
(70) 실뱀 한 마리가 온 바닷물을 흐린다.
(71) 조그만 실뱀이 온 강물을 다 휘젓는다.
(72) 조그만 실뱀이 온 바닷물을 흐린다.
(73) 한 갯물이 열 갯물을 흐린다.
(74) 한 마리 고기가 온 강물을 흐린다. [참고] 一箇魚渾全川 〈旬五志〉, 一個魚渾全川 〈松南雜識〉 一條漁渾全渠 〈洌上方言〉, 一魚渾全川 〈東言解〉
➡ (69)~(74) 못된 사람 하나가 전체에 커다란 폐를 끼친다.
(75) 돈이 자가사리 끓듯 한다.

➡ 돈이 많음을 빙자하여 함부로 외람된 짓을 하며 못되게 군다. 자가사리……동자개과에 딸린 민물고기.

(76) 모기 다리에서 피를 뺀다.

(77) 벼룩의 간을 내어 먹는다.

(78) 벼룩의 창자를 내어 먹는다. [참고] 蚤腸出食 〈東言解〉

➡ (76)~(78) 극히 적은 이익(利益)을 얻기 위하여 부당한 수단을 써서 남의 것을 착취한다.

(79) 두견(杜鵑)이 목에서 피 내어 먹듯.

➡ 피를 토하는 두견새의 목에서 피를 내어 먹듯이 남에게 억울한 일이나 못할 짓을 하여 함부로 재물을 빼앗는다.

(80) 비둘기가 까치 집 차지한다. (鵲巢鳩居)

(81) 비둘기 집 지어 놓으니 까치가 알을 낳는다.

➡ (80)·(81) 남이 애써 일해 놓은 것을 힘 안 들이고 빼앗는다.

(82) 소리개가 까치 집 빼앗듯.

➡ 갑자기 남의 것을 함부로 빼앗는다.

(83) 우는 가슴에 말뚝 박듯.

➡ 그렇지 않아도 마음이 아픈데 더욱 큰 상처를 입힌다.

(84) 당나귀 못된 것이 생원(生員)님만 업신여긴다.

➡ 천하고 못된 자가 인품이 좋고 점잖은 사람을 괴롭힌다.

(85) 버릇을 배우라니까 과붓집 문고리 빼어 들고 엿장수 부른다.

(86) 행실을 배우라니까 포도청(捕盜廳) 문고리를 뺀다.

➡ (85)·(86) 품행을 단정히 하라고 훈계하였더니, 버릇을 고치지는 않고 도리어 못된 짓만 한다.

(87) 핑계 김에 서방질 한다.

➡ 묘한 핑계를 대고 나쁜 짓을 한다.

(88) 장옷 쓰고 엿 먹는다.

(89) 포선(布扇) 뒤에서 엿 먹는다.

➡ (88)·(89) 겉으로는 근엄(謹嚴)하고 점잖은 체하면서 남이 보지 않는 데서는 몰래 숨어서 나쁜 짓을 한다. 장옷……지난 날 여자들이 나들이 할 때에 얼굴을 가리기 위하여 머리에서부터 내리써 온 몸을 가리던

옷. 포선……상제(喪制)가 외출할 때, 얼굴을 가리기 위하여 가지고 다니던 물건.
⑨⓪ 행랑(行廊)에서 불 낸다.
➡ 아무런 도움도 주지 않는 사람이 손해만 끼친다. 행랑……대문의 양쪽에 붙어 있는 방.
⑨① 개〈犬〉가 웃을 노릇이다.
➡ 사람 구실을 하지 못할 부끄러운 짓을 하였다.
⑨② 제 얼굴 가죽을 벗긴다.
➡ 제게 불명예스러운 일을 저지른다.
⑨③ 배추 밑에 바람 들었다.
➡ 배추는 바람이 드는 일이 없는데 배추에 바람이 들 듯이, 절대로 그렇지 않은 사람이 좋지 못한 짓을 한다.
⑨④ 범이 됐다 이리가 됐다 한다. [참고] 爲虎作狼〈易林〉
➡ 이리 저리 못된 짓만 가려가면서 한다.
⑨⑤ 물라는 쥐나 물지, 씨암탉은 왜 물어.
➡ 자기가 맡은 일은 않고 딴 나쁜 짓만 한다.
⑨⑥ 총독부 말뚝이다.
➡ 일정시대(日政時代) 총독부에서는 아무 토지에나 말뚝을 박고 제 것처럼 사용했듯이, 아무 여자하고나 계집질을 한다.

5. 몰인간미(沒人間味)·몰풍정(沒風情)

① 태화탕(太和湯)이다.
➡ 사람이 덤덤하고 무미하다.
② 댓진 먹은 뱀의 대가리.
➡ 성미가 마르고 꼬장꼬장하여 사귐성이 없고 무미한다. 댓진……담뱃대 구멍에 낀 까맣고 끈끈한 진.
③ 꽃밭에 불 지른다. [참고] 花田衝火〈東言解, 松南雜識, 旬五志〉
④ 달 보고 짖는 개〈犬〉.〈古本春香傳〉
➡ ③·④ 사람이 아주 몰풍정(沒風情)하다. [④ 매우 심술이 사납다는

뜻으로도 사용됨]

6. 처우(處遇)

① 용상(龍床)에 앉힌다.
② 조상(祖上) 신주(神主) 모시듯.
➡ ①·② 지극히 후대(厚待)하여 받든다. 용상……임금이 정무(政務)를 볼 때 앉는 평상. 용평상(龍平床).
③ 두루 춘풍(春風). [참고] 四面春風〈東言解〉
➡ 누구를 만나도 다 좋게 대해 준다.
④ 가려운 곳을 긁어주듯.〈朴鍾和, 多情佛心〉
⑤ 마고(麻姑) 할미 가려운 데 긁어주듯. (麻姑搔痒)
➡ ④·⑤ 남의 사정을 잘 알고 가지가지로 마음을 쓰며 시중을 든다. 마고……중국 전설에 나오는 늙은 신선(神仙) 할미의 이름. 마고가 길고 새〈鳥〉 발톱처럼 생긴 손톱으로 가려운 데를 긁어주면 매우 유쾌하였다고 함.
⑥ 구룡소(九龍沼) 늙은 용(龍)이 여의주(如意珠) 어루듯.〈古本春香傳〉
⑦ 눈 먼 고양이 달걀 어루듯.
⑧ 눈 먼 구렁이 꿩알 굴리듯.
⑨ 눈 먼 구렁이 달걀 어루듯.
⑩ 태백산 백액호(白額虎)가 송풍나월(松風蘿月) 어루듯.〈古本春香傳〉
➡ ⑥~⑩ 매우 애중(愛重)하게 다룬다. 여의주……영묘(靈妙)한 구슬. 이것에 빌면 만사가 뜻대로 된다고 한다. 백액호……이마와 눈썹이 허옇게 센 늙은 범. 송풍나월……솔가지 사이로 부는 바람과 댕댕이 덩굴 사이로 비치는 달.
⑪ 큰 소〈牛〉 큰 소 하면서 꼴 아니 준다.
➡ 먹을 것을 어린 아이들에게만 주고 어른에게는 대접하지 않는다.
⑫ 의붓자식 다루듯.
➡ 냉대나 차별대우를 한다.
⑬ 언제나 정월 초하룻날이다.

➡ 언제 만나도 정월 초하룻날에 인사하듯이 인사를 친절하게 한다.
⑭ 똥 묻은 개〈犬〉쫓듯.
➡ 똥 묻은 개가 들어오면 여기 저기 똥이 떨어지는 것이 두려워서 내쫓듯이, 잠시도 여유를 주지 않고 사람을 내쫓는다.
⑮ 마마 손님 배송(拜送)하듯.〈蔡萬植, 濁流〉
⑯ 별성마마(別星媽媽) 배송(拜送)하듯.
➡ ⑮·⑯ 후환(後患)이 없도록 사람을 달래서 조심조심하여 내보낸다. 별성마마……호구별성(戶口別星). 천연두(天然痘)를 앓게 한다고 믿었던 여신(女神)으로, 두창(痘瘡)이 유행하던 때에 강남(江南)으로부터 객성(客星)이 특별한 사명(使命)을 띠고 건너와 집집마다 다니며 식구를 앓게 한다고 믿어졌음.

7. 동정(同情)·비정(非情)·협조(協助)·비협조(非協助)

① 거지가 도승지(都承旨)를 불쌍하다 한다.
② 비렁뱅이(거지)가 하늘을 불쌍히 여긴다. [참고] 乞人憐天〈松南雜識〉
➡ ①·② 자기가 불쌍한 처지에 있음에도 불구하고, 도리어 그렇지 않은 사람을 불쌍하다고 동정한다. 도승지……옛날 시종직(侍從職)의 장관.
③ 여우가 죽으니, 토끼가 슬퍼한다.
➡ 동류(同類)의 슬픔과 괴로움을 동정해준다.
④ 피도 눈물도 없다.
➡ 인정(人情)이라고는 조금도 없다.
⑤ 바닷가에서 짠 물 먹고 자란 놈이다.
➡ 인심이 아주 사납고 매정스럽다.
⑥ 앉은 자리에 풀도 안 나겠다.
➡ 사람이 너무나 까다롭고 냉정하다.
⑦ 발 벗고 나선다.
⑧ 점심 싸 들고 나선다.

➡ ⑦·⑧ 남을 위해서는 자기를 돌보지 않고 정성(精誠)과 열의(熱意)를 다한다.
⑨ 눈이 어둡다 하더니, 다홍 고추만 잘 딴다.
⑩ 눈이 어둡다 하더니, 바늘귀만 잘 꿴다.
➡ ⑨·⑩ 제 일만 알고, 남의 일은 핑계를 대어 조금도 도와주지 않는다.

8. 심술(心術)·농락(籠絡)

① 고추밭에 말〈馬〉 달리기.
② 논 두렁에 구멍 뚫기.
③ 못자리 판에 돌 집어 넣는다.
④ 애호박에 말뚝 박기.
⑤ 오려논에 물 터 놓기.
⑥ 우물에 똥 누기.
⑦ 패는 곡식 이삭 빼기.
⑧ 화초(花草)밭에 말〈馬〉 달리기.
⑨ 화초밭에 말 맨다.
⑩ 화초밭에 불 놓는다.
➡ ①~⑩ 매우 심술이 사나워 남에게 해(害)를 끼치며 괴로움을 주는 짓을 한다. 오려논……올벼(보통 벼보다 철 이르게 익는 벼)를 심은 논.
⑪ 놀부 심사다.
⑫ 놀부의 환생(還生)이다.
➡ ⑪·⑫ 아주 심술이 궂다.
⑬ 아이 난 데 개〈犬〉 잡는다.
⑭ 해산(解產)한 데 개 잡는다.
➡ ⑬·⑭ 경사(慶事)스러운 일에 심술을 부려 불길(不吉)한 짓을 한다.
⑮ 초상(初喪) 난 데 춤 춘다. 〈興夫傳〉

➡ 남의 궂은 일에 인정(人情) 없고 심술궂은 짓을 한다.
⑯ 용(龍) 못된 이무기 심술만 남았다.
➡ 어떤 일을 이루려다 안 되어 심술만 부린다. 이무기……용이 되려다 못 되고 물 속에 산다는 해묵은 구렁이.
⑰ 남의 뭣은 크다고 부지깽이로 찌른다. 〈蔡萬植, 濁流〉
➡ 남의 것을 대수롭지 않게 여겨 심술을 부려 함부로 한다.
⑱ 끓는 국에 국자를 누른다.
➡ 국이 끓을 때에 국자를 누르면 더욱 끓는 것과 마찬가지로, 남이 한창 화가 나 있는데 방해를 놓아 더 화를 내게 한다.
⑲ 달리는 놈 발 건다.
⑳ 닫는데 발 내민다. [참고] 走前出足 〈東言解〉
➡ ⑲·⑳ 남이 열심히 하는 일에 방해를 논다.
㉑ 나갔던 상주(喪主) 젯상 엎지른다.
➡ 제가 할 일은 변변히 못하는 사람이 도리어 방해만 논다.
㉒ 동냥은 아니 주고 자루 찢는다.
➡ 남이 요구하는 것은 아니 주고 심술을 부려 도리어 방해만 논다.
㉓ 부조 안 한 나그네 젯상 친다.
➡ 도와주지도 않는 사람이 심술을 부려 도리어 방해만 논다.
㉔ 불 난 데 기름 붓는다.
㉕ 불 난 데 부채질 한다. 〈興夫傳〉
㉖ 불 난 데 키 들고 나간다.
㉗ 불 붙는 데 키질 한다.
㉘ 우는 아이 똥 먹인다. 〈興夫傳〉
㉙ 타는 불에 부채질 한다.
㉚ 화재(火災) 난 데 풍석(風席)질 한다.
➡ ㉔~㉚ 곤란한 처지에 놓인 사람에게 방해를 놓아 더 곤란케 한다. 키……곡식 등을 까불어 쭉정이·티끌·검부러기 따위를 날려 없애려고 바람을 일으키는 데에 쓰는 돗자리. 부뚜.
㉛ 나 못 먹을 밥에 재를 뿌린다.
㉜ 못 먹는 감 찔러나 본다.

㉝ 못 먹는 고기 찔러나 본다.

㉞ 못 먹는 떡에 침이나 뱉는다.

㉟ 못 먹는 떡 찔러나 본다.

㊱ 못 먹는 죽에 재를 뿌린다.

➡ ㉛~㊱ 자기에게는 이득(利得)이 없는 일에 심술을 부려 방해를 논다.

㊲ 무죄(無罪)한 놈 빰 치기. 〈興夫傳〉

㊳ 늙은 영감 덜미 잡기. 〈興夫傳〉

㊴ 빚 값에 계집 뺏기. 〈興夫傳〉

➡ ㊲~㊴ 버릇 없고 몰인정하고 무도(無道)한 심술궂은 짓을 한다.

㊵ 먹기 싫은 밥에 재나 뿌리지.

➡ 제가 싫다고 하여 남도 못하게 방해를 논다.

㊶ 꼬기는 칠팔월 수수잎 꼬이듯.

㊷ 동풍(東風) 안개 속에 수수잎 꼬이듯.

㊸ 모과나무 심사(心思).

➡ ㊶~㊸ 성깔이 순순하지 못하고 아주 심술궂다.

㊹ 심심하면 좌수(座首) 볼기 때린다.

㊺ 원님이 심심하면 좌수 볼기를 친다.

㊻ 좌수 볼기 치기. 〈李無影, 三年〉

➡ ㊹~㊻ 심심풀이로 공연히 아랫사람을 좀 건드려본다.

㊼ 병(病) 주고 약(藥) 준다.

㊽ 사람 죽여놓고 초상 치른다. 〈廉想涉, 三代〉

➡ ㊼ · ㊽ 남의 일을 방해하여 망쳐 놓고는 도와주는 척하면서 남을 농간한다.

㊾ 나무에 오르게 해 놓고는 흔들어댄다. [참고] 俾上樹撼之 〈東言解〉, 登樓去梯 〈松南雜識〉, 乘木搖之, 勸上搖木 〈松南雜識〉

㊿ 어르고 등골 뺀다.

(51) 어르고 빰 친다.

➡ ㊾~(51) 겉으로는 위해 주는 척하면서 남을 골려 준다.

(52) 가만히 먹으라니까 뜨겁다 한다.

㊳ 가만히 먹으라니까 얌냠 하면서 먹는다.
㊴ 가만히 먹으라니까 큰 기침을 한다.
㊵ 무섭다니까 바스락거린다.
➡ ㊱~㊵ 남의 요구에 어긋나는 짓을 하여 남을 놀린다.
㊶ 고양이가 쥐 놀린다.
➡ 남의 인격(人格)을 무시하고 사람을 놀린다.
㊷ 노 뭉치로 개〈犬〉 때리듯.〈李熙昇, 隨筆〉
➡ 상대방의 비위를 맞춰가면서 슬슬 놀린다.
㊸ 범이 개〈犬〉 놀린다.
➡ 강한 자가 약한 자를 제 마음대로 놀린다.

9. 파렴치(破廉恥)·배짱부림

① 낯가죽이 두껍다. (面厚皮)
② 낯가죽이 쇠가죽이다. (面張牛皮)
③ 뱃가죽이 땅 두께 같다.
④ 벼룩도 낯짝이 있다.
⑤ 비단 바지에 똥 싼다.
⑥ 빈대도 낯짝이 있다.
⑦ 빈대도 콧등이 있다.
⑧ 상판때기가 꽹과리 같다.
⑨ 새 바지에 똥 싼다.
⑩ 쇠 가죽 무릅쓴다.
⑪ 족제비도 낯가죽이 있다.
⑫ 족제비도 콧등이 있다.
➡ ①~⑫ 너무나 염치가 없다.
⑬ 두부 앗은 날의 파리한 돼지.
➡ 즐기는 음식이라고 염치 없이 덤벼들어 배를 채운다.
⑭ 안는 암탉 잡아 먹기.
➡ 생각이 없고 염치 없는 짓을 한다. [이 속담은 마음에 매우 애석하지마

는 그것이라도 희생하지 않을 수 없다는 뜻으로도 사용됨.]
⑮ 마루를 빌리더니, 안방까지 빌리란다. (借廳借閨)
⑯ 봉당(封堂)을 빌려주니, 안방까지 달란다.
➡ ⑮・⑯ 사정을 보아주었더니, 욕심이 많아 염치 없는 짓을 한다. 봉당……안방과 건너방 사이의 마루를 놓을 자리에 마루를 놓지 않고 흙바닥 그대로 있는 곳.
⑰ 비위가 노래기 회(膾) 먹겠다.
➡ 노린내가 심한 노래기로 회를 만들어서 먹을 만큼 염치가 없다.
⑱ 남의 떡 함지에 넘어지겠다.
⑲ 비위가 떡판에 가 넘어지겠다.
➡ ⑱・⑲ 떡이 먹고 싶어서 떡 옆으로 가서 넘어진 체하여 떡을 먹을 만큼 비위가 좋고 뻔뻔스럽다.
⑳ 대사(大事) 뒤에 병풍 지고 간다.
➡ 간이 커서 염치 없는 짓을 한다.
㉑ 안 뒷간에 똥 누고, 안 아가씨더러 밑 씻겨 달라겠다.
➡ 상상할 수도 없는 매우 염치 없는 짓을 한다. [과거에 우리 나라의 풍속에는 안팎의 구별이 엄하여 외인은 절대로 여자들이 있는 안에 들어갈 수 없다. 그런데도 안 뒷간에 들어가 뒤를 보고 여자에게 밑을 씻어 달라는 것은 상상도 할 수 없는 일임]
㉒ 나라 고금(雇金)도 잘라 먹는다.
㉓ 나라님 만든 관지(款識) 판 돈도 자른다.
㉔ 대동강도 팔아 먹을 놈.
㉕ 상납(上納) 돈도 잘라 먹는다.
➡ ㉒~㉕ 사람이 지나치게 이기적(利己的)이며 욕심이 많아 뻔뻔스럽고 염치 없는 짓을 한다. 고금……삯돈, 임금(賃金). 상납……정부에 세금을 냄, 또는 그 세금.
㉖ 날 잡아 잡수 한다.〈朴鍾和, 錦杉의 피〉
➡ 어떻게든지 하고 싶은대로 하라고 상대방에게 배짱을 부린다.
㉗ 아이 밴 나를 어찌할까 한다.
㉘ 아이 밴 년 유세(有勢)한다.

➡ ㉗·㉘ 제게 믿는 데가 있어서 상대방이 감히 어떻게 하지 못할 줄 알고 배짱을 부린다.
㉙ 내 배 다칠까 한다. 〈朴鍾和, 多情佛心〉, 〈李無影, 農民〉
➡ 누가 감히 자기를 해치겠느냐 하고 배짱을 부린다.

10. 무례(無禮)·방자(放恣)

① 가래터 종놈 같다.
➡ 무뚝뚝하고 거칠며 예의범절(禮儀凡節)이라고는 조금도 모른다. 가래터……가래질 하는 곳.
② 놓아 먹인 말〈馬〉.〈沈熏, 탈춤〉
③ 놓아 먹인 소〈牛〉.
➡ ②·③ 교육을 받지 못하여 예의범절을 모른다. [이 속담들은 남의 말이라고는 도무지 듣지 않는다라는 뜻으로도 사용됨]
④ 얼러 키운 호로 자식.
⑤ 응석으로 자란 자식.
➡ ④·⑤ 자기만 잘난듯이 버릇 없이 교만하게 군다. 호로 자식……호래아들의 방언. 배운 데 없이 제풀로 자라 교양이 없고 버릇없는 놈. 호래자식. 호노 자식(胡奴子息)
⑥ 못된 벌레 장판 방에서 모로 긴다.
⑦ 못된 송아지 엉덩이에 뿔 난다.〈黃順元, 人間接木〉,〈李熙昇, 隨筆〉
⑧ 송아지 못된 것은 엉덩이에 뿔 난다.
⑨ 엉덩이에 뿔이 났다.
➡ ⑥~⑨ 되먹지 못한 자가 건방지고 좋지 못한 짓을 한다.
⑩ 어른 구경을 못하고 자란 놈이다.
⑪ 어른 없는 데서 자란 놈이다.
➡ ⑩·⑪ 사람이 아주 버릇이 없다.
⑫ 배때기에 기름이 끼는 모양이다.
➡ 전에는 공손하던 사람이 점점 거만해진다.
⑬ 뱃속에 똥만 가득하다.

➡ 배운 것이라고는 아무 것도 없고 행실이 아주 나쁘다.
⑭ 젖 먹는 강아지 발 뒤축 문다.
➡ 나이 어린 사람이 윗사람을 어려워하지 않고 버릇 없이 행동한다.
⑮ 생 가시아비 묶듯. [참고] 如縛生婦翁〈東言解〉
➡ 살아있는 가시아비 즉 장인(丈人)을 묶듯이, 자기에게 관대히 한다고 하여 너무 버릇 없이 도리(道理)에 어긋나는 짓을 한다.
⑯ 호박잎에 청개구리 뛰어 오른다.
➡ 아랫사람이 윗사람에게 버릇 없이 건방진 짓을 한다.
⑰ 코가 우뚝하다.
➡ 잘난 체하고 거만하게 군다.
⑱ 말뚝을 삶아 먹겠다.
➡ 태도가 공손하지 못하고 몹시 건방지다.
⑲ 곁방 년이 코 구른다.
⑳ 곁방살이 코 곤다.
➡ ⑲·⑳ 제 분수를 모르고 버릇 없이 함부로 군다. 곁방……안방에 딸려 붙은 방. 곁방살이……남의 집 곁방에서 사는 살림 또는 사람.
㉑ 선 머슴이다.
➡ 계집애가 버릇 없이 군다.
㉒ 관(棺) 옆에서 싸움 한다.
㉓ 도둑괭이 젯상에 오른다.
➡ ㉒·㉓ 되먹지 못한 자가 무엄한 짓을 한다.
㉔ 아랫턱이 웃 입술에 올라가 붙나.
㉕ 웃 입술이 아래 입술에 닿나.
➡ ㉔·㉕ 아랫사람이 윗사람에게 불손(不遜)한 말을 한다.
㉖ 맛 없는 국이 뜨겁기만 하다.
㉗ 맛 없는 음식이 뜨겁기만 하다.
➡ ㉖·㉗ 사람답지 못한 자가 까다롭고 거만하게 군다.
㉘ 눈 아래 사람 없는 줄 안다.
㉙ 눈에 사람이 보이지 않는다.
➡ ㉘·㉙ 몹시 교만하여 사람을 사람 같이 보지 않는다.

㉚ 개구리 올챙이 적 생각을 못한다.
㉛ 올챙이 적 생각은 못하고, 개구리 된 생각만 한다.
➡ ㉚·㉛ 미천(微賤)하던 사람이 과거의 일을 생각하지 않고 잘난듯이 버릇 없이 행동한다.
㉜ 굴레 벗은 말〈馬〉이다.
㉝ 굴레 없는 말이다.
㉞ 말〈馬〉이 굴레 벗고 달아난다.
➡ ㉜~㉞ 어려워하거나 삼가는 일 없이, 건방지게 제 멋대로 행동한다.

11. 배은망덕(背恩忘德)

① 딱따구리가 나무에 살면서 나무를 죽인다.
➡ 자신이 입은 은덕(恩德)을 원수로 갚는다.
② 미친 개〈犬〉가 주인을 안다더냐.
➡ 못된 놈이 은인(恩人)도 모르고 행패를 부린다.
③ 뉘 덕으로 잔뼈가 굵었기에.
➡ 남의 은덕을 입고 장성(長成)한 자가 그 은덕을 모르고 있다.
④ 개를 길러놓으니까, 미친 개가 되어 주인을 문다.
➡ 은덕을 베풀어 준 사람에게 도리어 해(害)를 끼친다.
⑤ 물에 빠진 것 건져 놓으니까 내 봇짐 내라 한다.
⑥ 물에 빠진 놈 건져 놓으니까 망건(網巾) 값 달란다.
⑦ 물에 빠진 놈 건져 놓으니까 보퉁이를 찾는다.
⑧ 물에 빠진 놈 건져 놓으니까 약값 달란다.
➡ ⑤~⑧ 남에게 은혜를 받고서도 그 공(功)은 모르고 도리어 그 사람을 나무라고 원망한다.

12. 음흉(陰凶)

① 능글맞은 능구렁이다.
➡ 성격이 솔직하지 못하고 음흉하다.

② 외(外) 보살(菩薩), 내(內) 야차(夜叉).
→ 겉으로 보기에는 아주 착한 것 같으나, 내심(內心)은 음흉하다. 야차……두억시니. 하늘을 날아다니며 사람을 잡아먹거나 상해를 입힌다는 잔인한 귀신.
③ 염초청(焰硝聽) 굴뚝 같다.
→ 마음이 어둡고 음흉하다. 염초청……옛날 화약을 만들던 곳.
④ 뒷구멍으로 호박씨 깐다.
⑤ 똥구멍으로 수박씨 깐다.
⑥ 똥구멍으로 호박씨 깐다.
→ ④~⑥ 겉으로는 어리석은 체하면서 속심은 엉큼하여 딴 짓을 한다.
⑦ 노송(老松) 나무 밑이다.
→ 오래된 소나무 밑이 그늘져 우중충하듯이, 마음이 음흉맞고 우중충하다.

13. 위식(僞飾)·이중인격(二重人格)

① 아는 걸 보니 소강절(邵康節)의 똥구멍에 움막 짓고 살겠다.
→ 사람이 너무나 아는 체한다. 소강절……중국 송(宋) 나라 때의 유명한 철학자.
② 안다니 똥파리.
③ 알기는 오뉴월 똥파리다.
④ 알기는 칠월 귀뚜라미.
→ ②~④ 알지도 못하면서 이것저것 무엇이나 다 아는 체한다.
⑤ 개구리에게 헤엄 가르친다.
⑥ 공자(孔子) 앞에서 논어(論語) 이야기를 한다.
⑦ 공자 앞에서 문자 쓴다.
→ ⑤~⑦ 자기보다 훨씬 유식(有識)한 사람 앞에서 지식이 부족한 사람이 잘 아는 체 이야기한다.
⑧ 부처님한테 설법(說法). 〈李熙昇, 隨筆〉
→ 다 잘 알고 잘못도 없는 사람에게 주제넘게 가르친다.

⑨ 빈 수레가 더 요란하다.
➡ 참으로 잘 아는 사람은 가만히 있는데, 잘 알지도 못하는 사람이 더 아는 체하고 떠든다. [이 속담은 가난한 자가 있는 체하고 유세(有勢)를 부린다는 뜻으로도 사용됨]
⑩ 들지 않는 솜틀에서 소리만 요란하다.
⑪ 먹지 않는 씨아에서 소리만 난다.
⑫ 안 먹는 씨아에서 소리만 난다.
➡ ⑩~⑫ 쓸모 없는 사람이 아는 체, 잘하는 체 더 떠들어댄다. 먹다……씨를 빼다. 씨아……목화의 씨를 빼는 기구.
⑬ 쥐 밑도 모르고 은서피(銀鼠皮) 값을 친다.
➡ 사실도 모르고 아는 체하면서 그 일에 관계한다.
⑭ 개살구 지레 터진다.
⑮ 시지도 않아서 군내부터 난다.
⑯ 열무김치 맛도 안 들어서 군내부터 난다.
➡ ⑭~⑯ 같잖은 것이 미리서부터 노숙(老熟)한 체한다.
⑰ 김칫국 먹고 수염 쓴다.
⑱ 냉수(冷水) 먹고 갈비 트림 한다.
⑲ 냉수 먹고 이 쑤신다.
⑳ 물 먹은 배를 튀긴다.
㉑ 비짓국 먹고 용트림 한다.
㉒ 잉어국 먹고 용트림 한다.
㉓ 진잎죽 먹고 잣죽 트림 한다.
㉔ 혀는 짧아도 침은 길게 뱉는다.
➡ ⑰~㉔ 실속은 없으면서도 겉으로는 있는 체한다. 용트림……거드름을 피우며 크게 힘을 들여 하는 트림. 진잎……푸성귀의 날것이나 저린 것.
㉕ 몽당비가 우쭐댄다.
➡ 남들이 알아주지도 않는 못난이가 잘난 체한다. 몽당비……끝이 닳아 모지라지고 자루만 남은 비.
㉖ 개〈犬〉 못된 것이 들에 가서 짖는다.

➡ 마땅히 제가 해야 할 일은 소홀히 하고 아무런 소용이 없는 데 가서 되지 못하게 떠들며 잘난 체한다.
㉗ 꼴에 수캐라고 다리 들고 오줌 눈다.
㉘ 주제에 수캐라고 다리 들고 오줌 눈다.
➡ ㉗ · ㉘ 못난 자가 제 구실을 한다고 잘난 체한다.
㉙ 고양이의 소(素)로구나.
➡ 본래 고기를 잘 먹는 고양이가 고기가 들지 않은 음식을 잘 먹는다 함은 거짓인 바와 같이, 속으로는 딴 뜻을 가지고 겉으로는 점잔을 뺀다. 소……고기를 쓰지 않고 나물만으로 된 음식.
㉚ 밤 새도록 물레질만 하겠다.
➡ 속셈은 딴 데 두고 공연한 일을 가지고 분주하게 무엇을 하는 체한다.
㉛ 서까래 감인지 도리 감인지 모르고 길다 짧다 한다.
➡ 자세한 내용도 모르고 아는 체한다. 도리……기둥과 기둥 위에 돌려 얹히는 나무. 그 위에 서까래를 얹게 되어 있다.
㉜ 농사 물정(物情)을 안다니까, 피는 나락 회애기 뺀다.
➡ 남의 아첨하는 말을 깨닫지 못하고, 사리(事理)에 어긋나는 짓을 하면서까지 아는 체한다.
㉝ 양반 김칫국 떠 먹듯.
➡ 점잖지도 않은 자가 아니꼽게 점잔을 뺀다.
㉞ 백정년 가마 타고 모퉁이 도는 격.
➡ 실상은 흉악한 자가 그것을 잘 모르는 사람들 앞에서 훌륭한 체한다.
㉟ 금(金)덩어리 지고 거지 노릇 한다.
➡ 돈을 두고 궁상(窮狀)을 떤다.
㊱ 뱀〈蛇〉의 마음에 부처의 말이다. (蛇心佛口)
➡ 간악(奸惡)한 사람이 성인(聖人)과 같은 말을 한다.
㊲ 부처님 궐(闕)이 나면 대(代)를 서겠네.
➡ 자비스러운 사람인 척한다. 궐……자리가 빔.
㊳ 고양이 쥐 생각한다.
➡ 당치도 않게 남을 위하여 무엇을 생각해 주는 척한다.

㊴ 점잖은 개〈犬〉 부뚜막에 오른다.
➡ 겉으로는 점잖은 체하는 사람이 남이 안 보는 데서는 점잖지 못한 짓을 한다.
㊵ 미친 개〈犬〉 천연한 체한다.
➡ 평소의 못된 짓을 숨기고, 점잖은 체한다.
㊶ 봇짐을 내어주며 앉아라 한다.
㊷ 봇짐을 내어주며 하룻밤 더 묵으라 한다.
➡ ㊶ · ㊷ 속 생각은 전혀 다르면서도 말로만 그럴듯하게 인사치레 한다.
㊸ 술 먹여 놓고 해장 가자고 부른다.
➡ 남을 괴롭혀 놓고는 도와주는 척한다.
㊹ 밑구멍으로 노 꼰다.
㊺ 밑구멍으로 새끼 꼰다.
㊻ 밑구멍으로 숨 쉰다.
➡ ㊹~㊻ 겉으로는 점잔을 빼지마는, 내심(內心)은 딴 데 있고 남이 보지 않는 데서는 점잖지 못한 기이(奇異)한 행동을 한다.
㊼ 으슥한 데서 꿩 알을 낳는다.
➡ 평소에 조용한 듯한 사람이 남 보지 않는 데서는 이상한 행동을 한다.
㊽ 네 떡 내가 먹었더냐. [참고] 汝餠吾食乎 〈東言解〉
➡ 제가 일을 저질러 놓고는 모르는 척한다.
㊾ 바느질 못하는 년이 바늘은 먼저 들고 나선다.
➡ 일 못하는 사람이 잘하는 척하고 먼저 나선다.
㊿ 바느질 못하는 년이 실은 길게 꿴다.
➡ 일을 못하는 사람이 연장 치장은 잘한다.

14. 불신실(不信實) · 신실(信實)

① 말〈言〉로 온 동리를 겪는다.
➡ 여러 사람에게 무엇을 해준다고 하고는 실지로는 하지 않고 말만으로

잘 때운다.
② 말이 보증수표다.
➡ 신용(信用)이 있는 사람이다.
③ 느릿느릿 걸어도 황소 걸음.
➡ 느리기는 하지마는 실수 없이 꾸준히 살아가는 믿음직한 사람이다.
④ 파고 세운 장나무.
➡ 사람이나 그의 일이 든든하여 믿음직스럽다.
⑤ 소금이 쉴까.
➡ 철석 같이 믿음직스러운 사람이다.

15. 속임・시치미・숨김・발설(發說)

① 닭 잡아 먹고 오리발 내놓는다.
➡ 제가 저지른 나쁜 짓이 드러나지 않도록 그럴듯하게 남을 속여넘긴다.
② 송파장(松坡場) 웃머리.
➡ 나이를 실제보다 많이 올려놓고, 상대방보다 자기가 나이가 많다고 한다. 송파장……광주(廣州)에 있는 큰 우시(牛市). 웃머리……소를 매매할 때 소의 이〈齒〉를 검사하여 늙은 소를 웃머리라고 함.
③ 감장 강아지로 돼지 만든다.
④ 감은 강아지로 돼지 만든다.
⑤ 덕석이 명석인듯이.
➡ ③~⑤ 실물(實物)이 아닌 것이 그것과 비슷함을 빙자하여 그 실물같이 속인다.
⑥ 가랑잎으로 눈을 가린다.
⑦ 귀 막고 방울 도둑질 한다. [참고] **掩耳偸鈴**〈旬五志〉
⑧ 눈 가리고 아웅 한다.
⑨ 눈 감고 아웅 한다.
⑩ 눈 벌리고 아웅 한다.
⑪ 머리카락 뒤에서 숨바꼭질 한다.

⑫ 사탕 발림.
⑬ 입 가리고 고양이 흉내.
➡ ⑥~⑬ 얕은 수단으로 남을 속이려고 한다.
⑭ 개〈犬〉구멍으로 통량(統涼)갓을 굴려 낼 놈.
⑮ 쥐 구멍으로 통량갓을 굴려 낼 놈.
➡ ⑭·⑮ 교묘한 수단을 써서 남을 잘 속여먹는다.
⑯ 어린 중〈僧〉 젓국 먹인다.
➡ 도리(道理)를 알고 있는 사람이 아무 것도 모르는 사람을 속여서 나쁜 짓을 하라고 권한다.
⑰ 어른 앞에서 아이 젖 핑계 하고 눕는다.
➡ 아랫사람이 윗사람에게 핑계를 대어 그를 속인다.
⑱ 벼락 치는 하늘도 속인다.
➡ 속이는 데에는 능란하다.
⑲ 봉이(鳳伊) 김선달(金先達) 대동강물 팔아먹듯.
➡ 이득(利得)을 보려고 감쪽같이 남을 속인다.
⑳ 냉수(冷水) 먹고 주정한다.
㉑ 뜨물 먹고 주정한다.
㉒ 입술에 침이나 바르지.
㉓ 혓바닥에 침이나 묻혀라.
➡ ⑳~㉓ 거짓말을 천연스럽게 잘도 한다.
㉔ 고양이 소리.〈金裕貞, 아내〉
➡ 말을 살살 발라 맞추면서 거짓말을 한다.
㉕ 오래 해먹은 면주인(面主人).
➡ 여기 저기 이 사람 저 사람에게 왔다 갔다 하면서 살살 좋은 소리로 발라 맞춘다. 면주인……주(州)·부(府)·군(郡)·현(縣) 사이를 오가면서 심부름 하던 사람.
㉖ 뱃사공 뱃머리 둘러댄다.
➡ 핑계를 만들어 말을 요리조리 둘러대면서 거짓말을 한다.
㉗ 떡 먹은 입을 쓴다.
㉘ 입 씻는다.〈蔡萬植, 太平天下〉

➡ ㉗·㉘ 무슨 일을 해놓고는 제가 하지 않은 체 모르는 체 시치미를 뗀다.
㉙ 가지 따 먹고 외수(外數) 한다.
➡ 남의 밭에서 가지를 따 먹고는 안 따 먹었다고 남을 속이듯 사람의 눈을 피하여 좋지 않은 짓을 하고는 시치미를 떼고 딴전을 부린다. 외수……속임수.
㉚ 명태 한 마리 놓고 딴전 본다.
➡ 제가 하는 중요한 일은 숨기고는 그것이 남에게 발각당하지 않도록 하기 위하여 딴 짓을 한다.
㉛ 도둑이 도둑이야 한다.〈廉想涉, 三代〉
㉜ 도둑이 포도청(捕盜廳) 간다.
㉝ 몽둥이를 들고 포도청 담에 오른다.
㉞ 불 난 데서 불이야 한다.
➡ ㉛~㉞ 제가 나쁜 짓을 저질러놓고는 안 했는 척하면서 숨기려고 한다(그러나 그것은 결과적으로 드러나고야 만다).
㉟ 서른세해〈三十三年〉만에 꿈 이야기 한다.
➡ 오래 숨겨 묻어 두었던 일을 이야기 한다.

16. 아부(阿附)

① 간(肝)에 가 붙고, 쓸개에 가 붙는다.〈李無影, 農民〉
② 간(肝)에 가 붙고, 염통에 가 붙는다. [참고] 附肝附念通〈東言解〉
③ 등창도 빨아주고 치질(痔疾)도 핥아준다.
④ 똥맛도 보겠다.
➡ ①~④ 윗사람에게 지나치게 아부한다. 등창……등에 나는 큰 부스럼. 배창(背瘡).
⑤ 쇤네를 붙인다.
➡ 비굴하게 아첨한다. 쇤네……소인네의 준말.
⑥ 동헌(東軒)에서 원님 칭찬한다. [참고] 衙中譽倅〈旬五志〉
➡ 칭찬하면서 아첨한다. 동헌……원님이 일보던 청사(廳舍).

⑦ 다리〈脚〉아래 소리.
➡ 남의 다리 아래에 엎드려 공손히 말하듯이, 남에게 동정을 얻으려고 비위를 맞추어가면서 아첨한다.
⑧ 사면발이다.
➡ 여러 군데를 다니며 교묘한 수단으로 아첨한다. 사면발이……사면발이과에 딸린 이〈蝨〉의 하나.
⑨ 불알을 긁어준다.
⑩ 수염의 먼지도 털어주겠다.
➡ ⑨·⑩ 아첨을 너무나 심하게 한다.
⑪ 털도 없이 부얼부얼한 체한다.
➡ 귀염성스럽지 않은 자가 귀여움을 받으려고 아양을 부린다.
⑫ 마계(馬契) 말〈馬〉이다.
➡ 늙은 여자가 교태를 부린다. 마계……옛날 말〈馬〉을 세 주던 일을 업으로 삼던 계.

17. 작간(作奸)·계교(計巧)·요사(妖邪)

① 안 벽 치고 밭(바깥)벽 부친다.
② 안 벽 치고 밭벽 친다.〈廉想涉, 三代〉
➡ ①·② 이쪽 저쪽으로 왔다 갔다 하면서 작간(作奸) 한다.
③ 연안(延安) 남대지(南大池)도 팔아먹을 놈.
➡ 욕심이 사나와서 남의 것을 함부로 탐내어 계교를 잘 꾸민다. 연안……황해도의 고을 이름.
④ 꼬리 아홉 달린 여우다. (九尾狐)
➡ 사람이 아주 요사스럽다.

18. 가증(可憎)·가소(可笑)

① 거둥(擧動) 길 닦아 놓으니까 깍정이가 먼저 지나간다.
② 길 닦아 놓으니까 문둥이가 먼저 지나간다.

③ 길 닦아 놓으니까 미친 년이 먼저 지나간다.
④ 길 닦아 놓으니까 소금 장수가 먼저 지나간다.
⑤ 치도(治道) 하여 놓으니까 거지가 먼저 지나간다.
➡ ①~⑤ 애써서 이루어 놓은 것을 얄밉게도 반갑지 않은 자가 먼저 이용한다. 치도……길닦이.
⑥ 달밤에 삿갓 쓰고 나온다. 〈蔡萬植, 濁流〉
⑦ 똥강아지 혀 안 대보는 데 없다.
⑧ 못난 색시 달밤에 삿갓 쓰고 나선다.
⑨ 못 생긴 며느리 제삿날 병 난다.
⑩ 미운 강아지가 부뚜막에 똥 싼다.
⑪ 미운 개〈犬〉가 주걱을 물고 부뚜막에 오른다.
⑫ 미운 고양이가 씨암탉을 물어 죽인다.
⑬ 미운 년이 분 바르고 요래도 밉소 한다.
⑭ 미운 마누라 죽젓광이에 이(蝨) 잡는다.
⑮ 미운 벌레 모로 긴다.
⑯ 미운 중놈이 고깔을 모로 쓰고 요래도 밉소 한다.
⑰ 밉다니까 떡 사 먹으면서 서방질 한다.
⑱ 얄미운 강아지가 생선을 물고 마루 밑으로 들어간다.
⑲ 얄미운 고양이가 아랫목 이불 속에 똥 싼다.
⑳ 얄미운 고양이 조기 대가리를 물고 부뚜막에 올라간다.
㉑ 얄미운 년이 분 바르고 예쁘냐고 묻는다.
㉒ 얄미운 놈이 고기 안주가 없다고 한다.
㉓ 예쁘지 않은 며느리가 삿갓 쓰고 으스름 달밤에 나선다.
➡ ⑥~㉓ 미운 놈이 더 미운 짓만 골라 한다. 죽젓광이……죽 쑬 때 고르게 끓게 하기 위하여 죽을 휘젓는 나무방망이. 죽젓개.
㉔ 미친 놈이 미친 짓 한다. [참고] 狂童之狂也且 〈詩經〉
➡ 미친 놈이 더 미친 짓을 하듯이, 미운 놈이 더 미운 짓을 한다.
㉕ 논 팔아 굿하니, 맏며느리가 춤 춘다.
㉖ 빚 얻어 굿하니, 맏며느리가 춤 춘다.
➡ ㉕·㉖ 당면하고 있는 불행지사(不幸之事)를 잘 알고 일이 잘 되도록

노력해야 할 사람이 밉살스럽게도 반대 방향으로 나간다.
㉗ 동정 못하는 며느리 맹물 발라 머리 빗는다.
㉘ 부뚜막에 땜질 못하는 며느리 이마의 털만 뽑는다.
➡ ㉗·㉘ 일을 할 줄 모르면서 맵시만 내는 밉살스러운 짓을 한다. 동정……한복에서 저고리 위에 조붓하게 덧꾸미는 흰 헝겊.
㉙ 보자 보자 하니까 얻어 온 장(醬) 한 번 더 뜬다.
➡ 잘못을 따져서 꾸짖으려고 하는 차에 도리어 더 좋지 않은 얄미운 짓을 한다.
㉚ 병신 달밤에 체조 한다.
㉛ 병신 육갑 한다.
㉜ 의젓잖은 며느리가 사흘만에 고추장 세 바탱이 먹는다.
➡ ㉚~㉜ 못난 자가 더욱 더 미운 짓만 한다. 바탱이……오지그릇의 한 가지.
㉝ 곁방살이 불 낸다.
㉞ 곁방에서 불 난다.
➡ ㉝·㉞ 평소에 눈에 거슬리던 사람이 밉살스럽게도 사고(事故)를 일으킨다. 곁방……남의 집의 한 부분을 빌어 든 방. 곁방살이……남의 집의 곁방에서 사는 살림 또는 사람.
㉟ 삶은 소〈牛〉가 웃다가 꾸러미 째지겠다.
➡ 매우 가소로운 짓이다.
㊱ 배꼽이 웃을 일이다.
➡ 조소(嘲笑)를 받을 가소로운 짓이다.

19. 망측(罔測)·망동(妄動)·망령(妄靈)

① 낮 도깨비 같다.
② 낮에 나온 도깨비.
➡ ①·② 어둠침침한 밤에 나오는 도깨비가 때 아닌 대낮에 나왔듯이, 해괴망측한 짓을 한다.
③ 고추나무에 그네를 뛰고, 잣 껍질로 배를 만들어 타겠다.

④ 밀기름 새옹에 밥을 지어 귀이개로 퍼서 먹겠다.
➡ ③·④ 사람이 할 짓이 아니라 세상이 말세(末世)가 되어서나 있을 괴상망측한 짓을 한다. 밀기름……밀랍에 참기름을 섞어서 만든 머리기름. 새옹……놋으로 만든 작은 솥.

⑤ 백쥐가 나와서 춤을 추고, 초상 상제(喪制)가 나와 웃을 노릇이다.
➡ 기(氣)가 막힐 만큼 괴상망측한 짓을 한다(별 망측스러운 일 다 보겠다).

⑥ 전루(傳漏)북에 춤 추겠다.
➡ 우스꽝스럽고 망측한 짓을 한다. 전루……옛날에 도성(都城) 안에서 경점(更點) 군사들이 북을 쳐서 경(更)을 알리던 일.

⑦ 복(福) 들어오는 날 문 닫는다.
➡ 오래 기다리던 좋은 기회가 왔을 때에, 도리어 방해가 되는 방정맞은 짓을 한다.

⑧ 팔자가 사나우면 시아비가 삼간(三間) 마루로 하나.
⑨ 팔자가 사나우면 총각 시아비가 삼간 마루로 하나.
➡ ⑧·⑨ 너무나 망측스럽고 어이가 없다.

⑩ 술 덤벙, 물 덤벙.
⑪ 물 덤벙, 술 덤벙.
➡ ⑩·⑪ 모든 일에 무턱대고 경거망동을 한다.

⑫ 초라니 수고(手鼓)채 메듯.
➡ 사람이 까불까불하고 경망(輕妄)한 짓을 한다. 초라니……계집 모양의 이상한 탈을 쓰고 붉은 저고리에 푸른 치마를 입고 긴 대의 깃발을 든 나자(儺者). 수고……우리 나라의 속악 민요(俗樂民謠) 악기.

⑬ 널 뛰듯 한다.
⑭ 잔나비 밥 짓듯.
➡ ⑬·⑭ 행동하는 짓이 몹시 경망(輕妄)스럽다.

⑮ 사당(祠堂) 쥐 싸대듯.
➡ 제가 잘난 줄 알고 몹시 까불어댄다.

⑯ 열사흘 부스럼을 앓느냐.
➡ 망령된 말을 많이 한다. 열사흘 부스럼……두역(痘疫). 마마의 뜻.

⑰ 비 온 날 어디 비 왔느냐 한다.
➡ 얼빠진 소리를 한다.

20. 배리(背理)

① 냉수(冷水)에 이 부러진다.
② 냉수에 이 부러질 노릇(일).
③ 마루 아래 강아지가 웃을 노릇. 〈李熙昇, 隨筆〉
④ 삶아도 잇금도 안 들어간다.
⑤ 삶은 무에 이 안 들 소리. 〈李熙昇, 隨筆〉
⑥ 애동호박(애호박) 삼년을 삶아도 잇금도 안 들어간다.
⑦ 여드레 삶은 호박에 도래송곳 안 들어갈 말.
⑧ 여드레 삶은 호박에 이 안 들 소리.
⑨ 익은 밥 먹고, 선 소리 한다.
⑩ 죽은 고양기가 산 고양이 보고 아옹 한다.
⑪ 찬 물 먹고 냉돌 방에서 땀 낸다.
➡ ①~⑪ 조금도 사리(事理)에 맞지 않는 말을 한다.
⑫ 자던 아이 깨겠다.
➡ 자던 아이도 놀래서 깰 정도로, 얼토당토 않은 소리를 한다.
⑬ 꿀보다 약과(藥果)가 달단다.
➡ 주객(主客)이 전도된 사리에 어긋나는 말을 한다.
⑭ 인사(人事) 알고 똥 싼다.
➡ 사리(事理)를 알만한 사람이 이치(理致)에 닿지 않는 말을 한다.

21. 분풀이 · 전노(轉怒)

① 늙은 처녀 됫박 내던진다.
② 시모(媤母)에게 역정(逆情) 나서 개〈犬〉옆구리 찬다.
③ 시어미 미워 개 배때기 찬다.
➡ ①~③ 공연히 다른 사람에게 화풀이를 한다.

④ 방에서 화 내고 장에 가서 화풀이 한다. [참고] 怒室色市〈戰國策〉
⑤ 서울에서 매 맞고 송도(松都)에서 주먹질 한다.
⑥ 영(營)에서 뺨 맞고 집에 와서 계집 친다.
➡ ④~⑥ 자기의 노여움을 엉뚱한 곳에서 다른 사람이나 사물에 옮겨서 푼다. 영……병영(兵營)의 문(門). 영문(營門).
⑦ 제 얼굴 못나서 거울을 깬다.
➡ 자기의 잘못으로 인한 분함을 다른 사람이나 사물에 옮겨서 푼다.
⑧ 읍(邑)에서 매 맞고 장거리에서 눈 흘긴다.
⑨ 종로(鍾路)에서 뺨 맞고 한강(漢江)에 가서 눈 흘긴다. [참고] 頰批鍾路 眼睨冰庫〈耳談續纂〉, 鍾樓批頰 沙平反目〈旬五志〉
⑩ 종로에서 뺨 맞고 행랑(行廊) 뒤에서 눈 흘긴다.
➡ ⑧~⑩ 화를 입은 그 자리에서는 아무런 말도 못 하고 딴 데 가서 관계 없는 사람에게 화를 낸다.

22. 전가(轉嫁)

① 글 못한 놈 붓 고른다.
② 서투른 과방(果房) 안반 타박.
③ 서투른 무당이 장고 나무란다.
④ 서투른 숙수(熟手)가 안반만 나무란다. [참고] 守生庖人 貶擇安板〈旬五志, 松南雜識〉, 生熟 手訾案盤〈東言解〉
⑤ 선 무당이 마당 기울다 한다.
⑥ 선 무당이 장고 탓한다.
⑦ 쟁기질 못하는 놈이 소〈牛〉 탓한다.
➡ ①~⑦ 자기의 기술이 모자라 일을 잘 하지 못 하는 사람이 그 사실은 인정하지 않고 도구(道具)가 나빠서 잘 할 수 없다고 한다. 과방……숙설간(熟設間)이라고도 하며, 잔치 때에 음식을 차리기 위하여 마련한 곳. 여기서는 숙수(熟手)를 의미함. 숙수……잔치와 같은 큰일 때 음식을 전문으로 만드는 사람 또는 그 일을 업으로 삼는 사람.

⑧ 못 되면 조상(祖上) 탓.
⑨ 문비(門神) 거꾸로 붙이고 환장이 탓.
⑩ 집안이 망하면 조상 탓.
➡ ⑧~⑩ 자기가 잘못하거나 못나서 실패하고는 반성은 하지 않고 그 실패의 원인을 다른 사람에게 돌린다. 문비……옛날 정월 초하룻날, 악귀(惡鬼)를 쫓는다는 뜻으로 궁문(宮門), 협문(夾門) 또는 사가(私家) 대문에 붙이던 신장(神將)의 화상(畫像). 환장이……그림장이.
⑪ 네 각담 아니면 내 쇠뿔 부러지랴. (汝墻折角)
⑫ 네 쇠뿔이 아니면 내 담이 무너지랴.
⑬ 네 쇠뿔이 아니면 내 쇠뿔이 부러지랴.
➡ ⑪~⑬ 손해를 보고는 그 책임을 남에게 돌린다. 각담……논밭의 풀이나 돌을 추려 한편에 나직이 쌓아 놓은 무더기.
⑭ 목 멘 개〈犬〉가 뼈다귀 탓한다.
➡ 자기가 좋아서 하다가 해(害)를 입고는 남을 탓한다.
⑮ 제 얼굴에는 분 바르고, 남의 얼굴에는 똥 바른다.
➡ 잘 된 일은 제가 다 한 것처럼 하여 제 낯만 세우고, 못 된 일은 남이 한 것처럼 말하여 남에게 그 책임을 지운다.
⑯ 넘어진 소경이 지팡이 탓만 한다.
⑰ 넘어진 장님이 개천 탓만 한다.
⑱ 봉사가(장님이) 개천을 나무란다. [참고] 咎在我謇溝汝何怒〈耳談續纂〉
⑲ 소경이 그르냐, 개천이 그르냐.
➡ ⑯~⑲ 자기의 결함으로 인한 잘못이나 실패의 원인을 다른 사람에게 돌린다.

23. 책망(責望)·비방(誹謗)·욕설(辱說)

① 건넛 산(山) 보고 꾸짖는다.
② 건넛 술막 꾸짖는다.
➡ ①·② 그 사람의 잘못을 직접 꾸짖지 않고 다른 사람의 잘못을 끌어

다가 꾸짖는다.
③ 꿀 먹은 강아지 욱대기듯.
④ 꿀 먹은 개〈犬〉 욱대기듯.
⑤ 풀 먹은 개 나무란다.
➡ ③~⑤ 잘못한 사람을 인정·사정 없이 나무란다. 욱대기다……을러대어 억눌러 위협하다. 풀……쌀가루·밀가루 따위로 만든 풀.
⑥ 도둑놈더러 인사불성(人事不省)이라 한다.
➡ 도둑놈 보고 인사를 잘 못한다고 꾸짖듯이, 크게 나쁜 사람에게 그의 조그마한 허물을 가지고 탓한다.
⑦ 도둑놈이 몽둥이 들고 길 위에 오른다.
⑧ 도둑이 달릴까 했더니 우뚝 선다.
⑨ 도둑이 매를 든다. [참고] 賊反荷杖〈旬五志, 東言解, 松南雜識〉
⑩ 되 순라(巡邏) 잡다.
➡ ⑦~⑩ 나쁜 짓을 했거나 잘못을 저질러 놓고 마땅히 책망을 받아야 할 사람이 도리어 기세(氣勢)를 부려 큰 소리를 하며 남을 꾸짖는다. 순라……순라군. 조선조 때 도둑·화재를 경계하기 위하여 밤에 궁중(宮中)과 서울 둘레를 순시하던 군인.
⑪ 처녀가 아이를 낳았나.
➡ 조그마한 실수를 했는데 부당하게도 크게 책망을 한다. [이 속담은 처녀가 아이를 낳은 것 만큼 나쁜 짓을 한 것도 아니고 그다지 새삼스러운 것이 아니다라는 뜻으로도 사용됨]
⑫ 누운 돼지가 앉은 돼지 나무란다.
➡ 저보다 나은 사람을 나무란다.
⑬ 내가 부를 노래 사돈이 부른다.
⑭ 내 할 말 사돈이 한다.
⑮ 시어미 부를 노래 며느리 먼저 부른다.
➡ ⑬~⑮ 남을 탓하려고 하는 차에 도리어 그 쪽에서 먼저 자기를 책망한다.
⑯ 수레 위에서 이를 간다.
➡ 때 늦게 책망하거나 원망한다.

⑰ 부처님 보고 생선 토막 먹었다고 하겠다.
➡ 남에게 당치도 않는 누명(陋名)을 씌운다.
⑱ 잔치 집에는 같이 못 가겠다.
➡ 다른 사람들 앞에서 남의 결점을 들추어 말한다.
⑲ 손가락질 한다. 〈李熙昇, 隨筆〉
➡ 뒤에서 남을 헐뜯으며 비난한다.
⑳ 다 먹은 죽에 코 빠졌다고 한다.
㉑ 말고기를 다 먹고, 무슨 냄새가 난다고 한다.
㉒ 말고기를 다 먹고, 하문(下門) 내 난다고 한다.
㉓ 말〈馬〉 한 마리 다 먹고, 말고기 냄새가 난다고 한다.
➡ ⑳~㉓ 어떤 것을 가지고 자기의 욕심을 다 채우고는 도리어 그것을 헐뜯어 말한다.
㉔ 귀머거리에 욕질 한다.
➡ 알아듣지 못하는 사람에게 쓸데 없이 욕질을 한다.
㉕ 귀먹은 욕. 〈蔡萬植, 太平天下〉
➡ 자기가 듣지 못하는 데서 남이 자기의 욕을 한다.
㉖ 고개를 영남(嶺南)으로 돌려라.
➡ 입이 험하여 심한 욕설을 한다.

24. 흉봄

① 가랑잎이 솔잎더러 바스락거린다고 한다.
② 겨울 바람이 봄 바람보고 춥다 한다.
③ 그슬린 돼지가 달아맨 돼지 타령한다.
④ 뒷간 기둥이 물방앗간 기둥을 더럽다 한다.
⑤ 똥 묻은 개〈犬〉가 겨 묻은 개를 나무란다.
⑥ 똥 묻은 돼지가 겨 묻은 돼지를 나무란다.
⑦ 똥 묻은 접시가 재 묻은 접시를 흉본다.
⑧ 쌍언청이가 외언청이 타령한다.
⑨ 언덕에서 자빠진 돼지가 평지에서 자빠진 돼지를 나무란다.

→ ①~⑨ 제 허물이 큰 줄을 모르고, 남의 작은 허물을 들어 흉본다.
⑩ 가마〈釜〉밑이 노구 솥 밑을 검다 한다. [참고] 釜底笑鼎底〈旬五志, 松南雜識〉, 鼎底黑釜底噱〈洌上方言〉, 釜底噱鼎底〈東言解〉.
⑪ 샛바리 짚바리 나무란다.
⑫ 숯이 검정 나무란다.
→ ⑩~⑫ 자기의 허물은 모르고 자기의 허물과 비슷한 정도의 허물을 가진 사람을 흉본다. 샛바리……새(띠)를 실은 바리(소나 말 따위의 등에 잔뜩 실은 짐).
⑬ 겨 묻은 개〈犬〉가 똥 묻은 개를 흉본다.
⑭ 허청 기둥이 칙간(厠間) 기둥을 흉본다.
→ ⑬・⑭ 허물을 가지고 있는 사람이 자기보다 큰 허물을 가지고 있는 사람을 흉본다. 허청……밖에서 쓰는 기구들을 넣어두는 곳간. 칙간……뒷간.
⑮ 제 흉 열 가진 놈이 남의 흉 한 가지 본다.
→ 흉을 많이 가지고 있는 사람이 적게 가지고 있는 사람을 흉본다.
⑯ 나귀가 나귀더러 귀가 크다 한다.
→ 제 허물은 모르고 남의 허물만 흉본다.
⑰ 쇠스랑 발은 세 개라도 입은 한 치다.
→ 남의 흉을 꼬집어 말하기를 좋아하는 사람이다. 쇠스랑……농기구(農器具)의 하나.
⑱ 며느리가 미우면, 발뒷축이 달걀 같다고 한다.
⑲ 흉이 없으면, 며느리 다리가 희다고 한다.
→ ⑱・⑲ 며느리가 미우면, 시어미가 생트집을 잡아 며느리를 흉보듯이, 생트집을 잡아 남을 흉본다.

25. 해(害)의 자초(自招), 자기모욕(自己侮辱)

① 기름을 지고 불로 들어간다.
② 독사 아가리에 손가락을 넣는다.
③ 벌집을 건드린다.

④ 섶을 지고 불로 들어가려 한다.〈廉想涉, 三代〉
⑤ 칼날을 밟는다.
⑥ 칼 물고 뜀뛰기.〈金裕貞, 金 따는 콩밭〉
⑦ 호랑이 입을 더듬는다.
⑧ 화약(火藥)을 지고 불로 들어간다.
➡ ①~⑧ 아주 위험한 짓으로 화(禍)를 자초(自招)한다.
⑨ 덜미에 사잣(使者)밥을 질머졌다.
⑩ 사잣밥을 목에 매달고 다닌다.
⑪ 사잣밥을 싸가지고 다닌다.
➡ ⑨~⑪ 화(禍)를 초래하는 조건(條件)을 갖추고 행동을 한다. 섶……섶나무. 사자……사람의 혼을 저승으로 잡아가는 일을 맡았다는 저승의 귀신.
⑫ 호랑이 대가리의 이〈蝨〉를 잡는다.
➡ 쓸데 없이 남의 일에 관여하여 화 입을 행동을 한다.
⑬ 자는 범 콧침 주기. [참고] 宿虎衝鼻〈松南雜識, 東言解〉, 虎之方睡〈耳談續纂〉
⑭ 자는 호랑이 불침 놓기. [참고] 宿虎衝本〈旬五志〉,〈蔡萬植, 濁流〉
➡ ⑬·⑭ 잠잠히 있는 사람을 공연히 건드려 화를 자초한다.
⑮ 문어(文魚) 제 다리 끊어 먹기다.
⑯ 제주(濟州) 말〈馬〉제 갈기 뜯어 먹기.〈蔡萬植, 濁流〉
⑰ 황소 제 이불 뜯어 먹기.
➡ ⑮~⑰ 자기를 이(利)롭게 한다는 것이 도리어 자기에게 화를 가져오게 한다.
⑱ 성(화) 나 바위 찬다. [참고] 怒蹴巖〈旬五志, 松南雜識〉
➡ 성이 나서 화풀이를 하지마는, 그것이 도리어 자기 자신을 해(害)치는 결과를 초래한다.
⑲ 빈대 미워 집에 불 놓는다.
➡ 조그마한 감정 끝에 큰 손해 보는 짓을 한다.
⑳ 뱀이 제 꼬리로 제 몸을 때린다.
➡ 자기 스스로 자신을 해롭게 한다.

㉑ 곰이 창(鎗)날 받듯.
➡ 사람됨이 둔하여 스스로 자기자신을 해치는 짓을 한다.
㉒ 내 얼굴에 침 뱉기.
㉓ 누워서 침 뱉기.
㉔ 제 갗에 침 뱉기.
㉕ 제 발등에 오줌 누기.
㉖ 하늘 보고 침 뱉기.
➡ ㉒~㉖ 자기가 자기에게 해되는, 또 욕되는 짓을 한다. 갗……가죽.
㉗ 혼인(婚姻) 날에 똥 싼다.
➡ 경사스러운 날에 망신당할 짓을 한다.
㉘ 흙으로 만든 부처가 냇물을 건너간다.
➡ 자신의 처지도 모르고 자멸행동(自滅行動)을 한다.

26. 사역(使役)

① 아저씨 못난 것 조카 장짐 지운다.
➡ 되지 못한 자가 조금 높은 지위에 있다 하여 저보다 낮은 지위에 있는 사람을 마구 부려먹는다.
② 아저씨 아저씨 하고 길짐만 지운다.
③ 아저씨 아저씨 하면서 떡짐 지운다.
④ 행수(行首) 행수 하고 짐 지운다. [참고] 稱行首使擔負〈洌上方言〉
➡ ②~④ 겉으로는 존경하고 떠받들고 위해주는 척하면서 자기의 편익(便益)을 꾀하여 남을 부려먹는다. 행수……여러 사람 가운데서의 우두머리.
⑤ 맨입에 앞 교군(轎軍) 서라 한다.
➡ 어려운 중에 있는 사람에게 괴로운 일을 시킨다. 교군……사람이 타는 가마를 메는 사람.
⑥ 말〈馬〉약 먹이듯.
➡ 남에게 하기 싫은 것을 억지로 하도록 한다.

27. 떠듦 · 지껄임 · 고함(高喊)

① 벙어리가 두 몫 더 떠들어댄다.
➡ 말을 할 줄 모르면서도 남들보다 더 시끄럽게 떠들어댄다.
② 물 쏘듯, 총 쏘듯.
➡ 말이야 되든 안 되든, 참이든 거짓이든 마구 떠들어댄다.
③ 왕방울로 솥 가시듯.
➡ 요란스럽게 떠들어댄다.
④ 솔잎이 버썩 하니 가랑잎이 할 말이 없다.
➡ 매우 심각하고 큰 걱정이 있는데, 그 정도가 덜한 사람이 먼저 야단스럽게 떠들어댄다.
⑤ 미친 중놈 집 헐기다. [참고] 狂僧撤家事〈東言解〉
➡ 당치도 않은 일을 가지고 분주하게 떠들어댄다.
⑥ 개〈犬〉한 마리가 헛 짖으니, 뭇 개가 따라 짖는다. [참고] 一犬吠虛 萬犬傳實〈潛夫論〉
➡ 누가 하는 말만 듣고 그 말의 진위(眞僞)나 허실(虛實)도 모르면서 떠들어댄다.
⑦ 계집 바뀐 건 모르고, 젓가락 바뀐 건 안다.
➡ 큰 손해는 모르고, 작은 손해를 가지고 떠들어댄다.
⑧ 뱀 본 새 짖어대듯.
⑨ 지절대기는 똥 본 오리라.
⑩ 참새를 까 먹었나.
⑪ 참새를 볶아 먹었나.
➡ ⑧~⑪ 수다스럽게 지껄여댄다.
⑫ 방 안에서 범 잡는다.
➡ 좁은 곳에서 큰 소리로 소란을 일으킨다.
⑬ 네 콩이 크니, 내 콩이 크니 한다.
⑭ 참깨가 기니 짧으니 한다. [참고] 眞荏曰短曰長〈東言解〉
⑮ 참새가 짜르냐 기냐 한다.
⑯ 콩 났네, 팥 났네 한다.

⑰ 콩 심어라, 팥 심어라 한다.
⑱ 콩이야, 팥이야 한다. 〈蔡萬植, 濁流〉
➡ ⑬~⑱ 대수롭지 않은 것을 가지고 야단스럽게 따지거나 시비(是非)를 하며 지껄여댄다.
⑲ 마구 뚫는 창구멍.
➡ 질서 없이 함부로 지껄인다.
⑳ 성난 황소 영각한다. 〈蔡萬植, 太平天下〉
➡ 성난 황소가 크게 울듯이, 무섭게 고함을 지른다. 영각……암소를 찾는 황소의 길게 뽑아 우는 소리.
㉑ 활이야 살(화살)이야 한다.
➡ 위험하다고 큰 소리로 야단을 친다.
㉒ 악박골 호랑이 선불 맞은 소리.
➡ 호랑이가 총알을 빗맞아 화가 나서 으르렁거리듯이, 무섭고 사나운 큰 비명을 지른다. 악박골……서울 서대문구 현저동에 있던 서울 구치소 근처의 옛 이름.

28. 행세(行勢)·기세(氣勢)·호언장담(豪言壯談)·큰소리

① 문선왕(文宣王) 끼고 송사(訟事) 한다.
➡ 남이 반대하지 못할 사람을 내세워 세력을 부린다. 문선왕……공자(孔子)의 시호(諡號).
② 호랑이 뒤를 따르는 여우의 위세(威勢)다. [참고] 狐假虎威 〈戰國策〉
➡ 남의 권력을 배경으로 삼아 세력을 부린다.
③ 신이야 넋이야 한다.
➡ 잔뜩 벼르던 것을 신이 나서 기세를 올려 한다.
④ 마루 넘은 수레 내려가기.
➡ 고개 마루턱을 내려가는 수레의 속도는 걷잡을 수 없이 빠르듯이, 걷잡을 수 없는 기세를 부린다.
⑤ 양반 못된 것이 장에 가 호령한다.
➡ 사람 못된 것이 만만한 데 가서 잘난 체하면서 허세를 부린다.

⑥ 도둑괭이 코 세다.
➡ 불량한 자가 기승(氣勝)을 부린다.
⑦ 코 끝에서 불이 난다. [참고] 鼻頭出火〈南史〉
➡ 기세가 매우 왕성하다.
⑧ 밥그릇이 높으니까 생일만큼 여긴다.
⑨ 제를 제라니 샌님 보고 벗 하잔다.
➡ ⑧·⑨ 되지 못한 자가 저를 조금 대우해준다 하여 공연히 우쭐거리며 기(氣)를 올린다.
⑩ 솔잎이 새파라니까 오뉴월만 여긴다.
➡ 근심이 쌓이고 우환이 겹쳤는데 그것은 모르고 어떤 작은 일 하나 되어가는 것을 보고 좋아라고 기세를 부린다.
⑪ 호랑이를 탄 기세다. [참고] 騎虎之勢〈隋書〉
➡ 기세가 등등하다.
⑫ 의젓하기는 시아비 뺨 치겠다.
➡ 못난 주제에 기세만 부린다.
⑬ 수렁에 빠진 호랑이가 으르렁거린다.
➡ 꼼짝도 못하는 주제에 큰소리만 한다.
⑭ 삼국시대(三國時代)에 나왔나, 말은 굵게 한다.
➡ 공연히 호기를 부리며 큰소리를 한다.
⑮ 곤자소니에 발 기름이 끼었다.
⑯ 배 때가 벗었다.
⑰ 배에 발 기름이 끼었다.
➡ ⑮~⑰ 부귀(富貴)한 사람이 크게 호기(豪氣)를 부린다. 곤자소니……소의 창자 끝에 달린 기름기가 많은 부분. 발 기름……발 같은 기름.
⑱ 개〈犬〉가 콩엿 사 먹고, 버드나무에 올라가겠다.
⑲ 어느 바람이 들이불까 한다. [참고] 何風吹入〈東言解〉,〈朴鍾和, 錦衫의 피〉
➡ ⑱·⑲ 능력이 없으면서 감히 할 수 없는 일을 하겠다고 장담을 한다.

⑳ 앉은뱅이가 서면 천리를 가나.
→ 능력도 없고 기력도 없는 자가 장차 무슨 큰 일을 이룰듯이 장담을 한다.
㉑ 다리 부러진 장수 성(城) 안에서 호령한다.
㉒ 이불 속에서 활개친다.
㉓ 이불 안 활개. 〈李無影, 農民〉
→ ㉑~㉓ 밖에서 다른 사람들 앞에서는 꿈쩍도 못하는 못난 자가 집 안에서는 잘난 체하며 큰소리를 친다.
㉔ 다리〈橋〉 아래서 원을 꾸짖는다. [참고] 橋下咤倅〈旬五志〉, 橋下叱倅 〈松南雜識〉
㉕ 다릿목 아래서 원 꾸짖기.
→ ㉔·㉕ 맞서서는 아무런 소리도 못하는 주제에 보이지 않고 들리지 않는 곳에서 잘난 체하며 큰소리를 한다.
㉖ 뺨 맞을 놈이 여기 때려라 저기 때려라 한다.
→ 꾸중을 듣거나 벌을 받아야 할 사람이 도리어 큰소리를 한다.
㉗ 뱀이 용(龍)이 되어 큰소리 한다.
→ 지체 낮은 사람이 갑자기 존귀한 몸이 되어 유달리 아니꼽게 큰소리를 한다.
㉘ 똥 싸고 성낸다.
㉙ 방귀 뀌고 성낸다.
→ ㉘·㉙ 제가 잘못하여 놓고는 도리어 큰소리를 친다.

29. 자랑

① 뻐꾸기 제 이름 부르듯.
→ 자기 자랑을 입버릇처럼 한다.
② 거지가 말〈馬〉 얻었다.
③ 비렁뱅이가 비단 얻었다. [참고] 乞兒得錦〈東言解〉
→ ②·③ 제 분수에 넘치는 것을 얻어 자랑한다. [② 처신(處身)하기 어려운 거지가 말까지도 데리고 다니자면 더욱 불편하고 어려운 일을 겪게

되듯이, 궁색한 중에 더 어려운 일이 겹쳤다는 뜻으로도 사용됨]
④ 거지가 동냥바가지 자랑한다.
⑤ 당나귀 뭣 자랑한다.
⑥ 앉은뱅이 뭣 자랑하듯.
➡ ④~⑥ 자랑할 것이 못되는 것을 가지고 자랑한다.
⑦ 부엉이 소리도 제 듣기에는 좋다.
➡ 자기의 단점(短點)도 모르고 자기가 하는 일은 다 좋다고 자랑한다.
⑧ 부엌에서 숟가락 얻었다. [참고] 饌廚之下得匙何者〈耳談續纂〉
⑨ 살강 밑에서 숟가락 얻었다.
➡ ⑧·⑨ 누구나 쉽게 얻을 수 있는 것을 얻어 그것을 자랑한다. 살 강……부엌의 벽 중턱에 가로 드린 선반.
⑩ 용대기(龍大旗) 내세우듯.
➡ 자랑거리가 하나 둘 있다 하여 툭하면 그것을 내세워 자랑한다. 용대기……용기(龍旗). 교룡기(蛟龍旗). 임금이 거둥할 때 세우는 큰 기(旗)의 하나.
⑪ 버선목의 이〈蝨〉 잡을 때 보아야 알지.
➡ 잘먹고 잘산다고 자랑한다. [지금은 모르더라도 장차 거지가 되어 버선목에서 이를 잡는 처지가 되어봐야 알겠느냐는 말이니, 잘산다고 뽐내며 자랑하는 사람에게 핀잔을 주는 경우에 사용됨]
⑫ 하라는 파총(把摠)에 감투 걱정한다.
➡ 대단치 않은 일을 하려면서 자랑삼아 공연히 걱정한다. 파총……종사품(從四品)의 벼슬(비교적 낮은 벼슬임).
⑬ 구렁이 제 몸 추듯.
⑭ 굴원(屈原)이 제 몸 추듯.
➡ ⑬·⑭ 스스로 자기자신을 자랑한다. 굴원……중국 전국시대(戰國時代) 초(楚) 나라의 우국지사(憂國志士)이며 시인(詩人). [⑬ 의 구렁이는 굴원이 잘못 발음된 것이라고 함]

30. 과장(誇張)

① 바늘 끝만한 일을 보면, 쇠공이만큼 늘어놓는다.〈朴鍾和, 多情佛心〉
② 바늘 끝이 몽둥이 같다고 한다. (針小棒大)
➡ ①·② 조그마한 것을 크게 과장해서 말한다.
③ 겨드랑을 봐도 젖통을 봤다고 한다.
④ 꼬리만 봐도 볼기를 봤다 한다.
⑤ 허벅지를 보고 배꼽 봤다 한다.
⑥ 허벅지만 봐도 무엇 봤다 한다.
➡ ③~⑥ 남의 말을 할 때, 사실 그대로 하지 않고 거짓말을 크게 보태어 과장한다.

31. 과분(過分)

① 살진 놈 따라 붓는다. [참고] 效彼壯倩人膨賑〈耳談續纂〉
② 없는 놈이 자 두 치 떡 즐긴다.
③ 장(醬) 없는 놈이 국 즐긴다.
➡ ①~③ 역량(力量)이 없으면서도, 분수에 넘치는 사치한 것을 좋아한다.
④ 아줏가릿대에 개똥참외 달리듯.
➡ 생활능력이 적으면서도 제 분수에 넘치게 계집을 많이 거느리고 산다.
⑤ 개미가 객사(客舍) 기둥을 건드린다.
⑥ 개미가 맷돌을 돌리는 것 같다. [참고] 好蟻旋磨〈天文志〉
⑦ 걷기도 전에 날기부터 배운다.
⑧ 걷기도 전에 뛰기부터 배운다.
⑨ 금두(金頭) 물고기가 용(龍)에 덤빈다.
⑩ 기도 못하는 게 날려고 한다.
⑪ 기도 못하면서 뛰려고 한다.
⑫ 난장이 교자(轎子)꾼 참여하듯. [참고] 侏儒參轎子擔〈洌上方言〉, 矮人參轎子軍〈東言解〉
⑬ 난장이 월천(越川)꾼 참여하듯.

⑭ 날개도 없는 것이 날겠다고 한다.
⑮ 눈 먼 강아지 젖 탐낸다.
⑯ 마른 말〈馬〉이 짐 탐한다.
⑰ 아직 이〈齒〉도 아니 나서 갈비 뜯는다.
⑱ 앉은뱅이 천리(千里) 대참(代參).
⑲ 애꾸가 환히 보려 하고, 절름발이가 멀리 가려 한다.
⑳ 이〈齒〉도 나기 전에 갈비 뜯는다.
㉑ 이도 아니 나서 콩밥을 씹는다.
㉒ 이도 아니 나서 황밤을 먹는다.
㉓ 이도 없는 것이 뼈다귀를 즐긴다.
㉔ 이도 없는 놈이 갈비 먼저 뜯는다.
㉕ 이도 없는 놈이 알밤 깨문다.
㉖ 이 빠진 강아지 언 똥에 덤빈다.
㉗ 절름발이 원행(遠行).
㉘ 지붕의 호박도 못 따는데, 천도(天桃) 따겠단다.
㉙ 푸둥지도 안 난 것이 날려고 한다.
➡ ⑤~㉙ 능력·실력이 없거나 부족한 자가 자기의 분수에 넘치는 행동을 하려 하거나 그러한 행동을 한다. 교자……평교자(平轎子). 종일품(從一品) 이상 및 기로소(耆老所) 당상관(堂上官)이 타던 가마. 월천꾼……사람을 업어서 내를 건네주는 일을 업으로 하던 사람. 황밤……말려서 껍질과 보늬를 벗긴 밤. 천도……선가(仙家)에서 말하는 하늘나라에서 난다고 하는 복숭아.
㉚ 송충(松蟲)이 갈밭에 내려 왔다.
➡ 자기에게는 당치도 않는 분수에 넘치는 짓을 하였다.
㉛ 거지가 은식기(銀食器)에 밥 먹는다.
➡ 자기의 신분(身分)에 맞지 않는 지나친 짓을 한다.
㉜ 장님이 장님을 인도한다.
㉝ 제 코도 못 닦는 것이 남의 코 닦으려고 한다.
➡ ㉜·㉝ 제 일도 감당하지 못하는 주제에 남의 일에 참견하여 무엇을 해주려고 한다.

㉞ 비루 먹은 강아지 대호(大虎)를 건드린다.
㉟ 자가사리가 용(龍)을 건드린다.
㊱ 하룻강아지 범 무서운 줄 모른다.
➡ ㉞~㊱ 자기의 분수도 모르고 철 없이 강한 사람에게 덤빈다. 비루 먹다……개〈犬〉나 말〈馬〉 따위가 비루(살갗에 생기는 병)에 걸리다. 자가사리……동자과에 딸린 민물고기.
㊲ 곪아빠져도 마음은 조방(助幇)에 있다.
㊳ 눈 먼 개〈犬〉 젖 탐한다.
㊴ 목 메인 개 겨 탐한다.
➡ ㊲~㊴ 자기의 악조건(惡條件)을 생각하지 않고, 분수에 넘치는 것을 바란다. 조방……오입판에서 심부름을 해주거나 여자를 소개하는 일 또는 그러한 일을 하는 사람.
㊵ 말똥도 모르고 마의(馬醫) 노릇 한다.
㊶ 맥도 모르고 침통 흔든다.
㊷ 자눈도 모르고 조복(朝服) 마른다.
㊸ 적(炙)도 모르고 가지 딴다.
➡ ㊵~㊸ 지식이 없으면서도 분수에 넘치는 어려운 일을 한다.
㊹ 하늘 보고 손가락질 한다.
➡ 제게는 당치도 않는 엄청난 짓을 한다.

32. 잔소리

① 걸레를 씹어 먹었나.
➡ 까닭 모를 잔소리를 많이 한다.
② 담배씨로 뒤웅박을 판다.
③ 좁쌀 영감이다.
➡ ②・③ 잔소리가 심하다.
④ 바가지를 긁는다.〈廉想涉, 三代〉
➡ 아내가 남편에게 불평 섞인 잔소리를 늘어 놓는다.

33. 참여(參與) · 관여(關與)

① 남의 싸움에 칼 뺀다.
② 남의 집 제사에 절한다.
③ 남의 초상(初喪)에 단지(斷指). 〈玄鎭健, 無影塔〉
④ 남의 초상에 복(服) 입는다.
⑤ 남의 친환(親患)에 단지. 〈古本春香傳〉, 〈李熙昇, 隨筆〉
⑥ 봉채(封采)에 포도군사(捕盜軍士).
⑦ 사돈의 잔치에 중〈僧〉이 참여한다.
➡ ①~⑦ 남의 일에 쓸데 없이 참여한다. 단지……손가락을 끊음. 옛날 부모의 병환이 위독하여 죽어갈 때 자식의 무명지(無名指)를 끊어서 그 흐르는 피를 어버이의 입에 넣으면 살아날 수 있다고 함. 봉채……혼인 전날 신랑 집에서 신부 집으로 채단(采緞)과 예장(禮狀)을 보내는 일. 봉치의 원말.
⑧ 건재약국(乾材藥局)에 백복령(白茯苓).
⑨ 약방에 감초.
⑩ 약재(藥材)에 감초.
⑪ 탕약(湯藥)에 감초.
➡ ⑧~⑪ 어떤 일에나 빠짐 없이 참석한다.
⑫ 남이 떡 먹는데 팥고물 떨어지는 걱정한다.
➡ 남의·일에 쓸데 없이 걱정한다.
⑬ 한데 앉아서 음지(陰地) 걱정한다.
➡ 지붕도 없는 곳에 앉아서 남이 응달에 앉아 있는 것을 걱정하듯이, 제 일도 한심스러운데 쓸데 없이 남의 일에 대하여 걱정한다.
⑭ 뒷집 마당 터진데 솔뿌리 걱정한다.
➡ 제 걱정도 많은데, 쓸데 없이 남의 걱정을 한다.
⑮ 마당 터진데 솔뿌리 걱정한다.
➡ 터진 마당을 기우려고 솔뿌리 걱정하듯이 사건(事件)이 벌어졌는데 이를 수습하려고 쓸데 없이 탁상공론을 한다. 솔뿌리……소나무의 뿌리. 껍질을 벗긴 속의 심은 매우 질기므로, 쪼개어서 나무 그릇을 꿰

매거나 쳇바퀴를 꿰매는 데 또는 풀칠하는 솥을 동이는 데 쓰임.
⑯ 상제(喪制) 보다 복재기가 더 서러워한다. 〈朴鍾和, 多情佛心〉
➡ 직접 일을 당하고 있는 사람보다도 다른 사람이 관여하여 더 걱정한다.
⑰ 남의 집 과부 아이 밴 데 미역 걱정한다.
⑱ 남의 집 마누라 개짐 걱정한다.
⑲ 더부살이가 주인 마누라 속곳 베 걱정한다.
⑳ 더부살이가 주인 아가씨 혼수(婚需) 걱정한다.
㉑ 더부살이 총각이 주인 아가씨 혼사(婚事) 걱정한다.
㉒ 더부살이 환자(還子) 걱정.
㉓ 칠월에 들어온 머슴이 주인 마누라 속곳 걱정한다.
➡ ⑰~㉓ 제게는 아무런 관계도 없는 일에 주제 넘게 관여한다. 개짐……월경대(月經帶). 환자……환곡(還穀). 봄에 나라에서 대여(貸與) 받았다가 가을에 사창(社倉)으로 도로 바치는 곡식.

34. 간섭(干涉)

① 시앗 싸움에 요강 장수.
➡ 아무 관계도 없는 사람이 공연히 남의 일에 간섭한다. 시앗……남편의 첩(妾).
② 오지랖이 넓다. 〈李熙昇, 隨筆〉
➡ 간섭할 필요가 없는 일에 나서서 간섭한다. 오지랖……웃옷이나 웃도리에 입는 겉옷의 앞자락.
③ 치마가 스물네 폭인가.
④ 치마가 열두 폭인가.
⑤ 치마폭이 넓다. [참고] 裳幅廣 〈東言解〉
➡ ③~⑤ 남의 일에 간섭을 심하게 한다.
⑥ 걱정도 팔자다.
⑦ 남의 상에 감 놓아라 배 놓아라 한다.
⑧ 남의 상에 술 놓아라 안주 놓아라 한다.

⑨ 남의 잔치에 감 놓아라 배 놓아라 한다. [참고] 他人之宴 曰柿曰梨 〈耳談續纂〉, 他人宴 排柿排梨 〈東言解〉.
⑩ 남의 상에 감 놓아라 곶감 놓아라 한다.
⑪ 남의 제사에 감 놓아라 곶감 놓아라 한다.
⑫ 남의 제사에 감 놓아라 배 놓아라 한다.
⑬ 남의 집 과부 시집 가거나 말거나.
⑭ 들 중〈僧〉은 소금을 먹고, 산(山) 중은 물을 먹는다.
⑮ 사돈집 잔치에 감 놓아라 배 놓아라 한다.
⑯ 흥(興)이야 항(恒)이야.
➡ ⑥~⑯ 자기와는 아무런 상관도 없는 일에 쓸데 없이 간섭한다.
⑰ 사돈 남 나무란다.
⑱ 사돈네 남의 말 한다.
⑲ 사돈네 논 산다.
➡ ⑰~⑲ 저도 같은 경우에 있으면서 제 일은 젖혀놓고 남의 일에 참여하여 간섭한다.
⑳ 다 된 농사(農事)에 낫 들고 덤빈다.
➡ 일할 때는 참여하지 않고 있다가 일이 끝난 뒤에 참여하여 시비(是非)를 걸며 간섭한다.
㉑ 다 삭은 바자 틈에 노랑개 주둥이 같다.
➡ 당치도 않은 일에 끼어들어 주제 넘게 간섭한다. 바자……대·갈대·수수깡 따위로 발처럼 엮거나 결은 물건. 울타리를 만드는 데 쓰임.
㉒ 내닫기는 주막집 강아지라.
㉓ 내뛰는 주막집 강아지라.
㉔ 도갓집 강아지 같이 뛰어든다.
➡ ㉒~㉔ 사람이 찾아오거나 무슨 일이 생기면 곧 뛰어나와 참견한다.
㉕ 과붓댁 종놈은 왕방울로 행세한다.
㉖ 과붓집 머슴은 왕방울로 행세한다.
➡ ㉕·㉖ 언제나 조용한 과붓집에서 머슴이 큰소리를 하면서 떠드는 것과 같이, 실속 없는 자가 쓸데 없이 잘난 체하여 떠들고 간섭한다. 왕방울……큰 방울(매우 요란스럽게 떠들거나 그러한 목소리의 비유).

㉗ 남의 일이라면 쌍지팡이 짚고 나선다.
➡ 남의 일에 적극적으로 간섭한다.
㉘ 닷곱에 참례, 서홉에 참견. 〈李熙昇, 隨筆〉
➡ 남의 일에 너무 자자분한 데까지 간섭한다. 닷곱……다섯 홉.

35. 권유(勸誘)·요구(要求)

① 나는 바담풍(風) 해도 너는 바람풍 해라.
➡ 자기는 잘못하면서도 남에게는 잘하라고 권한다.
② 동서(同壻) 춤 추게.
③ 제가 춤 추고 싶어서 동서를 권한다.
➡ ②·③ 자기가 나서서 하고 싶으나 먼저 나가서 하기가 거북하여 남부터 먼저 하도록 권한다.
④ 노굿전에 엿을 붙였나.
⑤ 솥뚜껑에 엿을 붙였나.
⑥ 이불 밑에 엿 묻어두었나.
⑦ 화로가에 엿을 붙이고 왔나.
➡ ④~⑦ 온 지가 얼마 안 되었는데, 더 있다가 가라.
⑧ 죽어도 삼잔(三盞)이라.
⑨ 후래자(後來者) 삼배(三盃).
➡ ⑧·⑨ 술을 한 잔 더 마셔라. [⑧은 죽은 사람에게 제사를 지낼 때도 젯상에 술 석 잔이 오르므로, 술을 한 잔 밖에 마시지 않은 사람에게 한 잔 더 마시라고 권할 경우에 사용됨. ⑨는 뒤에 와서 술을 많이 마시지 못하고 한 잔 밖에 마시지 않았으므로 술을 더 마시도록 권하는 경우에 사용됨]
⑩ 합천(陜川) 해인사(海印寺) 밥이냐.
➡ 밥을 어서 가져 오너라.
⑪ 원님에게 물건을 팔아도 에누리가 있다.
⑫ 원님과 급창(及唱)이 흥정을 해도 에누리가 있다.
➡ ⑪·⑫ 에누리를 해달라. 급창……옛날 군아(郡衙)에 딸려 있던 사령

(使令)의 한 가지.
⑬ 불감청(不敢請)인정 깨소금이라.
➡ 감히 청하지는 못하나, 좋고 알뜰한 것을 달라.
⑭ 벌(罰)에도 덤이 있다.
➡ 좀 더 달라.
⑮ 네 병(病)이야 낫든 안 낫든, 내 약값이나 내라. [참고] 爾病瘳否 藥債宜報〈東言解〉
➡ 일을 해주었으니 무조건 보수(報酬)를 달라.
⑯ 소금 섬을 물로 끓여라 하면 끓여라.
➡ 나에게 고분고분 복종하라.
⑰ 단칸방에 사이 두고 말할까.
➡ 피차 서로 가까운 사이에 비밀이 있을 수 없으니, 숨기지 말고 이야기 해 달라.
⑱ 상여(喪輿) 나갈 때 귀에지 내 달란다.
➡ 매우 바쁘고 수선스러울 때 그와는 상관이 없는 엉뚱한 일을 해달라고 조른다.
⑲ 아이 낳는데 속옷 벗어 달란다.
➡ 바쁘고 힘드는 일을 하고 있는데 당치도 않은 청구를 한다. [참고] 臨産求行房〈東言解〉
⑳ 떡집에 가서 술 달란다.
㉑ 술집에 가서 떡 달란다.
➡ ⑳·㉑ 엉뚱한 곳에서 무엇을 달라고 요구한다.
㉒ 족제비를 잡으니까 꼬리를 달란다.
➡ 남이 애써 일을 이루었는데, 그 중의 긴요한 부분을 자기에게 달라고 한다.
㉓ 말·말〈言〉끝에 단 장(醬) 달란다. [참고] 言言端乞甘醬〈東言解〉
➡ 말로 상대방의 마음을 사 놓고 자기의 욕심을 채우기 위한 요구를 꺼낸다.
㉔ 고양이에게 반찬 달란다. [참고] 猫前乞蘇魚〈松南雜識〉
㉕ 호랑이에게 고기 달란다. [참고] 虎前乞肉〈旬五志, 松南雜識〉

➡ ㉔·㉕ 전혀 경우에 어긋나는 요구를 한다.
㉖ 장비(張飛)더러 풀벌레를 그려라 한다.
➡ 세상에서 큰 일을 하는 사람에게 자자분한 일을 해달라고 요구한다.
㉗ 아이 보채듯.
㉘ 어린애 젖 조르듯.
㉙ 젖 떨어진 강아지 같다.
➡ ㉗~㉙ 무슨 요구를 가지고 몹시 귀찮게 간청한다.
㉚ 아니 무너지는 하늘에 작대기 받치자 한다.
➡ 공연히 걱정을 하여 쓸데 없는 짓을 하자고 한다.
㉛ 도둑질은 내가 하고, 오라는 네가 져라 한다.〈完板春香傳〉
➡ 나쁜 짓을 해서 이익(利益)은 제가 차지하고 그것에 대한 벌은 남보고 받아라 한다. 오라……옛날 죄인을 묶던 붉은 줄.
㉜ 거지보고 요기(療飢) 시키란다.
㉝ 굶주린 놈보고 도시락 부탁한다.
㉞ 배 고픈 놈더러 요기 시키란다.
㉟ 부황(浮黃) 난 사람보고 요기 시키란다.
㊱ 부황난 집에 가서 구걸(求乞) 한다.
㊲ 시장한 사람더러 요기 시키란다.
➡ ㉜~㊲ 제 일도 감당 못하는 사람에게 힘에 겨운 일을 해달라고 무리하게 요구한다. 부황……오래 굶거나 하여 살가죽이 들떠서 누렇게 되는 병.
㊳ 빗자루 든 놈보고 마당 쓸어라 한다.
➡ 일을 하려고 하는 사람에게 일을 빨리 하라고 독촉한다.
㊴ 파리 발 비빈다.
➡ 애걸복걸(哀乞伏乞) 한다.
㊵ 이 떡 먹고 말 말아라 한다. [참고] 食此餠不言〈東言解〉
➡ 비밀이 탄로될까 두려워서 먼저 그 이익(利益)을 나눠주고 발설(發說)하지 못하도록 부탁한다.
㊶ 부조(扶助)는 않더라도 젯상이나 치지 마라.
㊷ 부조도 말고 젯상 다리도 치지 마라.

➡ ㊶·㊷ 도와주지는 못할망정 방해는 하지 말라.
㊸ 덜미를 짚는다.
➡ 매우 심하게 재촉한다.
㊹ 누지 못하는 똥을 으드덕 누라 한다.
㊺ 배지 않는 아이 낳아라 한다.
㊻ 아니 밴 아이 자꾸 낳아라 한다.
㊼ 첫날 밤에 아이 낳아라는 격이다.
➡ ㊹~㊼ 되지 않을 일을 하라고 참을성 없이 억지로 졸라 재촉한다.

36. 거절(拒絶)·외면(外面)

① 개〈犬〉도 먹어라는 똥은 안 먹는다.
➡ 남이 하라는 일은 거절한다.
② 개가 똥을 마다 한다.〈蔡萬植, 太平天下〉
③ 고양이가 쥐를 마다 한다.
④ 까마귀가 보리를 마다 한다.
⑤ 까마귀가 오디를 마다 한다.
⑥ 말〈馬〉 귀에 동풍(東風) 스치듯.
➡ ②~⑥ 무엇을 하라고 지도해도 거기에는 도무지 관심이 없어서 들어주지를 않는다.
⑦ 하던 지랄도 멍석 펴 놓으면 안 한다. [참고] 常爲之癎設網席不爲〈東言解〉
➡ 일껏 하던 일도 더욱 잘 하라고 떠받들어주니 아니한다.
⑧ 시조(時調) 하라 하니, 발 뒤축이 아프다 한다.
➡ 일을 하라 하니 엉뚱한 핑계를 대고 하지 않으려고 한다.
⑨ 언제는 외조(外祖) 할미 콩죽으로 살았나. [참고] 古豈食外祖母太粥活乎〈東言解〉,〈興夫傳〉
⑩ 외갓집 콩죽에 잔뼈가 굵었겠나.
➡ ⑨·⑩ 상대방이, 남에게 신세를 지고 그 호의(好意)로 살아온 것이 아니라 하여, 새삼스럽게 남의 도움을 받기는 싫다고 거절한다.

⑪ 혼인(婚姻)에 트레바리.〈古本春香傳〉
➡ 좋은 일에 대해서도 무조건 반대한다.
⑫ 코를 막고 냄새를 피한다. [참고] 掩鼻過之〈孟子〉
➡ 옳지 않은 일을 보고 피한다.
⑬ 손자 밥 떠 먹고 천장 쳐다본다.
➡ 면목 없는 일을 하고는 외면한다.

37. 자기본위(自己本位)

① 남의 염병(染病)이 내 고뿔만 못하다.
② 남의 죽음이 내 고뿔만 못하다.
➡ ①·② 남의 큰 불행(不幸)은 하찮게 여기고, 자기의 작은 불행을 더 걱정하며 더 절박한 것으로 여긴다.
③ 내 돈 서푼만 알고, 남의 돈 칠푼은 모른다.
➡ 남의 것은 소중히 여기지 않고, 자기의 적은 것을 소중히 여긴다.
④ 좁쌀 한 섬을 두고, 흉년 들기를 기다린다.
➡ 남이야 곤란에 빠지든 말든 자기의 안일(安逸)만을 누리고자 한다.
  [변변치 못한 것을 가지고 큰 효과를 보려 한다는 뜻으로도 사용됨]

38. 이욕(利慾)

① 호랑이 코빼기에 묻은 것도 떼어 먹는다.
➡ 위험을 무릅쓰고 이익(利益)을 추구한다.
② 꿈에 본 돈도 찾아먹는다.
➡ 제가 찾아야 할 돈은 어떻게 해서든지 찾고야 만다.
③ 씨 바른 고양이 같다.
➡ 약빠르게 이(利)를 취득한다.
④ 돈 한 푼을 손에 쥐면 땀을 낸다.
➡ 돈 밖에 모른다.
⑤ 호조(戶曹) 담을 뚫겠다.

➡ 재물(財物)에 대한 욕심이 많다.
⑥ 말⟨斛⟩ 위에 말을 얹는다.
➡ 유난히 욕심을 많이 부린다.
⑦ 범 턱의 고기도 떼어 먹겠다.
➡ 돈이라면 위험을 무릅쓰고 덤빈다.
⑧ 꿀 항아리에 개미 덤빈다.
➡ 먹을 것을 얻으려고 악착같이 덤빈다.
⑨ 먹을 콩 났다고 덤빈다.
➡ 어쩌다 좋은 수가 생겼다고 덤빈다.
⑩ 마름쇠도 삼킬 놈.
⑪ 콩 반쪽이라도 남의 것이라면 손 내민다.
➡ ⑩·⑪ 남의 것이라면 무엇이나 탐내어 그것을 자기 것으로 만들려고 한다. 마름쇠……능철(菱鐵). 옛날 적군이나 도둑을 막는 데 쓰인, 끝이 날카롭고 몇 갈래가 지도록 마름 모양의 무쇠로 만든 물건.
⑫ 아홉 섬 추수한 자가 한 섬 추수한 자더러 그 한 섬을 채워 열 섬으로 채우자 한다.
➡ 남의 사정은 추호도 돌보지 않고 제 욕심만 채우려고 한다.
⑬ 뒷집 짓고 앞집 뜯어내란다.
➡ 자기에게 좀 방해가 되거나 손해가 된다 하여 자기보다 먼저 한 사람의 일을 망치게 하여 자기의 욕심을 채우려고 한다.
⑭ 낮에 나온 도둑이다.
➡ 도둑질할 놈이 밤에 다니지 않고 밝은 낮에 도둑질하러 다니듯이, 염치를 돌보지 않고 남의 것을 탐내어 가지고자 한다.
⑮ 어린 아이 가진 떡도 빼앗아 먹겠다.
➡ 어리석은 사람을 속여 염치 없이 제 욕심을 채운다.
⑯ 같이 우물 파고, 혼자 먹는다.
➡ 공동(共同)으로 노력하여 거기서 생긴 이득(利得)을 독점(獨占)한다.
⑰ 개⟨犬⟩ 등의 등겨를 털어 먹는다.
➡ 자기보다 못 사는 사람의 재물을 빼앗아 챙긴다.

⑱ 화재(火災) 난 데 도둑질.
→ 불행한 일을 당한 사람을 도와주기는커녕 도리어 그것을 악용(惡用)하여 자기의 욕심을 채운다.
⑲ 화적(火賊) 봇짐 털어 먹는다.
→ 남이 나쁜 짓을 하여 얻은 것을 빼앗아 자기의 욕심을 채운다.
⑳ 고기 새끼 하나 보고, 가마솥 부신다.
→ 사소한 이익을 얻으려고 전력을 기울인다. 부시다……그릇 같은 것을 물로 깨끗이 씻다. [성미가 조급하여 조그마한 것을 보고도 지레짐작으로 서둘러댄다는 뜻으로도 쓰임]
㉑ 기름을 쏟고, 깨를 줍는다.
㉒ 기름을 엎지르고, 깨를 줍는다.
㉓ 일천석 불 붙이고, 쌀알을 줍는다.
→ ㉑~㉓ 많은 재산을 잃고는 소리(小利)를 얻으려고 애쓴다.
㉔ 노적(露積) 가리에 불 지르고, 싸라기 주워 먹는다.
㉕ 노적 섬에 불 붙여 놓고 박산 주워 먹는다.
→ ㉔·㉕ 큰 손해를 보게 될 것을 알면서도 급하여 우선 소리(小利)를 취한다. 노적……곡식을 한데 쌓아 둠. 가리……곡식섬·곡식단·땔나뭇단 따위를 차곡차곡 높이 쌓은 큰 더미.
㉖ 집 태우고 못 줍는다.
㉗ 집 태우고 바늘 줍는다.
→ ㉖·㉗ 큰 것을 잃어버리고 소리(小利)를 구한다.
㉘ 온 바닷물을 다 먹어야 짜냐.
㉙ 온 바닷물을 다 켜야 맛이냐.
→ ㉘·㉙ 욕심이 한(限)이 없어서 무슨 일에서나 끝장을 보지 않고서는 손을 떼지 않는다. 켜다……술·물 따위를 한숨에 들이마시다.
㉚ 돈 없는 놈이 큰 떡 먼저 든다.
→ 자격이 없는 자가 제 욕심을 채우려고 먼저 나선다.
㉛ 큰어미 날 지내는데, 작은어미 떡 먹듯.
→ 세상을 떠난 본처의 제사를 지내는데 후처는 떡을 먹듯이, 어떤 행사(行事)가 제게는 못마땅한 것이어서 그 통에 배짱을 부리며 제 실속

을 차린다.
㉜ 네 다리 빼라, 내 다리 박자 한다.
➡ 사소한 일을 가지고 서로 양보하지 않고 제 실속을 채우려고 한다.
㉝ 능구리가 되었다.
➡ 사리(事理)를 알면서도 모르는 체하면서 제 실속을 차린다.
㉞ 개 귀의 비루를 털어 먹어라.
㉟ 거지 턱을 쳐 먹어라.
➡ ㉞·㉟ 지나치게 인색하고 하는 짓이 다라워 남의 것만 얻으려고 한다.
㊱ 벼락 맞은 소〈牛〉 뜯어 먹듯.
➡ 여럿이 모여들어 욕심을 채우고 있다.
㊲ 미친 개 잡아 고기 나눠 먹듯.
➡ 사람들이 소유자가 분명치 않은 물건을 나눠 가진다.
㊳ 암치 뼈다귀에 불개미 덤비듯.
㊴ 헌 머리에 이〈蝨〉 모이듯.
➡ ㊳·㊴ 사람들이 이익을 얻으려고 열을 올려 덤빈다. 암치……배를 갈라 벌려 소금에 절여 말린 암 민어.
㊵ 벙거지 조각에 콩가루 묻혀 먹겠다.
➡ 갖은 못된 짓을 하면서 남의 재물을 탐낸다. 벙거지……털로 검고 두텁게 만든 갓처럼 쓰는 물건.
㊶ 먹을 것을 보면 세 치를 못 본다.
➡ 먹을 것을 보면 거기에 정신이 팔려 다른 생각은 조금도 하지 못한다.
㊷ 욕심이 부엉이 같다.
➡ 한(限) 없이 욕심이 많다.
㊸ 상청(喪廳)에서도 떡웃지짐이 제일.
➡ 맛 있는 것만 골라 먹는다. 떡웃지짐……젯상에 올리는 떡 위에 얹는 지짐떡.
㊹ 옆 찔러 절 받기.〈廉想涉, 三代〉
➡ 상대방은 할 생각도 없는데, 자기 스스로가 요구하거나 알려줌으로써

대접을 받는다.

㊺ 뒷손 벌린다.

➡ 겉으로는 사양하는 체하면서 뒤로 슬며시 손을 내어 받는다.

㊻ 제주(濟州) 말〈馬〉 갈기 서로 뜯어 먹는다.

➡ 피차간 이익을 서로 빼앗는다.

㊼ 금주(禁酒)에 누룩 팔러 간다.

➡ 금주령이 내려서 술을 못 만들게 되었을 때 누룩을 팔러 가듯이, 법을 어기면서까지 이득(利得)을 탐낸다.

㊽ 기둥이야 되든 말든 목침 먼저 자른다.

➡ 목적한 일이야 어떻게 되든, 우선 제 욕심부터 먼저 채운다.

㊾ 미친 체하고 떡판에 엎드린다. 〈廉想涉, 萬歲前, 三代〉

➡ 사리(事理)를 잘 알면서도 짐짓 모르는 체하고 욕심을 채운다.

㊿ 핑계 김에 떡 함지에 넘어진다.

➡ 핑계를 대고 자기의 잇(利)속을 차린다.

(51) 문둥이 콧구멍에 박힌 마늘씨도 파 먹겠다.

(52) 용천배기(문둥이) 콧구멍에서 마늘씨를 빼 먹고 말지.

➡ (51)·(52) 지나치게 인색하고 하는 짓이 다랍고 남의 것만 얻으려고 한다.

39. 인색(吝嗇)

① 감기 고뿔도 남 안 준다.

② 나그네 보내고 점심 한다.

③ 이마를 뚫어도 진물도 아니 난다.

④ 이마를 찔러도 피 한 방울 안 나겠다.

⑤ 이마에 송곳을 박아도 진물 한 점 안 난다. 〈沈熏, 永遠의 微笑〉

⑥ 털 하나도 안 뽑는다.

➡ ①~⑥ 남에 대해서는 너무나 인색하다. 고뿔……감기.

⑦ 들어가는 것은 봐도, 나오는 것은 못 봤다.

⑧ 들어오는 것은 있어도, 나가는 것은 없다.

⑨ 한 번 쥐면 펼 줄을 모른다.
➡ ⑦~⑨ 사람이 너무나 인색하여 재물이 한번 들어오면 그것을 쓸 줄을 모른다.
⑩ 쥐 포육(脯肉) 장수다.
➡ 아주 인색하여 좀팽이짓을 한다.
⑪ 똥 누면 분칠하여 말려 두겠다.
➡ 사람의 똥에다 분을 칠하여 하얗게 말려 두었다가 흰 개〈犬〉의 흰 똥을 약(藥)으로 구하는 사람이 있으면 팔아먹겠다 하듯이, 사람이 악착스럽고 인색하다.
⑫ 낟알 세어 밥 한다.
⑬ 땔 나무도 저울질 해서 때겠다.
⑭ 숯은 달아서 피우고, 쌀은 세어서 밥 짓는다.
➡ ⑫~⑭ 지나칠 정도로 살림살이에 인색하다.
⑮ 된장이 아까워 개〈犬〉를 못 잡는다.
➡ 재산을 아끼려고 너무나 인색하게 군다.
⑯ 그렇게 하면 뒷간에 옻칠을 하나.
⑰ 기왓집에 옻칠 하고 사나.
➡ ⑯·⑰ 심히 인색하게 굴어 재산을 모으려고 한다.
⑱ 거지 밥주머니에 붙은 밥풀도 떼어 먹는다.
⑲ 거지 볼에 붙은 밥풀도 떼어 먹는다.
⑳ 고기 만진 손 씻어 국 끓이겠다.
㉑ 연주창(連珠瘡) 앓는 놈의 갓끈을 핥겠다.
➡ ⑱~㉑ 몹시 다랍고 인색하게 군다. 연주창……몸에 멍울이 연달아 생겨 곪아 터져서 생기는 부스럼.
㉒ 지전시정(紙廛市井)에서 나비 쫓아가기.
➡ 지물상(紙物商)에 종이가 쌓였는데도 불구하고 나비를 종이쪽이 나는 줄 알고 쫓아가듯이, 재산이 많으면서도 너무나 인색하여 작은 것을 보고 열을 내어 쫓아다닌다.
㉓ 대들보 썩는 줄 모르고 기왓장 아낀다.
➡ 장차 크게 손해 볼 줄 모르고 당장 돈이 좀 든다고 하여 사소한 것을

아낀다.

40. 다툼

① 담을 쌓고 벽을 친다.
➡ 서로 싸운다.
② 누걸놈 방앗간 다투듯.
➡ 이득(利得)을 빼앗기지 않으려고 기(氣)를 올려 다툰다. 누걸놈……누더기를 걸친 거지.
③ 거지끼리 자루 찢는다.
④ 동냥 자루 찢는다.
⑤ 자루 찢는다.
➡ ③~⑤ 같이 동냥하여 모은 것을 서로 찢어 가지듯이, 동류(同類)끼리 서로 많이 가지려고 다툰다.
⑥ 오소리감투가 둘이다.
➡ 한 일에 주관하는 자가 둘이 있어서 서로 다툰다. 오소리감투……오소리 털이 붙은 채로 만든 벙거지.
⑦ 와우각상(蝸牛角上)의 싸움이다. (蝸角之爭)
➡ 달팽이의 뿔 위에서 싸우듯이, 좁은 곳에서 싸우거나 하찮은 일로 서로 다툰다.
⑧ 남의 말이라면 쌍지팡이 짚고 나선다.
➡ 남에게 시비(是非)를 잘 걸고 나선다. 쌍지팡이……두 다리가 성하지 못한 사람이 짚는 두 개의 지팡이.
⑨ 개〈犬〉하고 똥 다툰다.
➡ 상대(相對)도 못할 못된 사람과 시비를 가리거나 이해(利害)를 따진다.
⑩ 입씨름 한다.
➡ 서로 아무 것도 아닌 것을 가지고 다툰다.

41. 고집(固執)·우김·주장(主張)

① 벽창우(碧昌牛)다.
➡ 성질이 무뚝뚝하고 고집이 세다. 벽창우……평안북도의 벽동(碧潼)·창성(昌城) 지방에서 나는 크고 억센 소.
② 개구리 삼킨 뱀의 배.
③ 꼿꼿하기는 개구리 삼킨 배.
➡ ②·③ 사람이 보기와는 달리 고집이 세다.
④ 꼿꼿하기는 서서 똥 누겠다. 〈廉想涉, 三代〉
➡ 마음씨가 굳고 굽히기를 싫어하며 고집이 세다.
⑤ 삼년 묵은 물박달나무.
⑥ 설 삶은 말 대가리. [참고] 馬頭生烹 〈東言解〉
⑦ 콧등이 세다.
➡ ⑤~⑦ 사람이 남의 말은 조금도 받아들이지 않고 제 멋대로만 한다. [⑥ 말대가리는 푹 삶아도 질긴데 설 삶으면 더 질김]
⑧ 과붓집 똥넉가래 내세우듯.
⑨ 넉가래 내세우듯. 〈朴鍾和, 錦衫의 피〉
⑩ 똥넉가래 내세우듯.
➡ ⑧~⑩ 일을 변통하는 주변은 없으면서 쓸데 없이 호기(豪氣)를 내어 고집을 부린다. 넉가래……곡식이나 눈 따위를 한 곳에 밀어모으는 기구.
⑪ 길로 가라니까 메로 간다.
➡ 유리(有利)하고 편한 방법을 가르쳐 주었지마는 그대로 하지 않고 제 고집대로 한다.
⑫ 남의 친기(親忌)도 우기겠다.
⑬ 남의 아들 생일도 우기겠다.
⑭ 늙은이 무르팍 세우듯.
⑮ 상제(喪制)와 젯(祭)날 다툰다.
⑯ 상주 보고 제삿날 다툰다.
➡ ⑫~⑯ 잘 모르면서도 제 말이 절대로 옳다고 우겨댄다. 친기…부모의 제사. 상제……부모나 승중(承重) 조부모의 거상(居喪) 중에 있는 사람.

⑰ 장(場)거리 수염 난 것 모두 네 할아비냐.
➡ 자기 것과 비슷한 것을 보고는 덮어놓고 제 것이라고 우긴다.
⑱ 채반이 용수가 되도록 우긴다.
➡ 사리(事理)에 맞지 않게 제 말이 맞다고 우겨댄다. 채반……껍질을 벗긴 싸릿개비나 나뭇가지로 울이 없이 결어 만든 둥글넓적한 채그릇. 용수……싸리나 대로 만든 둥글고 긴 기구(器具). 술이나 장을 거르는 데 씀.
⑲ 남대문 가본 놈하고 안 가본 놈하고 다투면 안 가본 놈이 이긴다.
⑳ 남대문 안 가본 놈이 이긴다.
㉑ 서울 가본 놈하고 안 가본 놈하고 싸우면 가본 놈이 못 이긴다.
➡ ⑲~㉑ 실제로 경험해 보지 않은 사람이 경험해 본 사람의 말을 무시하고 자기의 말이 옳다고 우겨댄다.
㉒ 기차 바퀴가 박달나무란다.
㉓ 남대문 문턱이 대추나무라고 한다.
➡ ㉒·㉓ 실제로 그렇지 않은데 실제로 그렇다고 터무니 없이 말로 우긴다.
㉔ 암탉이 운다.
➡ 여자가 똑똑한 체 기세(氣勢)를 올려 집안에서 남편의 일에 간섭하며 자기를 주장한다.

42. 덤빔·날뜀

① 청국장인지 쥐똥인지 모르고 덤빈다.
➡ 경우를 모르고 경망하게 덤빈다.
② 눈 먼 토끼 뛰듯.
➡ 어떻게 될는지도 모르면서 함부로 덤빈다.
③ 값도 모르고 쌀자루 내민다.
➡ 일의 사정도 모르면서 무턱대고 덤빈다.
④ 물인지 불인지 모른다.
⑤ 불나방이 등불에 덤빈다.

⑥ 불나방이 불 무서운 줄 모른다.
⑦ 불 속에 뛰어든다.
⑧ 물고기가 용(龍)에게 덤빈다.
⑨ 범 모르는 하룻강아지.
⑩ 새앙쥐가 고양이 앞에 덤빈다.
⑪ 하룻강아지 호랑이를 모른다.
➡ ④~⑪ 약한 자가 위험한 줄도 모르고 겁도 없이 강한 자에게 함부로 덤빈다. 불나방……부나방. 등아(燈蛾). 콩·머위·뽕나무 따위의 잎을 갉아먹는 해충임.
⑫ 개미가 정자나무 건드린다.
⑬ 달걀로 백운대(白雲臺) 친다.
⑭ 달걀로 돌을 친다. (以卵投石, 以卵擊石)
⑮ 달걀로 성(城)을 친다.
⑯ 대부동(大不動)에 곁낫질 한다.
⑰ 왕개미가 정자나무 흔든다.
⑱ 토막나무에 낫걸이.
➡ ⑫~⑱ 약한 사람이 상대할 수 없는 강한 사람에게 무모하게 덤빈다. 백운대(白雲臺)……북한산(北漢山)의 최고봉. 대부동……매우 큰 아름드리의 재목(材木).
⑲ 하지도 못하는 놈이 잠방이 벗는다.
➡ 실력도 없는 사람이 일을 하려고 덤빈다. 잠방이……가랑이가 무릎까지 내려오게 지은 짧은 고의(홑바지).
⑳ 털도 안 뜯고 먹겠다 한다.
➡ 너무 급히 하려고 덤빈다.
㉑ 피 맛을 본 귀신 달라들듯.
➡ 악을 쓰고 덤빈다.
㉒ 해변 강아지 범 무서운 줄 모른다.
➡ 철 없이 강자(強者)에게 함부로 덤빈다.
㉓ 송장메뚜기 같다.
➡ 쓸데 없는 일에 잘난 체하고 지나치게 날뛴다. 송장메뚜기……메뚜기

과에 딸린 곤충.
㉔ 미친 개〈犬〉호랑이 잡는다.
➡ 아무 것도 돌보지 않고 정신 없이 날뛴다.
㉕ 선가(船價) 없는 놈이 배에 먼저 오른다.
➡ 능력이 없는 사람이 능력이 있는 사람보다 먼저 떠들고 날뛴다. 선가……뱃삯.
㉖ 눈 먼 놈이 앞장 선다.
➡ 못난 주제에 남들보다 먼저 나선다.
㉗ 못된 버섯이 삼월부터 난다.
➡ 불량한 주제에 도리어 일찍부터 날뛴다.
㉘ 굿 들은 무당.
㉙ 무당의 영신(靈神)인가.
㉚ 재(齋) 들은 중〈僧〉.
➡ ㉘~㉚ 평소에 매우 좋아하거나 원하는 일을 하게 되어 신이 나서 날뛴다. [㉘ 무당이 병들어 앓고 있다가 굿거리가 생기면 귀신이 붙어서 심신(心身)이 풀려 일어나는 것과 마찬가지로, 맥 없이 있다가도 어떤 일을 맡게 되면 신이 나서 날뛴다]
㉛ 덩덩 하니 굿만 여긴다.
㉜ 덩덩 하니까 문 넘어 굿인 줄 안다.
㉝ 덩덩 하면 굿인 줄 안다.
㉞ 둥둥 하면 굿만 여긴다.
㉟ 쿵그렁 하면 굿만 여겨 선산(善山) 무당이 춤을 춘다.
➡ ㉛~㉟ 얼씬만 하면 무슨 좋은 수가 생긴듯이 떠들썩하게 수선거리고 좋아서 날뛴다.

43. 생색(生色)

① 계(契) 술에 낯 내기. [참고] 契酒生面〈東言解〉, 母將社酒〈耳談續纂〉
② 남의 술로 생색 낸다.
③ 상가(喪家) 술로 벗 사귄다.

④ 상두 술로 벗 사귄다.
⑤ 상두 술에 낯 내기.
⑥ 상두 쌀에 낯 내기.
➡ ①~⑥ 제가 남의 것을 가지고 생색을 낸다. 상두……상여(喪輿)의 낮은 말.
⑦ 하선(夏扇)·동력(冬曆)으로 시골에서 생색 낸다.
➡ 값지지 않은 물건을 가지고 생색을 낸다.

44. 비루(鄙陋)

① 거지 발싸개 같다.
② 기생(妓生)의 자릿저고리.〈廉想涉, 三代〉
➡ ①·② 성질이나 행동이 다랍고 추저분하다. 자릿저고리……밤에 잘 때 입는 저고리.
③ 노래기 회(膾)도 먹겠다.
➡ 하는 짓이 다랍고 추저분하고 비위에 그슬린다. 노래기……고약한 노린내가 나는 절족동물(節足動物)의 하나.

45. 격식(格式)차림

① 못된 일가가 항렬(行列)만 높다.
② 아무 것도 못하는 놈이 문벌(門閥)만 높다.
③ 일가 못된 것이 항렬만 높다.
➡ ①~③ 변변치 못한 자가 자기의 가치(價値)를 높이기 위하여 자기보다 나은 사람들이 취하는 바와 같은 격식을 취한다.

46. 싱거움

① 싱겁기는 늑대 불알이다.
② 싱겁기는 돌 삶은 국이다.

③ 싱겁기는 맹물이다.
④ 싱겁기는 홍동지(洪同知)네 세벌 장(醬)물이다.
⑤ 싱겁기는 황새 똥구멍이다.
➡ ①~⑤ 사람됨이 매우 싱겁다.
⑥ 소금 좀 먹어야겠다.
⑦ 싱거운 동네 가서 구장질 하라.
➡ ⑥·⑦ 너무나 싱거운 말을 한다.
⑧ 노루 잠에 개〈犬〉 꿈이다.
⑨ 돝 잠에 개 꿈이다.
⑩ 쇠 살에 말 뼈.
➡ ⑧~⑩ 사리(事理)에 맞지 않고, 제 격(格)에 맞지 않는 싱거운 말을 한다.

47. 옹졸(甕拙)·고지식

① 남산 소나무를 다 주어도 서캐조롱 장사를 하겠다.
② 담뱃불에 언 쥐를 구워 먹겠다.
③ 담뱃불에 언 쥐를 쬐어가며 벗길 놈.
④ 대롱으로 하늘 본다. [참고] 以管窺天〈東方朔〉, 管中窺天〈莊子〉, 以管觀天〈史記〉
⑤ 독 안에서 하늘을 본다.
⑥ 독 안에서 푸넘.
⑦ 등잔불에 콩 볶아 먹을 놈.
⑧ 머리카락에 홈 파겠다.
⑨ 벼룩의 등에 육간대청(六間大廳)을 짓겠다.
⑩ 부시통에 연풍대(燕豊臺) 하겠다.
⑪ 삼년 된 각시 호롱불에 속곳 말린다.
⑫ 섬 속에서 소 잡겠다.
⑬ 횃대 밑에서 호랑이 잡고 나가서 쥐구멍 찾는다.
⑭ 횃대 밑에서 호랑이 잡는다.

➡ ①~⑭ 하는 짓이 매우 답답하고 옹졸하다. 서캐조롱……어린애들이 주머니 끈이나 옷 끈에 액(厄)막이로 차는 나무로 만든 물건. 부시통… 부시 치는 제구를 넣어 두는 작은 통. 연풍대……기생이 추는 칼춤의 한 가지. 섬……먹서리.

⑮ 눈을 껴다 놓고 우물을 판다.
⑯ 소라 껍질로 바닷물을 된다. [참고] 以蠡測海〈東方朔〉
⑰ 우물 옆에서 말라 죽겠다.
➡ ⑮~⑰ 융통성이 없는 답답한 짓을 한다.
⑱ 쇠 멱미레 같다.
➡ 고집이 세고 융통성이 없다. 멱미레……소의 턱 밑의 고기.
⑲ 쇠 털 뽑아 제 구멍에 박는다.
⑳ 제 털 뽑아 제 구멍에 박는다.
➡ ⑲·⑳ 남의 것을 가져오거나 제 것을 남 주거나 하는 융통성이 없어 제 것만 제가 쓴다.

48. 까다로움 · 딱딱함

① 맛 없는 국이 맵기만 하다.
➡ 사람답지 못한 주제에 교만하고 몹시 까다롭다.
② 보리 가랭이가 까라우냐, 괭이 가시랭이가 까라우냐.
➡ 사람의 성미가 매우 까다롭다.
③ 말〈馬〉대가리 설 삶아 놓은 것 같다.
➡ 사람이 부드러운 데가 없고 매우 딱딱하다.
④ 생파리 같다.
➡ 사람이 매우 쌀쌀하고 까다롭다.

49. 공연(空然)한 짓

① 장님 눈 가리기다.
➡ 공연히 불필요한 짓을 한다.

② 봉사 하늘 쳐다보기다.
③ 장님 담 너머 보기다.
④ 장님 둠벙 들여다본다.
⑤ 장님 등불 쳐다본다.
➡ ②~⑤ 공연히 실속 없는 짓을 한다.
⑥ 더운 밥 먹고 식은 말 한다.
➡ 쓸데 없는 소리를 한다.
⑦ 말하는 매실(梅實).
⑧ 목 마른 사람에게 물소리만 듣고 갈(渴)을 추겨라 한다.〈金東仁, 首陽大君〉
➡ ⑦·⑧ 보거나 듣기만 할 수 있는 실속 없는 것을 가지고 공연히 실속을 채우라고 한다.
⑨ 송장 뺨치기다.
➡ 아무런 반응이 없는 사람과 상대한다.
⑩ 고양이 목에 방울 달기. [참고] 猫項懸鈴〈旬五志, 東言解, 松南雜識〉
➡ 실행할 수 없는 것을 공연히 말한다.
⑪ 고자(鼓子) 처갓(妻家)집 가듯.
⑫ 내관(內官)이 처가 출입하듯.
➡ ⑪·⑫ 아무런 실속도 없이 공연히 왔다 갔다 한다.
⑬ 아프지도 않은 다리에 침 준다.
⑭ 아프지도 않은데 뜸질 한다.
➡ ⑬·⑭ 남의 사정도 모르고 공연히 남이 싫어하는 짓을 한다.
⑮ 굿 뒤에 날장구 친다.
⑯ 굿 뒤에 쌍장구 친다.
⑰ 굿 마친 뒤 장구.
⑱ 사후(死後)에 청심환(淸心丸) 구한다.
⑲ 상여(喪輿) 뒤에 약방문(藥方文).
⑳ 성복(成服) 뒤에 약방문.
㉑ 성복제 지내는데 약 공론한다.
㉒ 성복 후에 약 공론하듯.

㉓ 죽은 뒤에 약방문.
➡ ⑮~㉓ 이미 때는 지났는데 쓸데 없이 무엇을 한다. 날장구……일 없이 공연히 치는 장구. 약방문……약을 짓기 위하여 약명과 분량을 적은 종이. 성복……초상이 난 지 사흘이나 닷새만에 상제와 복인들이 처음으로 상복을 입는 일.
㉔ 봉사에게 등불 주기다.
㉕ 봉사에게 손짓 한다.
㉖ 앉은뱅이에게 신 주기다.
➡ ㉔~㉖ 쓸데 없이 상대방에게 효과가 나타나지 않을 짓을 한다.
㉗ 소〈牛〉에게 거문고 소리 들리기다. [참고] 對牛彈琴〈莊子〉
㉘ 송아지한테 천자문 가르치듯.
➡ ㉗·㉘ 아무리 가르쳐도 소용이 없는 둔한 사람에게 가르치느라고 헛수고만 한다.
㉙ 금주(禁酒)에 누룩 흥정.
➡ 말을 해봤자 상대방이 들어주지 않을 불필요한 말을 한다.
㉚ 고려(高麗)적 잠꼬대.
➡ 현실과는 관계 없는 쓸데 없는 말을 한다.
㉛ 노처녀보고 시집 가라 한다.
➡ 물어보나 마나 상대방이 좋아할 것을 쓸데 없이 묻는다.
㉜ 바람과 그림자를 잡으려고 한다. (捕風捉影)
➡ 사리(事理)에 맞지도 않는 허망한 짓을 한다.
㉝ 뉘 애기 이름인 줄 아나.
➡ 괜히 실없는 소리를 한다.
㉞ 간(肝)에 바람 들었다.
➡ 실없는 짓을 한다.
㉟ 까치 뱃바닥 같다.
➡ 실속 없이 희떱게 흰소리를 한다. 허풍을 친다.

50. 엉뚱한 짓

① 상여(喪輿) 메고 가다가 귀 후빈다.
➡ 무슨 일을 한참 하다가 엉뚱한 짓을 한다.
② 동쪽 일을 서쪽에 와서 한다.
➡ 두서(頭緖)를 모르고 엉뚱한 짓을 한다.
③ 공부 하랬더니 개〈犬〉잡이를 배운다.
④ 잡으라는 쥐는 안 잡고, 씨암탉만 문다.
➡ ③·④ 책임진 일은 하지 않고 엉뚱한 짓을 한다.
⑤ 병신치고 육갑 못하는 놈 없다.
➡ 전혀 관계가 없는 엉뚱한 짓을 한다.
⑥ 술은 김가(金哥)가 먹고, 주정은 이가(李哥)가 한다.
➡ 전혀 관계가 없는 엉뚱한 짓을 한다.
⑦ 똥 누러 가서 밥 달란다.
➡ 목적한 바와는 다른 엉뚱한 짓을 한다.
⑧ 혼사(婚事)말 하는데 상사(喪事)말 한다.
➡ 경사스러운 말을 하는데 엉뚱하게도 불길한 말을 한다.
⑨ 과거(科擧) 전에 창부(倡夫).
➡ 힘써 해야 할 일은 하지 않고 망령된 엉뚱한 짓을 한다. 창부……남자 광대.
⑩ 자다가 남의 다리 긁는다.
⑪ 자다가 잠꼬대 한다.
➡ ⑩·⑪ 갑자기 엉뚱한 짓을 한다.
⑫ 땡땡이 중놈 안반 너머본다.
➡ 하는 일에는 마음이 없고 엉뚱한 짓을 한다. 안반……떡을 치는 데 쓰는 넓고 두꺼운 나무판.
⑬ 남대문에서 할 말을 동대문에서 말한다.
➡ 말을 해야 할 데서는 하지 못하고 엉뚱한 데서 말한다.
⑭ 뽕나무를 가리키니 느티나무라 한다.
➡ 내용도 모르고 엉뚱한 말을 한다.

51. 의외(意外)의 언동(言動)

① 새벽 봉창을 두들긴다.
② 아닌 밤중에 홍두깨.
③ 어둔 밤중에 홍두깨 내민다. [참고] 暗隅方杖出〈東言解〉
④ 자다가 봉창 두들긴다.
➡ ①~④ 전혀 관계가 없는 딴 소리를 불쑥 내놓는다.
⑤ 약질(弱質)이 살인(殺人) 낸다.
➡ 약한 사람이 뜻밖에 엄청난 짓을 한다.
⑥ 염병(染病)에 보리죽을 먹어야 낫겠다.
⑦ 염병에 보리죽을 먹었나.
➡ ⑥·⑦ 논박할 필요조차 없는 어이없는 말을 한다. [염병은 가장 나쁜 질환(疾患)이고 보리죽은 가장 좋지 않은 음식이니, 염병에 걸린 사람이 보리죽을 먹는다는 것은 어이없는 일임]
⑧ 젓가락으로 김칫국 집어 먹을 놈.
➡ 어리석고 용렬하여 어처구니 없는 짓을 한다.
⑨ 제 꼴에 배 사 먹는다.
➡ 되지 못한 자가 어이없는 짓을 한다.
⑩ 꼬리 없는 소〈牛〉가 남의 소 등의 파리를 잡겠다고 한다.
➡ 제 일도 못하는 주제에 남의 일을 도와주겠다는 어이없는 소리를 한다.
⑪ 서천(西天)에서 해가 뜨겠다.
⑫ 해가 서쪽에서 뜨겠다.
➡ ⑪·⑫ 너무나도 뜻밖의 좋은 일을 하였다.

52. 불쾌(不快)한 말〈言〉

① 쑥떡 먹고, 쓴 소리 한다.
② 익모초(益母草) 같은 소리.〈李箱, 逢別記〉
➡ ①·② 듣기 싫은 말을 한다.
③ 입이 도끼날 같다.
➡ 남이 싫어하는 입바른 소리를 한다.

④ 싸라기 밥을 먹었나.
➡ 기분 나쁘게 자기에게 반말을 쓴다.
⑤ 괴(고양이) 불알 앓는 소리. [참고] 本痛猫〈東言解〉
⑥ 내시(內侍) 이 앓는 소리.〈蔡萬植, 太平天下〉
⑦ 벙어리 발등 앓는 소리.
⑧ 불 탄 강아지 앓는 소리.〈李無影, 農民〉
⑨ 여든에 이 앓는 소리.
➡ ⑤~⑨ 맥 없이 지리하고 듣기 싫게 홍얼거린다. [무엇이라고 말을 하기는 하나 별로 신기한 의견(意見)이 아니다는 뜻으로도 사용됨]

53. 다언(多言)・무언(無言)・무반응(無反應)

① 조기배에는 못 가리라.
② 혀에 굳은 살이 박히겠다.
➡ ①・② 수다스럽게 말을 많이 한다. [① 조기잡이를 할 때 배에 탄 사람의 말이 시끄러우면 조기가 놀라서 흩어지므로 수다스럽게 말을 많이 하는 사람을 보고 하는 말]
③ 조잘거리는 아침 까치.
➡ 유난히 크고 높은 소리로 수다스럽게 지껄인다.
④ 칠월 열쭝이 모양.
➡ 빠르고 수다스럽게 지껄인다. 열쭝이……새〈鳥〉새끼.
⑤ 벙어리 마주 앉은 격이다.
⑥ 소〈牛〉 닭 보듯, 닭 소 보듯.
➡ ⑤・⑥ 두 사람이 마주 앉아 서로 아무 말도 않고 있다.
⑦ 토하고 싶어도 토하지 않는다. (欲吐未吐)
➡ 말을 할듯 할듯 하면서도 하지 않는다.
⑧ 배 고픈 사람이 장맛 보자 한다.
➡ 자기가 하고 싶은 말을 솔직히 말하지 않는다.
⑨ 가을 바람이 귓전을 스쳐가듯.
➡ 남의 말을 들은둥 만둥 한다.

⑩ 어느 집 개〈犬〉가 짖느냐 한다.
➡ 누가 무슨 소리를 해도 못 들은 척한다.

54. 중얼거림

① 국수당에 가서 말하듯.
② 귀신 씨나락 까 먹는 소리.〈蔡萬植, 太平天下〉
③ 낙지 판다.
④ 봉사 씨나락 까 먹듯.
⑤ 비 맞은 중놈.
⑥ 염불(念佛) 외듯.〈沈熏, 永遠의 微笑〉
⑦ 장마 도깨비 여울 건너가는 소리.
➡ ①~⑦ 남이 알아듣지 못할 소리로 중얼거린다. 국수당……서낭당. 여울……강이나 바다에 바닥이 얕거나 너비가 좁아서 물살이 세게 흐르는 곳.
⑧ 도둑놈 개〈犬〉 꾸짖듯.
➡ 남에게 들리지 않게 입 속으로 중얼거린다.
⑨ 시조(詩調)를 하느냐.
➡ 쓸데 없이 중얼거린다. [옛날, 한시(漢詩)에 비해 우리 말로 된 시조를 얕본 데서 생긴 말임]

55. 진술(陳述)・핑계・비평(批評)

① 꿈보다 해몽(解夢)이 좋다.
➡ 언짢은 일을 유리(有利)하게 둘러대어 말한다.
② 장님 코끼리 말하듯.
➡ 사물의 일부분만 알고 그것을 사물 전체의 것으로 여겨서 말한다.
③ 꿈도 꾸기 전에 해몽(解夢) 한다.
➡ 어떻게 될지도 모를 일을 가지고 제 멋대로 상상하여 말한다.
④ 염소 물똥 싸는(누는) 것 보았나.

➡ 있을 리가 없는 일을 가지고 말한다.
⑤ 부처님더러 생선 방어 토막을 도둑해 먹었다고 한다.
➡ 자기는 절대로 죄를 지은 바가 없다고 말한다.
⑥ 못된 바람은 동대문(東大門) 구멍에서 다 들어온다고.
⑦ 못된 바람은 수구문(水口門)으로 들어온다.
➡ ⑥·⑦ 시비(是非)나 비방(誹謗)이 자기에게 돌아오지마는 자기는 절대로 결백하다고 한다. 수구문……광희문(光熙門)의 속칭. [옛날 서울의 시체(屍體)는 모두 수구문으로 내다 버렸기 때문에 악취가 들어왔던 것이므로, 좋지 않은 일, 잘못한 일은 모두 자기에게만 돌린다고 항변하는 경우에 사용됨]
⑧ 말〈言〉을 이〈蝨〉 잡듯이 한다. [참고] 言如殺蝨〈東言解〉
➡ 의복의 이를 잡을 때 한 마리도 남기지 않으려고 샅샅이 뒤지듯이 조금도 남김 없이 상세하게 이야기 한다.
⑨ 흑백(黑白)을 가린다.
➡ 시비곡절(是非曲折)을 분명하게 한다.
⑩ 무섭지는 않아도 똥 쌌다는 격.
➡ 분명히 나타난 결과와 사실에 대하여 그렇지 않다고 변명을 한다.
⑪ 게으른 여편네 아이 핑계하듯.
➡ 일을 하지 않으려고 핑계를 부린다.
⑫ 핑계·핑계 도라지 캐러 간다.
➡ 적당한 핑계를 만들어 놀러 간다.
⑬ 막간(행랑)어미 애 핑계.
➡ 머슴살이 아낙네가 주인집 어른이 시키는 일을 하지 않으려고 핑계를 부리듯이, 사람이 간청하는 말을 들어주지 않으려고 핑계를 한다.
⑭ 값도 모르고 싸다 한다.
⑮ 금도 모르고 싸다 한다.
➡ ⑭·⑮ 일의 사정도 모르고 이러니 저러니 비평한다.

56. 효빈(效顰)

① 마른 놈 따라 굶는다.
② 산(山)이 우니 돌(石)이 운다.
➡ ①·② 남이 무엇을 하니 자기도 그것을 흉내낸다.
③ 계집애가 오랍아 하니, 사내도 오랍아 한다.
➡ 남이 무슨 일을 하거나 무어라고 말하니 당치도 않게 멋도 모르고 따라 한다.
④ 거문고 인 놈이 춤을 추니, 칼 쓴 놈도 춤을 춘다.
⑤ 비파(琵琶) 멘 놈이 손뼉 치니, 칼 쓴 놈도 손뼉 친다. [참고] 荷琵琶者抃 荷柽梏者亦抃〈旬五志〉
⑥ 낙동강 잉어가 뛰니까, 안방 빗자루가 뛴다.
⑦ 망둥이가 뛰니까, 빗자루가 뛴다.
➡ ④～⑦ 처지가 남만 못하면서도 남이 하는 것을 따라한다. 칼……죄인(罪人)의 목에 씌우던 형구(刑具)의 한 가지.
⑧ 비단 올이 춤을 추니, 베 올도 춤을 춘다.
⑨ 잉어가 뛰니까, 망둥이도 뛴다.
⑩ 잉어·숭어가 오니, 물고기라고 송사리도 온다.
➡ ⑧～⑩ 못난 자가 분에 넘치게 저보다 훌륭한 사람의 행동을 모방한다.
⑪ 슬인(瑟人) 춤에 지게 지고 엉덩춤 춘다. [참고] 瑟人蹲蹲 荷校隨欣〈耳談續纂〉
➡ 남이 무슨 일을 한다고 무턱대고 자기도 따라하면서 좋아라 한다.
⑫ 남이 은장도(銀粧刀)를 차니, 나는 식칼을 찬다.
⑬ 남이 장 간다고 하니, 거름 지고 나선다.
⑭ 남이 치는 장단에 엉둥이춤 춘다.
⑮ 서낭에 가서 절만 한다.
⑯ 학(鶴)이 곡곡하게 우니, 황새도 곡곡 하고 운다.
➡ ⑫～⑯ 멋도 모르고 주견 없이 남이 하는대로 따라한다. 서낭……서낭신(한 마을의 수호신)이 붙어 있다는 나무.

57. 언어 반복(言語反復)

① 귀에 못이 박힌다. 〈廉想涉, 三代〉,〈李孝石, 모밀꽃 필 무렵〉
② 귀에 싹이 난다.
➡ ①·② 전에 들었던 것을 자주 되풀이한다.
③ 생이 벼락 맞은 이야기를 한다.
➡ 까맣게 잊어버린 옛 일을 새삼스럽게 이야기한다. 생이……민물에 사는 작은 고기.
④ 개〈犬〉벼룩 씹듯.
➡ 했던 말을 수다스럽게 되씹는다.

58. 급한 성미(性味)·서두름·완만(緩慢)

① 가랑잎에 불 붙듯.
② 괄기는 인왕산 솔가지라.
③ 급하기는 우물에 가서 숭늉 달라겠다.
④ 밀 밭에서 술〈酒〉찾는다.
⑤ 우물에 가서 숭늉 달라 한다.
⑥ 우물을 들고 마시겠다.
⑦ 저렇게 급하면 할미 속으로 왜 아니 나와.
⑧ 콩 마당에서 서슬 치겠다.
➡ ①~⑧ 성미(性味)가 매우 급하다. 서슬……두부를 만들 때 쓰는 물질. 간수.
⑨ 벼슬 하기 전에 일산(日傘) 준비.
⑩ 새벽달 보려고 초저녁부터 기다린다. [참고] 曉月之觀豈自昏候〈耳談續纂〉
⑪ 새벽달 보려고 초저녁부터 나앉는다. [참고] 看晨月坐自夕〈洌上方言〉
⑫ 씨 보고 춤을 춘다.
⑬ 아이 낳기 전에 포대기 장만한다.
⑭ 오동(梧桐)나무 보고 춤을 춘다.
⑮ 오동씨만 보아도 춤을 춘다.

→ ⑨~⑮ 성미가 급해서 미리 서둘러댄다. [⑫・⑭・⑮ 오동나무로 만든 거문고를 연상하여 춤을 춘다는 말]
⑯ 남이 장에 간다 하니 무릎에 망건 씌운다.
→ 남이 무엇을 한다고 하니 자기도 그것을 하려고 급히 서둘러댄다.
⑰ 곽란에 약(藥) 지으러 보내면 좋겠다.
→ 급히 서둘러야 할 경우에 미련하여 행동이 민첩하지 못하다. 곽란……갑자기 토하고 설사가 나며 고통이 심한 급성 위장병.
⑱ 비가 와도 양반 걸음이다.
→ 바쁜 일이 있어도 게으름을 부려 서두르지 않는다.
⑲ 아비 죽은 지 나흘 후에 약을 구한다.
→ 매우 행동이 느리고 뜨다.

59. 물음・찾음

① 머슴보고 속곳 묻는다.
→ 아무런 관계도 없는 사람에게 자기 것이 어디에 있는가를 묻는다.
② 봉사에게 길 묻기다. (問道於盲)
→ 아무 것도 모르는 사람에게 무엇을 묻는다.
③ 뒤집고 핥는다.
④ 미주알・고주알, 밑두리・콧두리 캔다. 〈玄鎭健, 無影塔〉
⑤ 병조(兵曹) 적간(摘奸)이냐.
→ ③~⑤ 무슨 일을 세밀히 캐고 묻는다. 미주알・고주알・밑두리・콧두리……꼬치꼬치, 시시콜콜. 병조……조선조 때 육조(六曹)의 하나. 서울 경비에 관한 일을 맡아봄. 적간……난잡한 죄상이 있나 없나를 살피어 조사함.
⑥ 과붓집에 가서 바깥양반 찾는다.
⑦ 뒷간에 가서 밥 찾는다.
⑧ 물방앗간에서 고추장 찾는다.
⑨ 절에 가서 젓국을 찾는다.
⑩ 중〈僧〉 나라에 가서 상투 찾는다.

➡ ⑥~⑩ 당치도 않는 데서 그곳에는 없는 것을 찾는다.
⑪ 서울 가서 김서방 집 찾는다.
➡ 잘 알지도 못하고 막연한 것을 무턱대고 찾아 다닌다.
⑫ 봉사 지팡이 찾는다.
➡ 소경이 의지하던 지팡이를 찾듯이, 가장 소중한 것을 잃고 부산하게 찾는다.
⑬ 나귀 타고 나귀 찾는다.
⑭ 소 타고 소 찾는다.
⑮ 담뱃대 쥐고 담뱃대 찾는다.
⑯ 업은 아이 삼간(三間) 찾는다.
⑰ 업은 아이 삼년(三年) 찾는다. [참고] 兒在負三年搜〈洌上方言〉
⑱ 업은 아이 삼면(三面) 찾는다. [참고] 負兒三面覓〈東言解〉, 負兒覓兒〈松南雜識〉
⑲ 업은 아이 이레 찾는다.
➡ ⑬~⑲ 자신이 가지고 있는 것도 모르고 또는 가까이 있는 것도 모르고 여기 저기 찾는다.
⑳ 털을 불어가면서 흠을 찾는다. [참고] 吹毛覓疵〈韓非子〉
㉑ 주린 까마귀 빈 통수 엿본다.
➡ 굶주린 사람이 먹을 것이 있나 하고 여기 저기 살핀다.

60. 부득이(不得已)한 행동(行動), 이유(理由)

① 게으른 년이 섣달그믐날 빨래 한다.
➡ 게으른 사람이 일을 미루기만 하다가 마지막에 가서야 마지 못해 한다.
② 길이 없으니 한 길을 걷고, 물이 없으니 한 물을 먹는다.
➡ 달리 도리가 없어서 본의(本意) 아니게 할 수 없이 일을 같이 하게 된다.
③ 삯매 모으듯 한다.
➡ 삯을 받고 남 대신에 매를 맞는 경우와 같이, 내키지 않는 일을 마지

못해 한다.
④ 오뉴월 닭이 여북해서 지붕을 후비랴.
⑤ 오뉴월 닭이 오죽해서 지붕에 올라가랴.
➡ ④・⑤ 사정이 너무나 딱해서 할 수 없이 한다.
⑥ 울고 먹는 씨아라.
➡ 하기는 싫지마는 명령에 거역할 수 없어서 마지 못해 한다. 씨아……목화 씨를 빼는 틀. 울다……목화 씨를 뺄 때 씨아에서 소리가 난다.
⑦ 울며 겨자 먹기.
➡ 마지 못해 싫은 일을 좋은 척하고 억지로 한다.
⑧ 아쉬워 엄나무 방석이라.
➡ 마음에 흡족하지 않으나 어쩔 수 없이 한다. 엄나무……두릅나무과에 딸린 갈잎큰키나무. 날카로운 가시가 많음.
⑨ 멸치 한 마리는 어쭙잖아도 개〈犬〉 버릇이 사납다.
➡ 자기 것을 먹었거나 가지고 간 사람을 꾸짖는 것은 그것이 아까와서가 아니라 그의 버릇을 고쳐주기 위한 것이다.
⑩ 똥이 무서워 피하나, 더러워서 피하지.
⑪ 똥이 무서워 피하랴.
➡ ⑩・⑪ 그 사람을 상대하지 않는 이유는 그 사람이 무서워서가 아니라, 자기마저 그 사람처럼 나쁜 사람이 될까봐 그를 멀리하는 데 있다.
⑫ 내 일 바빠 한데 방아.
➡ 자기가 개인적으로 하고 싶어하는 일이 간절하고 절박하므로, 그 일을 하기 위하여 부득이 책임을 진 일부터 먼저 하게 된다. 한데……한댁〈大家〉의 와전(訛傳). [삼국유사(三國遺史)에 의하면 신라 때 욱면(郁面)이란 계집 종이 일을 빨리 마치고 제가 하고 싶은 염불(念佛)을 외기 위하여 주인이 시키는 쌀 찧는 일을 부지런히 하였다는 이야기에서 나온 말임]
⑬ 없어 비단. [참고] 唯筒無藏 是以錦裳〈耳談續纂〉
⑭ 없어 비단 치마.
⑮ 춘포(春布) 창옷 단벌 호사.

➡ ⑬~⑮ 생활이 넉넉하여 좋은 옷을 입은 것이 아니라, 그것 밖에는 다른 옷이 없어서 할 수 없이 입었다. 춘포……강원도에서 나는 베. 창옷……소창옷(지난 날의 두루마기의 한 가지).

61. 견강(堅剛)

① 냇가 돌 닳듯.
➡ 사람이 세상에 시달려 눈치가 약아지고 성질이 아주 모질고 단단하다.
② 해동청(海東靑) 보라매.
➡ 사람이 아주 날래고 악착스럽고 모질고 단단하다. 해동청……매의 일종. 보라매……어미를 갓 떠난 새끼를 잡아 길들여 사냥에 쓰는 매.
③ 대추나무 방망이다.〈李無影, 農民〉
➡ 어려운 일에 잘 견디는 모질고 단단한 사람이다.
④ 다 닳은 대갈마치.
➡ 사람이 어려움을 많이 겪어서 아주 야무지고 어수룩한 데 없이 단단하다. 대갈마치……말굽에 대갈을 박는 데 쓰는 작은 마치.

62. 우유부단(優柔不斷)

① 가을 바람에 새 털.〈廉想涉, 三代〉
➡ 마음이 꿋꿋하지 못하다.
② 바람 따라 돛을 단다.
③ 바람 부는대로 물결 치는대로.〈金基鎭, 海潮音〉
➡ ②·③ 세상 일 되어가는대로 따라 움직이며 뚜렷한 심지(心志)가 없다.
④ 문경(聞慶)이 충청도가 되었다가 경상도가 되었다가 한다.〈李無影, 農民〉
⑤ 한 입으로 온 까마귀질 한다.
➡ ④·⑤ 이랬다 저랬다 하여 말에 줏대가 없다. 문경……경상북도에

⑥ 녹피(鹿皮)에 갈 왈(曰)자라. [참고] 熟鹿皮大典〈旬五志, 松南雜識〉
➡ 사슴 가죽에 쓴 갈 왈자가 당기는대로 날 일(日)자도 되고 갈 왈자도 되는 바와 같이, 행동에서 일정한 주견이 없이 이랬다 저랬다 한다.
⑦ 칠팔월 수숫잎.
➡ 성질이 약하여 잡은 마음이 없고 번복하기를 잘한다.

63. 추어올림・추어올려짐

① 난장이 허리춤 추키듯.
② 똥 싼 누덕바지 치키듯.
➡ ①・② 잘한다 하여 남을 자꾸만 추어올린다. 허리춤……바지나 고의 따위의 허리와 살 사이 또는 그 속에 있는 옷과 맞닿는 사이. 요간(腰間).
③ 무당보고 춤 잘 춘다니까 발 아픈 줄도 모르고 춘다.
④ 잘 한다 잘 한다 하니까 하루 아침에 왕겨 한 섬을 다 분다.
⑤ 저 중〈僧〉 잘 달아난다 하니까 고깔 벗어 들고 달아난다.
⑥ 저 중 잘 뛴다니까 장삼(長衫) 벗어 걸머지고 뛴다.
➡ ③~⑥ 잘 한다고 추어올리니까 신이 나서 더욱 열심히 한다. 장삼……검은 베로 길이가 길고 소매를 넓게 만든 중의 웃옷.
⑦ 잘 춘다 잘 춘다 하니까 시아버지 앞에서 속곳 벗고 춤춘다.
⑧ 잘 한다 잘 한다 하니까 지게 지고 방으로 들어간다.
➡ ⑦・⑧ 추어주니까 신이 나서 괴상한 짓까지도 한다.

64. 기타(其他)

① 반찬 먹은 괭이 잡도리하듯.〈蔡萬植, 太平天下〉
➡ 나쁜 짓을 한 사람에게 야단을 치며 그를 엄하게 단속한다.
② 젓갈 가게에 중〈僧〉이라.
➡ 자기와는 아무런 관계가 없는 것을 쓸데 없이 보고 있다.

③ 옴 덕에 자지 긁는다.
➡ 남이 꺼려하는 일이지마는 다행이 핑계거리가 생겨 그것을 한다.
④ 벙어리 심부름 하듯.〈李仁稙, 血의 淚〉
➡ 말 없이 남의 눈치만 보아가면서 행동한다.
⑤ 숯불을 안고 시원하기를 기다린다.
➡ 원하는 것과는 모순되는 행동을 한다.
⑥ 냉수(冷水)도 불어 먹겠다.
⑦ 돌다리도 두들겨 보고 지난다.
➡ ⑥·⑦ 지나치게 세심하고 조심스럽다.
⑧ 오뉴월 녹두 깝대기 같다.
➡ 매우 신경질적이어서 건드리기만 하면 톡 쏜다.
⑨ 달걀 지고 성(城) 밑으로 못 가겠다.
➡ 달걀을 지고 성 밑으로 가다가 성이 무너져 달걀이 깨질까 두려워 못 가듯이 무엇에 너무 의심이 많고 필요 이상의 걱정을 한다.
⑩ 보리 누름까지 세배(歲拜)한다.
➡ 보리가 누렇게 익을 사오월(四五月)까지도 세배를 하러 다니는 것과 마찬가지로 형식적인 인사차림을 과하게 한다.
⑪ 새 까 먹은 소리.
➡ 근거가 없는 말을 듣고는 사실과는 어긋나는 헛소리를 한다.
⑫ 야윈 말이 짐 탐한다.
➡ 몸이 약한 사람이 남보다 오히려 일을 더 많이 하려고 한다.
⑬ 먹지 못할 풀이 오월에야 겨우 난다.
➡ 되지 못한 자가 거레는 퍽 한다.
⑭ 거지가 이밥·조밥 가린다.
➡ 얻어 먹는 사람이 아무거나 먹지 않고 좋고 나쁜 것을 가린다.
⑮ 비를 드니 마당 쓸어라 한다.
➡ 자기가 막 일을 하려고 하는 차에 남이 그 일을 하라고 시킨다.
⑯ 그물도 안 쳐보고 고기만 없다고 한다.
➡ 일을 해보지도 않고 안 된다고만 한다.
⑰ 일전오리(一錢五厘) 밥 먹고, 한푼 모자라 치사(致辭)를 백번이나 한

다.
➡ 별로 크게 면목이 없거나 대단치도 않은 일을 가지고 필요 이상으로 굽신거린다.
⑱ 오장(五臟)까지 뒤집어 보인다. 〈沈熏, 永遠의 微笑〉
➡ 자기의 생각이나 느낀 것을 남김 없이 털어 놓는다.
⑲ 의뭉한 두꺼비 옛말 한다.
➡ 의뭉한 사람이 남의 말이나 옛말을 끌어다가 제 속의 말을 한다. 의뭉하다……겉으로는 어리석은 것 같으면서도 마음 속은 엉큼함.
⑳ 변죽을 울린다. 〈廉想涉, 三代〉, 〈李光洙, 無明〉
➡ 직접 말하지는 않고 넌지시 눈치로 깨달을 정도로 말한다. 변죽…… 그릇이나 물건의 가장자리.
㉑ 벙거지 시울 만지는 소리.
➡ 남이 도무지 알아들을 수 없을 정도로 요령이 없고 모호한 말을 한다. 벙거지……옛날 주로 병졸이나 하인이 쓰던 털로 만든 모자, 시울……가장자리.
㉒ 빠진 도끼자루.
➡ 말씨나 동작이 껄렁껄렁하다.
㉓ 되 글을 가지고 말 글로 써먹는다.
➡ 배운 글은 적으나 그것을 효과적으로 써먹는다.
㉔ 개〈犬〉 입은 벌리면 똥내만 난다.
➡ 악한 사람이 악한 말만 한다.
㉕ 보리 갈아 이태만에 못 먹으랴.
➡ 으레 정해져 있는 것을 가지고 새삼스럽게 이야기한다.
㉖ 선 무당이 사람 속인다.
➡ 능(能)하지도 못한 자가 아는 체하여 남에게 실수를 하게끔 한다.
㉗ 큰 고기는 깊은 물에 있다.
➡ 훌륭한 인물은 표면에 잘 드러나지 않는다.
㉘ 새벽에도 울지 않는 장닭이다.
➡ 자기의 본분을 지키지 않는다.
㉙ 뗏말에 망아지.

➡ 여러 사람 사이에 끼어 뛰어다닌다.
㉚ 월천(越川)꾼에 난장이 빠지듯.
➡ 냇물을 건네주는 일꾼 속에 난장이는 낄 수 없는 것처럼, 축에도 못 들고 빠진다.
㉛ 가까운 길을 버리고, 먼 길로 간다.
➡ 자기에게 유리(有利)한 방식은 버리고 불리한 방식을 택한다.
㉜ 아쉬운 감 장수 유월부터 한다.
➡ 돈이 아쉬워서 물건답지 않은 것을 미리 판다.
㉝ 오리알에 제 똥 묻은 격. 〈古本春香傳〉, 〈李熙昇, 隨筆〉
㉞ 오리알에 제 똥 묻은 줄 모른다.
➡ ㉝·㉞ 제 본색에 과히 어긋나지 않는 일이어서 별로 흠잡을 것이 못 되며 그저 수수하다.
㉟ 한 소경이 여러 소경을 인도한다. (一盲衆盲)
➡ 남들에게 큰 해(害)를 끼치게 될 위험한 짓을 한다.
㊱ 눈 먼 말〈馬〉을 타고 벼랑으로 간다.
➡ 매우 위험한 짓을 한다.
㊲ 고래 싸움에 새우가 끼어든다.
➡ 겁이 없고 담력(膽力)이 크다.
㊳ 가슴이 화룡선(畵龍扇) 같다.
➡ 사람이 도량(度量)이 넓고 가슴이 트여 있다.
㊴ 화초(花草) 밭의 괴석(怪石).
➡ 얼른 보아서는 변변치 못하게 보이지마는, 실은 점잖고 무게가 있다.
㊵ 춘향(春香)이가 인도환생(人道還生) 했다. 〈蔡萬植, 太平天下〉
➡ 매우 정렬(貞烈)한 여자다. [춘향이가 죽어서 다시 사람으로 태어남]
㊶ 도끼를 갈아 바늘을 만든다.
➡ 일에 있어서 인내성(忍耐性)이 아주 강하다.
㊷ 눈썹만 뽑아도 똥 나오겠다.
➡ 조그마한 괴로움도 이겨내지 못하고 쩔쩔 맨다.
㊸ 알로 깠느냐.
➡ 사람이 아둔하고 씩씩하지 못하고 기력(氣力)이 없다.

㊹ 희고도 곰팡이 슨 놈.

➡ 외모는 버젓하나 속심은 하잘것 없다.

㊺ 향기(香氣) 없는 꽃이다.

➡ 외모는 얌전한 것 같이 보이지마는, 얌전하지 못하고 덕(德)이 없는 여자다.

㊻ 어버이 죽는데 춤 출 놈.

➡ 만고(萬古)에 없는 불효 자식이다.

㊼ 눈 먼 중〈僧〉 갈밭에 든 것 같다.

㊽ 눈 먼 고양이 갈밭 매듯.

➡ ㊼ · ㊽ 뚜렷한 목표 없이 여기 저기 헤매며 떠돌아 다닌다.

㊾ 쥐새끼가 쇠새끼를 보고 작다고 한다.

➡ 남을 과소평가(過小評價)한다.

㊿ 종지리새(종다리) 열씨 까듯. 〈古本春香傳〉, 〈完板春香傳〉

➡ 빠짐 없이 일러바친다. 열씨……삼씨.

(51) 왕개미 똥구멍에 거미줄 나온다.

➡ 말을 유창하게 잘한다.

(52) 식전 개〈犬〉가 똥을 참지.

➡ 어떤 일을 하고는 또 할 사람이 다시는 절대로 안 하겠다고 한다. [이러한 사람을 비웃을 때 쓰임]

(53) 싫다 하는 술〈酒〉 많이 마신다. (惡酒而強酒)

➡ 말과 행동이 일치하지 않는다.

(54) 앵무새는 말은 잘해도 날으는 새다.

➡ 말만 잘 했지 실행은 하지 않는다.

(55) 누에가 뽕잎 갉아 먹듯.

➡ 누에가 뽕잎을 차츰차츰 다 갉아 먹듯이, 남의 것을 슬금슬금 다 차지한다.

(56) 소라가 똥 누러 가니, 거드래기가 기어 들었다.

➡ 잠시 빈 틈을 타서 남의 자리를 차지한다. 거드래기……제주도 방언으로 남의 집에 들어 사는 게.

(57) 찬 물의 돌.

➡ 지조(志操)가 맑고 굳세다.

(58) 성균관(成均館) 개구리.

➡ 자나 깨나 글만 읽는다.

(59) 닭은 싫어도 꿩은 사랑한다. [참고] 厭家鷄愛野雉 〈蘇軾〉

➡ 자기 아내를 버리고, 외부 여자를 사랑한다.

(60) 소나무는 홀로 그 절개(節槪)를 지킨다. [참고] 松獨守其貞 〈白居易〉

➡ 겨울이 되면 다른 나무들은 다 푸른 색을 잃지마는, 소나무는 추위를 견디며 푸른 색을 홀로 지키듯이, 남들은 변절해도 훌륭한 사람은 혼자만이 지조(志操)를 지킨다.

(61) 소리 없는 방귀가 더 구리다.

➡ 말 없는 사람이 더 무섭다.

(62) 장난치는 과붓집 수쾨다. [참고] 寡婦宅雄猫 〈東言解〉

➡ 근거 없는 일을 가지고 말썽을 부린다. [한밤중 고요해야 할 과붓집에서 수코양이가 발작을 일으켜 그로 인하여 이웃에서 수상히 여겨 과부의 생활을 의심하게 된다는 말임].

(63) 허리춤에서 뱀 집어 던지듯.

➡ 다시 돌아보지 않을 것처럼 내버린다.

(64) 눈 앞의 것을 못 보는 쥐다. [참고] 不見前之鼠 〈旬五志〉

➡ 성격이 찬찬하지 못하여 실수를 잘한다.

(65) 꼿꼿하기는 촛대 같다.

➡ 마음이 아주 곧다.

(66) 간(肝)도 쓸개도 없다.

➡ 의지(意志)가 매우 약하다. [염치가 없다라는 뜻으로도 사용됨]

(67) 엿장수 마음대로.

➡ 제 멋대로 한다.

(68) 사복(司僕) 물 어미냐 지절거리기도 한다.

(69) 입이 걸기가 사복 개천(開川) 같다.

➡ (68)·(69) 조금도 거리낌 없이 더러운 상말을 마구 한다. 사복……고려·조선조 때 궁중의 가마나 말에 관한 일을 맡아보던 관청. [사복 근처의 개천은 마분(馬糞) 때문에 몹시 더러웠음]

⑦⓪ 바늘로 몽둥이를 막는다.
➡ 도저히 감당할 수 없는 짓을 한다.
⑦① 치고 보니 삼촌이라.
➡ 웃사람에게 대단히 실례되는 짓을 했다.

[群] 7. 특정부류인(特定部類人)의 심리(心理)와 생활상(生活相)

1. 권세가(權勢家)

① 나는 새〈鳥〉도 떨어뜨리고, 닫는 짐승도 못 가게 한다.
➡ 권세가 등등하여 두려울 것 없으며, 모든 일을 뜻대로 휘둘러 한다.
② 하늘을 도리질 친다.〈朴鍾和, 多情佛心〉
③ 하늘을 쓰고 도리질 한다.〈李熙昇, 隨筆〉
➡ ② · ③ 권세가는 기세가 등등하여 두려울 것 없이 행세한다.
④ 태산(泰山)으로 달걀을 누른다. [참고] 泰山壓卵〈晋書〉
⑤ 만만한 데 말뚝 박는다.
➡ ④ · ⑤ 권세가는 세력이 없는 사람을 업신여기고 호되게 구박한다.
⑥ 큰 고기는 그물을 뛰어 넘는다.
⑦ 큰 고기는 그물을 찢는다.
➡ ⑥ · ⑦ 권력이 있는 사람은 나쁜 짓을 하면서까지 법망(法網)을 피한다.
⑧ 하늘로 호랑이를 잡는다. [참고] 以天捉虎〈旬五志, 東言解〉
➡ 권력이 있는 사람은 원하는 것은 무엇이나 쉽게 얻는다.
⑨ 호랑이가 날개를 얻었다.
➡ 권력을 가진 사람이 새로운 권력을 얻어 더욱 권력을 쓴다.
⑩ 사슴을 가리키면서 말〈馬〉이라고 한다. [참고] 指鹿爲馬〈史記〉
➡ 윗사람을 속이고 권력을 함부로 쓴다. [이 속담의 유래는 다음과 같다. 진시황 이세(二世) 때 내시(內侍)인 조고(趙高)는 황제가 되려는 야심을 품고 있었다. 그는 군신들이 자기를 따르게 될지 염려스러워서 이것을 확인해 보기 위하여 황제에게 사슴을 바치면서 그것을 말〈馬〉이라고 하였

다. 황제는 신하들에게 그것이 말인가를 물었다. 조고는 사슴이라고 말한 사람을 기억해 두었다가 무고한 죄를 씌워 죽여 버렸다. 모든 신하들은 조고가 무서워 그가 하는 일에 다른 의견을 말하지 못하고 입을 다물었다]

⑪ 칼날이 제 몸에서 녹이 난다.
➡ 권세를 지닌 사람이나 명문거족(名門巨族)이라도 자신의 잘못으로 인하여 앙갚음을 당할 때가 있다.
⑫ 범도 개에게 물릴 날이 있다.
➡ 권세를 가진 사람도 몰락할 때가 있다.

2. 관리(官吏)

① 사모(紗帽) 쓴 도둑놈.
➡ 관리는 남의 재물을 탐내어 그것을 탈취한다. 사모……고운 비단으로 만든 벼슬아치의 예모(禮帽).
② 금관자(金貫子) 서슬에 큰 기침 한다. 〈李仁稙, 銀世界〉
③ 도둑질을 해도 사모(紗帽) 바람에 거드럭거린다. 〈李仁稙, 銀世界〉
➡ ②·③ 나쁜 짓을 하더라도 벼슬을 하는 유세로 도리어 뽐내며 남에게 야단을 친다. 금관자……정이품(正二品), 종이품(從二品)의 벼슬아치가 붙이는 금으로 만든 관자(조선조 때 망건에 달아 당줄을 꿰어 거는 작은 고리). 서슬……언행의 날카로운 기세.
④ 작은 놈은 쥐나 개가 도둑질 하듯 하고, 큰 놈은 고래가 삼키듯 범이 채가듯 한다. [참고] 小則鼠窃狗偸 大則鯨吞虎據 〈舊唐書〉
➡ 관리들은 그 지위가 낮건 높건 간에 모두 부정(不正)한 행위를 한다.
⑤ 농민은 땅을 밭으로 삼고, 관리는 농민을 밭으로 삼는다. [참고] 民以土爲田 吏以民爲田 〈牧民心書〉
➡ 관리들은 농민들의 재물(財物)을 약탈한다.
⑥ 탐관오리(貪官汚吏)는 매 같이 먹고 이리 같이 먹는다. [참고] 貪夫汚吏鷹鷙狼食 〈蘇軾〉
➡ 탐관오리는 양민(良民)들의 재산을 함부로 약탈한다.

⑦ 탐관(貪官)의 밑은 안반 같고 염관(廉官)의 밑은 송곳 같다. [참고]
  貪官本安盤 廉官本銳錐〈東言解〉
➡ 백성의 재물을 탈취하는 못된 벼슬아치는 재산을 모아 부유하게 살며, 청렴한 벼슬아치는 매우 가난하게 산다. 안반……떡을 치는 데 쓰이는 넓고 두꺼운 나무판.
⑧ 청백리(淸白吏) 똥구멍은 송곳부리 같다.
➡ 청백한 관리는 재물을 모으지 못하여 매우 가난하게 산다.
⑨ 갓 쓴 송사리가 온 바다물을 흐린다.
➡ 하급 관리가 세상을 소란스럽게 한다.
⑩ 법(法) 모르는 관리가 볼기로 위세 부린다.
➡ 실력이 없고 일에 자신이 없는 관리는 공연히 죄 없는 사람을 치면서 일을 얼버무린다.
⑪ 관찰사(觀察使) 닿는 곳에 선화당(宣化堂).
⑫ 도처(到處)에 선화당.
➡ ⑪·⑫ 옛날에 관찰사가 어디로 가나 극진한 대우를 받았던 것과 마찬가지로, 관리들은 어디를 가더라도 후대(厚待)를 받는다. 관찰사……오늘날 도지사와 같은 존재. 선화당……관찰사가 일보던 정당(正堂).
⑬ 관청 뜰에 좁쌀을 펴 놓고 군수가 새를 쫓는다.
➡ 관리들은 관청에서 별로 할 일 없이 한가하게 지낸다.

3. 부자(富者)·빈자(貧者)

① 가진 놈이 더 무섭다.
② 부잣집 떡메는 작다.
③ 재떨이와 부자는 모일수록 더럽다.
➡ ①~③ 부자일수록 더 인색하다. 떡메……흰떡이나 인절미를 만들 때 이것을 치는 메.
④ 없는 놈이 밥술이나 먹게 되면 과객(過客) 밥 한 술 안 준다.
➡ 못 살던 사람이 부자가 되면 구두쇠가 되어 없는 사람의 사정을 몰라

준다.
⑤ 교천(敎川) 부자가 눈 아래로 보인다.
➡ 갑자기 부자가 된 사람은 호기(豪氣)를 부리게 된다. 교천……경주(慶州) 부근에 있는 고장의 이름으로 그곳에 최(崔)씨 부자들이 살았다고 함.
⑥ 뒷간 다른 데 없고 부자 다른 데 없다.
➡ 부자치고 돈에 욕심이 없는 사람이 없다.
⑦ 한 섬씩 뺏아 백 섬 채운다.
➡ 부자일수록 욕심이 많다.
⑧ 내 배 부르면 종의 밥 짓지 말라 한다. [참고] 我腹旣飽 不察奴飢〈耳談續纂〉
⑨ 배부른 상전(上典)이 하인(下人)의 사정을 모른다.
⑩ 부자가 없는 놈 보고 왜 고기 안 먹느냐 한다. (何不食肉麋)
➡ ⑧~⑩ 부유하게 사는 사람은 가난한 사람의 괴로운 사정을 모른다.
⑪ 배부른 고양이는 쥐를 잡지 않는다.
➡ 부유한 사람은 게으르다.
⑫ 호랑이도 시장하면 가재를 잡아 먹는다.
⑬ 호랑이도 시장하면 나비를 잡아 먹는다.
⑭ 호랑이도 시장하면 왕개미를 먹는다.
➡ ⑫~⑭ 호의호식(好衣好食) 하는 사람도 굶주리게 되면 아무 음식이나 가리지 않고 먹게 된다.
⑮ 다라운 부자가 활수(滑手)한 빈자(貧者)보다 낫다.
⑯ 인색한 부자가 손 쓰는 가난뱅이보다 낫다.
➡ ⑮·⑯ 가난한 사람은 무엇을 잘쓰는 솜씨를 가지고 있더라도 워낙 없기 때문에 남에게 주는 바가 없지마는, 부유한 사람은 인색하더라도 남에게 베푸는 바가 있다.
⑰ 높은 베개를 베고 마음대로 한다. (高枕肆志)
➡ 돈 많은 사람은 한가롭고 편안하게 산다.
⑱ 가난하면 죽는 날도 없다.
⑲ 가난한 놈 앓을 틈 없다.

⑳ 없는 놈 앓을 여가 없다.
➡ ⑱~⑳ 가난한 사람은 살기 위하여 쉴 사이도 없이 일이나 벌이를 하느라고 고생을 많이 한다.
㉑ 없는 놈은 외상이 밑천이다.
㉒ 없는 놈은 빚이 밑천이다.
➡ ㉑·㉒ 가난한 사람은 빚을 지고 살아나가게 된다.
㉓ 부자 한 집이 있으면 천 집이 이를 미워한다.
➡ 모두 가난한 사람들만 사는 곳에 부자 하나가 있으면 그들은 그를 미워한다.
㉔ 가난이 싸움이다.
➡ 사람들은 가난하면 작은 이해관계를 가지고 서로 다투게 된다.
㉕ 가난이 죄(罪)다.
➡ 사람은 가난하기 때문에 죄를 짓게 된다.
㉖ 새도 다급하면 사람 품안으로 날아든다.
➡ 가난한 사람은 아무에게나 의지(依支)하려고 한다.
㉗ 가난한 놈이 기와집만 짓는다.
㉘ 가난한 놈일수록 밤 새도록 기와집 짓는다.
➡ ㉗·㉘ 가난한 사람은 빈곤에서 벗어나기 위하여, 또는 부(富)를 얻기 위하여 갖가지 공상(空想)이나 궁리를 한다. [가난한 사람이 남에게 잘 보이려고 허세를 부린다는 뜻으로도 사용됨]
㉙ 없는 놈은 소금밥 대접도 못 한다.
➡ 가난한 사람은 아무리 반가운 손님이 와도 음식을 제대로 대접하지 못한다.
㉚ 가난한 놈이 남의 것을 먹자니 말이 많다.
➡ 가난한 사람은 남의 밑에서 일을 하고 살자면 잔소리를 많이 듣게 된다.
㉛ 벌레는 쓴 맛도 모른다.
➡ 가난하여 굶주리는 사람은 음식 맛도 잘 모르고 먹는다.
㉜ 없는 놈이 보리 흉년에 살찐다.
➡ 가난한 사람은 아무 음식을 먹어도 건강을 유지해 나간다.

㉝ 나락 이삭 끝을 보고는 죽어도 보리 이삭 끝을 보고는 죽지 않는다.
➡ 벼는 이삭이 난 후에 사십일이 되어야 먹을 수 있지마는, 보리는 이삭이 나온 후에 이십일만 되어도 보리죽, 찐 보리밥을 해 먹을 수 있기 때문에, 가난으로 굶주리는 사람도 보리에 이삭만 나면 굶어 죽지 않게 된다.
㉞ 가난이 질기다.
➡ 가난한 것으로 보아 곧 굶어 죽을 것같이 보이지마는, 그래도 어떻게 해서라도 살아나가게 된다.
㉟ 건더기 먹는 놈 따로 있고, 국물 먹는 놈 따로 있다.
➡ 잘먹고 잘사는 사람이 있는가 하면 못먹고 못사는 사람이 있다.

4. 농민(農民)・상인(商人)・훈장(訓長)・사공(沙工)

① 가을에는 부지깽이도 덤빈다.
② 가을 철에는 죽은 송장도 꿈적거린다.
③ 가을 들판에는 대부인(大夫人) 마님이 나막신짝을 들고 나선다.
➡ ①~③ 농민들은 추수(秋收) 때에는 매우 바쁘고 분주하다.
④ 늦모내기에는 죽은 중도 꿈적거린다.
➡ 늦모 낼 무렵에는 노는 사람이 하나도 없을 정도로 매우 바쁘다. 늦모……철 늦게 내는 모.
⑤ 하지(夏至)가 지나면 발을 물꼬에 담그고 산다.
➡ 농민들은 하지가 지나면 논에 물대기를 하느라고 매우 바쁘다.
⑥ 가을 마당에 빗자루 몽당이를 들고 춤을 추어도 농사 밑이 어둑하다.
➡ 가을 타작을 마치고 가질 것은 가지고 갚을 것은 갚고 빈 손에 빗자루 하나만 들더라도, 농민은 마음이 매우 흡족하여 농사란 것을 매우 든든한 것으로 여긴다.
⑦ 유월(六月) 저승을 지나면 팔월 신선(神仙)이 돌아온다.
➡ 농민은 한창 더운 유월달에 죽을 고생 하여 추수를 하고나면 커다란 기쁨을 느낀다.
⑧ 씨앗을 베고 죽는다.

⑨ 농사꾼은 굶어죽어도 씨오쟁이는 베고 죽는다. [참고] 農夫餓死 枕厥 種子〈耳談續纂〉
➡ ⑧·⑨ 농부는 아무리 식량에 곤궁하더라도 종자(種子)는 신경을 써서 잘 보관한다. 오쟁이……짚으로 작게 만든 섬.
⑩ 농민들의 선물에는 미나리도 한몫 낀다.
➡ 농민은 소박한 것을 남에게 선물로 준다.
⑪ 봄 사돈은 꿈에도 보기 무섭다.
➡ 농촌 사람들은 한창 궁한 봄에 손님이 올까봐 걱정을 하게 된다.
⑫ 칠월 사돈은 꿈에 볼까 무섭다.
⑬ 칠월 손님은 범보다 무섭다.
➡ ⑫·⑬ 농촌 사람들은 식량에 곤란을 받는 칠월에 손님이 올까봐 걱정을 하게 된다.
⑭ 아침 아저씨 저녁 쇠 아들.
➡ 농가에서 한참 바쁠 때 주인은 하인(下人)에게 일을 잘 해주기를 바라므로, 주인은 아침에는 하인의 비위를 잘 맞추고 그를 잘 대접해 주지마는 하인이 일을 마치고 집에 돌아오면 아침과는 달리 잘 대우하기는커녕 그를 함부로 부린다.
⑮ 원두한이 사촌을 모른다.
➡ 원두막에서 참외·수박을 파는 장수가 사촌이 와도 하나 거저 주지 않는 것처럼 장사치는 아는 사람이라고 해서 그저 준다든가 헐하게 주지 않는다.
⑯ 장사꾼은 밑진다면서 땅 산다.
➡ 장사꾼이 밑지면서 판다는 소리는 거짓말이다.
⑰ 장사꾼은 일가도 모른다.
⑱ 장사꾼은 친척도 없고 친구도 없다.
➡ ⑰·⑱ 장사하는 사람은 인색하여 돈만 알지 의리를 모른다.
⑲ 오리(五厘)를 보고 십리 간다.
➡ 장사하는 사람은 한 푼도 못 되는 적은 돈이라도 벌 수만 있다면 고생을 무릅쓰고 벌려고 한다.
⑳ 훈장(訓長)의 똥은 개도 안 먹는다.

➡ 어린이를 가르치는 선생님은 속을 썩여 그의 똥도 썩게 되어, 개도 그 똥을 못 먹게 될 정도로 가르치느라고 매우 고생을 한다.
㉑ 오뉴월(五六月)은 배〈舟〉양반이요, 동지(冬至) 섣달은 뱃놈.
➡ 뱃사공들은 더운 여름철에는 물 위에서 더운 줄 모르고 시원하게 지내지마는, 추운 겨울에는 물 위에서 추위로 고생을 하게 된다.

5. 양반(兩班)·상놈

① 양반은 문자 쓰다가 저녁 굶는다.
② 양반은 죽어도 문자 쓴다.
➡ ①·② 양반은 한문(漢文)에 중독되어 한문으로 문자 쓰기를 좋아한다.
③ 양반은 대추 세 개로 점심을 메운다.
➡ 양반은 배가 고파도 체면을 차리느라고 배고픈 티를 내지 않고 함부로 많이 먹지 않는다.
④ 양반은 배가 고파도 말을 안 한다.
⑤ 양반은 배가 고파도 밥 먹자고 하지 않고 장맛 보자 한다.
➡ ④·⑤ 양반은 배가 고프더라도 그것을 표현하지 않고 점잔을 뺀다.
⑥ 양반은 추워도 떨린다고 않고 흔들린다고 한다.
➡ 양반은 불편한 점이 있더라도 점잔을 빼며 체면을 유지하려고 한다.
⑦ 양반은 헌 갓 쓰고도 똥 누지 않는다.
➡ 양반은 형식적인 체면을 잘 지킨다.
⑧ 할퀴지 않는 고양이 없고 앙칼 없는 고양이 없다.
➡ 양반은 상놈을 학대한다.
⑨ 양반이 파립 쓰고 한번 대변 보기는 예사. 〈蔡萬植, 太平天下〉
➡ 흔히 돈 있고 세력 있는 양반이 염치 없는 짓을 한다. 파립……해어진 갓.
⑩ 양반은 이무기다.
➡ 양반은 능글능글하고 의뭉스럽고 심술이 많다. 이무기……전설상의 동물의 하나(용이 되려다 못 되고 깊은 물 속에 산다는 여러 해 묵은

큰 구렁이).
⑪ 양반의 새끼는 고양이 새끼.
➡ 양반의 자식은 그 모습이 다듬어져 있으며 깨끗하고 말쑥하다.
⑫ 사대부(士大夫) 집 자식 잘못되면 송충이 된다.
➡ 양반집 자식은 집안이 망하게 되면 선산(先山)도 팔아먹는다. 사대부……사(士)와 대부(大夫). 문무 양반을 일반 평민에 대하여 이르는 말. 벼슬이나 문벌이 높은 집안의 사람.
⑬ 양반의 자식이 열여섯이면 호패(號牌)를 찬다.
➡ 양반의 자식은 어려서부터 남달리 훌륭하게 자라난다. 호패……조선조 때 16세 이상의 남자에게 차게 하던 신분을 증명하는 패.
⑭ 양반은 글 덕을 본다.
➡ 양반은 학식이 있으므로 그 덕으로 살아간다.
⑮ 상놈의 새끼는 돼지 새끼.
➡ 상놈은 가난하기 때문에 그 자식의 모습이 추하다.
⑯ 상놈은 발 덕을 본다.
➡ 상놈은 노동을 하여 살아간다.

6. 남자(男子)·여자(女子) ── 일반(一般)

① 옷과 여자는 새 것이 좋다.
② 자리와 여자는 새 것이 좋다.
➡ ①·② 바람기가 있는 남자는 새로이 사귀는 여자를 자기의 아내보다 더 낫게 여긴다.
③ 계집 둘 가진 놈의 창자는 호랑이도 안 먹는다.〈玄鎭健, 無影塔〉
➡ 처첩(妻妾) 여럿을 거느리고 사는 사람은 그 마음이 편안할 날이 없다.
④ 볶은 콩과 기생첩은 옆에 두고 못 견딘다.
➡ 남자는 예쁜 첩과는 떨어져 살지 못한다.
⑤ 볶은 콩과 젊은 여자는 곁에 있으면 그저 안 둔다.
➡ 남자는 젊은 여자와 한 방에 있으면 그녀와 정을 통하게 된다.

⑥ 한 남자가 열 계집 마다 않는다.
➡ 남자는 아내를 여럿이라도 얻고 싶어한다.
⑦ 여자는 예뻐도 욕 먹고, 미워도 욕 먹는다.
➡ 남자는 예쁜 여자를 봐도 욕을 하고 못생긴 여자를 봐도 욕을 한다.
⑧ 평양 기생을 열 번 얻어도 정은 들 수 있다.
➡ 신분이야 어떻든지 간에 남자는 여자와 가까이하면 정이 들게 된다.
⑨ 낙화(落花)하니 오던 나비도 되돌아간다.
➡ 여자의 젊은 시절이 지나가면 남자는 그녀에게는 따르지 않는다.
⑩ 사내가 부엌일을 하면 불알이 떨어진다.
➡ 남자는 여자가 하는 일을 하면 성미가 여자와 같이 된다.
⑪ 여자에게는 긴 혀가 있다. [참고] 婦有長舌〈詩經〉
➡ 여자는 말이 많다.
⑫ 여자 셋만 모이면 놋양푼도 남아나지 않는다.
⑬ 여자 셋만 모이면 사발도 말한다.
⑭ 여자 셋이면 나무접시가 드논다.
⑮ 여자 셋이 모이면 새 접시를 뒤집어 놓는다.
⑯ 여자 열이 모이면 쇠도 녹인다.
⑰ 여편네 셋만 모이면 접시에 구멍을 뚫는다.
➡ ⑫~⑰ 여자들이 모이면 말이 많고 떠들썩하다.
⑱ 계집의 곡한 마음은 오뉴월에 서리 친다. [참고] 仰天而霜 六月霜降 〈松南雜識〉
➡ 여자의 마음이 한번 비뚤어져 저주하고 원한을 품게 되면, 그 마음은 날씨가 더운 오뉴월에도 서릿발이 칠 만큼 매섭고 독하다.
⑲ 계집은 질투를 빼놓으면 두근〈二斤〉도 안 된다.
⑳ 여자는 질투를 빼면 서근반〈三斤半〉 밖에 안 된다.
➡ ⑲·⑳ 여자는 질투가 많다.
㉑ 계집이 늙으면 여우가 된다.
➡ 여자는 나이가 차면 요망스럽게 된다.
㉒ 여자의 소매는 마를 새가 없다.
➡ 여자는 눈물을 닦은 소매가 마를 사이가 없을 정도로 자주 운다.

㉓ 여자는 서〈三〉발 앞을 못 본다.
➡ 여자는 근시안적으로 생각하거나 일을 한다.
㉔ 여자의 속은 뱀 창자.
➡ 여자는 사상·사물을 곧이 곧대로 생각한다.
㉕ 군밤 맛하고 새 서방 맛은 못 잊는다.
➡ 여자는 한번 바람이 나면 자꾸만 바람을 피워보고 싶어한다.
㉖ 그릇은 돌면 깨지고 여자는 돌면 버린다.
㉗ 그릇은 빌려주면 깨지고 여편네는 돌아다니면 버린다.
㉘ 기구(器具)는 빌리면 깨지고, 여인은 돌면 버린다.
㉙ 달걀과 여자는 구르면 깨진다.
➡ ㉖~㉙ 여자는 외출을 자주 하게 되면 부정(不貞)한 짓을 하게 된다.
㉚ 장작불과 계집은 쑤석거리면 탈 난다.
➡ 여자는 남자의 꾀임에 잘 빠져 부정한 짓을 하게 된다.
㉛ 집안 귀신이 된다. 〈李熙昇, 隨筆〉
➡ 여자는 시집을 가면 평생 그 집안에서 살다가 죽게 된다.
㉜ 첫 애 낳고 나면 평양감사도 뒤돌아 본다.
➡ 첫 아이를 낳고 나면 여자는 여인으로서의 태도나 행동이 떳떳해지며 아름다움도 돋보이고 예뻐진다.

7. 부모(父母)·자식(子息)

① 열 손가락에 어느 손가락 깨물어 아프지 않을까.
② 열 손가락을 어느 건 물면 아프고 어느 건 물면 안 아프니.
➡ ①·② 부모는 아무리 자식이 많아도 다 귀엽게 여기고 사랑한다.
③ 자식과 불알은 짐스러운 줄 모른다.
➡ 부모는 자식을 양육하는 데 수고를 많이 하지마는, 귀여운 재미에 고달픈 줄을 모른다.
④ 귀여워하는 할미보다 미워하는 어미가 더 낫다.
➡ 어머니가 자식을 미워하는 것은 일시적인 것이고, 자애로운 사랑에는

변함이 없다.
⑤ 자식 속에는 앙칼이 들어 있고 부모 속에는 부처가 들어 있다.
➡ 자식은 부모에게 불효한 짓을 하지마는, 부모는 부처와 같은 자비심으로 자식을 사랑한다.
⑥ 자식은 먹고 남아야 부모에게 주고 부모는 먹지 않고 자식에게 준다.
⑦ 자식은 쓰고 남은 돈을 부모에게 주고, 부모는 자식에게 주고 남은 돈을 쓴다.
➡ ⑥·⑦ 자식은 자기중심적으로 욕망을 채우려고 하지마는 부모는 자기의 욕망을 억제하여 자식을 이(利)롭게 한다.
⑧ 아이에게는 흉년이 없다.
⑨ 흉년에 어미는 굶어 죽고 아이는 배 터져 죽는다.
➡ ⑧·⑨ 부모된 사람은 자신이 아무리 굶주리더라도 어떻게 해서든지 굶주리지 않도록 아이들에게 많이 먹인다.
⑩ 아들네 집에 가서 밥 먹고 딸네 집에 가서 물 마신다.
➡ 흔히 부모는 시집 간 딸의 살림을 아끼고 생각해 준다.
⑪ 고슴도치도 제 새끼가 함함(含含)하다면 좋아한다.
➡ 자식이 못났더라도 남이 잘났다고 칭찬해 주면 부모는 기뻐한다. 함함하다……털이 부드럽고 반지르르하다.
⑫ 고슴도치도 제 새끼는 함함(含含)하다고 한다. [참고] **蝟愛子謂毛美** 〈洌上方言〉
➡ 자기 자식이 못났더라도 어버이의 눈에는 잘나보이며 그를 사랑한다.
⑬ 까마귀도 제 자식은 예쁘다고 한다.
➡ 아무리 못난 자식이라도 부모는 자식을 예쁘게 여긴다.
⑭ 곡식은 남의 곡식이 좋고 자식은 내 자식이 좋다.
⑮ 벼는 남의 벼가 커 보이고 자식은 내 자식이 커 보인다.
⑯ 부모는 자식이 한 자〈一尺〉만 하면 두 자〈二尺〉로 보이고 두 자만 하면 석 자〈三尺〉로 보인다. 〈金東仁, 首陽大君〉
➡ ⑭~⑯ 부모된 사람은 누구나 제 자식을 좋게만 본다.
⑰ 한 자식은 미워도 열 시앗은 밉지 않다.

➡ 흔히 부모는 자식을 미워하지마는 자식의 첩(妾)은 미워하지 않는다.
⑱ 한 아들에 열 며느리. 〈李光洙, 사랑〉
➡ 흔히 부모는 아들이 여러 첩을 보는 것을 말리지 않는다.
⑲ 자식은 장가 들기 전까지가 제 자식이다.
➡ 자식이 장가를 가게 되면 부모는 자식을 마음대로 다룰 수 없게 된다.
⑳ 딸은 두 번 서운하다.
➡ 부모는 딸을 낳았을 때 서운하게 여기고 그 딸이 시집 갈 때 서운하게 여긴다.
㉑ 자식을 두고 돌아서는 어미는 발자국마다 피가 고인다. 〈李光洙, 사랑〉
➡ 자식을 떼어 놓고 헤어질 때 어미는 매우 괴로와한다.
㉒ 며느리는 데리고 살아도 딸은 데리고 못 산다.
➡ 부모는 한번 출가한 딸과 한 집에서 같이 사는 것을 몹시 꺼려한다.
㉓ 장모 될 여자는 사윗감 코부터 본다.
➡ 장모가 될 여자는 자기의 딸이 좋아하게 될 사윗감을 고르려고 무척 애를 쓴다.
㉔ 큰어미 죽으면 풍년이 든다.
➡ 첩(妾)의 자식이 본처 즉 큰어머니 밑에서 살면서 배부르게 밥을 못 얻어 먹고 지내다가 그가 죽은 후에라야 실컷 먹을 수 있게 되는 것처럼, 흔히 본처는 서출(庶出)의 자식을 박대한다.
㉕ 횃대 밑에 더벅머리가 셋이면 날고 뛰는 놈도 별 수가 없다.
➡ 어린 아이가 여럿이면 부모는 그 뒷바라지를 하느라고 수고를 많이 한다. 횃대……대나 나무의 두 끝에 끈을 매어 벽에 달아매어 두고 옷을 걸 수 있도록 만든 물건.
㉖ 가지 많은 나무가 잠잠할 적 없다.
㉗ 가지 많은 나무에 바람 잘 날 없다.
㉘ 나무는 바람 때문에 못 잔다.
㉙ 새끼 많이 둔 소 길마 벗을 날이 없다.

㉚ 새끼 아홉 둔 소 길마 벗을 날이 없다.
㉛ 자식 많은 어미 허리 펼 날 없다.
➡ ㉖~㉛ 자식을 많이 거느리는 어버이는 자식을 위하는 걱정이 많고, 또한 할 일이 많아 **편할** 날이 없다. 길마⋯⋯짐이 소의 등에 직접 닿지 않도록 안장처럼 얹는 기구.
㉜ 지네 발에 신 신긴다.
➡ 발이 많은 지네 발에 일일이 신을 신기려면 힘이 드는 것과 마찬가지로 자식을 많이 거느리는 어버이는 모두를 돌보느라고 애를 많이 쓴다.
㉝ 벙어리도 아이 어미가 되면 말을 한다.
➡ 어린 아이를 키우는 어머니는 노고(勞苦)를 많이 한다.
㉞ 딸 다섯 치운 집에는 도둑이 안 들어간다.
㉟ 딸 셋을 여의면 기둥뿌리가 패인다.
㊱ 딸 셋이면 문을 열어놓고 잔다.
㊲ 딸 셋 치우면 기둥뿌리 남는 것이 없다.
➡ ㉞~㊲ 딸을 출가시킬 때 어버이는 많은 고충을 느끼면서 혼비(婚費)를 많이 쓰게 된다.
㊳ 자식 없는 사람은 울지 않아도 자식 있는 사람은 운다.
➡ 자식이 없는 사람은 자식 때문에 속을 썩이는 일이 없지마는 자식이 있는 부모는 자식 때문에 속을 많이 썩인다.
㊴ 딸 반은 적고 딸 하나는 많다.
➡ 가난한 집에서는 딸을 두고 싶어하지마는 시집 보낼 때에는 큰 걱정을 하게 된다.
㊵ 부모가 자식을 겉 낳았지 속 낳았나.
㊶ 자식 겉 낳지 속은 못 낳는다.
➡ ㊵·㊶ 아무리 자기가 낳은 자식이라 할지라도, 어버이는 안타깝게도 자식의 속을 알아보지를 못한다.
㊷ 부모는 문서(文書) 없는 종이다.
➡ 부모는 자식을 위하여 일생을 희생한다.
㊸ 긴 병(病)에 효자 없다.

➡ 오래 앓는 어버이가 있으면, 자식은 간병(看病)에 지쳐 효자 노릇을 하기 어렵게 된다.

㊹ 외아들에 효자 없다.

➡ 흔히 외아들은 귀여움을 많이 받으면서 자라나기 때문에 버릇이 없어서 불효한 짓을 한다.

㊺ 자식은 어려서 자식이다.

㊻ 자식은 품 안에 들 때 내 자식이다.

㊼ 품 안에 있어야 자식이다.

➡ ㊺~㊼ 자식은 순진하고 귀여운 어린이 시절에 부모에게 흡족한 느낌을 주지마는, 조금 자라면 부모의 뜻을 받들지 않으며 불효한 짓을 한다.

㊽ 아들은 장가를 가면 반 남이 되고, 딸은 시집을 가면 온 남이 된다.

➡ 아들은 장가를 가면 부모보다 아내를 더 위하게 되고, 딸은 시집을 가면 부모보다 남편을 더 위하게 되며 시집 사람이 되어버린다.

㊾ 맏딸은 살림 밑천이다.

➡ 맏딸은 시집 가기 전에 집안 살림살이를 도와준다.

㊿ 딸은 산적(散炙) 도둑이다.

(51) 딸자식은 도둑년이다.

(52) 시집 간 딸년치고 도둑 아닌 년 없다.

➡ ㊿~(52) 시집 간 딸은 친정에 올 때마다 자꾸만 무엇을 가지고 간다.

(53) 거지 자식은 거지가 된다.

➡ 자식은 부모를 본받아 행동한다.

(54) 귀엽게 기른 자식이 어미 꾸짖는다.

➡ 자식을 귀엽게만 기르면 그는 버릇이 없어진다.

(55) 감자 씨와 자식 씨는 못 속인다.

➡ 자식은 어딘가 부모를 닮게 마련이다.

8. 남편(男便) · 아내

① 내외간(內外間) 싸움은 칼로 물 베기.

② 부부(夫婦) 싸움은 칼로 물 베기.
③ 부부 싸움은 개싸움.
④ 부부 싸움은 밤 자면 풀린다.
⑤ 부부 싸움은 해가 지면 그친다.
⑥ 양주(兩主) 싸움은 칼로 물 베기.
➡ ①~⑥ 부부는 싸움을 하더라도 곧 화합하게 된다.
⑦ 악한 첩(妾)과 더러운 처(妻)도 빈 방(房)보다 낫다.
➡ 남자는 아내가 아무리 나쁘더라도 없는 것보다 있는 것을 낫게 여긴다.
⑧ 열두〈十二〉 효자가 악처 하나만 못하다.
⑨ 열 자식이 악처 하나만 못하다.
➡ ⑧·⑨ 자식이 아무리 많더라도 남편은 자식들보다 아내에게 더 깊은 친근감을 가진다.
⑩ 여편네가 귀여우면 개죽을 쑤어 주어도 맛이 있다.
➡ 아내가 귀여우면 아내의 사소한 허물이나 잘못에 개의(介意)하지 않는다.
⑪ 첩(妾) 정(情)은 삼년, 본처 정은 백년.
➡ 아무리 첩에 혹하더라도 그것은 잠시 동안이며, 남편은 끝내 본처를 버리지 않는다.
⑫ 바가지 밥 보고 여편네 내쫓는다.
⑬ 함지 밥 보고 마누라 내쫓는다.
➡ ⑫·⑬ 남자는 살림살이를 헤프게 하는 아내를 소박한다.
⑭ 남자는 남 모르게 두 번 웃는다.
➡ 상처(喪妻)한 젊은 남자는 상처했을 때 또 한 번 결혼하게 된다는 생각에서 웃게 되며, 재혼해서 또 웃게 된다.
⑮ 밤 쌀 보기 남의 계집 보기.
➡ 밤에 보는 쌀이 좋아 보이듯이 남의 아내가 자기 아내보다 좋아 보인다.
⑯ 아들 밥은 앉아 먹고 딸의 밥은 서서 먹고 남편 밥은 누워 먹는다.
⑰ 영감 밥은 아랫목에서 먹고 아들 밥은 윗목에서 먹고 딸 밥은 부엌에

서 먹는다.
→ ⑯·⑰ 여자는 남편이 벌어다 주는 돈으로 살아가는 것을 제일 좋아한다.
⑱ 달 밝은 밤이 흐린 낮만 못하다.
→ 달이 아무리 밝더라도 흐린 낮보다 못하듯이 자식이 아무리 효도를 하더라도 아내는 남편을 더 좋아한다.
⑲ 곯아도 젓국이 좋고 늙어도 영감이 좋다.
→ 싱싱하지 못하고 삭아버린 젓국이 맛이 있듯이, 아내는 남편이 아무리 늙어도 그를 좋아한다.
⑳ 딸의 차반 재 넘어가고 며느리 차반 농 위에 둔다.
→ 시집 간 딸은 친정에서 먹을 것이 있으면 그것을 남편에게 주려고 제 집으로 가져가고, 며느리는 그것을 제 남편에게 주려고 농 위에 얹어두듯이, 여자는 어느 누구보다 제 남편을 더 생각하고 위하는 심정을 가진다.
㉑ 며느리 시앗은 열도 귀엽고 자기 시앗은 하나도 밉다.〈朴鍾和, 錦衫의 피〉
→ 흔히 아내 되는 사람은 아들이 첩(妾)을 얻는 것은 은근히 좋아하지마는 제 남편이 첩을 얻게 되면 못 견딜 정도로 새암을 낸다. 시앗……남편의 첩(妾).
㉒ 길 아래 돌부처도 돌아 앉는다.
㉓ 돌부처도 꿈적인다.
㉔ 시앗을 보면 길 가의 돌부처도 돌아 앉는다.
→ ㉒~㉔ 남편이 첩을 얻으면, 아무리 착한 아내라도 샘을 내어 노한다.
㉕ 시앗하고는 하품도 옮지 않는다.
→ 본 마누라와 남편의 첩 사이는 너무나 매섭기 때문에 서로 화합되지 않는다.
㉖ 겉보리를 껍질채 먹은들 시앗하고야 한 집에 살랴.
→ 아내 되는 사람은 아무리 고생을 하고 살더라도 제 남편의 첩과 한 집에 사는 것을 아주 싫어한다.

㉗ 행주치마 입에 물고 입만 빵끗한다.
➡ 수줍어하는 젊은 색시는 제 남편을 보고는 말을 못하고 미소만 지운다.
㉘ 계집은 상을 들고 문지방을 넘으며 열두가지 생각을 한다.
➡ 아내 되는 사람은 남편에게 할 이야기가 많지마는 이야기할 기회가 없어서 못하고 있다가 밥상을 들고 들어가면서 여러가지 말할 것을 생각한다(아내는 여러가지 복잡한 생각을 많이 한다).
㉙ 계집은 젊어서는 여우가 되고 늙어서는 호랑이가 된다.
➡ 여자는 젊어서는 남편의 비위를 잘 맞추지마는 늙으면 내주장을 하여 남편에게 호되게 군다.
㉚ 여자는 늙으면 독사가 된다.
➡ 흔히 여자는 젊어서는 남편에게 온순하게 대하지마는 늙으면 내주장을 하여 남편을 꼼짝도 못 하게 한다.
㉛ 첫 아들 낳기가 정승(政丞) 하기보다 어렵다.
➡ 아내 된 사람은 첫 아들을 낳아야 마음을 놓기 때문에 첫 아들 낳기에 신경을 많이 쓴다.
㉜ 여편네 팔자는 뒤웅박 팔자.
➡ 뒤웅박이 끈에 매여 있듯이, 여자의 팔자는 남편에게 매여 있다.
㉝ 박색(薄色) 소박은 없어도 일색(一色) 소박은 있다.
➡ 아무리 아름다운 여자라도 남편으로부터 박대를 받는 일이 있다.
㉞ 한 남편의 처첩(妻妾)이 몇이라도 한 줄의 생물.
㉟ 한 놈의 계집들은 한 덩굴에 열린다.
➡ ㉞·㉟ 한 남자의 처첩(妻妾)이 여럿이라도, 집안의 규모와 남편의 성질에 따라 그녀들은 서로 비슷하게 된다.
㊱ 옷이 찢어지면 새 것으로 갈아 입는다.
➡ 부부는 이혼을 하게 되거나 한 편과 사별하게 되면 각기 재혼을 하게 된다.

9. 시부모(媤父母)·며느리

① 미운 열 사위 없고 고운 외며느리 없다.
② 열 사위는 밉지 않아도 한 며느리가 밉다.
➡ ①·② 흔히 시부모는 사위는 사랑하지마는 며느리는 미워한다.
③ 가을 볕에는 딸을 쬐이고 봄 볕에는 며느리를 쬐인다.
④ 딸에게는 팥죽 주고 며느리에게는 콩죽 준다.
⑤ 배 썩은 것은 딸에게 주고 밤 썩은 것은 며느리에게 준다.
➡ ③~⑤ 시부모는, 특히 시어머니 되는 사람은 자기 딸은 위해 주지마는 며느리는 위해 주지 않는다.
⑥ 저녁 무지개에는 밭에 딸을 보내고 아침 무지개에는 며느리를 보낸다.
⑦ 죽 먹은 설겆이는 딸 시키고 비빔 그릇 설겆이는 며느리 시킨다.
➡ ⑥·⑦ 흔히 시부모는 자기 딸에게는 힘드는 일을 시키지 않으려고 하지마는, 며느리에게는 힘드는 일을 시킨다. [⑥ 저녁 무지개에는 비가 오지 않지마는 아침 무지개에는 비가 많이 온다는 데서 이루어짐]
⑧ 딸네 사돈은 꽃 방석에 앉히고 며느리 사돈은 가시 방석에 앉힌다.
➡ 시부모 되는 사람은 출가한 딸 잘 봐달라는 생각에서 딸네 사돈을 잘 대우하지마는, 며느리가 밉기 때문에 며느리 사돈도 미워하여 그를 잘 대우하지 않는다.
⑨ 딸의 시앗은 바늘 방석에 앉히고, 며느리 시앗은 꽃 방석에 앉힌다.
➡ 시부모 되는 사람은 자기 사위의 첩을 내쫓기 위하여 갖은 수단을 취하지마는, 며느리가 밉기 때문에 자기 아들의 첩은 귀엽게 보여서 그녀를 잘 대우해 준다.
⑩ 같은 떡도 맏며느리한테 주는 것이 크다.
➡ 시부모는 다른 며느리보다도 맏며느리를 더 중요한 존재로 여긴다.
⑪ 들 적 며느리는 날 적 송아지.
➡ 흔히 출가한 여자는 시집살이 하느라고 소 같이 고된 일을 하면서 살아가게 된다.
⑫ 문서(文書) 없는 종.
➡ 며느리는 팔고 살 수 있는 종은 아니지마는, 종과 같이 천대를 받고 고된 일을 하며 살아간다(옛날에는 종을 팔고 살 때 문서가 따라다녔

다). 종……노비(奴婢).
⑬ 시집살이 고추 같이 맵다.
➡ 며느리 되는 사람은 시어머니나 시누이 밑에서 고된 시집살이를 한다.
⑭ 시집살이 삼년에 열두폭 치마자락이 다 썩는다.
➡ 며느리는 시집살이 초기(初期)에 그것이 몹시 고되어 눈물을 많이 흘린다.
⑮ 몸은 늙어지고 시집살이는 젊어진다.
⑯ 사람은 늙어가고 시집은 젊어진다.
➡ ⑮·⑯ 해가 갈수록 시집살이는 더 고되어진다.
⑰ 친정 밥은 쌀밥이고 시집 밥은 피밥이다.
⑱ 친정 방은 솜 방석이고 시집 방은 바늘 방석이다.
➡ ⑰·⑱ 시집살이를 하는 사람은 늘 불안하며 잠시도 편안할 때가 없다.

10. 빙부모(聘父母)·사위

① 첫 사위가 오면 장모가 신을 거꾸로 신고 나간다.
➡ 장가 든 남자가 처음으로 처가에 들면 장인·장모나 기타의 처가족원은 그를 크게 환영한다.
② 사위는 백년 손이다.
➡ 사위가 오면 처가집에서는 그를 귀한 손님처럼 극진히 대우한다.
③ 사위가 고우면 분지(糞池)를 쓴다.
➡ 사위가 불편을 느끼지 않도록 처가에서는 신경을 써서 그를 극진히 대우한다. 분지……똥과 오줌을 누어서 담는 그릇.
④ 처가집 밥 한 사발은 동네 사람이 다 먹고도 남는다.
➡ 장모가 동네 사람이 다 먹고도 남을 정도로 사위의 밥을 꼭꼭 눌러서 많이 담듯이 처가집에서는 사위를 극진히 대접한다.
⑤ 처가집에 송곳 차고 간다.
➡ 송곳으로 파야 먹을 수 있을 정도로 사위의 밥을 꼭꼭 눌러서 많이 담

아 주듯이 처가집에서는 사위를 극진히 대접한다.
⑥ 씨아와 사위는 먹어도 안 먹는다.
➡ 사위가 처가집에서 무엇을 아무리 많이 먹더라도, 장인·장모나 기타 처가의 사람들은 그것을 아까와하지 않는다. 씨아……목화의 씨를 빼는 기구. (씨아가) 먹다……앗다(씨를 빼다).
⑦ 자식 밥은 먹어도 사위 밥은 못 먹는다.
➡ 장인이나 장모 되는 사람은 사위에게 의지(依支)할 경우에는 퍽 거북하게 여긴다.
⑧ 아내가 귀여우면 처가집 말뚝 보고도 절을 한다.
⑨ 아내가 귀여우면 처가집 문설주도 귀엽다.
⑩ 아내가 귀여우면 처가집 지붕에 앉은 까마귀도 귀엽다.
⑪ 아내가 예쁘면 처가집 울타리까지 예쁘다.
⑫ 아내가 예쁘면 처가집 호박꽃도 곱다.
➡ ⑧~⑫ 아내에게 혹해 있는 남자는 아내에게 딸린 변변치 않은 것까지도 애중(愛重)하며 좋게만 여긴다. 문설주……문주(門柱). [이 속담들은 어떤 것에 너무 혹하게 되면 정상적인 판단력을 잃게 된다는 뜻으로도 사용됨]
⑬ 자식 낳아 장모(丈母) 준다.
➡ 흔히 장가 간 자식이 어미보다 장모를 더 위해준다.
⑭ 처가집 세배는 보리 누름에 간다.
⑮ 처가집 세배는 살구꽃 펴서 간다.
⑯ 처가집 세배는 앵도 따 먹고 간다.
⑰ 처가집 세배는 한식(寒食) 지나고 간다.
➡ ⑭~⑰ 좀 늦어서 세배하러 가더라도 처가에서는 그것을 허물로 여기지 않기 때문에, 사위는 사정에 따라서는 세배를 미루게 된다.
⑱ 사위 자식 개 자식.
➡ 사위는 결국에는 장인·장모에게 효도를 하지 않게 된다.

11. 형제자매(兄弟姉妹)·동서(同壻)·시숙(媤叔)·제수(弟嫂)·형수(兄嫂)·올케·시누이

① 형제 사이에도 담이 있다.
➡ 아무리 가까운 형제 사이라도 할 말이 있고 못할 말이 있어서 서로 말에 조심하게 된다.
② 며느리들 싸움이 형제 싸움이 된다.
➡ 한 집안의 며느리끼리 서로 다투거나 사이가 나쁘면, 그녀들의 남편이 되는 형제 사이도 우애(友愛)가 좋지 못하게 된다.
③ 누이네 집에 어석술 차고 간다.
➡ 출가한 누이네 집에 가면 밥을 꼭꼭 눌러서 많이 담아주기 때문에 어석술로 조심스럽게 파 먹어야 할 정도로, 누이는 동생을 극진히 대접해 준다. 어석술……한 쪽이 닳아진 숟가락.
④ 두 동서 사이에 산 쇠다리.
➡ 흔히 동서끼리는 서로 사이가 좋지 않다.
⑤ 시아주버니와 제수(弟嫂)는 백년 손이다.
⑥ 식구 망나니 시숙(媤叔)과 계수(季嫂)다.
➡ ⑤・⑥ 시아주버니와 제수와의 사이는 매우 서먹하다.
⑦ 일가 못된 건 계수(季嫂).
➡ 시아주버니 되는 사람은 제수에게 아주 서먹하게 된다.
⑧ 형(兄)은 내어 놓고 형수(兄嫂)는 감춘다.
⑨ 형(兄)은 먹으라 하는데 형수는 먹지 말라 한다.
➡ ⑧・⑨ 흔히 형수는 시동생을 달갑지 않게 여기고 후하게 대하지 않는다.
⑩ 시누이는 친정 조카는 키워도 올케는 시누이 자식을 못 키운다.
⑪ 열 시앗은 밉지 않아도 한 시누이는 밉다.
➡ ⑩・⑪ 흔히 시누이가 올케를 시집살이 시키기 때문에, 올케는 시누이를 미워한다. 시앗……남편의 첩.
⑫ 시누이 하나에 바늘이 네〈四〉쌈.
➡ 흔히 시누이는 올케를 괴롭힌다. 쌈……바늘 스물네개를 단위로 세는 말.

12. 친조부모(親祖父母)·외조부모(外祖父母)·시고모(媤姑母)·외삼촌(外三寸)·생질(甥姪)

① 미운 며느리가 이쁜 손자를 낳는다.
➡ 자기의 며느리는 밉지마는 손자는 귀엽게 여기고 사랑한다.
② 외손자는 업고 친손자는 걸리면서 업은 놈 발 시리다고 한다.
③ 친손자는 걸리고 외손자는 업고 가면서 업힌 아기 갑갑해 한다 빨리 걸어라 한다.
④ 친손자는 걸리고 외손자는 업고 간다.
⑤ 친손자는 봄볕에 놀리고 외손자는 가을볕에 놀린다.
➡ ②~⑤ 흔히 사람은 친손자보다 외손자를 더 귀여워한다.
⑥ 외손자는 절구만 못하다.
⑦ 외손자를 귀애하느니 방앗공이를 귀애하지.
⑧ 외손자를 귀여워하지 말고 절굿공이를 귀여워하랬다.
⑨ 외손자를 봐주느니 파밭이나 매랬다.
⑩ 외손자를 안느니 방앗공이를 안자.
➡ ⑥~⑩ 외손자를 아무리 귀여워해 주어도 그는 결국은 외조부모에게는 덕을 보여 주지 않는다.
⑪ 시누이 뒤에는 앙큼한 시고모(媤姑母)가 있다.
➡ 시누이도 올케에게 시집살이를 시키지마는, 시고모도 뒤에서 조카며느리에게 간접적으로 시집살이를 시킨다.
⑫ 외삼촌 사는 고을에는 가지도 말랬다.
➡ 외삼촌과 조카의 사이는 소원(疎遠)하다.

13. 광부(曠夫)·과부(寡婦)·처녀(處女)·기녀(妓女)

① 홀아비는 이〈虱〉가 서말〈三斗〉이다.
② 홀아비 삼년에는 이가 서말〈三斗〉이다.
➡ ①·② 혼자 사는 홀아비는 살림이 잘 안 되어 살아나가는 데에 어려움을 많이 겪게 된다.

③ 과부는 은(銀)이 서말〈三斗〉이다.
➡ 과부는 혼자 살아도 살림살이를 알뜰히 하기 때문에 경제생활을 잘 해 나간다.
④ 과부살이 십년에 독사 안 되는 년 없다.
➡ 하시(下視)를 당하면서 오래 동안 과부살이를 하는 여자의 성격은 저절로 독해진다.
⑤ 젊은 과부의 울음소리는 산천초목도 울린다.
⑥ 청상(靑孀)과부의 울음소리는 하늘도 울린다.
➡ ⑤·⑥ 젊어서 과부가 된 여자는 슬픔을 견디지 못하여 매우 애처롭게 운다. 청상과부……나이가 젊어서 과부가 된 여자.
⑦ 과부가 찬 밥에 곯는다.
➡ 과부는 남편이 없다하여 음식물을 장만하는 데에 충실을 기하지 않기 때문에 잘 못 먹어서 몸이 허약해진다.
⑧ 처녀가 늙어가면 산으로 맷돌짝 지고 오른다.
➡ 처녀는 혼기를 놓치고 늙어가면 이상(異常)한 행동을 하게 된다.
⑨ 처녀들은 말 방귀만 뀌어도 웃는다.
➡ 처녀는 사소한 일에 대해서도 잘 웃는다.
⑩ 노류장화(路柳墻花)는 누구나 꺾을 수 있다.
➡ 창녀는 아무런 남자에 대해서도 상대를 해 준다. 노류장화……길가의 버들과 담 밑의 꽃.
⑪ 길 가에서 고생하는 오얏꽃이다.
⑫ 길 가의 버들이다.
⑬ 담 밑의 꽃이다.
➡ ⑪~⑬ 기생(妓生)의 신분이다.

14. 노인(老人)·아동(兒童)

① 늙은 쥐는 독을 뚫는다.
② 늙은 쥐는 쇠뿔도 뚫는다.
③ 늙은 당나귀 꾀만 남는다.

➡ ①~③ 사람은 늙으면 많은 경험으로 꾀가 많게 된다.
④ 꾀 많은 늙은 새는 먹이로 잡지 못한다.
⑤ 늙은 새는 낟알로 잡지 못한다.
➡ ④·⑤ 경험이 많은 늙은이는 꾀가 많아서 남의 속임수에 안 넘어간다. 낟알……껍질을 벗기지 않은 곡식의 낱개의 알.
⑥ 늙은 말이 콩 더 달란다. [참고] 老馬在廐 猶不辭豆〈耳談續纂〉
➡ 늙을수록 사람의 욕심은 커진다.
⑦ 늙은 소 콩밭으로 간다.
➡ 늙으면 더 먹고 싶어한다.
⑧ 고목(古木)은 휘어지지 않는다.
➡ 늙은 사람은 고집이 세다.
⑨ 늙은 개가 문 지키기 괴롭다.
➡ 쉬지 않고 일하는 늙은이는 매우 괴로워한다.
⑩ 늙으면 아이 된다.
⑪ 늙으면 아이 탈 쓴다.
➡ ⑩·⑪ 사람은 늙으면 아이와 같은 언행(言行)을 하게 된다.
⑪ 호랑이 안 잡았다는 늙은이 없다.
➡ 늙은이는 젊은 시절에 힘이 세었다고 자랑한다.
⑬ 늦바람에 머리털 세는 줄 모른다.
➡ 연로(年老)하여 바람이 나면 자식들 보기에 부끄러운 줄도 모르고 바람을 피우게 된다.
⑭ 늙은 말은 길을 잃지 않는다.
➡ 늙은이는 경험이 풍부하므로 실수를 하지 않는다.
⑮ 늙은 말은 짐작으로 길을 안다.
➡ 늙은 사람은 경험이 많으므로 많이 알고 있다.
⑯ 기린(騏驎)이 늙으면 노마(駑馬)만 못하다.
➡ 탁월했던 사람도 늙어지면 기력(氣力)을 잃게 된다. 기린……하루에 천리(千里)를 달린다는 상상의 말. 노마……걸음이 느리거나 둔한 말.
⑰ 아홉살 먹을 때까지는 아홉 동네서 미움을 받는다.

⑱ 아홉·일곱살 적에는 아홉 동네에서 미워한다.
➡ ⑰·⑱ 아홉살·일곱살 근처의 아이들은 장난이 심하여 동네 사람들로부터 미움 받을 짓을 많이 한다.
⑲ 뒷간 다른 데 없고 아이 다른 데 없다.
➡ 뒷간은 어느 것이나 다 구리듯이 어린 아이는 부모의 속을 썩이는 행동을 많이 한다.
⑳ 어린애 보는데는 찬물도 못 마신다.
㉑ 어린애 보는데는 찬물도 마시기 어렵다.
➡ ⑳·㉑ 어린이는 어른이 하는 것을 본받아 한다.
㉒ 장독하고 아이는 얼지 않는다.
➡ 겨울에 어린이는 추운 줄 모르고 뛰어논다.

[群] 8. 세태(世態) ── 일반(一般)

1. 험악(險惡)한 인심(人心)

① 눈 감으면 코 베어 먹을 세상. [참고] 瞬目不函 或喪厥鼻 〈耳談續纂〉
② 눈 감으면 코 베어 먹을 인심.
③ 눈 뜨고 남의 눈 빼 먹는 세상.
④ 눈 뜨고 코 베어 갈 세상.
➡ ①~④ 이 세상의 인심은 사납고 무섭고 험악하다.
⑤ 눈물 없는 세상이다.
➡ 불쌍한 사람을 도와줄 줄 모르는 메마른 세상이다.
⑥ 되는 것도 없고 안 되는 것도 없다.
➡ 올바른 방법으로 하는 일은 안 되고 나쁜 방법으로 하는 일은 되는 어지러운 세상이다.
⑦ 떡 해 먹을 세상이다.
➡ 뒤숭숭하고 궂은 일만 생기는 어지러운 세상이다. [궂은 일이 없도록 떡을 하여 고사를 지냄으로써 귀신을 쫓아내야 할 세상임]
⑧ 밤에 도깨비가 싸다닌다. (百鬼夜行)
➡ 괴이(怪異)한 짓을 하는 자들이 나타나서 세상을 어지럽게 한다.
⑨ 기린(麒麟)은 잠자고 스라소니가 춤춘다.
➡ 성인(聖人)들은 깊숙히 들어 앉아 활동을 아니 하는데, 간악하고 무능한 사람들이 날뛴다. 기린……성인이 세상에 나면 나타난다는 상상의 짐승. 스라소니……성질이 앙칼스럽고 가축을 해치는 고양이과(科)에 딸린 짐승.
⑩ 풀 없는 밭 없다.
➡ 이 세상에서는 어느 곳에나 나쁜 놈들이 있다.

⑪ 못된 나무에 열매가 많다. [참고] 不實木多着實〈洌上方言〉
⑫ 못된 소나무에 솔방울만 많다.
➡ ⑪·⑫ 세상에는 아름다운 것이 적고 못된 것이 성(盛)하다.
⑬ 피 다 뽑은 논 없고 도둑 다 잡은 나라 없다.
➡ 논의 피를 뽑아 버려도 한(限) 없이 나는 것처럼, 도둑은 아무리 잡아 없애도 자꾸만 생겨난다.
⑭ 주먹은 가깝고 법은 멀다.
➡ 이 세상에서는 법보다 폭력이 더 강세(強勢)를 부린다.

2. 사법(司法)의 불공정(不公正)

① 똥 싼 놈은 달아나고 방귀 뀐 놈이 잡힌다.
② 쌀 먹은 개는 안 들키고 등겨 먹은 개가 잡힌다.
③ 쌀 먹은 개는 안 맞고 등겨 먹은 개가 맞는다.
④ 콩죽 먹는 놈 따로 있고 똥 싸는 놈 따로 있다.
➡ ①~④ 흔히 큰 죄를 지은 자는 교묘하게 빠져 무사하고 그보다 덜한 죄를 지은 자가 들켜서 남의 죄까지도 뒤집어 쓰게 된다.
⑤ 송사리만 잡힌다.
⑥ 피라미만 잡힌다.
➡ ⑤·⑥ 권력이 있는 사람은 죄를 지어도 잡히지 않고 권력이 없는 만만한 범죄자만 잡힌다.
⑦ 그물에도 빠져나갈 구멍이 있다.
➡ 법망(法網)에도 피할 수 있는 맹점(盲點)이 있다.

3. 모략(謀略)에 의한 희생(犧牲)

① 곧은 나무 먼저 꺾인다.
② 곧은 나무 쉬 꺾인다.
➡ ①·② 지조(志操)를 지켜 나가는 사람이 모략에 의하여 사회적으로 매장된다.

③ 성인(聖人)이 벼락 맞는다.
➡ 세상의 인심이 사나워서 착하고 어진 사람이 모략에 의하여 큰 환난(患難)을 당한다.
④ 나무가 무성하면 도끼로 찍힌다. [참고] 林木茂而斤至焉〈荀子〉
⑤ 높은 가지가 부러지기 쉽다.〈李仁稙, 雪中梅〉
⑥ 높은 나무에는 바람이 세다.
⑦ 쓸만한 나무가 먼저 베인다.
➡ ④~⑦ 흔히 지위(地位)가 너무 높아지게 되면 중상모략을 입어 그 자리에서 쫓겨나가게 된다.

4. 시대(時代)의 변천(變遷), 평화(平和)

① 태산(泰山)이 평지 된다.〈古本春香傳〉
➡ 시대의 변천이 심하다.
② 바람이 불지 않으면 나무는 흔들리지 않는다. (風不刮 樹不搖)
③ 바람이 없으면, 파도는 일지 않는다.
➡ ②·③ 잘못을 저지르는 사람이 없으면 세상에는 소란스러운 일이 일어나지 않는다.
④ 바람 잘 날 없는 나무는 지엽(枝葉)만 고달프다.
➡ 나라가 불안하면 백성들은 고달프다.
⑤ 칼 팔아 소 산다. [참고] 賣劍買牛〈漢書〉
➡ 전쟁이 끝나면 평화로운 시대가 도래하여 백성들은 평화를 누리게 된다.

[群] 9. 상사(常事)

1. 인물(人物)의 배출(輩出)

① 값진 진주(珍珠)도 진흙 조개에서 나온다. (泥蚌出珠)
② 개똥밭에서 인물 난다.
③ 개천에서 용(龍) 난다.
④ 금(金)은 광석에서 나온다.
⑤ 누더기 속에서 영웅 난다.
⑥ 덩굴에도 열매가 연다.
⑦ 뱁새도 수리를 낳는다.
➡ ①~⑦ 비천(卑賤)하거나 가난한 집안에서도 훌륭한 인물이 난다.
⑧ 삼대(三代) 천치(天痴)가 들면, 사대(四代)째 영웅이 난다.
➡ 어떤 집안에서나 훌륭한 인물이 나올 수 있다.
⑨ 인걸(人傑)은 지령(地靈)이라.
➡ 산수(山水)가 좋은 곳에서 훌륭한 인물이 난다.
⑩ 장군(將軍) 집에서 장군 난다. (將門必有將)
➡ 흔히 훌륭한 집안에서 훌륭한 인물이 난다.
⑪ 나는 놈마다 장군(將軍)이다.
➡ 흔히 한 집안에서 큰 인물이 연달아 난다.

2. 소문(所聞)

① 나쁜 소문에는 날개가 달렸다.
② 나쁜 소문은 말〈馬〉보다 빠르다.
③ 나쁜 소문은 천리를 간다. [참고] 惡事千里〈傳燈錄〉

④ 한양(漢陽) 소식은 시골로 가야 잘 듣는다.
➡ 소문은 가까운 곳보다도 먼 데서 잘 퍼진다.
⑤ 날개 없는 소문이 천리를 간다.
⑥ 좋은 소문은 기어가고, 나쁜 소문은 날아간다.
➡ ⑤·⑥ 나쁜 소문은 빨리 퍼져나간다.
⑦ 한 집 닭이 울면 온 동네 닭이 운다.
➡ 한 집 사람이 거짓말을 하게 되면, 이것이 온 세상에 퍼지게 된다.
⑧ 헛 짖는 개〈犬〉 소리가 크다.
➡ 진실보다 헛 소문이 크게 난다.
⑨ 향(香)은 싸고 싸도 냄새가 난다.
➡ 착한 일은 남 모르게 했더라도 저절로 남들이 알게 된다.
⑩ 혼사(婚事)가 깨진 색시는 절름발이가 된다.
➡ 혼담(婚談)을 하다가 깨지면 규수(閨秀)에게 어떤 흠이 있다는 소문이 퍼지게 된다.
⑪ 싸고 싼 사향(麝香)도 냄새 난다. 〈古本春香傳〉
➡ 덕(德)이 높고 훌륭한 재주를 가진 사람은 제가 원치 않아도 저절로 세상에 알려진다. 사향……사향노루의 사향낭에서 얻어지는 향로. [이 속담은 아무리 숨기려고 해도 숨겨지지 않는다라는 뜻으로도 사용됨]

3. 의심(疑心)

① 삼밭에 한 번 똥 싼 개〈犬〉가 늘 싼 줄 안다. [참고] 蒿咐田一遺矢之犬疑其每遺〈旬五志〉
② 상추밭에 똥 싼 개는 늘 저 개 저 개 소리 듣는다.
③ 한 번 나물밭에 똥 눈 개는 늘 눈다고 의심 받는다.
④ 한 번 똥 눈 개가 일생 눈다고.
➡ ①~④ 실수를 하여 한 번 잘못하게 되면 사람들은 그를 늘 의심하게 된다.

4. 혼담(婚談)·혼인(婚姻)

① 딸 자식 두면 경상도 도토리도 굴러온다.
➡ 딸의 중매를 서기 위하여 별의별 사람이 혼담을 하려고 찾아든다.
② 열 집 사위, 열 집 며느리 안 되어 본 사람 없다.
➡ 혼담은 흔히 여기 저기 여러 곳에 걸려 이야기된다.
③ 촌 처녀 자란 것은 모른다.
➡ 촌 처녀는 아주 어리다가도 곧 자라서 나이도 들기 전에 출가해 버린다.
④ 잡목(雜木)에도 과실나무 접을 붙인다.
➡ 혼인은 흔히 신분을 초월하여 이루어진다.
⑤ 누이 바꿈.
➡ 누이를 처남과 혼인 시킨다.

5. 성사(成事)

① 눈 먼 닭도 모이를 주워 먹을 때가 있다.
➡ 어리석은 사람이 요행히 성공할 때가 있다.
② 우둔한 것이 범 잡는다.
➡ 우둔한 사람이 뜻밖에 큰 일을 이루는 수도 있다.
③ 개〈犬〉도 벼룩을 물어잡을 때가 있다.
➡ 무슨 일을 하다 보면 이룰 수 없을 것이라고 생각되는 것도 요행히 이루는 수가 있다.

6. 수혜(受惠)

① 개똥밭에도 이슬 내릴 때가 있다.
➡ 아주 가난하고 천한 사람이라도 상은(上恩)을 입을 때가 있다.
② 금강산 그늘이 관동(關東) 팔십리.
③ 나무는 큰 나무 덕을 못 보아도, 사람은 큰 사람의 덕을 본다.

④ 나무는 키 큰 덕을 못 입어도, 사람은 키 큰 덕을 입는다.
⑤ 수양산(首陽山) 그늘이 강동(江東) 팔십리를 간다.
⑥ 인왕산(仁旺山) 그늘이 강동 팔십리를 간다.
⑦ 큰 솔 밑에서 작은 솔이 자란다.
➡ ②~⑦ 세력이 있거나 덕망이 높고 훌륭한 인물이 있으면, 그는 가까운 사람들에게 덕을 미치며 그들은 그로부터 도움을 받게 된다. 관동……강원도 지역. [③ 나무는 큰 나무 아래서는 살아가기에 불리하나, 사람은 큰 사람의 덕을 봄]
⑧ 명주 옷은 사촌까지 덥다.
⑨ 명주 옷은 육촌까지 다습다.
➡ ⑧·⑨ 사람이 부귀하게 되면 그와 가까운 사람이 혜택을 입게 된다.
⑩ 나간 놈의 몫은 있어도, 자는 놈의 몫은 없다. 〈李熙昇, 隨筆〉
➡ 일하러 나간 사람을 위하여 줄 것은 남겨두지마는 게으름을 피우는 사람을 위하여는 줄 것을 남겨두지 않듯이, 게으른 사람에게는 혜택이 돌아가지 않는다.
⑪ 양반은 하인(下人)이 양반 시킨다.
➡ 밑에서 일하는 사람이 잘 해야 윗사람이 남들로부터 칭찬을 받으며 대우도 받게 된다. [양반댁 하인이 다른 사람들과 접촉할 때 하는 언동에 따라 그 양반 가문의 가풍이 평가되므로 이름]

7. 선행(善行)

① 굽은 나무가 선산(先山) 지킨다.
② 나갔던 며느리 효도(孝道) 한다.
③ 눈 먼 자식 효자 노릇 한다.
④ 병신 자식 효도한다. [참고] 彼眇者子乃孝厥妣 〈耳談續纂〉
➡ ①~④ 기대하지도 않던 대수롭지 않은 사람이 착한 일을 하는 수가 있다.

8. 결함(缺陷)

① 약빠른 고양이 밤 눈 못 본다.
② 약빠른 고양이 밤 눈 어둡다. [참고] 伶俐猫夜眼不見 〈東言解〉
③ 약빠른 고양이 상(床) 못 얻는다.
④ 약빠른 고양이 앞을 못 본다.
⑤ 영리한 고양이 밤 눈 못 본다.
➡ ①~⑤ 매우 영리하여 실수를 하지 않을 듯해 보이는 사람도 역시 부족하고 어두운 점을 지닌다.

9. 낭패(狼狽)

① 계란(鷄卵)에 유골. [참고] 鷄卵有骨 〈大東韻府群玉, 松南雜識, 東言解〉, 〈古本春香傳〉
② 궁인(窮人) 모사(謀事)는 계란에도 유골이라.
③ 박복자(薄福者)는 계란에도 유골이라.
④ 복 없는 정승(政丞)은 계란에도 뼈가 있다.
⑤ 복 없는 무당은 경을 배웠어도 굿하는 집이 없다.
⑥ 복 없는 봉사가 괘문을 배워 놓으면 감기 앓는 놈 없다.
⑦ 안 되는 놈은 두부에도 뼈라.
⑧ 안 되는 놈은 집을 지어도 기둥이 부러진다.
⑨ 재수 없는 놈은 곰을 잡아도 웅담이 없다.
➡ ①~⑨ 운수가 궁하거나 복이 없는 사람에게는 하는 일마다 마(魔)가 끼어 일이 안 된다. 궁인……곤궁한 사람. 괘문……점괘(占卦). [① 옛날 어떤 사람(고려 때의 康日用이라고도 하고 조선조 세종 때의 黃喜 정승이라고도 함)이 매우 가난하였으므로, 임금이 불쌍히 여겨 하루는 새벽 성훈을 열면서부터 저녁에 닫을 때까지 이 문으로 드나드는 물건은 모두 그 사람에게 주라는 명령을 내렸다. 웬일인지 그날에는 새벽부터 온 종일 바람이 쳐서 드나드는 사람이 하나도 없었다. 그러다가 어둠이 왔을 때 한 사람이 계란 한 꾸러미를 가지고 왔으므로 그것을 받

아 집에 돌아와서 삶아 먹으려고 하니 모두 곯아서 한 알도 먹지 못하였다고 한다. 이 속담은 이 이야기에서 나옴. '骨'은 '곯다'의 '곯'의 음을 따서 만들었다고 함]
⑩ 설마가 사람 죽인다.〈康想涉, 三代〉,〈李箱, 終生記〉
➡ 흔히 사람은 설마 그럴리야 없겠지 하고 속으로 믿고 있다가 크게 낭패를 보게 된다.
⑪ 고르고 고르다가 곰보 마누라 얻는다.
⑫ 고르다가 곤 달걀 고른다.
➡ ⑪·⑫ 너무 고르다가 도리어 나쁜 것을 고른다.
⑬ 벼르던 애기 눈이 먼다.
⑭ 위하는 아이 눈이 먼다.
⑮ 잔칫날 기다리다가 굶어 죽는다.
⑯ 잘 낳자는 자식이 눈 먼다.
➡ ⑬~⑯ 기다리고 벼르던 일이 빗나가 낭패를 보는 일이 있다.
⑰ 벼르던 제사에 물도 못 떠 놓는다.
➡ 오랫 동안 벼르고 잘 지내려든 제사에 물도 떠 놓지 못하는 것처럼, 무슨 일을 잘 하려고 벼르고 기대하다가 도리어 더 못하게 되는 경우가 있다.
⑱ 도둑을 맞으려면 개〈犬〉도 안 짖는다.
⑲ 운수가 사나우면 짖던 개도 안 짖는다.
➡ ⑱·⑲ 운수가 나빠 일이 잘 안되려면 모든 것이 제대로 되지 않는다.
⑳ 객주(客主)가 망하려니, 짚단만 들어온다.
㉑ 마판(馬板)이 안 되려면, 당나귀 새끼만 모여든다.
㉒ 어장(漁場)이 안 되려면, 해파리만 끓는다.
㉓ 여각(旅閣)이 망하려니, 나귀만 든다.
➡ ⑳~㉓ 되지 않는 일에는 달갑지 않은 일이 생겨 낭패를 보게 된다. 객주……조선조 때, 주로 인삼·약종·금은·직물·피혁·모자·바늘·양사(洋絲) 따위의 물품을 위탁받아 팔거나 흥정하거나 그 상인들을 치르던 여관집, 또는 그 여관집 주인. 마판……마구간의 바닥에

깔아놓은 널빤지. 마소를 매어두는 바깥의 터. 여각……옛날, 상인의 농산물·수산물 따위의 매매를 흥정하거나 그 물건 임자를 묵게 한 영업집.

㉔ 꼬리 먼저 친 개〈犬〉가 밥은 나중 먹는다. [참고] 先掉尾後知味〈洌上方言〉

㉕ 먼저 꼬리 친 개 나중 먹는다.

㉖ 먼저 배 탄 놈 나중 내린다.

➡ ㉔~㉖ 먼저 서둘러 하다가 남들보다 뒤떨어져 낭패를 보게 된다.

㉗ 가루 팔러 가니 바람이 불고, 소금 팔러 가니 이슬비 온다. [참고] 賣鹽逢雨〈松南雜識〉

㉘ 밀가루 장사 하면 바람이 불고, 소금 장사 하면 비가 온다.

➡ 밀가루 장사를 하면 바람이 불어서 가루를 날리고, 소금 장사를 하면 비가 와서 소금이 녹아내리듯이, 운수가 사나우면 당하는 일마다 공교롭게도 일이 안 된다.

㉙ 병(病)든 놈 두고 약(藥) 지으러 가니, 약국도 두건(頭巾)을 썼더라 한다.

➡ 흔히 일이 급하고 긴요할 경우에 필요한 것을 구하려 해도 공교롭게도 구할 수 없게 되는 경우가 있다. 약국도 두건을 썼더라……약국이 상중(喪中)이어서 일을 안 보더라.

㉚ 안 되는 놈은 넘어져도 똥 밭에 넘어진다.

㉛ 안 되는 놈은 넘어져도 허리가 부러진다.

㉜ 안 되는 놈은 달걀에도 뼈가 있는 것만 산다.

㉝ 안 되는 놈은 뒤로 넘어져도 코가 깨진다. (翻亦破鼻)

➡ ㉚~㉝ 운수가 사나운 사람은 대수롭지 않은 일에서도 자꾸만 낭패를 보게 된다.

㉞ 말〈言〉 단 집에 장(醬) 단 법 없다. [참고] 言甘家醬不甘〈東言解, 松南雜識, 旬五志〉, 甘言之家豉味不嘉〈耳談續纂〉

㉟ 말 단 집에 장이 곤다.

㊱ 말 많은 집은 장 맛도 변한다.

㊲ 말 많은 집은 장 맛도 쓰다.

→ ㉞~㉟ 말이 많고 시비(是非)를 가리기를 좋아하는 집안은 불화하여 모든 일이 제대로 되지 않는다.
㊳ 너무 고르다가 곰보 총각 고른다.
㊴ 너무 고르다가 눈 먼 사위 본다.
→ ㊳·㊴ 욕심을 너무 내어 고르다가 나쁜 것을 고르게 되어 낭패를 보는 경우가 허다하다.

10. 패가(敗家)

① 대들보가 부러지면 사람이 다친다.
② 대들보가 부러지면 서까래도 무너진다. (棟折榱崩).
③ 대들보가 부러지면 집안이 망한다.
→ ①~③ 집안의 어른이 죽으면, 집안이 망하는 경우가 흔히 있다.
④ 돌절구도 밑 빠질 날이 있다. 〈古本春香傳〉
→ 명문거족(名門巨族)이라고 몰락하지 않는 법은 없다.
⑤ 곗돈 타고 집안 망한다.
→ 조그마한 일에 재미를 붙였다가 나중에 가서는 집안까지 망치게 되는 경우가 있다.
⑥ 깊은 물에는 안 빠져도, 얕은 술에는 빠진다.
→ 술을 과음하는 사람은 패가망신하게 된다.

11. 파손(破損)·손해(損害)·피해(被害)

① 귀한 그릇 쉬 깨진다.
② 외바늘 귀 터지기 쉽다.
→ ①·② 소중히 여기는 것이 도리어 상하기 쉽다. [이 속담들은 귀하게 태어난 사람이나 재주가 비상한 사람이 일찍 죽게 되는 경우가 허다하다라는 뜻으로도 사용됨]
③ 남의 고기 한 점 먹고, 내 고기 열 점 낸다. [참고] 他肉一點食 己肉十點下 〈東言解〉

➡ 남으로부터 적은 이득(利得)을 얻으면, 나중에 큰 손해를 보는 경우가 있다.
④ 박복(薄福)한 놈은 떡 목판에 넘어져도 이마 다친다.
➡ 복이 없는 사람은 좋은 기회를 만나도, 이것을 유용하게 이용하지 못하고 손해만 보게 된다.
⑤ 독 장수 구구는 독만 깨뜨린다.
➡ 실현성(實現性)이 없는 허황한 계산은 손해만 가져올 따름이다.
⑥ 미운 파리 잡으려다 고운 파리 잡는다.
⑦ 미운 파리 치려다 고운 파리 상한다. [참고] 打憎蠅傷美蠅〈旬五志〉
⑧ 미운 풀이 죽으면 고운 풀이 죽는다.
➡ ⑥~⑧ 좋지 못한 것이나 사람을 처치하려다가 도리어 좋은 것이나 좋은 사람이 해를 입을 경우가 있다.
⑨ 칼 든 놈이 먼저 죽는다.
➡ 남을 해치려다가 자기가 먼저 해를 입게 되는 경우가 있다.
⑩ 선(先) 손질, 후(後) 방망이.
➡ 흔히 먼저 남에게 해를 입히면 그 후에 더 큰 해를 입는다.
⑪ 오래 앉으면 새도 화살을 맞는다.
➡ 편하고 이(利)로운 곳에 너무 오래 있으면 화(禍)를 당하는 경우가 있다.
⑫ 재미 나는 골에 범 난다.
➡ 재미 난다고 나쁜 일을 계속 하다가는 필경에는 화를 입는 경우가 있다.
⑬ 길을 무서워하면 범을 만난다.
➡ 겁이 많고 무서움을 잘 타는 사람은 그만큼 또 무서운 일을 당하게 된다.
⑭ 개구리는 울다가 뱀에게 잡힌다.
➡ 무슨 일에 너무 골몰하면 화를 입게 된다.
⑮ 범의 머리를 쓰다듬고 범의 수염을 꼬다가는 범의 밥을 면하지 못하게 된다. [참고] 料虎頭 編虎須 幾不免虎口哉〈莊子〉
➡ 포악한 자와 가까이하면 종말에는 그로부터 화를 당하게 된다.

⑯ 구슬 가진 것이 죄(罪)가 된다. [참고] 抱璧有罪〈春秋左傳〉
➡ 보물을 가지고 화(禍)를 입는 경우가 허다하다.

12. 수난(受難)

① 새로 집 지은 후 삼년은 마음을 못 놓는다.
② 새 사람 들어 삼년은 마음을 못 놓는다.
③ 새 집 짓고 삼년 무사하기 어렵다.
➡ ①~③ 어떤 큰 일을 해놓고 안정(安定)을 찾을 때까지 상당한 기간 동안 어려움을 당하는 경우가 허다하다.
④ 나무는 숲을 떠나 혼자 홀로 있으면, 바람을 더 탄다.
➡ 흔히 고독하거나 홀로 된 사람이 다른 사람들보다 고난을 더 많이 겪게 된다.

13. 사건(事件)·사고(事故)

① 장난 끝에 살인(殺人) 난다.
② 장난이 아이 된다.
➡ ①·② 장난 삼아 우습게 한 일이 큰 사고(事故)를 일으키기도 한다.
③ 푼돈에 살인 난다.
➡ 흔히 사람은 사소한 이해관계(利害關係)로 다투어 큰 사고(事故)를 일으키기도 한다.
④ 흉조(凶兆)가 들려면, 장(醬)맛부터 변한다.
➡ 집안에 화(禍)가 있으려면, 먼저 어떤 변(變)이 생긴다.
⑤ 시원찮은 귀신이 사람 잡아간다.
➡ 얼른 보아 미련하고 못난 것 같은 자가 큰 사건(事件)을 일으키기도 한다.
⑥ 똥 때문에 살인(殺人) 난다.
➡ 세상에서는 흔히 보잘것 없는 것을 가지고도 서로의 이(利)를 다투느라고 큰 사고를 일으키기도 한다.

⑦ 실없는 말이 송사(訟事) 건다.
➡ 무심코 한 말 때문에 큰 변이 생기는 수도 있다.
⑧ 집안이 결딴나려면, 생쥐가 춤을 춘다.
⑨ 집안이 망하려면, 맏며느리 턱에 수염이 생긴다.
⑩ 집안이 안 되려면, 구정물 통에서 호박꼭지가 춤을 춘다.
➡ ⑧~⑩ 가운(家運)이 기울어지려면, 집안에서 괴상한 일이 다 생긴다.

14. 실패(失敗) · 실수(失手)

① 딱딱한 나무가 부러진다.
➡ 강(強)하기만 하고 부드러운 데가 없는 사람은 실패하기 쉽다.
② 박복(薄福)한 과부는 재가(再嫁)를 해도 고자를 만난다.
③ 복(福) 없는 가시나가 봉놋방에 가 누워도 고자 곁에 가 눕는다.
➡ ②·③ 흔히 복(福)이 없는 사람은 무슨 일을 하더라도 실패만 한다. 가시나……계집아이(경상도 사투리). 봉놋방……주막집의 가장 큰 방. 대문 가까이 있어서 여러 나그네가 한데 모여 자는 곳. 주막방.
④ 장님이 장님을 인도하면, 둘이 다 개천에 빠진다.
➡ 어리석은 사람끼리 일을 하게 되면 실패하게 된다.
⑤ 약빠른 고양이도 쥐를 놓칠 때가 있다.
➡ 영리하고 실수가 없을 듯한 사람도 부족하고 어두운 점이 있어서 실수를 하여 불리(不利)를 초래하는 경우가 있다.
⑥ 박달나무에 좀이 난다.
➡ 아무리 똑똑한 사람도 실수할 때가 있다.
⑦ 입에 든 혀도 깨문다.
➡ 사람인 이상 흔히 실수를 한다.
⑧ 성인(聖人)도 하루에 죽을 말 세 번 한다.
➡ 아무리 훌륭한 사람도 말 실수를 하는 법이다.

15. 길사(吉事)

① 마루 구멍에도 볕 들 날이 있다. 〈古本春香傳〉
② 쥐 구멍에도 볕 들 날이 있다.
➡ ①·② 고생만 하는 사람도 좋은 시기(時期)를 만날 적이 있다.
③ 죽을 나무 밑에 살 나무 난다.
➡ 불행 중에서도 다행이 오는 경우가 허다하다.
④ 넘어져도 떡 광주리에만 넘어진다.
⑤ 유복(有福)한 과수(寡守)는 앉아도 요강 꼭지에 앉는다.
➡ ④·⑤ 복이 있는 사람에게는 자꾸만 좋은 일이 생긴다.
⑥ 되는 집에는 가지 낢에서도 수박이 열린다.
⑦ 되는 집에서는 개〈犬〉를 낳아도 청(靑)삽살이다.
⑧ 되는 집에서는 닭도 봉(鳳)을 낳는다.
⑨ 되는 집에서는 말〈馬〉을 낳아도 용마(龍馬)를 낳는다.
⑩ 되는 집에서는 수탉이 알을 낳는다.
➡ ⑥~⑩ 운(運)이 좋아 잘 되는 집에서는 무슨 일이든지 형통하게 잘 되어간다.
⑪ 되는 놈은 나무하다가도 산삼(山蔘)을 캔다.
➡ 운수가 좋은 사람은 무슨 일을 하든지 재복(財福)이 따른다.
⑫ 쥐새끼가 열두해 나니 방귀를 뀐다.
➡ 무슨 일을 오래오래 하면 좋은 수가 생긴다.
⑬ 시집 열두번 갔더니 요강 시울에 선(線) 두른다.
➡ 무슨 일을 여러번 하고 나면 마침내 좋은 수도 당하게 된다. 선(을) 두르다……가장자리에 무엇을 그리거나 둘러 꾸미다.
⑭ 확 깊은 집에 주둥이 긴 개〈犬〉가 들어온다.
➡ 일이 잘 되려면 우연히 잘 어울려 마침내 잘 되어간다. 확……절구의 아가리부터 밑바닥까지의 구멍.
⑮ 장군 나면 용마 나고, 문장 나면 명필 난다.
➡ 일이 잘 되려면 좋은 기회가 저절로 와서 일이 자꾸만 잘 되어간다.
⑯ 자는 중〈僧〉도 떡이 다섯이다.

➡ 잿날 덕분에 일도 하지 않고 자던 중까지 떡을 얻어 먹듯이, 먹을 복이 있는 사람은 먹을 기회를 많이 가지게 된다.

16. 예외지사(例外之事)

① 장마다 망둥이 날까.
② 하늘 울 때마다 벼락 칠까.
➡ ①·② 인간사(人間事)나 자연사(自然事)에서 예외의 경우가 허다하다.
③ 과일에는 씨가 있어도 도둑에는 씨가 없다.
➡ 부모가 나쁜 짓을 한다고 자식들도 반드시 나쁜 짓을 하는 것은 아니다.
④ 개〈犬〉가 짖는다고 다 도둑은 아니다.
➡ 나쁜 소문이 있다 하여 반드시 나쁜 사람은 아닌 것이다.
⑤ 고추가 커야만 매운가.
➡ 작은 고추도 매운 것이니, 무엇이나 반드시 커야만 제 구실을 다 한다고는 할 수 없다.
⑥ 힘 센 집에 져다 놓은 것 없다.
➡ 힘이 세다고 하여 거기에 상응하는 일을 다 하는 것이 아니다.
⑦ 경주(慶州) 돌이면 다 옥석(玉石)인가.
⑧ 처녀면 다 확실한가.
➡ ⑦·⑧ 좋다고 하더라는 것에는 좋지 못한 것들도 섞여 있다.
⑨ 더러운 사람에게도 더럽지 않은 것이 있다.
➡ 나쁜 사람이라고 하여 나쁜 점만 가지고 있는 것이 아니라 좋은 점도 가지고 있는 법이다.
⑩ 호랑이는 미워도 가죽은 아름답다.
➡ 미운 사람에게도 고운 데가 있다.
⑪ 가죽에 흠을 내지 않고 호랑이를 잡기는 어렵다.
➡ 잘한 일에도 약간의 잘못이 있을 수 있다.
⑫ 떡 속에도 가시가 있다.

→ 좋은 일에도 마(魔)가 있을 수 있다.
⑬ 부처에 팔·다리 떨어진 것이 있다.
→ 아무리 훌륭한 사람에게도 결함이 있다.
⑭ 그물에 걸린다고 다 고기는 아니다.
→ 법망에 걸린다고 다 범죄자가 아니라, 그들 중에는 억울하게 잡힌 사람들도 있다.

17. 방치(放置)·불감당(不堪當)

① 갓장이 헌 갓 쓴다.
② 도끼가 제 자루 못 찍는다.
③ 무당이 제 굿 못한다. [참고] 巫不自祈〈耳談續纂〉
④ 봉사 제 점 못한다.
⑤ 소경이 저 죽을 날 모른다. [참고] 瞽昧終期〈耳談續纂〉
⑥ 식칼이 제 자루 못 깎는다.
⑦ 의사가 제 병 못 고친다.
⑧ 자루 베는 칼 없다.
⑨ 자수삭발(自手削髮) 못 한다.
⑩ 중〈僧〉이 제 머리 못 깎는다.
→ ①~⑩ 흔히 사람은 자기가 해야 할 일을 하지 않고 내버려 두거나 감당하지 못하는 경우를 가진다.

18. 기타(其他)

① 미운 풀이 죽으면 고운 풀도 죽는다.
→ 좋지 않은 것을 없애버리려면 거기에 적지 않은 희생이 따르는 경우가 있다.
② 맑은 물에 고기 안 논다.
→ 사람이 너무 깔끔하면 그에게는 재물이 따르지 않는다.
③ 주먹 큰 놈이 어른이다.

➡ 기운 센 사람이 웃 자리를 차지하는 경우가 허다하다.
④ 양반의 집 못 되려면 초라니 새끼 난다.
➡ 집안의 형세가 기울고 안 되려면 참으로 해괴한 일이 생긴다. 초라니……기괴한 계집 형상의 탈을 쓰고 붉은 저고리에 푸른 치마를 입고 긴 대의 깃발을 가진 나자(儺者).
⑤ 겨 먹은 개〈犬〉는 들켜도 쌀 먹은 개는 안 들킨다.
➡ 흔히 작은 잘못을 저지른 사람은 들켜도, 큰 잘못을 저지른 사람은 안 들킨다.
⑥ 아니 구린 통숫간이 있나.
➡ 세상에는 과실이 없는 사람이 없다.
⑦ 상전(上典)을 잘못 만나면 곤장을 맞는다.
➡ 윗사람을 잘못 만나면 아랫사람이 무척 고생을 하게 된다.
⑧ 나한(羅漢)에도 모래 먹는 나한이 있다.
➡ 상위(上位)에 있는 사람들 중에서도 먹고 사는 데에 고생하는 사람들이 있다.
⑨ 젯상 앞에서 개〈犬〉가 꼬리를 쳐야 그 집안이 잘된다.
➡ 젯상 앞에서 아이들이 똥을 싸면 그것을 먹으러 오는 개가 있어야 집안이 잘된다 함이니, 아이들이 많고 자손이 흥왕해야 집안이 잘된다.
⑩ 선비 논 데 용(龍) 나고, 학(鶴)이 논 데 비늘이 쏟아진다.
➡ 훌륭한 사람의 행적(行蹟)이나 착한 행실은 남들에게 좋은 영향을 끼치게 된다.
⑪ 원수는 외나무 다리에서 만난다.
⑫ 원수 인간 외나무 다리에서 만난다.
⑬ 외나무 다리에서 만날 날 있다. [참고] 獨木橋冤家遭〈松南雜識〉
➡ ⑪~⑬ 공교롭게도 원한을 맺은 사람을 만나는 경우가 허다하다.
⑭ 조조(曹操)의 화살이 조조를 쏜다.
➡ 지나치게 재주를 부리는 사람은 그 재주로 말미암아 자멸(自滅)하기에 이른다.
⑮ 악담(惡談)은 덕담(德談)이다. 〈金基鎭, 海潮音〉
➡ 남을 저주하는 나쁜 말이 도리어 듣는 사람에게 좋은 영향을 끼치기

도 한다.
⑯ 오입장이 헌 갓 쓰고 똥 누기는 예사다.
➡ 되지 못한 자는 못된 짓을 예사로 한다.
⑰ 칼 든 놈은 칼로 망한다.
➡ 싸움을 좋아하는 사람은 싸움으로 망한다.
⑱ 호랑이끼리 싸우면 다 같이 살지 못한다.
➡ 강자(強者)끼리 싸우면 다 같이 망하게 된다.
⑲ 가지가 줄기보다 크면 반드시 찢어지게 마련이다. (枝大本必披).
➡ 기본문제(基本問題)보다 지엽문제(枝葉問題)가 더 커지면 기본문제는 엉망이 된다.
⑳ 가는 방망이 오는 홍두깨.
➡ 흔히 사람은 가혹한 짓을 하면 더 가혹한 앙갚음을 받는다.
㉑ 만만한 년은 제 서방 굿도 못 본다.〈蔡萬植, 太平天下〉
➡ 변변치 못한 사람은 응당 제가 차지해야 할 것까지도 못 잡고 놓치게 된다.
㉒ 쑥구렁이 꿩 잡아 먹는다.
➡ 지지리 못난 자가 꿩을 잡아먹듯이, 어리석고 못난 자가 때로는 놀랄 만한 짓을 한다.
㉓ 작은 절〈寺〉에 괴가 두 마리.
➡ 궁하고 없는 곳에 고양이가 두 마리 있으면 어느 하나도 마음껏 먹거나 가지지 못 하듯이, 궁한 곳에 여럿이 있으면 자기의 욕구를 잘 충족시킬 수 없게 된다.
㉔ 밭 장자(長者)는 있어도, 논 장자는 없다.
➡ 논 벌이를 하는 것보다 밭 벌이를 하는 것이 더 수입이 많은 경우가 허다하다.
㉕ 새〈鳥〉도 발악하면 수레를 뒤엎는다. (禽因覆車)
➡ 흔히 약한 사람이 발악하면 큰 일을 저지르기도 한다.
㉖ 개똥참외는 먼저 맡은 이가 임자다.
➡ 소유자가 없는 물건은 먼저 발견하는 사람이 가지게 마련이다.
㉗ 상전(上典)은 미고 살아도, 종은 미고 못 산다. [참고] 忤上典猶可生

怍班下不可生〈東言解〉
➡ 흔히 윗사람은 거슬리고 살 수 있으나 아랫사람을 거슬리고는 살 수 없는 경우를 가진다. 미다……따돌리고 멀리하다.
㉘ 곡식은 농부의 땀을 먹고 자란다.
㉙ 곡식은 주인 발자국 소리에 큰다.
➡ ㉘·㉙ 농부가 농작물을 부지런히 가꾸면 수확이 많고, 그렇지 않으면 수확이 적다.
㉚ 가난 구제(救濟)는 지옥 늦이라.
㉛ 인간 구제는 지옥 늦이라.
➡ ㉚·㉛ 가난한 사람을 구제한다는 것은 결국에 가서는 제게 해(害)를 가져오며 고생거리가 된다.
㉜ 못이 마르면 고기도 궁하게 된다. (枯池窮魚)
➡ 못물이 마르면 고기가 곤경에 빠지듯이, 사람도 직장을 잃으면 궁하게 된다.
㉝ 해변 개〈犬〉가 산골 부자보다 낫다.
➡ 산골 부자라도 물산(物產)이 빈약하여 잘살지 못하지마는, 해변에서는 물산이 풍부하므로 해변가에 사는 사람들 중에는 산골 사람들보다 잘먹고 잘사는 사람이 허다하다.
㉞ 벌초(伐草) 자리는 좁아지고, 백호(白虎) 자리는 넓어진다.
➡ 세상 일은 뜻대로 되는 것이 아니다. 백호……주산(主山)에서 갈려나온 오른쪽 산맥.
㉟ 여편네 아니 걸린 살인(殺人) 없다.
➡ 세상의 사건(事件)들 가운데는 여자가 끼어 있는 경우가 허다하다.
㊱ 하루 저녁에 단속곳 셋 하는 여편네 속곳 벗고 산다.
➡ 일 잘하는 사람이 고생하며 지내는 수가 허다하다.
㊲ 입술이 없으면, 이가 시리다.
➡ 흔히 서로 밀접한 관계에 있는 사람들 사이에서 하나가 망하면 다른 하나도 망하게 된다.
㊳ 이른 새끼 살 안 찐다. [참고] 早雛疲乎〈東言解〉
➡ 무슨 일이 처음에 너무 쉽게 잘 되면 뒤에 가서는 좋지 않은 일이 생

기기도 한다.

㊴ 교룡(蛟龍)이 비구름을 얻으면, 못 속에서 떠난다. [참고] 蛟龍得雲雨 終非池中物 〈三國吳志〉

㊵ 교룡이 용(龍) 된다. (蛟龍爲龍)

➡ ㊴ · ㊵ 때를 못 만나 고생하는 사람도 때를 만나면 출세하게 된다. 교룡……때를 만나지 못하여 뜻을 이루지 못하는 영웅 · 호걸의 비유.

㊶ 귀신도 경문(經文)에 매여 산다.

➡ 가장 자유스러운듯이 보이는 사람도 무언가에 의한 구속을 받게 되는 경우가 있다.

㊷ 한 마리 개〈犬〉가 짖으면, 온 동네 개가 짖는다.

➡ 흔히 한 사람의 말이 여러 사람에게 큰 영향을 미친다.

㊸ 아는 놈이 도둑놈.

➡ 흔히 잘 아는 처지에 있는 사람이 상대방을 속여 손해를 보도록 한다.

㊹ 똥 중에는 고양이 똥이 제일 구리다.

➡ 흔히 간교한 사람이 고약한 짓을 한다.

㊺ 술 취한 사람이 사촌(四寸) 땅 사 준다.

➡ 술에 취하면 손실(損失)을 보는 실수를 잘 하게 된다.

[群] 10. 처지(處地)

1. 빈곤(貧困)

① 가난이 뼈 속까지 스며든다. (貧寒到骨, 貧到骨, 貧徹骨).
② 가랑이가 찢어지게 가난하다. 〈蔡萬植, 太平天下〉
③ 개〈犬〉가 핥은 것 같다.
④ 개가 핥은 죽사발 같다.
⑤ 괴(고양이) 죽 쑤어 줄 것 없고, 새앙쥐 볼가심할 것 없다.
⑥ 똥구멍이 찢어지게 가난하다.
➡ ①~⑥ 몹시 가난하다. 볼가심……입가심. 약간의 음식물로 겨우 시장기를 면하는 일. [⑥ 가난하여 채식(菜食)만 하면 똥덩이가 커지는 데서 온 말임]
⑦ 가랑잎으로 똥 싸 먹겠다.
➡ 잘 살던 사람이 극빈(極貧) 상태에 놓이게 되었다.
⑧ 책력(册曆) 보아가며 밥 먹는다. 〈歌詞, 愚夫歌〉
➡ 밥을 매일 먹을 수 없어 길일(吉日)을 택하여 밥을 먹을 정도로, 매우 가난하여 끼니를 자주 굶는다. 책력……지구와 태양·달 관계에 있어서, 일년 동안에 해와 달이 뜨고 지는 일, 월식·일기·절기 및 기타 다른 기상학의 변동 등의 사항을 날을 좇아 적은 책. 역서(曆書).
⑨ 상원(上元)의 개〈犬〉와 같다.
➡ 가난하여 먹지를 못하여 남의 것을 얻어 먹는 신세다. [음력 정월 보름날에는 집에서 기르는 개에게 음식을 주지 않고 굶기는 풍습이 있었음]
⑩ 눈은 풍년이나 입은 흉년이다.
➡ 눈에 보이는 것은 많아도 자기의 것이 아니기 때문에 먹어볼 수도 없

는 가난한 처지에 놓여 있다.
⑪ 꼴뚜기 장사.
⑫ 어물전 털어먹고, 꼴뚜기 장사 한다.
➡ ⑪·⑫ 많은 자본을 다 없애고 가난한 살림을 한다.
⑬ 하룻밤에 단속곳 열두벌 짓는 년이 속곳 없이 산다.
➡ 일은 잘하지마는 가난하게 산다.
⑭ 풍년 거지. [참고] 豊年化子〈松南雜識, 旬五志〉
⑮ 풍년 거지 더 섧다. [참고] 豊年乞人尤悲〈東言解〉
⑯ 풍년 거지의 팔자라.
⑰ 풍년에 굶주린다.
➡ ⑭~⑰ 남들은 다 넉넉하게 지내는데 자기만 아주 가난하고 어렵게 지낸다.
⑱ 풍년 거지 쪽박 깨뜨린 형상.
➡ 남들은 다 풍족하게 잘 사는데, 자기만이 홀로 낭패를 보아 딱하게 살고 있다.
⑲ 풍년에 팔 것 없고, 흉년에 살 것 없다.
➡ 풍년이 되어도 남과 같이 팔 곡식이 없고, 흉년이 되어도 남과 같이 살 수가 없을 정도로 매우 가난하다.
⑲ 불알 두 쪽만 대그락 대그락 한다.
⑳ 불알 두 쪽 밖에는 없다.〈金東仁, 雲峴宮의 봄〉
➡ ⑲·⑳ 가지고 있는 재물(財物)이라고는 아무 것도 없다.
㉑ 목구멍에 풀칠 한다.〈蔡萬植, 濁流〉
➡ 굶지는 않고 겨우 먹고 살아간다.
㉒ 빌어먹는 놈이 콩밥을 마다 할까.
➡ 좋고 나쁜 것을 가릴 처지가 못 될 정도로 아주 가난하다.

2. 곤경(困境)

① 가도록 심산(深山)이라.〈崔曙海, 누이동생을 따라〉
② 갈수록 수미산(須彌山)이다. [참고] 去愈須彌山〈東言解〉

③ 갈수록 첩첩 산중이다.
④ 갈수록 태산(泰山)이다.
⑤ 내는 건널수록 깊다.
⑥ 산(山) 너머 산이다.
⑦ 산은 오를수록 높고, 물은 건널수록 깊다. 〈玄鎭健, 無影塔〉
⑧ 재는 넘을수록 높고, 물은 건널수록 깊다. 〈耳談續纂〉
➡ ①~⑧ 점점 더 어려운 일을 당한다. 수미산……불가(佛家)에서 쓰이는 말로 가상적(假想的)인 산.
⑨ 가자니 태산(泰山)이요, 돌아서자니 숭산(崇山)이라.
⑩ 빼지도 박지도 못하겠다.
⑪ 잡은 범의 꼬리 놓아버리기도 어렵다.
➡ ⑨~⑪ 이러지도 못하고, 저러지도 못하는 난처한 처지에 놓여 있다. 태산, 숭산……각각 중국의 오악(五嶽)의 하나.
⑫ 더운 죽에 파리 날아들듯.
➡ 무턱대고 덤벙이다가 영문도 모르게 곤경에 빠졌다.
⑬ 챈 발에 곱 챈다.
⑭ 챈 발에 되챈다.
➡ ⑬·⑭ 어려운 처지에 놓여 있다가 또 곤란한 일을 겪는다.
⑮ 고기가 물을 잃었다.
➡ 생활의 토대를 잃고 곤경에 빠졌다.
⑯ 기둥뿌리가 빠진다.
⑰ 기둥뿌리가 썩는다.
⑱ 기둥뿌리가 흔들린다.
➡ ⑯~⑱ 집안이나 사업이 망해간다.
⑲ 이 아픈 날 콩밥 한다.
➡ 곤란한 처지가 더욱 곤란하게 되었다.
⑳ 그물에 걸린 고기다.
㉑ 그물에 든 새〈鳥〉다.
㉒ 낚시 미늘에 걸린 고기다. 〈李無影, 三年〉
㉓ 댓진 먹은 뱀이다.

㉔ 덫에 치인 범이다.〈廉想涉, 三代〉
㉕ 도마에 오른 고기다.〈古本春香傳〉
㉖ 독 안에 든 쥐다.〈廉想涉, 三代〉,〈謝氏南征記〉
㉗ 물 밖에 나온 고기다.
㉘ 산(山) 밖에 나온 범이다.
㉙ 쏘아놓은 범이다.
㉚ 우물에 든 고기다.
㉛ 푸줏간에 든 소다.
㉜ 함정에 빠진 호랑이다.
➡ ㉔~㉜ 빠져나갈 수 없는 극단적 곤경에 빠져 있다. 댓진……담뱃대 구멍에 낀 까맣고 끈끈한 진(津). [㉜ 권세를 가졌던 사람이 극도로 몰락되었다라는 뜻으로도 사용됨]
㉝ 작살 맞은 물고기.
㉞ 작살 맞은 뱀장어.
➡ ㉝·㉞ 별안간 커다란 타격을 입게 되었다.
㉟ 나가던 범이 물러 든다.
➡ 위험한 일에서 모면되어 막 마음을 놓으려는 차에 다시 위험한 일이 생겼다.
㊱ 오리 홰 탄 것 같다.
➡ 제가 있을 곳이 못 되는 위치에 있어서 위태롭기만 하다. 홰……새나 닭이 올라 앉도록 새장이나 닭장 속에 가로 질러 놓은 나무 막대기.
㊲ 눈썹에 불 붙는다.〈靑丘野談〉
㊳ 눈썹에서 떨어진 액(厄)이다. [참고] 落眉之厄〈東言解〉
➡ ㊲·㊳ 갑자기 뜻밖의 큰 걱정거리가 닥쳐 위급하게 되었다.
㊴ 범벅에 꽂은 숟가락이다.
➡ 튼튼한 입장에 놓여 있는 것 같이 보이지마는 실은 곧 쓰러지게 될 위험한 상태에 놓여 있다.
㊵ 바람 앞의 등불이다. (風前燈火)
㊶ 바람 앞의 촛불이다. (風前燭火)
㊷ 호랑이 꼬리를 밟았다. [참고] 履虎尾〈易經〉

➡ ㊵~㊷ 사태가 매우 위태롭게 되었다.

㊸ 가풀막을 만났다.

➡ 곤경에 빠졌다. 가풀막……가파르게 비탈진 곳.

㊹ 매 앞에 뜬 꿩이다.

➡ 막다른 위기에 들었다.

㊺ 물 잃은 고기.

㊻ 미꾸라지 백사장에 나온 격이다.

㊼ 솥 속의 노는 고기다.

㊽ 용이 물을 잃었다.

➡ ㊺~㊽ 얼마 안 가서 죽게 될 처지에 놓여 있다.

㊾ 내 코가 석자〈三尺〉. (吾鼻三尺)

㊿ 코가 쉰댓자나 빠졌다. 〈蔡萬植, 濁流〉

➡ ㊾ · ㊿ 근심이 쌓이고 고통스러운 일이 있어 맥이 빠졌다.

(51) 물리고도 아프다는 소리 못한다.

➡ 무슨 일을 하였거나 당하고도 발표할 수 없는 딱한 사정에 놓여 있다.

(52) 난장박살(亂杖撲殺) 탕국에 어혈(瘀血) 밥 말아먹기. 〈裵裨將傳〉

➡ 마구 함부로 맞아 성한 데 없이 멍이 들고 죽게 되었다. 어혈……맞은 탓으로 혈액순환이 제대로 되지 못하여 피부 밑에 멍이 들어 피가 맺혀 있는 병.

(53) 흉년(凶年) 메뚜기다.

➡ 흉년에 벼가 말라 메뚜기가 죽어가듯이, 거의 다 죽어가는 처지에 놓여 있다.

(54) 개〈犬〉한테 물린 꿩. [참고] 爲犬咋之雉矣 〈沈淸傳〉

➡ 꼼짝달싹 못하고 죽게 되었다.

(55) 호랑이 아가리를 벗어나지 못한다.

➡ 아주 위험한 고비나 죽을 고비를 넘기지 못할 지경에 놓여 있다.

3. 의비(依庇) · 무의(無依)

① 남의 울타리 밑에서 산다.
② 덩굴은 나무에 감긴다.
③ 등 진 가재.
④ 돌 진 가재.
⑤ 말 꼬리에 파리가 천리 간다.
⑥ 산(山) 진 거북.
⑦ 천리마(千里馬) 꼬리에 쉬파리 따라간다.
➡ ①~⑦ 남의 세력에 의지하여 기(氣)를 펴고 살아간다.
⑧ 나무도 달라서 층암절벽(層巖絶壁)에 선다.
➡ 다른 사람에게 의지하여 살아간다.
⑨ 몸도 하나 그림자도 하나.
➡ 혼자 몸으로 아무 데도 의지 할 곳이 없다.
⑩ 광대 끈 떨어졌다.
⑪ 끈 떨어진 망석중.
⑫ 끈 떨어진 뒤웅박.
⑬ 끈 떨어진 만석중.
⑭ 나무에도 못 대고 돌에도 못 댄다. (木石不附)
⑮ 어미 잃은 송아지.
➡ ⑩~⑮ 도무지 의지할 곳이 없다. 둥우리……짚이나 대나 싸리 따위로 바구니 비슷하게 만든 그릇. 네 귀에 새끼를 달아 추녀나 서까래에 매닮. 뒤웅박……박을 반(半)으로 쪼개지 않고 둥근 채로 꼭지 부분을 베어내고 속을 파낸 바가지. 망석중……꼭둑각시의 한 가지로 나무로 만든 사람의 탈.
⑯ 막대기 잃은 장님.〈蔡萬植, 太平天下〉
➡ 의지할 곳이 없어 꼼짝 못 한다.

4. 외로움 · 버림받음

① 형체(形體)와 그림자가 서로 불쌍히 여긴다. (形影相弔)
② 형체와 그림자가 짝이 된다. [참고] 形影單雙〈韓愈〉

③ 집도 절도 없다.
➡ ①~③ 세상에서 의지(依支)할 데라고는 아무 데도 없는 외로운 처지에 놓여 있다.
④ 아내 죽은 홀아비.
⑤ 짝 잃은 기러기. (寡雁)
➡ ④·⑤ 정다운 사람을 잃고 서럽고 외로운 처지에 놓여 있다.
⑥ 까마귀 밥이 된다.
➡ 죽어도 송장을 치워 줄 사람이 없는 외로운 신세다.
⑦ 태백산 갈가마귀 게발 물어 던지듯. 〈完板春香傳〉
➡ 할 것은 다 했다고 내버려져 아주 외로운 처지에 놓여 있다.
⑧ 그늘에 핀 꽃이다.
➡ 인정(認定)을 받지 못하고 홀로 외롭게 사는 여자다.
⑨ 백옥(白玉)이 진토(塵土)에 묻혔다.
⑩ 형산(荊山)의 백옥이 흙 속에 묻혔다.
➡ ⑨·⑩ 훌륭한 사람이 버림을 당하고 있다.

5. 부랑(浮浪)

① 구름 떠다니듯.
② 금일은 충청도, 명일은 경상도.
③ 나그네 신세.
④ 동쪽 집에서 먹고, 서쪽 집에서 잠 잔다. (東家食西家宿)
⑤ 땅을 자리로 삼고, 하늘을 이불로 삼는다.
➡ ①~⑤ 정처 없이 떠돌아다니는 불쌍하고 외로운 처지에 놓여 있다.

6. 다망(多忙)·절박(切迫)

① 눈·코 뜰 새 없다. 〈沈熏, 永遠의 微笑〉
② 물 주어 먹을 사이도 없다.
③ 물 한 모금 마실 새 없다. (勻水無暇).

④ 오줌 누고 그것 볼 여가도 없다.
⑤ 오줌 누고 그것 털 여가도 없다.
⑥ 짐 벗고 요기(療飢)할 날 없다.
➡ ①~⑥ 너무나 바쁜 처지에 놓여 있다.
⑦ 오란 데는 없어도 갈 데는 많다. [참고] 邀處無往處多〈東言解〉
➡ 남이 긴(緊)하게 여겨주지는 않아도 자기로서는 할 일이 많다. [이 속담은 거지가 밥 얻으러 다니느라고 바쁘다는 뜻으로도 사용됨]
⑧ 부지런한 사람은 앓을 여가도 없다.
➡ 부지런한 사람은 매우 바쁘다.
⑨ 쫓겨 가다가 경치(景致) 볼까.
➡ 딴 생각을 할 여유 없이 아주 절박하다.
⑩ 간(肝)에 불 붙었다.
⑪ 불이 발등에 떨어졌다.
➡ ⑩·⑪ 당한 일이 매우 다급하다.

7. 고생(苦生)

① 늦게 호된 서방 만났다.
② 늦게 호된 시어머니 만났다.
➡ ①·② 늙어서 고된 살림을 하게 되었다.
③ 불 질러 놓고 끄느라고 욕 본다.
➡ 일을 잘못 해 놓고 그 뒷처리를 하느라고 큰 고생을 한다.
④ 매가 꿩을 잡아주고 싶어 잡아주나.
➡ 마지못해 남의 부림을 당하는 고생스러운 처지에 놓여 있다.
⑤ 시름은 잘해도 등허리에서 흙 떨어지는 날이 없다.
➡ 재간(才幹)은 있어도 별 수 없이 고생스러운 일만 하고 산다. 시름……소리를 길게 뽑아 깊은 정회(情懷)로 노래함. 영탄(詠嘆).
⑥ 은진(恩津)은 강경(江景)으로 꾸려간다.
➡ 은진은 강경이 있기 때문에 버티어 나가게 되듯이, 남의 힘을 입어 겨우 버티고 견디어 나간다.

⑦ 보리 고개가 태산보다 높다.
⑧ 보리 고개에 죽는다.
➡ ⑦·⑧ 묵은 곡식은 거의 없어지고 보리는 아직 여물지 않아 먹고 살기가 가장 어려운 춘궁기 지내기가 매우 힘들다.
⑨ 음식 싫은 건 개나 주지, 사람 싫은 건 할 수 있나.
➡ 제 아내가 뜻에 맞지 않으나 버릴 수도 없는 일이니 어쩔 수 없이 꾹 참고 살아간다.

8. 몰락(沒落)

① 날개 부러진 매.
② 날 샌 올빼미.
③ 땅 위에 나타난 용(龍)이다.
④ 서리 맞은 구렁이.
⑤ 허리 부러진 호랑이.
➡ ①~⑤ 세력을 부리던 사람이 세력이 없는 신세가 되었다.
⑥ 짚불 꺼지듯.
➡ 권세나 호강을 누리던 사람이 갑자기 몰락하였다. [이 속담은 아주 곱게 조용히 운명하였다는 뜻으로도 사용됨]
⑦ 업족제비가 비행기를 탔다.
➡ 집안의 재물(財物)을 늘이게 해 준다는 족제비가 비행기를 타고 가버렸듯이, 가운(家運)이 기울어져 몰락하게 되었다.
⑧ 구슬 없는 용(龍).
⑨ 꽃 없는 나비.
⑩ 날개 없는 봉황(鳳凰).
⑪ 물 없는 기러기.
⑫ 성인(聖人) 못 된 기린(麒麟).
⑬ 임자 없는 용마(龍馬).
⑭ 줄 없는 거문고.
⑮ 짝 잃은 원앙. ⑧~⑮ 〈歌詞, 斷吩離別曲〉

➡ ⑧~⑮ 보람 없고 쓸데 없는 따분한 처지에 놓여 있다. 기린……성인(聖人)이 세상에 나면 나타나는 어진 짐승이라고 생각되어 온 상상(想像)의 동물.

9. 위축(萎縮)

① 뚝비 맞은 강아지.
② 물독에 빠진 새앙쥐.
③ 물에 빠진 새앙쥐.
➡ ①~③ 불운(不運)하여 기(氣)를 펴지 못하는 처지에 놓여 있다.
④ 죽어 대령(待令).
➡ 죽은 체하고 명령만을 기다리듯이, 기(氣)가 죽어 대항하지 못하고 상대방의 처분만을 기다린다.
⑤ 덜미를 잡혔다.
➡ 약점(弱點)이 잡혀 기(氣)를 펴지 못하고 꼼짝도 못하게 되었다.
⑥ 자볼기를 맞겠다.
➡ 아내에 약점을 잡혀 기를 펴지 못한다. [여편네가 쓰는 자로 볼기를 맞을 정도로 아내에게 굽죄이는 일이 있는 사람을 놀리는 경우에 사용됨]
⑦ 날 샌 올빼미 신세다.
➡ 날이 새면 올빼미가 꼼짝도 못하고 숨어 살듯이, 권세 있던 사람이 그것을 잃고 나서는 기(氣)가 죽어 초라하게 지낸다.
⑧ 도둑놈 개에게 물린 셈.
⑨ 반찬 먹은 개〈犬〉.〈蔡萬植, 太平天下〉
➡ ⑧·⑨ 제 잘못이 있기 때문에 괴로움을 당하더라도 기(氣)가 죽어 대항을 못한다.
⑩ 주먹 맞은 감투다.
➡ 잘난 체하고 날뛰다가 핀잔을 맞고 기(氣)가 죽어 아무 말도 못하는 처지에 놓여 있다.
⑪ 비 온 날 수탉 같이.
⑫ 비 맞은 용대기(龍大旗).

➡ ⑪·⑫ 득의양양(得意揚揚)하던 사람이 맥 없이 풀이 죽어 있다. 용대기……교룡기(蛟龍旗), 화룡대기(畫龍大旗), 황룡대기(黃龍大旗). 임금이 거둥할 때 서는 큰 기(旗)의 하나. 임금이 친히 열병(閱兵)할 때 각 영(營)의 군대를 지휘하는 데 씀. [⑫ 무엇이 추레하게 쳐져 늘어진 모양을 가리킬 때 사용되기도 함]

10. 자유(自由)·부자유(不自由)

① 고삐 놓은 말〈馬〉.
② 고삐 없는 말.
③ 농(籠) 속에 갇혔던 새.〈李熙昇, 隨筆〉
④ 새장에 갇혔던 새가 하늘로 날아간다. (籠中囚鳥 放出飛天).
➡ ①~④ 자유를 구속당했던 사람이 해방되었다.
⑤ 굴레 씌운 말〈馬〉이다.
⑥ 굴레 씌운 몸이다.
⑦ 못에 갇힌 고기요, 새장에 갇힌 새다. [참고] 池漁籠鳥〈潘岳〉
⑧ 푸대에 든 원숭이다.
⑨ 하늘로 올라가랴, 땅 속으로 들어가랴.
➡ ⑤~⑨ 꼼짝도 못하게 갇혀 아무 데도 숨을 곳이 없다.
⑩ 절〈寺〉에 간 색시.
➡ 아무리 싫어도 남이 시키는대로 따라하지 않을 수 없는 처지에 놓여 있다.
⑪ 새장에 갇힌 꾀꼬리.
➡ 여자가 자유(自由)를 구속당하고 있다.
⑫ 삶아 놓은 녹피(鹿皮).
➡ 아무런 반항도 하지 못하고 남의 뜻대로만 움직인다.
⑬ 상전(上典) 앞의 종.
➡ 어려워하여 어쩔 줄 모르고 하라는대로만 한다.

11. 탈위(脫危)

① 그물을 벗어난 새〈鳥〉.〈토끼傳〉
② 독사 아가리를 벗어났다.
③ 범의 입을 벗어났다.
④ 함정에서 뛰어나온 뱀.
⑤ 호랑이 아가리에서 벗어났다.
➡ ①~⑤ 아주 위험한 일에서 벗어났다.
⑥ 칠성판(七星板)에서 뛰어났다.
➡ 죽을 지경에서 살아나게 되었다. 칠성판……소렴한 시체 밑에 까는 얇은 널조각.

12. 유복(裕福)

① 개천에 든 소.
② 도랑에 든 소.
③ 두렁에 든 소.
➡ ①~③ 먹을 복이 많다. 두렁……논이나 밭의 가장자리로서 작게 쌓여진 둑.
④ 쌀 고리에 닭이다.〈古本春香傳〉
➡ 갑자기 먹을 것이 많아지고 복 많은 처지에 놓이게 되었다. 고리……고리나 대오리로 엮어서 상자 같이 만든 물건.
⑤ 밥술이나 먹게 되었다.
⑥ 빈 외양간에 소 들었다.
⑦ 빈 집에 소 매었다.
➡ ⑤~⑦ 가난하게 살던 사람이 알뜰하게 벌어 잘살게 되었다.
⑧ 등 따시고 배 부르다.
➡ 군색함이 없이 잘살아나간다.
⑨ 비단 옷에 쌀밥이다. [참고] 錦衣玉食〈宋史〉
➡ 잘입고 잘먹고 잘살아나간다.
⑩ 김안태(金安台)를 행랑(行廊)에 두겠다.
➡ 살림이 아주 풍족하다.

⑪ 산 호랑이 눈썹도 그리울 게 없다.
➡ 도저히 얻을 수 없는 산 호랑이의 눈썹까지도 가지고 싶어하지 않을 만큼 모든 것이 풍부하여 조금도 부족함이 없다.
⑫ 까마귀 안갚음 받아 먹듯.
➡ 늙은 부모가 자식의 효양(孝養)을 받으며 살아간다. 안갚음……까마귀 새끼가 자란 뒤에 늙은 어미 까마귀에게 먹을 것을 물어다 줌. 안받음. 반포(反哺).
⑬ 딸 덕에 부원군(府院君).
➡ 다른 사람의 덕을 입어 호강스러운 생활을 한다. 부원군……왕후의 아버지.

13. 평온(平穩)

① 댑싸리 밑의 개〈犬〉팔자.
② 싸리 그늘에 누운 개 팔자.
③ 싸리 밭의 개 팔자.
④ 음지의 개 팔자.
⑤ 풍년 개 팔자.
➡ ①~⑤ 아무런 걱정 없이 편안하게 잘 지낸다.
⑥ 늙은 천리마(千里馬)가 잠만 잔다. [참고] 老驥伏櫪〈魏武帝〉
➡ 젊어서 용감했던 사람이 늙어서 할 일이 없어 편안하게 세월을 보낸다.
⑦ 발을 뻗고 자겠다.
⑧ 두 다리 쭉 뻗는다. ⑦·⑧〈蔡萬植, 濁流〉
➡ ⑦·⑧ 걱정되던 일이 없어지고 마음이 편안하게 되었다.
⑨ 두렁에 누운 소〈牛〉.
⑩ 평반(平盤)에 물 담은 듯.
➡ ⑨·⑩ 할 일 없이 편하여 팔자가 좋다. 두렁……논이나 밭의 가장자리로 작게 쌓여진 둑.

14. 무위도식(無爲徒食)・한가(閑暇)

① 먹기는 아귀(餓鬼) 같이 먹고, 일은 장승 같이 한다.
② 뱃놈의 개〈犬〉다.
③ 부잣집 가운데 자식.
④ 사발의 고기 잡겠다.
⑤ 사족(四足) 성한 병신.
➡ ①~⑤ 아무 것도 하지 않고 놀고만 먹는다.
⑥ 잔뜩 먹고 뱃장구만 친다.
➡ 배 부르게 먹고 한가히 잠이나 자면서 세월을 보낸다.
⑦ 강태공(姜太公)의 곧은 낚시질.
➡ 큰 뜻을 품고 때가 오기를 기다리면서 무위한 나날을 보낸다.

15. 익부(益富)・익빈(益貧)

① 도깨비를 사귀었다.
② 도깨비 사귄 셈이다.
➡ ①・② 재산이 부쩍부쩍 늘어간다.
③ 마른 낡에 좀 먹듯.
④ 북어 껍질 오그라들듯.
⑤ 불에 탄 개〈犬〉 껍질 오그라들듯.
⑥ 불에 탄 쇠 가죽 오그라들듯.
⑦ 불 탄 조기 껍질 같다.
⑧ 찬 물에 불알 오그라들듯.
➡ ③~⑧ 모르는 사이에 재산이 점점 줄어든다.

16. 기타(其他)

① 죽을 놈이 한 배〈船〉에 탔다.
➡ 같은 악운(惡運)을 가진 사람이 결국 같은 길을 가게 되었다.

② 개〈犬〉오줌 맞는 장승.
➡ 사람 대접을 제대로 못 받는다.
③ 줄밥에 매로구나.
➡ 작은 재물을 탐하여 남의 이용물(利用物)이 되어 있다. 줄밥……꿩의 고기를 던져서 매를 잡는 일.
④ 은행(銀杏)나무 격이다.
➡ 남녀가 서로 사랑하지마는 교섭을 하지 못한다. [은행나무는 자웅이주(異株)임]
⑤ 보지 못하는 소〈牛〉 멍에가 아홉.
➡ 능력이 없는 사람이 과중한 책임을 지고 있다.
⑥ 회오리 바람 벗었다.
➡ 세속(世俗)의 기풍(氣風)을 벗어나서 말쑥하고 깨끗하게 되었다. 즉, 탈쇄(脫灑)했다.
⑦ 하나는 용(龍)이 되고, 하나는 뱀이 되었다. [참고] 一龍一蛇〈管子〉
➡ 한 사람은 때를 만나 출세를 하고, 다른 한 사람은 때를 만나지 못하여 출세를 못하고 있다.
⑧ 숙향전(淑香傳)이 고담(古談)이라.
➡ 소설(小說) 숙향전에서처럼, 여자의 운명이 평탄치 못하여 무한히 고생하나 끝끝내 좋은 때를 만나지 못한다.
⑨ 호랑이가 고슴도치를 놓고 하품 한다.
➡ 만만하기는 하지마는 이렇게 할 수도 없고, 저렇게 할 수도 없고 어떻게 해야 좋을지를 모른다.
⑩ 학질을 뗐다.
➡ 떼기 어려운 고역을 면했다.
⑪ 해는 저물고 갈 길은 멀다.
➡ 늙었지마는 앞으로 할 일이 대단히 많다.
⑫ 붕어 밥알 받아먹듯.
➡ 돈이 들어오는 즉시로 써버리고 남기지 아니하여 도무지 재산이라고는 모여지지 않는다.
⑬ 팔자가 좋으면 동이장수 맏며느리가 되었으랴.

➡ 팔자가 좋지 못하다. [팔자가 좋다는 말을 듣고 무엇이 좋으냐고 반문하는 말]

⑭ 팔난봉에 뫼 썼다.
➡ 허랑방탕한 자손이 있어서 집안이 잘 안 된다. 팔난봉……언행이 허황하고 난봉을 부리는 사람. 이 속담에서는 산(山) 이름으로 썼음.

⑮ 너울 쓴 거지. [참고] 着兀乞食 〈東言解〉
➡ 배가 매우 고파 체면을 차릴 수 없는 지경이다.

⑯ 패랭이에 숟가락 꽂고 산다. [참고] 平陽插匙 〈東言解〉
➡ 가난하여 떠돌아 다니며 살아야 할 불안한 처지에 놓여 있다. 패랭이……대오리로 얽어 만든 갓(가난하고 천한 사람이 씀).

⑰ 호박 덩굴 뻗듯 한다.
➡ 세력이 급속히 퍼진다.

[群] 11. 자기보전(自己保全)·수학(修學)· 수양(修養)·자제(自制)

1. 건강관리(健康管理)

① 고인 물이 썩는다.
② 물레방아도 쉬면 물이 언다.
③ 흐르는 물은 썩지 않는다.
➡ ①~③ 사람은 활동을 하지 않으면 건강이 나빠지므로 활동을 해야 한다.
④ 어질병이 지랄병 된다.
➡ 대단치 않은 병이 점점 악화되어 큰 병이 되므로, 그러한 병일지라도 일찌감치 고치도록 해야 한다.
⑤ 이태백(李太白)도 술병 날 때 있다.〈廉想涉, 三代〉
➡ 술을 과음하면 몸을 망치게 되니, 과음을 삼가야 한다.
⑥ 술을 보거든 간장 같이 대하라. [참고] 視酒如醬〈漢書〉
➡ 되도록이면 술을 먹지 말도록 하라.
⑦ 술은 백약(百藥) 중에서 으뜸이다.
➡ 술은 많이 먹지 말고 알맞게 먹어야 한다. 그래야 몸에 좋다.
⑧ 병(病) 자랑은 하여라.
➡ 사람의 몸은 중한 것이니, 병 들어 남몰래 몸을 상하게 하지 말고 자기의 병을 남들에게 이야기하면 좋은 치료법을 들을 수 있으므로 그렇게 함으로써 속히 적절한 치료를 받도록 하라.
⑨ 개〈犬〉도 제 털을 아낀다.
➡ 자기의 몸을 항상 돌보고 아껴야 한다.
⑩ 고달픈 새〈鳥〉는 우거진 숲으로 돌아간다. [참고] 倦鳥歸茂樹〈白居

易〉
⑪ 호랑이도 곤하면 잔다.
➡ ⑩·⑪ 피곤할 때는 쉬도록 하라.
⑫ 고기 한 점이 귀신 천 머리를 쫓는다.
⑬ 밥 한 알이 귀신 열을 쫓는다.
➡ ⑫·⑬ 병약(病弱)하여 식욕을 잃어 음식물을 거부할 것이 아니라 영양식(營養食)을 취하여 빨리 건강을 회복하도록 해야 한다.

　2. 품위유지(品位維持)·명예보전(名譽保全)

① 양반은 비를 맞아도 빨리 가지 않는다.
➡ 사람은 아무리 다급한 일이 있더라도 점잔을 차려야 한다.
② 양반은 샛길로 가지 않는다.
➡ 사람은 시간이 걸리더라도 점잖은 짓을 해야 한다.
③ 양반은 물에 빠져도 개 헤엄은 안 한다.
④ 양반은 얼어 죽어도 겻불은 안 쬔다.〈李熙昇, 隨筆〉
⑤ 양반은 얼어 죽어도 짚불은 안 쬔다.
➡ ③~⑤ 사람은 위급한 경우에 놓이더라도 자기의 체면을 지켜야 한다.
⑥ 공작(孔雀)은 깃을 아끼고 범은 발톱을 아낀다. [참고] 孔雀愛羽 虎豹愛爪〈說苑〉
⑦ 호랑이는 가죽을 아낀다. (虎豹愛皮)
⑧ 호랑이는 죽어서 가죽을 남기고, 사람은 죽어서 이름을 남긴다. [참고] 虎死留皮 人死留名〈五代史記〉, 豹死留皮 人死留名〈歐陽修〉
➡ ⑥~⑧ 사람은 살아 생전에 훌륭한 일을 하여 명예를 보전하며 후세에 빛나는 이름을 남겨야 한다.

　3. 본분준수(本分遵守)

① 고치를 짓는 것이 누에다.

② 꿩을 잡는 것이 매다.
③ 닭도 제 앞 모이를 긁어 먹는다.
④ 뛰어야 벼룩이지.
➡ ①~④ 사람은 누구나 제가 해야 할 일을 착실히 해나가야 한다.
⑤ 삼정승(三政丞) 부러워 말고, 내 한 몸 튼튼히 가져라.
⑥ 삼정승을 사귀지 말고, 내 한 몸을 조심하라. [참고] 莫交三公愼吾身 〈旬五志〉, 三政丞勿交愼吾身 〈東言解〉, 莫交公愼吾躬 〈洌上方言〉
➡ ⑤·⑥ 권세 있는 사람의 도움을 받으려고 그와 사귀다가는 도리어 해(害)를 입는 경우도 있으니, 욕심을 버리고 제 할 일이나 착실히 해야 한다.

4. 응분(應分)

① 게는 제 몸 크기대로 굴을 판다.
➡ 사람은 자기의 신분에 알맞는 짓을 해야 한다.
② 게도 구멍이 크면 죽는다.
③ 뱁새가 황새 걸음을 걸으면, 가랑이가 찢어진다. [참고] 鷦效鸛步載厥 胯 〈耳談續纂〉
④ 뱁새가 황새를 따라가면, 다리가 찢어진다. 〈沈熏, 永遠의 微笑〉
⑤ 사주(四柱)에 없는 관(冠)을 쓰면, 이마가 벗어진다.
⑥ 송충(松蟲)은 솔잎을 먹어야 한다.
⑦ 송충이 갈잎을 먹으면 떨어진다.
⑧ 짝새가 황새 걸음을 하면, 다리가 찢어진다. [참고] 雀學鸛步 〈東言解〉
⑨ 촉새가 황새를 따라가다 가랑이가 찢어진다.
⑩ 팔자에 없는 감투를 쓰면, 이마가 쪼개진다.
➡ ②~⑩ 자기의 분수에 넘치는, 힘에 겨운 짓은 하지 않도록 해야 한다. 그러한 짓을 하다가는 해(害)를 입게 된다.
⑪ 내 몸이 중(僧)이면 중 행세를 하라고.
➡ 사람은 누구나 제 신분을 지켜야 하며 분수에 어긋나는 짓을 해서는

안 된다.

5. 조심(操心)

① 귀양이 홑벽에 가렸다.
➡ 화 입을 일은 누구에게나 가까이 있기 때문에, 사람은 항상 화를 입지 않도록 조심해야 한다. 귀양……형벌의 하나. 홑벽……한 쪽만 흙을 바른 얇은 벽.
② 나가던 범이 돌아선다.
➡ 위험한 일이 지나갔다고 방심(放心)하지 말라. 방심하면 변을 당하게 된다.
③ 네 발 짐승도 넘어질 때가 있다.
➡ 세상에는 안전한 일이 있을 수 없으니, 항상 조심하라.
④ 이불 속에서 하는 일도 안다.
➡ 세상에는 비밀이 없으므로, 아무도 보지 않는 데서라도 행동에 조심해야 한다.
⑤ 양 어깨에 동자보살(童子菩薩)이 있다.
➡ 자기의 선악(善惡)을 감시하고 있는 신명(神明)이 있으므로, 사람은 악한 일을 하지 않도록 조심해야 한다. 동자보살……(무당의 말로서) 어린 사내아이가 죽어서 된 귀신. 이따금 그 형제나 자매에게 접하여 앓게 함. 사람의 두 어깨에 있다는 귀신.
⑥ 깨진 거울은 다시 비쳐주지 않는다. [참고] 破鏡不復照〈洞山語錄〉
➡ 한번 저지른 잘못은 바로잡을 수 없으니, 잘못을 저지르지 않도록 조심해야 한다.
⑦ 짐승도 한번 혼난 골짜기에는 가지 않는다.
➡ 한번 실수한 것은 다시 하지 않도록 조심해야 한다.
⑧ 숲이 짙으면, 범이 든다.
➡ 속이 우중충하고 뚜렷하지 못하면 거기에는 반드시 무슨 위험이 내포되어 있으니, 그러한 것에는 조심해야 한다.
⑨ 헤엄 잘 치는 사람은 물에 빠져 죽고, 말〈馬〉 잘 타는 사람은 말에서

떨어져 죽는다. [참고] 善游者溺 善騎者墮 〈淮南子〉
⑩ 항우(項羽)도 낙상할 적이 있다.
➡ ⑨·⑩ 능한 재주를 가지고 있다 하여 방심하다가는 해(害)를 입을 경우가 있으니, 방심하지 않도록 조심해야 한다.

6. 마음의 안정(安定)

① 기(氣)가 막히는 데에는 숨 쉬는 것이 약(藥)이다.
➡ 근심·걱정이 있을 때에는, 그것을 진정시키고 마음을 편히 가져라.
② 복(福)은 누워서 기다린다.
➡ 복을 얻으려고 애를 쓰지 말고, 마음을 편히 가지고 지나도록 해라. 〈金東仁, 雲峴宮의 봄〉
③ 건더기 먹는 놈이나, 국물 먹는 놈이나.
➡ 잘사는 사람이나 못사는 사람이나 결국은 마찬가지이므로, 못산다고 하여 개탄하지 말고 마음을 편히 가지고 살아가도록 하라.
④ 거지가 논두렁 밑에 있어도 웃음이 있다.
⑤ 밥사발이 눈물이요, 죽사발이 웃음이라.
➡ ④·⑤ 물질적으로 가난하더라도 마음의 화평을 누리도록 하라.
⑥ 개똥 밭에 굴러도 이승이 좋다.
⑦ 거꾸로 매달려도 사는 세상이 좋다.
⑧ 말똥에 굴러도 이승이 좋다.
⑨ 물구나무를 서도 이승이 좋다.
⑩ 맹감을 따 먹어도 이승이 좋다.
⑪ 산 개〈犬〉가 죽은 정승(政丞)보다 낫다.
⑫ 소여(小輿)·대여(大輿)에 죽어 가는 것이 헌 옷 입고 볕에 앉았는 것만 못하다.
⑬ 죽은 석숭(石崇)보다 산 돼지가 낫다.
➡ ⑥~⑬ 세상에서 사는 것이 괴롭더라도 죽는 것보다는 사는 것이 낫기 때문에, 사람은 괴롭더라도 마음을 진정시켜 낙천적으로 편한 마음으로 살아나가야 한다. 석숭……중국 진(晋)나라 때의 대부호.

⑭ 대로(大路) 한길 노래로 여라.
→ 뜻대로 안 된다고 속을 썩이지 말고, 낙천적으로 살아 나가라. 여다……(옛) 녀다, 가다, 다니다, 행하다.

7. 수학(修學)·수양(修養)

① 글 모르는 귀신 없다.
→ 귀신도 글을 알고 있으니, 사람도 마땅히 글을 배우고 길을 닦아야 한다.
② 누구는 날 때부터 글을 안다더냐.
→ 누구나 선천적으로 아는 사람은 없으므로, 사람은 이 세상에서 부지런히 배워야 한다.
③ 배워야 면장(面長)이다.
→ 남의 윗자리에 서려면 배워야 한다.
④ 구슬도 깎고 다듬어야 구슬 노릇을 한다. (切磋琢磨)
→ 아무리 좋은 머리를 타고나더라도 배우지 않으면 훌륭한 사람이 될 수 없으니, 학문과 수양에 힘써야 한다.
⑤ 봄에 꽃이 피지 않으면, 가을에 열매가 열지 않는다.
⑥ 봄에 꽃 피고 가을에 열매 연다.
⑦ 봄에 밭을 갈지 않으면, 가을에 바랄 것이 없다. [참고] 春若不耕秋無所望〈孔子〉
⑧ 봄에 밭을 갈지 않으면, 가을에 후회한다.
→ ⑤~⑧ 젊어서 배우지 않으면 커서 출세를 못 하니, 젊어서 열심히 배워야 한다.
⑨ 자각 나자 망령.
⑩ 철 나자 망령 난다. [참고] 其覺始矣 老妄旋至〈耳談續纂〉
→ 인생은 길지 못하여, 사람은 어물어물하다가 곧 나이가 들게 되므로 젊어서 자기의 할 일과 수학(修學)에 힘을 기울여야 한다.
⑪ 배움 길에는 지름길이 없다.
→ 학문은 처음부터 체계적으로 배워나가야 한다.

⑫ 무딘 칼은 숫돌에 갈아야 한다.
➡ 무식한 사람은 배우고 수양을 해야 한다.

8. 자제(自制)

① 몽글게 먹고 가는 똥 싸라.〈蔡萬植, 太平天下〉
② 작게 먹고 가는 똥 누지. [참고] 小小食細放糞〈東言解〉
③ 작작 먹고 가늘게 싸라. [참고] 些些之食可放纖矢, 小小食放細尿〈旬五志〉
➡ ①~③ 제 힘에 맞도록 분수를 지켜, 크게 욕심을 부리지 않도록 해야 한다.
④ 높이 올라간 용(龍)은 후회를 하게 된다.
➡ 높은 지위에 있는 사람은 항상 처신(處身)에 조심해야 한다.
⑤ 하늘을 올라만 가고 내려올 줄 모르는 용(龍)은 후회할 때가 있다. [참고] 亢龍有悔〈易經〉
➡ 자기의 실력을 돌보지 않고 높은 지위를 탐내다가는 후회하게 되니, 분수에 넘치는 욕심을 내지 말라.
⑥ 금(金) 보기를 돌과 같이 하라. 見金如石〈海東續小學〉
➡ 물욕(物欲)이 심하면 천한 사람이 되니, 물욕을 너무 내지 말라.
⑦ 돈은 마음을 검게 한다.
➡ 돈에 대하여 욕심을 많이 내지 말라.
⑧ 콩 반 머리만 한 것도 남의 몫에 지어 있다. [참고] 牛菽孔石他人所獲〈耳談續纂〉
➡ 보잘것 없고 적은 것이라도 남의 것에 대해서는 탐내지 말라.
⑨ 남의 돈 천냥이 내 돈 한푼만 못하다.
⑩ 내 돈 서푼이 남의 돈 백냥보다 낫다.
➡ ⑨·⑩ 자기의 재산이 적더라도 그것에 만족할 것이지 남의 많은 재산을 부러워하거나 탐내지 말라.
⑪ 남의 집 금송아지가 우리 집 송아지만 못하다.
⑫ 남의 집 쌀밥(이밥)보다 제 집 개떡이 낫다.

⑬ 남의 집 쌀밥(이밥)보다 제 집 보리밥이 낫다.
⑭ 남의 집 쌀밥(이밥)보다 제 집 죽이 낫다.
⑮ 아버지 종도 내 종만 못하다.
➡ ⑪~⑮ 남의 것이 아무리 좋더라도 제게는 소용이 없는 것이니, 남의 것을 부러워하거나 탐내지 말라. 개떡……밀가루·보리가루·노깨·메밀 속나깨 따위를 반죽하여 둥글넓적한 모양으로 반대기를 지어 찐 떡.
⑯ 남의 복(福)은 끌로도 못 판다.
➡ 남이 잘 되는 것을 공연히 시기하는 사람이 많으나, 아무리 시기하여도 그 복을 없애버리지 못하니 남을 시기해서는 안 된다.
⑰ 범은 더러운 것을 먹지 않는다.
⑱ 범은 썩은 고기를 먹지 않는다.
➡ ⑰·⑱ 더러운 재물을 탐내거나 부정한 방법으로 재물을 취득하지 말라.
⑲ 욕심이 사람 죽인다.
⑳ 허욕(虛慾)이 패가(敗家)라.
➡ ⑲·⑳ 지나치게 욕심을 부리면 큰 사고를 일으키게 되니 허욕을 삼가도록 하라.
㉑ 닫는 사슴을 보고 얻은 토끼를 잃는다.
➡ 지나치게 욕심을 부리다가는 이미 가진 것도 잃게 되니, 그러한 욕심을 부리지 말도록 하라.
㉒ 향기로운 미끼에는 반드시 물릴 고기가 있다.
➡ 탐욕을 부리다가는 몸까지 망치는 수가 있으므로, 탐욕을 부리지 말라.
㉓ 말 다하고 죽은 귀신 없다.
㉔ 말 다하고 죽은 무덤 없다.
➡ ㉓·㉔ 누구나 하고 싶은 말을 다하고 죽은 사람은 없으므로, 남이 꺼려하게 될 말은 하고 싶더라도 참고 하지 말아야 한다.
㉕ 눈 먼 탓이나 하지 개천 나무래 뭣 하나.
➡ 허물은 자기에게도 있으므로 남을 원망해서는 안 된다.

㉖ 개천아 네 그르냐 눈 먼 봉사 내 그르다. [참고] 開天汝豈非誦經吾自非〈東言解〉
➡ 제가 실수한 것은 제 잘못이지 남을 원망하거나 탓하지 말아야 한다.
㉗ 돌을 차면 발부리만 아프다.
㉘ 성 내어 바위를 차면 제 발부리만 아프다. (發怒蹴石我足其圻)
➡ ㉗·㉘ 당치도 않은 자리에서 쓸데 없이 화를 내지 말라. 화를 내면 저만 해롭다.
㉙ 오랜 원수를 갚으려다가 새 원수가 생긴다. [참고] 欲報舊讐新讐出〈旬五志〉
➡ 뒤에 좋지 않은 일이 생기니, 보복(報復)이나 앙갚음을 하지 말라.

9. 기타(其他)

① 편한 개〈犬〉 팔자 부러워 마라.
➡ 편하게 지낼 궁리를 하지 말고, 인간답게 살아나가야 한다.
② 짧은 시간도 돈이다.
➡ 시간을 허비하지 말고 선용해야 한다.
③ 개〈犬〉도 꼬리를 흔들며 제 잘못을 안다.
➡ 뉘우칠 줄 모르면 개만도 못하니, 사람은 자기의 잘못을 뉘우치도록 해야 한다.
④ 모난 돌〈石〉이 정 맞는다.
➡ 모난 짓을 하면 남들로부터 미움을 받게 되니, 모난 짓을 하지 말라.
⑤ 극락 길은 곁에 있다.
➡ 사람의 행복은 먼 데 있는 것이 아니라 가까운 현실(現實)에 있으므로, 사람은 현실에 충실해야 한다.
⑥ 날아다니는 꿩보다 잡은 새가 낫다.
➡ 허황한 꿈에 사는 것보다는 다소 고생스럽더라도 착실하게 살아야 한다.
⑦ 외모(外貌)는 거울로 보고, 마음은 술〈酒〉로 본다.
➡ 술에 취하면 할 말 안할 말을 다 털어놓고 이야기하기 때문에, 아무리

술에 취해도 말에 조심해야 한다.
⑧ 닷새를 굶으면 쌀자루 든 놈이 온다.
➡ 곤경에 빠지더라도 정신을 차려 참아나가도록 하라. 그러면 곤경에서 벗어날 수 있다.
⑨ 못 속의 용(龍)도 언젠가는 하늘에 오를 때가 있다.
➡ 고생을 참고 견디어 나가라. 그러면 언젠가는 성공하게 된다.
⑩ 허공(虛空)을 보고 가다가 개천에 빠진다.
➡ 목표를 향하여 똑바로 가도록 하라. 그렇지 않으면 성공하지 못한다.
⑪ 학(鶴)은 굶주려도 곡식은 먹지 않는다.
➡ 아무리 구차해도 온당치 못한 짓은 하지 말라.
⑫ 말〈馬〉도 부끄러우면 땀을 흘린다.
➡ 사람은 자기 잘못에 대하여 부끄러운 줄 알고 자기를 반성해야 한다.

[群] 12. 가정규범(家庭規範)

1. 남자(男子)로서 해야 할 일

① 색시 그루는 다홍치마 적에 앉혀야 한다.
② 아내 행실은 다홍치마 적부터 그루를 앉힌다.
➡ ①·② 남편은 아내를 새 색시 적부터 버릇을 가르쳐 휘어잡도록 해야 한다. 그루를 앉히다……해야 할 일에 대하여 근거를 바로잡게 하다.
③ 북어(北魚)와 여자는 두들겨야 한다.
④ 여자는 사흘을 안 때리면 여우가 된다.
➡ ③·④ 여자는 간사한 짓을 하기 쉬우니, 남편은 그러한 짓을 못 하도록 아내에게 엄격하게 대해야 한다. 북어……마른 명태. 건태(乾太). 건명태(乾明太)
⑤ 진 밭과 장가 처(妻)는 써먹을 때가 있다.
➡ 장가들어 맞은 아내는 아무리 못나고 마음에 맞지 않더라도 소박하거나 천대해서는 안 된다.
⑥ 집안이 화합(和合)하려면 베개 밑 송사(訟事)는 듣지 않는다.
➡ 남자는 아내의 하소연이나 요구를 그대로 믿고 행하지 말도록 해야 한다. 그렇지 않으면 집안이 불화(不和)하게 된다.
⑦ 한 말〈馬〉에 두 안장이 없다.
⑧ 한 밥그릇에 두 술(숟가락)이 없다.
➡ ⑦·⑧ 남자는 첩(妾)을 얻지 말라. 안상(鞍裝)……말의 등에 있어서 사람이 탈 수 있게 만든 제구.
⑨ 장닭이 울어야 날이 새지.
➡ 남편이 주장이 되어 집안 일을 처리해 나가도록 하라.

⑩ 여자의 말은 잘 들어도 패가(敗家)하고, 안 들어도 망신한다.
➡ 남편은 아내의 말에 조심해야 한다.
⑪ 사나이가 부뚜막 맛을 알면 계집을 못 거느린다.
➡ 남자는 아내의 일에 너무 간섭하지 말아야 한다. 간섭하면 불화를 초래하게 된다.

2. 여자(女子)로서 해야 할 일

① 애기 버릇 임의 버릇.
➡ 아내는 남편에게 정성껏 시중을 들어 남편의 비위를 잘 맞추어야 한다.
② 암탉이 울면 집안이 망한다.
③ 암탉이 울어 날 샌 일 없다.
➡ ②·③ 집안 일에 대하여 여자가 떠들고 간섭하면 집안이 잘되는 일이 없으니, 여자는 그러한 짓을 하지 말아야 한다.
④ 여자는 제 고을 장날을 몰라야 팔자가 좋다.
➡ 여자는 집안 일에만 충실해야지 바깥 일에 신경쓰거나 딴 궁리를 해서는 안 된다.
⑤ 사나운 암캐 같이 앙앙하지 말라.
➡ 여자는 떠들썩하게 지껄여서는 안 된다.
⑥ 여편네 활수(滑手)하면, 벌어들여도 시루에 물 붓기.
➡ 아내는 살림살이를 알뜰하게 해야 한다. 활수……아끼지 않고 시원스럽게 잘 쓰는 솜씨. 시루……떡이나 쌀 등을 찌는 데 쓰는 둥근 질그릇으로 바닥에 구멍이 몇 개 뚫려 있다.
⑦ 숟갈 한 단 못 세는 사람이 살림은 잘 산다.
➡ 아내는 어리석은 척하면서 딴 생각을 하지 말고 꾸준히 살림살이를 잘 해나가야 한다.
⑧ 귀머거리로 삼년, 벙어리로 삼년, 장님으로 삼년.
➡ 여자는 출가하여 처음으로 시집살이 할 때는 못 들은 체, 못 본 체하여 묵묵히 지내도록 하라.

⑨ 남의 옷 얻어 입으면 걸레감만 남고, 남의 서방 얻어 가면 송장치레만 한다.
➡ 개가(改嫁)하여 살면 얼마 안 가서 그 남자와 사별(死別)하게 되는 것이니, 개가하지 말도록 해야 한다.
⑩ 시집살이 못하면, 동네 개〈犬〉가 짖는다.
➡ 시집살이를 잘 못하면 사람들로부터 업신여김을 당하니, 여자는 시집살이를 잘 해야 한다.
⑪ 죽어도 시집 울타리 밑에서 죽어라.
➡ 여자는 한번 출가하면 무슨 일이 있더라도 시집에서 끝까지 살아나가도록 해야 한다.
⑫ 도둑의 때는 벗어도 화냥의 때는 못 벗는다.
⑬ 하룻밤을 자도 헌 각시.
➡ ⑫·⑬ 여자는 정조를 지켜야 한다.
⑭ 총각 오장(五臟)은 얕아야 좋고, 처녀 오장은 깊어야 좋다.
➡ 처녀는 경솔해서는 안 되며 범사(凡事)에 신중을 기해야 한다.
⑮ 아들 못난 것은 제 집만 망치고, 딸 못난 것은 양 사돈 망친다.
➡ 여자는 품행을 단정하게 해야 한다.

3. 자녀교육(子女敎育)·양육(養育)

① 달군 쇠와 아이는 때려야 한다.
② 미운 애한테는 엿을 주고, 귀여운 애한테는 매채를 준다.
③ 예쁜 자식 매로 키운다.
④ 팽이와 아이는 때려야 한다.
➡ ①~④ 경우에 따라 부모는 자식을 엄격하게 다루어야 한다.
⑤ 어린 아이 예뻐 말고 겨드랑 밑이나 잡아 주어라.
➡ 아이를 진심으로 사랑한다면, 그저 귀여워할 것이 아니라 그를 잘 가르쳐야 한다.
⑥ 도둑의 때는 벗어도 자식의 때는 못 벗는다.
➡ 부모는 자식의 잘못에 대하여 책임을 지지 않을 수 없으니, 자식이 잘

못을 저지르지 않도록 평소에 잘 지도해야 한다.
⑦ 강한 말〈馬〉은 매 놓은 기둥에 상한다.
⑧ 아이 자라 어른 된다.
➡ ⑦·⑧ 부모는 어린이를 심하게 구박하지 말아야 한다.
⑨ 호랑이 새끼는 산(山)에서 커야 하고, 사람의 새끼는 글방에서 커야 한다.
➡ 부모는 자식에게 공부를 시켜야 한다.
⑩ 범도 새끼 둔 골을 두남둔다. [참고] 虎亦顧養雛谷〈東言解〉, 養雛之谷虎亦顧〈旬五志, 松南雜識〉, 留之谷虎亦顧復〈耳談續纂〉
⑪ 자식 둔 골에는 호랑이도 두남둔다.
⑫ 자식 둔 골은 범도 돌아본다.
⑬ 호랑이도 제 새끼 둔 곳을 아낀다.
➡ ⑩~⑬ 호랑이처럼 사납고 무서운 짐승도 제 새끼를 사랑하고 보호하듯이, 부모는 마땅히 자녀를 사랑하고 보호해야 한다. 두남두다……잘못된 것을 두둔하여 도와주다. 가엾게 생각하여 돌봐주다.
⑭ 북과 아이는 칠수록 큰 소리만 난다.
⑮ 아이는 칠수록 운다.
➡ ⑭·⑮ 부모는 아이에 대해서는 잘 타일러야 한다.
⑯ 미운 자식 밥 많이 준다.
⑰ 미운 자식 밥으로 키운다.
➡ ⑯·⑰ 아이에게 좋지 않은 영향을 미치게 되니, 그에게는 밥을 많이 먹이지 않도록 해야 한다. [이 속담들은 미운 사람일수록 겉으로나마 생각해주는 체하고 그의 감정을 상하지 않도록 해야 한다라는 뜻으로도 사용됨]
⑱ 아이 치레 송장 치레.
➡ 아이에게 호사스러운 옷을 입히는 것은 마치 송장에게 잘 입히는 것과 같이 아무 소용도 없는 것이니, 자라는 아이는 아무렇게나 되는대로 입혀 마음대로 활동할 수 있게 해야 한다.
⑲ 깃 없는 어린 새 그 몸을 보전치 못한다.
⑳ 자라는 나무 순은 꺾지 않는다. (方長不折)

➡ ⑲·⑳ 어린이는 보호를 받지 못하면 자라나기 어려우니, 부모는 어린이를 알뜰히 보호하도록 해야 한다.

4. 자식(子息)으로서 지녀야 할 도의(道義)

① 효성(孝誠)이 지극하면 돌 위에 풀이 난다.
➡ 어버이에 대한 효성이 지극하면 천우신조(天佑神助)도 있게 되는 법이니, 자식은 어버이에 대하여 효성을 다하도록 해야 한다.
② 아버지의 그림자는 밟지도 않는다.
➡ 자식은 아버지를 진심으로 존경해야 한다.

5. 기타(其他)

① 부부 사이에도 담이 있어야 한다.
➡ 부부는 서로 예의를 지켜야 한다.
② 구름은 바람 따라 모이고, 바람 따라 흩어진다.
➡ 가족원은 가장(家長)의 지시(指示)에 잘 따라야 한다.
③ 마소〈馬牛〉의 새끼는 시골로, 사람의 새끼는 서울로.
④ 사람은 낳으면 서울로 보내고, 우마(牛馬)는 낳으면 상산(上山)에 두라.
⑤ 소〈牛〉 새끼는 제주로 보내고, 사람의 새끼는 서울로 보내라.
➡ ③~⑤ 부모는 되도록이면 자식을 교육적 환경이 좋은 곳에 보내어 교육을 받게 해라.

[群] 13. 가(可)·불가(不可)·불필요(不必要)

1. 파악(把握)·비평(批評)·판단(判斷)·인정(認定)

① 봉사는 점을 잘 쳐야 한다.
➡ 사람은 누구나 자기가 해야 할 일을 잘 파악해야 한다.
② 황달병 환자는 세상이 노랗다 한다.
➡ 사상(事象)이나 사물(事物)을 주관적으로 파악해서는 안 된다. 어디까지나 객관적으로 파악해야 한다.
③ 가마〈釜〉가 검기로 밥도 검을까.
④ 까마귀가 검기로 마음도 검겠나.
⑤ 까마귀가 검어도 살은 아니 검다.
⑥ 까마귀 겉 검다고 속조차 검은 줄 아느냐.
⑦ 솥은 검어도 밥은 검지 않다.
➡ ③~⑦ 겉 모양은 지저분하고 볼품이 없더라도 마음은 깨끗하고 훌륭하니 겉 모양만 보고 사람을 평해서는 안 된다. [이 속담들은 겉 모양은 지저분하고 볼품이 없지마는 마음은 깨끗하고 훌륭한 사람이다라는 뜻으로도 사용됨]
⑧ 쇠 힘은 쇠 힘이고, 새〈鳥〉 힘은 새 힘이다.
➡ 큰 힘과 작은 힘은 각각 쓰일 데가 다르니, 힘의 다소(多少)만으로 그 가치(價値)를 평해서는 안 된다. [이 속담은 원체 비교가 안 된다는 뜻으로도 사용됨]
⑨ 턱석부리 수염은 모두 네 시아비냐.
➡ 사람들이 겉모양이 서로 닮았다고 하여 다 같은 사람으로 보아서는 안 된다.
⑩ 달팽이 뿔도 뿔은 뿔이다.

➡ 달팽이 뿔이 비록 작기는 하지마는 그 뿔은 뿔이듯이, 아무리 작은 것일지라도 그 존재(存在)는 인정해 주어야 한다.

2. 처우(處遇)·동정(同情)

① 죽어 석 잔 술이 살아 한 잔 술만 못하다. (死後大卓不如生前一杯酒)
➡ 죽은 후에 아무리 잘 해주어도 소용이 없으니, 살아 있는 동안에 적은 대접이라도 정성껏 해주어야 한다.
② 개〈犬〉도 나갈 구멍을 보고 쫓아라.
➡ 사람에게 제재(制裁)를 가(加)하더라도, 너무 독하게 할 것이 아니라 피할 수 있는 여유를 주어야 한다.
③ 미운 놈 떡 하나 더 준다.
④ 미운 사람에게 쫓아가 인사한다.
⑤ 미운 아이 먼저 품어라.
⑥ 미운 쥐도 품에 품는다. [참고] 憎鼠抱內懷 〈東言解〉
➡ ③~⑥ 제가 미워하는 사람에 대해서도 잘 해주고 인심을 얻도록 하라. 그래야 후환이 없다.
⑦ 도둑놈 재워주면 새벽에 쌀섬 지고 나간다.
➡ 나쁜 사람에게 동정(同情)을 베풀지 말아야 한다.
⑧ 남의 사정 보다가 갈보 난다.
⑨ 사정(私情)이 많으면 한 동리에 시아비가 아홉.
⑩ 인정(人情)에 겨워 동네 시아비가 아홉.
➡ ⑧~⑩ 지나치게 남의 사정을 보아주어서는 안 된다. 그러다가는 자기의 신세를 망치게 된다.
⑪ 홀아비 사정 보다가 과부 아이 밴다.
➡ 남의 사정을 보아주다가 실수를 하거나 망신을 당하는 경우가 있으니, 함부로 남의 사정을 보아주어서는 안 된다.

3. 제지(制止)·제재(制裁)·제거(除去)·취소(取消)

① 불은 번지기 전에 꺼야 한다.
② 불은 불씨 적에 꺼야 한다.
➡ ①·② 잘못된 일이나 유해(有害)한 것은 확대되기 전에 빨리 막아야 한다.
③ 흥정은 붙이고, 싸움은 말리랬다.
➡ 좋은 일은 하도록 권해야 하지마는, 싸움은 하지 못하도록 말려야 한다.
④ 미친 개〈犬〉한테는 주먹이 약(藥)이다.
➡ 말을 안 듣거나 악질적인 사람에게는 버릇을 고치기 위하여 심한 제재(制裁)를 가(加)해야 한다.
⑤ 북을 지워야 한다.
➡ 나쁜 짓을 하는 사람에게는 본보기로 망신을 시켜야 한다. [옛날에, 나쁜 짓을 한 사람에게는 북을 지워 북을 치고 다니며 그의 죄상(罪狀)을 폭로하였음]
⑥ 뜬 잎은 떼주어야 속잎이 자란다.
➡ 발전(發展)에 방해가 되는 요소는 제거해버려야 한다. 뜨다……썩거나 시들다.
⑦ 땀은 한번 나면 도로 들어가지 않는다. [참고] 汗出而不反〈晉書〉
➡ 한번 내린 명령은 취소하지 않는 것이 좋다.

4. 협조(協助)·단결(團結)

① 목 마른 사람에게는 물 한 모금 주는 것도 공덕(功德)이다.
➡ 남의 사소한 일에서도, 그를 도와주는 것이 좋다.
② 때리는 시늉을 하거든, 우는 시늉을 하라.
③ 때리는 척 하거든, 우는 척해야 한다.
➡ ②·③ 서로 호흡을 잘 맞추어 협조하는 것이 좋겠다.
④ 도둑질을 해도 손이 맞아야 한다. 〈沈熏, 永遠의 微笑〉
⑤ 백지장도 맞들면 낫다. [참고] 紙丈對擧輕〈東言解〉
⑥ 쟁(錚)과 북이 맞아야 한다.

⑦ 종이도 네 귀를 들어야 바르다.
⑧ 초지(草紙)장도 맞들면 낫다.
➡ ④~⑧ 서로 합심(合心)하여 일을 해야 한다. 그러면 일이 잘 되어 나갈 것이다. 쟁……꽹과리. 초지……글을 초잡아 쓰는 종이.
⑨ 배〈舟〉를 같이 타고 물을 건너듯 하라. [참고] 若同舟而濟〈六韜〉
➡ 같은 처지에 놓여 있으니, 서로 단결해야 한다.
⑩ 숯불도 한 덩이는 죽는다.
➡ 숯불은 여러 덩이로 피워야 잘 피듯이, 여러 사람이 단결하여 힘을 합해서 일이 잘 되도록 해야 한다.

5. 보답(報答)·성의(誠意)

① 사돈네 봉송(封送)은 저울로 단다.
② 사돈네 음식은 저울로 단다.
➡ ①·② 사돈네 집에서 받은 음식에 대하여 다음에 그 값어치 만큼 갚아주어야 하듯이, 남으로부터 받은 것에 대하여는 그만한 값어치의 것으로 갚아주도록 해야 한다. 봉송……물건을 선물로 보냄, 또는 그 물건.
③ 방앗간에서 울었어도 그 집 조상(弔喪).
➡ 형식(形式)을 차리지 못하여 조금 마음에 걸리는 일이 있더라도, 성의(誠意) 만큼은 잘 표시해야 한다. [상가(喪家)에서 방 안에 안 들어가고 그 집의 방앗간에서 애도하여도 족(足)함]

6. 강요(强要)·자행(恣行)·행세(行勢)

① 금강산도 제 가기 싫으면 그만이다.
② 평양감사(平壤監司)도 저 싫으면 그만이다. 〈李無影, 農民〉
➡ ①·② 아무리 좋은 일이라도 제 마음에 들지 않으면 억지로 그것을 하라고 강요해서는 안 된다.
③ 나는 새〈鳥〉에게 여기 앉아라 저기 앉아라 할 수 없다.

➡ 제 생각이 있어서 무엇을 하는 사람에게 자유(自由)를 구속하여 이렇게 하라 저렇게 하라고 강요해서는 안 된다.
④ 배〈腹〉만 나오면 제일이냐.
➡ 사람은 누구나 돈이 있다 하여 방자(放恣)하게 행동해서는 안 된다.
⑤ 사나운 범은 풀 속에 숨어 있다.
➡ 사나운 범이 평소에 풀 속에 숨어 있듯이, 권세가 있다고 함부로 그것을 부려서는 안 된다.

7. 경시(輕視)

① 기러기도 백년의 수(壽)를 가진다.
② 정승(政丞) 날 때 강아지 난다.
➡ ①·② 무력(無力)하거나 미천(微賤)하다고 하여 그러한 사람을 경시해서는 안 된다.
③ 가만 바람이 대목(大木)을 꺾는다.
➡ 보잘것 없는 사람이라고 하여 그를 경시해서는 안 된다(그러한 사람이 큰 일을 할 때가 있을는지 모른다). 가만……조용히 부는.
④ 담비는 작아도 범을 잡아 먹는다.
⑤ 대국(大國) 고추는 작아도 맵다.
⑥ 바늘은 작아도 못 삼킨다.
⑦ 작은 고기 가시 세다.
⑧ 제비는 작아도 알만 낳는다.
➡ ④~⑧ 작은 사람이라도 능력이나 재주를 가지고 있으니, 그를 경시해서는 안 된다.

8. 관여(關與)·참여(參與)

① 남의 사돈이야 가거나 말거나.
② 남의 사위 나가거나 오거나.
③ 남의 사위 오거나 말거나.

④ 남이야 똥 뒷간에서 낚시질 하건 말건.
⑤ 남이야 전봇대로 이를 쑤시건 말건.
➡ ①~⑤ 너와는 아무 상관도 없는 일이니 관여할 것이 아니다.
⑥ 밤송이로 밑을 닦아도 제 멋이다.
⑦ 오이를 거꾸로 먹어도 제 소청(所請).
⑧ 지게를 지고 제사를 지내도 제 멋이다.
⑨ 털토시를 끼고 게 구멍을 쑤셔도 제 재미다.
➡ ⑥~⑨ 해괴한 짓을 하더라도 제가 좋아서 하는 짓이니, 거기에 관여할 바가 아니다. [⑦ 오이를 거꾸로 먹으면 그 꼭지 쪽은 쓰다]
⑩ 열 벙어리가 말해도 가만히 있거라.
➡ 누가 무어라고 하더라도 상관하지 말도록 하라.
⑪ 길 아니거든 가지 말고, 말 아니거든 듣지 말라.
⑫ 길이 아니면 가지 말고, 말이 아니면 탓하지 말라.
➡ ⑪·⑫ 사리(事理)에 어긋나는 말을 하는 사람에게는 상관하지 않아야 한다.
⑬ 타관(他官) 양반이 누가 허좌수(許座首)인 줄 아나. [참고] 他官兩班 誰許座首〈松南雜識, 旬五志〉, 他官兩班 座首許乎〈東言解〉
➡ 그 일에 대한 것을 알 까닭이 없기 때문에 그 일에 참여해서는 안 된다. 타관……타향(他鄕). 좌수……조선조 때 지방의 주(州)·부(府)·군(郡)·현(縣)에 두었던 향청(鄕廳)의 우두머리.

9. 다툼

① 장비(張飛)하고는 싸움 안 하면 그만이다.
➡ 싸움을 좋아하는 사람과는 다투어서는 안 되며 물러서는 것이 좋다.
② 이기는 것이 지는 것이다.
③ 지는 것이 이기는 것이다.
➡ ②·③ 싸움에서는 지는 척하고 물러서는 것이 좋다.
④ 황소 한 마리 가지고 다투지 않는다.
➡ 설령 큰 이해(利害)가 있더라도, 이웃 사람과는 싸우지 않도록 해야

한다.
⑥ 굿해 해(害)한 데 없고, 싸움해 이(利)한 데 없다.
➡ 싸움을 해서 이(利)로울 것이 하나도 없으니 싸움은 하지 않는 것이 좋다.
⑦ 한 불당(佛堂)에서 내 사당(舍堂) 네 사당 하느냐.
➡ 한 집안에서 내것이냐 네것이냐 시비를 가리거나 다투는 일이 없도록 해야 한다.

10. 정확(正確)・적합(適合)・시정(是正)・변별(辨別)

① 듣자는 귀요, 보자는 눈이다.
➡ 듣는 것은 정확히 들어야 하고, 보는 것은 정확히 보아야 한다.
② 봉사는 눈치 배우지 말고 점 배우랬다.
➡ 자기의 실력에 적합한 일을 하는 것이 옳을 것이다.
③ 뿌리를 뽑아야 한다.
➡ 잘못된 것은 근본적으로 시정해야 옳을 것이다.
④ 호랑이는 죽은 고기는 먹지 않는다.
➡ 아무리 구차하더라도 음식을 함부로 먹지 말고 잘 분별해서 먹어야 할 것이다.
⑤ 뱃놈은 하루 천기를 봐야 한다.
➡ 자기가 하고 있는 일과 관련이 있는 것까지도 잘 알아야 한다. 천기……하늘의 기상. 날씨.

11. 실행(實行)・수단(手段)

① 길을 알면 먼저 가라.
➡ 해나갈 자신(自信)이 있으면 서슴지 않고 실행하는 것이 좋다.
② 사내 자식 입은 하나다.
➡ 사내로서 한번 말한 것은 반복하지 말고 집행해야 한다.
③ 게는 옆으로 가도 갈 데는 다 간다.

④ 모로 가나 기어가나, 서울 남대문에만 가면 그만이다.
⑤ 모로 가도 서울에만 가면 된다. [참고] 橫步行好去京〈洌上方言〉, 斜行抵京〈東言解〉
➡ ③~⑤ 목적을 이룰 수만 있다면, 어떠한 수단이라도 쓰도록 해야 한다.

12. 지속(持續)・단념(斷念)・낙심(落心)

① 칼을 뽑고는 그대로 집에 꽂지 않는다.
➡ 무슨 일이 내친 것이면 중단하지 말고 계속해 나가도록 하라.
② 가다가 말면 안 가는 것만 못하다.
➡ 일을 하다가 중도에서 그만두면 처음부터 안 하는 것만 못하니, 이미 해오던 일을 그만둘 것이 아니라 끝까지 해나가도록 하라.
③ 개〈犬〉입에서 상아(象牙) 날까.
④ 오르지 못할 나무는 쳐다보지도 말라. [참고] 難上之木勿仰〈旬五志〉
➡ ③・④ 이루어질 수 없다고 생각되는 것은 일찌감치 단념하고 그만두도록 하라.
⑤ 죽을 데도 쓸 약(藥)이 있다.
⑥ 죽을 병에도 살릴 약이 있다.
➡ ⑤・⑥ 아무리 곤경에 빠지더라도 낙심해서는 안 된다.

13. 실속차림

① 돼지 낯짝 보고 잡아 먹나.
② 돼지 색갈 보고 잡아 먹나.
➡ ①・② 겉 모양에는 관계하지 말고 속만 좋으면 그것을 취하도록 해야 한다.
③ 금강산도 식후경(食後景).
④ 꽃 구경도 식후사(食後事).
⑤ 악양루(岳陽樓)도 식후경.

➡ ③~⑤ 해야 할 일이 자기에게는 아무리 좋은 것일지라도, 배 고플 경우에는 먼저 먹고 실속을 차린 후에 그것을 하도록 해야 한다. 악양루……중국 호남성(湖南省) 악주성(岳州城)에 있는 한 성루(城樓)로 그곳에서는 동정호(洞庭湖)의 아름다운 경치를 널리 볼 수 있어서 옛부터 유명한 명승지(名勝地)임.

⑥ 같이 다니는 거지는 동냥 못 한다.
⑦ 거지는 같이 다니지 않는다.
⑧ 동냥은 혼자 간다.
➡ ⑥~⑧ 무슨 일을 여럿이 함께 하면 자기에게 돌아오는 몫이 적으므로, 자기 혼자만이 하여 실속을 차려야 한다.

14. 정언(正言)·변명(辯明)·불평(不平)

① 입은 비뚤어져도, 말은 바로 하라.〈李無影, 農民〉
② 입은 비뚤어져도, 주라(朱螺)는 바로 불어라. [참고] 口雖斜吹羅當直〈旬五志〉, 口喎朱鑼直吹〈東言解〉
➡ ①·② 무슨 일이 있더라도, 말은 바로 해야 한다.
③ 패군(敗軍)한 장수는 용맹(勇猛)을 말하지 않는다. (敗軍之將不可以言勇)〈劉忠烈傳〉
④ 패장(敗將)은 말이 없다.
➡ ③·④ 무슨 일에 실패를 하고 나서는 구구한 변명을 해서는 안 된다.
⑤ 먹는 개〈犬〉는 살찌고, 짖는 개는 여윈다.
➡ 자기에게 이(利)로울 것이 없으니, 사람은 울상을 하고 지내거나 불평을 많이 해서는 안 된다.

15. 신중(愼重)·조심(操心)·유의(留意)

① 중매(仲媒)는 잘 하면 술이 석 잔이고, 못 하면 뺨이 석 대다.〈蔡萬植, 濁流〉,〈朴鍾和, 多情佛心〉

➡ 혼인(婚姻) 중매는 섣불리 할 것이 아니라 신중을 기해서 해야 한다.
② 소더러 한 말은 안 나도, 처(妻)더러 한 말은 난다. (語牛則滅 語妻則洩)
③ 소더러 한 말은 없어도, 처더러 한 말은 난다.
④ 소 앞에서 한 말은 안 나도, 어미 귀에 한 말은 난다.
⑤ 소한테 한 말은 안 나도, 어미한테 한 말은 난다.
➡ ②~⑤ 이미 한 말은 아무 때고 드러나고야 말기 때문에 말에는 신중을 기해야 한다. [이 속담들은 여자의 입이 가볍다는 뜻으로도 사용됨]
⑥ 개가 짖을 때마다 도둑이 오는 것은 아니다.
➡ 남의 말을 다 믿는 일이 없도록 조심해야 한다.
⑦ 개〈犬〉도 얻어맞은 골목에는 가지 않는다.
➡ 한번 화(禍)를 입었다면 다시는 화를 입지 않도록 조심해야 한다.
⑧ 항우(項羽)도 댕댕이덩굴에 넘어진다.
⑨ 항우(項羽)도 호박 넝쿨에 걸려 넘어진다.
➡ ⑧·⑨ 힘이 센 항우도 보잘것 없는 것에 걸려 넘어지는 수가 있듯이, 무릇 보잘것 없는 사람이라 하여 그를 깔보다가는 해(害)를 입는 수가 있으니 조심해야 한다.
⑩ 꺼진 불에서 다시 불이 붙는다. [참고] 寒灰更煖 〈鮑照〉
➡ 시드러졌거나 없어졌다고 하여 방심(放心)을 하고 있으면 그것이 되살아나서 해(害)를 끼치게 되니, 언제나 방심하지 말고 유의해야 한다.
⑪ 가랑비에 옷 젖는 줄 모른다.
⑫ 담도 틈이 생기면 무너진다.
➡ ⑪·⑫ 사소한 일이라 하여 소홀히 하다가는 낭패를 당하거나 큰 손해를 보게 되니, 그러한 것에도 방심하지 말고 유의해야 한다.
⑬ 푸닥거리 했다고 마음 놓을까.
➡ 마음으로 기원(祈願)했다고 일이 잘 되어갈 것이라고 믿지만 말고, 일이 잘 되어가도록 노력해야 한다.

16. 심념표시(心念表示)

① 고기는 씹어야 맛이 나고, 말은 해야 시원하다.
② 고기는 씹어야 맛이요, 말은 해야 맛이라.
③ 말 안 하면 귀신도 모른다.
④ 벙어리 속은 그 어미도 모른다.
⑤ 죽어서 넋두리도 하는데.
⑥ 죽어서도 무당 빌어 말하는데 살아서 말 못 할까.
➡ ①~⑥ 마음 속으로 애태울 것이 아니라, 하고 싶은 말은 해야 한다.

17. 전직(轉職)·이사(移徙)

① 나무도 옮겨 심으면, 삼년은 뿌리를 앓는다.
② 나무도 자주 옮겨 심으면, 자라지 못한다.
➡ ①·② 성공(成功)이 늦어지기 때문에, 직업을 자주 바꿔서는 안 된다.
③ 새〈鳥〉도 나는대로 깃이 빠진다.
④ 새도 앉는 데마다 깃이 빠진다.
➡ ③·④ 이사를 자주 하면 살림이 줄어드는 법이니, 자주 이사를 하는 일이 없도록 해야 한다. [이것들은 직업을 자주 바꾸면 손실을 보게 되니, 자주 바꾸는 일이 없도록 해야 한다는 뜻으로도 사용됨]

18. 거주선택(居住選擇)

① 세 잎 주고 집 사고, 한냥 주고 이웃 산다.
② 집을 사자면, 이웃을 본다.
③ 팔백금(八百金)으로 집을 사고, 천금으로 이웃 산다.
➡ ①~③ 집을 사서 이사를 하려면 그 이웃의 인심(人心)이 좋은 곳을 선택하도록 해야 한다.

19. 정신(精神)차림

① 물에 빠져도 정신을 잃지 말라.
② 범에게 열두 번 물려가도, 정신을 놓지 말라.
③ 호랑이에게 물려가도 정신을 차려라.
➡ ①~③ 아무리 위급한 경우를 당할지라도 정신을 똑똑히 차려야 한다.

20. 불필요(不必要)

① 꼴 같지 않은 말〈馬〉은 이도 들쳐 보지 않는다.
➡ 겉 모양이 제대로 생기지 않은 말에 대해서는 나이를 세려고 이를 들쳐보지도 않고 살 생각을 하지 않는 것처럼, 얼른 보아서 그 행동이 못되고 생긴 모양이 점잖지 못한 사람에 대해서는 그 사람이 어떠한 사람인가를 자세히 알아볼 필요가 없다.
② 아내 없는 처갓집 가나 마나.
➡ 목적하는 바가 없는 데는 갈 필요가 없다.
③ 굶주린 놈에게 화초(花草)다.
➡ 굶주린 사람에게 먹을 것 외에 아무리 좋은 것을 준다 하더라도 그것은 불필요한 짓이다.
④ 한강(漢江)에 그물 놓기다.
➡ 막연한 일이니 기다릴 필요가 없다.
⑤ 누가 흥(興)이야 항(恒)이야 할까.
➡ 제가 잡은 권세에 대하여 남이 뭐라고 할 필요가 없다. [옛날 이조(李朝) 숙종(肅宗) 때 김수흥(金壽興)·김수항(金壽恒) 형제가 정승의 자리에서 권세를 휘둘렀으므로, 누가 감히 흥(興)이 어떻고 항(恒)이 어떻고 할 수 있겠느냐라는 말이 있었음]
⑥ 과거(科擧)를 아니 볼 바에야 시관(試官)이 개떡 같다.
➡ 자기와는 아무런 관계가 없는 일이라면 조금도 두려워할 필요가 없다.

⑦ 죽은 자식의 귀 모양 좋다 하지 마라.
⑧ 죽은 자식 자지 자랑 하지 마라.
➡ ⑦·⑧ 이미 잃은 것이니 자랑할 필요가 없다.
⑨ 저 건너 빈 터에서 잘살던 자랑하면 무슨 소용이 있나.
➡ 자기의 과거(過去)를 훌륭한 것이었다고 자랑하지마는 그것을 알아 주는 사람이 없으니 아무리 자랑해보았자 소용이 없다.
⑩ 영감의 상투 굵어서 무엇 하나, 당줄만 동이면 그만이지.
⑪ 영감의 상투 굵으면 무엇 하나, 붙어 있으면 되지.
➡ ⑩·⑪ 적당하면 그만이지 쓸데 없이 클 필요가 없다.
⑫ 양반이 대추 한 개가 하루 아침 해장이라고.
➡ 조금씩만 먹어도 넉넉하니 많이 먹을 필요가 없다.
⑬ 범 날고기 먹는 줄 모르나.
➡ 남들이 다 아는 일을 숨어서 할 필요가 없다.
⑭ 드러난 상놈이 울 막고 살까.
➡ 세상 사람들이 다 아는 것을 구태여 숨길 필요가 없다.
⑮ 앉은뱅이에게는 신을 주지 않는다.
➡ 상대편에게 소용이 되지 않는 것을 줄 필요가 없다.
⑯ 내 말〈馬〉이 좋으니 네 말이 좋으니 하여도 달려 보아야 안다.
➡ 실제로 해보지 않고 이것이 좋으니 저것이 좋으니 하는 탁삭공론(卓上空論)을 할 필요가 없다.
⑰ 큰 집이 천칸이라도 밤에 자는 자리는 여덟자 밖에 안 된다. [참고] 大廈千間夜臥八尺〈康節邵〉
➡ 큰 부자라도 자기가 생활하는 데 그 재산이 다 필요한 것이 아니다.
⑱ 비싼놈의 떡은 안 사 먹으면 그만이다.
➡ 자기의 마음에 맞지 않거나 언짢은 짓은 할 필요가 없다.
⑲ 뉘 집 숟가락이 몇 갠지 아나.
➡ 남의 사정은 다 알 수도 없고 알 필요조차 없다.
⑳ 죽은 자식 나이 세기. [참고] 旣殀之子 胡算其齒〈耳談續纂〉, 亡子計齒〈東言解〉,〈李無影, 흙의 奴隸〉
㉑ 죽은 자식 눈 열어 보기.

㉒ 죽은 자식 자지 만지기.
➡ ㉑·㉒ 이왕 그릇된 일이니 거기에 대하여 생각하거나 대책을 세울 필요가 없다.

21. 기타(其他)

① 알 까기 전에 병아리는 세지 말랬다.
➡ 무슨 일이든지 이루어지기 전에 그 이득(利得)을 셈하지 않도록 해야 한다.
② 중〈僧〉 절〈寺〉 싫으면 떠나야지.
➡ 어떤 곳에 있으면서 그곳이나 그곳 사람들이 싫어지면 거기서 떠나는 것이 좋을 것이다.
③ 말〈馬〉에 짐을 무겁게 실으면 걷지를 못 한다.
➡ 남에게 일을 시킬 때에는 감당하기 어려운 일을 시킬 것이 아니라 그 능력에 알맞는 일을 시켜야 한다.
④ 말〈馬〉 등에 실었던 것을 벼룩 등 위에 실을까. [참고] 駔馬所載 難任蚤背〈耳談續纂〉
➡ 약한 자에게 너무나 무거운 임무(任務)를 맡겨서는 안 된다.
⑤ 개〈犬〉 잡아 먹고 동네 인심(人心) 잃고, 닭 잡아 먹고 이웃 인심 잃는다.
➡ 음식이 많거나 적거나 나눠줄 사람에게는 고루고루 나눠주어야 한다.
⑥ 토끼 새끼가 나이 먹어 희다더냐.
➡ 머리가 희다하여 또는 남보다 더 희다하여 나이 자랑을 해서는 안 된다.
⑦ 죽고 부면 여섯 자.
➡ 죽으면 그만이지 인생(人生)에 너무 집착해서는 안 된다.
⑧ 봉(鳳)도 갈가마귀를 따른다. (彩鳳隨鴉)
➡ 위정자(爲政者)는 국민의 요구를 잘 받아들여야 한다.
⑨ 봉사에게 거울을 주지 않는다.

➡ 남에게 물건을 줄 경우에는 그에게 필요한 것을 주어야 한다.
⑩ 혼자서는 아이 못 낳는다.
➡ 일을 이루려면 일에 필요한 상대자를 구해야 한다.
⑪ 먹기는 혼자 먹어도, 일은 혼자 못 한다.
➡ 어려운 일을 할 경우에는 남의 도움을 받아야 한다.
⑫ 하룻밤을 자도 만리성(萬里城)을 쌓아라.
➡ 잠시 만난 사람이라도 그와 굳은 정의(情誼)를 맺도록 하라.
⑬ 당장 먹기에는 곶감이 달다.
➡ 당장 하기 좋은 것은 그때 뿐이지 참으로 좋고 이(利)로운 것이 못 되므로, 뒷 일을 생각하여 그러한 것은 하지 않아야 한다.
⑭ 자는 범 깨우지 말랬다.
➡ 위험한 짓은 아예 하지 않도록 해야 한다.
⑮ 귀 소문 말고, 눈 소문 하라.
⑯ 귀 장사 하지 말고, 눈 장사 하라.
➡ ⑮·⑯ 귀로 많이 듣는 것보다 실제 눈으로 보는 것이 확실하니, 보지 않고는 소문을 내지 않도록 하라.
⑰ 산(山)에 가서 호랑이 이야기를 하면 호랑이가 나온다.
➡ 그 자리에 본인(本人)이 없다고 하여 함부로 남의 흉을 봐서는 안 된다.
⑱ 뛰기 잘하는 염소도 울타리에 부딪친다.
➡ 난처한 경우를 당하게 되니, 함부로 날뛰어서는 안 된다.
⑲ 어른 앞에서는 개〈犬〉도 나무라지 않는다.
➡ 어른 앞에서는 큰 소리를 내어서는 안 된다.
⑳ 사돈집과 짐바리는 골라야 한다.
➡ 우마(牛馬)의 짐바리가 양쪽에 같은 무게로 균형이 잡혀야 좋듯이, 사돈끼리도 재산(財産) 정도나 가문(家門)이 서로 비등해야 좋다.
㉑ 길을 떠나려거든 눈썹도 빼어 놓고 가라.
㉒ 서울 가는 놈이 눈썹을 빼고 간다.
➡ ㉑·㉒ 길을 떠나 먼 곳으로 갈 때는 아무리 적은 짐이라도 거추장스러우니, 되도록이면 짐을 적게 가지고 가는 것이 좋다.

㉓ 솔 심어 정자(亭子)라고 얼마 살 인생(人生)인가. [참고] 植松求亭
〈耳談續纂〉
➡ 일의 성과(成果)를 보기에 아득한 것을 한다는 것은 짧은 인생에 있어서 헛 수고만 되는 것이니, 그러한 일은 하지 않는 것이 좋다.
㉔ 중〈僧〉 먹을 국수는 생선을 속에 두고 담는다.
➡ 생선을 먹어서는 안 되는 중이 먹을 국수에 보이지 않게 생선을 속에 넣듯이, 겉으로는 드러나지 않게 하여 환심(歡心)을 사는 것이 좋다.
㉕ 낟알 하나에 땀이 열 방울이다.
➡ 곡식은 농민의 땀으로 생산되는 것이기 때문에, 사람은 누구나 농민에게 감사할 줄 알아야 한다.
㉖ 눅은 데 패가(敗家) 한다.
➡ 결국은 손해를 보게 되는 것을 값이 싸다고 요령 없이 사들이지 말아야 한다.
㉗ 배 고프다고 바늘로 허리를 저릴까.
➡ 어려운 경우를 당했다 하여 무리한 짓을 해서는 안 된다.
㉘ 하루 굶은 것은 몰라도 헐벗은 것은 안다.
➡ 남에게 옷차림을 궁하게 보여서는 안 된다.
㉙ 노는 입에 염불(念佛) 하라.
㉚ 적적할 때는 내 볼기짝 친다.
㉛ 할 일이 없으면 오금을 긁어라.
➡ ㉙~㉛ 할 일이 없다하여 빈둥거리지 말고 무엇이나 하도록 하라.
㉜ 죽기는 그릇 죽어도 발인(發靷)이야 택일(擇日) 아니 할까. [참고]
死誤發靷擇乎〈東言解〉
➡ 일의 시작이나 근본이 잘못되었다고 나머지 일까지 내버려 두어 못쓰게 해서는 안 된다.
㉝ 판수는 죽는 날이 없을까.
➡ 장님을 쫓아 다니면서 부질 없이 점(占)을 치는 일이 없도록 하라.
㉞ 제 발등의 불을 먼저 끄랬다.
➡ 남의 일을 간섭하기 전에 자기의 급한 일을 먼저 살펴야 한다.
㉟ 메밀떡 굿에 쌍장고(雙長鼓) 치랴. [참고] 木麥餅兩缶〈旬五志〉, 木麥

餠二缶鳴 〈洌上方言〉, 木麥餠二長鼓 〈東言解〉

➡ 근본이 든든하지 못하고 제 힘에 겨운 일을 떠벌린다는 것은 옳지 않은 짓이다.

㊱ 호랑이도 제 새끼는 안 잡아 먹는다.

➡ 자기가 데리고 있는 아랫사람을 도와주는 일은 있어도 해롭게 하는 일은 없도록 하라.

㊲ 개〈犬〉도 손 들 날이 있다.

㊳ 거지도 손 볼 날이 있다.

➡ ㊲·㊳ 아무리 가난하더라도 손님이 들 경우가 있으니 손님에게 불쾌감을 주지 않도록 하기 위하여 자기가 입을 깨끗한 옷을 장만해 두어야 한다.

㊴ 벗은 거지는 못 얻어 먹는다.

➡ 옷차림을 깨끗이 하라. 그래야 남으로부터 대우를 받을 수 있다.

㊵ 호랑이도 죽을 때는 제 굴에 가 죽는다.

㊶ 호랑이도 죽을 때는 제 집을 찾는다.

➡ ㊵·㊶ 객사(客死)해서는 안 된다.

㊷ 고기를 사면 뼈도 사게 된다.

➡ 싫더라도 본 일과 연관성이 있는 일을 해야 한다.

㊸ 웃는 낯에 침 뱉으랴. [참고] 對笑顔唾亦難 〈洌上方言〉, 笑顔唾乎 〈東言解〉

㊹ 슬픔은 나눌수록 줄고, 기쁨은 나눌수록 커진다.

➡ 슬픈 일을 당한 사람에게는 위로해주어야 하며, 기쁜 일을 당한 사람에게는 축하해주어야 한다.

㊺ 머리는 끝부터 가르고, 말은 밑부터 해야 한다.

➡ 말은 남이 잘 알아듣도록 차근차근 해야 한다.

㊻ 난(亂) 중에도 치레가 있다.

➡ 아무리 어수선한 중에서도 지킬 것은 지켜야 한다.

㊼ 아비·아들 범벅 금 그어 먹는다.

➡ 아무리 친한 사이라도 한계를 명확히 해야 한다.

㊽ 관(棺) 뚜껑 덮기 전에는 입찬 소리 말랬다.

➡ 사람의 팔자는 언제 어떻게 될는지 모르므로, 죽기 전에는 장담(壯談)을 해서는 안 된다.

㊾ 일승일패(一勝一敗)는 병가(兵家)의 상사(常事).

㊿ 한 번 실수(失手)는 병가의 상사.

➡ ㊾ · ㊿ 한 번쯤의 실수는 누구에게나 다 있는 것이므로, 크게 탓할 것이 아니다.

(51) 개〈犬〉도 뒤 본 자리를 덮는다.

➡ 자기가 저지른 일은 자기가 처리해야 한다.

(52) 제수(祭需) 흥정에 삼색실과(三色實果).

➡ 제사에는 반드시 삼색실과를 갖춰야 하듯이, 일을 함에 있어서는 필요한 것을 반드시 갖추도록 해야 한다. 삼색실과……대추, 밤, 감.

(53) 침도 바람 보고 뱉으랬다.

➡ 무슨 일이나 주위의 분위기를 보고 해야 한다.

(54) 내 절〈寺〉 부처는 내가 위해야 한다.

(55) 제 절 부처는 제가 위하랬다고.

➡ (54) · (55) 자기가 섬기는 주인은 자기가 잘 섬기도록 해야 한다. 그렇게 해야 남들이 자기나 그를 알아보게 된다.

(56) 호박은 덩굴 속에서 큰다.

➡ 일은 남이 모르게 묵묵히 해야 한다.

(57) 벙어리가 서방질을 해도 제 속이 있다.

➡ 무슨 일을 하거나 말은 하지 않더라도 제 딴에는 정당한 이유가 있어서 하는 것이니, 너무 흉보아서는 안 된다.

(58) 처녀가 한증(汗蒸)을 해도 제 마련은 있다.

➡ 남 보기에는 우습고 이상하더라도 다 제 생각이 따로 있어서 하는 것이니, 너무 흉보아서는 안 된다.

(59) 한 노래로 긴 밤을 세울까. [참고] 一歌達永夜 〈旬五志〉, 唱一謠達永宵 〈洌上方言〉, 一歌長達夜乎 〈東言解〉

➡ 어떤 한 가지 일에만 집착할 것이 아니라, 그만둘 때가 되면 그만두고 새 일을 시작해야 한다. [이 속담은 한 가지 일만을 하여 세월을 허송(虛送)한다라는 뜻으로도 사용됨]

⑥⓪ <u>한 다리로 못 간다.</u>
➡ 혼자서 하기 어려운 일에서는 남의 도움을 받도록 하라.
⑥① <u>소금에도 곰팡 난다.</u>
➡ 절대로 탈이 생기지 않는다고 단언할 것이 아니다.
⑥② <u>도둑도 제 집 문(門) 단속한다.</u>
➡ 누구나 도둑을 맞지 않도록 항상 경계해야 한다.

[群] 14. 유호(愈好)

1. 선택(選擇)

① 같은 값이면 과붓집 머슴살이.
② 같은 값이면 홀어미집 머슴살이.
③ 같은 과부면 돈 있는 과부.
④ 같은 과부면 아이 없는 과부.
⑤ 같은 열닷냥이면 과붓집 머슴살이.
⑥ 같은 품삯이면 과붓집 머슴살이.
⑦ 같은 품삯이면 부잣집 머슴살이.
⑧ 개〈犬〉가 돼도 부잣집 개가 되랬다.
➡ ①~⑧ 이왕 같은 일을 할 바에야 자기에게 조금이라도 더 유리(有利)한 것을 선택하는 것이 낫다.
⑨ 같은 값이면 껌정소 잡아 먹는다.
⑩ 같은 값이면 다홍치마. [참고] 同價紅裳〈松南雜識〉
⑪ 같은 외상이면 껌정소 잡아 먹는다.
➡ ⑨~⑪ 이왕이면 질(質)이 더 좋은 것을 택하는 것이 낫다.
⑫ 같은 값이면 처녀 장가.
⑬ 같은 과부면 젊은 과부.
➡ ⑫·⑬ 이왕이면 질(質)이 좋고 신선한 것을 택하는 것이 좋다.
⑭ 고욤 일흔이 감 하나만 못하다.
⑮ 천(千) 마리 참새가 한 마리 봉(鳳)만 못하다.
➡ ⑭·⑮ 질적(質的)으로 좋지 않은 것을 많이 택하는 것보다 양질(良質)의 적은 것을 택하는 것이 낫다.

2. 취득(取得)·소유(所有)

① 금년 새〈鳥〉 다리가 명년 쇠 다리보다 낫다.
② 나중 꿀 한 식기(食器) 먹으려고 당장에 엿 한 가락 안 먹을까.
③ 나중 꿀 한 식기보다 당장 엿 한 가락이 더 달다.
④ 내일 꿩보다 당장 참새가 낫다.
⑤ 내일 닭보다 오늘 달걀이 낫다.
⑥ 내일 백냥보다 당장 쉰냥이 낫다.
⑦ 내일 백냥보다 지금 오푼이 낫다.
⑧ 내일 쇠 다리보다 오늘 개 다리가 낫다.
⑨ 내일의 임금보다 오늘의 재상(宰相)이 낫다.
⑩ 내일의 정승보다 당장 원이 낫다.
⑪ 새벽달 보려고 으스름달 안 볼까.
⑫ 생일날 잘 먹으려고 이레를 굶을까.
⑬ 훗장에 쇠 다리 먹으려고 이 장에 개 다리 안 먹을까.
➡ ①~⑬ 눈 앞에 보이지 않는 장래의 큰 것을 얻으려고 하는 것보다 당장 얻을 수 있는 것이 변변치 못하더라도 그것을 취득하는 것이 낫다. 으스름달……으슴푸레한 빛이 비치는 달.
⑭ 굵은 베 옷도 없는 것보다 낫다.
⑮ 누더기 옷도 없는 것보다 낫다.
➡ ⑭·⑮ 아무리 나쁜 것이라도 자기에게 필요한 것은 없는 것보다 낫다.

3. 지위(地位)

① 닭 벼슬이 될망정, 쇠 꼬리는 되지 말라. [참고] 寧爲雞口勿爲牛後 〈史記〉
② 닭의 머리는 될지언정, 쇠 꼬리는 되지 말라.
③ 쇠 꼬리보다 닭 대가리가 낫다.
④ 용(龍)의 꼬리보다 닭의 머리가 낫다.

➡ ①~④ 크고 훌륭한 사람의 뒤를 쫓아 다니는 것보다 작고 보잘것 없으나 그곳에서 우두머리가 되는 것이 낫다.

4. 실견(實見)·물견(勿見)·불문(不聞)·부지(不知)

① 귀 구경하지 말고, 눈 구경하라.
➡ 귀로 여러 번 듣는 것보다는 눈으로 한 번 직접 보는 것이 더 미덥고 낫다.
② 안 보는 것이 약(藥)이다.
➡ 세상에는 눈꼴이 사나운 것이 많기 때문에, 그러한 것들은 아예 보지 않는 것이 속이 편하고 낫다.
③ 들으면 병(病)이 되고, 안 들으면 약(藥)이 된다. [참고] 聞則是病不聞則是藥〈耳談續纂〉, 聞則疾不聞藥〈洌上方言〉
④ 모르는 것이 부처. (不知而佛)
➡ ③·④ 어설피 아는 것보다 차라리 모르는 것이 낫다.

5. 기타(其他)

① 가난한 활수(滑手)가 돈 있는 부자(富者)보다 낫다.
➡ 비록 가난하지마는 돈을 잘 쓰는 사람은 돈을 두고도 쓰지 않는 구두쇠보다 낫다. 활수……무엇이다 아끼지 않고 시원스럽게 잘 쓰는 솜씨, 또는 그러한 사람.
② 놀기 좋아 넉동치기.
➡ 할 일이 없을 때는 윷놀이를 하듯이, 할 일이 없다고 하여 가만히 있는 것보다는 무슨 놀이라도 하는 편이 낫다.
③ 도둑질도 혼자 해먹어라.
➡ 자기의 일을 여럿이 하면 말이 많아지고 손이 맞지 않아 일이 잘 진행되지 않으니, 혼자서 하는 것이 낫다.
④ 매도 먼저 맞는 놈이 낫다. 〈玄鎭健, 無影塔〉
⑤ 바람도 올 바람이 낫다.

➡ ④·⑤ 이왕 겪어야 할 일이라면 어렵고 괴롭더라도, 남보다 먼저 당하는 편이 낫다.
⑥ 역말도 갈아 타면 낫다. [참고] 馬好替乘〈東言解〉
➡ 매양 한 가지만 계속 하지 말고, 하다가 다른 것을 갈아 하면 더 낫다.
⑦ 뒷간과 사돈 집은 멀어야 한다.
⑧ 사돈 집과 뒷간은 멀수록 좋다.
➡ ⑦·⑧ 뒷간이 가까우면 냄새가 나쁘고 사돈 집이 가까우면 말이 많으니, 사돈 집과는 멀리 떨어져 있는 것이 낫다.
⑨ 같은 값이면 은(銀)가락지 낀 손에 맞으랬다.
⑩ 뺨을 맞아도 은가락지 낀 손에 맞는 것이 좋다.
⑪ 욕을 들어도 감투 쓴 놈한테 들어라.
➡ ⑨~⑪ 꾸지람이나 벌을 받을 경우에는 이왕이면 덕(德)이 있고 이름이 있는 사람에게 당하는 것이 낫다.
⑫ 먼 데 단 냉이보다 가까운 데 쓴 냉이.
➡ 맛이 있다고 말로만 들은 먼 데 냉이보다 비록 맛은 덜하나 가까운 데 있는 냉이에 정(情)이 들어 그것을 좋아하게 되듯이, 혼담 따위에서 부자라고 또는 좋은 사람이라고 소문을 들은 먼 데 사람보다 가난하고 좀 부족한 점이 있더라도 가까이 있는 잘 아는 사람이 낫다.
⑬ 말을 안 하는 것이 약(藥)이다.
➡ 결과적으로 유리(有利)하려면, 말을 하는 것보다 안 하는 것이 더 낫다.

[群] 15. 심적(心的) 상태(狀態)

1. 쾌연(快然)·희락(喜樂)·만족(滿足)·미흡(未洽)

① 미운 개〈犬〉호랑이가 물어 갔다.
② 미친 개 범이 물어 간 것만 하다.
③ 범이 도둑개를 물어 갔다.
➡ ①~③ 보기 싫고 미운 사람이 없어져서 속이 시원하다.
④ 눈에 든 가시를 뺀 것 같다.
⑤ 앓던 이 빠진 것 같다. [참고] 若拔痛齒〈東言解〉,〈廉想涉, 三代〉
➡ ④·⑤ 고통스러운 것이 없어져서 기쁘고 속이 시원하다.
⑥ 봉사 눈 뜬 것 같다.
➡ 문제가 잘 해결되어 매우 시원하다.
⑦ 사당(祠堂) 당직은 타도, 빈대 당직 타서 시원하다.
⑧ 삼간(三間) 집이 다 타도, 빈대 타 죽는 것만 재미 있다.〈李仁稙, 血의 淚〉
⑨ 삼간 초가(草家) 다 타져도 빈대 죽어 좋다.
⑩ 삼간 초당(草堂)이 다 타져도 빈대 설치(雪恥)는 했다.
⑪ 초당 삼간 다 타도 빈대 죽어 좋다.
➡ ⑦~⑪ 비록 큰 손해를 보았지마는, 그것으로 인하여 보기 싫고 미운 것이 없어져서 속이 시원하다. 당직……평안도 사투리로 무엇을 넣어 두는 상자.
⑫ 시어미 죽고 처음이다.
⑬ 영감 죽고 처음이다.
➡ ⑫·⑬ 오랜만에 흡족하고 시원하다.
⑭ 도깨비에 홀 뗀 셈이다.

➡ 거치적거리는 것이 없어져서 시원하다.
⑮ 깨소금 맛이다.
➡ 아주 통쾌하다.
⑯ 가는 손님은 뒷꼭지가 예쁘다.
➡ 반갑지 않거나 싫은 사람이 돌아가니 속이 시원하다.
⑰ 꽃 본 나비.〈장끼전〉
⑱ 어미 본 애기.
⑲ 물 본 기러기.〈장끼전〉
➡ ⑰~⑲ 그리던 사람이나 또는 가장 좋아하는 사람을 만나 아주 기뻐한다.
⑳ 봉사 헌 맹과니 만났다.
➡ 장님이 친구 장님을 만나 좋아하듯이, 같은 끼리의 친구를 만나 매우 기뻐한다. 맹과니……봉사의 황해도 사투리.
㉑ 노파리가 나서 좋아한다.
➡ 신이 나서 좋아한다. 노파리……삼·짚·종이 따위로 만들어 집 안에서 신는 신.
㉒ 전루(傳漏)북에 춤 춘다. [참고] 傳漏之鼓尙或蹲舞〈耳談續纂〉
㉓ 전송(傳誦)북에 춤 춘다.
➡ ㉒·㉓ 아무런 까닭도 모르고 공연히 기뻐한다. 전루북……예전에 시간을 알리기 위하여 치던 북. 전송북……구호(口號) 대신으로 크게 치는 북.
㉔ 콩 본 비둘기다.
➡ 먹을 것을 보고 매우 기뻐한다.
㉕ 촌놈은 똥배 부른 것만 친다.
㉖ 촌놈은 밥그릇 높은 것만 친다.
➡ ㉕·㉖ 자기가 취하는 사물(事物)의 질(質)에는 관심이 없고 그 양(量)이 많은 것을 가지고 만족한다. [이 속담들은 그러한 사람을 놀릴 경우에 사용됨]
㉗ 밥 위에 떡이다.〈토끼傳〉
➡ 마음이 흡족하고 좋은데 또 좋은 것을 주니 더 바랄 것이 없다.

㉘ 뽕 내 맡은 누에 같다.
→ 마음에 흡족하여 어쩔 줄 모른다.
㉙ 꿈에 떡 맛 보듯.
㉚ 꿈에 사위 보듯.
㉛ 꿈에 서방 맞은 격.
→ ㉙~㉛ 어떠한 일이나 자기가 경험한 것이 제 마음에 도무지 흡족하지 않다. [이 속담들은 무엇인가 경험한 일이 분명하지 않다라는 뜻으로도 사용됨]

2. 우스움

① 배꼽이 떨어지겠다.
② 배꼽이 빠진다.
③ 소가 웃다가 꾸러미 째지겠다.
→ ①~③ 너무나 우스워서 못 견디겠다.

3. 미련(未練)

① 깻묵 맛을 들였다. 〈蔡萬植, 濁流〉
→ 사물이나 사상(事象)의 진미(眞味)를 알고는 그것에 미련을 두어 잊지 못한다.
② 물고 놓은 범.
→ 주린 범이 먹을 것을 먹었다가 그것을 놓쳐버렸듯이, 그것에 미련이 있어 단념하지 못한다.
③ 나 먹자니 싫고, 개〈犬〉 주자니 아깝다. [참고] **我厭其餐 予狗則慳** 〈耳談續纂〉, **吾厭食 與犬惜** 〈洌上方言〉, **吾食厭 給犬惜** 〈東言解〉
④ 쉰 밥 고양이 주기 아깝다. 〈李熙昇, 隨筆〉
⑤ 저 먹자니 싫고, 남 주자니 아깝다.
→ ③~⑤ 자기는 싫지마는 미련이 있어 남 주기가 아깝다. [③ 아래와 같은 이야기에서 나왔다고 한다. 조선조말(朝鮮朝末) 고종(高宗) 때 영

의정(領議政)을 지내던 한 대감이 뇌물을 아주 좋아해서 각처(各處)에서 들어오는 물건을 하나도 쓰지 않고 먹지도 않고 십여년간 창고에 쌓아두고 날마다 그것들을 보며 낙(樂)으로 삼았다. 그러나 그것들 중에는 어육물(魚肉物)도 있어 이것이 썩어 냄새가 나도 버리지 않을 뿐더러 청지기나 하인들이 오물(汚物)을 없애려고 말을 꺼내기만 하면 대감은 크게 노(怒)하였다고 한다. 그래서 사람들은 이와 같은 말을 퍼뜨렸다고 한다. 이 속담은 제가 싫어하는 것이지마는 그것을 남에게 안 주는 비뚤어진 욕심 많은 마음씨를 가리킬 경우에 사용되기도 함]

⑥ 기름 먹어 본 개〈犬〉 같이.
➡ 한번 경험을 해보고는 그것을 잊지 못하고 자꾸 하고 싶어한다.

4. 분통(憤痛)·비통(悲痛)·고민(苦悶)·상심(傷心)

① 우황(牛黃) 든 소〈牛〉 같이.
➡ 속의 분(憤)을 못 이겨 어쩔 줄 모른다. 우황……소의 쓸개에 병으로 생기는 뭉친 물건.
② 하늘이 무너지고, 땅이 갈라진다.
➡ 아주 가까운 사람이나 존경하는 위대한 사람이 죽어서 몹시 슬프고 마음이 아프다.
③ 코허리가 저리고 시다.
➡ 곧 눈물이 쏟아져 나올듯이 매우 비통하다.
④ 난초(蘭草)에 불 붙으니, 혜초(蕙草)가 탄식한다.〈彰善感義錄〉
➡ 동류(同類)가 불행한 일을 당하니 매우 슬퍼한다.
⑤ 속이 갈구리를 삼킨 것 같다.
➡ 양심(良心)의 가책을 받아 몹시 괴롭다.
⑥ 미장이의 비비송곳 같다.〈蔡萬植, 濁流〉
➡ 깊은 생각에 빠져 안타깝게 고민을 되풀이 한다. 비비송곳……자루를 두 손바닥으로 비벼서 구멍을 뚫는 송곳.
⑦ 오장(五臟)이 뒤집힌다.
➡ 마음이 몹시 상하여 걷잡을 수 없다.

5. 서러움·측은(惻隱)

① 물 만 밥에 목이 멘다.
② 물 만 이밥(쌀밥)에 목이 멘다.
➡ ①·② 매우 서럽고 답답하다.
③ 눈시울이 떠겁다.
➡ 눈시울이 뜨거울 정도로 마음이 측은하다.

6. 분노(忿怒)

① 모기 보고 환도(環刀) 뺀다.
② 파리 보고 칼 뺀다.
➡ ①·② 화를 내지 않아도 될 일에 지나치게 화를 낸다. 환도……군복에 갖추어 차는 군도(軍刀)의 옛말.
③ 눈에 불이 난다.
④ 눈에 쌍심지가 오른다.
➡ ③·④ 몹시 성이 난다. 쌍심지……한 등잔에 있는 두 개의 심지(등잔·남포·초 따위에 실이나 헝겊을 꼬아서 꽂고, 기름을 빨아올리게 하여 불을 붙이게 된 물건).
⑤ 부아 돋은 날 의붓아비 온다.
➡ 부아가 나서 참지 못하고 있는데, 미운 사람이 찾아와 더욱 화를 돋운다.
⑥ 골이 상투 끝까지 났다. 〈古本春香傳〉,〈李熙昇, 隨筆〉
➡ 매우 화를 내었다.
⑦ 콧등이 부었다.
➡ 혼자 속으로 성이 나서 앙앙거린다.
⑧ 거미 줄에 목을 매라.
⑨ 송편으로 목을 따 죽지.
⑩ 접시 물에 빠져 죽지.
➡ ⑧~⑩ 같잖게 분격하고 있다. [이것들은 그러한 사람을 놀리는 경우

에 사용됨. 처지가 매우 궁박하고 답답하여 어쩔 줄 모르고 어이없는 우스운 짓을 한다는 뜻으로도 사용됨]
⑪ 노염은 호구별성(戶口別星)인가.
➡ 언제나 늘 화를 낸다. 호구별성……집집마다 찾아다니며 천연두를 앓게 한다는 귀신의 이름.

7. 원통(冤痛)

① 눈 구석에 쌍 가래톳 선다.〈完板春香傳〉
② 모래 바닥에 혀를 박고 죽을 일이다.
③ 백사장(白沙場)에 혀를 꽂고 죽을 일이다.
④ 칼을 물고 토할 노릇이다.
⑤ 피를 토하고 죽을 노릇이다.
⑥ 한강 모래사장에 혀를 박고 죽을 일이다.
➡ ①~⑥ 너무나 기가 막히고 억울하고 원통하다. 가래톳……허벅다리 서혜부(鼠蹊部)의 임파선(淋巴腺)이 부어 켕기고 아프게 된 멍울.
⑦ 결창이 터진다.
⑧ 쇠 똥에 미끄러져 개 똥에 코 박을 일이다.
➡ ⑦·⑧ 너무나 억울하고 분이 몹시 치받쳐 못 견디겠다. 결창……내장(內臟).
⑨ 꿩 놓친 매.〈沈熏, 永遠의 微笑〉
➡ 애써 얻은 것을 놓쳐버리고 헐떡이며 분해한다.

8. 경악(驚愕)

① 낮 도깨비를 봤나.
② 도깨비를 봤나.
➡ ①·② 갑자기 놀란다.
③ 개〈犬〉가 제 방귀에 놀란다.
④ 노루가 제 방귀에 놀란다.

⑤ 봄 꿩이 제 바람에 놀란다.
⑥ 제 방귀에 놀란다.
⑦ 토끼가 제 방귀에 놀란다.
➡ ③~⑦ 자기가 한 대단치 않은 일에 스스로 겁을 먹고 놀란다.
⑧ 간이 콩알만 하다. 〈朴鍾和, 多情佛心〉, 〈蔡萬植, 濁流〉
➡ 간담(肝膽)이 서늘해질 정도로 아주 놀란다.

9. 공포(恐怖) · 불안(不安)

① 이리 앞의 양(羊). 〈沈熏, 탈춤〉
② 호랑이 앞의 개다.
➡ ①·② 호랑이 앞의 개처럼 무서워서 꼼짝도 못한다.
③ 산(山)에 간 놈이 범을 무서워 한다.
➡ 이미 각오를 하고도 무서워서 겁을 낸다.
④ 갈고랑이 맞은 고기.
➡ 갈고리를 맞아 놀란 고기와 같이 무척 두려워하고 있다. 갈고랑이……끝이 뾰족하고 꼬부라진 물건.
⑤ 고두리에 놀란 새. 〈彰善感義錄〉
➡ 고두리살을 맞아 놀란 새와 같이, 어찌할 바를 모르고 두려워하고 있다. 고두리……고두리살의 준말. 작은 새를 쏘아 잡는 화살.
⑥ 관청에 잡혀 간 촌 닭 같다.
➡ 몹시 겁을 집어먹고 어쩔 줄 모른다.
⑦ 사공(沙工) 없는 배를 탄 것 같다.
⑧ 살얼음을 밟는 것 같다. [참고] 薄冰如臨 〈詩經〉, 〈歌詞, 怨婦詞〉, 〈蔡萬植, 濁流〉
⑨ 호랑이 꼬리를 잡은 듯, 살얼음을 디딘 듯.
➡ ⑦~⑨ 위태위태하여 마음이 대단히 불안하다.
⑩ 바늘 방석에 앉은 것 같다. 〈토끼傳〉
➡ 자리에 그대로 있기가 몹시 불안하다.
⑪ 세 살 난 아이 물 가에 둔 것 같다.

⑫ 어린 아이 우물 가에 둔 것 같다.
⑬ 우물 가에 애 보낸 것 같다.
➡ ⑪~⑬ 어떠한 불상사가 일어날는지 마음을 졸이고 불안하다.
⑭ 도끼를 베고 잔다.
➡ 불안하여 잠을 이루지 못한다.

10. 증오(憎惡)

① 원두한이 쓴 외 보듯.
➡ 원두막의 주인이 쓴 외를 보듯이 남을 미워한다.
② 눈의 가시. [참고] 眼中釘〈松南雜識〉,〈沈熏, 常綠樹〉,〈廉想涉, 三代〉
➡ ①·② 자기에게 불리(不利)를 끼치는 사람을 몹시 미워한다.
③ 때리는 놈보다 말리는 놈이 더 밉다.
④ 때리는 시어미보다 말리는 시누이가 더 밉다.
➡ ③·④ 겉으로는 위해 주는 체하면서 속으로는 해치려는 생각을 가지고 있는 그 사람이 아주 밉다.
⑤ 뒷산 호랑이가 요사이 뭘 먹고 산다더냐.
⑥ 사자(使者)가 눈깔이 멀었다.
⑦ 앞 남산(南山) 호랑이가 뭘 먹고 사나.
⑧ 호랑이가 뭘 먹고 사나.
➡ ⑤~⑧ 그 사람이 죽어버리면 속이 시원할 정도로, 그 못된 사람이 미워서 못 살겠다.
⑨ 이에서 신물이 난다.〈廉想涉, 三代〉
⑩ 입에서 신물이 난다.〈廉想涉, 萬歲前〉
➡ ⑨·⑩ 두 번 다시 대하기 싫을 만큼 지긋지긋하다.
⑪ 굿 하고 싶어도, 맏며느리 춤 추는 꼴 보기 싫다.
➡ 무슨 일을 하려고 하나 미운 사람이 따라 나서서 하는 것이 보기 싫어 꺼려한다.

11. 불쾌(不快)

① 초립동(草笠童)이 장님을 보았다.
➡ 불길(不吉)한 징조를 보아 마음이 매우 불쾌하다. 초립동이……초립을 쓴 나이가 어린 사내. [장님을 만나면 재수가 없는데, 어린 장님을 만나면 더 재수가 없다고 함]
② 똥 누고 밑 안 씻은 것 같다. 〈李無影, 三代〉
➡ 일을 완전히 끝맺지를 못하여 마음이 꺼림칙하다.
③ 요강 뚜껑으로 물 떠 먹은 셈.
➡ 별 일은 없으리라고 생각하면서도 아주 꺼림칙하다.
④ 그 꼴을 보느니 신첨지(申僉知) 신 꼴을 보겠다.
⑤ 눈 허리가 시어 못 보겠다.
⑥ 신 첨지 신 꼴을 보겠다.
➡ ④~⑥ 하는 짓이 차마 볼 수 없을 정도로 너무나 아니꼽다. 첨지……영감의 속된 말. 옛날의 첨지중추부사(僉知中樞府事).
⑦ 날콩 먹는 것이 낫겠다.
➡ 비위가 틀려 참기 어렵다.
⑧ 작년에 먹은 오려 송편이 다 넘어 오겠다.
⑨ 제년 추석(秋夕)에 먹은 오려 송편이 나온다.
⑩ 제년 팔월에 먹은 오려 송편이 나온다.
➡ ⑧~⑩ 거만한 행동을 보니 속이 뒤집힐 정도로 아니꼽다. 제년……작년. 오려……올벼(보통 벼보다 철 이르게 익는 벼). 조도(早稻).

12. 답답함

① 담뱃대로 가슴을 찌를 노릇이다.
② 솜 뭉치로 가슴을 칠 일이다.
③ 콧구멍 둘 마련하기가 다행이다.
④ 콧구멍이 둘이니 숨을 쉬지.
➡ ①~④ 너무나 기가 막히고 답답하다.
⑤ 너하고 말하느니 벽하고 말하겠다.
⑥ 담하고 대면하는 격이다.

⑦ 담하고 말하는 것이 낫겠다.
⑧ 벙어리하고 말하는 격이다.
➡ ⑤~⑧ 상대방이 자기가 하는 말을 도무지 이해하지 못하여 답답하기 짝이 없다.
⑨ 벙어리 냉가슴 앓듯.
➡ 남에게 말 못할 사정이 있어서 마음 속으로 답답하게 애태운다.
⑩ 안팎 곱사등이다. 〈沈熏, 탈춤〉
➡ 이렇게도 못 하고, 저렇게도 못 하고 조금도 변통할 수 없을 만큼 답답하다.
⑪ 부른 배 고픈 건 더 답답하다.
➡ 임신한 부인이 배가 고파도 남이 보기에는 배가 불러 배 고프지 않는 것 같이 여겨지는 것처럼, 아무도 자기의 딱한 사정을 알아주지 못하여 매우 답답하다.
⑫ 범이 고슴도치 잡아 놓고 하품 한다.
➡ 일을 시작하려고 해도 장애가 있어서 하지 못하여 안타까와 한다.
⑬ 목 마른 송아지 우물 들여다 본다.
⑭ 목 멘 송아지 우물 들여다 본다.
⑮ 소금 먹은 소〈牛〉 굴 우물 들여다 보듯.
➡ ⑬~⑮ 애타게 얻고자 하는 것을 볼 수만 있고 얻을 수가 없어서 매우 안타까와 한다.
⑯ 갓방 인두 달듯.
➡ 저 혼자 애만 태우고 있다.
⑰ 조 비비듯 한다. 〈廉想涉, 新婚期·萬歲前〉
➡ 애를 태우고 답답하게 마음을 졸인다.

13. 당황(唐慌)·주저(躊躇)

① 남쪽을 가리키기도 하고, 북쪽을 가리키기도 한다.
➡ 어찌 할 줄을 몰라 쩔쩔 맨다.
② 대통 맞은 병아리 같다.

➡ 뜻밖에 화를 입어 정신을 못 차리고 쩔쩔 맨다. 대통……담뱃대의 담배를 담는 부분.
③ 조막손이 달걀 떨어뜨렸다.
➡ 낭패를 보고 어쩔 줄을 모른다.
④ 똥구멍 찔린 새〈鳥〉.〈李光洙, 無明〉
➡ 어쩔 줄 모르고 참지 못하여 쩔쩔 맨다.
⑤ 소낙비는 오려하고, 똥은 마렵고, 꼴 짐은 넘어지고, 소〈牛〉는 뛰어나 간다.
⑥ 소낙비는 오고, 황소는 도망치고, 똥은 마렵다.
➡ ⑤·⑥ 다급한 일이 연속적으로 발생하여 어쩔 줄을 모른다.
⑦ 그 장단에 춤추기 어렵다.
⑧ 어느 장단에 춤 추랴.
⑨ 이 굿에는 춤추기 어렵다.
⑩ 이 날 춤추기 어렵다.
⑪ 이리 해라 저리 해라 한다.
⑫ 이 자리에 춤추기 어렵다.
➡ ⑦~⑫ 간섭이 많아 어느 말을 쫓아야 할지, 어떻게 해야 할지 모르겠다.
⑬ 탕관(湯罐)에 두부장 끓듯.
➡ 걱정이 있어 속이 끓고 착잡하다.
⑭ 도깨비에게 홀린 것 같다.〈廉想涉, 三代〉
⑮ 도깨비 장난 같다.
➡ ⑭·⑮ 일의 내막을 도무지 모르고 어떤 영문인지 정신을 못 차린다.
⑯ 광주(廣州) 생원(生員)의 첫 서울이라. [참고] 廣州生員初入京〈東言解〉
➡ 사람이 어리둥절하여 정신을 못 차리고 있다.
⑰ 정신은 침 뱉고 뒤지 하겠다.
⑱ 침 뱉고 밑 씻겠다.
➡ ⑰·⑱ 정신이 없어 일의 두서를 잡지 못한다.
⑲ 방에 가면 더 먹을까, 부엌에 가면 더 먹을까.

⑳ 이 장 떡이 큰가, 저 장 떡이 큰가.
➡ ⑲·⑳ 이 편에서 이익(利益)을 많이 볼지, 저 편에서 이익을 많이 볼지 망서린다.

14. 귀찮음

① 날 궂은 날 개〈犬〉 사귄 이 같다. 〈古本春香傳〉
② 비 오는 날 쇠 꼬리처럼. 〈古本春香傳〉
③ 낮 일 할 때 찬 담배 쌈지 같다.
④ 오뉴월 똥파리 같다.
⑤ 오뉴월 쉬파리 같다.
⑥ 진 날 개〈犬〉 사귄 이 같다.
➡ ①~⑥ 달갑지 않은 사람이 자꾸만 따라다니니, 매우 귀찮다. [④· ⑤ 먹을 것이 있음을 알고 달려든다는 뜻으로도 사용됨]

15. 아연(啞然)

① 죽은 고양이가 야옹 하니까, 산 고양이가 할 말이 없다.
➡ 무식한 사람이 아는 척하니까, 기가 막히고 어이가 없다.
② 까마귀 아래턱이 떨어질 소리다.
③ 뼈똥 쌀 일이다.
➡ ②·③ 너무나 어이가 없어 기(氣)가 막힌다.
④ 벙어리가 말을 하겠다.
⑤ 시어미가 오래 살자니까, 며느리가 방아 동티에 죽는 걸 본다.
➡ ④·⑤ 너무나 기가 막히고 어이가 없다. 동티……지신(地神)의 성냄을 입어 재앙을 받는다는 일. [오래 살자니 별 꼴을 다 보겠다는 뜻으로도 사용됨]
⑥ 닷돈 추렴에 두돈오푼을 내었다.
⑦ 대돈 추렴에 돈반 내었다.
➡ ⑥·⑦ 추렴에 적게 내었다고 자기를 업신여기고 자기의 권리를 누

리지 못하게 하니, 기가 막히고 어이가 없다. 추렴……돈이나 물건을 여러 사람이 얼마씩 나누어 내는 일. 대돈……대돈변. 달마다 본전의 십분(十分)의 일(一)씩 계산하는 변리.
⑧ 오래 살자니 또랑새우 뭣 하는 것을 보겠다.
➡ 너무나도 도리(道理)에 어긋나는 일이라 어이가 없다.

16. 무시(無視)·괄시(恝視)·멸시(蔑視)

① 동네 개〈犬〉짖는 소리만 못하게 여긴다.〈蔡萬植, 太平天下〉
② 말하는 것을 개 방귀로 안다.
③ 어디 개가 짖느냐 한다.
➡ ①~③ 남의 말을 듣고 그것을 완전히 무시한다.
④ 코방귀만 뀐다.
➡ 남의 말을 들은 체 만 체 그것을 무시하여 대꾸를 안 한다.
⑤ 터진 꽈리 보듯.
➡ 무시하여 상대도 하지 않거나 대수롭지 않게 여긴다.
⑥ 나귀는 샌님만 업신여긴다.
➡ 만만해 보이는 사람에게 별 까닭도 없이 함부로 대하고 그를 업신여긴다.
⑦ 발가락의 티눈만큼도 안 여긴다.
⑧ 티끌만큼도 안 여긴다.
➡ ⑦·⑧ 남을 심하게 업신여긴다.
⑨ 생원님은 종만 업신여긴다.
➡ 무능한 사람이 아랫사람에게 큰소리를 하며 그를 업신여긴다.
⑩ 바지·저고린 줄 아나.
➡ 남을 무능하다고 업신여긴다.
⑪ 저는 잘난 백정(白丁)으로 알고, 남은 헐은 정승(政丞)으로 안다.
➡ 대단치 않은 자가 사람을 만만하게 보고 거만을 부리며 저보다 나은 사람을 업신여긴다.
⑫ 울바자가 헐어지니 이웃 집 개〈犬〉가 드나든다.

→ 제게 약점이 있기 때문에 남이 그것을 알고 업신여긴다. 울바자……울타리의 바자 (대·갈대·수수깡 따위로 발처럼 엮거나 결은 물건).
⑬ 비둘기 붕(鵬)을 비웃는다.
→ 약한 자가 강한 자를 멸시한다. 붕……장자(莊子)의 소요유편(逍遙遊篇)에 나오는, 북해(北海)에 살던 곤(鯤)이라는 물고기가 변해서 된 새〈鳥〉로서, 날개의 길이가 삼천리나 되어 날개를 한 번 치면 구만리를 날아간다는 상상적인 큰 새. 붕조(鵬鳥).
⑭ 매달린 개〈犬〉가 누워 있는 개를 비웃는다.
→ 남보다 못한 주제에 자기보다 나은 사람을 멸시하여 비웃는다.

17. 무안(無顏)·수치(羞恥)

① 부숴진 갓모자가 되었다.
→ 남에게 핀잔을 받거나 야단을 맞아 무안을 금치 못한다. 갓모자……갓의 양태 위의 우뚝 솟은 부분.
② 무우 뽑다 들켰다.
→ 조그만 잘못으로 야단을 맞아 무안해 한다.
③ 과부 아이 낳듯.
④ 등에서 진땀이 난다.
⑤ 홀어미 아이 낳듯.
→ ③~⑤ 몹시 부끄럽다.
⑥ 코 떼어 주머니에 넣었다.
→ 무슨 잘못을 저질러 놓고는 몹시 무안해 한다.

18. 위축(萎縮)

① 밑이 구리다.〈李仁稙, 雪中梅〉
→ 숨기고 있는 범죄나 비행(非行) 때문에 기(氣)가 죽어서 떳떳하지 못하다.
② 꾸중 들은 새 며느리 같이.

③ 침 먹은 지네.
➡ ②·③ 기를 못 펴고 있다.
④ 고양이 앞의 쥐. 〈蔡萬植, 太平天下〉
➡ 기가 죽어 꼼짝도 못 한다.
⑤ 대가리도 못 들고, 꼬리도 못 편다.
➡ 상대방이 너무 두려워서 기를 못 편다. [자기에게 잘못이 있어 기를 못 편다는 뜻으로도 사용됨]

19. 불신(不信)·몰이해(沒理解)·의심(疑心)

① 아랫 길도 못 가고, 웃 길도 못 가겠다.
② 웃 돌도 못 믿고, 아랫 돌도 못 믿는다.
③ 이 절도 못 믿고, 저 절도 못 믿는다.
④ 이 중〈僧〉도 못 믿고, 저 중도 못 믿는다.
➡ ①~④ 이것도 저것도 다 믿을 수 없다.
⑤ 선 무당이 사람을 살리고, 선 의원(醫員)이 사람을 살린다.
➡ 의사를 미더워하지 않는다.
⑥ 낮 도깨비에 홀렸다.
⑦ 대낮에 도깨비에 홀렸다.
➡ ⑥·⑦ 아무리 생각해도 이해(理解)가 안 간다. [도깨비는 절대로 낮에는 나타나지 않음]
⑧ 제 계집을 잃고 제 아비를 의심한다.
➡ 남에 대하여 의심을 많이 한다.

20. 염려(念慮)

① 물오리가 물에 빠져 죽을까봐 걱정한다.
➡ 쓸데 없이 걱정한다.
② 서울이 낭(낭떠러지)이라는 말을 듣고 삼십리부터 긴다.
③ 서울이 낭이라니까 과천(果川)서부터 긴다.

④ 서울이 무섭다니까 새재〈鳥嶺〉서부터 긴다.
⑤ 서울이 무섭다 하니까 남태령(南太嶺)부터 긴다.
➡ ②~⑤ 서울은 무서운 곳이라는 말을 듣고 서울로 가는 데 겁을 집어 먹고 있듯이, 말로만 듣고 어떤 일에 미리부터 겁을 내며 염려를 한다.

21. 기다림·기대(期待)

① 가물(가물음)에 비 기다리듯. (若枯旱之望雨)
② 구년지수(九年之水)에 해 바라듯.〈古本春香傳〉
③ 구년홍수에 볕 기다리듯.
④ 대한칠년(大旱七年)에 비 바라듯.
⑤ 칠년대한에 대우(大雨) 기다리듯.
➡ ①~⑤ 좋은 일이 생기도록 간절히 기다린다.
⑥ 곤 달걀 놓고 병아리 기다린다.
⑦ 까마귀가 희어질 때만 기다려라.
⑧ 쇠 불알 떨어지면 구워 먹기.
⑨ 쇠 불알 떨어질까 하고 장작 지고 다닌다.
⑩ 오뉴월 황소 불알 떨어지기를 기다린다.
⑪ 화로 들고 쇠 불알 떨어지기를 기다린다.
⑫ 황소 불알 떨어지면, 구워 먹으려고 다리미에 불 담아 다닌다.
➡ ⑥~⑫ 가망(可望)이 없는 것을 얻으려고 기대하며 벼른다.
⑬ 감나무 밑에 누워 연시(軟柿) 입 안에 떨어지기를 기다린다.
⑭ 홍시(紅柿) 떨어지면 먹으려고, 감나무 밑에 가서 입을 벌리고 누워 있다.
➡ ⑬·⑭ 힘을 들이지 않고, 요행수만 오기를 기다린다.
⑮ 백년을 기다린다. (百年河淸)
⑯ 천년하청을 기다린다. [참고] 黃河千年一淸〈拾遺記〉
➡ ⑮·⑯ 되지도 않을 일을 오랜 시일(時日)을 두고 기다린다. [황하(黃河)는 천년에 한 번 맑아진다는 말이 있음]

⑰ 긴 밤에 날 새기 기다리듯.
➡ 무엇을 지리하게 기다린다.
⑱ 솥 떼어 놓고 삼년.
⑲ 솥 씻어 놓고 기다린다.
➡ ⑱・⑲ 모든 것을 준비해 놓고 기다린다. [⑱ 준비는 이미 다 해놓고 실행을 하지 않는다는 뜻으로도 사용됨]
⑳ 체 장수 말〈馬〉 죽기만 기다린다.
➡ 이(利)를 얻으려고 몹시 기다린다.
㉑ 일각(一刻)이 삼추(三秋) 같다.〈金喬軒, 大同風雅〉,〈劉忠烈傳〉
➡ 시간(時間)이 빨리 지나가기를 간절히 기다린다.
㉒ 누이 믿고 장가 못 간다.
㉓ 동네 색시 믿고 장가 못 간다.
㉔ 앞 집 처녀 믿고 장가 못 간다.
➡ ㉒~㉔ 남은 생각도 하지 않는데, 그가 자기가 원하는 것을 들어주리라고 기대를 걸고 있다.
㉕ 개〈犬〉 그림 떡 바라듯.
㉖ 중〈僧〉 무우 상직(上直)하듯.
➡ ㉕・㉖ 가망이 없는 것에 대하여 행여나 얻을 수 있지는 않을까 하고 기대를 걸고 있다. 상직……밤을 세우며 지킴.
㉗ 물의 고기 금 치기.
➡ 될지 안 될지 모르는 일을 가지고 공연히 기대한다.
㉘ 동지(冬至)에 개딸기 찾는다.
➡ 추운 겨울에 있을 수 없는 것을 찾듯이, 시기(時期)도 모르고 얻을 수 없는 것을 얻으려고 바란다.
㉙ 손도 안 대고 코 풀려고 한다.
➡ 수고는 조금도 하지 않고 무엇이 이루어지기를 바란다.
㉚ 메밀이 있으면 뿌렸으면 좋겠다.
➡ 다시는 오지 않기를 바란다. [악귀(惡鬼)가 오지 못하게 하기 위하여 집 앞에 메밀을 뿌리던 풍습에서 온 말임]
㉛ 몸은 개천에 가 있고, 눈은 관청에 가 있다.

➡ 실력이 없는 사람이 눈만 높아서 바라기는 많이 바란다.
㉜ 노루 때리던 막대. [참고] 打獐杖〈東言解〉
➡ 어쩌다가 노루를 때려잡은 막대를 가지고 늘 그것만 가지고 나서면 노루를 잡을 수 있다고 생각하듯이, 일시의 우연한 요행을 가지고 매양 그러한 요행이 있기를 기대한다. [이 속담은 지난 날의 방법으로 어리석게도 덮어놓고 지금에도 적용하려고 한다는 뜻으로도 사용됨]
㉝ 청산(靑山)에 매 띄워 놓기.
➡ 허황한 일을 하고 행운을 바란다. [이 속담은 한번 제게서 떠난 후로 다시는 돌아오지 않는다라는 뜻으로도 사용됨]
㉞ 한 잎도 없는 놈이 두돈오푼 바란다.
㉟ 한 치도 없는 놈이 두치닷푼 바란다.
➡ ㉞·㉟ 당치도 않은 것을 주제넘게 크게 바란다.
㊱ 남의 밥 보고 시래깃국 끓인다.
㊲ 남의 밥 보고 장(醬) 떠 먹는다.
㊳ 남의 집 찬장에 둔 밥 보고 점심 굶는다.
㊴ 떡방아 소리 듣고, 김칫국 찾는다.
㊵ 떡 줄 놈은 생각도 않는데, 김칫국부터 마신다.
㊶ 떡 줄 사람에게는 묻지 않고, 김칫국부터 마신다.
➡ ㊱~㊶ 남은 생각하지도 않는데, 그가 자기에게 줄 것이라고 생각하여 미리부터 기대한다.
㊷ 건너다 보니 절터요 찌그르하니 입맛.
➡ 걸핏하면 먹을 것을 주지 않을까 하고 기대한다.
㊸ **꿈도 꾸기 전에 해몽(解夢).**
➡ 어떻게 될지도 모를 일을 가지고 미리부터 제 멋대로 상상하고 기대한다.
㊹ 남산골 샌님이 역적 바라듯.
➡ 가난하고 영락한 사람이 엉뚱한 일을 바란다.
㊺ 물에 있는 고기 금 친다.
➡ 될지 안 될지 모를 일을 가지고 공연히 기대한다.

22. 경심(傾心)・심취(心醉)

① 까투리가 콩밭 생각하듯.
② 까투리 새끼가 콩밭에만 마음이 있다.
③ 비둘기가 몸은 낢에 있어도, 마음은 콩밭에 있다.
④ 비둘기는 콩밭에만 마음이 있다.
➡ ①~④ 자기에게 이(利)로움을 주는 것에 마음을 기울인다.
⑤ 사람 죽는 줄 모르고, 팥죽 생각만 한다.
➡ 경우를 돌보지 않고 자기의 욕심을 채우려 신경을 쓴다.
⑥ 까마귀 어물전 보고 날듯.
➡ 얻지 못할 것을 얻으려고 신경을 쓴다.
⑦ 염불(念佛)에는 마음이 없고, 젯밥에만 마음이 있다. [참고] 念佛無心齋食有心〈松南雜識〉
⑧ 조상(弔喪)보다 팥죽에 마음이 있다.
⑨ 초상(初喪) 난 집에서 사람 죽은 것은 안 치고, 팥죽 들어오는 것만 친다.
➡ ⑦~⑨ 제가 할 일에는 정성(精誠)이 없고, 제 욕심을 채우기 위하여 다른 데만 관심을 쓴다.
⑩ 곯아빠져도 마음은 조방(助幇)에 있다.
➡ 제 처지(處地)는 생각하지 않고 힘에 겨운 일을 자꾸만 하려고 바란다. 조방……오입판에서 여러 가지 일을 마련하여 심부름 하거나 여자를 소개하는 일.
⑪ 찬 밥에 국 적은 줄만 안다.
➡ 가난한 살림에 없는 것이 당연한 것인 줄 모르고, 무엇이 부족하다 하여 쓸데 없이 마음을 쓴다.
⑫ 연희궁(衍喜宮) 까마귀 골수박 파 먹듯.
⑬ 해변(海邊) 까마귀 골수박 파 먹듯.
➡ ⑫・⑬ 어떤 한 가지 일에만 골몰하여 여념(餘念)이 없다. 연희궁……조선조 이대(二代)의 왕 정종(定宗)이 임금 자리를 내 놓은 뒤에 살던 궁.

⑭ 떡 친 데 엎드려졌다.
⑮ 떡판에 엎드려졌다.
➡ ⑭·⑮ 떠날 줄 모르고 무엇에 골몰하여 여념이 없다.
⑯ 도끼자루 썩는 줄 모른다.
⑰ 신선(神仙) 놀음에 도끼자루 썩는 줄 모른다.
➡ ⑯·⑰ 시간이 가는 줄 모르고, 어떤 일에 몰두하고 있다. [나무꾼이 신선이 바둑 두는 것을 재미나게 구경하다 보니 자기의 도끼자루가 썩었더라는 옛 이야기가 있음]
⑱ 사족(四足)을 못 쓴다.
➡ 무엇에 반하거나 혹하여 꼼짝을 못 한다.

23. 망상(妄想)

① 동녘이 번하니까 다 내 세상인 줄 안다.〈蔡萬植, 濁流〉
② 동녘이 번하니까 세상만 여긴다.
③ 동녘이 훤하면 세상인 줄 안다. [참고] 東方開認世上〈東言解〉
➡ ①~③ 세상 물정(物情)을 모르고 자기의 일은 다 좋게만 될 것이라는 망상에 사로잡혀 있다.

24. 흐리멍덩함·멍청함

① 정신은 꽁무니에 차고 다닌다.
② 정신은 문둥이 아비라.
③ 정신은 빼어 꽁무니에 차고 있다.
④ 정신은 처가(妻家)에 간다 하고 외가(外家)에 가겠다.
⑤ 손자(孫子) 잃은 영감.
➡ ①~⑤ 요긴(要緊)한 것을 잃고 정신이 멍하다.
⑥ 뜨물에 튀한 놈이다.
➡ 정신상태가 흐리멍덩하다. 튀하다……새나 짐승의 털을 뽑기 위해 끓는 물에 잠간 담갔다가 꺼내다.

25. 현훈(眩暈)

① 하늘이 남대문 구멍만 하다.
② 하늘이 돈잎만 하다.
③ 하늘이 돈짝만 하다.
④ 하늘이 콩짝만 하다.
➡ ①~④ 사물을 분간할 수 없을 정도로 정신이 어지럽다.

26. 의향(意向)

① 나중에야 삼수(三水)·갑산(甲山)을 갈지라도.
② 내일은 삼수·갑산을 가더라도.
③ 삼수·갑산을 가서 산전(山田)을 일궈 먹더라도. 〈李無影, 農民〉
➡ ①~③ 최악의 경우를 각오하고 일을 단행하겠다. 삼수……함경남도 삼수군의 군청 소재지. 압록강 지류에 임하여 있고, 갑산과 같이 교통이 불편하고 다른 지방과 풍습·습관이 다름. 옛날에 죄인을 귀양 보내던 곳임. 갑산……함경남도 갑산군의 군청 소재지. 교통이 불편하며 바다에서 멀리 떨어져 있어서 이 지방 특유의 풍토병이 있음.
④ 백두산(白頭山)이 무너지나, 동해수(東海水)가 메워지나. 〈金東仁, 雲峴宮의 봄〉
⑤ 아산(牙山)이 깨어지나, 평택이 무너지나. 〈沈熏, 永遠의 微笑〉
⑥ 평택이 깨어지나, 아산이 무너지나.
➡ ④~⑥ 결판이 날 때까지 끝까지 싸워 보겠다.
⑦ 내친 걸음이다. 〈廉想涉, 三代〉
⑧ 들여 디딘 발이다.
⑨ 벌려 놓은 굿이다.
⑩ 벌려 놓은 자례다.
⑪ 벌린 춤이다. (旣張之舞) 〈朴鍾和, 錦衫의 피〉
➡ ⑦~⑪ 이미 시작한 일로서 그만둘 수가 없으니 끝까지 해보겠다.
⑫ 빌어는 먹어도, 다리〈脚〉 아래 소리는 하기 싫다. [참고] 雖則乞匃猶

然恥拜〈耳談續纂〉, 雖乞食厭拜謁〈洌上方言〉
⑬ 빌어먹어도, 절하고 싶지 않다.
➡ ⑫·⑬ 아무리 어려운 처지에 놓이더라도, 비굴하게 남에게 아첨하여 도움을 받기는 싫다.
⑭ 꼴을 베어 신을 삼겠다. (結草報恩)[중국 춘추시대(春秋時代)에 진(晉) 나라의 위무자(魏武子)의 아들 과(顆)가, 아버지가 세상을 떠난 후에 아버지 첩(妾)을 개가(改嫁)시켜 순사(殉死)하지 않게 하였더니, 후에 과(顆)가 싸움터에 나갔을 때, 그 첩의 아버지의 혼이 적군의 앞길에 풀을 잡아매어, 적을 넘어뜨려 과에게 잡히게 했다는 옛 일에서 온 말임]
⑮ 머리털을 베어 신발을 한다.
⑯ 털을 뽑아 신을 삼겠다.
➡ ⑭~⑯ 무슨 짓을 해서든지 잊지 않고 받은 은혜에 보답하겠다. 꼴……소·말에게 먹이는 풀.
⑰ 똥 묻은 속곳을 팔아서라도.
⑱ 소경의 월수(月收)를 내어서라도.
⑲ 조리 장수 매끼돈을 내어서라도.
➡ ⑰~⑲ 사정이 매우 딱하니, 어떻게 해서라도 돈을 구하여 일을 해야 하겠다. 월수……본전에 변리(邊利)를 얹어서 다달이 갚아 가는 빚. 매끼돈……매끼 즉 물건을 묶는 데 쓰는 끈에 꿴 돈.
⑳ 상감(上監)님 망건 사러 가는 돈도 써야만 하겠다.
➡ 뒤에야 어떻게 되든지, 너무나 급하니 어떤 돈이건 당장 써야만 하겠다.
㉑ 손 큰 며느리가 시집살이 했을까.
➡ 더 많이 주지는 못 하겠다. [물건을 파는 장수가 더 많이 주지는 못 하겠다는 뜻으로 하는 말]
㉒ 네 떡이 크면, 내 떡도 크다.
➡ 네가 나에게 후하게 하면 나도 너에게 후하게 하겠다.
㉓ 네 떡이 한 개면, 내 떡도 한 개다.
➡ 네가 나를 대우하는 정도에 따라 나도 그 정도로 너를 대우하겠다.

㉔ 보리 주면, 오이 안 줄까.
➡ 나한테 준다면, 나도 너한테 무엇을 주겠다.
㉕ 거지 베 두루마기 해 입힌 셈이다.
㉖ 거지 옷 해 입힌 셈이다.
➡ ㉕·㉖ 사례(謝禮)로 보답(報答)해주기를 바라지 않는다.
㉗ 경(經) 다 읽고 떼어버려야겠다.
➡ 이번 일을 마치고 앞으로는 아주 인연을 끊어야 하겠다.
㉘ 성(姓)을 갈겠다.
➡ 다시는 하지 않겠다. [무엇을 단언(斷言)할 때 사용되기도 함]
㉙ 속으로 기역자를 긋는다.〈蔡萬植, 濁流〉
➡ 확고히 마음 속으로 금을 그어 결정한다.
㉚ 소금이 쉴 때까지 해보자.
➡ 일을 길게 끌어보겠다.

27. 기타(其他)

① 뚝배기로 개〈犬〉때렸다.
➡ 분에 못 이겨 화풀이를 해보았지마는 시원치 않다.
② 죽기가 서러운 것이 아니라, 아픈 것이 서럽다.
③ 죽기는 서럽지 않으나, 늙기가 서럽다.
➡ ②·③ 후에야 어떻게 되든, 현재 당하고 있는 일에 참기가 어렵다.
④ 만만찮기는 사돈집 안방.
⑤ 사돈네 안방 같다.
➡ ④·⑤ 처신하기가 자유롭지 못하고 불편하다.
⑥ 제가 제 뺨을 친다.
➡ 자기의 죄를 스스로 뉘우치고 참회한다.
⑦ 나무 칼로 귀를 베어도 모르겠다.
➡ 한 가지 일에만 골몰하고 있다.
⑧ 마음에 없는 염불(念佛).
➡ 형식만 차릴 뿐이지 무성의(無誠意)하다.

⑨ 제 돈 칠푼만 알고 남의 돈 열네잎은 모른다.
➡ 자기 것만 소중히 여기고 남의 것은 우습게 여긴다.
⑩ 도마 위의 고기가 칼을 무서워하랴. [참고] 俎上肉不畏刀〈旬五志〉, 肉登俎刀不怖〈洌上方言〉, 俎上魚畏刀乎〈東言解〉
➡ 이미 운(運)이 결정되었으니 아무 것도 두려워하지 않는다.
⑪ 깨가 쏟아진다.〈朴鍾和, 多情佛心〉,〈李熙昇, 隨筆〉
➡ 아주 재미가 있다.
⑫ 손님에 아이가 죽어도, 동무가 있으니 낫다.
➡ 최악의 경우를 당하였으나, 같은 처지에 있는 사람이 있으니 조금은 위로가 된다. 손님……천연두.
⑬ 손자(孫子) 환갑(還甲) 닥치겠다.
⑭ 손자 턱에 흰 수염이 나겠다.
➡ ⑬·⑭ 너무 오래 걸려서 기다리기에 지루하다.
⑮ 짝사랑 외기러기. [참고] 隻愛獨樂〈旬五志〉
⑯ 말〈馬〉이 먹다 남은 콩을 못 잊듯.
➡ ⑮·⑯ 자기가 하다가 그만둔 일에 미련을 두고 있다.
⑰ 장구 깨진 무당 같다.
➡ 기운이 꺾여 아무런 흥미도 보이지 않는다.
⑱ 내일의 닭을 모르고, 오늘의 달걀만 안다. (不知明日之雞 但知今日之卵)
➡ 장래는 생각하지 않고, 근시안적으로 눈 앞의 일에만 급급하다.
⑲ 염천교(鹽川橋) 밑에서 돼지 흘레를 붙이는 것이 낫겠다.
➡ 억지로 천한 일을 하라고 하는데, 도무지 마땅치 않다.
⑳ 굶주린 나귀가 매를 무서워할까.
㉑ 굶주린 말〈馬〉이 채질을 두려워할까.
➡ ⑳·㉑ 극도로 가난하여 악만 남았기 때문에 아무 것도 무서워하지 않는다.
㉒ 사촌(四寸)이 땅을 샀나, 배를 왜 앓아.
➡ 남이 잘된 것을 보고 시기한다.
㉓ 개〈犬〉 마른 뼈 물어뜯듯. (犬齧枯骨)

➡ 일을 해도 아무런 재미가 없다.
㉔ 들보기 장사 애 말라 죽는다.
➡ 요행수를 바라느라고 몹시 애쓴다. 들보기 장사……여기 저기 시세를 들보면서 요행수를 바라고 하는 장사.
㉕ 조상(祖上) 같이 안다.
➡ 매우 귀(貴)하게 여긴다.
㉖ 금(金)이야, 옥(玉)이야.〈蔡萬植, 太平天下〉
㉗ 쥐면 꺼질까, 불면 날까.
➡ ㉖·㉗ 매우 애지중지(愛之重之) 한다.
㉘ 물 묻은 치마에 땀 묻는 걸 꺼릴까.
➡ 이미 좋지 않게 된 처지에 조금 더 잘못되더라도 꺼리지 않는다.
㉙ 신(腎)에 붙지 않는다.
➡ 마음에 흡족하지 못하여 즐겁지 않다.
㉚ 부레풀로 일월(日月)을 붙인다.
➡ 생선의 부레로 만든 풀로 해와 달을 붙이겠다고 하듯이, 어리석게도 엉뚱한 생각을 품고 있다.
㉛ 송사(訟事)에는 졌어도 재판은 잘 하더라.
➡ 서로 다투다가 비록 자기가 지기는 하였으나, 그 판결이 공평하였으므로 조금도 억울하지가 않다.
㉜ 황혼병(黃昏病)에 걸렸다.
➡ 해가 질 무렵이 되면 저절로 술〈酒〉 생각이 난다.
㉝ 혼백(魂魄)이 상처(喪妻) 했다.
➡ 넋을 잃고 정신을 못 차린다.
㉞ 가시어미 눈 멀 사위.
➡ 국을 매우 좋아한다. 가시어미……장모(丈母)의 낮은 말. [제주도에서는 굴뚝 없는 솥을 걸었기 때문에 사위가 오면 솥에 국을 끓여 주느라고 연기와 김으로 눈이 멀 지경이 된다는 말]
㉟ 뱃〈腹〉속에 의송(議訟)이 들었다.
➡ 속에는 야심(野心)을 품고 있다. 의송……조선조 때 민사(民事) 사건(事件)의 항소(抗訴).

㊱ 벙어리 소지(所志) 정하듯.
➡ 아무런 말도 없이 저 혼자 마음에 결정한다.
㊲ 곧은 나무도 뿌리는 구부러졌다.
➡ 겉으로는 얌전한 척하지마는, 속으로는 야심(野心)을 품고 있다.
㊳ 주객(酒客)이 청탁(淸濁)을 가릴까.
➡ 늘 즐기는 것이라면 종류나 질(質)을 가리지 않고 좋아한다.
㊴ 하늘도 두렵지 않고, 땅도 무섭지 않다. (不伯天 不畏地)
➡ 잘못한 일이 없으므로, 세상에서 두려워할 것이 하나도 없다.
㊵ 눈에 불을 켠다.
㊶ 눈에 쌍 심지를 켠다.
➡ ㊵·㊶ 몹시 흥분하여 기(氣)를 쓰고 있다.
㊷ 팔자가 사나우니까 의붓아들이 삼년 맏이라.
➡ 일이 마땅치 못하여 매우 개탄스럽다.

[群] 16. 감각(感覺)

1. 외부감각(外部感覺)

① 코를 잡아도 모르겠다.
➡ 몹시 캄캄하다.
② 닷곱 장님이다.
③ 발 새 티눈만도 못하다. 〈玄鎭健, 無影塔〉
④ 청명(淸明)하면 대마도(對馬島)를 건너다 보겠네.
⑤ 청명한 날이면 청국(淸國)도 들여다 보겠네.
➡ ②~⑤ 시력(視力)이 아주 나쁘다. [④·⑤ 반어(反語)로 표현됨]
⑥ 당나귀 우는 것 보고 하품 한다고 한다.
➡ 당나귀가 우는 것을 보고 하품을 한다고 할 정도로 그 울음소리를 들을 수 없듯이, 완전한 귀머거리다.
⑦ 가을 상추는 문 걸어 잠그고 먹는다.
➡ 가을 상추는 참으로 맛이 좋다.
⑧ 가을 아욱국은 계집 내쫓고 먹는다.
⑨ 가을 아욱국은 사위에게만 준다.
➡ ⑧·⑨ 가을의 아욱국은 매우 맛이 좋다.
⑩ 가을에는 손톱·발톱이 다 먹는다.
➡ 가을에는 입맛이 나서 누구나 많이 먹게 된다.
⑪ 기갈(飢渴)이 감식(甘食).
⑫ 시장이 반찬.
⑬ 시장이 팥죽.
⑭ 오후(午後) 한량(閑良) 쓴 것이 없다.
➡ ⑪~⑭ 굶주린 사람은 무엇이나 맛 있게 먹게 된다. [⑭ 활쏘기 연습

을 한 한량이 오후가 되면 시장하여, 먹을 것이면 쓴 것도 쓴 줄을 모르고 맛 있게 먹음]

⑮ 나무칼로 귀를 베어도 모르겠다.
⑯ 둘이서 먹다가 하나가 죽어도 모르겠다.
⑰ 혓바닥째로 넘어간다.
➡ ⑮~⑰ 맛이 매우 좋다.
⑱ 떡 장수 아들은 떡을 안 먹는다.
➡ 맛 있는 음식도 늘 먹게 되면 맛이 좋은지를 모르게 된다.
⑲ 움막에 단 장(醬).
➡ 가난한 집의 음식물이 매우 맛이 있다.
⑳ 날 속한(俗漢) 이마 씻은 물 같다.
㉑ 도끼 삶은 물 같다.
㉒ 맹물에 조약돌 삶은 맛.
㉓ 중(僧)의 이마 씻은 물.
➡ ⑳~㉓ 아주 맛이 없다. 날……매우 악랄하고 지독한. 속한……품격이 저속하고 보잘것이 없는 사람. 조약돌……자질구레하고 동글동글한 돌.
㉔ 고드름에 초장 친 맛이다.
➡ 몹시 싱겁고 맛이 없다.
㉕ 개장국에 초 친 맛이다.
➡ 맛이 시고 맵다.
㉖ 나무 껍질 씹는 맛이다.
➡ 입맛이 없어서 고기로 만든 요리가 맛이 없다.
㉗ 오뉴월에 얼어 죽는다.
㉘ 이월(二月)에 보리 환상(還上) 갔다가 얼어 죽겠다.
➡ ㉗ㆍ㉘ 과히 춥지도 않은데 지나치게 추워한다. 환상……옛날 각 고을에 사창(社倉)에서 백성에게 꾸어주었던 곡식을 가을에 이자(利子)를 붙여 받아들이는 일. 환자.

2. 내부감각(內部感覺)

① 장설간(帳設間)이 비었다.
➡ 매우 배가 고프다. 장설간……잔치 음식물을 차리는 곳.
② 배꼽이 툭 튀어나와 콧구멍보고 형님 한다.
➡ 매우 배가 부르다.
③ 눈에서 딱정벌레가 왔다 갔다 한다.
➡ 현기증이 나서 눈이 아찔아찔하다.
④ 코에서 단 내가 난다. 〈李無影, 農民〉
⑤ 코에서 말똥 내가 난다.
➡ ④·⑤ 심신(心身)이 매우 피로하다.

[群] 17. 인지(認知)·망각(忘却)

1. 신인(信認)·불신인(不信認)

① 콩을 팥이라 해도 곧이 듣는다. 〈古本春香傳〉
② 팥으로 메주를 쑨대도 곧이 듣는다.
③ 팥을 콩이라 해도 곧이 듣는다.
➡ ①~③ 남의 말을 지나치게 잘 믿는다.
④ 소금으로 장(醬)을 담근다 해도 곧이 들리지 않는다.
➡ 무슨 소리를 하든 믿을 수 없다.
⑤ 소금으로 장을 담근다 해도 곧이 안 듣는다. 〈토끼傳〉
⑥ 소금이 짜다 해도 곧이 안 듣는다.
⑦ 콩으로 두부를 만든다 해도 곧이 안 듣는다.
⑧ 콩으로 메주를 쑨다 해도 곧이 안 듣는다. 〈토끼傳〉
➡ ⑤~⑧ 무슨 말을 하든 믿지 않는다. [이 속담들은 거짓말을 잘하는 사람의 말은 다 거짓말 같이 들린다는 뜻으로도 사용됨]

2. 불변(不辨)·추측(推測)

① 똥인지 호박국인지.
② 무릇인지 닭똥인지.
③ 죽인지 코인지.
④ 흰 죽에 코.
➡ ①~④ 서로 비슷하여 무엇이 무엇인지 구별이 안 된다. 무릇……들나물의 일종.
⑤ 검은 고양이 눈 감은 듯.

➡ 경계(境界)가 분명하지 못하여 분간이 안 된다.
⑥ 흑백(黑白)이 앞에 있어도 보이지 않는다. [참고] 黑白在前而目不見 〈荀子〉
➡ 착하고 악한 것이 분간되지 않는다.
⑦ 푸른색과 누른색을 분간하지 못한다. [참고] 靑黃色不可得也 〈諸葛亮心書〉
➡ 사물(事物)을 분별하지 못한다.
⑧ 대가리와 꼬리를 분간 못한다. (頭尾不辨)
➡ 두서(頭緖)를 분간하지 못한다.
⑨ 도감포수(都監砲手) 마누라 오줌 짐작하듯.
⑩ 도감포수의 오줌 짐작이라.
➡ ⑨·⑩ 도감포수가 매일 새벽에 아내나 자기의 배뇨(排尿) 시각을 기준으로 삼아 출근시간을 어림잡았듯이, 무엇을 짐작으로 판단한다. 도감포수……옛날, 훈련도감(訓練都監)의 포수

3. 오인(誤認)·오판(誤判)

① 소리개를 매로 보았다. [참고] 鳶以應視 〈東言解〉
➡ 못난 사람을 잘난 사람으로 보았다. [못 쓸 것을 쓸 것으로 잘못 보았다라는 뜻으로도 사용됨]
② 매를 소리개로 보았다.
➡ 잘난 사람을 못난 사람으로 보았다. [쓸 것을 못 쓸 것으로 보았다라는 뜻으로도 사용됨]
③ 꿩을 닭으로 보았다.
➡ 서로 비슷하기 때문에 양자(兩者)를 같은 것으로 보았다.
④ 어둠침침한 눈으로 길을 가는 사람은 바위를 보고 엎드린 범인 줄 안다. [참고] 冥冥而行者見寢石以爲伏虎也 〈荀子〉
➡ 무식한 사람은 사물을 옳게 판단할 수 없어서 사물을 잘못 판단하게 된다.
⑤ 장님 코끼리 말 한다.

➡ 한 부분만 알고 그것이 전체인 것처럼 여긴다.
⑥ 독 장수 경륜(經綸).
⑦ 독 장수 구구. [참고] 甕算 〈松南雜識〉
➡ ⑥·⑦ 실현성(實現性)이 없는, 손실(損失)을 가져오게 될 허황한 계산이다. [위 속담들은 어떤 독장수가 길 가에서 잠이 들어 꿈 속에서 큰 부자가 되어 좋아서 날뛰다가 깨어보니 옆에 놓았던 독들이 다 깨어졌더라는 이야기에서 나온 말임]

4. 망각(忘却)

① 까마귀 고기를 먹었나. 〈廉想涉, 三代〉
② 까마귀 알 물어 감춘다.
③ 까마귀 정신이다.
④ 정신(精神)은 처가(妻家)로 간다 하고 외가(外家)로 간다.
➡ ①~④ 기억력이 없어서 잘 잊어버린다.
⑤ 한 귀로 듣고, 한 귀로 흘린다.
➡ 말〈言〉을 듣고는 곧 잊어버린다.
⑥ 사냥 가는데 총을 안 가지고 간다.
⑦ 장가 들러 가는 놈이 불알 떼어 놓고 간다.
⑧ 장사(葬事) 지내러 가는 놈이 시체 두고 간다.
➡ ⑥~⑧ 사람이 아둔하여 필수적인 것을 잊어버리고 일을 하려고 한다.

5. 기타(其他)

① 벙어리의 꿈이다.
➡ 벙어리가 꿈을 꾸어도 남에게 말을 못하여 혼자만 알고 있듯이, 무슨 일을 혼자만 알고 있다.
② 산(山) 모양은 보는 곳에 따라 다르다.
➡ 같은 것이라도 보는 사람에 따라 다르게 인지(認知) 된다.

③ 호랑이 날고기 먹는 줄 모르나.
➡ 누구나 다 알고 있는 사실이다.
④ 건너다 보니 절터라.
➡ 내용을 보지 않고 겉으로만 보아도 그것이 무엇인가라는 틀림 없는 짐작이 든다. [이 속담은 아무리 욕심을 내어도 남의 것이기 때문에 그 뜻을 이룰 수 없다라는 뜻으로도 사용됨]
⑤ 물이 깊고 얕은 것은 건너봐야 안다.
➡ 좋고 나쁜 것은 실제로 경험해 봐야 알게 된다.
⑥ 귀에 걸면 귀엣고리(귀거리), 코에 걸면 코엣고리(코거리).
➡ 사물은 보는 사람의 관점에 따라, 이렇게도 인식될 수 있고 저렇게도 인식될 수 있다.

[群] 18. 부지(不知)·몰이해(沒理解)

1. 부지(不知)

① 뒷간 쥐는 구린 줄 모른다.
➡ 늘 나쁜 분위기나 환경 속에서 사는 사람은 그 사실을 모른다.
② 돼지는 우리 더러운 줄 모른다.
➡ 더러운 곳에서 사는 사람은 더러운 것을 모른다.
③ 남의 흉 한 치는 봐도, 제 흉 한 자는 모른다.
➡ 사람은 남의 사소한 허물은 잘 보지마는, 자기의 큰 허물은 모른다.
④ 황새가 황새보고 멀쑥하다고 한다.
➡ 남의 허물은 알아도 자기의 허물은 모른다.
⑤ 당나귀는 제 귀 큰 줄 모른다.
⑥ 똥벌레가 제 몸 더러운 줄 모른다.〈謝氏南征記〉
⑦ 제 똥 구린 줄 모른다.〈廉想涉, 三代〉
⑧ 제 밑 핥는 개〈犬〉.
➡ ⑤~⑧ 제게는 추악(醜惡)한 일이 있어도 그 사실을 모른다.
⑨ 개〈犬〉머루 먹듯.
⑩ 개〈犬〉약과 먹기. [참고] 狗食藥果〈東言解〉
⑪ 꿀단지 겉 핥기.
⑫ 수박 겉 핥기.
➡ ⑨~⑫ 무슨 일을 하면서도 그것의 참뜻이나 내용을 모른다.
⑬ 달리는 말〈馬〉위에서 꽃구경 한다. (走馬看花)
⑭ 달리는 말 위에서 산(山) 구경한다.
➡ ⑬·⑭ 일을 급하게 하기 때문에 그 내용을 모른다.
⑮ 통째로 먹는 놈은 맛도 모른다.

➡ 일을 거칠게 하는 사람은 일의 참뜻이나 내용을 모른다.
⑯ 봉사 굿 보기.
⑰ 봉사 단청(丹靑) 구경.
⑱ 소경 관등(觀燈) 가듯.
⑲ 장님 거울 보기다.
➡ ⑯~⑲ 보기는 하지마는 그 내용을 전혀 모른다.
⑳ 까투리 북한산(北漢山) 다녀오듯.
㉑ 하룻망아지 서울 다녀오듯.
➡ ⑳·㉑ 보기는 보았지마는 그 내용을 알지 못한다.
㉒ 코가 어디 붙은는지 모른다.〈蔡萬植, 濁流〉
➡ 누구인지 무엇을 하는 사람인지 전혀 모른다.
㉓ 깜깜 밤중이다.〈李光洙, 사랑〉
➡ 까맣게 모른다.
㉔ 제 앞에 안 떨어진 불은 뜨거운 줄 모른다.
➡ 제가 직접 겪어보지 않으면 어렵고 괴로운 남의 일을 알지 못한다.
㉕ 감출 줄은 모르고 훔칠 줄만 안다.
➡ 한 가지만 알고 다른 것은 모른다.
㉖ 뒤통수에 눈 있는 놈 없다.
➡ 남이 안 보는 데서 하는 일은 알지 못 한다.
㉗ 범이 삼대독자(三代獨子)를 알아본다더냐.
➡ 포악한 사람은 남의 사정을 알지 못 한다.
㉘ 굴 속에서 하늘 보기. (穴中窺天)
㉙ 대〈竹〉구멍으로 하늘을 본다.
㉚ 바늘 구멍으로 하늘 보기.
㉛ 우물 안의 개구리.〈彰善感義錄〉,〈李熙昇, 隨筆〉
㉜ 우물 안의 고기.
➡ ㉘~㉜ 일부분만 알고 넓은 세상의 형편을 모른다.
㉝ 눈이 아무리 밝아도 제 코는 안 보인다.
➡ 사람은 제 아무리 똑똑하더라도 자기자신을 잘 모른다.
㉞ 눈〈眼〉이 눈썹을 못 본다.

㉟ 등잔 밑이 어둡다. [참고] 燈下不明〈東言解〉
㊱ 법(法) 밑에서 법 모른다.
➡ ㉞~㊱ 자기가 잘 알고 있을 법한 가까운 일을 모르고 있다.
㊲ 머슴살이 삼년에 주인(主人) 성(姓) 묻는다.
㊳ 십년 모신 시어미 성도 모른다.
㊴ 십년을 같이 산 시어미 성도 모른다.
㊵ 십년이나 데리고 산 아내 나이도 모른다.
㊶ 한 집에 있어도 시어미 성도 모른다.
㊷ 한 청(廳)에 있으면서 김수항(金壽恒)의 성을 모른다.
➡ ㊲~㊷ 사람이 너무나 무관심하여 응당 알아야 할 가까운 데 일을 모르고 있다. 김수항……조선조 후기의 문신(文臣)으로 김수흥(金壽興)의 아우. 서인(西人)으로서 숙종 6년(1680)에 영의정이 되었으나 기사환국(己巳換局)때 진도에 유배된 후 사사됨.
㊸ 멱부리 암탉이다.
➡ 턱 밑에 털이 많이 나서 아래를 못 보듯이, 바로 앞 일을 모르고 있다. 멱부리……턱 밑에 털이 많이 난 닭.
㊹ 쓴 맛을 모르는 사람은 단 맛도 모른다.
➡ 고생을 해보지 않은 사람은 참된 즐거움을 모른다.
㊺ 고양이 덕(德)과 며느리 덕은 알지 못한다.
➡ 알지 못하는 가운데 남의 힘을 많이 입지마는, 남 보기에 뚜렷한 공(功)이 없는 것 같이 보이면 그 공을 알아주지 않는다.
㊻ 머리 검은 짐승은 남의 공(功)을 모른다.
➡ 흔히 사람은 짐승보다도 더 남의 공을 모르고 지낸다.
㊼ 열 달만에 아이 낳는 줄 몰랐던가.
➡ 응당 알고 있을만한 평범한 사실도 모르고 있다.
㊽ 한 달 잡고 보름은 못 본다.
➡ 큰 것은 알아도, 응당 알만한 작은 것은 모른다.
㊾ 중〈僧〉은 중이라도 절〈寺〉 모르는 중이다.
➡ 반드시 알고 있어야 할 처지에 있는 사람이 모르고 있다.
㊿ 콩죽은 내가 먹고, 배는 남이 앓는다.

㉑ 콩죽은 내가 먹었는데, 배는 왜 네가 앓느냐.
➡ ㊿ㆍ㉑ 일은 내가 저질렀는데, 그 벌을 네가 받게 되는 까닭을 모르겠다.
㉒ 작은 것만 보던 사람은 천지(天地)가 크다는 것을 알지 못한다.
➡ 견문(見聞)이 좁은 사람은 큰 일을 알지 못한다.
㉓ 범은 병든 것 같이 걷는다. [참고] 虎行以病〈菜根譚〉
➡ 용맹(勇猛)한 범도 겉보기에는 힘 없이 걷듯이 겉만 보아서는 그의 용맹을 모른다.
㉔ 등에는 눈이 없다.
➡ 보지 않는 곳에서 하는 일은 모른다.
㉕ 국이 끓는지 장이 끓는지.
㉖ 죽이 끓는지 밥이 끓는지.
➡ ㉕ㆍ㉖ 일이 어떻게 되어가는지 도무지 모른다.
㉗ 호박씨를 까는지 수박씨를 까는지.
➡ 무슨 일을 어떻게 하는지 도무지 알 수 없다.
㉘ 물동이 이고 강변으로 물 팔러 간다.
➡ 물건을 귀한 곳에서 팔지 않고 흔한 곳에서 팔듯이, 세상의 물정(物情)을 모른다.
㉙ 궁(宮) 도령님.
➡ 부유한 집에서 태어나서 세상의 고생도 물정도 모른다.
㉚ 물고기가 솥 안에서 논다. (魚遊於鼎)
➡ 멀지 않아 죽을 것을 모르고 있다.
㉛ 가마솥에 노는 고기다.
➡ 누구나 자기 눈 앞에 다가오는 재액(災厄)을 모른다.
㉜ 삼천갑자(三千甲子) 동방삭(東方朔)이도 저 죽을 날을 몰랐다.
➡ 사람은 누구나 언제 어디서 제가 어떻게 될 것인지 알지 못한다. 동방삭……중국 전한(前漢) 시대의 사람. 속칭 삼천갑자라 하여 장수(長壽)한 사람의 대표로 침.
㉝ 숫돌이 저 닳는 줄 모른다.
➡ 자신의 운명이 조금씩 점점 줄어드는 것을 의식하지 못한다.

㉔ 한 동네에서는 명창(名唱)이 없다.
➡ 늘 같이 사는 사람들끼리는 서로의 장점(長點)을 모른다.
㉕ 남의 속은 동네 존위(尊位)도 모른다.
➡ 사람은 남의 속을 다 알지 못한다.
㉖ 동아 속 썩는 것은 밭 임자도 모른다.
➡ 남이 혼자 속으로만 하는 걱정은 아무리 가깝게 지내는 사람도 알지를 못한다. 동아……박과에 딸린 한해살이 덩굴풀, 또는 그 열매.
㉗ 호랑이는 그려도 그 뼈는 못 그린다.
➡ 사람의 겉모양은 알 수 있어도, 그 마음은 모른다.
㉘ 훗장 떡이 클지 작을지 누가 아나.
➡ 장래의 일은 누구도 알지 못한다.
㉙ 바닷가 개〈犬〉는 호랑이 무서운 줄 모른다.
➡ 아무리 무서운 것이라도 그것에 대하여 아는 것이 없으면 무서운 줄 모른다.

2. 몰이해(沒理解)

① 너하고 말하느니 개〈犬〉하고 말하겠다.
② 너하고 말하느니 달아나겠다. [참고] 與汝語大路走〈東言解〉
③ 담벼락하고 말하겠다.
➡ ①~③ 사람이 우둔하여 남의 말을 알아듣지 못하고, 사리(事理)를 인식하지 못하여 도무지 이해(理解)를 못한다.
④ 손톱 밑에 가시 드는 줄은 알아도, 염통 밑에 쉬 스는 줄은 모른다.
  [참고] 瓜芒思擢心蛆罔覺〈耳談續纂〉,〈李熙昇, 隨筆〉
➡ 눈 앞에 보이는 작은 일에는 영리하나 당장 나타나 보이지 않는 큰 손해되는 일을 깨닫지 못 한다.
⑤ 내 살을 꼬집어봐야 남의 아픔도 안다.
➡ 자신이 고생을 해본 사람이 아니고서는 남의 고생을 몰라준다.
⑥ 말〈馬〉 귀에 염불(念佛).
⑦ 쇠 귀에 경(經) 읽기. [참고] 牛耳誦經〈耳談續纂, 東言解〉,〈沈熏, 永

遠의 微笑〉
⑧ 쇠 코에 경 읽기.
⑨ 소한테 염불.
➡ ⑥~⑨ 사람이 둔하여 아무리 가르쳐도 또는 아무리 설명해도 알아듣지를 못한다.

[群] 19. 지식(知識)

1. 유식(有識)

① 귀가 도자전(刀子廛) 마루 구멍이다.
② 귀가 도자전이다.
③ 귀가 보배다.
④ 귀가 산호(珊瑚) 가지다.
➡ ①~④ 배운 것은 없으나 귀로 들어서 아는 것이 많다. 도자전……칼·창, 보석 같은 장식품 따위를 파는 가게.
⑤ 마른 땅, 진 땅 다 다녀봤다.
➡ 고락(苦樂)을 다 체험해봤기 때문에 세상 물정을 다 알고 있다. [갖가지 경험을 많이 해보았다는 뜻으로도 사용됨]
⑥ 앉아서 천리(千里)를 본다.
➡ 가만히 앉아서도 세상이 돌아가는 것을 다 안다.
⑦ 국이 끓는지, 밥이 끓는지 다 안다.
⑧ 국이 끓는지, 장(醬)이 끓는지 다 안다.
➡ ⑦·⑧ 집안이나 세상의 형편을 들여다보는 것처럼 다 안다.
⑨ 물때·썰때를 다 안다.
➡ 일의 형편이나 진퇴(進退)의 시기(時期)를 잘 안다. 물때·썰때……밀물 때와 썰물 때.
⑩ 바람벽 뚫고 나온 중방(中枋) 밑 귀뚜라미 아들이다. 〈古本春香傳〉
⑪ 아는 법이 모진 바람벽 뚫고 나온 중방(中枋) 밑 귀뚜라미다.
➡ ⑩·⑪ 세상 일을 모르는 것 없이 다 알고 있다. 중방……벽 한가운데에 가로지른 인방(引枋).
⑫ 두메에 사는 이방(吏房)이 조정(朝廷) 일은 더 안다.

➡ 출입(出入)이 없는 사람이 도리어 외부 소식을 더 안다.

2. 피상적(皮相的) 지식(知識)

① 고기의 맛을 알지 못 한다. [참고] 不知肉味〈論語〉
➡ 고기의 참맛을 모르듯이, 겉만 알고 진리(眞理)를 모른다.
② 어깨 넘어 글.
③ 어깨 넘어 문장(文章).
④ 얻어 들은 풍월(風月).
➡ ②~④ 정식(正式)으로 배우지 못하고 자주 들어 피상적인 지식을 가지고 있다. [이 속담들은 남이 배우는 옆에서 얻어 들어 어느 정도 많이 알고 있다는 뜻으로도 사용됨]

3. 무식(無識)

① '가갸' 뒷 자(字)도 모른다.
② '가' 자 뒷 다리도 모른다.
③ 검은 것은 글씨라는 것 밖에 모른다.
④ 고무래를 놓고 고무래정(丁) 자도 모른다.
⑤ 낫 놓고 기역 자도 모른다.
⑥ 눈 뜬 장님.
⑦ 뜨고도 못 보는 당달봉사.
⑧ 집게 놓고 에이(A) 자도 모른다.
⑨ 흰 것은 종이요 검은 것은 글씨다.
➡ ①~⑨ 배우지를 못 하여 글을 모른다. '가' 자 뒷 다리……'ㅏ'.
⑩ 다듬지 않은 옥(玉)이다.
⑪ 한 치만 보지, 두 치는 못 본다.
⑫ 한 치 앞도 모른다.
⑬ 한 치 앞을 못 본다.
➡ ⑩~⑬ 한 가지만 알고 두 가지는 모른다.

⑭ <u>무식한 도깨비 부작(符作)을 모른다.</u>
➡ 자기에게 가장 중요하다는 것을 몰라 실수할 정도로 무식하다.
⑮ <u>눈〈目〉은 있어도 망울이 없다.</u> 〈朴氏傳〉
➡ 사물을 정확하게 분별하는 안목(眼目)과 식견(識見)이 없다.
⑯ <u>쥐 불알도 모른다.</u>
➡ 바보 같이 남이 다 알고 있는 것도 모른다.

[群] 20. 인간관계(人間關係)·교제(交際)

1. 정분(情分)·친근(親近)·화합(和合)

① 형(兄)이니 아우니 한다.
➡ 서로 다정(多情)한 사이다.
② 찰거머리 정(情).〈金裕貞, 아내〉
➡ 서로가 아주 굳은 정분(情分)을 맺고 있다. 찰거머리……몸이 비교적 작고 빨판이 발달되어, 사람 몸에 잘 들러붙고 떨어지지 않는 거머리.
③ 콩 한 쪽도 나눠 먹는다.
➡ 정분(情分)이 아주 좋아서 사소한 것까지도 서로 나눠 가진다.
④ 성부동(姓不同) 남.
➡ 성이 달라서 남이지, 친분(親分)으로는 일가나 마찬가지로 사이가 퍽 가깝다.
⑤ 배가 맞는다.
➡ 서로 마음이 잘 통한다.
⑥ 담 하나 사이의 이웃이다. (隔牆之隣)
➡ 이웃에서 서로 친하게 지낸다.
⑦ 코를 맞댄다.
➡ 코를 맞댈 정도로 아주 가까운 사이다. 또는 두 사람이 아주 가까와졌다.
⑧ 한 굴에 든 여우다.
➡ 같은 처지에 있는 사람들로서 아주 친한 사이다.
⑨ 고양이 발에 덕석이다. [참고] 猫足藁席〈東言解〉
➡ 고양이가 짚 덕석을 밟으면 짚이 붙어 잘 떨어지지 않는 것처럼, 서로

합하여 친하게 지낸다.
⑩ 궁가(宮哥) 박가(朴哥)다.
➡ 동류(同類)로서 서로 잘 어울린다.
⑪ 어항에 금붕어 놀듯.
➡ 남녀가 서로 잘 어울려 지낸다.
⑫ 부전조개 이 맞듯.
➡ 조금도 틈이 없고 서로 잘 화합한다. 부전조개……조개 껍데기를 고운 헝겊으로 싸서 가지는 장난감.
⑬ 맑은 향기가 집 안에 가득하다.
⑭ 씨암탉 잡은 듯하다.
➡ ⑬·⑭ 집안이 매우 화락하다.

  2. 불화(不和)·불교(不交)

① 개〈犬〉와 원숭이 사이다. (犬猿之間)
② 고양이와 개다.〈李無影, 農民〉
➡ ①·② 서로 사이가 나빠 적대시한다.
③ 물 위에 기름. [참고] 水上油〈東言解〉
④ 찬 물에 기름 돈다.
➡ ③·④ 서로 화합하지 않고 따로 돈다.
⑤ 떡 해 먹을 집안.
➡ 집안 사람들이 서로 마음이 헤어져 화합하지 못하다. [집안 귀신 탓으로 집안이 불화하고 사나운 일만 생기니 떡을 하여 고사를 지내야 한다는 뜻임]
⑥ 나도 덩더꿍, 너도 덩더꿍.
➡ 사람들이 저마다 잘난 체하여 조금도 타협하지 않고 서로 버틴다.
⑦ 나무괭이 등 맞춘 것 같다.
⑧ 남생이 등 맞추듯.
➡ ⑦·⑧ 마음이 서로 맞지 않아 대립하고 있다.
⑨ 피로 피를 씻는다.

➡ 혈족(血族)끼리 서로 다툰다.
⑩ 개〈犬〉밥에 도토리. [참고] 狗飯橡實〈東言解〉, 〈京板春香傳〉, 〈蔡萬植, 太平天下〉
➡ 따로 돌리어 떨어져 여럿에 어울리지 못한다. [개는 도토리를 먹지 아니하므로, 밥 속에 도토리는 먹지 않고 남김]
⑪ 꾸어다 놓은 보릿자루.
⑫ 꾸어 온 빗자루.
⑬ 벙어리 삼신(三身)이다.
⑭ 빌려 온 고양이 같이.
⑮ 전당(典當) 잡은 촛대. [참고] 典當執燭臺〈東言解〉
➡ ⑪~⑮ 여럿이 모여 서로 재미있게 지내는데, 혼자서 가만히 앉아 남들과 어울리지 않는다. 삼신……부처가 몸을 변하여 세상에 나타나는 세 가지 모양.
⑯ 새〈鳥〉도 염불(念佛)을 하고, 쥐도 방귀를 뀐다.
➡ 사람이 여럿이 모여 노래하고 춤추는데, 어울리지 않는다.
⑰ 왜 감중련(坎中連)을 하였노.
➡ 불상(佛像)이 까딱 없이 점잖게 바로 앉아 있듯이, 저만 위엄을 가장하고 남들과 어울리지를 않는다. 감중련……팔괘(八卦)의 하나인 감괘(坎卦)의 상형(象形).
⑱ 담을 쌓고 벽을 쳤다.
⑲ 담을 쌓았다.
➡ ⑱·⑲ 좋게 사귀던 사이를 끊고, 서로 교제를 하지 않는다.

3. 반수(伴隨)

① 구름 갈 제 비가 간다.
② 꺽꺽푸드덕 장끼 갈 제 아로롱 까토리 따라가듯.
③ 녹수(綠水) 갈 제 원앙(鴛鴦) 가듯.
④ 바늘 가는 데 실 간다.
⑤ 범 가는 데 바람 간다.

⑥ 봉(鳳) 가는 데 황(凰)이 간다.
⑦ 용(龍) 가는 데 구름 간다. 〈古本春香傳〉
⑧ 거미 줄 따르듯. [참고] 隨絲蜘蛛〈旬五志〉
⑨ 풋고추에 절이김치.
➡ ①~⑨ 서로 떨어지지 않고 붙어다닌다.
⑩ 굼드렁 타령인가.
➡ 부부가 떨어지지 않고 늘 같이 다닌다. 굼드렁 타령……거지가 구걸하면서 부르는 노래 소리.

4. 복종(服從)・추종(追從)

① 소금 섬을 물로 끌어라 하면 끈다. 〈李無影, 農民〉
② 소금 섬을 물로 끓여라 하면 끓인다.
③ 여울로 소금 섬을 끌어라 하면 끈다.
④ 입의 혀 같다.
➡ ①~④ 남이 하라는대로 고분고분 복종한다. 여울……강이나 바다에 바닥이 낮거나 너비가 좁아서 물살이 세게 흐르는 곳. 천탄(淺灘).
⑤ 판관(判官) 사령(使令)이다.
➡ 아내가 시키는대로 잘 좇는다. 사령……옛날 관아(官衙)에서 심부름하던 사람.
⑥ 눈 먼 말 워낭 소리 따라 간다.
➡ 앞 못 보는 말이 앞에 가는 말의 워낭 소리를 듣고 따라 가는 것처럼, 무식한 사람이 남이 일러주는대로 무비판적으로 따라 한다. 워낭……말이나 소의 귀 밑에서 턱 밑으로 늘어뜨린 방울.
⑦ 동풍(東風) 맞은 익모초(益母草).
➡ 일정한 주견・주장 없이 남의 의견에 까닭 없이 붙쫓음. 부화뇌동(附和雷同).
⑧ 거둥(擧動)에 망아지 따라다니듯.
⑨ 낮 일 할 때 찬 초갑(草匣).
⑩ 이사할 때 강아지 따라다니듯.

➡ ⑧~⑩ 어디든지 귀찮스럽게 따라다닌다. 초갑……담배와 부싯돌 따위를 넣는 주머니.

5. 무관(無關)

① 강(江) 건너 시아비 뭣이다.
② 사돈의 팔촌.
➡ ①·② 자기와는 아무런 관계가 없는 사람이다.
③ 강 건너 호랑이다.
➡ 세력이 있거나 무서운 사람이지마는 자기와 아무런 관계가 없다.
④ 푸줏간의 중〈僧〉이다.
➡ 자기와는 아무런 이해관계(利害關係)가 없는 사람이다.

6. 기타(其他)

① 깨진 거울이다.
➡ 부부(夫婦)가 이혼을 하였다. [이 속담은 일이 다 틀렸다는 뜻으로도 사용됨]
② 산동(山東)이 대란(大亂)이라도 오불관언(吾不關焉)이라.〈李熙昇, 隨筆〉,〈李仁稙, 銀世界〉
➡ 옆에서 아무리 떠들고 야단이 나도 자기만은 모르는 체하고 관계하지 않는다.
③ 놓아 먹인다.
➡ 제 마음대로 하게 내버려둔다.

[群] 21. 개인(個人)의 경험(經驗)

1. 고락(苦樂)

① 단 맛 쓴 맛 다 보았다.
② 쓴 맛 단 맛 다 보았다.
➡ ①·② 세상의 즐거움과 괴로움을 다 겪어보았다.
③ 만고풍상(萬古風霜) 다 겪었다.
④ 밤송이·우엉송이 다 밟았다.
⑤ 밤송이·우엉송이에 다 찔려보았다.
➡ ③~⑤ 고생이라는 고생은 다 겪어보았다. 우엉……엉거시과에 딸린 가꾸어 기르는 두해살이풀.
⑥ 신(腎)이 늘었다.
➡ 고생을 많이 하였다.

2. 다방적(多方的) 경험(經驗)

① 말〈馬〉 갈 데 소〈牛〉 갈 데 다 다녔다. 〈蔡萬植, 濁流〉
➡ 함부로 온갖 군데를 다 따라다녔다.
② 육모진 모래를 팔모지게 밟았다.
➡ 여러 번 같은 길을 발이 닳도록 다녀보았다.
③ 무른 메주 밟듯.
④ 팔도(八道)를 무른 메주 밟듯 하였다.
➡ ③·④ 안 가본 데 없이 두루 돌아다녔다.

3. 첫 경험(經驗) 및 기타(其他)

① 무당질 삼년에 목두기란 귀신 처음 보았다. [참고] 巫不能渠神事〈東言解〉
② 세 살 적부터 무당질을 하여도, 목두기 귀신은 못 보았다.
➡ ①·② 오랫 동안 여러 사람을 겪어보았으나 그와 같은 사람은 처음 보았다. 목두기……무엇인지 모르는 귀신의 이름.
③ 열두살부터 서방질을 하여도, 배꼽에 뭣 박는 놈 처음 보았다.
➡ 지금까지 여러 사람을 겪어보았으나, 그와 같이 몰상식하고 어리석은 자는 처음 보았다.
④ 비단 옷 안 입어본 놈 있더냐.
⑤ 서울에 안 가본 놈 있나.
➡ ④·⑤ 그만한 일은 누구나 다 해보았다.

[群] 22. 인과(因果)·응보(應報)

1. 인과(因果)

① 돌을 들면 낯이 붉어진다. [참고] 擧石紅顏 〈東言解〉
② 불 없는 곳에 연기 없다.
③ 소금 먹은 놈이 물을 켠다.
④ 소금 먹은 소〈牛〉가 물을 켠다.
⑤ 아니 때린 장구에 소리 날까.
⑥ 아니 땐 굴뚝에 연기 날까. [참고] 不燃之堗烟不生 〈旬五志, 洌上方言〉, 不燃突烟何生 〈東言解〉
⑦ 안 친 북에 소리 날까.
⑧ 치지 않은 장구에 소리 날까.
➡ ①~⑧ 어떤 사상(事象)의 배후에는 반드시 원인이 있다.
⑨ 죽는 놈이 탈 없으랴.
➡ 재앙(災殃)을 받는 그 이면(裏面)에는 반드시 그것을 받게 한 원인이 있다.
⑩ 산(山)이 높아야 골이 깊다.
⑪ 산이 커야 굴이 크다.
⑫ 산이 커야 그늘이 크다.
➡ ⑩~⑫ 사람의 됨됨이가 커야 그가 가지는 생각이 크고 훌륭하다.
⑬ 가죽이 있어야 털이 난다.
⑭ 껍질 없이 털이 있을까.
⑮ 뿌리 없는 나무 없다.
⑯ 뿌리 없는 나무에 잎이 필까.
➡ ⑬~⑯ 생겨난 것의 배후에는 반드시 그 근본(根本)이 있다.

⑰ 술이 **아무리** 독해도 먹지 않으면 안 취한다.
➡ 무엇이나 실제로 해보지 않으면, 아무런 결과도 나타나지 않는다.
⑱ 머리를 삶으면, 귀까지 익는다. [참고] 烹頭耳熟 〈旬五志, 松南雜識, 東言解〉
➡ 한 가지 일을 이루면, 거기에 딸린 부분은 저절로 이루어진다.
⑲ 나그네 많은 집 저녁 굶는다.
➡ 수요(需要)가 많으면 공급이 달리게 된다.
⑳ **쑴밭의 숙대.** [참고] 麻中之蓬 〈彰善感義錄〉
➡ 곧게 자라는 삼과 함께 있는 쑥이 삼을 닮아 곧아지듯이, 좋은 환경에서 자라는 사람은 그 좋은 영향을 받아 품행(品行)이 단정해진다.
㉑ 소나무는 깨끗한 땅에서 자란다.
➡ 환경이 좋아야 훌륭한 사람이 난다.
㉒ 범이 범의 새끼를 낳고, 용이 용의 새끼를 낳는다.
㉓ 봉(鳳)이 봉의 새끼를 낳는다.
➡ ㉒·㉓ 부모가 훌륭해야 자식도 그 영향을 받아 훌륭하게 된다.
㉔ 웃물이 흐리면, 아랫물도 흐리다.
➡ 윗사람이 부정한 짓을 하면, 아랫사람도 따라 잘못을 저지르게 된다.
㉕ 웃물이 맑아야, 아랫물이 맑다.
➡ ㉔·㉕ 조상(祖上)이나 윗사람이 훌륭하면, 아랫사람은 그 영향을 받아 훌륭하게 된다.
㉖ 꼭뒤에 부은 물이 발뒤꿈치까지 흐른다. [참고] 灌頭之水 流下足底 〈旬五志〉, 灌頂之水 必流于趾 〈耳談續纂〉
㉗ 위에 떨어진 물이 발등에 떨어진다.
㉘ 이마에 부은 물이 발뒤꿈치로 흐른다.
㉙ 정수리에 부은 물이 발뒤꿈치까지 흐른다. [참고] 灌頂之水 必流于趾 〈耳談續纂〉
➡ ㉖~㉙ 윗사람이 하는 일은 좋고 나쁘건 간에 아랫사람에게 본보기가 되어 그 영향을 미치게 된다.
㉚ 그릇이 둥글면, 거기에 담긴 물도 둥글다. [참고] 盂円水円 〈韓非子〉
㉛ 그릇이 모가 지면, 거기에 담긴 물도 모가 진다. [참고] 盂方水方 〈韓

非子〉
→ ㉚·㉛ 아랫사람은 윗사람이 하는대로 그 영향을 받아 따라하게 마련이다.
㉜ 큰 북에서 큰 소리 난다.
→ 크고 훌륭한 데서라야 좋은 것이 생길 수 있다.
㉝ 근원(根源)이 깨끗하면, 흐르는 물도 맑다. [참고] 源潔流斯淸〈牧隱集〉
㉞ 근원이 맑으면 흐르는 물도 맑다. [참고] 源淸則流淸〈荀子〉
㉟ 맑은 샘에서 맑은 물이 난다.
→ ㉝~㉟ 근본이 좋아야 훌륭한 후손(後孫)이 나온다.
㊱ 까마귀가 먹칠해서 검어졌더냐.
→ 후천적으로 이루어진 것이 아니라, 선천적으로 이루어졌다.
㊲ 밤이 길어야 꿈도 길게 꾼다.
㊳ 밤이 길어야 꿈도 많이 꾼다.
→ ㊲·㊳ 환경이 좋아야 일을 해도 성과(成果)가 많다.
㊴ 도둑의 씨는 없다.
㊵ 오이에는 씨가 있어도, 도둑에는 씨가 없다.
→ ㊴·㊵ 도둑질은 유전성에 의해서 하는 것이 아니다.
㊶ 가시나무에 가시 난다.
㊷ 씨 도둑은 못 한다.
㊸ 왕대밭에서 왕대 난다.
㊹ 외 덩굴에 가지 열릴까.
㊺ 외 심은 데 외 난다. [참고] 種瓜得瓜〈莊子〉
㊻ 외 심은 데 콩 나랴.
㊼ 콩 심은 데 콩 나고, 팥 심은 데 팥 난다.
→ ㊶~㊼ 유전(遺傳)의 법칙은 어길 수 없다.

2. 응보(應報)

① 덕(德)은 닦은대로 가고, 죄(罪)는 지은대로 간다.

② 먹는 놈이 똥 눈다.
③ 물〈水〉은 제 곬으로 흐르고, 죄는 지은대로 간다.
④ 물은 트는대로 흐르고, 죄는 지은대로 간다.
⑤ 여물 많이 먹은 소〈牛〉 똥 눌 때 알아본다.
⑥ 제 죄(罪) 남 안 준다.
⑦ 죄 지은 놈은 서〈三〉 발을 못 간다.
⑧ 한강(漢江) 물이 제 곬으로 흐른다.
➡ ①~⑧ 죄를 지은 사람은 반드시 벌을 받게 된다.
⑨ 되는 집에는 암소가 세 마리, 안 되는 집에는 계집이 셋.
➡ 축첩(蓄妾)을 하면 패가(敗家)하게 된다.
⑩ 하늘이 만든 화(禍)는 피할 수 있으나, 제가 만든 화는 피할 수 없다.
〈謝氏南征記〉
➡ 사람은 제가 지은 잘못으로 인하여 반드시 후환(後患)을 입게 된다.
⑪ 꾸부렁 자지 제 발등에 오줌 눈다.
➡ 자신이 저지른 죄(罪)는 자신에게 돌아간다.
⑫ 썩은 고기에 벌레 난다.
➡ 좋지 못한 짓을 하면 반드시 사고(事故)가 생긴다.
⑬ 남을 문 놈은 저도 물린다.
➡ 남을 해친 사람은 자기도 해를 입게 된다.
⑭ 고운 일을 하면 고운 밥을 먹는다.
➡ 무슨 일에나 인과(因果)의 법칙이 있어서 모진 일을 하면 나쁜 댓가(代價)를, 좋은 일을 하면 좋은 댓가를 받게 된다.

[群] 23. 필연성(必然性)·확연성(確然性)

1. 필연성(必然性)

① 용(龍)이 여의주(如意珠)를 얻으면, 하늘로 올라가고야 만다. 〈朴鍾和, 多情佛心〉
② 호랑이 새끼는 자라면 사람을 물고야 만다. 〈朴鍾和, 多情佛心〉
➡ ①·② 무엇이나 어떤 단계에 이르면 반드시 최종적인 결과를 나타내고야 만다.
③ 빈 틈에 바람이 난다.
④ 틈 난 돌이 터지고, 태 먹은 독이 깨진다. [참고] 驚紋裂石 鳴聲破咐 〈耳談續纂〉
➡ ③·④ 앞에 무슨 나쁜 징조가 나타나면, 반드시 나쁜 일이나 사건(事件)이 생기고야 만다. 태 먹다……그릇이 깨어져 금이 생긴다.
⑤ 쪽박 쓰고 비 피하기.
⑥ 쪽박을 쓰고 벼락을 피해. [참고] 戴瓢子霹咐避 〈冽上方言〉
➡ ⑤·⑥ 제 아무리 잘 피한다 하여도 어쩔 수 없이 당하고야 만다.
⑦ 나무 끝 가지가 너무 크면 부러지게 된다. (末大必折)
➡ 균형을 잃은 발전은 멀지 않아 반드시 몰락하게 된다.
⑧ 고양이 앞에 고기 반찬. 〈李孝石, 花粉〉
➡ 제가 좋아하는 것이기 때문에 남이 손 댈 겨를 없이 반드시 처치하고야 만다.
⑨ 먼저 먹은 후 답답이라.
➡ 무슨 일에 너무 욕심을 부려 남보다 먼저 하려다가는 반드시 실패하고야 만다. [남보다 서둘러 먼저 먹고 나서 남이 먹는 것을 바라만 보고 있는 사람을 가리킬 때에 사용하기도 함]

⑩ 추녀 물은 항상 제 자리에 떨어진다.
➡ 반드시 항상 정해진 자리에 온다.
⑪ 강(強)한 나무가 부러진다. (強木則折)
➡ 사람이 강하기만 하고 부드러운 데가 없으면 반드시 실패하게 된다.
⑫ 귀신에 복숭아나무 방망이.
➡ 귀신이 복숭아나무 방망이를 무서워한다는 말이 있듯이, 사람이 특정의 사람이나 사상(事象)에 직면하게 되면 꼼짝하지 못하고 반드시 기(氣)가 꺾이거나 항복하게 된다.
⑬ 아무 때 먹어도 김가가 먹을 것이라.
➡ 제가 취하게 될 이득(利得)은 언제까지 그냥 두어도 결국은 제게 돌아오기 마련이다.
⑭ 가난이 무식(無識)이다.
➡ 집안이 가난하여 배우지를 못하면 무식한 사람이 된다.
⑮ 목수가 많으면 집을 무너뜨린다.
⑯ 목수 많은 집이 기울어진다.
⑰ 상좌(上佐)가 많으면 가마솥을 깨뜨린다. [참고] 上佐多則破釜 〈東言解〉
➡ ⑮~⑰ 일을 함에 있어서 각기 주장하는 의견이 많으면 도리어 탈이 나게 된다. 상좌……사승(師僧).

2. 확연성(確然性)

① 장님도 제 집은 잘 찾아간다.
② 장님이 집 골목을 틀리지 않는다.
➡ ①·② 무슨 일에나 익숙하게 되면, 그 일을 틀림 없이 해 넘긴다.
③ 모로 던져 마름쇠. [참고] 投亦菱鐵 〈東言解〉
➡ 아무렇게 하더라도 틀림 없이 확실하다. 마름쇠……(옛) 적군이나 도둑을 막는 데 쓰인, 끝이 날카롭고 몇 갈래가 지도록 마름 모양의 무쇠로 만든 물건.
④ 떼 놓은 당상(堂上). 〈玄鎭健, 無影塔〉

⑤ 떼어 둔 당상 좀 먹으랴. [참고] 摘置玉貫蠹蝕或咐〈耳談續纂〉
⑥ 받아 논 당상(堂上).
⑦ 받아 논 밥상.
➜ ④~⑦ 일이 확실하여 조금도 틀림이 없다. 당상……삼품관(三品官).
⑧ 밴 아이 사내 아니면 계집이지.
⑨ 밴 아이 아들 아니면 딸이지.
➜ ⑧·⑨ 앞으로 결정될 일은 확실히 둘 중의 하나다.

[群] 24. 집산(集散)·내왕(來往)·만남

1. 집합(集合)·이산(離散)

① 굼벵이·바구미·딱정벌레·거저리·오사리 다 모였다.
② 선 떡 부스러기.
③ 섬 진 놈, 멱 진 놈.
➡ 변변치 못한 사람들이 많이 모여 있다. 바구미……바구미과에 딸린 곤충(昆蟲)의 총칭. 거저리……거저리과에 딸린 갑충(甲蟲)의 총칭. 오사리……해산물의 일종. 섬……짚으로 엮어서 가마니보다 크게 만든, 주로 곡식을 담는 데 쓰이는 물건. 멱……멱서리. 짚으로 날을 촘촘히 결어서 빈틈이 없게 만든 그릇의 한 가지.
④ 말〈馬〉죽은 밭에 까마귀 모이듯.
⑤ 빈 절〈寺〉에 구렁이 모이듯.
⑥ 빈 터에 강아지 모이듯.
⑦ 소경 집 초하룻날 같다.
⑧ 용문산(龍門山)에 안개 모이듯.
➡ ④~⑧ 여러 사람들이 모여 있다. [⑦ 소경집 초하룻날에는 점을 치러 오는 사람이 많음]
⑨ 말〈馬〉죽은 데 체 장수 모이듯.
➡ 말이 죽으면 말총으로 체를 만들려고 체 장수가 모이듯이, 남의 사정은 아랑곳 없이 제 욕심을 채우려고 사람들이 많이 모여 있다.
⑩ 약방에 전다리 모이듯.
⑪ 온양(溫陽) 온정(溫井)에 전다리 모이듯.
➡ ⑩·⑪ 보기 흉한 못난이들이 많이 모여 있다. 전다리……절름절름 저는 다리 또는 저는 사람.

⑫ 등겻섬에 새앙쥐 엉기듯.
➡ 무엇을 탐내어 사람들이 많이 모여 있다.
⑬ 파리는 여윈 말〈馬〉에 더 덤빈다.
➡ 부정한 곳에 모리배가 많이 모여든다.
⑭ 판돈 일곱 잎에 노름꾼은 아홉.
➡ 보잘것 없는 일에 소득을 보려고 많은 사람들이 모여 있다.
⑮ 개미 떼 퍼진다.
➡ 사람들이 뿔뿔이 흩어진다.
⑯ 구름 사라지듯, 안개 흩어지듯.
➡ 사람들이 슬그머니 흩어진다.
⑰ 서천(西天)에 경(經) 가지러 가는 사람은 가고, 장가 드는 사람은 장가 든다.
➡ 인도(印度)로 불경을 가지러 갈 사람은 가고, 장가 들 사람은 장가 들듯이, 모여 있던 사람들이 갑자기 뿔뿔이 헤어진다.

2. 내왕(來往)

① 가을 중〈僧〉 싸대듯.
② 궁둥이에서 비파(琵琶) 소리가 난다.
③ 발바닥에 불이 난다.
④ 불 난 데 며느리 싸대듯.
⑤ 치마에서 비파 소리가 난다.
➡ ①~⑤ 몹시 분주하게 돌아다닌다. 비파……동양의 현악기의 한 가지.
⑥ 바람에 날려 왔나, 구름에 싸여 왔나.
➡ 뜻밖에도 먼 데 있는 반가운 사람이 찾아왔다.
⑦ 하늘에서 떨어졌나, 땅에서 솟았나.〈古本春香傳〉,〈劉忠烈傳〉
➡ 기대하지 않았던 사람이 홀연히 나타났다. [이 속담은 부모나 조상이나 윗사람을 몰라보는 사람을 깨우쳐주는 경우에 사용되기도 함]
⑧ 콧구멍 같은 집에 밑구멍 같은 나그네 온다.

➡ 가난한 집에 반갑지 않은 나그네가 온다.
⑨ 귀신 이야기를 하니 귀신이 온다.
⑩ 범도 제 소리 하면 온다.
⑪ 시골놈 제 말 하면 온다.
⑫ 호랑이도 제 말 하면 온다.
➡ ⑨~⑫ 마침 이야기에 오르고 있는 제삼자(第三者)가 나타났다.
⑬ 비 맞으며 부추 장만한다.
➡ 매우 반가운 손님이 찾아왔다. [반가운 손님을 대접하려고 부추를 뜯음]
⑭ 오라는 딸은 안 오고, 외통 며느리만 온다.
➡ 기다리는 사람은 안 오고, 올까봐 꺼리던 사람이 온다.
⑮ 과부 시집 가듯.
➡ 아무도 모르게 슬그머니 자취를 감추었다.
⑯ 하늘로 올라갔나, 땅으로 들어갔나. 〈彰善感義錄〉
➡ 갑자기 아무도 모르게 없어졌다.
⑰ 실성한 영감 죽은 딸네집 바라본다.
⑱ 정신 없는 늙은이 죽은 딸네집 간다.
➡ ⑰·⑱ 딴 생각을 하고 다니다가 정신을 못 차려 어딘가 잘못 가버렸다.
⑲ 귀때기 떨어졌으면 다음에 와서 찾지 한다.
➡ 사람이 급히 떠난다.
⑳ 송아지 간 발자국만 있고, 온 발자국은 없다.
㉑ 강원도 포수다.
㉒ 의붓아비 소 팔러 보낸 것 같다.
㉓ 지리산 포수다.
㉔ 함흥차사(咸興嗟使)다.
➡ ⑳~㉔ 한번 간 사람이 돌아오지 않는다.
㉕ 벌 쐰 사람 같다.
㉖ 벌에 쏘였나.
➡ ㉕·㉖ 말을 하여도 대답 없이, 오자마자 곧 가버린다.

㉗ 저녁 두 번 먹었나.
➡ 아무도 모르게 밤에 달아났다.
㉘ 쥐가 꼬리를 물고.
➡ 여러 사람이 잇달아 나온다.
㉙ 말 갈 데 소 간다.
➡ 아니 갈 데를 간다.
㉚ 돌쩌귀에 불이 난다.
㉛ 문(門) 돌쩌귀에 불이 나겠다.
㉜ 문지방이 닳도록 드나든다.
㉝ 문턱이 닳도록 드나든다.
➡ ㉚~㉝ 매우 자주 쉴 새 없이 문을 여닫으며 사람이 많이 드나든다.
㉞ 삼각산(三角山) 바람이 오르락 내리락. [참고] 三角山風流或上或下 〈東言解〉
➡ 조금도 조심성 없이 너무나 자주 함부로 드나든다.
㉟ 가랑이에서 불이 난다.
㊱ 가랑이에서 비파(琵琶) 소리 난다.
㊲ 불알에서 요령(鐃鈴) 소리 난다.
➡ ㉟~㊲ 몹시 분주하게 돌아다닌다(뛰어다닌다).
㊳ 발 탄 강아지 같다.
➡ 짤짤거리며 쏘다니다. 발(을) 타다……(강아지 따위가) 걸음을 걷기 시작하다.
㊴ 동(東)에 번쩍, 서(西)에 번쩍.
➡ 정처 없이 종적(蹤迹)을 걷잡을 수 없을 만큼 왔다 갔다 한다.
㊵ 굶주린 새벽 호랑이 싸대듯. (晨虎之勢)
➡ 성이 나서 왔다 갔다 돌아다닌다.
㊶ 여우 뒤웅박 쓰고 삼밭에 들었다.
➡ 잘 보지를 못하고 방향을 잡지 못하여 갈팡질팡 헤매어 쏘다닌다.
㊷ 병든 까마귀 어물전(魚物廛) 돌듯.
➡ 마음에 잊지 못하는 것이 있어 주위를 빙빙 돌아다닌다.
㊸ 꽃 피자 임 오신다.

➡ 계제(階梯)가 좋을 때 반가운 손님이 찾아온다.
㊹ 반찬 단지에 고양이 발 드나들듯.
㊺ 조개젓 단지에 괭이 발 드나들듯.
㊻ 팥죽 단지에 새앙쥐 달랑거리듯.
㊼ 풀 방구리에 쥐 드나들듯.
➡ ㊹~㊼ 매우 자주 드나든다.
㊽ 초상 난 집 개〈犬〉. (喪家之狗)
㊾ 초상 집의 주인 없는 개.
➡ ㊽ · ㊾ 먹을 것이 없어 이리저리 헤매고 다닌다.
㊿ 눈 먼 나그네다.
➡ 목적지를 찾지 못하고 헤맨다.
(51) 죽은 아이 업고 왔다 갔다 한다.
➡ 정신 없이 왔다 갔다 한다.

3. 만남

① 보기 싫은 반찬이 끼마다 오른다.
② 보기 싫은 사돈이 장날마다 나타난다.
➡ ① · ② 보기 싫은 사람을 자주 만나게 된다.
③ 가던 날이 장날이라. 〈李無影, 農民〉
➡ 뜻하지 않은 일을 공교롭게 당하게 되었다.
④ 봉(鳳)이 나매 황(凰)이 난다.
⑤ 장군 나매 용마(龍馬) 난다.
➡ ④ · ⑤ 가장 좋은 짝을 만나게 되었다.

[群] 25. 자세(姿勢)・동작(動作)

1. 부동(不動)・앉음・쭈그림

① 된장에 풋고추 박히듯.
② 뜸단지를 붙였다.
➡ ①・② 어느 한 자리에 늘어붙어서 꿈적도 아니 하고 가만히 있다. 뜸단지……부스럼에 피고름을 빨아내려고 부항(附缸)을 붙이는 데 쓰는 자그마한 단지.
③ 볼모로 앉았다.
➡ 일을 하지 않고 가만히 앉아 있다.
④ 언 수탉 같다.
➡ 기진맥진하여 쭈그리고 있다.

2. 앙시(仰視)・응시(凝視)・원시(遠視)

① 주인 기다리는 개〈犬〉가 지리산만 쳐다본다.
② 턱 떨어진 개 지리산 쳐다보듯.
➡ ①・② 멍하니 무엇을 쳐다본다.
③ 나귀 샌님 쳐다보듯.
➡ 눈을 치떠서 말똥말똥 쳐다본다.
④ 놀란 토끼 벼락 바위 쳐다보듯.
➡ 말은 못 하고 눈만 껌벅거리고 쳐다본다.
⑤ 잡아 삼킬듯이 본다.
➡ 몹시 미워서 무섭게 노려본다.
⑥ 물 건너 손자 죽은 사람 같다.

➡ 우두커니 먼 데를 바라보며 서 있다.
⑦ 국상(國喪)에 죽산(竹散)말 지키듯.
➡ 무엇인지도 모르고 멀거니 바라본다. 죽산말……왕이나 왕비의 장례 때 쓰던 제구(祭具)의 하나로 만든 말의 상(像).

3. 넘어다봄 · 기웃거림

① 목 짧은 강아지 겻섬 넘어다보듯.
➡ 키가 작은 사람이 가리워서 잘 안 보이는 먼뎃 것을 보려고 목을 빼 늘이고 발돋움하여 넘어다본다.
② 황새 논두렁 넘어본다.
➡ 무엇을 찾느라고 기웃거린다.
③ 도깨비 기왓장 뒤지듯.
➡ 목적도 없이 분주하게 뒤지기만 한다.
④ 왜가리새 여울목 넘어다보듯.
➡ 먹을 것이 없나 하고 넘어다본다.

4. 허둥거림 · 어설픔

① 나갔던 상주(喪主) 제청(祭廳)에 달려들듯. [참고] 出還喪制趣入祭廳 〈東言解〉
➡ 제사를 지내야 하는 상주가 돌아와서 허둥지둥 제청으로 들어가듯 이, 매우 황급하게 허둥거린다.
② 천둥에 개〈犬〉 뛰어들듯.
③ 천둥에 떨어진 잠충(蠶蟲)이 같다.
➡ ② · ③ 놀라서 어쩔 줄 모르고 허둥지둥 한다.
④ 불난 강변에 덴 소 날뛰듯. [참고] 火燒江邊爛牛奔 〈東言解〉
➡ 졸지에 급한 일을 당하여 어쩔 줄 모르고 황망히 군다.
⑤ 쥐 구멍을 찾는다. 〈廉想涉, 三代〉
➡ 몹시 부끄러워 급히 몸을 숨기려고 애쓴다.

5. 속주(速走)·민속(敏速)·서두름

① 걸음아 날 살려라 한다.
② 다리야 날 살려라 한다.
③ 오금아 날 살려라 한다.
④ 종짓굽아 날 살려라 한다. 〈李熙昇, 隨筆〉
➡ ①~④ 매우 급하여 전력을 기울여 달린다. 종짓굽……종지뼈(슬개골)가 있는 그 언저리.
⑤ 그물을 벗어난 토끼 도망치듯.
⑥ 작살 설 맞은 뱀장어 도망친다.
⑦ 족제비 난장 맞고 홍문재 넘어가듯.
➡ ⑤~⑦ 겁결에 정신을 잃고 전력을 기울여 허겁지겁 도망친다.
⑧ 토끼 도망간다. (脫兎之勢)
➡ 몸은 작아도 매우 빠르게 도망간다.
⑨ 번개가 끌고 가듯.
➡ 번개 같이 빨리 달린다.
⑩ 도둑개가 겻섬에 오른다. [참고] 賊狗上糠石 〈東言解〉
➡ 자기가 가고 싶은 곳에 갈 때는 그 동작이 매우 민첩하다. 겻섬……겨를 담은 섬.
⑪ 번개를 따라가겠다.
⑫ 번갯불에 담뱃불 붙이겠다.
⑬ **번갯불에 밤 구워 먹겠다.**
⑭ 번갯불에 콩 볶아 먹겠다.
➡ ⑪~⑭ 성미가 급하여 무엇이든지 당장에 처리해 버린다.
⑮ 비 틈으로 빠져 나가겠다.
➡ 동작이 매우 재빠르다.
⑯ 수염에 붙은 불 끄듯 한다.
➡ 몹시 다급하여 신속히 후닥닥거린다.
⑰ 새앙쥐 새끼다.
➡ 몸이 작은 자가 아주 재빠르다.

⑱ 도둑놈 소 몰듯.
⑲ 한 가랑이에 두 다리 넣는다.
➡ ⑱·⑲ 황급히 서둘러댄다. [⑲ 너무 급히 옷을 입고 나서려다 바지 한 가랑이에 두 다리를 넣음]

6. 걸음거리·넘어감·덮·뜀

① 대명전(大明殿) 대들보의 명매기 걸음.〈完板春香傳〉
② 백모래 밭의 금자라 걸음.〈完板春香傳〉
③ 양지(陽地) 마당의 씨암탉 걸음.〈古本春香傳, 完板春香傳〉
➡ ①~③ 맵시를 부려 아장아장 걸어간다. 명매기……칼새·철새의 한 가지.
④ 왕지네 마당의 씨암탉 걸음.
➡ 뚱뚱하게 살이 쪄서 아기작아기작 걸어간다.
⑤ 여덟팔자 걸음.
➡ 거드름을 피우며 걷는다.
⑥ 죽으러 가는 양(羊)의 걸음.〈古本春香傳〉
⑦ 푸줏간에 들어가는 소 걸음.
➡ ⑥·⑦ 억지로 끌려간다.
⑧ 염불 빠진 년 같다.
➡ 팔·다리를 마음대로 놀리지 못하고 부자연스럽고 느리게 걷는다. 염불……음문(陰門) 밖으로 자궁(子宮)이 병적으로 비어져 나온 것.
⑨ 양화도(楊花渡) 색시 선유봉(仙遊峰)을 걷는다.
➡ 여자가 교태를 부리며 걷는다. 양화도……조선조 때의 지명. 지금의 서울 마포구 당인리(唐人里) 근처.
⑩ 가난한 양반이 향청(鄕廳)에 들어가듯.
➡ 떳떳하지 못하게 걷는다.
⑪ 여드레 팔십리.
➡ 하루에 십리 밖에 못 갈 정도로, 걸음이 매우 느리다.
⑫ 메기 잔등이에 뱀장어 넘어가듯.

➡ 슬쩍 넘어간다.
⑬ 식은 죽 먹고 냉방에 앉았다.
➡ 공연히 덜덜 떨고 있다.
⑭ 덴 소 날치듯 한다.
➡ 열이 나서 펄펄 뛴다.
⑮ 불 채인 중놈 달아나듯.
➡ 겁결에 소리를 지르면서 뛰어간다. 불……불알을 싸고 있는 살로 된 주머니.
⑯ 선불 맞은 날짐승.
⑰ 선불 맞은 노루.
⑱ 선불 맞은 호랑이.
➡ ⑯~⑱ 분에 못 이겨 펄펄 뛴다. 선불……설맞은 총알.
⑲ 뛰어가는 것이 아니라 굴러간다.
➡ 뚱뚱한 사람이 뛰어간다.

7. 뒤척거림 · 완만(緩慢) · 졸음 · 껌벅거림

① 자반뒤집기다.
➡ 누워서 엎치락뒤치락 한다. 자반뒤집기……병으로 누웠을 때 괴로움을 이기지 못해 엎치락뒤치락 하는 일.
② 게으른 놈 낫질하듯.
③ 오뉴월 쇠 불알 늘어지듯.〈蔡萬植, 太平天下〉
➡ ② · ③ 행동이 몹시 느리고 더디다.
④ 콧병 든 병아리 같다.
➡ 꼬박꼬박 졸고 있다.
⑤ 눈썹 싸움을 한다.
➡ 몹시 오는 졸음을 막는다.

8. 만짐 · 붙듦 · 주무름

① 장님 갓난 아이 더듬듯.
➡ 더듬더듬 만진다.
② 탯줄을 잡는다.
➡ 조심스럽게 힘을 주어 잡는다.
③ 곰배팔이 담배 목판 끼듯.
➡ 물건을 옆에 꼭 끼고 있다. 곰배팔이……팔을 펴지 못하는 병신.
④ 조막손이 달걀 만진다.
➡ 물건을 꽉 잡지 못하고 주무르기만 한다.

[群] 26. 표정(表情)·음성(音聲)

1. 찌푸림·웃음·울음

① 낙태(落胎)한 고양이 상(相).
② 내(연기) 마신 고양이 상. [참고] 飮烟猫〈東言解〉
③ 눈썹 새에 내천(川)자를 누빈다.
④ 우거지 상.
⑤ 이마에 내천(川)자를 그린다.〈沈熏, 永遠의 微笑〉
⑥ 쥐 초 먹은 것 같다.
⑦ 콧대에 바늘 세울 만큼 골이 진다.
➡ ①~⑦ 얼굴을 잔뜩 찌푸리고 있다.
⑧ 저녁 굶은 시어미 상(相)이다.
➡ 못마땅하여 얼굴을 잔뜩 찌푸리고 있다.
⑨ 땡감 먹은 상(相).
⑩ 똥 주워 먹은 곰 상판때기.
⑪ 소금 먹은 고양이 상.
⑫ 소나기 맞은 중〈僧〉의 상.
⑬ 웬 불똥이 튀어 박혔나.
➡ ⑨~⑬ 불쾌하여 얼굴을 찡그리고 있다. 땡감······덜 익어서 떫은 맛이 가시지 않은 감.
⑭ 동남풍(東南風)에 잇속이 그슬리겠다.
⑮ 묏 본 벙어리.
⑯ 선 떡 먹고 체했다.
⑰ 외삼촌 물에 빠졌나.
➡ ⑭~⑰ 살그머니 웃는다.

⑱ 벙어리 옛장(禮狀) 받았다.
➡ 싱글벙글 웃는다. 옛장……잔치에 초대하는 편지.
⑲ 곶감죽을 쑤어 먹었나.
⑳ 허파에 바람이 들었다.
㉑ 허팟줄이 끊어졌다.
➡ ⑲~㉑ 실없이 비실비실 웃는다.
㉒ 조조(曹操)는 웃다가 망했다.
➡ 사소한 일을 가지고 웃는다.
㉓ 굴뚝에 바람 들었다.
➡ 울고 있다. [굴뚝에 바람이 들면 아궁으로 연기가 거꾸로 나와 불 때는 사람의 눈에서 눈물이 나옴]

2. 무안(無顔)·민망(憫惘)·부끄러움

① 무우 캐다 들킨 사람 같이.
② 벙거지 시울 만진다.
➡ ①·② 매우 무안해 한다. 벙거지……옛날 주로 병졸이나 하인이 쓰던 털로 만든 모자. 시울……가장자리.
③ 닭 쫓던 개〈犬〉의 상(相).
④ 닭 쫓던 개 지붕 쳐다본다.
➡ ③·④ 애써 하던 일이 실패로 돌아가서 어찌할 도리가 없이 민망한 표정을 짓고 있다.
⑤ 얼굴에 모닥불을 담아 붓듯.
➡ 몹시 부끄러워한다.

3. 고(苦)·비(悲)·분(憤)·공(恐)

① 치질(痔疾) 앓는 고양이 모양.
➡ 몹시 괴로운 표정을 짓고 있다.
② 공궐(空闕) 지키는 내관(內官)의 상(相).

➡ 내관이 텅 빈 궁궐을 지키게 되면 총애도 받지 못하고 세력이 없어지게 되어 낯빛이 처량하게 되듯이, 근심이 가득하여 슬픈 표정을 짓고 있다.
③ 송곳니가 방석니 된다.
➡ 분(憤)에 못 이겨 이를 간다.
④ 얼음판에 넘어진 황소 눈깔 같다.
⑤ 얼음판에 자빠진 쇠 눈깔.
➡ ④·⑤ 놀라서 눈을 크게 뜨고 껌벅거린다.
⑥ 외아들 잡아 먹힌 할미 상(相).
➡ 몹시 슬픈 표정을 짓고 있다.

4. 음성(音聲)

① 모주(母酒) 먹은 돼지 껄때청.
➡ 목소리가 쉬고 컬컬하다. 모주……재강(술을 떠내고 남은 찌꺼기)에 물을 부어 만든 막걸리. 껄때청……컬컬한 목청.
② 뚝배기 깨지는 소리.
➡ 목소리가 듣기 싫게 걸걸하다.
③ 돼지 목 따는 소리.
➡ 목소리가 듣기 싫게 아주 날카롭다.
④ 대꼬챙이 째는 소리.
➡ 목소리가 쨍쨍 울린다.
⑤ 밴 아이 떨어지겠다.
➡ 목소리가 아주 높다.
⑥ 고자(鼓子) 힘줄 같은 소리.
➡ 빳빳하게 목에 힘을 주어 말한다.
⑦ 당나귀 찬 물 건너가듯.
⑧ 얼음에 박 밀듯.
➡ ⑦·⑧ 글을 거침 없이 줄줄 내리 외거나 읽는다.
⑨ 옥반(玉盤)에 진주(珍珠) 굴듯.

➡ 목소리가 아주 청아(淸雅)하다.
⑩ 아동(兒童) 판수 육갑(六甲) 외우듯.
➡ 듣기 싫은 말을 연달아 크게 지껄인다. 판수……점치는 일을 업(業)으로 삼는 소경.
⑪ 소경 팔양경(八陽經) 읽듯.
⑫ 중〈僧〉이 팔양경 읽듯. [참고] **僧之婆羅經**
➡ ⑪·⑫ 뜻을 알지 못하면서 헛되이 소리 내어 읽기만 한다. 팔양경……혼인(婚姻)·해산(解産)·장사(葬事) 등에 관한 미신적(迷信的) 행동을 없애려는 내용의 불경(佛經)의 하나. 와음화(訛音化)되어 파라경, 바람경, 파린경으로 불리기도 함.

[群] 27. 식음(食飮)

1. 식음양식(食飮樣式)

① 굶주린 호랑이 날고기 먹듯.
② 먹고 죽기다.
➡ ①・② 정신 없이 기(氣)를 써서 열심히 먹는다.
③ 게 눈 감추듯.
④ 두꺼비 파리 잡아먹듯.
⑤ 마파람에 게 눈 감추듯. 〈古本春香傳, 完板春香傳〉
⑥ 사냥개 언 똥 들어먹듯.
➡ ③~⑥ 몹시 빠르게 마시거나 먹어치운다. 마파람……남쪽에서 불어오는 바람.
⑦ 개〈犬〉가 약과(藥果) 먹듯. [참고] 如狗食藥果〈東言解〉
⑧ 어혈(瘀血)진 도깨비 개천물 마시듯.
➡ ⑦・⑧ 맛도 모르고 마구 들이킨다. 어혈……몸에서 제대로 돌지 못하여 한 곳에 맺혀 있는 피.
⑨ 허기진 강아지 물찌똥에 덤빈다.
➡ 오래 먹지 못하여 허기져서 마구 쓸어넣듯이 먹는다. 물찌똥……설사할 때 나오는 물기가 많은 묽은 똥.
⑩ 언청이 굴회 먹듯.
➡ 빠져 떨어지지 않도록 단숨에 후루루 들이킨다.
⑪ 말 약(藥) 먹듯.
➡ 먹기 싫은 것을 억지로 먹는다.
⑫ 미랭이 김칫국 마시듯.
➡ 지저분하게 질질 흘리며 먹는다. 미랭이……늙어빠져서 사람 구실을

못하는 자.

2. 섭취량(攝取量)

① 굴 우물에 말똥 쓸어넣듯.
② 뱃속에 거지가 들었다.
③ 불가사리 쇠 먹듯.
④ 호랑이 날고기 먹는다.
⑤ 호랑이 차반이다.
⑥ 흉년에 배운 장기(長技).
➡ ①~⑥ 음식물을 맛 있게 많이 먹는다. 굴 우물……깊은 우물. 불가사리……쇠를 잘 먹는다는 전설의 동물. 차반……(옛) 음식·반찬.
⑦ 낡은 섬에 곡식이 많이 든다.
➡ 늙은 사람이 젊은 사람보다 밥을 많이 먹는다. 섬……짚으로 엮어서 가마니보다 크게 만든, 주로 곡식을 담는 데 쓰이는 물건.
⑧ 개냐란 쪽박에 밥 많이 담긴다.
⑨ 약질 목통에 장골(壯骨) 셋 들어간다.
➡ 몸이 약하거나 여윈 사람이 놀랄 만큼 음식물을 많이 먹는다. 개냐란……날캉날캉하고 얄팍하다는 말의 사투리. 장골……기운이 좋고 크게 생긴 뼈대를 가진 사람.
⑩ 고래 물 마시듯.
➡ 액체(液體)를 특히 술을 많이 마신다.
⑪ 풋나물 먹듯.
➡ 아까운 줄 모르고 엄청나게 많이 먹는다.
⑫ 큰어미 제사에 작은어미 배탈 난다.
➡ 남이 슬퍼하고 있는 데에 참여하여 자기는 포식만 한다.
⑬ 굶기를 밥 먹듯이.
➡ 자주 굶는다.
⑭ 개〈犬〉 보름 쇠듯.
⑮ 상원(上元)의 개와 같다. 〔참고〕 上元不飼犬飼之則多蠅而瘦〈京都

志〉,〈玄鎭健, 無影塔〉

→ ⑭·⑮ 잘 먹고 지내야 할 명절에 먹지도 못하고 지낸다. 상원……음력 정월 보름날. [정월 보름날에는 집에서 기르는 개를 매어 두고 음식을 주지 않는 풍속이 있었다. 그 까닭은 이 날에 음식을 주면 여름에 파리가 많이 인다고 믿었기 때문이다. 따라서 보름날에 개는 굶게 마련이었다]

⑯ 목구멍의 때를 벗긴다.〈蔡萬植, 濁流〉
⑰ 목구멍의 때를 씻는다.〈李熙昇, 隨筆〉
⑱ 뱃속 벌레가 놀라겠다.
→ ⑯~⑱ 맛 있는 음식물을 오래간만에 많이 먹는다.
⑲ 호랑이 식사(食事)다.
→ 식사를 고르게 하지 못하고 어떤 때는 많이 먹고 어떤 때는 굶는다.
⑳ 간(肝)에 기별도 안 갔다.
㉑ 간에 안 찼다.〈蔡萬植, 濁流〉
㉒ 범 나비 잡아먹은듯.
㉓ 범 바지락조개 먹은 것 같다.
㉔ 삭단(朔單)에 떡 맛보듯.
㉕ 쌍태 낳은 호랑이 하루살이 하나 먹은 셈.
㉖ 굶주린 범에 가재다.
㉗ 황새 조 알 까먹은듯.
㉘ 목구멍의 때도 못 씻었다.
→ ⑳~㉘ 성(양)에 차지 않게 너무나 적게 먹었다. 삭단……삭다례(朔茶禮). 매월 음력 초하룻날에 사당에서 지내는 다례.

[群] 28. 신체적(身體的) 사상(事象)

1. 체구(體軀)

① 땅 넓은 줄 모르고, 하늘 높은 줄만 안다.
② 물독 뒤에서 자랐나.
③ 신 속에 똥을 담고 다니나.
④ 장승 같다.
⑤ 장승만 하다.
➡ ①~⑤ 키가 매우 크다.
⑥ 물거미 뒷다리 같다.
⑦ 봉산(鳳山) 수숫대 같다.
⑧ 응달의 승앗대.
⑨ 콩나물만 먹고 자랐나.
➡ ⑥~⑨ 몸이 가늘고 키가 크다. 봉산……황해도의 한 지명(地名). 승아……마디풀에 딸린 풀.
⑩ 윤달 든 황양목(黃楊木)인가.
➡ 키가 매우 작다. [윤월(閏月)이 되면 황양목의 키가 한 치씩 줄어든다는 전설이 있음]
⑪ 절구 천중(千重)만 하다.
➡ 몸집이 뚱뚱하며 아주 무거워 보인다.
⑫ 암탉의 무녀리냐.
➡ 몸집이 아주 작다. 무녀리……한 태에서 낳은 여러 마리의 새끼들 중에서 맨 먼저 나온 새끼.
⑬ 구시월(九十月) 닭이다.
➡ 살이 많이 쪄 있다.

⑭ 센 말〈馬〉볼기짝 같다.
→ 털이 하얗게 센 말의 볼기짝처럼 얼굴이 희멀쑥하고 몸집이 크다.
⑮ 난리(亂離)가 나도 도망도 못 가겠다.
⑯ 파주미륵이다. [참고] 坡州彌勒〈松南雜識〉
⑰ 하늘 높은 줄 모르고, 땅 넓은 줄만 안다.
→ ⑮~⑰ 키가 작고 뚱뚱하다.
⑱ 드럼통에 옷 입혀 놓은 것 같다.
⑲ 맹꽁이 결박한 것 같다.
→ ⑱·⑲ 몸이 작고 뚱뚱하다.
⑳ 가죽하고 뼈가 맞붙었다. (皮骨相接)
㉑ 가죽하고 뼈만 남았다.
㉒ 가죽 밖에 안 남았다.
→ ⑳~㉒ 살이 많이 빠져 너무 말라 있다.
㉓ 비루 먹은 당나귀.
→ 꼴이 흉하고 말라 있다. 비루 먹다……비루(개·말·나귀 따위의 살갗에 생기는 병)에 걸리다.

2. 용모(容貌)·안면(顔面)·외양(外樣)

① 꽃이 부끄러워하고, 달이 숨겠다. (花羞閉月)
② 양귀비(楊貴妃) 뺨 치겠다.
③ 양귀비 외딴 친다.
→ ①~③ 매우 아름다운 여인이다. 양귀비……당(唐) 나라 현종(玄宗)의 왕비. 외딴 치다……(태권과 같은 경기에서) 독판을 치다.
④ 떠오르는 달이다.
→ 인물이 훤하고 아름답다.
⑤ 수파련(水波蓮)에 밀동자(童子).
→ 기골이 연약·섬세하고 얼굴이 맑다. 수파련……잔치 때 장식으로 쓰는 종이 연꽃. 밀동자……밀로 손가락 두어마디만 하게 만든 동자의 형상.

⑥ 부잣집 맏며느리감이다.
➡ 여자의 얼굴이 복스럽고 원만하게 생겼다.
⑦ 꽃은 꽃이라도 호박꽃이다.
➡ 아주 못 생긴 여자다.
⑧ 개구리 중에서도 수채 개구리다.
➡ 여러 사람들 중에서 가장 못 생겼다.
⑨ 쇠 갖 한 놈 같다.
⑩ 원숭이 똥구멍이다.
⑪ 원숭이 볼기짝인가.
➡ ⑨~⑪ 얼굴이 매우 붉다.
⑫ 말고기 자반.
⑬ 선짓국을 먹고 발등걸이를 했다.
⑭ 주토(朱土) 광대를 그렸다.
➡ ⑫~⑭ 술을 많이 먹어 얼굴이 붉다. 발등걸이……씨름 할 때 발뒤꿈치로 상대방의 발등을 밟아 넘기는 재주 또는 철봉이나 그네 따위의 운동틀에 두 손으로 매달렸다가 두 발등을 걸치면서 두 손을 놓고 거꾸로 매달리는 재주. 광대를 그리다……얼굴에 먹이나 물감 등을 흉하게 이리 저리 바르다.
⑮ 동방(東方) 누룩 뜨듯.
➡ 기운이 없고 얼굴빛이 누르다.
⑯ 시들은 배추잎 같다.〈廉想涉, 新婚記〉
➡ 얼굴에 생기가 없고 주름 잡힌 피부가 누렇게 떠 있다.
⑰ 검은 고기 맛 좋다 한다.
⑱ 오동(烏銅) 숟가락으로 가물치국을 먹었나.
➡ ⑰·⑱ 얼굴이 매우 검다. 오동……검은 빛이 나는 적동(赤銅)으로 광택이 있어 장식품에 쓰임.
⑲ 십리(十里) 강변(江邊)에 빨래 길 갔더냐.
➡ 얼굴이 까맣게 거슬려 있다.
⑳ 벌레 먹은 배추잎 같다.
㉑ 벌레 먹은 삼잎 같다.

➡ ⑳·㉑ 얼굴에 검버섯이 끼고 기미가 흉하게 퍼져 있다.

㉒ 우박 맞은 잿더미 같다.

㉓ 콩마당에 넘어졌다.

㉔ 활량의 사포(射布) 같다.

➡ ㉒~㉔ 얼굴이 심하게 얽어 있다. 활량……한량(閑良)의 변한 말.

㉕ 풍년 두부 같다.

➡ 풍년이 들면 두부는 더 커지고 좋아지는 것과 같이, 사람이 무른 살이 찌고 얼굴이나 몸이 허옇고 허울이 좋다.

㉖ 까마귀가 사촌(四寸) 하자고 하겠다.

㉗ 다리 밑의 까마귀가 할아비·할아비 하겠다.

➡ ㉖·㉗ 피부색이 몹시 검다.

㉘ 깎은 밤 같다.

㉙ 깎은 서방님.

㉚ 씻은 팥알 같다.

➡ ㉘~㉚ 사람이 똑똑하게 보이며 말쑥하다.

㉛ 경자년(庚子年) 가을보리 되듯.

➡ 경자년에 가을보리가 제대로 익지 못하여, 보리로서의 모양을 이루지 못하였듯이, 사람이 사람으로서의 모양을 제대로 이루지 못하고 있다. 가을보리……가을에 씨를 뿌려 이듬해 첫여름에 거두는 보리. [이 속담은 일이 잘못 되었다는 뜻으로도 사용됨]

㉜ 꼴에 군밤 사 먹겠다.

➡ 모양이 길 가에서 군밤을 사 먹을 정도로 허술하다.

㉝ 꽁지 빠진 새〈鳥〉. [참고] 拔尾雉摘毛雀 〈東言解〉, 〈廉想涉, 三代〉

㉞ 뿔 뺀 쇠 상(相).

㉟ 삽살개 뒷 다리.

㊱ 털 뜯은 꿩.

㊲ 털 벗은 솔개미. 〈歌詞, 庸婦歌〉

➡ ㉝~㊲ 외모가 괴상하고 볼품이 없다.

㊳ 소나기 맞은 장닭 같다.

㊴ 소나기 맞은 쥐 같다.

㊳·㊴ 꼴이 몹시 흉하다.
㊵ 굴뚝에서 빼 놓은 족제비 같다.
➡ 자질구레하고 지저분하다.
㊶ 토끼 입에 콩가루 묻은 것 같다.
➡ 무엇을 먹은 흔적을 지저분하게 입 가에 남기고 있다.
㊷ 첫 나들이를 한다.
➡ 얼굴에 먹이나 무슨 빛깔이 묻어 있다. [갓난아이가 첫 나들이를 할 때 코 끝에 숯칠을 하여 잡귀(雜鬼)의 침범을 막는 풍속에서 온 말임]
㊸ 가난한 상주(喪主) 방갓 대가리 같다.
➡ 허술하고 우스꽝스러운 옷을 입고 있다. 방갓……방립(方笠). 상제가 밖에 나갈 때 쓰는 갓.
㊹ 뚝비 맞은 개〈犬〉새끼 같다.
㊺ 물독에 빠진 새앙쥐 같다.
➡ ㊹·㊺ 물에 흠뻑 젖어 보기에 매우 흉하다.
㊻ 군밤 둥우리 같다.
➡ 옷 입은 맵시가 두리벙하다. 둥우리……짚이나 대나 싸리 따위로 바구니 비슷하게 엮어 만든 그릇.

3. 신체(身體)의 특정(特定) 부위(部位)

① 눈〈眼〉이 하가마가 되었다.
② 다 퍼 먹은 김칫독. [참고] **盡拯食沈菜瓮**〈東言解〉
③ 여산(廬山) 칠십리나 들어갔다.
➡ ①~③ 눈이 움푹 들어가 있다. 하가마……기생(妓生)이 머리에 쓰던 것.
④ 업혀 가는 돼지 눈.
➡ 잠이 와서 눈이 거슴츠레하다.
⑤ 눈빛이 종이를 뚫는다. (眼光徹紙背)
➡ 눈의 광채(光彩)가 종이를 뚫을 것 같다.
⑥ 뜨물에 빠진 바퀴 눈 같다.

➡ 정신이 맑지 못하여 눈알이 흐리멍덩하다. 바퀴……향랑자(香娘子)라고도 불리는 곤충.

⑦ 한 달 봐도 보름 본다.
➡ 애꾸눈을 가진 사람이다.

⑧ 객주(客主)집 칼도마 같다.
➡ 움푹 파인 칼도마처럼 턱이 나오고 눈·코가 들어가 있다. 칼도마……도마.

⑨ 개밥도둑(하늘밥도둑)이다.
➡ 코 끝이 무디다. 개밥도둑……곤충의 한 가지.

⑩ 엿을 물고 개잘량에 엎더러졌다.
➡ 수염이 많이 나 있다. 개잘량……털이 붙은채로 만든 개 가죽의 방석.

⑪ 자인(慈仁) 장 바소쿠리.
➡ 자인 장에서 파는 바소쿠리처럼 입이 크다. 자인……경북 경산군 자인면. 바소쿠리……지게에 얹어서 물건을 싣는, 싸리로 둥글넓적하게 만든 큰 삼태기.

⑫ 다리 뼈가 맏아들이다.
⑬ 발이 의붓자식보다 낫다.
⑭ 발이 효도 자식보다 낫다.
⑮ 정강이가 맏아들보다 낫다.
➡ ⑫~⑮ 다리·발은 사람에게 아주 소중한 것으로서 갖가지 이(利)를 준다.

⑯ 이〈齒〉가 자식보다 낫다.
➡ 이는 사람으로 하여금 먹고 살게 하며 맛 있는 음식도 먹게 한다.

4. 체력(體力)·체질(體質)

① 늙은이 호박나물에 용 쓴다.
② 늙은이 호박죽에 힘 쓴다.
③ 두부 살에 바늘 뼈.
④ 밤 비에 자란 사람이다.

⑤ 오줌에도 데겠다.
⑥ 징으로 밥 하나 먹고 광새 하나 못 이긴다.
➡ ①~⑥ 몸이 매우 허약하고 체력이 없다. 용 쓴다……들어올리느라고 힘 쓴다. 징……놋쇠로 둥근 쟁반 같이 만든 악기의 한 가지. 광새……쇠붙이(금속물)에 광(光)을 내는 데에 쓰이는 연장.
⑦ 불면 날아갈듯, 쥐면 꺼질듯.〈李仁稙, 銀世界〉
➡ 몸이 마르고 매우 허약하다.
⑧ 누룩만 보아도 술 취한다.
⑨ 보리밭만 지나가도 주정한다. (過麥田大醉)〈廉想涉, 新婚記〉
⑩ 주모(酒母) 보면, 염소 똥 보고도 설사한다.
➡ ⑧~⑩ 술을 조금도 하지 못한다.
⑪ 코 끝에서 쇠똥내 난다.
➡ 과로(過勞)로 몸이 몹시 피곤하다.
⑫ 솜으로 싸 키웠나.
➡ 사람이 추위를 몹시 탄다.

5. 건강상태(健康狀態)・수명(壽命)

① 마른 나무에 좀 먹듯.
➡ 시름시름 앓으면서 병세가 점점 악화되어 간다. [이 속담은 뚜렷한 원인도 없이 재산이 점점 줄어든다는 뜻으로 사용되기도 함]
② 팔 고쳐주니까 다리 부러졌다고 한다.
➡ 병을 자주 앓는다.
③ 눈(眼)만 감으면 송장이다.
④ 눈만 감으면 염(念) 하러 달려들겠다.
⑤ 숨을 쉬니 송장은 아니다.
➡ ③~⑤ 얼마 못 가서 죽을 정도로 몸이 몹시 쇠약하다. 염하다……조용히 불경이나 진언(眞言)을 외다.
⑥ 마른 나무에 물이 난다. (枯木生水)
⑦ 마른 버드나무에 싹이 튼다.(枯楊生柔)

➡ ⑥·⑦ 죽게 되었던 사람이 되살아난다.
⑧ 빠진 이가 다시 난다.
⑨ 팔십에 이가 난다.
➡ ⑧·⑨ 늙어서 빠진 이가 다시 날 정도로 건강이 매우 좋다.
⑩ 손자 환갑 잔치 얻어 먹겠다.
⑪ 어깨가 귀를 넘어까지 산다.
➡ ⑩·⑪ 장수(長壽)한다.
⑫ 물고기 밥이 되었다.
➡ 물에 빠져 죽었다.
⑬ 개골창을 베었다.
➡ 외로운 신세로 객사(客死)하였다.
⑭ 밥 숟가락 놓았다.
⑮ 올림대 놓았다.
➡ ⑭·⑮ 죽었다. 올림대……심마니(산삼을 캐는 일을 업으로 하는 사람)들이 자기네끼리 통용하는 숟가락을 뜻하는 은어(隱語).

[群] 29. 능력(能力)의 유무(有無)

1. 유능(有能)

① 가재는 작아도 돌을 진다.
② 고추는 작아도 맵다.
③ 고추보다 후추가 더 맵다.
④ 작아도 고추알.
⑤ 작은 고추가 더 맵다.
➜ ①~⑤ 몸집이 작은 사람이 큰 사람보다 도리어 단단하고 재주가 더 뛰어나다.
⑥ 작아도 후추알이다. [참고] 雖小唯椒〈耳談續纂〉
➜ 몸집은 작아도 용감하고 날쌔다.
⑦ 거미는 작아도 줄만 친다.〈民謠, 全南 海南〉
⑧ 뱁새는 작아도 알만 깐다.
⑨ 제비는 작아도 강남 간다.
⑩ 참새가 작아도 알만 잘 깐다.
➜ ⑦~⑩ 몸은 작아도 제 할 일은 잘 감당해 나간다.
⑪ 굼벵이도 꾸부리는 재주가 있다.
⑫ 굼벵이도 떨어지는 재주는 있다.
⑬ 우렁이도 두렁 넘을 꾀가 있다.
➜ ⑪~⑬ 아무리 미련하고 못난 사람이라도 한 가지 재주는 가지고 있다.
⑭ 숟갈 한 단 못 세는 사람이 살림은 잘 한다.
➜ 미련한 듯한 여자가 딴 생각 없이 살림을 잘 한다.
⑮ 맛은 소금이 낸다.

→ 보기에는 대단치 않은 사람이지마는, 핵심적인 일을 맡아서 잘 해나간다.
⑯ 뒷간 쥐가 쌀 먹을 줄 모를까.
→ 비록 빈천(貧賤)한 처지에 놓여 있지만 남들이 하는 일은 다 할 수 있다.
⑰ 눈 먼 소에 멍에가 아홉이다.
→ 일을 잘 못하리라고 여겼던 사람이 도리어 남들보다 잘 한다.
⑱ 촌 닭이 관청 닭 눈 빼 먹는다.
→ 남 보기에는 어수룩하고 얼빠진 것 같은 사람이 자기보다 똑똑한 사람을 제압하는 실력을 갖추고 있다.
⑲ 솔개도 오래 되면 꿩을 잡는다.
→ 경험을 많이 한 사람이 못하던 것도 하게 된다.
⑳ 넙치가 눈은 작아도 먹을 것은 잘 본다.
㉑ 메기가 눈은 작아도 제 먹을 것은 알아본다.
→ ⑳·㉑ 생긴 모양이 우습고 못낫더라도 제 구실을 똑똑히 해나간다.
㉒ 떡국이 농간(弄奸)한다.
→ 해마다 정월 초하룻날에는 떡국을 먹고 나이가 한살씩 더 들게 되므로, 본래 재간은 없더라도 나이가 들면 오랜 경험으로 인하여 제법 능숙한 솜씨를 보이게 된다.
㉓ 고기도 먹어본 사람이 많이 먹는다.
㉔ 관덕정(觀德亭) 설탕국도 먹어본 놈이 먹는다.
㉕ 떡도 먹어본 사람이 먹는다.
→ ㉓~㉕ 무슨 일이든지 해본 사람이 능숙하게 한다. 관덕정……제주시에 있는 정자.
㉖ 글씨 잘쓰는 사람은 붓을 가리지 않는다.
㉗ 글씨 잘쓰는 사람은 종이와 붓을 가리지 않는다. [참고] 善書不擇紙筆〈唐書〉
㉘ 글 잘쓰는 사람은 필묵(筆墨)을 가리지 않는다. (能書不擇筆)
→ ㉖~㉘ 능숙한 사람은 용구(用具)가 좋지 않더라도 일을 잘 해나간다.

㉙ 나귀도 차는 재주가 있다.
➡ 누구나 한 두 가지의 재주를 가진다.
㉚ 백전노장(百戰老將)이다.
㉛ 산전수전(山戰水戰) 다 겪었다.
➡ ㉚·㉛ 세상의 모든 일을 다 겪어서 무슨 일에나 노련(老練)하다.
㉜ 말 잘하기는 소진(蘇秦)·장의(張儀)로군.
㉝ 소장(蘇張)의 혀.
㉞ 소진의 혀.
㉟ 싸라기 밥을 먹어도, 말 잘하는 판수다.
➡ ㉜~㉟ 아주 말을 능란하게 한다. 소장……옛날 중국 전국시대(戰國時代)에 말 잘하기로 유명한 소진과 장의. 판수……점치는 일을 업으로 삼는 소경.
㊱ 헌 옷 속에 옥 들었다. [참고] 敝衣裏玉〈太玄經〉
➡ 외양은 허술해도 귀중하거나 훌륭한 재주를 가지고 있다.
㊲ 떨어진 주머니에 어패(御牌) 들었다.
㊳ 베 주머니에 의송(議送) 들었다.
㊴ 허리띠 속에 상고장(上告狀) 들었다.
➡ ㊲~㊴ 겉모양은 허술하고 보잘것 없으나, 실속은 훌륭하고 유능(有能)하다.
㊵ 초사흘 달은 잰 며느리가 본다. [참고] 初三月慧婦觀〈洌上方言〉
㊶ 초생달은 잰 며느리가 본다.
➡ ㊵·㊶ 혜민(慧敏)한 사람만이 미세(微細)한 것을 능히 살필 수 있다. [초사흘달·초생달은 초저녁에 잠깐 나왔다가 짐]
㊷ 굼벵이도 제 일을 하려면 한 길을 판다.
㊸ 굼벵이도 제 일 하는 날은 열 번 재주를 넘는다.
➡ ㊷·㊸ 미련하거나 재간이 없는 사람도 급한 일을 당하게 되면, 어떻게 해서든지 해내고야 만다.

2. 무능(無能)

① 가는 베 짜겠다.
② 석새 베에 씨도 안 든다.
③ 솜씨는 관(棺) 밖에 내 놓아라.
➡ 솜씨가 좋지 못하여 매우 거칠고 엉성하다. [② 성글고 굵은 베에 가로 건너 짠 실도 들지 않았을 정도로 솜씨가 거칠고 엉성함. 이 속담들은 재간이 없는 사람을 비웃을 경우에 사용됨]
④ 날면 기는 것이 능(能)치 못하다. [참고] 飛而走不能〈東言解〉
➡ 사람이 한 가지 재주가 신통하면 다른 것을 잘하지 못한다. 즉 모든 일에 능하기는 어렵다.
⑤ 가르친 사위.
➡ 아주 못나서 자주적(自主的)으로 일을 처리할 줄 모른다.
⑥ 나무때기 시집 보낸 것 같다.
➡ 사람이 변변치 못해서 무슨 일을 제대로 하지 못한다. 나무때기······ 조금 길고 가는 나무 토막.
⑦ 훔칠 줄만 알고, 감출 줄은 모른다.
➡ 돈을 벌어들이기만 할 줄 알고, 돈을 관리할 줄은 모른다.
⑧ 골통만 크고 재주는 메주다.
➡ 골통이 큼직하여 재주가 있을 것 같으면서도 재주가 없다.
⑨ 그림의 호랑이다. (畫中之虎)
➡ 겉으로만 무섭지 실제로는 아무런 힘도 없다.
⑩ 괴발·개발 그린다.
⑪ 까마귀 똥 그적그리듯.
⑫ 까마귀 똥 헤치듯.
⑬ 닭발 그리듯.
➡ ⑩~⑬ 글을 쓰거나 그림을 그리는 솜씨가 아주 서툴다.
⑭ 바느질에는 소·범이다.
➡ 바느질은 아주 할 줄 모른다.
⑮ 독수리는 파리를 못 잡는다.
➡ 사람은 각자의 능력에 맞는 일을 할 수 있을 따름이지, 능력에 맞지 않는 일은 하지 못한다.

⑯ 한 되 병에 두 되는 들지 않는다.
➡ 사람은 각자의 역량(力量)에 한도(限度)가 있어서 그 한도를 넘어서 하지는 못한다.
⑰ 호랑이 잡는 포수는 호랑이만 잡고, 꿩 잡는 포수는 꿩만 잡는다.
➡ 사람은 자기가 하는 일 밖에는 못한다.

[群] 30. 난이성(難易性)

1. 일하기

① 겉보리 돈 삼기.
② 기름떡 먹기.
③ 끓는 물로 눈〈雪〉 녹이기.
④ 깨떡 먹기.
⑤ 누운 소 똥 누기.
⑥ 누운 소 타기.
⑦ 누워 떡 먹기. [참고] 餠臥喫〈洌上方言〉,〈蔡萬植, 濁流〉
⑧ 누워 잠자기.
⑨ 도투마리 잘라 넉가래 만들기.
⑩ 독 속에 든 자라 잡기다.
⑪ 돛 달고 노 젓는다.
⑫ 두부 끓이다.
⑬ 두부에 못 박기.
⑭ 땅 짚고 헤엄치기. [참고] 據地習泅更有何憂〈耳談續纂〉,〈蔡萬植, 太平天下〉
⑮ 마른 나무 꺾기.
⑯ 마른 나무 꺾어 잎 털기.
⑰ 볶은 콩 먹기.
⑱ 손 안 대고 코 풀기.
⑲ 수양딸로 며느리 삼기.
⑳ 식은 죽 먹기.〈黃順元, 카인의 後裔〉,〈蔡萬植, 太平天下〉
㉑ 앉아 똥 누기.

㉒ 약과(藥果) 먹기.
㉓ 썩은 나무 뽑기.
㉔ 종년 간통(姦通)은 누운 소 타기. [참고] 姸婢如臥牛乘 〈東言解〉
㉕ 주먹으로 물 찧기.
㉖ 키 큰 염소 똥 누기.
㉗ 항아리 속에 든 자라 잡기.
㉘ 해장거리다.
㉙ 해장거리도 안 된다.
㉚ 호박에 침 주기.
㉛ 흘러가는 물 퍼 주기.
→ ①~㉛ 일하기가 아주 쉽다. 도투마리……천이나 베를 짤 때 날을 감아 베를 앞 다리 너머의 채머리 위에 얹어 두는 기구. 넉가래……곡식 따위를 한 곳으로 밀어 모으는 기구.
㉜ 밤에 까마귀 잡기다.
→ 일할 조건(條件)이 나빠서 일하기가 매우 어렵다.
㉝ 한 몸에 두 지게 못 진다.
→ 한 사람이 한꺼번에 두 일을 하기는 어렵다.

2. 구득(求得)・회수(回收)・찾기

① 귀한 구슬은 깊은 물 속에 있다.
→ 진주는 깊은 물 속에 있는 조개에서 얻듯이, 귀한 것은 깊은 곳에 있기 때문에 구하기가 어렵다.
② 거지 꿀 얻기다.
③ 들쥐 밥 맛보기다.
→ ②・③ 얻기가 매우 어렵다.
④ 내 칼도 남의 칼집에 들어가면 찾기 어렵다. [참고] 吾刀入他鞘難拔 〈旬五志〉, 〈廉想涉, 三代〉
→ 제 것도 남의 손에 들어가면 제 마음대로 회수하기가 어렵다.
⑤ 겨 속에서 쌀 찾기다.

⑥ 모래밭에서 바늘 찾기다.
⑦ 백운심처(白雲深處) 처사(處事) 찾기.〈雍固執傳〉
⑧ 중〈僧〉도망은 절에나 가서 찾지. [참고] 僧逃亡猶可尋於山寺〈東言解〉
➜ ⑤~⑧ 행방(行方)이 묘연(杳然)하여 찾기 어렵다.

3. 길들이기 · 교정(矯正) · 다루기 · 감당(堪當)

① 노류장화(路柳墻花)는 사람마다 꺾으려니와, 산닭 길들이기는 사람마다 어렵다.〈古本春香傳〉
➜ 창녀는 아무나 건드릴 수 있지마는, 자유로이 내어 기른 사람을 길들이기는 매우 힘들다. 노류장화……아무나 쉽게 꺾을 수 있는 길가의 버들과 울타리에 핀 꽃이라는 뜻으로서 창녀를 빗대어 이르는 말.
② 생마 잡아 길들이기.
➜ 버릇 없고 배운 데 없는 사람을 가르쳐 길들인다는 것은 매우 힘드는 일이다. 생마……길들이지 않은 거친 말.
③ 얼크러진 그물이요, 쏟아놓은 쌀.
➜ 이미 틀린 일을 바로잡기가 힘들다.
④ 무는 말〈馬〉은 죽어야 안 문다.
➜ 한번 든 나쁜 버릇은 죽기 전에는 고치기 어렵다.
⑤ 굴레 없는 말 몰듯.
➜ 다루기가 매우 곤란하다.
⑥ 꼬리가 너무 커지면 흔들지 못한다.
➜ 부하(部下)의 세력이 너무 커지면 부리기가 곤란하다.
⑦ 작은 배〈船〉는 무거운 짐을 감당하기가 어렵다. [참고] **小船難堪重載**〈王參政〉
➜ 실력이 모자라는 사람이 중책(重責)을 맡으면 감당하기가 어렵다.
⑧ 열 사람이 지켜도 한 도둑을 못 막는다. [참고] 十人守之一賊不能當〈旬五志〉, 十人之守難敵一寇〈耳談續纂〉
⑨ 지킬 사람 열이 도둑할 놈 하나를 못 당한다.

➡ ⑧·⑨ 여럿이 애써 지켜보고 살펴도 한 사람의 나쁜 짓을 막는다는 것은 참으로 어려운 노릇이다.

4. 파악(把握)·분별(分別)·해결(解決)

① 안 본 용(龍)은 그려도 본 범〈虎〉은 못 그린다.
② 안 본 용은 그려도 본 뱀〈蛇〉은 못 그린다.
➡ ①·② 사실을 있는 그대로 파악한다는 것은 지극히 어려운 일이다.
③ 개암과 은행(銀杏)이다.
➡ 서로 닮아서 분별하기가 어렵다. 개암……개암나무(자작나무과의 낙엽 관목)의 열매.
④ 까마귀 암수를 누가 안다더냐. (誰知烏之雌雄)
➡ 까마귀의 암컷과 수컷을 구별하기 어렵듯이, 바깥 모양이 똑같아 보이는 것을 분별하기가 매우 어렵다.
⑤ 안방에 가면 시어머니 말이 옳고, 부엌에 가면 며느리 말이 옳다.
➡ 이편 말을 들으면 이편이 옳고 저편 말을 들으면 저편이 옳은 것으로 여겨지듯이, 시비(是非)를 판단하기가 매우 어렵다.
⑥ 물고기의 눈알과 구슬이 섞여 있다. (魚目混珠)
➡ 진짜와 가짜가 섞여 서로를 구별하기가 곤란하다.
⑦ 실 엉킨 것은 풀어도, 노 엉킨 것은 못 푼다.
➡ 같은 경우에서도, 작은 일은 간단히 해결할 수 있으나 큰 일은 손쉽게 해결되지 않는다.

5. 독심(讀心)

① 쉰 길 물 속은 알아도, 한 길 사람의 속은 모른다.
② 열 길 물 속은 알아도, 한 길 사람의 속은 모른다. [참고] 水深雖知人心難知〈松南雜識〉, 測水深昧人心〈洌上方言〉, 寧測十丈水深難測一丈人心〈耳談續纂〉
➡ ①·② 사람의 마음을 알아낸다는 것은 대단히 어려운 노릇이다.

③ 천 길 물 속은 알아도 계집 마음 속은 모른다. [참고] 千丈淵可知美人心不知〈東言解〉
➡ 여자의 마음은 변하기 쉬워서 대중하기가 어렵다.

6. 기타(其他)

① 삼대(三代) 적선(積善)을 해야 동네 혼사(婚事)를 한다.
➡ 한 동네의 이웃끼리는 서로 집안 사정(事情)을 잘 알고 있기 때문에 그들 사이의 혼사는 매우 어렵다.
② 호랑이 입보다는 사람 입이 더 무섭다.
➡ 이 세상에서 사람이 먹고 살아나간다는 것은 매우 어려운 일이다.
③ 낚시질을 작은 개울에서 하면 큰 고기는 잡기 어렵다.
➡ 작은 계획으로 일을 하면 큰 성과(成果)를 얻기 어렵다.
④ 싫은데 떡.
➡ 먹기 싫은데 선 떡을 주면 거절할 구실이 생기듯이, 아주 거절하기가 쉽다.
⑤ 아이 가진 떡.
➡ 상대방이 세력이 없거나 약하므로 그가 가지고 있는 것을 쉽게 빼앗을 수 있다.
⑥ 돈 나는 모통이 죽는 모통이.
➡ 세상에서 돈을 번다는 것은 참으로 어려운 노릇이다.
⑦ 수레도 두 바퀴로 구른다.
➡ 여러 사람이 협동하면 일하기가 수월하다.
⑧ 앉아 주고 서서 받는다.
⑨ 앉아 준 돈 서서도 못 받는다.
➡ ⑧·⑨ 돈을 꾸어 주고 그것을 다시 받기는 매우 어렵다.
⑩ 열두가지 재주에 저녁거리가 없다. [참고] 十二技之匠人 夕供去無處〈東言解〉
➡ 재주가 여러 방면으로 많은 사람은 한 가지 재주만 가진 사람보다 성공하기가 어렵다.

⑪ 고추장 단지가 열둘이라도, 서방님 비위(脾胃)를 못 맞춘다.
⑫ 반찬 항아리가 열둘이라도, 서방님 비위를 못 맞춘다.
➡ ⑪·⑫ 성미가 까다로와 비위 맞추기가 매우 어렵다.

[群] 31. 가능성(可能性)・가망성(可望性)의 여부(與否)

1. 성사(成事)

① 그물이 커야 큰 고기를 잡는다. (大網撈大魚)
② 낚싯줄이 길어야 큰 고기를 잡는다. (放長線釣大魚)
③ 못이 커야 용(龍)이 난다.
➡ ①~③ 희망과 포부가 큰 사람은 큰 일을 할 수 있고 따라서 성공할 수 있다.
④ 고기는 물을 얻어야 헤엄을 친다. (魚得水遊)
➡ 활동할 수 있는 환경을 얻어야 일을 이루거나 출세할 수 있다.
⑤ 두레박 줄이 짧으면, 깊은 우물의 물을 긷지 못한다. [참고] 綆短不可汲深〈莊子〉
⑥ 산(山)에 가야 범을 잡고, 물에 가야 고기를 잡는다.
⑦ 물이 가야 배가 오지.
⑧ 물이 와야 배가 오지.
⑨ 물이 있어야 고기가 생긴다.
⑩ 바람이 불어야 배가 간다.
⑪ 배도 물이 있을 때 띄워야 한다.
➡ ⑤~⑪ 선행조건(先行條件)을 갖추거나 경우에 잘 맞아야 일을 이룰 수 있다.
⑫ 도깨비도 수풀이 있어야 모인다.
⑬ 소〈牛〉도 언덕이 있어야 비빈다.
⑭ 덤불이 우거져야 도깨비가 모여든다.
⑮ 덤불이 자라면 도깨비가 난다.

⑯ 덤불이 커야 도깨비가 난다.
⑰ 도깨비도 수풀이 우거져야 모인다.
➡ ⑫~⑰ 의지(依支)할 곳이 있거나 기본(基本)이 든든해야 일을 잘 이룰 수 있다.
⑱ 소매가 길면, 춤을 잘 춘다. (長袖善舞)
➡ 자재(資材)가 넉넉하면 일을 이룰 수 있다.
⑲ 두 손뼉이 맞아야 소리가 난다.
⑳ 외 손뼉이 울까. [참고] 隻掌難鳴〈耳談續纂〉
㉑ 한 다리로 가지 못한다.
㉒ 한 손뼉이 울지 못한다.
➡ ⑲~㉒ 상대(相對)가 있어야 일을 이룰 수 있다.
㉓ 불도 켤 데에 켜야 아들도 낳고 딸도 낳는다.
㉔ 절도 할 데다 해야 아들도 낳고 딸도 낳는다.
➡ ㉓·㉔ 촛불을 켜 놓고 치성을 드리는 것도 빌 데 빌어야 하듯이, 뚜렷한 목적을 가지고 바른 방법으로 해야 원하는 바를 이룰 수 있다.
㉕ 길 가에 집 짓기. (作舍道傍)
➡ 길 가에 집을 지으면 오가는 사람이 보고 저마다 간섭을 많이 하기 때문에 집을 지을 수 없게 되듯이, 남들로부터 간섭을 많이 받게 되면 일을 이룰 수 없게 된다.
㉖ 기운이 세면 소〈牛〉가 왕 노릇 할까.
㉗ 기운이 세면 장수 노릇 하나.
➡ ㉖·㉗ 기운이 세더라도 지략(智略)이 없어서 지도적 위치에 설 수 없다.
㉘ 세 사람만 우겨대면 호랑이도 만들어 낼 수 있다.
㉙ 입이 여럿이면, 금(金)도 녹인다.
㉚ 천인(千人)이 찢으면 천금(千金)이 녹고, 만인(萬人)이 찢으면 만금(萬金)이 녹는다.
➡ ㉘~㉚ 여러 사람이 힘을 합하면 일을 이룰 수 있다.
㉛ 개떡에도 고물이 든다.
➡ 하찮은 일이라도 밑천이 있어야 이룰 수 있다.

㉜ 하룻비둘기 재를 못 넘는다.〈古本春香傳〉
㉝ 햇비둘기 재를 넘을까. [참고] 鳩生一年 飛不踰巓〈耳談續纂〉, 一日鳩 未踰嶺〈東言解〉
→ ㉜·㉝ 경험과 실력이 없어서 일을 이룰 수 없다.
㉞ 짚 그물로 고기를 잡을까.
→ 든든한 준비를 하지 않아서 일을 이룰 수 없다.
㉟ 가마 속의 콩도 삶아야 먹는다.
㊱ 구슬이 서말이라도 꿰어야 보배.
㊲ 구운 게 발도 떼어야 먹는다.
㊳ 부뚜막의 소금도 집어넣어야 짜다.
㊴ 솥 속의 콩도 쪄야 먹는다.
㊵ 진주가 열 그릇이라도 꿰어야 구슬.
→ ㉟~㊵ 쉬운 일이라도 실지로 힘써 노력하지 않으면 이루어지지 않는다.
㊶ 마음이 화합하면, 부처도 곤다.
㊷ 의논이 맞으면, 부처도 앙군다.
→ ㊶·㊷ 여러 사람의 마음이 서로 화합하면, 어떠한 어려운 일이라도 이룰 수 있다. 앙군다……따르게 하다.
㊸ 소리개도 오래면 꿩을 잡는다. [참고] 鳶踰三紀乃獲一雉〈耳談續纂〉, 鳶生三千年獲一雌雄〈東言解〉
→ 오랜 경력을 쌓으면 성취 못했던 것도 성취할 수 있게 된다.
㊹ 개천에서 나도 저 날 탓이다.
→ 천대 받고 가난한 집안에서 출생하였더라도 본인의 노력에 따라 출세할 수 있다.
㊺ 개미는 작아도 탑을 쌓는다.
→ 아무리 보잘것 없고 힘 없는 자라도 정성(精誠)을 들여 꾸준히 노력하고 애쓰면 훌륭한 일을 이룰 수 있다.
㊻ 정성(精誠)이 있으면, 한식(寒食)에도 세배 간다.
→ 정성이 있으면 아무리 때가 늦었더라도, 하려던 일을 이룰 수 있다.
㊼ 작은 도끼도 연달아 치면, 큰 나무를 눕힌다.

➡ 대수롭지 않고 조그마한 것을 가지고도 힘 들여 여러번 하면 큰 일을 이룰 수 있다.

㊽ 열번 찍어 아니 넘어가는 나무 없다. [참고] 十斫之木 罔不顚覆〈耳談續纂〉, 十斫木無不折〈洌上方言〉, 十番斫 無之顚之木〈東言解〉,〈玄鎭健, 無影塔〉,〈朴鍾和, 錦衫의 피〉

➡ 많이 반복을 계속하면, 일을 뜻대로 이룰 수가 있다. [이 속담은 아무리 뜻이 굳은 사람일지라도 여러번 권고를 받거나 꾀임을 받게 되면 결국은 마음이 변하게 된다라는 뜻으로도 사용됨]

㊾ 섣달이 둘이라도 시원치 않다.

㊿ 섣달이 열아홉이라도 시원치 않다.

➡ ㊾·㊿ 아무리 연기시키더라도 일이 성공될 수 없다.

(51) 껍질 상치 않게 호랑이를 잡을까. [참고] 膚不毁虎難制〈洌上方言〉, 不毁皮而虎捉也〈東言解〉

➡ 호랑이의 가죽을 상하지 않고서 호랑이를 잡을 수 없듯이, 힘들여 애쓴 다음에야 그 일을 이룰 수 있다.

(52) 왕후장상(王候將相)에 씨가 있나. [참고] 王候將相寧有種乎〈史家陳涉世家〉

➡ 출세하여 귀한 자리에 오르는 것은 가계(家系)나 혈통에 따라 저절로 되는 것이 아니라, 노력하면 가문(家門)이 낮은 사람도 그렇게 될 수 있다.

(53) 물방울이 돌을 뚫는다. [참고] 水滴石穿〈鶴林玉露〉

➡ 무슨 일이나 오랫동안 꾸준히 계속해나가면 성공하게 된다.

(54) 열의 한 술 밥. 〈古本春香傳〉

(55) 열의 한 술 밥이 한 그릇 푼푼하다.

(56) 열이 어울러 밥 한 그릇. (十匙一飯)

➡ (54)~(56) 열 사람의 한 술 씩의 밥으로 쉽게 밥 한 그릇을 만들 수 있듯이, 여럿이 조금씩 힘을 합하면 없는 사람을 쉽게 구(救)할 수 있다.

(57) 바지랑대로 하늘 재기.

(58) 작대기로 하늘 재기.

(59) 작대기로 하늘 찌르기.

⑥⓪ 장대로 하늘 재기.
➡ ㊼~⑥⓪ 도저히 불가능하다.
⑥① 손가락으로 하늘 찌르기.
➡ 막연하여 도무지 이루어질 가망이 없다.
⑥② 새앙쥐 고양이한테 덤빈다.
➡ 도무지 이겨낼 가망이 없다.
⑥③ 생나무 휘어잡기.〈李無影, 흙의 奴隷〉
➡ 억지로 하지마는 전혀 이루어질 가망이 없다.
⑥④ 드물어도 아이가 든다.
➡ 일이 더디기는 하지마는 이루어지게 될 것이다.
⑥⑤ 끌을 찾으면, 마치까지 주어야 한다.
➡ 유용(有用)한 것들을 서로 관련시켜 일을 하면, 일을 이룰 수 있다.
⑥⑥ 물은 장애물을 피해가면서 바다에 이른다. [참고] 水避礙則通于海 〈楊子法言〉
➡ 사람은 갖은 고생을 극복해야 성공할 수 있다.
⑥⑦ 물도 모이면 못이 된다. (積水成淵)
⑥⑧ 물도 모이면 바다를 이룬다. [참고] 積水爲海〈荀子〉
➡ ⑥⑦·⑥⑧ 작은 것도 많이 모이면, 큰 것을 이룰 수 있다.
⑥⑨ 그물이 천 코면 걸릴 날이 있다.
⑦⓪ 그물 코가 삼천이면 걸릴 날이 있다.
➡ ⑥⑨·⑦⓪ 제가 목적한 바에 대하여 만반의 준비를 갖추어 기다리면 언젠가는 그것이 이루어질 때가 있다.
⑦① 길의 돌도 연분이 있어야 찬다.
➡ 아무리 하찮은 일이라도 인연이 있어야 이루어진다.
⑦② 마른 나무를 태우면, 생나무도 탄다.
➡ 안 되는 일도 대세(大勢)를 타면 이루어질 수 있다.
⑦③ 뱃속 아이도 달이 차야 나온다.
➡ 무슨 일이나 때가 되어야 이루어질 수 있다.
⑦④ 고목(枯木)에서 꽃이 필까.
⑦⑤ 곤 닭이 꼬꼬 울까.

⑯ 구름을 잡으려고 한다.
⑰ 구운 밤〈栗〉에서 싹이 날까.
⑱ 금강산 상상봉(上上峰)이 평지(平地) 되어 물 밀어 배 둥둥 뜰까.
　〈歌詞, 春香寡婦歌〉
⑲ 그린 황계(黃雞) 두 나래를 둥당 칠까.
⑳ 기암절벽(奇岩絕壁) 천층석(千層石)이 눈비 맞아 썩어질까. 〈古本春
　香傳〉
㉑ 까마귀 대가리가 희어질까.
㉒ 달팽이가 바다를 건너다니.
㉓ 대천(大川) 바다가 육지 되어 사람이 다니거든. 〈歌詞, 방아타령〉
㉔ 뒷 동산에 군밤을 묻어 싹이 날까. 〈歌詞, 방아타령〉
㉕ 마른 나무에서 물이 날까.
㉖ 모기 대가리에서 골을 낸다.
㉗ 밑 빠진 동이에 물이 괼까. 〈民謠, 忠北 淸州〉
㉘ 바늘 끝에 알을 올려 놓겠다.
㉙ 배꼽에서 노송(老松) 나무 날까.
㉚ 병풍에 그린 닭이 홰를 칠까.
㉛ 볶은 콩에 싹이 날까.
㉜ 볶은 콩에 꽃이 피랴.
㉝ 북악(北岳)이 평지 될까. 〈歌詞, 방아타령〉
㉞ 홍두깨에 꽃이 피겠다.
㉟ 사오경(四五更) 일점에 날 새라고 꼬꼬 울까. 〈歌詞, 방아타령〉
㊱ 산호 서말 진주 서말 싹 날까.
㊲ 삶은 팥에서 싹이 나거든.
㊳ 솔방울이 울거든. 〈民謠, 慶北 尙州〉
㊴ 쇠뿔에 계란 세우랴.
⑩ 용가마에서 삶은 돼지가 멍멍 짖거든.
⑪ 용마(龍馬) 갈기 사이에서 뿔이 날까. 〈古本春香傳〉
⑫ 인경 꼭지가 말랑말랑해질까.
⑬ 태산(泰山)이 광풍(狂風)에 쓰러질까.

⑭ 태산중악(泰山重岳) 만장봉(萬丈峰)이 모진 광풍에 쓰러질까.〈古本
春香傳〉
➡ ⑭~⑩ 도저히 실현될 가망이 없다. 골……골수(骨髓). 홰를 치다, 홰
치다……닭이나 새 등이 날개를 벌려 탁탁 치다. 용가마……큰 가마
솥. 인경……옛날 통행금지를 알리기 위하여 밤마다 치던 큰 종. 서울
의 보신각(普信閣) 종, 경주의 봉덕사(奉德寺) 종 따위. [⑱ 소나무에
달린 솔방울이 종처럼 소리 내어 울 리 없듯이, 도저히 이루어질 가망이
없다.]
⑮ 하늘의 별 따기다.〈蔡萬植, 太平天下〉
➡ 매우 하기 어려워서 도저히 이룰 가망이 없다.
⑯ 검은 구름은 끼어도 비는 오지 않는다. [참고] 陰雨不雨〈宋書〉
➡ 일이 이루어질 듯하면서도 이루어질 가망이 없다.
⑰ 꾸러미 속에 든 고기는 그대로 먹지 못한다.
➡ 수고를 하지 않고 저절로 이루어질 수 없다.
⑱ 싹수가 노랗다.
⑲ 싹이 노랗다.
➡ ⑱·⑲ 일이 시초부터 어긋나가 이루어질 가망이 없다. 싹수……앞으
로 잘 트일만한 낌새나 징조.
⑩ 괴로움을 당하는 나무는 자라나지 못한다. (困木不難長)
➡ 방해를 받으면 일이 이루어질 수 없다.
⑪ 초저녁 구들이 따뜻해야 새벽 구들이 따뜻하다.
➡ 먼저 하는 일이 잘 이루어져야 다음에 계속되는 일이 잘 이루어진다.
⑫ 늦게 심은 벼는 자랄 시기가 없다. [참고] 穉稼不得育時〈淮南子〉
➡ 벼를 늦게 심으면 자라지 못하고 말듯이, 무슨 일이든지 때를 놓치면
이루어질 수 없다.
⑬ 날개 있는 것이 난다는 말은 들었어도, 날개 없는 것이 난다는 말은
듣지 못했다. [참고] 聞以有翼飛者矣 未聞無翼飛者也〈莊子〉
⑭ 날개 털이 풍족하지 못한 새는 높이 날지 못한다. [참고] 毛羽不豊滿
者不可以高飛〈戰國策〉
➡ ⑬·⑭ 조건(條件)이 좋지 않고는 성공할 수가 없다.

⑮ 잘 짓는 개〈犬〉는 물지 않는다.
⑯ 잘 짓는 개는 사냥을 못 한다.
➡ ⑮・⑯ 말이 많거나 경솔한 사람은 성공하지 못한다.
⑰ 개미 떼가 용(龍)도 잡는다.
➡ 약한 사람들도 단결하면, 강한 사람을 이길 수 있다.
⑱ 나막신 신고 대동(大同) 배를 쫓아 간다.
➡ 덜거덕거리는 나막신을 신고 대동 관선(官船)을 쫓아가듯이, 요량(料量) 없이 일을 한다면 그 일은 이루어질 수 없다. 대동……근세 조선의 대동법(大同法)
⑲ 반딧불로 별을 대적(對敵)할까.
➡ 보잘것 없는 것이 아무리 억척을 부리고 대항해 봤자 승산(勝算)이 없다.
⑳ 구름이 모여야 비가 온다. (雲集降雨)
㉑ 돌 위에서는 곡식이 안 된다. [참고] 石上不生五穀 〈淮南子〉
㉒ 민둥산에는 고라니가 놀지 않는다.
㉓ 배〈舟〉는 물이 없으면 가지 못한다. (舟非水不行)
➡ ⑳~㉓ 조건(條件)이 조성되지 않으면, 일이 이루어질 수가 없다. 민둥산……나무가 없는 산(山). 고라니……사슴과에 딸린 짐승.
㉔ 뱀장어 꼬리 잡는 것 같다.
➡ 아무리 애를 써도 일이 이루어질 것 같지 않다.
㉕ 숙수(熟手)가 많으면, 국수가 수제비 된다.
㉖ 숙수가 많으면, 국맛이 짜다.
➡ ㉕・㉖ 일에 참견하는 사람이 많으면 오히려 일이 잘 안 된다.
㉗ 기름에 그림 그린다.
㉘ 얼음에 새김질 한다.
➡ ㉗・㉘ 바탕이 부실(不實)해서 일을 해봤자 성공할 수 없다.
㉙ 방귀가 잦으면, 똥 싸기 쉽다.
㉚ 번개 잦으면, 벼락 늦이라. [참고] 雷光索索 霹咐之兆 〈耳談續纂〉
㉛ 번개가 잦으면 천둥을 한다.
➡ ㉚・㉛ 무슨 일의 전조(前兆)가 잦으면, 그 일이 이루어지는 경우가

많다.
⑱ 초시(初試)가 잦으면 급제(及第) 한다.
➡ 실패를 여러번 하더라도, 자주 하면 일을 이룰 수 있다. 초시……과거의 맨 처음 시험.
⑱ 미늘이 없는 낚싯대로 고기를 잡지 못한다.
➡ 강한 의지(意志)가 없으면 성공하지 못한다. 미늘……낚시 끝의 안쪽에 있는 작은 갈고리.

2. 실행(實行)

① 물이 깊어야 큰 배도 띄운다.
② 물이 깊지 않으면 큰 배를 띄울 수 없다.
➡ ①·② 역량(力量)이 큰 사람이 큰 일을 하게 된다.
③ 서투른 시객(試客)이 평측(平仄)을 가리랴.
➡ 시(詩)를 잘 못 짓는 사람이 평측을 가려서 시를 지을 수 없듯이, 까다로운 법칙까지 샅샅이 알아서 무엇을 할 수는 없다. 평측……높낮이. 한자음(漢字音)의 높고 낮음.
④ 입만 가지면 서울 이(李)서방 집도 찾아 간다.
➡ 말만 잘하면 힘든 일도 능히 할 수 있게 된다.
⑤ 칼도 날이 서야 쓴다.
➡ 실력이 있어야 제 구실을 해나갈 수 있게 된다.
⑥ 장구를 쳐야 춤을 추지.
➡ 시설(施設)이 있고 거들어 주는 사람이 있어야 일을 할 수 있다.
⑦ 바다에 가야 큰 고기를 잡는다.
➡ 바탕이 커야 큰 일을 할 수 있다.
⑧ 범이 무서우면 산에 못 간다.
➡ 일을 하려고 할 때 엄두를 못 내면 그 일을 못 하게 된다.
⑨ 흉가(凶家)집도 사귈 탓.
➡ 불길(不吉)하다고 소문 난 집도 잘 눌러 살면 아무런 탈 없이 지낼 수 있듯이, 손 댈 수 없을 만큼 틀어진 일이라도 다루는 솜씨에 따라

서 얼마든지 잘 해나갈 수 있다.
⑩ 한 가닥으로 합사(合絲)를 못 꼰다.
➡ 여러 사람의 힘을 빌어야만 일을 할 수 있게 된다.

3. 소득(所得)

① 개울물에는 큰 고기가 없다.
➡ 밑천이 적으면 큰 이득(利得)을 볼 수 없다.
② 더위도 큰 나무 밑에서 피하랬다.
➡ 높은 지위에 있는 사람이나 돈 많은 사람에게 의지(依支)해야 덕을 볼 수 있다.
③ 콩알로 귀를 막으면 천둥 소리가 안 들린다. [참고] 兩豆塞耳不自雷霆〈鶡冠子〉
➡ 작은 것도 활용하면 도움을 얻을 수 있다.
④ 눈치가 빠르면, 절에 가도 새우젓을 얻어 먹는다.
⑤ 눈치가 빠르면, 절에 가도 젓갈을 얻어 먹는다.
⑥ 눈치가 빠르면, 절에 가도 조개젓을 얻어 먹는다.
➡ ④~⑥ 사람은 눈치가 빠르면 자기가 원하는 것을 얻을 수 있다.
⑦ 떼 꿩에 매 놓기.
➡ 꿩이 떼를 지어 모인 곳에 매를 놓으면 매가 어느 놈을 잡아야 할지 모르고 이리 갔다 저리 갔다 하다가 결국은 하나도 못 잡게 되듯이, 사람도 한꺼번에 큰 이득(利得)을 바라다가는 도리어 소득(所得)을 보지 못하게 된다.
⑧ 섣달 그믐날 시루 얻으러 다니기.
➡ 필요한 무엇을 구(求)하지마는 구할 가능성이 없다.
⑨ 거북이 잔등의 털을 긁는다. [참고] 龜背上刮毛〈旬五志〉
➡ 아무리 찾는다고 애를 써도 구득(求得)할 수가 없다.
⑩ 두메로 장작 팔러 간다.
⑪ 바다로 고기 팔러 간다.
➡ ⑩·⑪ 도저히 이득(利得)을 볼 수 없는 짓을 한다.

⑫ 산지기 눈 봐라, 도끼 밥을 남 줄까.
→ 인색한 그 사람으로부터 무엇을 얻을 가망이 전혀 없다.
⑬ 남의 옷은 따뜻하지 못하다.
→ 관계가 없는 사람으로부터는 덕을 볼 수가 없다.
⑭ 꽃이 좋아야 나비가 모인다.
⑮ 내 딸이 고와야 사위를 고른다. [참고] 我有美女廼擇佳婿〈耳談續纂〉, 吾女娟擇婿賢〈洌上方言〉, 吾女美後方擇婿〈東言解〉.
⑯ 내 물건이 좋아야 값을 받는다.
⑰ 반달 같은 딸 있으면, 온달 같은 사위 삼는다.
→ ⑭~⑰ 자기가 가지고 있는 것이 손색이 없고 좋아야 그 덕분으로 좋은 것을 얻을 수 있다.
⑱ 관(冠) 쓴 거지는 얻어 먹지 못한다.
→ 비천(卑賤)한 자가 거만하게 굴면 남으로부터 덕을 보지 못한다.

4. 취득(取得)

① 돈만 있으면, 처녀 불알도 산다.
② 돈만 있으면, 천도(天桃)복숭아도 먹는다.
→ ①·② 돈만 있으면, 자기가 원하는 것을 무엇이든 구할 수 있다.
③ 돈만 있으면, 귀신도 부릴 수 있다. [참고] 有錢使鬼神〈松南雜識〉
④ 돈이 많으면 두역신(痘疫神)을 부린다.
⑤ 돈이 장사(壯士)라.
⑥ 돈이 제갈량(諸葛亮).
→ ③~⑥ 돈만 있으면, 세상 일을 어떻게든지 뜻대로 이룰 수 있다.
⑦ 돈만 있으면, 염라대왕 문서(文書)도 고친다.
→ 돈만 있으면, 죽음도 면할 수 있다.
⑧ 돈이 없으면 적막강산(寂寞江山)이요, 돈이 있으면 금수강산(錦繡江山)이라.
→ 경제적으로 넉넉해야 삶을 즐길 수 있다.
⑨ 꿈에 본 돈이다.

⑩ 꿈에 본 천냥 같다.
⑪ 꿈에 얻은 돈.
➡ ⑨~⑪ 아무리 좋아도 제 손에 넣을 수 없다.
⑫ 감자 밭에서 바늘 찾기.
⑬ 거북의 털.
⑭ 검불 속에서 수은(水銀) 찾기.
⑮ 잔디 밭에서 바늘 찾기.
⑯ 잔솔 밭에서 바늘 찾기.
⑰ 풀밭에서 바늘 찾기.
➡ ⑫~⑰ 도저히 찾을 수 없다.
⑱ 중〈僧〉의 빗.
⑲ 중의 상투.
⑳ 처녀 불알.
㉑ 하늘의 별 따기.
➡ ⑱~㉑ 도저히 이룰 수 없다.

5. 습득(習得)

① 당구(堂狗) 삼년에 폐풍월(吠風月) 한다.
② 독서당(讀書堂) 개〈犬〉가 맹자왈(孟子曰) 한다.
③ 산(山) 까마귀 염불(念佛) 한다.
④ 서당 개 삼년에 풍월 한다.
➡ ①~④ 무식한 사람도 유식한 사람과 함께 오래 지내면 자연히 견문이나 지식을 높일 수 있게 된다.

6. 개변(改變)

① 검정 소도 흰 송아지를 낳는다. [참고] 黑牛生白犢〈淮南子〉
➡ 악(惡)한 사람의 자식도 선(善)한 사람이 될 수 있다.
② 집과 계집은 가꾸기 탓.

→ 허술하고 나쁜 집이라도 잘 가꾸고 손질을 하면 훌륭해 보이는 것과 같이, 좀 부족한 여자라도 잘 가르치고 지도하면 좋은 성품을 지니게 할 수 있다.
③ 쇠 말뚝도 꾸미기 탓.
→ 소를 매어 두는 말뚝도 잘 꾸미면 좋아 보이듯이, 못난 자도 잘 가르치고 지도하면 좋은 사람이 될 수 있다.
④ 각관(各官) 기생(妓生)이 열녀(烈女) 될까.
⑤ 개〈犬〉이가 상아 될까.
⑥ 까마귀 학(鶴)이 될까.
⑦ 나무 뚝배기 쇠 양푼 될까.
⑧ 나무 접시 놋 접시 될까.
⑨ 닭 새끼 봉(鳳)이 되랴.
⑩ 돌은 갈아도 옥(玉)이 되지 않는다.
⑪ 사슴이 기린(騏驎) 되랴.
⑫ 우마(牛馬)가 기린 되랴.
→ ④~⑫ 본 바탕이 좋지 못한 사람은 훌륭하게 변해질 수 없다. 각관……각 관아(官衙). 기린……하루에 천리를 달린다는 상상의 말.
⑬ 어릴 때 굽은 길맛가지.
→ 어렸을 때부터 굳어진 버릇은 고쳐지지 않는다.
⑭ 앵무새가 말은 잘하지마는 봉황을 닮기는 어렵다.
→ 말만 잘한다고 해서 훌륭한 사람이 될 수 없다.
⑮ 약탕기(藥湯器)는 바꿔도 약은 못 바꾼다.
→ 형식은 바꿀 수 있어도, 본성은 바꿀 수 없다. [참고] 換湯不換藥〈旬五志〉

7. 재기(再起)· 복귀(復歸)

① 넘어진 나무에서도 움이 돋는다.
→ 넘어진 나무에서도 새 싹이 돋듯이, 몰락한 사람도 다시 일어날 수 있다.

② 상전(桑田)이 벽해(碧海) 되어도, 비켜 설 곳이 있다.
③ 죽을 수가 닥치면 살 수가 생긴다.
④ 하늘이 무너져도, 솟아날 구멍이 있다. [참고] 雖當危劫豈無生路〈東言解〉, 天之方蹶牛出有穴〈耳談續纂〉,〈蔡萬植, 濁流〉,〈完板春香傳〉
➡ ②~④ 아무리 큰 난경(難境) 속에서도 재기(再起)할 수가 있다.
⑤ 덴 데 털 안 난다.
➡ 한번 크게 실패하면 다시는 일어나지 못한다.
⑥ 쑨 죽이 밥 될까.
⑦ 익은 밥이 날로 돌아갈 수 없다.
➡ ⑥·⑦ 일이 이미 다 되었으니 아무리 해도 소용이 없다.
⑧ 끓인 죽이 밥 될까.
➡ 한번 잘못된 일을 본래의 상태로 바로잡을 수 없다.
⑨ 쏘아 놓은 살(화살)이요, 엎지른 물이다.〈完板春香傳〉
➡ 한번 저지른 일은 어떻게 다시 고쳐 할 수 없다.
⑩ 깨어진 그릇 이 맞추기.
⑪ 깨어진 기와쪽 맞추기.
➡ ⑩·⑪ 한번 그릇된 일을 다시 이전대로 돌리려고 애쓰지마는 그것은 불가능하다.

8. 진전(進展)·번영(繁榮)

① 뿌리가 깊이 뻗으면 나무는 커진다. [참고] 根深木長〈六韜〉
➡ 기반(基盤)이 튼튼하면 발전할 수 있다.
② 길갓집 삼년 가도 못다 짓는다. [참고] 作舍道傍三年不成〈松南雜識〉
➡ 길가에 집을 지으면 지나가는 사람마다 참견을 하여 삼년이 지나도 이룰 수 없게 되듯이, 무슨 일을 해 나감에 있어서 간섭하는 사람이 많으면 도리어 일이 진전되지 않는다.
③ 나도 사또 너도 사또 하면, 아전(衙前) 할 놈 없다.
➡ 하부(下部) 사람이 없고 상부(上部) 사람이 많으면 일이 진전되지 않는다.

④ 닫는 말에 채질한다고 경상도까지 하루만에 갈까.
→ 한참 달리는 말에 채찍질을 하여 빨리 달리기를 재촉하여도 서울서 하루만에 경상도 땅까지 갈 수 없듯이, 힘껏 부지런히 일하고 있는 사람을 더 열심히 빨리 하라고 재촉한들 일이 진절될 수 없다.
⑤ 뿌리가 깊이 박히면 가지도 많이 뻗는다. (根深枝榮)
⑥ 뿌리가 깊이 박히면 잎도 무성하다. (根深葉茂)
→ ⑤・⑥ 기반(基盤)이 튼튼하면 번영할 수 있다.
⑦ 된장 맛이 좋아야 집안이 잘된다.
→ 주부(主婦)의 솜씨가 좋으면 집안이 번영한다.

9. 영향(影響)・발휘(發揮)・효과(效果)

① 기둥을 치면 대들보가 운다.
② 변죽을 치면 복판이 운다.
→ ①・② 간접적으로 하더라도 능히 영향을 미칠 수 있다. [특히 이 속담들은 넌지시 알리기만 해도 이내 눈치를 채서 알아듣게 된다는 뜻으로 사용되기도 함]
③ 작은 못에 든 고기다. (尺澤之鯢)
→ 활동력은 좋으나 활동 무대가 작아서 실력을 발휘할 수 없다.
④ 모기도 많이 모이면, 우뢰(雨雷) 소리를 낸다. [참고] 聚蚊成雷〈漢書〉
⑤ 나팔이 아무리 좋아도, 불기를 잘 해야 한다.
→ ④・⑤ 제대로 잘 쓰지 않으면, 그것은 성능(性能)을 발휘하지 못한다.
⑥ 흙담에 그림 그리기. [참고] 土墻施繢〈茶山全書〉

10. 해결(解決)・추급(追及)・감당(堪當)

① 원을 만나거나 시주(施主)를 받거나.
→ 무슨 기적적인 도움이 있어야만 일이 해결될 수 있다.

② 둔한 말〈馬〉도 열흘 가면 천리를 간다. [참고] 駑馬十駕則亦及之〈荀子〉, 駑馬十舍旬亦之〈淮南子〉
③ 봉충다리의 울력 걸음.
④ 울력 걸음에 봉충다리.
⑤ 여럿이 가는데 섞이면 병든 다리도 끌려 간다.
➡ ②~⑤ 능력이 부족한 사람이라도 부지런히 하면 능력이 있는 사람을 어느 정도 따라갈 수 있다. 봉충다리……사람이나 물건의 한쪽이 약간 짧은 다리. 울력……여러 사람이 힘을 합하여 기세 좋게 하는 일. 도그내……제주도의 지명.
⑥ 칼날 잡은 놈이 자루 쥔 놈을 당할까.
⑦ 칼날 쥔 놈이 자루 쥔 놈을 당할까.
➡ ⑥·⑦ 월등하게 유리(有利)한 조건(條件)에 놓여 있는 사람을 이겨 낸다는 것은 불가능하다.
⑧ 벌레는 용(龍)보다 지혜로울 수 없다. [참고] 虫莫知於龍〈春秋左傳〉
➡ 못난 사람이 훌륭한 사람을 당할 수 없다.
⑨ 광풍(狂風)도 버들가지는 꺾지 못한다.
➡ 사납고 강한 사람이 부드러운 사람을 당하지 못한다.
⑩ 당랑(螳螂)이 수레를 버티는 셈.(螳螂拒轍)〈金東仁, 雲峴宮의 봄〉
➡ 힘에 겨운 불가능한 짓을 한다.
⑪ 베어도 움돋이 한다.
➡ 아무리 없애려고 해도 없앨 수가 없다.
⑫ 갑자기 나는 우뢰(雨雷) 소리에는 귀 막을 사이가 없다.
➡ 돌발적으로 일어나는 큰 사고(事故)는 막을 수가 없다.
⑬ 적은 복(福)은 부지런해서 얻지마는, 대명(大命)은 막지 못한다.
➡ 작은 일은 인력(人力)으로 능히 이룰 수 있지마는 큰 일은 인력으로 어떻게 할 도리가 없다.
⑭ 군중의 입은 빼앗지 못한다. [참고] 不奪衆多之口〈漢書〉
⑮ 백성(百姓)의 입을 막기는 냇물 막기보다 어렵다. [참고] 防民之口甚於防川〈十八史略〉
➡ ⑭·⑮ 백성의 여론이나 그들 사이에 퍼지는 소문은 막을 수 없다.

⑯ 큰 나무가 쓰러지는 것을 밧줄 한 가닥으로 지탱할 수 없다. [참고]
大木將顚一繩所維〈後漢書〉
➡ 나라가 망하게 될 때는 어느 한 사람의 힘으로 지탱할 수 없다.

11. 가지(可知)

① 글씨는 마음의 그림이다. [참고] 書心畫也〈揚子法言〉
➡ 글씨 쓴 것을 보면 그 사람의 마음을 알 수 있다.
② 궁(窮)한 뒤에 행세(行勢)를 안다.
➡ 어렵게 된 때에야 그 사람의 참다운 행실을 알 수 있으며 그 기개(氣概)도 엿볼 수 있다.
③ 자식은 가정의 거울이다.
➡ 어린 아이의 행실을 보면 그 집안의 가풍(家風)을 알 수 있다.
④ 토막 보고 목수 안다.
➡ 일한 것을 보면 그 사람의 실력을 알 수 있다.
⑤ 뇌성벽력(雷聲霹靂)은 귀머거리도 듣는다.〈古本春香傳〉
⑥ 청천백일(靑天白日)은 소경이라도 밝게 안다.〈古本春香傳〉
➡ ⑤·⑥ 명백한 사실은 누구나 다 알 수 있다.
⑦ 소나무의 절개(節槪)는 겨울에 안다. [참고] 勁松彰於歲寒〈西征賦〉
➡ 나라가 위태로울 때는 누가 충신인가를 알 수 있게 된다.
⑧ 한 일 보면 열 일 안다.
➡ 한 가지 일을 보면 그 사람의 다른 모든 행동도 알 수 있다.
⑨ 나뭇잎 하나 지는 것으로 가을을 안다.
⑩ 한 점의 고기 맛으로 솥 안의 국 맛을 안다.
⑪ 코끼리는 이〈齒〉만 보아도 소〈牛〉보다 크다는 것을 알 수 있다.
➡ ⑨~⑪ 일부분만 보아도 전체를 짐작할 수 있다.
⑫ 굴 속의 새끼를 모르거든 밖에 있는 어미 쥐를 보랬다.
➡ 그 집의 아이 됨됨을 모르거든 그 부모를 보면 알 수 있다.
⑬ 얼굴은 마음의 거울이다.
➡ 얼굴을 보면 사람의 마음을 짐작할 수 있다.

⑭ 장님이 더듬어봐도 알 노릇.〈玄鎭健, 無影塔〉
➡ 짐작으로도 능히 알 수 있다.

12. 불가지(不可知)

① 봉사 맷돌이 시켜 놓은 것 같다.
➡ 너무 복잡하고 정신이 없어 도무지 알 수가 없다.
② 검은 구름에 백로(白鷺) 지나가기.
➡ 정처 없이 다녀 종적(踪迹)을 알 수 없다.
③ 굼에 든 뱀.
➡ 사람의 마음이나 그의 장래는 드러나지 않으므로 그것을 헤아릴 수가 없다. 굼……구멍의 옛말.
④ 굼에 든 뱀 길이를 모른다.
⑤ 굼에 든 뱀이 몇 자인 줄 아나.
➡ ④·⑤ 남의 숨은 재주나 마음씨 등은 알아낼 수가 없다.
⑥ 고양이가 알 낳을 노릇이다.
➡ 도무지 이해할 수가 없다.
⑦ 이웃집 새 처녀도 내 정지에 들여 세워 보아야 안다.
➡ 사람을 실제로 겪어보지 않고서는 그의 됨됨을 자세히 알 수 없다. 정지……부엌의 사투리.
⑧ 생마(生馬) 갈기 외로 질지 바로 질지.
⑨ 제주(濟州) 말 갈기 외로 질지 바로 질지.
➡ ⑧·⑨ 사람이 자라서 어떻게 될 것인가를 어릴 때는 판단할 수 없다. 갈기……말이나 사자 따위 짐승의 목덜미에 난 긴 털.
⑩ 범은 그려도, 뼈다귀는 못 그린다.
⑪ 털만 보고는 말〈馬〉좋은 줄 모른다.
➡ ⑩·⑪ 겉만 보고는 좋고 나쁜 줄을 알 수 없다.
⑫ 어느 구름에 눈이 들며, 어느 구름에 비가 들었나.
⑬ 어느 구름에서 비가 올지. [참고] 不知何雲終雨其云〈耳談續纂〉
➡ ⑫·⑬ 언제 어떻게 될지 미래의 일에 대하여는 알 수 없다.

⑭ 범을 그려 뼈를 그리기 어렵고, 사람을 사귀어 그 마음을 알기 어렵다.
➡ 사람의 외양(外樣)만 가지고는 사람의 마음을 알아낼 수 없다.

13. 기타(其他)

① 떫기로 고욤 하나 못 먹겠나.
➡ 다소 힘이 들더라도 그만한 일은 할 수 있다.
② 시집살이 못하면 본가(本家)살이 하지.
➡ 한 일에 실패하더라도 다른 데에 희망을 둘 수 있다.
③ 꿈은 아무렇게 꾸어도 해몽(解夢)만 잘 해라.
➡ 일은 어떻든 간에 그것을 해석하기에 따라서 마음을 기쁘게 할 수 있다.
④ 부처님 살지고 파리하기는 석수(石手)에 달렸다.
➡ 부처님이 살지고 파리한 차이는 그것을 만드는 석수에게 달려 있듯이, 일의 성과(成果) 여하는 그것을 하는 사람에게 달려 있다.
⑤ 앵무새는 말을 잘하지마는 날짐승이다.
➡ 말을 잘한다고 해서 남으로부터 존경을 받을 수 없다.
⑥ 서울 김(金)서방 집도 찾아간다.
➡ 어디에 있는지도 모르고 가보지도 않은 집이라도 사람들에게 물어서 찾아갈 수 있다.
⑦ 종과 상전(上典)은 한 솥의 밥이나 먹지.
➡ 너무 차등(差等)이 심하여 함께 어울릴 수가 없다.
⑧ 한 못에는 두 교룡(蛟龍)이 살지 못한다. [참고] 一淵不兩蛟〈文子〉
➡ 세력이 같은 사람끼리는 한 곳에서 함께 살 수 없다.
⑨ 경상도에서 죽 쑤던 놈은 전라도에 가서도 죽 쑨다.
➡ 게으르고 가난한 사람은 어디에 가든지 가난을 면치 못한다.
⑩ 높은 데 있으면 멀리 바라볼 수 있다.
➡ 고차적(高次的)인 면(面)에서 문제를 보면 전체를 파악할 수 있게 된다.

⑪ 게으른 놈과 거지는 사촌이다.
➡ 게으른 사람은 거지가 되기 쉽다.
⑫ 첫 술에 배 부를까. 〈蔡萬植, 太平天下〉
⑬ 한 술 밥에 배 부를까.
⑭ 한 술 밥으로 주린 배를 채우지 못한다.
➡ ⑫~⑭ 무슨 일에서나, 처음에는 큰 효과(效果)를 얻을 수 없다.
⑮ 바다에 가서 토끼 찾기.
⑯ 산(山)에서 물고기 찾기.
⑰ 바다에 빠진 바늘 찾기.
➡ ⑮~⑰ 도저히 찾거나 구할 수가 없다.
⑱ 둘째 며느리 삼아보아야 맏며느리 착한 줄 안다.
⑲ 작은 며느리 보고 나서 큰 며느리 무던한 줄 안다.
➡ ⑱·⑲ 비교할 것이 없으면, 진가(眞價)를 알 수가 없다.
⑳ 가난 구제(救濟)는 나라도 못 한다.
㉑ 가난 구제는 나라도 어렵다. [참고] 貧家之賙天下其憂〈耳談續纂〉
➡ ⑳·㉑ 가난한 사람을 구제한다는 것은 아무리 하여도 한(恨)이 없는 매우 어려운 일이므로 아무도 할 수 없다.
㉒ 입이 광주리만 해도 말은 못 하리라.
➡ 잘못이 이미 명백히 드러났으므로, 제 아무리 입이 크더라도 변명은 할 수 없다.
㉓ 날짐승과 길짐승은 함께 떼지어 살 수 없다. [참고] 鳥獸不可與同群〈論語〉
➡ 서로 처지가 다르고 성미가 다르면 친하게 지낼 수 없다.
㉔ 바람 앞의 티끌이다.
➡ 강자(強者) 앞에 약자(弱者)는 견디지 못한다.
㉕ 남의 속에 있는 글도 배운다.
➡ 무엇이나 남이 하는 것을 보면 그대로 따라 할 수 있다.
㉖ 베돌던 닭도 때가 되면 홰 안에 찾아든다. 〈廉想涉, 三代〉
➡ 한 데 섞이지 않고 따로 돌던 닭도 때가 되면 홰를 찾아오듯이, 따로 돌던 사람도 언젠가는 다시 그들에게 돌아올 가능성이 있다.

㉗ 한 말〈馬〉 등에 두 길마 지울까. [참고] 一馬之背 兩鞍難載〈耳談續纂〉
㉘ 한 어깨에 두 짐 지울까.
➡ ㉗·㉘ 한 사람이 동시에 두 가지 일을 할 수 없다.
㉙ 상감이 약(藥) 없어 죽는다더냐.
➡ 죽을 사람이니 어떻게 할지라도 살릴 수가 없다.
㉚ 뛰어 봤자 벼룩이다.
➡ 도망쳐 봤자 별 수 없다.
㉛ 강아지 똥은 똥이 아닌가.
㉜ 지린 것은 똥이 아닌가.
➡ ㉛·㉜ 나쁜 짓을 조금 하였다 하여 아니 하였다고 발을 뺄 수는 없다. 지리다……똥이나 오줌을 참지 못해 조금 싸다.[이 속담들은 적고 희미하다 해서 본색을 감출 수 없다는 뜻으로도 사용됨]
㉝ 염라대왕이 외조부(外祖父)라도.
㉞ 염라대왕이 제 할아버지라도.
➡ ㉝·㉞ 큰 죄를 지었거나 중병(重病)에 걸려 도무지 살아날 가망이 없다.
㉟ 네 말〈馬〉이 좋으니, 내 말이 좋으니 해도 타 봐야 안다.
➡ 경험을 해보지 않고서는 어느 것이 좋은가를 알 수가 없다.
㊱ 끓는 국에 맛 모른다.
㊲ 뜨거운 국에 맛 모른다.
➡ ㊱·㊲ 급한 일을 당하면 정확한 판단을 할 수 없게 된다.
㊳ 마른 나무에 물 내기다. [참고] 乾木水生〈東言解〉, 乾木生水〈松南雜識〉
➡ 억지를 쓰고 일을 하지마는 도저히 불가능하다.
㊴ 귀신도 사귈 탓.
➡ 성품이 흉악한 사람과도 사귀기에 따라 잘 지낼 수 있다.
㊵ 제 인심(人心)이 좋으면, 초(楚) 나라 가달도 사귄다.
➡ 저만 착하고 인심이 좋으면, 아무리 험상궂거나 마음이 사나운 사람과도 잘 지낼 수 있다.

㊶ 자식 기르는 것 보고, 시집 가는 계집 없다.
㊷ 자식 키우는 법 배우고, 시집 가는 여자 못 봤다.
➡ ㊶·㊷ 처음부터 준비나 경험을 하여 배우게 되는 것이 아니라, 무슨 일이든 닥쳐서 해나가는 동안에 배우게 되는 것이다.

[群] 32. 종사(從事)・취임(就任)

1. 종사(從事)

① 고양(高陽) 밥 먹고, 양주(楊州) 구실.
② 제 밥 먹고, 상전(上典) 일 한다.
➡ ①・② 제가 할 일은 안 하고 남의 일을 한다. 고양・양주……서로 인접해 있는 경기도 고양군과 양주군. [① 아무런 보수도 받지 않고 또는 제 것을 써가면서 남의 일을 한다는 뜻으로도 사용됨]
③ 올가미 없는 개〈犬〉장사.
➡ 자본(資本) 없이 장사를 한다.
④ 봉황(鳳凰)이 닭장에서 산다. [참고] 雞價鳳凰食〈文平祥〉
➡ 높은 지위(地位)에 있던 사람이 낮은 지위에서 복무한다.
⑤ 사또 상(床)의 종지.
⑥ 사또 상의 장(醬) 종지.
➡ ⑤・⑥ 요직(要職)에서 종사하고 있다. [이 속담들은 여럿이 있는 가운데서 가운데 자리를 차지하고 있다는 뜻으로도 사용됨]
⑦ 향청(鄕廳)에서 개폐문(開閉門) 하겠다.
➡ 권한(權限) 밖의 일을 한다. 개폐문……조선조 때 감영(監營)과 각 고을의 삼문(三門)을 날마다 열고 닫던 일. [개폐문은 태수아문(太守衙門)에서 하는 것이고 향청에서는 하지 않음]

2. 취임(就任)

① 갓 마흔에 첫 버선.
② 사십에 첫 버선이라.

➡ ①·② 나이 들어서 늦게야 관직(官職)이나 일자리를 얻게 되었다.
③ 강원도 참사(參事).
➡ 공직자(公職者)가 좌천되었다.
④ 맏며느리가 없으면, 둘째 며느리가 큰며느리 노릇을 한다.
⑤ 시어미가 죽으면, 며느리가 시어미 노릇을 한다.
⑥ 시어미가 죽으면, 안방이 내 차지.
➡ ④~⑥ 어떤 일을 맡고 하던 사람이 없어지게 되면, 그 다음 자리에 있는 사람이 그 일을 맡고 행세하게 된다.

[群] 33. 작업(作業)·처사(處事)

1. 준비(準備)·대비(對備)

① 여름에 먹자고 얼음 뜬다.
➡ 공(功)을 들여 미리 준비한다.
② 아이 낳기 전에 기저귀감 장만한다.
③ 아이 낳기 전에 기저귀 누빈다.
④ 시집도 가기 전에 강아지 장만한다.
⑤ 시집도 아니 가서 포대기 장만한다.
⑥ 중매 보고 기저귀 장만한다.
➡ ②~⑥ 너무 일찍부터 서둘러 준비한다.
⑦ 겨울이 되어 속옷을 장만한다.
➡ 미리 준비를 하지 않고 있다가 급박해서야 준비한다.
⑧ 넘어진 뒤에 지팡이 찾는다.
➡ 미리 준비를 하지 못하고 있다가 일이 터진 후에 준비를 한다.
⑨ 불 난 뒤에 불조심 한다.
➡ 일이 잘못된 후에 잘할 준비를 한다.
⑩ 도둑 맞고 문(門) 잠근다.
⑪ 도둑 맞고 빈지 고친다.
⑫ 도둑 맞고 사립 고친다.
⑬ 말〈馬〉 잃고 외양간 고친다. [참고] 失馬治廄〈旬五志〉
⑭ 소〈牛〉 잃고 외양간 고친다. [참고] 失牛治廄〈松南雜識〉
➡ ⑩~⑭ 평소에 손을 쓰지 않고 있다가 손해를 보거나 실패한 뒤에 뒤늦게 깨달아 손해나 실패를 보지 않도록 대비(對備)한다. 빈지……흔히 가게에서 앞에 문(門) 대신으로 쓰는 널빈지. 사립……사립문. 사

립짝. 잡목의 가지로 결어서 만든 문.
⑮ 물에 빠진 놈 배〈舟〉 부른다.
➡ 때가 늦었을 때에 대책(對策)을 수립한다.

2. 만시지사(晚時之事)

① 기차 떠나고 손 든다.
② 버스 지나고 손 든다.
③ 굿 마친 뒤에 장구 친다. [참고] 神祀後鳴缶 〈旬五志〉, 神祀後浪鳴缶 〈洌上方言〉
④ 사또 떠난 뒤에 나팔 분다.
⑤ 여드레 병풍 친다.
⑥ 행차 뒤에 나팔 분다.
➡ ①~⑥ 제 때에 아니 하다가 시기를 놓친 뒤에 한다.
⑦ 죽은 뒤에 초혼(招魂)의 제(祭) 지낸다.
➡ 일이 이미 그릇된 후에 쓸데 없이 회복하려고 한다.
⑧ 늦은 밥 먹고 파장(罷場) 간다.
⑨ 다 밝게 범두와 소리.
➡ ⑧·⑨ 이미 때가 늦었는데 일을 시작한다. 범두와 소리……옛날 순라군(巡邏軍)이 밤중에 다니면서 하던 소리.
⑩ 불 난 것 보고 우물 판다.
➡ 사건(事件)이 터진 뒤에서야 그것을 진정시키려고 한다.
⑪ 도둑놈 달아나는 것 보고, 몽둥이 장만한다.
⑫ 도둑 달아나는 것 보고, 새끼 꼰다.
➡ ⑪·⑫ 손실(損失)을 본 후에 잃은 것을 되찾으려고 한다.
⑬ 물〈水〉 썬 때는 나비잠 자다가 물 들어서 조개 잡는다.
➡ 게을러 좋은 시기(時機)를 놓치고 뒤늦게 일을 시작한다.
⑭ 게으른 놈 저녁 때가 바쁘다.
➡ 게으른 놈이 놀고만 있다가 일이 끝날 무렵에 가서 서두른다.
⑮ 말〈馬〉 태우고 버선 깁는다.

➡ 일을 미리 준비하지 않고 있다가 임박해서야 한다.

3. 작업양식(作業樣式)

① 외삼촌(外三寸) 산소(山所)에 벌초(伐草)하듯.
② 의붓딸이 새남하듯.
③ 작은아비 제삿날 지내듯.
④ 처남(妻男)의 댁네 병(病) 보듯.
⑤ 처삼촌(妻三寸) 뫼에 벌초하듯.
⑥ 처삼촌 어미 뫼에 벌초하듯.
⑦ 처숙부 뫼에 성묘(省墓)하듯.
➡ ①~⑦ 진심에서 우러나오는 마음으로 하는 일이 아니므로, 무성의(無誠意)하게 일을 한다. 새남……지노귀새남의 준말. 죽은 사람의 혼령을 좋은 곳으로 가도록 하는 굿으로서, 죽은지 사십 구 일 안에 치른다.
⑧ 똥 마려운 계집 국거리 썰듯.
⑨ 똥 마려워하는 년 국거리 썹듯.
➡ ⑧·⑨ 제 일이 급한 나머지 무슨 일을 정성껏 하지 않고 무성의하게 함부로 한다.
⑩ 벙어리 서방질 하듯.
➡ 말 없이 무슨 일을 슬쩍 한다.
⑪ 미친 년 나물 캐듯.
⑫ 미친 년 달래 캐듯.
⑬ 취한 놈 달걀 팔듯.
➡ ⑪~⑬ 일하는 솜씨가 거칠고 어지럽다.
⑭ 화 난 년 보리방아 찧는다.
➡ 일을 조심스럽게 하지 않고 마구 해치운다.
⑮ 제 밥 먹고 큰집 일하듯.
➡ 일을 하기는 하지마는, 그 보수가 마음에 차지 않아서 기운을 들이지 않고 슬슬 한다.

⑯ 냅기는 과붓집 굴뚝이라.
→ 남들은 쉽게 하는 일을 몹시 어렵게 하다. 냅다……연기나 눈이나 목구멍을 쓰라리게 하는 **감각**이 있다. [과붓집에는 나무를 해다 말려 줄 사람이 없어 생나무 그대로 불을 때므로 내가 심하게 남]
⑰ 괴 다리에 기름 발랐다.
→ 걸어 다녀도 소리가 나지 않는 고양이 발에 미끄러운 기름을 바르면 더구나 무슨 소리가 날 리 없듯이, 남이 보지 않는 가운데 일을 슬슬 해치운다.
⑱ 구렁이 담 넘어가듯.
→ 구렁이는 움직임이 느리자마는 소리를 내지 않고 다니는 것처럼, 우물쭈물하는듯 보이지마는 어느 틈에 일을 이루어 놓았다.
⑲ 키 큰 염소 똥 누듯.
→ 일을 아주 쉽게 한다.
⑳ 늙은 중〈僧〉이 먹을 간다.
→ 힘을 들이지 않고 슬슬 한다.
㉑ 냇물은 보이지 않는데, 신발부터 벗는다.
→ 너무나 일찌기 일을 서두른다.
㉒ 어정뜨기는 칠팔월 개구리.
→ 일을 탐탁하게 마음 들여 하지 않고 대강으로 해치운다.
㉓ 작년에 고인 물을 금년에 흘린다.
→ 일을 질질 끌면서 미루어 가며 한다.
㉔ 작대기를 휘두르며 개〈犬〉를 부린다.
→ 방해를 자초(自招)하면서 일을 한다.
㉕ 송곳으로 매운 재를 끌어낸다. [참고] 以錐出烈灰〈東言解〉
→ 아주 졸렬하게 일을 한다.
㉖ 닭 잡는데 소 잡는 칼을 쓴다.
㉗ 범 잡는 칼로 개를 잡는다.
→ ㉖·㉗ 실정(實情)에 맞도록 일을 하지 않는다.
㉘ 곰 가재 뒤지듯.
→ 동작이 둔한 곰이 개천 돌을 뒤져가며 가재를 잡는 것과 같이, 느릿느

릿 일을 한다.
㉙ 생쥐가 쇠뿔을 갉아먹는다.
➡ 힘에 겨운 일을 무리하게 한다.
㉚ 홍두깨로 소를 몬다.
➡ 적합한 도구가 없거나 급하거나 하여 일을 무리하게 한다.
㉛ 바가지 없는 거지 노릇 한다.
㉜ 바가지 없는 거지다.
㉝ 자루 없이 동냥 한다.
➡ ㉛~㉝ 사전(事前)에 준비도 없이 일을 한다.
㉞ 항아리 쓰고 하늘 보기다. (戴壺望天)
➡ 일을 불가능케 하는 조건하(條件下)에서 일을 한다.
㉟ 구멍 보아가며 쐐기 깎는다.
㊱ 구멍을 보아 말뚝 깎는다.
㊲ 덩굴 자리 보고 씨름에 나간다.
㊳ 이불 깃 보아가며 발 뻗는다. [참고] 量吾被 置吾趾〈東言解〉
➡ ㉟~㊳ 다가올 결과를 생각하면서 모든 것을 미리 살피고 일을 시작한다.
㊴ 구룡소(九龍沼) 용(龍)이 여의주(如意珠)를 어룬다.
➡ 계획을 치밀하게 세운다.
㊵ 부잣집 자식 공물방(貢物房) 출입하듯.
➡ 제 소임을 착실히 하지 않고 대강대강 일을 진행시킨다. 공물방……나라에 물건을 먼저 바치고 값을 받을 때 이자까지 쳐서 받는 곳.
㊶ 나이 적은 딸이 먼저 시집 간다.
㊷ 도랑 치고 가재 잡는다.
㊸ 망건 쓰고 세수 한다.
㊹ 탕건 쓰고 세수 한다.
➡ ㊶~㊹ 일의 순서가 뒤바뀌었다.

4. 장식(裝飾)

① 과거(科擧)에는 급제 못 하고 풍악은 갖춘다.
➡ 정작 해야 할 일은 못 하고 겉치장을 한다.
② 당나귀 귀 치레.
③ 당나귀 밑 치레.
➡ ②・③ 당치도 않은 곳에 흉하게 겉치레를 한다.
④ 개〈犬〉 뼈다귀에 은(銀) 올린다.
⑤ 부러진 칼자루에 옻칠 한다.
⑥ 삿갓에 솔질 한다.
➡ ④~⑥ 쓸데 없이 장식을 한다.
⑦ 더벅머리 댕기 치레하듯.
⑧ 머리털 없는 놈 댕기 치레하듯.
⑨ 파리한 강아지 꽁지 치레하듯.
➡ ⑦~⑨ 본 바탕이 좋지 않은 곳에 보기 흉하게 당치도 않게 지나친 겉치레를 한다.

5. 도로(徒勞)

① 눈〈雪〉으로 우물 메우기다. (挑雪塡井)
② 바구니에 물 담기다.
③ 바지랑대로 하늘 찌르기다.
④ 모래로 방천(防川) 한다.
⑤ 모래밭에 물 붓기다.
⑥ 모래 위에 물 쏟기다.
⑦ 밑 빠진 가마에 물 붙기다.
⑧ 밑 없는 독에 물 붓기다.
⑨ 소금으로 바다 메우기다.
⑩ 시루에 물 붓기다.
⑪ 한강(漢江)에 돌 집어 넣기다. (漢江投石)
➡ ①~⑪ 애를 써서 하지마는 또는 애를 써서 하더라도 아무런 보람이 없는 짓이다. 바지랑대……빨래줄을 받치는 장대. 괘간(掛竿). 시

루……떡이나 쌀 등을 찌는 데 쓰는 질그릇. 바닥에 몇 개의 구멍이 뚫려 있음.

⑫ 부처 없는 데서 불공 하기.
⑬ 비단 옷 입고 밤 길 가기. (錦衣夜行)〈李熙昇, 隨筆〉
⑭ 어둔 밤에 손짓 하기.
➡ ⑫~⑭ 남이 알아주지 않는 보람 없는 짓을 한다.
⑮ 떡도 못 얻어 먹는 제사에 무르팍이 벗어지게 절 한다.
⑯ 떡도 없는 성황제(城隍祭)에 허리 아프게 절만 한다.
⑰ 먹을 것 없는 제사에 절만 한다.
➡ ⑮~⑰ 아무런 소득(所得)도 없는 일에 죽도록 고생만 한다. 성황제……서낭제(마을의 수호신에게 지내는 제사나 드리는 정성).
⑱ 난리(亂離) 난 해에 과거(科擧) 한다.
➡ 국가가 혼란한 상태에 있을 때 과거에 급제하여도 임관(任官)을 할 수 없게 되듯이, 때를 잘못 만나서 헛 수고만 한다.
⑲ 부처님더러 고기 추렴 하자는 격이다.
➡ 되지도 않을 일을 가지고 헛수고만 한다.
⑳ 그물을 쓰고 고기를 잡는다. [참고] 蒙網捉魚〈旬五志〉
➡ 일의 두서(頭緖)도 모르고 헛수고만 한다.
㉑ 목화(木靴) 신고 발등 긁는다. (隔靴搔痒)
㉒ 신 신고 발바닥 긁기.
㉓ 옷을 격(隔)해 가려운 데 긁기.
㉔ 옷을 입고 가려운 데 긁는다.
➡ ㉑~㉔ 이룰 수 없는 일을 이루려고 헛 수고만 한다. [이 속담들은 무엇을 하기는 해도 시원스럽게 하지 못한다라는 뜻으로도 사용됨]
㉕ 도깨비 땅 마련하듯.
➡ 아무런 실속도 없는 헛된 짓을 한다.
㉖ 비〈雨〉그쳤는데 나막신을 보낸다.
➡ 시기(時期)가 지났는데, 공연히 헛 일을 한다.
㉗ 비〈雨〉온 뒤에 물 주기다.
➡ 공연히 불필요한 짓을 한다.

㉘ 도깨비에게 세금을 맨다.
➡ 받지도 못할 도깨비에게 세금을 부과하듯이, 될 수 없는 헛짓만 한다.
㉙ 꾸어 온 조상은 자기네 자손부터 돕는다.
➡ 조상이 훌륭했던 것처럼 하기 위하여 이름난 사람을 자기 조상처럼 꾸며도 그것은 쓸데 없는 노릇이다.
㉚ 나르는 닭 보고 따라 가는 개〈犬〉같다.
➡ 도저히 되지 않을 일을 가지고 욕심을 내어 헛수고만 한다.
㉛ 겨 주고 겨 받는다.
➡ 바꿔봤자 이득(利得)이 없는 짓을 한다.
㉜ 나무에서 물고기 잡기. (緣木求魚)
㉝ 산(山)에서 물고기 잡기.
➡ ㉜·㉝ 절대로 이룰 수 없는 헛수고를 한다.

6. 이용(利用)

① 떡 본 김에 제사 지낸다.
② 소매 긴 김에 춤을 춘다.
③ 엎어진 김에 쉬어 간다.
④ 활을 당겨 콧물을 닦는다.
⑤ 한 잔 먹은 김에 노래 한다.
➡ ①~⑤ 기회(機會)를 이용하여 일을 치른다.
⑥ 금(金) 방망이 우려 먹듯.〈李熙昇, 隨筆〉
⑦ 노루 친 막대 삼년 우린다.
⑧ 노루 때리던 막대를 세번이나 국 끓여 먹는다.
⑨ 쇠뼈다귀 우려 먹듯.〈李熙昇, 隨筆〉
➡ ⑥~⑨ 한번 써먹은 것을 되풀이하여 쓴다. [⑦ 노루를 쳐 잡은 몽둥이에 고기 맛이 옮았으리라고 그것을 삼년 동안이나 우려 먹음]
⑩ 꿩 대신 닭.
➡ 자기가 쓰려는 것이 없어서 그와 비슷한 것으로 대용(代用)한다.

⑪ 넘어진 김에 쉬어 간다.
⑫ 자빠진 김에 쉬어 간다.
➡ ⑪·⑫ 불행한 기회를 도리어 유리(有利)하게 이용한다.
⑬ 남의 떡에 설 쐰다. [참고] 他人之餌 聊樂始歲〈耳談續纂〉
➡ 남의 힘을 입어 자기의 일을 이룬다.
⑭ 남의 바지 입고 새 벤다.
⑮ 남의 바지 입고 춤 춘다.
⑯ 남 켠 횃불에 조개 잡는다.
➡ ⑭~⑯ 남의 것을 소비하여 일을 이룬다. 새……여러해살이 풀의 하나.
⑰ 남의 팔매에 밤 줍는다.
➡ 남의 수고를 이용하여 일을 이룬다.
⑱ 떡 삶은 물로 옷에 풀한다.
⑲ 떡 삶은 물에 중의(中衣) 데친다.
➡ ⑱·⑲ 버리거나 못 쓰는 물건을 유효(有效)하게 이용한다. 중의……여름에 바지 대신에 입는 홑옷.
⑳ 지나는 불에 밥 익힌다. [참고] 過火炊飯〈東言解〉, 過火之焰 我食可餕〈耳談續纂〉
➡ 유리한 기회를 이용하여 일을 한다.

7. 위탁(委託)

① 강아지에게 메주 멍석 맡긴다. [참고] 犬守燻造網席〈東言解〉, 莫以狗子 監此麴攲〈耳談續纂〉
② 개〈犬〉에게 된장 덩어리 지키게 한다.
③ 개에게 불고기를 맡긴다.
④ 고양이에게 반찬 단지 맡긴다.
⑤ 굶주린 범에게 고기를 맡긴다.
⑥ 굶주린 범에게 돼지막을 지키게 한다. [참고] 飢虎牧牢豚〈後漢書〉
⑦ 굶주린 이리에게 부엌을 지키게 한다. [참고] 使餓狼守庖廚〈後漢書〉

⑧ 굶주린 이리에게 푸줏간을 지키게 한다. [참고] 餓狼守庖廚〈仲長統〉
⑨ 도둑놈에게 가게를 맡긴다.
⑩ 도둑놈에게 곳간 지키게 한다.
⑪ 도둑놈에게 문 열어준다.
⑫ 도둑놈에게 열쇠 맡긴다.
⑬ 범 아가리에 날고기를 넣은 셈.
⑭ 범에게 개를 빌린 격.
⑮ 호랑이에게 개를 꾸어주었다.
➡ ①~⑮ 자기에게 큰 손해가 올 줄 모르고 믿지 못할 사람에게 자기의 일을 맡긴다.
⑯ 바람 부는대로 돛을 단다.〈金基鎭, 海潮音〉
➡ 모든 일을 되어가는대로 맡겨버린다.
⑰ 큰 그릇을 작은 데 쓴다. (大器小用)
➡ 큰 인물에게 작은 직책을 맡긴다.
⑱ 말〈馬〉에 실었던 짐을 벼룩 등에 싣는다. [참고] 馴馬所在 難任蚤背 〈耳談續纂〉
➡ 약한 사람에게 너무나 무거운 짐을 맡긴다.
⑲ 칼 잡을 줄 모르는 사람에게 요리를 시킨다. [참고] 猶未能操刀而使割也〈春秋左傳〉
➡ 아무 것도 모르는 사람에게 중요한 임무를 맡긴다.

8. 연기(延期)

① 갖바치 내일 모레. [참고] 皮匠再日〈東言解〉
② 고리 백정 내일 모레.
③ 고리장이에게는 내일 모레가 약이다.
④ 의붓아비 제삿날 물리듯.
⑤ 피장(皮匠)이 내일 모레.
➡ ①~⑤ 약속한 날짜를 어기고 하루 하루 자꾸만 연기한다. 갖바치……피장. 가죽신을 만드는 사람.

9. 태만(怠慢)

① 마파람에 돼지 불알 놀듯.
➡ 일을 하지 않고 빈둥거리기만 한다. 마파람……남쪽에서 불어오는 바람. 경풍(景風)·마풍(麻風)·오풍(午風).

② 손끝의 물도 튀긴다.
➡ 게을러 아무 일도 하지 않고 손 하나 까딱 안 한다.

③ 꾀병에 말라 죽겠다.
➡ 꾀를 부려 핑계를 대고 일을 하지 않는다.

④ 건넛 산(山)의 돌 쳐다본다.

⑤ 건넛 산 쳐다본다.
➡ ④·⑤ 일에 열중하지 않고 한눈을 판다.

⑥ 한강(漢江)이 녹두죽이라도 쪽박이 없어 못 먹겠다.
➡ 무심하고 게으르다.

⑦ 게으른 년이 삼가래 세고, 게으른 놈이 책장 센다.

⑧ 게으른 놈이 고랑 세듯.

⑨ 게으른 놈이 이랑 세듯.

⑩ 게으른 선비 책장 넘기기. [참고] 如懶儒翻丈 〈東言解〉

⑪ 게으른 여편네 밭고랑 세듯.

⑫ 게으른 일꾼 밭고랑 세듯.

⑬ 풀 베기 싫어하는 놈이 단 수만 센다.
➡ ⑦~⑬ 일에 싫증이 나서 그 일에서 빨리 벗어나려는 궁리만 하고 게으름을 피운다.

⑭ 굼벵이 천장(遷葬) 하듯.
➡ 우물쭈물하면서 일을 게을리 한다. 천장……무덤을 다른 곳으로 옮김. 천묘(遷墓).

10. 기타(其他)

① 뒷간에 앉아서 개〈犬〉를 부른다.

➡ 유리한 환경 가운데서 일을 한다.
② 개미가 절구통을 물고 나간다.
➡ 약한 사람이 힘에 겨운 큰 일을 한다.
③ 젖 먹던 힘까지 다 든다.〈蔡萬植, 太平天下〉
➡ 몹시 힘드는 일을 한다.
④ 혼자 사는 동네에서 구장질·면장질 다 한다.
⑤ 혼자서 북 치고 장구 친다.
➡ ④·⑤ 혼자서 모든 일을 맡아 한다.
⑥ 도끼 들고 헤엄 친다.
➡ 방해물을 지닌 채로 일을 한다.
⑦ 사냥 가는 놈이 총을 안 가지고 간다.
⑧ 송장 빼 놓고 장사 지낸다.〈興夫傳〉,〈廉想涉, 三代〉
➡ ⑦·⑧ 가장 긴요한 것을 잊어버리고 일을 치룬다.
⑨ 바가지로 바닷물을 된다.
➡ 양(量)도 모르고 불가능한 일을 한다.
⑩ 군불에 밥 짓는다.［참고］過火炊飯〈東言解〉
➡ 한 가지 일을 하면서 겸하여 다른 일까지 한다.
⑪ 귀 먹은 중〈僧〉마 캐듯.
➡ 남이 무슨 말을 하거나 말거나 제가 하던 일만 그대로 해나간다.
⑫ 가을에 핀 연꽃이다.（蓮花開秋）
➡ 여름에 피는 연꽃이 가을에 피듯이 시기를 모르고 일을 한다.
⑬ 아랫돌 빼서 웃돌 괸다.
⑭ 아랫돌 빼어 웃돌 괴고, 웃돌 빼어 아랫돌 괸다.（上下撑石）
⑮ 서푼짜리 집에 천냥짜리 문호(門戶).
➡ ⑬～⑮ 본말(本末)이 전도되었다.
⑯ 원님도 보고 환자(還子)도 탄다.
➡ 두 가지의 일을 동시에 겸하여 한다. 환자……조선조 때, 각 고을의 사창(社倉)에서 백성에게 꾸어 주었던 곡식을 가을에 받아들임.
⑰ 산(山)에 가서 범 잡기를 피한다.
➡ 자기가 꼭 해야 할 일을 기피한다.

⑱ 마음도 하나, 가는 길도 하나다.
➡ 한 마음으로 오로지 한 가지 일에만 정성껏 노력한다.

[群] 34. 사상(事相)

1. 착수(着手)·미착수(未着手)

① 꼭지를 딴다.〈李熙昇, 隨筆〉
➡ 처음으로 일을 시작했다.
② 얼레실을 풀었다.
➡ 어떤 일이 걷잡을 수 없는 형세로 시작되었다. 얼레……연실·낚싯줄 따위를 감는 데 쓰는 기구.
③ 아직 신 날도 안 꼬았다.〈沈熏, 永遠의 微笑〉
④ 의주(義州)를 가려면서 신 날도 안 꼬았다.
➡ ③·④ 아직 시작도 아니 했다. 날……짚신을 삼을 때 새로 놓인 새끼.

2. 낭패(狼狽)

① 가마 타고 시집 가기는 틀렸다.
➡ 제 격식대로 하기는 틀렸다.
② 마파람에 호박꼭지 떨어진다.
③ 온면 먹을 제부터 그르다.
➡ ②·③ 일이 시초부터 방해를 받아 그릇된다. 마파람……남쪽에서 불어오는 바람.
④ 뭣 좋아지자 과부 되었다.
➡ 형편이 좋게 풀렸지마는 운수가 좋지 않아 일이 공교롭게 빗나간다.
⑤ 미친 개〈犬〉다리 틀리듯.
➡ 일이 뒤틀어져 낭패를 보게 되었다.

⑥ 일도 못 하고, 불알에 똥칠만 한다.
➡ 뜻하던 일은 못 하고 도리어 낭패만 본다.
⑦ 범 잡으려다가 토끼도 못 잡는다.
➡ 큰 일을 하려다가 작은 일까지도 낭패가 되었다.
⑧ 티끌이 눈에 들어가니 태산(泰山)이 안 보인다.
➡ 사소한 것이 방해하여 큰 일에 낭패를 보았다.
⑨ 북두칠성(北斗七星)이 앵도라졌다.
➡ 일이 그릇되어 낭패가 되었다. 앵도라지다……마음이 노여워서 토라지다.
⑩ 노처녀가 시집 가려니 등창이 난다.
⑪ 시집 갈 때 등창이 난다.
⑫ 여든 살 난 큰 애기가 시집 갈랬드니, 차일(遮日)이 없다 한다.
➡ ⑩~⑫ 오랫 동안 벼르고 벼르던 일을 하려고 하니 방해가 끼어들어 하지 못하게 되었다. 등창……등에 나는 큰 부스럼. 차일……주로 햇볕을 가리기 위하여 치는 포장.
⑬ 나귀를 구하니 샌님이 없고, 샌님을 구하니 나귀가 없다.
➡ 일의 준비가 뜻대로 되지 않고 빗나가기만 한다.
⑭ 엄벙덤벙하다가 물에 빠졌다.
➡ 영문을 모르고 함부로 덤비다가 낭패를 보게 되었다.
⑮ 방귀 길나자 보리 양식 떨어진다.
⑯ 입맛 나자 노수(路需) 떨어진다.
➡ ⑮·⑯ 한참 재미를 보고 있는데 공교롭게도 그 재미를 못 보게 되었다. 노수……여행하는 데 드는 돈. 노자(路資).
⑰ 꿈자리가 사납더니.
➡ 일이 뜻대로 되지 않고 언짢거나 방해가 되는 일이 생겼다.
⑱ 사흘 길 하루도 아니 가서.
⑲ 열흘 길 하루도 아니 가서.
➡ ⑱·⑲ 일이 시작부터 탈이 나서 앞으로 어떻게 해야 좋을는지 아득하다.
⑳ 들자니 무겁고, 놓자니 깨질 것 같다.

➡ 이렇게도 할 수 없고, 저렇게도 할 수 없다.
㉑ 고비에 인삼(人蔘).〈古本春香傳〉
㉒ 기침에 재채기.〈古本春香傳〉
㉓ 눈〈雪〉 위에 서리 친다. [참고] 雪上加霜〈東言解〉
㉔ 마디에 옹이.
㉕ 하품에 폐기(閉氣).〈古本春香傳〉
➡ ㉑~㉕ 어려운 일을 당하고 있는데 또 어렵고 괴로운 일이 닥친다. 고비……고비과에 딸린 여러해살이 고등 은화식물. 그 뿌리는 약으로 쓰임. 옹이……나무의 몸에 박힌 나무가지의 그루터기. 폐기……딸꾹질.
㉖ 금정(金井)을 놓아두니, 여우가 지나간다.
➡ 애써 해 놓은 일이 낭패로 돌아갔다. 금정……금정틀(뫼의 구덩이를 팔 때, 그 길이와 너비를 정하는 데 쓰는 기구). 뫼를 쓰려고 판 구덩이.
㉗ 사위 뭣 보니, 외손자 볼까 싶지 않다.
➡ 일의 시초를 보니 벌써 잘되기는 글렀다.
㉘ 너의 집은 굴뚝으로 불을 때겠다.
➡ 집안 일이 무엇이나 거꾸로만 되어간다.
㉙ 속곳 벗고 함지박에 들었다.
➡ 일이 너무 다급하여 아무리 해도 낭패를 보게 되었다. 함지박……통나무의 속을 파서, 전이 없고 큰 바가지 같이 만든 그릇. 함박.
㉚ 숨다 보니 포도청 집이라.
㉛ 형방서리(刑房胥吏) 집이다.
➡ ㉚ㆍ㉛ 피하여 숨느라고 한 것이 도리어 제 발로 잡히러 걸어간 셈이 된 것처럼 무슨 일을 한다고 하다가 뜻밖에 낭패를 보게 되었다.
㉜ 나무 하려다가 범을 만난다. (採薪逢虎)
➡ 무슨 일을 하다가 어려운 일을 당한다.
㉝ 노루를 피하니, 범이 나온다. [참고] 避獐逢虎〈東言解〉
㉞ 조약돌을 피하니까, 수마석(水磨石)을 만난다. [참고] 避片石遇水瞞石〈東言解〉,〈古本春香傳〉

➡ ㉝・㉞ 어려운 일을 가까스로 피하고 나서 더 어려운 일을 또 만나게 되었다. 수마석……물결에 씻겨 닳아진 돌.

㉟ 코털이 센다.
➡ 너무 애를 태워서 코 속의 털이 하얗게 셀 정도로, 일이 뜻대로 되지 않아 몹시 곤란을 느낀다.

㊱ 얻어 먹을 것도 사돈 집 노랑 강아지 때문에 못 얻어 먹는다.
㊲ 얻어 먹을 것도 이웃 집 노랑 강아지 때문에 못 얻어 먹는다.
➡ ㊱・㊲ 자기가 하는 일에 쫓아 다니면서 방해를 하는 사람이 있어서 도무지 일이 안 된다.

㊳ 호랑이를 그린 것이 개〈犬〉처럼 되었다.
➡ 너무 큰 것에 욕심을 내다가 실패하였다.

㊴ 납청장(納淸場)이 되었다.
➡ 형세가 불리(不利)하여 꼼짝도 못하게 되었다. [평안북도 정주군(定州郡) 납청 시장에서 만드는 면(麵)은 몹시 두들겨 만들어 그 질(質)이 질겼다고 함]

㊵ 죽도 밥도 안 된다. 〈玄鎭健, 無影塔〉
➡ 되다가 말아서 아무짝에도 쓸모 없는 것이 되어 낭패를 보게 된다.

㊶ 쏟아진 물이요, 깨어진 그릇이다.
➡ 한번 다시 바로잡을 수 없을 정도로 일을 망쳐버렸다.

㊷ 다 된 떡시루 깬다.
㊸ 바닥에 구멍이 났다.
➡ ㊷・㊸ 다 이루어진 일을 망쳐버렸다.

3. 부진(不振)

① 고마니 귀신 붙었다.
② 고마니 밭에 빠졌다.
➡ ①・② 일이 항상 그만 정도에 머물러 있고 그 이상 진전하거나 좋아지지 않는다. 고마니……고만(그만).
③ 금천(衿川) 원이 서울 올라 다니듯. [참고] 衿川倅上京行〈東言解〉

➡ 일을 빨리 이루려고 하지마는 도리어 더디고 느리게 된다.
④ 개미 쳇바퀴 돌듯.
⑤ 다람쥐 쳇바퀴 돌듯.
⑥ 돌다 보아도 마름.
⑦ 돌다 보아도 물방아.
➡ ④~⑦ 진보가 없이 같은 일만 되풀이 한다. 마름……연못이나 논 등에서 나는 바늘꽃과에 딸린 여러해살이 풀.
⑧ 말〈馬〉은 얻고 안장은 잃었다.
➡ 한 가지는 얻고 다른 한 가지는 잃어서 일이 잘 이루어지지 않는다.
⑨ 구름만 잔뜩 끼고 비는 안 온다. (密雲不雨)
➡ 될듯 하면서도 되지 않는다.
⑩ 세 살에 도리질 한다.
➡ 학문이나 사업에서 남들보다 느리게 이루어진다. [이 속담은 사람이 숙성(夙成)치 못하다는 뜻으로도 사용됨]
⑪ 잔나비 잔치.
➡ 남을 흉내 내어 하는 짓이 아무것도 되지 않는다.

4. 호전(好轉)

① 순풍(順風)에 돛 단 격이다.
② 순풍에 돛 단 배.
➡ ①·② 일이 순조롭게 잘 진행된다.
③ 가시어미 장(醬) 떨어지자 사위가 국 싫다 한다.
④ 술 괴자 임 오신다.
⑤ 술 빚자 임 오신다.
⑥ 술 익자 임 오신다.
⑦ 술 익자 체 장수 간다.〈靑丘永言, 無名氏〉
⑧ 주인(主人) 장(醬) 엎자 손 국 싫다 한다.
⑨ 주인집 장 떨어지자 나그네 국 마단다.
➡ ③~⑨ 일이 공교롭게 잘 되어나간다. 가시어미……장모(丈母)의 낮

은 말.
⑩ 비단 옷 입고 낮 길 간다. (錦衣行)
➡ 애써 하는 일이 보람 있게 되어간다.
⑪ 문턱 높은 집에 정강이 긴 며느리 들어온다.
➡ 일이 저절로 척척 맞아서 잘 되어간다.

5. 종료(終了)

① 바닥 다 보았다.
② 볼 장 다 봤다.
➡ ①·② 이(利)를 볼 수 있는 일은 벌써 다 끝났다.
③ 넉동 다 갔다.
➡ 일이 끝나게 되었다.

6. 기타(其他)

① 미친 놈에게 칼을 준 셈이다.
➡ 사태가 더 악화되었다.
② 파방(罷榜)에 수수엿 장수.
③ 파장(罷場)에 수수엿.
➡ ②·③ 이미 일이 잘못 되어 이제는 더 볼 것 없이 되었다. 파방……과거(科擧)에 급제한 사람의 발표를 취소함. 파장……과장(科場)·백일장(白日場)·시장(市場) 따위가 파함.
④ 가재 걸음.
⑤ 게 걸음 친다.
➡ ④·⑤ 진보함이 없이 퇴보만 한다.
⑥ 대가리는 감추고, 꼬리는 내놓았다.
➡ 일을 완전히 마무리하지 못하였다. [이 속담은 발각될 요소를 남겨두었다라는 뜻으로도 사용됨]
⑦ 막걸리 거르려다가 지게미도 못 건진다.〈沈熏, 탈춤〉

➡ 큰 이익(利益)을 보려다가 그것을 놓치고 낭패를 보게 되었다. 지게미……술을 거르고 남은 찌꺼기.

[群] 35. 실패(失敗)·허사(虛事)

1. 실패(失敗)

① 닭똥을 고욤으로 먹는다.
➡ 사리(事理) 판단을 잘못하여 목적을 달성하지 못했다. 고욤······고욤나무의 열매.
② 빗나간 화살이다.
➡ 목적을 달성할 수 없게 되었다.
③ 꼬챙이는 타고 고기는 설었다.
➡ 고기를 꼬챙이에 꿰어 굽는데, 구워져야 할 고기는 설고 꼬챙이는 타 버렸듯이, 원하던 본래의 목적을 달성할 수 없게 되었다.
④ 장님 파밭에 들어갔다.
⑤ 장님 파밭 맨다.
➡ ④·⑤ 일이 어떻게 되는지도 모르고 하다가 일을 망쳐버렸다.
⑥ 선 떡이 부스러졌다.
➡ 일을 서투르게 하여 그 결과가 그릇되었다.

2. 허사(虛事)

① 게 잡아 물에 놓았다. [참고] 捉蟹放水〈旬五志〉
② 고기를 잡아 물에 넣었다.
③ 잡은 새〈鳥〉를 날려보낸다.
➡ ①~③ 애써 한 일을 허사로 만든다.
④ 꿈 꾼 셈이다.
➡ 지금까지 한 일이 허사로 돌아갔다.

⑤ 꿈에 갚은 빚이다.
⑥ 꿈에 빚 갚았다.
➡ ⑤·⑥ 한때만 기분이 좋았지 일이 헛되었다.
⑦ 도로 아미타불. [참고] 還阿彌陀佛〈東言解〉,〈李孝石, 모밀꽃 필 무렵〉
⑧ 십년 공부 나미아미타불.〈玄鎭健, 無影塔〉
⑨ 십년 공부 도래미타불.
➡ ⑦~⑨ 오랫 동안 애써 한 일이 허사로 돌아갔다.
⑩ 다 된 죽에 코 떨어졌다.
⑪ 다 된 죽에 코 풀기. [참고] 盡粥鼻泗墮〈東言解〉
➡ ⑩·⑪ 다 된 일을 그만 망쳐버렸다.
⑫ 잘 가다가 삼천포(三千浦)로 빠졌다.
➡ 일을 잘 해나가다가 그만 망쳐버렸다. [이 속담은 장사꾼이 장사가 잘 되는 진주(晋州)로 가다가 길을 잘못 들어 장사가 잘 안 되는 삼천포로 들어갔다는 이야기에서 나옴]
⑬ 동무 몰래 양식(糧食) 내기. [참고] 諱伴出糧〈旬五志〉, 諱伴出粮〈松南雜識, 耳談續纂〉, 同媒不知出粮食〈東言解〉
⑭ 어둔 밤에 눈 끔적이기. [참고] 暗中瞬目〈耳談續纂, 松南雜識〉
⑮ 절〈寺〉 모르고 시주(施主)하기.
➡ ⑬~⑮ 애써 한 일을 알아주는 이가 없어 아무런 보람도 없게 되었다. [⑬ 여럿이 같이 밥을 지어 먹기 위하여 쌀을 낼 때 동무들 모르게 냄]
⑯ 재주를 다 배우니 눈이 어둡다. [참고] 技成眼昏〈松南雜識〉
⑰ 태수(太守) 되자, 턱 떨어졌다. [참고] 太守爲脫頷頤〈洌上方言〉
➡ ⑯·⑰ 오랫 동안 애써 모처럼 일을 이루어 놓았으나 복(福)이 없어서 그 일이 허사로 돌아갔다.
⑱ 십년 과수(寡守)로 앉았다가 고자 대감을 만났다.
➡ 오래 공(功) 들인 일이 제 복이 없고 운수가 나빠서 아무 데도 쓸모 없는 것이 되었다. 과수……홀어미.
⑲ 심은 낢이 꺾어졌다.〈完板春香傳〉
➡ 오랫 동안 공 들여 기대했던 일이 그릇되어 허사가 되고 말았다.

⑳ 물 장수 삼년에 궁둥이짓만 남았다.
㉑ 물 장수 삼년에 동이만 남았다.
➡ ⑳·㉑ 오랫 동안 애써 수고한 결과가 아무런 소득도 없이 보람 없는 것이 되어버렸다. 물 장수……술 장수.
㉒ 고기를 호랑이에게 먹인 셈이다. [참고] 以肉餧虎〈漢書〉
㉓ 남의 후리매에 밤 주워 담았다.
㉔ 범 잡아 관가(官家) 좋은 일만 했다.
㉕ 산중 농사 지어 고라니 좋은 일 했다.
㉖ 산중 벌이 하여 고라니 좋은 일 했다.
㉗ 의붓자식 옷 해 준 셈이다.〈蔡萬植, 太平天下〉
㉘ 죽 쑤어 개〈犬〉 바라지 했다.
㉙ 죽 쑤어 개 좋은 일만 했다.
㉚ 풀 쑤어 개 좋은 일만 했다.
㉛ 체곗(遞計)돈 내서 장가 들고는 동네 머슴 좋은 일 시킨다.
➡ ㉒~㉛ 애써서 한 일이 남에게 좋은 일을 한 결과가 되어버렸다. 후리매……두루마기의 사투리. 체계……장체계(場遞計). 장에서 비싼 변리로 돈을 꾸어주고 장날마다 본전(本錢)의 얼마와 변리를 받아들이는 일.
㉜ 난(亂) 나는 해 과거(科擧) 했다.
➡ 오랫 동안 바라고 애써 한 일이 공교롭게도 방해가 들어 아무런 소용도 없게 되었다. [이 속담은 제가 한 일을 자랑삼아 이야기하지마는, 그것은 아무 데도 흔적이 없으니 말할 거리도 못 된다고 핀잔 주는 경우에 사용되기도 함]
㉝ 떡도 떡같이 못 해 먹고 찹쌀 한 섬만 다 없어졌다.
➡ 많은 비용을 들여 애써 한 일에서 아무런 이익도 보지 못하고 헛수고만 한 결과가 되었다.
㉞ 다 가도 문턱 못 넘기.
㉟ 밤 새도록 가도 문(門) 못 들어갔다. [참고] 達曉走不及門〈旬五志, 松南雜識〉, 終夜馳奔不入其門〈耳談續纂〉, 走竟晨不及門〈洌上方言〉, 達曉往門不入〈東言解〉

→ ㉞·㉟ 정성(精誠)을 들여 한 일이 마지막 부족한 것 때문에 헛수고를 한 결과가 되었다. 문……성문(城門).

[群] 36. 성사(成事)·길사(吉事)

1. 성사(成事)

① 조막손이 달걀 도둑질 했다.
➡ 달걀을 쥘 수조차 없는 조막손으로 달걀을 훔쳤듯이, 사람이 그의 능력 이상의 일을 이루었다. 조막손……손가락이 없거나 오그라져서 펴지 못하게 된 손.
② 뽕도 따고, 임도 보고.
➡ 동시에 두 가지의 좋은 일을 이루었다.
③ 썩은 새끼로 범 잡았다. [참고] 藁網捉虎〈旬五志〉, 網雛蒿 能捉虎〈洌上方言〉, 藁索縛虎〈東言解〉, 索綯爲罟〈耳談續纂〉.
➡ 허술한 계책(計策)으로 큰 일을 이룬다.
④ 말〈言〉이 씨가 되었다.
➡ 항상 말하던 것이 밑천이 되어 일을 이루게 되었다.
⑤ 냉수(冷水) 먹고 된 똥 눈다.
⑥ 태수(太守) 덕에 나팔 소리 들었다.
➡ ⑤·⑥ 아무런 노력도 없이, 다른 사람의 덕분으로 하고 싶던 일을 이루었다.
⑦ 뜬 소〈牛〉 울 넘었다.
➡ 평소에 동작이 느린 사람이 장(壯)한 일을 이루었다.
⑧ 봉사 문고리 잡기.
⑨ 소경 문고리 잡기.
⑩ 여복(女卜)이 바늘귀를 꿴다.
⑪ 장님 문(門) 바로 들었다.
➡ ⑧~⑪ 재간도 없고 솜씨도 없는 자가 우연히 일을 잘 하였다. 여

복……장님으로서 점을 치는 여자. [이 속담은 무턱대고 한 일이 뜻밖에도 꼭 들어맞았다는 뜻으로도 사용된다]
⑫ 뒷걸음에 쥐 잡는 격이다.
⑬ 소 발에 쥐 잡기.
⑭ 황소 뒷걸음질에 쥐 잡기.
⑮ 황소 뒷걸음 치다가 쥐 잡았다.
➡ ⑫~⑮ 요행으로 뜻밖에 좋은 성과(成果)를 이루었다.
⑯ 개미 금탑(金塔) 모으듯.
⑰ 영고탑(寧古塔)을 모았다.
➡ ⑯·⑰ 열심히 일을 하여 남 모르게 재산을 많이 모았다. 영고탑……영안(寧安). 중국 흑룡강성 남동부에 있는 도시의 이름. 청(淸) 나라의 발상지(發祥地)로 청조(淸朝)에서는 유사시(有事時)에 대비하여 재화(財貨)를 이곳에 모아두었다고 한다.
⑱ 남의 염불(念佛)로 극락 간다.
➡ 자기가 노력해서 이루어진 것이 아니고 남의 덕으로 성공하게 되었다.
⑲ 저녁 굶은 년에 떡 두레.
➡ 우연한 기회에 뜻밖에도 힘 안 들이고 자기의 소망을 이루게 된다. 두레……낮은 곳에 있는 물을 높은 곳의 논이나 밭에 퍼붓는 기구.
⑳ 공중을 쏘아도 알관만 맞춘다. [참고] 射空中䂮〈旬五志〉, 仰射空 貫革中〈洌上方言〉
➡ 별로 애쓰지 않고 능히 일을 이룬다. 알관……알과녁. 화살이나 총알의 목표로 만들어 세운 물건의 한복판.
㉑ 늙은 용(龍)이 구름을 얻었다. (老龍得雲)
➡ 늙어서 마침내 뜻을 이루게 되었다.
㉒ 용(龍)이 여의주(如意珠)를 얻고, 범이 바람을 탄 격이다.
㉓ 용이 여의주를 얻고, 하늘에 오른다.
➡ ㉒·㉓ 세상에서 두려워할 것이 없을 정도로, 오랫 동안 평소에 원하던 것이 이루어지고야 말았다. 여의주……영묘(靈妙)한 구슬. 이것에 빌면 만사(萬事)가 뜻대로 된다고 함.

㉔ 갓 마흔에 첫 보살.
㉕ 구년지수(九年之水) 해 돋는다. 〈古本春香傳〉
㉖ 칠년대한(七年大旱)에 단비 온다.
➡ ㉔~㉖ 오래 기다리던 일을 마침내 이루게 되었다.

2. 길사(吉事)

① 굴러 온 호박. 〈李孝石, 花粉〉
② 아닌 밤중에 차시루떡.
③ 웬 떡이냐.
④ 우물 길에서 반살기 받는다.
⑤ 움집 안에서 떡 받는다. [참고] 坐窯內受餠食 〈東言解〉
⑥ 호박이 굴렀다.
⑦ 호박이 넝쿨채로 굴러 떨어졌다.
⑧ 호박이 떨어졌다.
➡ ①~⑧ 아주 좋은 운수가 닥쳤다. 반살기……평안도 지방에서 신부(新婦)를 맞게 되면 그 근친(近親) 되는 집에서 음식을 차리고 초대하는 일.
⑨ 이 빠진 개〈犬〉 뒷간 만났다.
➡ 제 경우에 맞게 편리하고 다행한 일을 만나게 되었다.
⑩ 굶주린 고양이가 쥐를 만났다.
⑪ 굶주린 매가 꿩을 만났다. [참고] 飢鷹遇雉 〈茶山論叢〉
⑫ 굶주린 범이 멧돼지를 얻었다. [참고] 如餓虎得豕 〈茶山論叢〉
⑬ 목 마른 사람이 물을 얻었다. [참고] 如渴得飮 〈史記〉
➡ ⑩~⑬ 곤란한 문제가 흡족하게 해결되었다.
⑭ 곶감죽 먹고 엿 목판에 엎어졌다.
⑮ 비단 위에 꽃무늬를 놓았다. [참고] 錦上添花 〈王安石〉
➡ ⑭·⑮ 좋은 일에 또 좋은 일이 생겼다.
⑯ 홀아비 장가 간다.
➡ 궁하게 지내던 사람에게 좋은 일이 생겨 딱한 형편이 잘 풀리게 되었

다.
⑰ 원앙(鴛鴦)이 녹수(綠水)를 만났다.
➡ 가장 적합한 배필(配匹)을 만났다.
⑱ 가물 끝에 오는 비 같다.
➡ 아주 반가운 일이 생겼다.
⑲ 홍두깨에 꽃이 피었다.
➡ 뜻밖에 좋은 운(運)을 만났다.
⑳ 마른 나무가 봄을 만났다. (枯木逢春)
㉑ 마른 낡에 새 싹이 돋는다.
㉒ 죽은 나무에 꽃이 핀다.
➡ ⑳~㉒ 고생 끝에 영화(榮華)를 얻게 되었다.
㉓ 산소(山所) 등에 꽃이 피었다.
㉔ 선영(先塋) 명당 바람이 난다.〈蔡萬植, 濁流〉
➡ ㉓·㉔ 집안이 흥왕(興旺)하고, 자손(子孫)이 부귀영달(富貴榮達)하게 되었다.
㉕ 미꾸라지 용(龍) 되었다.
➡ 변변치 못한 사람이 훌륭하게 되었다.
㉖ 범에 날개.
➡ 세력 있는 사람에게 또한 권세가 더 붙게 되었다.
㉗ 용(龍) 꿈 꾸었다.
➡ 매우 좋은 수가 생겼다.
㉘ 누이 좋고, 매부 좋다.
➡ 서로가 다 좋다.

[群] 37. 소득(所得)·소비(消費)·
손해(損害)·피해(被害)

1. 소득(所得)·소비(消費)

① 선반에서 떨어진 떡이다. 〈廉想涉, 萬歲前〉
➡ 재수가 좋아 힘 들이지 않고 큰 이익(利益)을 보게 되었다.
② 어부(漁夫)의 횡재(橫財)다.
③ 황새와 조개 싸움에 어부(漁夫)만 이득 본다.
➡ ②·③ 남들이 다투는 바람에 힘들이지 않고 큰 이익을 보게 되었다.
④ 개〈犬〉가 쥐를 잡고, 먹기는 고양이가 먹는다.
⑤ 재주는 곰이 하고, 돈은 호인(胡人)이 받는다.
⑥ 뛰기는 역마(驛馬)가 뛰고, 먹기는 파발꾼이 먹는다.
⑦ 뛰기는 파발말이 뛰고, 먹기는 파발꾼이 먹는다.
➡ ④~⑦ 수고한 사람은 따로 있는데, 그 일에 대한 보수는 다른 사람이 차지한다. 호인……만주인. 역마……각 역참(驛站)에 갖추어 둔 말. 파발마……조선 왕조 때 공무(公務)로 급히 가는 사람이 타는 말. 파발꾼……조선 왕조 때 각 역참에 딸리어 공문(公文)을 가지고 역참 사이를 나르던 사람.
⑧ 부엉이 집을 얻었다.
➡ 우연히 많은 재물을 얻게 되었다. [부엉이는 무엇이든지 닥치는대로 집에 가져다 둠]
⑨ 남의 불에 가재 잡는다.
⑩ 남의 불에 게 잡는다.
⑪ 남의 불에 밥 짓는다.
⑫ 바람 빌어 배〈舟〉 달린다.

➡ ⑨~⑫ 다른 사람의 덕분으로 이득(利得)을 본다.
⑬ 돌 하나로 두 마리 새를 잡는다. (一石二鳥)
⑭ 화살 하나로 두 마리 새를 잡는다. (一箭二鳥)
➡ ⑬·⑭ 하나를 이용하여 많은 이득을 본다.
⑮ 배〈梨〉먹고, 이 닦는다. [참고] 啖梨之美兼以濯齒〈耳談續纂〉
➡ 한 가지 물건을 이용하여 두 가지 이득을 본다.
⑯ 개울 치고 가재 잡는다.
⑰ 꿩 먹고 알 먹는다.
⑱ 맛 좋고 값 싼 갈치자반.
➡ ⑯~⑱ 동시에 두 가지의 이득을 보았다.
⑲ 땅 파다가 은(銀) 얻었다.
➡ 무슨 일을 하다가 우연히 이득을 보게 되었다.
⑳ 되〈升〉로 주고, 말〈斗〉로 받는다. [참고] 始用升授 廼以斗受〈耳談續纂〉
㉑ 한 되 주고, 한 섬 받는다.
➡ ⑳·㉑ 조금 주고 그 댓가(代價)로 몇 갑절이나 받는다.
㉒ 낚시밥은 작아도, 큰 고기를 잡는다.
㉓ 낚시에 용(龍)이 걸린다. (竿頭掛龍)
㉔ 보리밥알로 잉어 낚는다.
㉕ 새우 미끼로 잉어를 낚는다. [참고] 以蝦釣鯉〈旬五志, 松南雜識〉, 蝦爲餌釣巨鯉〈洌上方言〉
➡ ㉒~㉕ 밑천을 적게 들여 큰 이득을 본다.
㉖ 질동이 깨뜨리고 놋동이 얻는다.
➡ 대단찮은 것을 잃고 그보다 더 나은 것을 가지게 되었다. [이 속담은 상처(喪妻) 후에 후처(後妻)를 잘 두었다는 뜻으로도 사용됨]
㉗ 바늘 잃고 도끼 낚는다.
➡ 작은 것을 잃고, 큰 것을 얻는다.
㉘ 박토(薄土) 팔아 옥토(沃土) 산다.
➡ 나쁜 것을 주고, 좋은 것을 얻는다.
㉙ 한 여름에 부채를 얻었다. (三夏逢扇)

➡ 시기(時期)에 적절한 요긴한 것을 얻는다.
㉚ 마당 삼을 캐었다.
➡ 삼을 캐려면 깊은 산중(山中)에 들어가 애써야 하지만 마당에서 삼을 캐었듯이, 구하기 어려운 것을 쉽게 얻게 되었다.
㉛ 떡 고리에 손 들어간다.
➡ 오래도록 탐내던 것을 마침내 취득하게 되었다. 고리……고리나 대오리로 엮어서 상자 같이 만든 물건
㉜ 고기는 안 잡히고, 송사리만 잡힌다.
㉝ 고래 그물에 새우가 걸린다.
㉞ 범 사냥 갔다가 토끼만 잡는다.
㉟ 새〈鳥〉망에 기러기 걸린다.
➡ ㉜~㉟ 본래 계획했던 일은 이루어지지 않고 하찮은 것을 취득하게 되었다.
㊱ 두 절〈寺〉개〈犬〉같다. [참고] 二寺狗〈東言解〉, 上下寺不及〈松南雜識〉
➡ 두 절에 속하는 개가 이 절로 갔다 저 절로 갔다 하다가 결국은 아무 데서도 얻어 먹지 못하듯이, 사람이 마음씨가 굳지 못하여 늘 갈팡질팡하다가 마침내 아무런 소득도 보지 못한다.
㊲ 호랑이 잡으려다가 토끼도 못 잡는다.
➡ 계획만 크게 세우고 소득은 하나도 보지 못한다.
㊳ 한 외양간에 암소가 두 마리. [참고] 兩牝牛同廐〈旬五志, 松南雜識〉
➡ 미욱한 것끼리 있어서 서로가 이득을 보지 못한다.
㊴ 흉년 거지.
➡ 무엇을 얻으려고 몹시 애를 쓰지마는 그 효과(效果)는 아주 적다.
㊵ 북어 뜯고 손가락 빤다.
➡ 작은 이익을 당치도 않은 데서 보려고 하니 아무런 소득도 없다.
㊶ 얻은 도끼나 잃은 도끼나. [참고] 得斧喪斧〈松南雜識〉
➡ 잃은 것이나 새로 얻은 것이 똑같아서 이해(利害)가 없다.
㊷ 곧은 나무는 산지기가 차지하고, 굽은 나무는 산주(山主)가 차지한다.

➡ 좋은 것은 아랫사람이 차지하고, 나쁜 것은 웃사람이 차지한다.

㊸ 국물도 없다.

➡ 아무 것도 생기는 것이 없다.

㊹ 고래 그물에 새우가 잡혔다.

➡ 목적한 큰 것은 놓치고, 쓸데 없는 것만 잡혔다.

㊺ 얻은 떡이 두레 반(半)이다.

➡ 물 장수가 집집마다 드나들며 한 조각씩 얻은 떡이 마침내 한 두레박하고 또 반이나 되었듯이, 여기 저기서 얻어 모은 것이 적지 않다.

㊻ 토끼 덫에 여우 걸렸다.

➡ 계획하였던 것보다 의외로 큰 이득을 보게 되었다.

㊼ 곶감 꼬치에서 곶감 빼 먹듯.

➡ 애써 모아 두었던 것을 힘들이지 않고 하나 하나씩 소모해버린다.

㊽ 과부(寡婦) 은(銀) 팔아먹기. [참고] 寡婦宅賣銀食 〈東言解〉

➡ 과부가 돈을 벌 수 없어 먹고 살기 위하여 모아 둔 것을 팔아 없애듯이, 벌어 두었던 것을 소비만 한다.

㊾ 동풍(東風) 닷냥이라.

➡ 난봉이 나서 돈을 함부로 날려버린다.

㊿ 묵은 장(醬) 쓰듯.

(51) 물 쓰듯.

➡ ㊿·(51) 아끼지 않고 헤프게 쓴다.

(52) 개〈犬〉한테 돈 주기다.

➡ 귀한 것을 무의미하게 쓴다.

2. 손해(損害)·피해(被害)

① 게도 구럭도 잃었다.

② 꿩 잃고 매 잃었다.

③ 큰 소도 잃고 송아지도 잃었다.

➡ ①~③ 이것 저것 다 잃어 큰 손해를 보았다.

④ 큰 고기도 놓치고 송사리도 놓쳤다.

➡ 이것 저것 다 놓치고 손해만 보았다.
⑤ 혼인(婚姻) 집에서 신랑 잃어버렸다.
➡ 어떤 큰 일을 하는데 가장 중요한 것을 잃어버렸다.
⑥ 한 말 주고 한 되 받는다.
⑦ 홍두깨로 주고 바늘로 받는다.
➡ ⑥·⑦ 많이 주고는 적게 받아 손해가 많다.
⑧ 소〈牛〉 잃고 양(羊) 얻는다. (亡牛得羊)
➡ 큰 것을 잃고 작은 것을 얻는다.
⑨ 국 쏟고 뚝배기 깨었다.
⑩ 독 깨고 장(醬) 쏟았다.
⑪ 뚝배기 깨고 국 쏟았다.
⑫ 내 것 잃고 내 함박 깨뜨린다.
➡ ⑨~⑫ 이중(二重)의 손해를 본다.
⑬ 큰 소 잃고 송아지 달아났다.
➡ 크고 적은 이중(二重)의 손해를 보았다.
⑭ 두 손 털었다.〈廉想涉, 萬歲前〉
➡ 노름판에서 가지고 있던 것을 다 잃었다.
⑮ 바가지를 썼다.
➡ 남에게 속아서 큰 손해를 보았다.
⑯ 헌 분지(糞池) 깨고 새 요강 물어준다.
➡ 조그마한 실수로 큰 손해를 본다. 분지……똥과 오줌을 누어서 담는 그릇.
⑰ 계(契) 타고 집 판다.
➡ 운수가 좋아 이(利)를 보게 되었으나 그로 인하여 더 큰 손해를 보았다.
⑱ 쥐 잡으려다가 독만 깨었다.
➡ 미운 놈을 해치려다가 도리어 큰 손해만 보았다.
⑲ 낚시밥만 떼였다.
➡ 일을 시작하였다가 손해만 보았다.
⑳ 닷돈 보고 보리밭에 갔다가 명주 속옷 찢겼다.

㉑ 흰죽 먹다가 사발 깨었다.
➡ ⑳·㉑ 하찮은 것을 탐내다가 도리어 큰 손해를 보았다.
㉒ 배〈梨〉주고, 속 빌어 먹는다.
➡ 큰 이(利)가 되는 것은 남에게 빼앗기고 그로부터 겨우 적은 것을 얻어 가진다.
㉓ 달아나는 노루 보고 잡은 토끼를 놓쳤다.
㉔ 멧돝 잡으러 갔다가 집돝 잃었다.
➡ ㉓·㉔ 다른 것을 탐내다가 이미 얻은 것까지도 잃었다. 멧돝……멧돼지. 집돝……집에서 기르는 돼지.
㉕ 동냥 하려다가 추수(秋收) 못 본다.
➡ 적은 것을 탐내어 다니다가 큰 것을 놓쳤다.
㉖ 눈 뜨고 도둑 맞는다.
➡ 번연히 알면서도 손해를 본다.
㉗ 문 열고 도둑을 불러 들인다. (開門納盜)
➡ 자신이 스스로 손해되는 짓을 한다.
㉘ 한냥짜리 굿 하다가 백냥짜리 징 깨었다.
➡ 쓸데 없는 일을 하다가 도리어 큰 손해를 보았다.
㉙ 소경 제 호박 따기다.
㉚ 장님 제 닭 잡아 먹었다.
➡ ㉙·㉚ 이득을 보려고 한 일이 결과적으로 자기에게 손해를 초래하였다.
㉛ 놀부한테 선심 쓰다가 자루까지 빼앗긴다.
➡ 탐욕이 많은 사람에게 선심을 쓰다가 손해만 보았다.
㉜ 같잖은 투전(鬪牋)에 돈만 잃었다.
➡ 대수롭지 않은 일이지마는 거기서 손해를 보았다. 투전……두꺼운 종이로 만든 노름 제구의 한 가지, 또는 투전 노름.
㉝ 개구멍에 망건(網巾) 치기.
➡ 개가 들어올 것을 염려하여 개구멍에 망건을 쳐 놓으면 망건은 못 쓰게 되고 개는 제멋대로 들어오게 되듯이, 자기의 뜻은 이루지 못하고 손해만 보았다.

㉞ 못 먹는 잔치에 갓만 부숴졌다.
㉟ 얻어 먹지 못하는 제사에 갓·망건 부숴졌다.
➡ ㉞·㉟ 아무 것도 생기는 것이 없는 분주한 곳에서 도리어 손해만 보았다.
㊱ 갯벌에서 게 잡다가 광주리만 잃었다.
➡ 어떤 일을 하다가 도리어 손해를 보았다.
㊲ 물보리 한 말〈斗〉에 숫 '묏'을 잃었다.
➡ 대단치 않은 것을 얻고, 그 댓가(代價)로 매우 소중한 것을 잃었다.
㊳ 족제비 잡아 꼬리는 남 준다.
➡ 애써 이룬 것의 중요한 것을 빼앗겼다.
㊴ 개〈犬〉를 기르다가 다리를 물렸다.〈李孝石, 花粉〉
㊵ 기른 개에게 발뒤꿈치를 물렸다. [참고] 蓄狗噬踵〈旬五志〉
㊶ 기른 개에게 손목을 물렸다.
㊷ 기른 범에게 잡아먹힌다. (養虎食人)
㊸ 내 밥 준 개 내 발등 문다.
㊹ 범을 기른 셈이다.
㊺ 호랑이를 길러 후환(後患)을 입는다.
➡ ㊴~㊺ 은혜를 끼쳐 준 사람으로부터 도리어 해(害)를 입었다.
㊻ 내 것 주고 매 맞는다.
㊼ 내 것 주고 뺨 맞는다.
㊽ 내 '묏' 주고 뺨 맞는다.
㊾ 술 받아 주고 뺨 맞는다.
➡ ㊻~㊾ 남에게 잘 하여 주고도 반대로 자기는 해로움을 당한다.
㊿ 고기 주다가 범에게 물렸다.
➡ 남을 도와주다가 그로부터 해를 입었다.
51 선왕재(善往齋) 하고 지벌 입었다. [참고] 善往之願反受雷震〈耳談續纂〉
➡ 세력 있는 사람에게 뇌물을 주고 도리어 그 사람으로부터 해를 입었다. 선왕재……사람이 죽은 뒤에 극락으로 가도록 살아 있을 때에 절에 가서 불전(佛前)에 공양하는 재. 지벌……신불(神佛)의 노여움을

사서 당하는 벌(罰).

㊾ 경주인(京主人) 집에 똥 누러 갔다가 잡혀 갔다.

㊼ 송장 때리고 살인(殺人) 났다.

➡ ㊾·㊼ 잘못된 일도 없는데 억울하게 벌을 받는다. 경주인⋯⋯경저리(京邸吏). 고려나 조선조 때 각 지방에서 서울에 파견된 향리(鄕吏). [경주인이 위에 바칠 것을 못 바치면 차사(差使)가 와서 그 집의 누구를 막론하고 다 잡아 갔다고 함]

㊾ 두꺼비 돌에 치였다.

㊿ 애매한 두꺼비 돌에 치였다.

➡ ㊾·㊿ 까닭 없이 벌(罰)이나 칭원(稱冤)을 듣는다.

㊱ 동무 사나워 뺨 맞는다.

㊲ 죄(罪) 지은 놈 옆에 있다가 벼락 맞는다. (惡傍逢雷)

➡ ㊱·㊲ 나쁜 짓을 한 사람과 함께 있다가 죄 없는 사람까지도 벌을 받는다.

㊳ 열 골 물이 한 골로 모인다. [참고] 十洞之水會一洞〈旬五志〉, 十谷水一谷萃〈洌上方言〉

➡ 여럿이 지은 죄(罪)값으로 받게 되는 벌(罰)이 자기 한 사람에게만 모인다.

㊴ 시원찮은 국에 입 가 데인다.

㊵ 우습게 본 풀에 눈 찔린다.

㊶ 음식 같잖은 개떡제비에 입 천장 덴다.

➡ ㊴~㊶ 변변치 않아 우습게 알고 대한 일에 뜻밖에 큰 손해를 입었다.

㊷ 신주(神主) 개〈犬〉 물어갔다.

➡ 귀중하게 간직하고 위하던 것을 어느 틈엔지도 모르는 사이에 남에게 빼앗겼다.

㊸ 더운 날에 찬 서리 친다.

㊹ 물 잃은 기러기다.

➡ ㊸·㊹ 치명적인 타격을 받았다.

㊺ 제가 눈 똥에 주저앉는다.

➡ 자기가 한 일에 도리어 자기가 걸려들어 해를 입는다.
⑯ 발등에 불이 떨어진다.〈朴鍾和, 多情佛心〉
⑰ 마른 날에 벼락 맞는다.〈蔡萬植, 太平天下〉
⑱ 맑은 하늘에 벼락 맞는다.
⑲ 삼경(三更)에 만난 액(厄)이다.
⑳ 자다가 벼락을 맞는다.
㉑ 자다가 생 병을 얻었다.
➡ ⑯~㉑ 갑자기 뜻하지 않았던 변을 당하였다.
㉒ 형틀 지고 와서 볼기 맞는다. [참고] 負荊板受臀〈東言解〉
➡ 가만히 있으면 탈 없을 일을 제가 서둘러서 화(禍)를 부르고 고생을 사서 한다.
㉓ 개미에게 불알 물렸다.
㉔ 개미에게 뭣 물렸다.
㉕ 뒷간 개구리한테 하문(下門)을 물렸다.
➡ ㉓~㉕ 보잘것 없는 것한테 해(害)를 입었다.
㉖ 봄 꿩이 제 울음에 죽는다. [참고] 春山雉以鳴死〈洌上方言〉, 春雉自鳴〈東言解〉, 哀彼春雉 自鳴以死〈耳談續纂〉
➡ 꿩이 소리를 내어 자기 있는 곳을 알려 잡혀 죽게 되듯이, 공연한 짓을 하여 화(禍)를 스스로 입는다.
㉗ 범을 길러 화(禍)를 받는다. (養虎憂患)〈仁顯王后傳〉
➡ 화근(禍根)을 길러서 화를 입는다.
㉘ 뒷간 쥐에게 하문을 물렸다.
➡ 남에게 말 못할 창피스러운 일을 당하였다.
㉙ 갓 쓰고 망신.
➡ 점잔을 빼고 있는데 망신을 당했다.
㉚ 긁어 부스럼.
㉛ 아무렇지도 않은 다리에 침 놓기.
㉜ 찔러 피를 낸다.
➡ ㉚~㉜ 가만히 두었으면 아무런 일도 없었을 것을 공연히 건드려서 탈을 내었다.

[群] 37. 소득(所得)・소비(消費)・손해(損害)・피해(被害) 449

⑧ 진상(進上) 가는 송아지 배때기를 찼다.
➡ 쓸데 없는 일을 저지르고 변을 당했다. 진상……지방의 토산물을 임금이나 웃사람에게 바침.
⑧ 소한테 물렸다.
➡ 상대(相對)도 하지 않았던 사람으로부터 뜻밖의 손해를 입었다.
⑧ 호랑이 잡고 볼기 맞는다.
➡ 장(壯)한 일을 하고도 도리어 벌을 받는다.
⑧ 구덩이를 피하려다가 우물에 빠졌다.
⑧ 귀신을 피하려다가 호랑이를 만났다.
⑧ 불을 피하려다가 물에 빠졌다.
➡ ⑧~⑧ 한 가지의 화를 피하려다가 다른 화를 입었다.
⑧ 고래 싸움에 새우 등 터진다. [참고] 鯨戰鰕死〈旬五志, 東言解〉, 鯨鬪鰕死〈耳談續纂〉
⑨ 고래 싸움에 새우 치였다.
⑨ 독 틈에 탕관(湯罐).
➡ ⑧~⑨ 강자(强者)끼리 다투는 사이에서 아무런 관계도 없는 약자(弱者)가 해(害)를 입는다.
⑨ 남의 똥에 주저앉는다.
⑨ 남이 눈 똥에 주저앉는다.
⑨ 애매한 두꺼비 떡돌에 치인다.
➡ ⑨~⑨ 남의 잘못으로 죄 없는 사람이 억울하게 화를 입는다. 떡돌……떡을 칠 때에 안반 대신으로 쓰는 판판한 돌.
⑨ 도둑을 피하려다가 강도를 만났다.
➡ 작은 화를 피하려다가 큰 화를 당하게 되었다.
⑨ 김씨(金氏)가 먹고, 이씨(李氏)가 취(醉)한다.
⑨ 도둑질은 김씨가 하고, 오라는 이씨가 진다.
⑨ 죄는 막동이가 짓고, 벼락은 샌님이 맞는다.
⑨ 죄는 도깨비가 짓고, 벼락은 고목(古木)이 맞는다.
⑩ 콩죽은 주인이 먹고, 배는 머슴이 앓는다.
➡ ⑨~⑩ 좋지 못한 짓은 제가 하였으나, 그에 대한 벌이나 비난은 남

이 당한다. 막동이……나이가 어린 잔 심부름을 하는 사내 아이.
⑩ 주인 배 아픈데 머슴이 설사한다.
➡ 남의 일로 인하여 억울하게 벌을 받거나 손해를 본다.
⑫ 제 오라를 졌다.
➡ 나쁜 짓을 하여 그 벌로 제가 화를 입었다.
⑬ 모양이 개잘량이라.
➡ 명예와 체면을 형편 없이 잃었다. 개잘량……방석처럼 깔기 위하여 털이 붙어 있는채로 다룬 개 가죽.
⑭ 까마귀 날자 배 떨어진다. (烏飛梨落)
➡ 아무 관계 없이 한 일에 공교롭게도 때를 같이 하여 다른 일이 생겼기 때문에, 억울하게도 양자(兩者) 사이에 무슨 관계라도 있는 것 같이 여기게 하는 혐의를 받는다.
⑮ 작은 돌을 피하려다가 큰 돌에 치였다.
➡ 작은 화(禍)를 피하려고 신경을 쓰다가 큰 화를 입게 되었다.
⑯ 무쇠 두멍을 쓰고 늪에 빠졌다. [참고] 蒙此鐵錡入于潭水〈耳談續纂〉
➡ 죄를 짓고 화(禍)를 자취(自取)하게 되었다.
⑰ 함정 파고 그 함정에 빠졌다.
➡ 자기가 한 일로 인하여 자기가 해를 입었다.
⑱ 제 오줌을 먹는다.
➡ 자기가 한 일로 인하여 자기가 욕을 본다.
⑲ 제 도끼로 제 발등 찍는다.
⑩ 제 발등을 제가 씩는나.
⑪ 제 옷감을 제가 찢는다.
⑫ 제 재주에 제가 넘어졌다.
➡ ⑲~⑫ 제 일을 제가 망쳐 놓았다.
⑬ 공연한 제사 지내고 어물(魚物) 값에 졸린다.
➡ 하지 않아도 괜찮은 일을 하고는 그 후환(後患)을 입는다.
⑭ 경쳐 포도청(捕盜廳)이라.
⑮ 경치고 포도청 간다.
➡ ⑭·⑮ 매우 혹독한 형벌을 받는다. 경치다……꾸지람을 듣고 벌을

받다.
⑯ 믿는 도끼에 발등 찍힌다.
⑰ 믿던 발이 돌에 찍혔다.
⑱ 믿었던 돌에 발부리 채였다.
⑲ 아는 도끼에 발등 찍힌다. [참고] 慣熟之斧乃傷厥趾〈耳談續纂〉, 知斧斫足〈旬五志〉, 知斧足斫〈東言解〉,〈廉想涉, 三代〉
➡ ⑯～⑲ 믿고 있던 사람이나 친한 사람으로부터 해(害)를 입었다.
⑳ 망건 편자를 줍는다.
➡ 아무런 잘못도 없이 남에게 매를 맞아 의관이 찢긴 후에 죄 없음이 밝혀져도 호소할 데 없어 망건 편자만 줍듯이, 돌이킬 수도 없는 까닭 없는 모욕을 당했다. 망건 편자……망건을 졸라매기 위하여 아랫 시울에 붙여 말총으로 좁고 두껍게 짠 띠.
㉑ 집안 귀신이 사람 잡아 간다.
➡ 가까운 사람으로부터 해를 입었다.
㉒ 꺽저기 탕에 개구리 죽는다.
➡ 국을 끓여 먹으려고 꺽저기를 잡을 때 개구리도 같이 잡히게 되듯이, 아무 까닭 없이 억울하게 희생된다. 꺽저기……농어과에 딸린 민물고기.

3. 기타(其他)

① 소경의 초하룻날.
➡ 초하룻날이면 사람들이 그 달의 신수(身數)를 물으러 소경 집에 많이 모이듯이, 벌이가 좋은 수를 만나게 되었다.
② 죽이 풀려도 솥 안에 있다.
③ 팥이 풀어져도 솥 안에 있다.
➡ ②·③ 뜻대로 되지 않아 얼른 보아서는 손해를 본 듯하지만 그리 큰 손해는 아니다.
④ 감사(監司) 덕분에 비장(裨將)나리 호사한다.
➡ 남의 덕분에 호강한다. 감사……관찰사. 비장……감사 밑에 따르는

관원(官員)의 하나.
⑤ 갓 사러 갔다가 망건 산다.
➡ 구하려고 하던 것이 없으므로, 그것과는 비슷하나 소용이 다른 것을 취득한다.
⑥ 참외를 버리고, 호박을 먹는다.
➡ 좋은 것을 버리고, 나쁜 것을 취한다. [말쑥하고 알뜰한 아내를 버리고, 둔하고 못생긴 첩을 취한다라는 뜻으로도 사용됨].
⑦ 봉사 기름 값 문다.
⑧ 중〈僧〉이 회(膾) 값 문다.
⑨ 중〈僧〉이 회(膾) 값 문다.
➡ ⑦~⑨ 억울한 일을 당하였다.
⑩ 보쌈에 들었다.
➡ 남의 나쁜 꾀에 걸려들었다. 보쌈……조선조 때, 지체 높은 양반집 딸이 둘 이상의 남편을 섬겨야 할 팔자라 하여, 팔자땜을 시킨다고 몰래 남의 남자를 보(褓)에 싸서 잡아다가 딸과 상관시키고 죽이던 일.
⑪ 청하니까 매 한 대 더 때린다.
➡ 간청을 했다가 도리어 변(變)을 당한다.

[群] 38. 상동(相同)·상이(相異)

1. 상동(相同)

① 가로 지나 새로 지나. 〈金裕貞, 多情佛心〉
② 나귀에 짐을 지고 타나 싣고 타나.
③ 둘러치나 메어치나. 〈李無影, 農民〉
④ 밭으로 가나 둑으로 가나.
⑤ 벌리나 오무리나.
⑥ 업어나 지나.
⑦ 외로 지나 바로 지나. 〈朴鍾和, 多情佛心〉
⑧ 지나 업어나.
⑨ 열고 보나 닫고 보나.
⑩ 틈으로 보나 열고 보나.
➡ ①~⑩ 이렇게 하나 저렇게 하나 결과적으로는 마찬가지다.
⑪ 곱사등이 짐 지나 마나.
⑫ 귀머거리 들으나 마나.
⑬ 봉사 안경 쓰나 마나.
⑭ 뻗장다리 서나 마나.
⑮ 소경 잠 자나 마나. [참고] 盲人之睡如寤如寐 〈耳談續纂〉
⑯ 앉은뱅이 앉으나 마나.
➡ ⑪~⑯ 하나 마나 마찬가지다.
⑰ 귀머거리 귀 있으나 마나.
➡ 있으나 마나 마찬가지다.
⑱ 계란이나 달걀이나.
➡ 이것이나 저것이나 다 마찬가지다.

⑲ 누구나 벗겨 놓으면 마찬가지다.
⑳ 누렁이나 검둥이나 그 놈이 그 놈이다.
㉑ 센둥이가 검둥이요, 검둥이가 센둥이다.
➡ ⑲~㉑ 겉보기에는 차이가 있지마는, 사람은 본질적으로 서로 동일하다.
㉒ 누운 것이나 엎인 것이나.
➡ 이러한 처지에 있든 저러한 처지에 있든 본질적으로는 동일하다.
㉓ 파리똥도 똥이다.
➡ 양적(量的)으로는 비록 적지마는 본질적으로 다를 바가 없다.
㉔ 키가 크나 작으나 하늘에 안 닿기는 마찬가지다.
➡ 크고 작은 차이가 별로 없다.
㉕ 주머니 돈이 쌈지 돈.
㉖ 중〈僧〉 양식(糧食)이 절〈寺〉 양식이다.
➡ ㉕ㆍ㉖ 한 집안 식구의 것이니 이러나 저러나 결국은 마찬가지다.
㉗ 잃은 도끼나 얻은 도끼나. [참고] 失斧得斧同〈東言解〉
➡ 잃은 것이나 새로 얻은 것이나 별 차이가 없다.
㉘ 딴 자리에서 잠은 자도 꿈은 같다. (異床同夢)
➡ 서로 다른 곳에 있지마는 뜻은 같다.
㉙ 봉사 집 지키기다.
➡ 일을 시키나 마나 마찬가지다.
㉚ 뱃놈 뭣은 다 같다.
➡ 같은 처지에 있는 사람의 행동은 서로 같다.
㉛ 두꺼비 씨름 같다.
㉜ 두꺼비 씨름 누가 질지 누가 이길지.
㉝ 장군 멍군.
➡ ㉛~㉝ 기(氣)를 쓰고 다투지마는 승부(勝負)가 나지 않으며 실력이 서로 비슷하다.
㉞ 상여 메는 사람이나 가마 메는 사람이나.
➡ 조금은 차이가 있겠으나 서로 비슷비슷하다.
㉟ 삶아 먹으나 구워 먹으나.

㊱ 찌나 삶으나.
➡ ㉟·㊱ 방법은 다르지마는 목적에 도달하기는 마찬가지다.
㊲ 한식(寒食)에 죽으나 청명(淸明)에 죽으나.
➡ 한식과 청명은 하루 사이라 조금 앞에 죽으나 조금 뒤에 죽으나 별 차이가 없다.
㊳ 떡에 별 떡이 있지, 사람에는 별 사람 없다.
➡ 떡의 종류는 헤아릴 수 없을 만큼 많지마는, 사람들 사이에는 별 차이가 없다.
㊴ 한 번 가도 화냥년, 두 번 가도 화냥년.
➡ 한 번 잘못하거나 두 번 잘못하거나 남에게 욕 얻어먹기는 일반이다.
㊵ 복숭아 씨나, 살구 씨나.
㊶ 작아도 콩싸라기, 커도 콩싸라기.
➡ ㊵·㊶ 크기나 모양에서 별 차이가 없다.
㊷ 호조(戶曹) 돈이나 공조(工曹) 돈이나.
➡ 이것이나 저것이나 다 같다.
㊸ 한 송이 꽃도 꽃은 꽃이다.
➡ 많으나 적으나 질적(質的)으로는 서로 같다.
㊹ 한 솜씨로 만든 연장이다.
➡ 어느 것이나 그 생김새가 같다.
㊺ 개구리 새끼는 개구리다.
➡ 크고 작은 것이 다를 뿐이지 본질적으로는 서로 동일하다.
㊻ 남의 아이 한 번 때리나 열 번 때리나, 때렸단 소리 듣기는 마찬가지다.
➡ 좋지 못한 일을 적게 하나 많이 하나, 꾸중 듣기는 매일반이다. [이 속담은 어차피 꾸중을 듣게 되니, 마음대로 실컷 해보고 꾸중을 듣자라는 뜻으로도 사용됨]

2. 상이(相異)

① 눈〈雪〉이면 다 제석(除夕) 눈인가.

➡ 눈이 온다고 다 섣달 그믐날 밤에 오는 눈이 아니듯이, 겉모양이 같다고 질(質)이 다 같을 수는 없다.

② 이밥(쌀밥)이면 다 젯밥인가.

➡ 같은 물건이라도 경우에 따라 서로 다르게 쓰이며 그 효과도 서로 다르다.

③ 오뉴월 병아리 하루 볕이 새롭다.

④ 오뉴월 하루만 더 쬐도 낫다.

⑤ 오뉴월 하루 볕도 무섭다.

➡ ③~⑤ 단시일(短時日) 동안에 생기는 차이가 현저하게 다르다.

⑥ 오줌 누는 사이에 십리 간다.

➡ 잠시 동안이나 쉬는 것과 쉬지 않고 하는 것 사이에는 상당한 차이가 생긴다. [이 속담은 무슨 일이나 매우 빨리 지나간다는 뜻으로도 사용됨]

⑦ 십리 갈 길손과 천리 갈 길손은 첫 걸음부터 다르다.

➡ 큰 일을 하는 사람과 작은 일을 하는 사람은 시작할 때부터 어딘가 다르다.

⑧ 갈모 형제라. [참고] 笠帽兄弟〈東言解〉

➡ 아우가 잘나고 형이 아우만 못하다. 갈모……비가 올 때 갓 위에 덮어 쓰는 것으로서 위가 좁고 아래가 넓음.

⑨ 뒤에 난 뿔이 우뚝하다. [참고] 後生角高何特〈洌上方言〉

⑩ 뒤에 심은 나무가 우뚝하다.

⑪ 먼저 난 머리보다 나중 난 뿔이 무섭다.

➡ ⑨~⑪ 후배(後輩)가 선배(先輩)보다 낫다. [⑩ 자식이 아비보다 잘 났다는 뜻으로도 사용됨]

⑫ 남색은 쪽풀에서 짜냈지마는 쪽보다 푸르다. [참고] 青取之於藍而青於藍〈荀子〉

➡ 배운 제자가 스승보다 더 잘 안다.

⑬ 구름과 땅 사이다. (雲泥之差)

⑭ 하늘과 땅 사이다. 〈李熙昇, 隨筆〉

➡ ⑬·⑭ 차이(差異)가 아주 심하다.

⑮ 소〈牛〉힘은 소 힘이고, 새 힘은 새〈鳥〉힘이다.
➡ 능력은 사람에 따라 다르다.
⑯ 번지가 다르다.
➡ 서로 근본적으로 다르다.
⑰ 눈 먹던 토끼, 얼음 먹던 토끼는 다 각각.
➡ 사람은 자기가 겪어온 환경이나 생활양식에 따라서 그의 특성이나 생각을 서로 달리한다.
⑱ 태산과 새털이다. (泰山鴻毛)
➡ 도저히 서로 견줄 상대가 못 될 정도로 차이가 아주 심하다.
⑲ 백(百) 개의 별이 한 개의 달 밝기만 못하다. [참고] 百星之明不如一月之光 〈文字〉
➡ 사람들이 많이 있지마는 잘난 사람 하나만 못하다.
⑳ 잠자리는 같은데 꿈은 다르다. (同床異夢)
➡ 한 곳에 살면서도 뜻은 서로 다르다.
㉑ 산중(山中)놈은 도끼질, 야지(野地)놈은 괭이질.
➡ 사람은 각각 환경에 따라 하는 일이 서로 다르다.
㉒ 목수는 쇠를 깎지 못한다.
➡ 사람이 맡은 일은 서로 다르다.
㉓ 한날 한시에 난 손가락도 길고 짧다.
㉔ 한 배 새끼에도 흰둥이 검둥이가 있다.
㉕ 한 어미 자식에도 오롱이·조롱이가 있다. [참고] 一母子迃儂拙儂 〈東言解〉
➡ ㉓~㉕ 이 세상에는 성격이나 능력이나 특성에 있어서 서로 같은 사람이 없다. 오롱이·조롱이……오롱조롱하게 각기 달리 생긴 여럿.
㉖ 물 퍼런 것도 잘 보면 여러가지다.
㉗ 푸른 풀도 자세히 보면 다르다.
➡ ㉖·㉗ 전체적으로는 공통성이 있는 것일지라도 개별적으로 자세히 보면 서로 다르다.
㉘ 제 밥 덜어 줄 샌님은 물 건너부터 안다.
➡ 인정 있고 점잖은 사람은 멀리서 보기만 하여도 알 수 있을 만큼 남

들과는 어딘가 다르다.
㉙ 백로(白鷺)와 까마귀다.
➡ 누가 잘하고 잘못한 것이 뚜렷하다.
㉚ 현감(縣監)이라고 다 과천(果川) 현감인가.
➡ 같은 벼슬이라도 좋은 자리가 있는가 하면 나쁜 자리도 있듯이, 겉보기에는 같지마는 실속은 서로 다르다.
㉛ 오목장이 아무리 분주해도 제 볼장만 본다.
➡ 사람이 많이 모여 들끓는 데서도 저마다 생각이 다르고 하는 일이 다르다. 오목장……평안도에서 이르는 큰 장.

[群] 39. 다소(多少)·대소(大小)

1. 다소(多少)

① 밥보다 고추장이 많다.
➡ 밥을 비벼 먹을 경우에 밥보다 고추장이 더 많듯이, 본체(本體)보다 그것에 딸린 것이 더 많다.
② 장꾼보다 엿장수가 더 많다.
③ 장꾼은 하나인데, 풍각(風角)장이는 열둘이다.
➡ ②·③ 정작 중요하거나 필요한 사람보다 불필요한 사람이 더 많다. 풍각장이……장거리나 집집으로 돌아다니면서 해금을 타거나 노래를 부르며 돈을 구걸하는 사람.
④ 주인(主人)보다 객(客)이 많다.
➡ 응당 적어야 할 것이 도리어 더 많다.
⑤ 술값보다 안주값이 비싸다.
➡ 주(主)되는 일에 드는 비용보다 거기에 딸린 일에 드는 비용이 더 많다.
⑥ 물에 빠져 죽는 사람보다 술에 빠져 죽는 사람이 더 많다.
➡ 술 때문에 패가망신하는 사람이 허다하다.
⑦ 김가(金哥)가 아니면 장이 안 선다.
⑧ 김씨 한몫 끼지 않는 장이 없다.
⑨ 장꾼 셋만 모여도 김가는 있다.
➡ ⑦~⑨ 성(姓) 중에는 김씨가 가장 많다.
⑩ 남산(南山)에서 돌을 굴리면, 김씨나 이씨 집에 들어간다.
➡ 김씨나 이씨 성을 가진 사람이 대단히 많다.
⑪ 가을 밭에 가면 가난한 친정에 가는 것보다 낫다.

⑫ 가을 들판이 어설픈 친정보다 낫다.
➡ ⑪·⑫ 가을 밭에는 먹을 것이 많이 있다.
⑬ 눈 풍년, 귀 풍년이다.
➡ 보는 것도 많고 먹는 것도 많다.
⑭ 한 되 떡에 한 말 고물이다.
➡ 마땅히 적어야 할 것이 많이 있다.
⑮ 백사장(白沙場) 모래알이다.
➡ 무진장하게 많다.
⑯ 고슴도치 외 걸머지듯.
⑰ 고슴도치 외 따 지듯. [참고] 如蝟負瓜〈東言解〉
⑱ 대추나무에 연 걸리듯.
➡ ⑯~⑱ 남에게 진 빚이 많다.
⑲ 마른 논에 물 대기다.
➡ 마른 논에 물이 많이 필요하듯이, 밑천이 많이 든다.
⑳ 돼지 값은 칠푼인데 나무 값은 서돈이다.
㉑ 칠푼짜리 굿에 열네푼 든다.
㉒ 한냥 장설(帳設)에 고추장이 아홉돈어치.
㉓ 한푼짜리 푸닥거리에 두부 값이 오푼.
➡ ⑳~㉓ 기본적인 또는 주(主)되는 문제를 해결하는 데보다 지엽적(枝葉的)인 또는 부분적인 문제를 해결하는 데에 힘이나 비용이 훨씬 많이 들었다. 장설……잔치나 놀이 같은 것을 할 때 여러 사람이 모인 자리에 차려내는 음식.
㉔ 큰집 잔치에 작은집 돼지 잡는다.
➡ 제 일도 아닌 경우에 예상 외로 재물을 많이 쓰게 되었다.
㉕ 부뚜막이 큰 도둑놈이다.
➡ 살림 하는 데는 먹는 것에 돈이 가장 많이 든다.
㉖ 내가 중〈僧〉이 되니 고기가 흔해진다.
➡ 자기가 필요하여 구할 때에는 귀하던 것이 막상 자기가 필요 없게 되니까 흔해진다.
㉗ 큰 일 치른 집에 저녁거리 있고, 큰 굿 한 집에 저녁거리 없다.

➡ 큰 굿을 하는 데에는 재물이 많이 들어간다.
㉘ 화수분을 얻었나.
➡ 재물(財物)을 물 쓰듯 많이 쓴다. 화수분……일종의 보물단지로 그 안에 온갖 물건을 넣어 두면 새끼를 쳐서 끝이 없이 나온다고 함.
㉙ 가마〈釜〉가 많으면, 모든 것이 헤프다.
➡ 살림을 여러 곳에 벌려 놓으면 낭비가 많다.
㉚ 밭갈이를 말하는 사람은 많은데, 쟁기를 잡는 사람은 적다. [참고] 言耕者衆執耒者寡〈韓非者〉
➡ 말로 걱정하는 사람은 많아도, 실제로 일을 하려는 사람은 적다.
㉛ 고양이 죽은 데 쥐 눈물만큼.
㉜ 매 밥도 못 하겠다.
㉝ 벼룩 오줌만 하다.
㉞ 새 발의 피. (鳥足之血)
㉟ 시앗 죽은 눈물만큼.
➡ ㉛~㉟ 양(量)이 매우 적다. 시앗……남편의 첩(妾).
㊱ 열 놈에 죽 한 사발.
➡ 분배된 양이 매우 적다.
㊲ 한냥 추렴에 닷돈 냈다.
➡ 자기에게 배당된 몫이 응당 받아야 할 것보다 훨씬 적다. 추렴……돈이나 물건을 여러 사람이 얼마씩 나누어 냄.
㊳ 봉사는 많은데 지팡이는 하나다.
➡ 수요(需要)는 많은데 공급(供給)이 훨씬 부족하다.
㊴ 뉘 절반에 쌀 절반이다.
➡ 쓸 것과 못 쓸 것이 반반이다.

2. 대소(大小)

① 눈〈目〉보다 동자가 더 크다.
② 눈이 얼굴보다 크다.
③ 발보다 발가락이 더 크다.

④ 배보다 배꼽이 더 크다.
⑤ 산(山)보다 골이 더 크다.
⑥ 아이보다 배꼽이 더 크다.
⑦ 얼굴보다 코가 더 크다.
⑧ 젖통보다 젖꼭지가 더 크다.
➡ ①~⑧ 본체(本體)보다 거기에 딸린 것이 더 크다.
⑨ 기둥보다 서까래가 더 굵다.
⑩ 바늘보다 실이 더 굵다.
➡ ⑨·⑩ 본체보다 거기에 딸린 것이 더 굵고 크다.
⑪ 새앙쥐 발싸개다.
➡ 아주 작다.
⑫ 티끌 중의 티끌이다. (塵中之塵)
➡ 작은 것들 중에서 가장 작다.
⑬ 어린 아이 자지가 크면 얼마나 클까.
➡ 아무리 크다 한들 실은 작은 것에 불과하다.
⑭ 조밥에도 큰 덩이 작은 덩이가 있다. [참고] 粟飯有母塊子塊〈東言解〉, 脫粟餐子母團〈洌上方言〉
➡ 같은 부류의 사물들 중에서도 크고 작은 것들이 있다.

[群] 40. 사물(事物)·사상(事象)의 질(質)

1. 양질(良質)

① 꾸러미에 단 장(醬) 들었다. [참고] 苞苴甘醬入〈旬五志〉, 草苞入甘醬〈東言解〉
② 누더기 속에 옥(玉) 들었다.
③ 뚝배기보다 장 맛이 좋다.
④ 뚝배기 봐선 장 맛이 달다.
⑤ 삼베 주머니에 성냥 들었다.
⑥ 장독보다 장 맛이 좋다.
⑦ 질병에 감홍로(甘紅露).
⑧ 짚북더기에 단 장 들었다.
➡ ①~⑧ 겉모양은 좋지 않으나 속에 든 것은 좋고 훌륭하다. 질병……도토(陶土)로 만든 병. 감홍로……평양 특산의 소주에 붉은 식용 물감을 타서 만든 술.
⑨ 값 싼 갈치 자반.
⑩ 값 싼 갈치 자반 맛만 좋다.
➡ ⑨·⑩ 값 싼 것이지마는 질(質)이 좋다. 자반……물고기를 소금에 절인 반찬감.
⑪ 떡도 떡이려니와 합(盒)이 좋다. [참고] 餠固餠矣盒兮尤美〈耳談續纂〉
➡ 내용보다도 형식(形式)이 더 좋다.
⑫ 크고 단 참외.
➡ 모든 조건(條件)을 갖춘 완전한 것이다.
⑬ 엽자금(葉字金)·동자삼(童子蔘)이다.

➡ 썩 좋은 것이다. 엽자금……엽자. 정련(精鍊)한 황금. 동자삼……동자 모양의 산삼.
⑭ 목화밭 배추다.
➡ 목화밭에 심은 배추와 같이, 크고 맛이 좋은 것이다.
⑮ 아욱으로 국을 끓여 삼년을 먹으면, 외짝 문으로 못 들어간다.
➡ 아욱국은 사람 몸에 매우 좋다.

2. 저질(低質)

① 콧구멍에 낀 대추씨.
➡ 매우 작고 보잘것 없는 물건이다.
② 도깨비 쓸개라.
➡ 보잘것 없이 작고 깨끗하지 못하다.
③ 상두 복색(服色)이다.
➡ 거죽만 아름답고 속은 개차반이다. 상두 복색……상여를 꾸미기 위하여 둘러치는 오색 비단의 휘장.
④ 풀기 빠진 모시 적삼이다.
➡ 특성이 없어져서 가치가 없다.
⑤ 설 선 무.
➡ 가을에 뽑아둔 무가 해를 넘기고 나면 맛이 없어지듯이, 때가 지나 질(質)이 떨어진 것이다.
⑥ 발샅의 때꼽재기.
➡ 아주 보잘것 없고 무가치하며 더럽다.
⑦ 영감의 상투.
➡ 보잘것 없는 물건이다.
⑧ 값 싼 것이 보리술이다.
⑨ 값 싼 비지떡.
⑩ 싼 것이 비지떡.
➡ ⑧~⑩ 값 싼 물건치고 품질이 좋은 것은 없다.
⑪ 보기 좋은 음식 별수 없다.

➡ 겉모양은 좋으나 그 내용이 좋지 못하다.
⑫ 먹다가 보니 개떡 수제비라.
➡ 멋도 모르고 그저 좋아하다가 새삼스럽게 따져보니 변변치 않은 것이다.
⑬ 붉고 쓴 장(醬). [참고] 紅不甘醬〈東言解〉
⑭ 빛 좋은 개살구.
⑮ 허울 좋은 하눌타리.
➡ ⑬~⑮ 겉모양은 좋으나 실속이 없다. 하눌타리……박과에 딸린 여러해살이 덩굴진 풀.
⑯ 이름 좋은 하눌타리.〈朴鍾和, 多情佛心〉
➡ 좋은 것으로 알려져 있지마는, 실은 실속이 없고 좋지 못하다.

3. 유해(有害)

① 계집 입 싼 것.
② 노인 부랑한 것.
③ 돌담 배 부른 것.
④ 봄비 잦은 것.
⑤ 맏며느리 손 큰 것.
⑥ 사발 이 빠진 것.
⑦ 어린애 입 잰 것.
⑧ 중〈僧〉 술 취한 것.
⑨ 지어미 손 큰 것.
➡ ①~⑨ 아무 쓸데 없이 도리어 해(害)를 준다. 손(이) 크다……돈이나 물건을 넉넉하게 잘 쓴다.
⑩ 안질(眼疾)에 고추가루.
➡ 커다란 해(害)를 끼치는 존재다.
⑪ 오뉴월 감기는 개〈犬〉도 아니 앓는다.
➡ 여름에 앓는 감기는 매우 고약하다.

[群] 41. 중요성(重要性)·유용(有用)
·무용(無用)·무관(無關)

1. 중요성(重要性)

① 어둔 밤의 등불.
➡ 여러 사람에게 혜택을 주는 귀중한 존재이다.
② 수레의 양 바퀴다.
➡ 두 사람이 중요한 역할을 하고 있다.
③ 댕기 끝의 진주.
④ 새벽 바람 사초롱.
⑤ 얼음 굼에 잉어. 〈③~⑤ 沈淸傳〉
➡ ③~⑤ 매우 사랑스럽고 소중한 존재다.
⑥ 만진(萬塵) 중의 외 장수. 〈高大本, 춘향전〉
⑦ 열 소경에 한 막대. (十盲一杖) [참고] 十瞽一杖 〈東言解〉, 十瞽一相 〈松南雜識, 旬五志〉, 〈沈淸傳〉
⑧ 겨울의 털옷, 여름의 갈포옷.
➡ ⑥~⑧ 시기(時期)에 알맞는 소중한 물건이다.
⑨ 단오(端午)의 부채, 동지(冬至)의 책력(冊曆).
➡ 하찮은 것이지마는 긴요하게 쓰이는 물건이다.
⑩ 안질(眼疾)에 노랑 수건.
⑪ 패독산(敗毒散)에 승검초.
➡ ⑩·⑪ 없어서는 안 될, 꼭 있어야 할 소중한 물건이다. 패독산……감기와 몸살을 다스리는 약. 승검초……미나리과에 딸린 여러해살이 약초.
⑫ 딸의 집에서 가져 온 고추장.

➡ 매우 아껴 쓰는 소중한 것이다.
⑬ 돈이 효자(孝子)다.
➡ 돈은 사람의 요구를 충족시켜 주는 귀중한 것이다.
⑭ 나룻이 석자라도 먹어야 샌님. [참고] 髥三尺食令監〈東言解〉, 三尺髥食令監〈洌上方言〉
⑮ 수염이 대자라도 먹어야 양반.
➡ ⑭·⑮ 사람에게는 먹는 것이 가장 중요하다. 나룻……구레나룻.
⑯ 낮잠에 꾼 꿈. (午夢)
➡ 대수롭지 않은 일이다.
⑰ 같은 떡도 맏며느리에게 주는 것이 크다.
➡ 맏며느리는 집안에서 중요한 존재다.
⑱ 돈에 범 없다.
➡ 인간에게는 돈이 아주 중요한 위치를 차지하고 있다. [돈만 있으면, 호랑이도 두렵지 않음]

2. 유용(有用)

① 쪽박과 사람은 있는대로 쓴다.
➡ 사람은 어디에나 쓸모가 있지, 못 쓸 사람은 없다.
② 개천에 내다 버릴 종 없다. [참고] 豈有溝瀆可棄〈耳談續纂〉
➡ 아무리 미련하고 못난 사람도 다 쓰일 데가 있다.
③ 쇠 힘도 힘이요, 새 힘도 힘이다.
➡ 커야만 좋은 것이 아니라, 작은 것도 쓰일 데가 따로 있다.
④ 망건 당줄이 굵어야 하나.
➡ 망건을 상투에 매는 당줄은 가늘어도 되듯이, 작은 것도 쓰일 데가 있다.
⑤ 들은 풍월도 한몫 끼인다.
➡ 들어서 알게 된 글도 쓰일 때가 있다.
⑥ 어려서 굽은 나무는 후에 안장감이 된다.
⑦ 다복솔은 재목으로는 못 써도 그늘은 짙다.

⑧ 어릴 때 굽은 낡이 쇠 길맛가지 된다.
➡ ⑥~⑧ 세상에는 불필요한 무용지물(無用之物)이 없다. 길맛가지……길마의 몸을 이루는 말굽쇠 모양의 나무. 다복솔……다보록하게 가지가 많이 퍼진 어린 소나무.
⑨ 뺨 맞는 데 구레나룻이 한 부조.
➡ 귀찮고 쓸데 없는 구레나룻도 뺨 맞을 때는 그로 인하여 좀 덜 아프듯이, 소용 없는 듯한 물건도 쓰일 때가 있다.
⑩ 사람에 버릴 사람이 없으며 물건에 버릴 물건 없다.
➡ 무엇이나 간직해 두면 다 쓰일 때가 있다.
⑪ 구멍을 파는 데는 칼이 끌만 못하다.
⑫ 쥐 잡는 데는 천리마(千里馬)가 고양이만 못하다.
➡ ⑪·⑫ 사람에게는 각자가 맡은 구실이 따로 있고 쓰이는 데가 따로 있다.
⑬ 염불(念佛) 못하는 중〈僧〉이 아궁이에 불을 땐다.
➡ 염불을 못하기 때문에 법당(法堂)에 들어 떳떳한 중 행세를 하지 못하고 아궁이에 불이나 때는 노릇을 하듯이, 사람은 무능하면 분수에 넘치는 일을 하지 못하고 제 능력에 따르는 일을 하게 된다.
⑭ 작은 나무는 서까래로 쓰인다.
➡ 못나거나 부족한 사람도 다 쓰일 데가 있다. [이 속담은 세상에서는 못 쓰는 것이 없다는 뜻으로도 사용됨]
⑮ 썩은 새끼도 쓸데가 있다.
➡ 쓸데 없을 듯한 것도 쓰일 때가 있다.
⑯ 몽둥이 장만하자 도둑 든다.
➡ 대비한 것이 제 때에 긴요하게 쓰인다.
⑰ 곧은 나무는 재목으로 쓰이고, 굽은 나무는 화목으로 쓰인다.
➡ 사람이나 사물은 다 적재적소에 쓰이게 된다.
⑱ 큰 나무는 기둥과 들보로 쓰인다. [참고] 大者爲棟樑〈宋史〉
➡ 큰 인물은 그 능력에 따라 중요한 자리에서 일하게 된다.
⑲ 버릴 그릇 없고, 버릴 사람 없다.
➡ 아무리 못난 사람도 다 쓸데가 있다.

⑳ 뻐드렁니 수박 먹기는 좋다.
➡ 보기 흉한 뻐드렁니도 쓰일 데가 있듯이, 나쁜 것도 긴요하게 쓰일 데가 있다.
㉑ 한 치가 한 자보다 길게 쓰일 때가 있다. (寸有所長)
➡ 물건은 쓰기에 따라 유효하게 쓰인다.

3. 무용(無用)

① 도둑 못 지키는 개〈犬〉다.
② 도둑을 보고도 짖지 않는다.
③ 일 안 하는 가장(家長)이다.
④ 쥐 안 잡는 고양이다.
➡ ①~④ 제 구실을 못하는 쓸모 없는 존재다.
⑤ 오달지기는 사돈네 가을 닭이다.
➡ 보기만 좋았지 제게는 소용이 없는 것이다.
⑥ 오뉴월 두룽다리.
⑦ 한 더위에 털 감투.
➡ ⑥·⑦ 제 철에 맞지 않아 쓸데 없이 된 물건이다. 두룽다리……추위를 막기 위하여 모피(毛皮)로 길고 둥글게 만든 물건.
⑧ 법당(法堂)은 호법당(好法堂)이나 불무영험(佛無靈驗).
⑨ 아무리 사당을 잘 지었기로 제사를 못 지내면 무엇 하나.
➡ ⑧·⑨ 겉치레는 매우 좋으나 사실은 아무 데도 쓸 수 없다.
⑩ 깨어진 그릇이다.
⑪ 깨어진 기와다.
⑫ 깨어진 시루다.
⑬ 구부러진 송곳.
⑭ 끝 부러진 송곳.
⑮ 납으로 만든 칼이다.
⑯ 똥 찌른 막대 꼬챙이.
⑰ 똥 친 막대기.

⑱ 이 빠진 사발.
⑲ 자루 빠진 도끼다.
⑳ 잔치 끝의 쇠뼈다귀다.
㉑ 중〈僧〉의 관자(貫子) 구멍이다.
㉒ 쥐 꼬리는 송곳집으로나 쓰지.
➡ ⑩~㉒ 아무짝에도 쓸 수 없는 물건이다. 관자……망건에 달아 당줄에 꿰어 거는 작은 고리.
㉓ 고양이 꼬막조개 보듯.
㉔ 그림의 떡이다. (畫中之餠) [참고] 畫餠〈旬五志, 松南雜識〉, 畫地爲餠〈三國魏志〉
㉕ 보고도 못 먹는 것은 그림의 떡.
➡ ㉓~㉕ 보기는 하지마는 실상은 아무 소용도 없는 것이다.
㉖ 미끼 없는 낚시다.
㉗ 불 없는 화로.
㉘ 살(화살) 없는 활이다.
㉙ 탄환 없는 총이다.
➡ ㉖~㉙ 겉모양은 갖추어져 있으나 반드시 있어야 할 것이 없어서 쓸모가 없는 것이다.
㉚ 나무 거울이다. [참고] 木鏡〈東言解〉
➡ 모양은 제대로 생겼으나 실지로는 쓸 수 없는 물건이다.
㉛ 겨울 부채요, 여름 화로다. (冬扇夏爐)
➡ 철을 놓쳐서 소용이 없게 된 물건이다.
㉜ 산중(山中)의 거문고라.
㉝ 김 빠진 맥주다.
➡ ㉜·㉝ 가장 중요한 것을 잃어서 쓸모 없게 된 물건이다.
㉞ 네 집에 금송아지가 있으면 뭣 하나.
➡ 당장 쓸 수 있는 것이 아니니, 아무리 좋더라도 소용이 없다.
㉟ 성(城) 쌓고 남은 돌.
➡ 쓰일 자리에 쓰이지 못하고 남아 쓸모가 없이 되었다. [이 속담은 홀로 남아 외로운 신세가 되었다라는 뜻으로도 사용됨]

㊱ 갖바치에 풀무는 있으나 마나.
㊲ 미장이에 호미는 있으나 마나.
➡ ㊱·㊲ 남에게는 요긴한 물건일지라도 제게는 아무 소용이 없다. 갖바치……가죽신을 만드는 것을 업으로 삼던 사람. 풀무……불을 피울 때 바람을 일으키는 도구.
㊳ 말〈馬〉도 아니고, 노새도 아니다.
➡ 이것도 저것도 아니고 쓸모가 없다. 노새……말과에 딸린 동물. 수나귀와 암말 사이에서 난 변종(變種)임.
㊴ 말〈馬〉이 삼은 소〈牛〉 짚신. [참고] 馬織牛履 〈東言解〉
➡ 뒤죽박죽이 되어 못 쓰게 되어 있다.
㊵ 검은 색에는 물감이 들지 않는다. [참고] 涅而不緇 〈論語〉
➡ 본성이 나쁘면 가르쳐도 소용이 없다.

4. 무관(無關)

① 강(江) 건너 불 구경.
② 강 건너 불 보듯.
③ 강 건너 화재(火災).
➡ ①~③ 자기와는 아무런 이해관계(利害關係)가 없다.
④ 관가(官家) 돼지 배 앓는다.
⑤ 관(官) 돝 배 앓기. [참고] 官猪腹痛 〈旬五志, 東言解〉
➡ ④·⑤ 관가의 돼지가 배를 앓거나 말거나 자기와는 아무런 관계가 없듯이, 아무런 상관도 없는 일이다.
⑥ 내 떡 내가 먹었거니.
➡ 제게 잘못이 없으니 아무런 상관도 없다.
⑦ 오추(吳楚)의 흥망(興亡) 내 알 바 아니다.
➡ 오(吳)나라와 초(楚)나라가 흥하거나 망하거나 자기와는 아무런 상관이 없듯이, 옆에서 무슨 일이 벌어지든 아무런 관계가 없다.

[群] 42. 사상(事象)의 야기(惹起)・변화(變化)・감소(減少)

1. 야기(惹起)

① 묻은 불이 일어났다. [참고] 起埋火〈東言解〉
➡ 다시 생기지 못하게 막아버린 일에 후환(後患)이 생겼다.
② 꼬리를 물고 일어난다.
➡ 무슨 일이 계속적으로 일어난다.
③ 외 넝쿨에 가지 열렸다.
➡ 전혀 관계 없는 결과가 나타났다.
④ 뇌성(雷聲)에 벽력(霹靂).
➡ 불행한 일이 거듭하여 생긴다. 벽력……벼락.
⑤ 능참봉(陵參奉)을 하니까, 거둥(擧動)이 한 달에 스물아홉 번이라.
⑥ 모처럼 능참봉을 하니까, 한 달에 거둥이 스물아홉 번.
⑦ 칠십에 능참봉을 하니, 하루에 거둥이 열아홉 번.
➡ ⑤~⑦ 모처럼 좋은 일을 얻어 좋아하고 있는 중에 성가신 일이 자꾸만 생긴다. 능참봉……옛날, 능을 지키며 그것에 관한 일을 맡아보던 종구품(從九品) 벼슬.
⑧ 골 난 날 의붓아비 온다.
➡ 가뜩 성이 나 있는데 또 불쾌한 일이 생긴다.
⑨ 갇혔던 봇물이 터졌다.
➡ 감당할 수 없는 일이 터졌다. 봇물……보(洑)에 괸 물.
⑩ 단술 먹은 여드레만에 취한다.
➡ 일의 효과(效果)가 오래 있다가 나타난다.
⑪ 울고 싶자 때린다. [참고] 欲哭時打〈東言解〉

⑫ 울고 싶자 뺨 때린다.
➡ ⑪·⑫ 구실이 없어서 못하고 있는 중에 때마침 좋은 핑계거리가 생겼다.
⑬ 될성부른 나무는 떡잎부터 알아본다.
⑭ 열매 될 꽃은 첫 삼월부터 알아본다.
⑮ 용(龍)될 고기는 어려서부터 알아본다.
⑯ 잘 자랄 나무는 떡잎부터 안다.
⑰ 정승(政丞) 될 아이는 고뿔도 안 한다.
⑱ 푸성귀는 떡잎부터 안다.
➡ ⑬~⑱ 후에 크게 될 사람은 어릴 적부터 그 표징(表徵)을 나타낸다. 떡잎……씨앗에서 움이 튼 어린 식물에 맨 처음에 나오는 잎. 푸성귀……사람이 가꾸는 채소나 저절로 난 온갖 나물.
⑲ 병환(病患)에 까마귀. 〈古本春香傳〉
➡ 걱정스러운 일이 있는데, 그 일에 관한 불길한 징조가 생겼다.
⑳ 베어도 움돋이.
➡ 아무리 없애도 안 없어지고 자꾸 다시 생겨난다.
㉑ 벌집 쑤신 것 같다. (打蜂巢)
➡ 큰 소동이 일어났다.
㉒ 도깨비 대동강(大洞江) 건너듯.
➡ 사건(事件)의 진행(進行)이 눈에 뜨이지는 않으나, 그 결과가 속히 나타난다.
㉓ 돌림병에 까마귀 울음.
㉔ 마마 그릇되듯.
㉕ 식전 마수걸이에 까마귀 우는 소리.
㉖ 역질(疫疾)에 흑함 되듯.
㉗ 염병(染病)에 까마귀 소리.
➡ ㉓~㉗ 매우 불길(不吉)한 징조가 나타났다. 흑함……천연두가 곪을 때 농포(膿疱) 속에 출혈(出血)이 되어 빛깔이 검어지는 증세.

2. 변화(變化)

① 십년이면 강산(江山)도 변한다.
② 십년이면 산천(山川)도 변한다.
➡ ①·② 십년 동안에 만상(萬象)은 변하지 않는 것 없이 다 변한다.
③ 작년이 옛날이다.
➡ 일년 동안에 많은 변화가 일어났다.
④ 박(朴)가하고 석(石)가하고는 면장(面長)을 하면 성(姓)을 바꾼다.
➡ 박가가 면장을 하면 '방'면장이라고 불리게 되고 석가가 면장을 하면 '성'면장이라고 불리게 된다.
⑤ 구시월(九十月) 세단풍(細丹楓).
➡ 구시월의 고운 단풍처럼, 얼마 아니 가서 곧 흉하게 변한다.
⑥ 긁을수록 부스럼은 커진다.
➡ 악한 일을 숨기고 우물우물하면 점점 더 악화된다.
⑦ 혹이 나고 무사마귀가 달린다. (附咐縣疣)
➡ 일이 점점 악화되기만 한다.
⑧ 구멍은 깎을수록 커진다.
➡ 잘못된 것을 수습하려고 하면 할수록 더욱 악화된다.
⑨ 수렁에서 뛰면 발이 빠지고 흙투성이가 된다. [참고] 蹶泥則沒足滅附 〈莊子〉
➡ 어려운 환경에서 날뛰다가는 일이 점점 악화된다.
⑩ 이 팽이가 돌면 저 팽이가 돈다.
➡ 이 곳의 시세(時勢)가 변하면, 저 곳의 시세도 변한다.
⑪ 가을 부채는 시세가 없다.
➡ 철이 지나면 시세가 떨어진다.

3. 감소(減少)

① 불에 타는 개〈犬〉가죽 오그라지듯.
② 불에 타는 조기 껍질.
➡ ①~② 일이 펴지 못하고 실패만 거듭하여 점점 오그라들거나 재산이 점점 줄어진다.

③ 효자·효녀가 나면 집안이 망한다.
➡ 예전에는 친상(親喪)을 당하면 오래 거상(居喪)을 했는데 효자·효녀는 이것을 꼬박 지키느라고 일을 못 하였으므로, 집안의 살림이 자꾸만 줄어가기만 했다.
④ 우수(雨水) 뒤에 얼음 같이. 〈李熙昇, 隨筆〉
➡ 무엇이 점점 줄어진다.

[群] 43. 지속성(持續性)

1. 지구(持久)

① 쭈그리고 앉은 손님 사흘만에 간다.
➡ 곧 간다하고 쭈그리고 앉은 사람이 오래 더 있다가 가는 것과 같이, 보기에 얼마 가지 못할 듯한 것이 오래 견디어 나간다.
② 굶어 죽기는 정승(政丞)하기보다 어렵다.
➡ 가난하여 먹고 살아 나가는 것이 매우 어렵게 보이지마는, 그래도 애를 써서 이럭저럭 삶을 지속해 나간다.
③ 고린 장(醬)이 더디 간다.
➡ 나쁜 것이 빨리 없어지지 않고, 도리어 오래 지속한다.
④ 쭈그렁 밤송이 삼년 간다.
⑤ 쭈그렁 밤송이 삼년 달렸다.
⑥ 쭉정이 삼년 간다.
➡ ④~⑥ 아주 약해 보이는 사람이 얼마 못 살듯 싶으면서도, 오래 목숨을 이어간다.
⑦ 뿌리 깊은 남이 가뭄 안 탄다.
⑧ 큰 냇물은 마르지 않는다. (大河不渴)
➡ ⑦·⑧ 무엇이나 근원(根源)이 깊고 튼튼하면 오래 견디어 나간다.
⑨ 깊은 물은 가뭄을 타지 않는다. (深水不旱)
⑩ 깊은 우물은 마르지 않는다. (深井不渴)
➡ ⑨~⑩ 밑천이 넉넉하면, 불경기(不景氣)가 있어도 견디어 나간다.
⑪ 바람은 바위를 흔들지 못한다.
➡ 기반(基盤)이 튼튼하면, 고난을 당하더라도 잘 견디어 나간다.

2. 잠시성(暫時性)

① 모래 위에 쌓은 성(城)이다.
➡ 바탕이 약하여 오래 지속하지 못한다.
② 벌거숭이 불알에 붙듯.
③ 잠자리 꼬리 감추기다.
➡ ②·③ 어떤 일에 오래 견디어 나가지 못한다. 벌거숭이……잠자리.
④ 부자(富者)는 망해도 삼년 먹을 것 있다.
⑤ 큰 집이 기울어져도 삼년 간다.
➡ ④·⑤ 부자가 망하여 재산을 다 없앴더라도 얼마 동안은 큰 곤란 없이 그럭저럭 살아 나간다.
⑥ 급히 더운 방이 쉬 식는다.
⑦ 속히 더운 방이 쉬 식는다.
➡ ⑥·⑦ 일이 너무 속히 잘 되면 그것은 오래 가기가 어렵다.
⑧ 난봉 자식이 마음 잡아야 삼일이다.
➡ 결심한 것이 곧 풀어지고 오래 가지 못한다.
⑨ 지어먹은 마음이 사흘을 못 간다. (作心三日)
➡ 한 때의 충격으로 억지로 일어난 마음을 오래 굳게 가지지 못한다.
⑩ 마음 잡아 개〈犬〉 장사.
➡ 방탕하던 사람이 마음을 다잡아 생업(生業)을 하게 되었으나, 결국은 그것도 오래 가지 못할 것이다.
⑪ 가을 더위와 노인의 건강.
⑫ 봄 추위와 노인의 건강. [참고] 春寒老健〈松南雜識〉
➡ ⑪·⑫ 끝장이 가까와 그 기운(氣運)이 쇠퇴하여 오래 끌어가지 못한다.

3. 기타(其他)

① 간다 간다 하면서 아이 셋 낳고 간다.
➡ 그만둔다고 말로만 하면서 그만두지 못하고 질질 끌어간다.

② 뻗어가는 칡도 한(限)이 있다.
➡ 인간 만사 무엇이나 한정(限定)이 있다.
③ 하늘도 끝 갈 날이 있다.
➡ 무엇이나 다 한(限)이 있다.
④ 달걀도 굴러가다가 서는 모가 있다.
⑤ 메밀도 굴러가다가 서는 모가 있다.
➡ ④·⑤ 언제 끝날지도 모르게 질질 끌던 일도 끝장을 보고야 만다.
⑥ 남의 말도 석 달.
➡ 아무리 크게 퍼진 소문이라도 시일(時日)이 지나감에 따라 흐지부지 사라져 간다.

[群] 44. 노출(露出)·탄로(綻露)

1. 노출(露出)

① 물이 얕으면 돌이 보인다.
➡ 경솔한 행동을 하는 사람은 그 속을 드러낸다.
② 뒷간은 지나가도 구리다.
➡ 악한 사람에게는 악한 티가 난다.
③ 사람은 잡기(雜技)를 해 보아야 마음을 안다.
➡ 사람은 노름을 할 때에 그의 본성(本性)을 잘 드러낸다.
④ 바가지는 깨진 데서 샌다.
➡ 나쁜 버릇을 가지면 그 버릇에서 나쁜 행동을 드러낸다.
⑤ 내 밑 들어 남 보인다.
⑥ 제 밑 들어 남 보인다.
➡ ⑤·⑥ 자기 스스로의 부주의(不注意)한 말이나 행동으로 자기의 추한 점이나 결점을 드러낸다.
⑦ 산(山)과 사람은 멀리서 보는 것이 낫다.
➡ 사람이 서로 너무 가까이 사귀면, 아무래도 서로의 결점이 드러나게 된다.
⑧ 도둑놈이 제 말에 잡힌다.
⑨ 도둑놈이 제 발자국에 놀란다.
⑩ 도둑이 제 발이 저리다.
➡ ⑧~⑩ 나쁜 짓을 하여 그것을 숨기려고 하지마는, 자기도 모르는 사이에 그것을 드러낸다.

2. 탄로(綻露)

① 똥은 덮어도 냄새가 난다.
➡ 못된 짓은 아무리 감추어도 탄로된다.
② 고삐가 길면 밟힌다. 〈李熙昇, 隨筆〉
③ 꼬리가 길면 밟힌다. 〈沈熏, 永遠의 微笑〉
➡ ②・③ 옳지 못한 짓을 오래 계속하면 결국은 남에게 들키고야 만다.
④ 감은 접 붙여서 씨도둑을 하지마는, 사람은 씨도둑질을 못한다.
➡ 사람은 불의(不義)로 씨도둑을 하면 탄로나고야 만다.
⑤ 부처 밑을 기울이면, 삼거웃이 드러난다. [참고] 刮佛本麻滓出〈旬五志〉, 佛底刮麻毛發〈洌上方言〉, 佛底麻去兀露〈東言解〉
➡ 눈에 보이는 외양은 매우 훌륭하나, 숨겨진 그 이면(裏面)을 들추면 지저분하고 더러운 것이 드러나게 된다. 삼거웃……삼껍질의 끝을 다듬을 때 긁혀 떨어지는 삼 검불. 소상(塑像)을 만들 때 흙에 넣어 버무림.
⑥ 소〈牛〉 잡은 터전은 없어도, 밤 벗긴 자리는 있다.
➡ 일이 크면 그다지 드러나지 않으나, 약한 일이면 조그마한 것일수록 곧 탄로된다.
⑦ 속곳 열둘 입어도, 밑구멍은 밑구멍대로 다 나왔다.
⑧ 언청이 아가리에 콩가루.
⑨ 언청이 아가리에 토란 베어지듯.
➡ ⑦~⑨ 아무리 애써 숨기려 했으나, 가려지지 않고 탄로되었다.
⑩ 자루 속의 송곳은 삐져 나온다.
⑪ 주머니에 들어간 송곳이다.
➡ ⑩・⑪ 아무리 감추어도 탄로될 것은 저절로 탄로되고야 만다.
⑫ 꿩은 머리만 풀에 감춘다.
➡ 꿩이 제 몸을 숨긴다고 한 것이 겨우 머리만 풀 속에 묻듯이, 자기의 무엇을 어슬프게 숨겨 놓고 안심하다가는 곧 발각된다.
⑬ 백정이 양반 행세를 해도, 개가 짖는다.
➡ 겉모양을 잘 꾸미고 숨기려 해도, 제 본색은 탄로되고야 만다.
⑭ 가랑잎으로 눈 가리기. [참고] 柯葉遮眼〈東言解〉
⑮ 가랑잎으로 하문(下門) 가리기.

⑯ 낫으로 눈 가리기. [참고] 以鎌遮眼 〈松南雜識〉
⑰ 손살으로 밑 가리기.
⑱ 손으로 샅 막듯.
➡ ⑭~⑱ 아무리 숨기려고 하지마는, 결국은 드러나고야 만다. 하문……여자의 음문(陰門). 손샅……손가락 사이. 샅……두 다리가 갈린 곳의 사이.

[群] 45. 사람·사물(事物)·사상(事象)의 유무(有無)

1. 사람

① 열 판수가 모여도, 눈 뜬 놈은 없다.
➡ 수적(數的)으로는 많이 모여 있으나, 쓸만한 사람은 하나도 없다.
② 운봉(雲峰)이 내 마음 알지.
➡ 내 속 마음을 알아주는 누구가 있다. [춘향전에서 나온 말. 이도령이 암행어사로 내려가 변(卞)사또의 생일 잔치에 나갔을 때 운봉영장(營將)만은 상걸인(上乞人)의 행색을 한 이도령을 심상치 않게 알아차렸음]
③ 새벽에 갔더니 초저녁에 온 사람이 있더라.
➡ 부지런히 하느라고 애썼는데 그보다도 앞선 사람이 있었다.
④ 범이 세 마리면 표범도 있다. (三虎出一豹)
➡ 사람도 여럿이면, 그 중에는 훌륭한 사람이 있다.
⑤ 범의 새끼 열이면, 스라소니도 있다.
➡ 아들이 여럿이면, 못난 아들도 있다.
⑥ 포수(砲手)라고 다 범 잡나.
➡ 큰 일을 하는 사람은 따로 있는 법이다.
⑦ 동네마다 후레아들 하나씩 있다. [참고] 百家之里必有悖子〈耳談續纂〉
➡ 사람이 모여 사는 곳에는 반드시 좋은 사람이 있는 것이 아니라, 나쁜 사람도 섞여 있다.
⑧ 물은 아래로 흐르고, 불은 위로 올라간다.
➡ 자신을 낮추어 겸손하게 대하는 사람이 있는가 하면, 자신을 높여 거

만하게 구는 사람도 있다.
⑨ 범도 있고 개도 있다.
➡ 세상에는 잘난 사람도 있고, 못난 사람도 있다.
⑩ 떼 닭 속에는 한 마리의 학(鶴)이 있다.
➡ 사람이 많으면 그 중에는 뛰어난 사람도 있게 마련이다.
⑪ 활인불(活人佛)이 골마다 있다. [참고] 活人佛谷谷有〈東言解〉, 活人不洞洞有之〈旬五志〉, 活人佛洞洞出〈洌上方言〉
➡ 어디에나 급할 때 돕고 구해주는 사람이 있다.
⑫ 자식은 생물(生物) 장사.
➡ 생선 장수나 생과일 장수가 물건이 썩어서 팔지 못하고 버리게 되는 수가 있는 것처럼, 자식을 많이 낳으면 그들 중에는 일찍 죽는 아이도 있고 모자라는 아이도 있다.
⑬ 범 잡아먹는 담비가 있다.
➡ 아주 강(强)한 존재이지마는, 그 위에 더 강한 존재가 있다.

2. 사물(事物)

① 비 맞은 쇠똥 같다.
➡ 원래는 굳었던 것이 너저분하게 다 풀어져버리고 남은 것이 조금도 없다.
② 용(龍)이 올라갔다.
➡ 물이 조금도 없다.
③ 곰이라 발바닥을 핥으랴.
④ 공작(孔雀)이라 날거미줄을 먹나.
➡ ③·④ 아무 것도 먹을 것이 없다. [③ 곰이라면 발바닥이나 핥겠으나 자기는 발바닥도 핥을 수 없음]
⑤ 염불(念佛)도 몫몫이요, 쇠뿔도 각각이다.
⑥ 염주(念珠)도 몫몫이요, 쇠뿔도 각각이다.
➡ 저마다 지니고 있는 몫은 다 따로 있다.
⑦ 대장간에 식칼이 논다. [참고] 鐵冶家世 食刀乏些〈耳談續纂〉, 治家無

食刀〈東言解〉
⑧ 미장이 집에 흙손이 없다.
⑨ 산(山) 밑 집에 방앗공이가 논다.
⑩ 짚신장이 헌 신 신는다.
⑪ 키 장수 집에 헌 키.
→ ⑦~⑪ 마땅히 있음직한 곳에 있어야 할 것이 없거나 귀하다. 노다……드물다, 귀하다의 옛말.
⑫ 물에 빠져도 주머니 밖에 뜰 것 없다.
⑬ 사탕 붕어의 겅둥겅둥이다.
⑭ 속 빈 강정의 잉어등(燈) 같다.
→ ⑫~⑭ 가진 돈이라고는 하나도 없다. 강정……우리 나라의 재래식 과자의 한 가지. [⑬ 사탕으로 만든 붕어가 속이 텅 비어 가볍게 겅둥거림. ⑬·⑭ 속이 텅 비어 아무런 실속도 없다는 뜻으로도 사용됨]
⑮ 개 똥도 약(藥)에 쓰려면 없다.
⑯ 까마귀 똥도 약에 쓰려면 없다.
→ ⑮·⑯ 평소에는 흔하고 보잘것 없는 것이지마는, 급히 써야 할 필요가 있어서 아무리 구해보아도 없다.
⑰ 가물에 콩 나듯. [참고] 旱時太出〈東言解〉,〈沈熏, 탈춤〉,〈李熙昇, 벙어리 냉가슴〉
→ 어떤 일이나 물건이 드문드문 있다.
⑱ 겨 속에 싸라기가 있다.
→ 하찮은 것에 귀중한 것이 섞여 있다.
⑲ 백미(白米)에 뉘 섞이듯.〈李熙昇, 隨筆〉
→ 좀처럼 찾아볼 수 없을 정도로 매우 드물게 있다.
⑳ 장자(長者) 집에서도 거지 집에서 얻어 오는 것이 있다.
→ 아무리 큰 부잣집에서라도 없는 것이 있다.
㉑ 구제(救濟)할 것은 없어도, 도둑 줄 것은 있다.
㉒ 동생 줄 것은 없어도, 도둑 줄 것은 있다.
㉓ 벗 줄 것은 없어도, 도둑 줄 것은 있다.
㉔ 저녁 먹을 것은 없어도, 도둑 맞을 것은 있다.

㉕ 쥐 먹을 것은 없어도, 도둑 맞을 것은 있다.
➡ ㉑~㉕ 아무리 가난한 집에서라도 최소한의 필요한 것은 갖추고 있다.
㉖ 부엉이 곳간이다.
➡ 이것 저것 많이 모아 간직하고 있다.
㉗ 깻묵에도 씨가 있다.
➡ 없을 듯한 곳에 혹 있을 수 있다.
㉘ 지신(地神)에 붙이고, 성주에 붙인다.
㉙ 터주에 놓고 조왕에 놓고 나면 아무 것도 없다.
➡ ㉘ㆍ㉙ 넉넉치 못한 것을 여기 저기에 뜯기고 나면 남는 것이 없다. 지신……땅을 맡은 신령. 성주(星主)……민속(民俗)에서 집을 지키는 신령. 터주……집터를 지키는 지신(地神). 주왕……부엌을 맡은 신(神).
㉚ 가진 것이라고는 불알 두 쪽 밖에 없다.
㉛ 가진 것이라고는 그림자 밖에 없다.
㉜ 가진 것이라고는 알몸 뿐이다.
➡ ㉚~㉜ 현재 가지고 있는 것 또는 재산이라고는 조금도 없이 빈털터리가 되었다.
㉝ 중〈僧〉의 얼게 값.
➡ 중에게는 얼레빗이 필요 없으니 쓰이지 않는 돈을 모아두어야 할 터이지마는, 모아둔 것이 하나도 없다.
㉞ 약(藥)에 쓸래도 없다.
➡ 아무리 애써 찾아도 조금도 없다.

3. 형적(形迹)

① 개미 기어간 자취.
② 개〈犬〉바위 지나간 격.
③ 그림자 쉰 데와 숨 쉰 흔적이 없다.
④ 그림자 쉰 흔적 없다.

⑤ 그림자조차 없다.
⑥ 꿩 구워 먹은 자리에는 재나 있지.
⑦ 못물에 가랑비 내렸다.
⑧ 물거미 지나간 흔적이다.
⑨ 물 위에 눈〈雪〉 내렸다.
⑩ 미꾸라지가 모래 쑤셨다.
⑪ 바다에 물 한 방울 떨어졌다. (大海一滴)
⑫ 바다에 오줌 누었다.
⑬ 바위에 개〈犬〉 지나갔다.
⑭ 송아지 온 발자국은 있어도, 간 발자국은 없다.
⑮ 한강(漢江)에 배〈舟〉 지나갔다.
➡ ①~⑮ 무슨 일을 했거나 어떤 일이 있었는데 전혀 흔적이 없다. 수결……도장 대신에 자기의 성명 아래에 직접 쓰는 표지.
⑯ 죽(粥) 떠 먹은 자리.
➡ 많은 것 중에서 조금 들어내었지마는, 들어낸 흔적이 보이지 않는다.
⑰ 모래밭에서 오줌 누기다.
➡ 수고를 해도 흔적이 없다.

4. 허물

① 뉘 집 부엌인들 불 때면 연기 안 날까.
② 털어서 먼지 인 나는 놈 없다. 〈李無影, 農民〉
➡ ①·② 사람은 누구나 다 허물을 지니고 있다.
③ 옥(玉)에 티. 〈蔡萬植, 濁流〉
➡ 나무랄 데 없는 것에 한 가지 흠이 있다.
④ 아름다운 구슬에도 티가 있다. [참고] 瑾瑜匿瑕 〈春秋左傳〉
➡ 아무리 훌륭한 사람이라도 사소한 허물은 지니고 있다.

5. 만무(萬無)

① 간장이 시다.
② 길쌈 잘하는 첩(妾).
③ 먹지 않는 종.
④ 말〈馬〉에 뿔이 났다.
⑤ 모래에 싹이 난다.
⑥ 불 안 때도 절로 익히는 솥.
⑦ 소금에 곰팡이 난다.
⑧ 소금이 쉰다.
⑨ 소금이 썩을 일이다.
⑩ 수양이 새끼 낳아 젖 먹인다.
⑪ 수양이 새끼를 낳는다.
⑫ 술 샘 내는 주전자.
⑬ 양〈䍧〉을 보째로 낳는 암소.
⑭ 여든에 이가 난다.
⑮ 여물 안 먹고 잘 걷는 소.
➡ ①~⑮ 절대로 그럴 리가 없다. [⑤ 모래 알이 씨가 되어 그것에 싹이 난다]
⑯ 제 발등의 불을 끄지 않는 놈이 남의 발등의 불을 끌까.
➡ 자기의 급한 일도 처리하지 못하는 사람이 남의 일을 해결해 줄 리가 없다.
⑰ 고양이 쥐 생각.〈蔡萬植, 濁流〉
➡ 쥐를 보기만 하면 잡아먹는 고양이가 도리어 쥐를 위하여 생각해 줄 리가 없는 것처럼, 당치도 않게 남을 생각해 줄 리가 없다.
⑱ 나이 많은 말이 콩 마다 할까.
⑲ 봉천답(奉天畓)이 소나기를 싫다 할까.
➡ ⑱·⑲ 싫다고 할 리가 없다(틀림 없이 좋아할 것이다). 봉천답……물의 근원(根源)이 없고, 물을 닿게 할 시설이 없이 오직 빗물에 의해서만 경작할 수 있는 논. 천둥지기.
⑳ 소금에 아니 전 놈이 장(醬)에 절까.
➡ 깊은 계책(計策)에 빠지지 않는 사람이 여간한 꾀임에 속을 리가 없

다.
㉑ 기척이 없으면 개〈犬〉도 짖지 않는다.
➡ 잘못이 없으니 남들이 자기를 나쁘다고 할 리가 없다.
㉒ 제 복(福) 개〈犬〉 줄까.
➡ 자기에게 돌아온 몫을 마다 할 리가 없다.
㉓ 도둑개 살 안 찐다.
㉔ 도둑괭이 살 찔까.
➡ ㉓·㉔ 남의 것을 탐하여 가지는 사람은 재물을 모을 리가 없다.
㉕ 손에 붙은 밥풀 안 먹을까.
➡ 이미 자기가 차지한 것을 아니 가질 리가 없다.
㉖ 죽는 년이 밑 감출까.
➡ 갑자기 당한 위험한 일에 예의(禮儀)나 염치를 가릴 리가 없다.
㉗ 마루 디딘 놈이 안방 못 들어갈까.
➡ 일을 거의 다 이루게 되었으니 끝까지 아니 할 리가 없다.
㉘ 제 힘을 모르고 강(江)가에 씨름 갈까.
➡ 제 힘을 모르고 있을 리가 없다.
㉙ 호환(虎患)을 미리 안다면 누가 산에 갈까.
➡ 일을 하기 전에 위험하다는 것을 알고 있다면 그것을 할 리가 없다.
㉚ 길을 두고 메로 갈까.
➡ 쉽게 할 수 있는 일을 구태여 어렵게 할 리는 없다.
㉛ 메기 나래에 무슨 비늘이 있어.
➡ 본래 타고 날 때부터 없던 것이 생겨 날 리가 없다.
㉜ 소대한(小大寒)에 얼어 죽지 않는 놈이 우수경칩에 얼어 죽을까.
➡ 큰 고생을 참고 견딘 사람이 작은 고생을 참지 못할 리가 없다.
㉝ 곯은 달걀이 병아리 될까.
➡ 이미 틀린 일이 잘 될 리가 없다.
㉞ 건들리지 않은 벌이 쏠까.
➡ 남에게 해(害)를 끼치지 않았으니, 그가 해롭게 할 리가 없다.
㉟ 검둥개 먹 감긴다.
➡ 바탕이 옳지 않으니 고쳐질 리가 없다.

㊱ 제 집 제사는 모르면서 남의 집 제사 알까.
→ 자기네 집 일을 모르면서 남의 집 일을 알 리가 없다.
㊲ 국수 잘하는 솜씨가 수제비 못할까.
→ 한 가지 일을 능히 잘하는 사람이 그와 비슷한 다른 일을 못할 리가 없다.
㊳ 고기 만진 손 국 솥에 씻을까.
→ 지나치게 인색한 사람이지마는, 그렇게 다라운 짓까지 할 리가 없다.
㊴ 개〈犬〉 입에서 개 말 나오고, 쇠 입에서 쇠 말 나온다.
→ 입 버릇이 나쁜 사람의 입에서 고운 말이 나올 리가 없다.
㊵ 개〈犬〉가 장승 무서운 줄 알면 오줌 눌까.
→ 미리 알았더라면 잘못을 저지를 리가 없다.
㊶ 가는 년이 물 길어다 놓고 갈까.
㊷ 가는 년이 보리방아 찧어 놓고 갈까.
㊸ 가는 년이 세간 살까.
→ ㊶~㊸ 이미 일이 틀어져서 나가는 터에 뒷 일을 생각하고 돌볼 리가 없다.
㊹ 국에 넣은 소금이 어디 갈까.
→ 옳게 한 일이니 그 결과가 잘못 될 리가 없다.
㊺ 꽃 본 나비 담 넘어갈까.
㊻ 물 본 기러기 산 넘어갈까.
→ ㊺・㊻ 좋아하고 그리운 사람을 만났으니 그대로 지나쳐버릴 리가 없다.
㊼ 참새가 방앗간을 그저 지날까. [참고] 未有瓦雀虛過碓閣 〈耳談續纂〉, 眞雀豈虛過舂間 〈東言解〉, 〈蔡萬植, 太平天下〉
㊽ 참새 방앗간이지.
→ ㊼・㊽ 제가 즐기는 것을 그대로 보고만 지나칠 까닭이 없다.
㊾ 꽃 본 나비 불을 헤아릴까.
㊿ 물 본 기러기 어옹(漁翁)을 두려워할까.
→ ㊾・㊿ 아주 좋아하는 사람이나 사물을 보고는 위험이 따르더라도 그대로 지나가는 일이 없다. 어옹……고기잡이 하는 늙은이.

㉛ 물은 흘러도 여울은 여울대로 있다.
➡ 무슨 일이 있더라도 제 본심(本心)은 변할 리가 없다. 여울……강이나 바다에 바닥이 얕거나 너비가 좁아서 물살이 세게 흐르는 곳. [이 속담은 세상의 모든 것은 돌고 변하여도 변하지 않는 것이 있더라는 뜻으로 사용되기도 함]
㉜ 쥐 본 고양이. 〈李無影, 農民〉
➡ 해야 할 일을 하지 않고 가만히 있을 리가 없다.
㉝ 삼천갑자(三千甲子)를 살아도, 숯 씻는 것은 처음 보았다.
➡ 아무리 오래 살면서 보아도 검은 숯을 씻어 희게 하겠다는 사람은 없듯이, 그런 사실은 절대로 없다. 삼천갑자……육십갑자의 삼천 배. 곧, 십팔만 년.
㉞ 꼬리 흔드는 개〈犬〉는 맞지 않는다.
➡ 붙임성이 있는 사람은 남에게 맞는 일이 없다.

6. 기타(其他)

① 바로 못 가면 둘러가지.
➡ 다른 방법이 있을 수 있다.
② 눈은 있어도 눈망울이 없다.
③ 귀한 것은 상량문(上梁文).
④ 대들보에 상량문이 빠졌다.
➡ ②~④ 없어서는 안 될 가장 중요한 것이 빠져 있다. 상량문……상량할 때에 축복하는 글
⑤ 백미(白米)에는 뉘나 섞였지.
⑥ 봉산 참배는 물이나 있지.
➡ ⑤·⑥ 아무런 흠점이 없다.
⑦ 방바닥에 똥을 싸도 할 말이 있다.
➡ 아무리 잘못된 짓을 했지마는, 그 나름대로의 사정이 있었다.
⑧ 개〈犬〉 대가리에 똥 묻기다.
➡ 응당 있을 수 있는 일이다.

⑨ 까마귀 짖어 범 죽으랴.
➡ 사소한 방해가 있더라도 큰 일에는 아무런 영향이 없다.
⑩ 꿩 구워 먹은 소식.
➡ 소식이 아주 없다.
⑪ 논·밭은 다 팔아먹어도, 향로(香爐)·촛대는 지닌다.
⑫ 종가(宗家)가 망해도, 신주보(神主褓)·향로(香爐)·향합(香盒)은 남는다.〈古本春香傳〉
➡ ⑪·⑫ 문벌(門閥)이 있는 집안에서는, 아무리 망하더라도 그 집안의 규율(規律)과 품격(品格)과 지조(志操)는 남는다. 향로……향을 피우는 자그마한 화로. 신주보……신주를 넣는 독을 덮는 보. 향합……제사 때 피우는 향을 넣는 작은 합.
⑬ 거미줄도 줄은 줄이다.
➡ 미약하나마 명실(名實)이 갖추어져 있다.
⑭ 개〈犬〉는 먹이를 탐내어 꼬리를 흔든다.
➡ 반가운 척하는 이면(裏面)에는 야심(野心)이 있다.
⑮ 개구리 주저앉은 뜻은 멀리 뛰자는 뜻이다.
⑯ 굼벵이가 지붕에서 떨어지는 것은 매미 될 셈이 있어 떨어진다.
⑰ 굼벵이가 지붕에서 떨어질 때는 생각이 있다.
⑱ 자벌레가 몸을 꾸부리는 것은 장차 펴기 위한 것이다.
➡ ⑮~⑱ 남 보기에는 못난 짓 같지마는, 그러한 짓의 배후에는 무슨 요긴한 뜻이 있는 것이다. 자벌레……자벌레나방과에 딸린 나방의 어린 벌레. 몸은 가늘고 길며, 기어갈 때는 마치 손뼘으로 길이를 재는 모양으로 꼬리를 대가리 쪽에 오그려 붙이고, 몸을 앞으로 펴면서 감.

[群] 46. 양상(樣相)

1. 조화(調和)

① 그 밥에 그 나물이다.
② 그 항아리에 그 뚜껑이다.
③ 남산 봉화(烽火) 들 제 인경 치고, 사대문(四大門) 열 제 순라군(巡邏軍)이 제격이다.〈雍固執傳〉
④ 문 풍지(風紙) 떨어진 데는 풀비가 제 격.〈歌詞, 아리랑 타령〉
⑤ 보리밥에 고추장.
⑥ 색시 가마에 강아지 따라가듯.
⑦ 시집 가는데 강아지 따라간다.〈古本春香傳〉
➡ ①~⑦ 사람이나 사상(事象)이나 사물(事物)이 서로 잘 어울린다. [④ 문 풍지가 떨어지면 풀비로 풀질을 해야 제대로 잘 붙음]
⑧ 도련님에 당나귀.
➡ 작은 사람이나 사물이 서로 잘 어울린다.
⑨ 때리는 시늉을 하면, 우는 시늉을 한다.
⑩ 어이딸이 두부 앗듯.
⑪ 어이딸이 쌍절구질 하듯.
➡ ⑨~⑪ 같은 일을 같이 할 때 서로 손이 척척 잘 맞아들어간다. 어이딸……어머니와 딸. 앗다……(두부 따위를) 만들다. [⑨ 말다툼을 할 때 한 사람이 무어라고 말하면 곧 또 한 사람이 이어 말하기를 되풀이한다라는 뜻으로도 사용됨]

2. 부조화(不調和)

① 가게 기둥에 입춘(立春). [참고] 假家柱立春〈東言解〉
② 가게 기둥에 주련(柱聯).
③ 갓 쓰고 구두 신기.
④ 갓 쓰고 자전거 타기.
⑤ 개〈犬〉 대가리에 관(冠).
⑥ 개 발에 놋 대갈.
⑦ 개 목에 방울.
⑧ 개 발에 버선.
⑨ 개 발에 주석(朱錫) 편자.
⑩ 개에 남바위.
⑪ 개에 호패(號牌).
⑫ 거적문에 돌쩌귀. [참고] 薦門鐵樞〈附官雜記〉, 藁門樞〈東言解〉
⑬ 다박머리에 댕기 치레 하듯.
⑭ 고양이 수파(手帕) 쓴 것 같다.
⑮ 까마귀 둥우리에 솔개미.
⑯ 도포(道袍) 입고 논 썰기.
⑰ 돼지 목에 진주 목걸이.
⑱ 돼지 우리에 주석 자물쇠.
⑲ 말〈馬〉 대가리에 쇠뿔.
⑳ 벌거벗고 환도(環刀) 차기.
㉑ 사모(紗帽)에 갓끈.
㉒ 사모에 영자(纓子). [참고] 紗帽纓子〈附官雜記〉
㉓ 삿갓에 쇄자(刷子)질. [참고] 蒻笠刷子〈附官雜記〉
㉔ 속곳 벗고 은가락지 낀다.
㉕ 재(齋)에 호(胡)춤.
㉖ 적삼 벗고 은가락지 낀다.
㉗ 조리에 옻칠 하기.
㉘ 짚신·감발에 사립(絲笠) 쓰고 간다.
㉙ 짚신에 구슬 감기.
㉚ 짚신에 국화 그리기.

㉛ 짚신에 정분(丁粉) 칠하기.
㉜ 핏겨죽에 탕구자(湯口子).
㉝ 할아버지 모자를 손자가 쓴다. [참고] 祖帽孫着〈東言解〉
➡ ①~㉝ 격에 맞지 않는다. 주련……기둥이나 바람벽 따위에 장식으로 써서 붙이는, 한시(漢詩)의 연구(聯句)·연(聯). 대갈……말굽에 편자를 신기는 데 박는 징. 남바위……추위를 막기 위하여 머리에 쓰는 쓰개의 한 가지. 다박머리……다보록하게 난 짧은 머리털. 수파……궁중에서 존귀한 부녀자가 사용하던 값진 수건. 썰다……켜다(골이 지게 하다)의 경상도 사투리. 환도……옛날의 군도. 사모……옛날에 관복(官服)을 입을 때 쓰던 사(紗)로 짠 벼슬아치의 모자. 오늘날에는 구식 혼례 때 신랑이 씀. 오사모. 영자……구영자(鉤纓子). 옛날 벼슬아치의 갓에 갓끈을 다는 데에 쓰는 고리. 쇄자……갓이나 탕건 따위의 먼지를 터는 솔. 재……명복을 빌기 위하여 부처에게 드리는 공양(供養). 호……오랑캐. 감발……발감개. 사립……명주실로 싸개를 하여 만든 갓. 정분……분색안료(粉色顔料)의 한 가지. 핏겨죽……피의 겨를 끓인 죽. 탕구자(湯口子)……신선로에 어육(魚肉)과 채소를 넣어 끓인 음식.

3. 옷차림

① 굴뚝 막은 덕석 같다.
② 동관(東觀) 삼월(三月)이다.
③ 미친년의 속곳 가랑이.
④ 용문산(龍門山) 안개 두르듯.
➡ ①~④ 입은 옷이 남루하고 지저분하고 더럽다.
⑤ 당채련 바지·저고리.
➡ 입은 옷이 기름때가 묻고 닳아서 반들반들하다.

4. 소란(騷亂)·조용함

① 말 죽은 밭의 까마귀 같이.
➡ 사람들이 시끄럽고 어지럽게 떠들어댄다.
② 무송(武松)이 장도감(張都監) 친다.
➡ 풍파를 일으켜 매우 소란하다. [수호지(水滸志)에서 나온 말임]
③ 악머구리 끓듯 한다.
➡ 많은 사람들이 무슨 소린지 알아들을 수 없이 떠들어댄다. 악머구리……참개구리. 잘 우는 개구리.
④ 개〈犬〉싸움에 물 끼얹었다.
➡ 몹시 소란하게 개들이 싸우는데 물을 끼얹으면 더 소란해지는 것과 같이, 사람들이 더 심하게 시끄럽게 떠들어댄다.
⑤ 굿 해먹은 집 같다.
⑥ 끓는 물에 냉수 부은 것 같다.
⑦ 잔치 치른 뒤 같다.
➡ ⑤~⑦ 한참 법석이던 일이 있은 뒤에 갑자기 고요해졌다.
⑧ 쥐 죽은 듯.〈廉想涉, 三代〉
➡ 무서우리만큼 조용하다.

5. 밀도(密度)

① 벼룩 끓어 앉을 땅도 없다.
② 사람으로 콩나물을 길렀다.〈沈熏, 永遠의 微笑〉
③ 송곳 박을 땅도 없다.
④ 입추(立錐)의 여지가 없다.
➡ ①~④ 빈 틈이라고는 없을 정도로 사람이 가득히 모여 있다.

6. 질서(秩序)·무질서(無秩序)

① 기러기떼 날듯 한다.
➡ 기러기떼가 질서정연하게 날듯이, 질서가 확립되어 있다.
② 한 올도 흐트러지지 않는다. (一絲不亂)

➡ 질서가 바로잡혀 조금도 혼란이 없다.
③ 나간 놈 집구석이다.
④ 부랑당 치른 놈의 집구석이다.
➡ ③·④ 집안이 어수선하고 질서가 없다. 나간 놈······살다가 집을 그대로 두고 나간 사람.
⑤ 대가리만 움직이고, 꼬리는 움직이지 않는다.
➡ 윗사람의 지시(指示)에 아랫사람이 따르지 않는다.

7. 명실(名實)의 불일치(不一致)

① 소문 안 난 공 몫은 대 자요, 소문 난 공 몫은 넉 자다.
② 소문 난 잔치에 먹을 것 없다.
③ 소문 난 잔치에 비지떡이 두레반이다.
④ 이름 난 잔치에 배 고프다.
➡ ①~④ 훌륭하거나 좋다고 하는 소문과 실제와는 달라 그 실상은 보잘것 없다.

8. 누추(陋醜)

① 부처님 뒷이라.
② 부처를 건드리면 삼거웃이 드러난다.
③ 부처 밑을 들면 삼거웃이 나온다.
➡ ①~③ 겉보기에는 매우 훌륭하나 그 이면(裏面)을 들추면 지저분한 것들이 있다. 삼거웃······삼을 삼으려고 삼껍질의 끝을 다듬을 때 긁히어 떨어진 검불.

9. 기타(其他)

① 냉이에 씀바귀 썩이듯.
➡ 맛 있는 냉이국에 씀바귀를 넣어 맛을 버리듯이, 좋은 분위기가 흐려

졌다. 씀바귀……꽃상치과(科)에 딸린 여러해살이풀.
② 불고 쓴 듯하다. 〈歌詞, 農家月令〉
➡ 매우 가난하여 집 안이 텅 비었다.
③ 뺑대쑥 밭이 되었다.
④ 쑥 밭이 되었다.
➡ ③·④ 집이 없어지고 빈 터만 남았다. 뺑대쑥……쑥의 한 가지.
⑤ 요지경(瑤池鏡) 속이다.
➡ 속 내용이 아주 복잡하고 기괴하다.
⑥ 중〈僧〉의 시주(施主) 바가지 같다.
➡ 가을 추수가 끝나고 곡식이 풍성하면 시주를 많이 하므로, 그 바가지는 항상 가득하듯이 무엇이 가득히 담겨 있다.
⑦ 저녁 굶은 초(草).
➡ 글씨가 매우 흘려 쓰였다. [옛날 어떤 가난한 선비가 저녁거리가 없어 글을 써서 쌀가게에 쌀을 외상하러 보냈더니, 그 주인이 초서(草書)를 읽지 못하였으므로 그 선비는 쌀을 구하지 못하여 저녁을 굶었다고 함]
⑧ 못자리에 거름 하겠다.
➡ 물이 아주 더럽다. 못자리……묘대(苗垈). 볍씨를 뿌려 모를 기르는 자리.
⑨ 구멍 투성이에 부스럼 투성이다. (百孔千瘡)
➡ 바로잡을 수 없을 정도로 결함투성이가 되어 있다.
⑩ 귀뚜라미 풍류(風流) 한다.
➡ 게을러 손을 대지 않아 논이 몹시 거칠다.
⑪ 만득(萬得)이 북 짊어지듯.
➡ 등에 짊어진 짐이 부피가 크고 둥글며 매우 거북해 보인다.
⑫ 양반 지게 진 것 같다.
➡ 모양이 어울리지 않고 하는 짓이 서툴며 보기에 우습다.

[群] 47. 시기(時期)·시간(時間)·거리(距離)

1. 시기(時期)

① 망건(網巾) 쓰자 파장(罷場) 된다.
➡ 장에 가려고 망건을 쓰다가 파장이 되고 만 것처럼, 하고자 하는 일을 준비하다가 그만 때를 놓쳐 이미 늦었다.
② 기차는 떠났다.
③ 버스는 떠났다.
➡ ②·③ 이미 기회를 놓쳐버렸다.
④ 몽치 깎자 도둑 띈다.
➡ 도둑을 치려고 몽둥이를 깎다가 다 깎아 놓자 도둑이 달아났듯이, 무슨 일을 하려고 준비하다가 그만 기회를 놓쳐버렸다.
⑤ 단풍도 떨어질 때 떨어진다.
➡ 모든 일에는 적절한 시기가 있다.
⑥ 낙엽(落葉)도 가을이 한 철이다.
⑦ 메뚜기도 유월이 한철이다.
⑧ 뻐꾸기도 유월이 한철이다.
⑨ 풀쇄기도 오뉴월이 한철이다.
➡ ⑥~⑨ 모든 일에는 전성기(全盛期)가 있다. [이 속담들은 **제때를** 만난듯이 날뛰는 사람을 풍자하는 경우에나 전성기는 짧다라는 것을 말하는 경우에 사용되기도 함]
⑩ 두 다리가 세 다리로 되었다.
➡ 지팡이를 짚고 다녀야 할 정도로 몸이 노령기에 들어섰다.
⑪ 널감이 되었다.
⑫ 땅내가 고소하다.

⑬ 염라대왕(閻羅大王)이 문 밖에서 기다린다.
⑭ 탕국내가 고소하다.
⑮ 팥죽내가 난다.
⑯ 흙내가 고소하다.
⑰ 한 치 앞이 지옥이다.
⑱ 해가 서산(西山)으로 기울어진다. (日落西山)
➡ ⑪~⑱ 늙어서 죽을 때가 다 되었다. [⑫·⑭·⑯ 늙은 사람이 빨리 죽었으면 좋겠다는 생각이 든다는 뜻으로도 사용됨]
⑲ 뜸이 들었다.
➡ 성숙기(成熟期)에 들어섰다.
⑳ 꼭지가 물렀다.〈蔡萬植, 濁流〉
➡ 일을 할 수 있는 시기가 완전히 무르익었다.

2. 시간(時間)

① 옛날 갑인(甲寅)날 콩 볶아 먹던 날.
② 호랑이 담배 먹을 적.
➡ ①·② 아주 옛날의 일이다.
③ 솔〈松〉 심어 정자(亭子)라. [참고] 栽松望亭〈松南雜識〉, 養松見亭子〈東言解〉
④ 앞길이 구만리(九萬里) 같다.
⑤ 전정(前程)이 구만리 같다.
➡ ③~⑤ 앞날이 요원하다. 뜻한 바를 이루려면 아직도 멀었다.
⑥ 바쁘게 찧는 방아에도 손 놀 틈이 있다.
➡ 아무리 바쁠 때라도 쉴 사이가 있다.
⑦ 삼대(三代) 구년(九年)만에.
➡ 매우 오랫만이다.
⑧ 혀뿌리가 아직도 마르지 않았다. (舌根未乾)
➡ 말한 시간이 얼마 되지 않았다.
⑨ 달리는 말〈馬〉을 틈으로 보는 격이다. [참고] 白駒過隙〈莊子〉

➡ 문틈으로 달리는 흰 말을 보는 것 같이, 아주 짧은 순간이다.

3. 거리(距離)

① 엎어지면 코 닿을 데.
➡ 거리가 아주 가깝다.
② 눈 밑에 코다.
③ 코 아래 입이다.
➡ ②·③ 서로의 거리가 아주 가깝다.

[群] 48. 자연현상(自然現象)

1. 기온(氣溫)

① 칠월 저녁 해에 황소 뿔이 녹는다.
➡ 선선해야 할 음력 칠월 저녁이지마는 소의 뿔이 빠질 정도로 더울 경우가 있다.
② 오뉴월(五六月) 더위에는 암소 뿔이 물러 빠진다.
➡ 음력 오뉴월이 가장 덥다.
③ 아침 안개에 중〈僧〉 이마가 벗어진다.
④ 아침에 안개가 끼면, 이마가 벗어진다.
➡ ③·④ 아침에 안개가 끼는 날은 이마가 벗어질 정도로 햇빛이 세게 내려 쪼여 매우 덥다.
⑤ 우수(雨水)·경칩(驚蟄)에 대동강(大洞江) 풀린다. 〈歌詞, 愁心歌〉
➡ 우수와 경칩을 지나면 아무리 추운 날씨도 누그러진다. 우수……이십사절후(二十四節候)의 하나로 양력으로 이월 십팔일을 전후하여 있음. 경칩……양력 삼월 오일을 전후하여 있음.
⑥ 눈 온 뒷날에는 거지가 빨래를 한다.
➡ 눈이 온 뒷날에는 거지가 입고 있던 옷을 벗어 빨아 말려 입을 만큼, 눈이 개인 날은 퍽 따뜻하다.
⑦ 동지(冬至)에 팥죽 쉬겠다.
➡ 풍년이 올 징조로 추워야 할 동지에 날이 따뜻하다.
⑧ 대한(大寒)이 소한(小寒) 집에 가서 얼어 죽는나.
⑨ 대한에 얼어 죽은 사람은 없어도, 소한에 얼어 죽은 사람은 있다.
➡ ⑧·⑨ 이름으로 봐서는 소한보다도 대한이 더 추워야 하지마는 실제로는 대한보다 소한이 더 춥다.

⑩ 꽃샘・잎샘에 반 늙은이 얼어 죽는다.
⑪ 봄 추위가 장독을 깬다.
⑫ 정이월(正二月)에 대독 터진다.
➡ ⑩~⑫ 따뜻해야 할 봄 계절에 추위가 닥치는 수가 있다.
⑬ 설을 거꾸로 쇤다.
⑭ 입춘(立春)을 거꾸로 붙였나.
➡ ⑬・⑭ 추위가 풀려야 할 계절에 날씨가 거꾸로 더 추워진다.
⑮ 보리 누름에 선 늙은이 얼어 죽는다.
➡ 더워야 할 계절에 추워지는 경우가 있다.
⑯ 손돌(孫乭)이 죽은 날이다.
➡ 아주 추운 날이다. [고려 때 중⟨僧⟩이었던 손돌이 음력 사월스무날에 억울하게 죽었으므로 그 원한이 맺혀 그가 죽은 날은 몹시 춥다는 전설이 있음]
⑰ 강원도 삼척(三陟)이다.
⑱ 강원도 안 가도 삼척.
⑲ 사명당(四溟堂) 사첫방(私處房).
⑳ 사명당이 월참(越站)하겠다.
㉑ 춥기는 삼청(三廳) 냉돌이다.
➡ ⑰~㉑ 방이 매우 춥고 차다. 삼척……강원도의 한 고장의 이름. 여기서의 삼척은 삼청이 와전된 데서 나온 말임. 사명당……조선조 십사대 선조 때의 고승(高僧). 사첫방……객(客)이 묵고 있는 방. 월참……참(站) 즉 길 가다가 쉬는 곳을 지나쳐 감. 삼청……대궐 안의 금군삼청(禁軍三廳). 항상 불을 때지 않았으므로 매우 추웠다고 함.
㉒ 바늘 구멍으로 황소 바람 들어온다.⟨李熙昇, 隨筆⟩
➡ 추울 때에는 아무리 작은 문 구멍으로 새어 들어오는 바람이라도 차다.

2. 강우(降雨)

① 오뉴월(五六月) 소나기는 말⟨馬⟩ 등을 두고 다툰다.

② 오뉴월 소나기에는 닫는 말 한쪽 귀는 젖고, 한쪽 귀는 안 젖는다.
③ 오뉴월 소나기는 쇠 등을 두고 다툰다.
➡ ①~③ 여름의 소나기는 아주 가까운 거리에서도 오는 데는 오고 안 오는 데는 안 온다.

3. 소생(蘇生)・성장(成長)

① 부지깽이를 거꾸로 심어 놓아도 살아난다.
② 삼년 묵은 말〈馬〉가죽도 오롱조롱 소리 한다.
➡ ①・② 봄이 오면 만물이 소생한다.
③ 유월(六月) 장마에는 돌도 큰다.
➡ 유월 장마 때에는 식물이 잘 자란다.
④ 마파람에 곡식이 혀를 빼물고 자란다.
➡ 가을이 오려고 서풍(西風)이 불기 시작하면 모든 곡식들은 놀랄 만큼 빨리 자라서 익어간다.

4. 기타(其他)

① 이월(二月) 바람에 검은 쇠뿔이 오그라진다.
➡ 이월에는 바람이 세게 분다.
② 가을에는 소 발자국에 고인 물도 먹는다.
➡ 가을의 물은 아주 맑다.
③ 처서(處暑)에 비가 오면 독의 곡식도 준다.
④ 처서에 비가 오면 항아리의 쌀이 준다.
➡ ③・④ 처서에 비가 오면 크게 흉년이 든다.
⑤ 산(山)이 울면 들이 웃고, 들이 울면 산이 웃는다.
➡ 비가 많이 오면 산은 사태(沙汰)가 나서 우는 것 같이 보이며 들은 물이 차서 웃는 것 같이 보이고, 가물면 산은 사태가 없기 때문에 웃는 것 같이 보이며 들은 땅이 갈라져서 우는 것 같이 보인다.
⑥ 삼사월(三四月)에 낳은 애기 저녁에 인사한다.

➡ 애기가 태어나서 그 긴 낮을 보내는 동안에 성장하여 그 날 저녁에 인사를 하게 되듯이, 음력 삼사월에는 해가 길다.

찾아보기 I

(ㄱ)

가게 · 421, 493
가난 · 21, 108, 198, 199, 239, 241, 349, 407
가달 · 408
가랑니 · 111
가랑비 · 281, 486
가랑이 · 241, 259, 354, 359
가랑잎 · 104, 130, 141, 145, 182, 241, 480
가래 · 43
가래터 중놈 · 123
가랭이 · 173
가루 · 31, 229
가마 · 128, 142, 272, 390, 417, 425, 454, 461, 492
가마솥 · 162, 331, 349
가만 바람 · 276
가물 · 44, 310, 439
가뭄 · 80, 476
가사 · 72
가슴 · 111, 303
가시 · 110, 235, 295, 346
가시나 · 233
가시나무 · 346
가시랭이 · 173

가시아비 · 124
가시어미 · 319, 429
가어사 · 110
가을 · 55, 57, 199, 262, 321, 423, 503
가자미 · 95
가장 · 469
가재 · 82, 85, 197, 246, 368, 377, 415, 416, 430, 440
가죽 · 34, 86, 235, 254, 344, 370, 474, 503
가지 · 132, 222, 238, 346, 402
가풀막 · 245
각관 · 400
각담 · 139
간 · 111, 114, 132, 175, 192, 248, 301, 368
간장 · 95, 257, 487
간통 · 383
갈가마귀 · 247
갈고랑 · 301
갈구리 · 298
갈기 · 143, 393
갈밭 · 151, 191
갈비 · 151
갈비 트림 · 127
갈잎 · 259

갈치 · 111, 463
갈치자반 · 441
갈포옷 · 466
감 · 50, 101, 119, 154, 291, 480
감장수 · 102
감기 · 164
감나무 · 48, 310
감발 · 493
감사 · 451
감식 · 321
감옥살이 · 25
감자 · 208, 399
감중련 · 339
감초 · 153
감투 · 166, 250, 259, 294, 469
감홍로 · 463
갑산 · 315
값 · 168, 180
갓 · 54, 80, 196, 238, 446, 448, 452, 493
갓끈 · 165, 493
갓모자 · 308
갓방 · 304
갓장이 · 236
강 · 341, 471
강경 · 248
강도 · 449
강동 · 226
강물 · 57, 113
강변 · 331, 357
강산 · 474

강아지 · 70, 104, 110, 124, 130, 134, 137, 140, 151, 152, 155, 169, 178, 340, 351, 354, 357, 366, 408, 412, 417, 420, 428, 492
강원도 · 353, 411, 502
강정 · 484
강철 · 75
강태공 · 254
갖바치 · 421, 471
갖 · 38, 144, 371
개 · 27, 29, 38, 39, 42, 45, 65, 69, 76, 77, 82, 83, 84, 88, 91, 92, 95, 98, 102, 109, 115, 117, 121, 125, 127, 129, 140, 141, 147, 152, 159, 161, 163, 165, 166, 170, 172, 178, 182, 185, 189, 191, 224, 225, 228, 229, 234, 237, 240, 241, 245, 257, 265, 273, 279, 280, 281, 288, 291, 295, 297, 298, 300, 306, 307, 308, 311, 317, 318, 328, 332, 338, 339, 355, 356, 357, 363, 366, 367, 373, 395, 400, 415, 417, 419, 420, 421, 422, 434, 438, 440, 442, 443, 446, 447, 469, 474, 477, 483, 484, 485, 488, 489, 490, 491, 493, 495
개고기 · 163
개구리 · 42, 125, 126, 167, 192, 231, 371, 415, 448, 455, 491
개구멍 · 445
개떡 · 263, 389, 465
개떡제비 · 447
개똥 · 223, 225

개똥 밭・261
개똥참외・150, 238
개미・43, 150, 169, 352, 390, 395, 423, 437, 448, 485
개미 구멍・43
개발・380
개살구・69, 127, 465
개새끼・29
개숫물통・49
개암・385
개울・36, 441
개울물・397
개잘량・450
개장국・322
개짐・154
개천・100, 139, 223, 252, 265, 266, 311, 390, 467
개폐문・410
객・459
객사・150
객주・228, 374
갯벌・446
거둥・133, 340
거름・48, 181, 497
거문고・175, 181, 249, 470
거미・42, 43, 299, 340, 377
거미줄・191, 491
거북・246, 397, 399
거북이・78
거울・138, 260, 265, 341, 404

거저리・351
거적문・493
거지・25, 41, 45, 47, 64, 81, 85, 92, 96, 117, 134, 148, 149, 151, 163, 165, 166, 171, 188, 256, 261, 280, 288, 317, 367, 383, 398, 407, 416, 484, 501
거짓말・30, 40
걱정・154
건강・477
건더기・199, 261
건재약국・153
걸레・152
걸레감・269
걸음・51, 315, 358
검둥개・488
검둥이・454, 457
검불・399
검정개・85
겉보기・382, 210
게・50, 63, 259, 366, 390, 432, 440, 443, 446
게새끼・23
게으름뱅이・46
겨・142, 152, 237, 419, 484
겨드랑・150, 269
겨울・46, 54, 412, 466
겨울 바람・141
겨자・185
결창・300
겻불・67, 258

겻섬 · 357
경 · 317
경마 · 78
경문 · 89, 240
경상도 · 186, 247, 402, 406
경자년 · 372
경주 · 235
경주인 · 447
경칩 · 501
곁낫질 · 169
곁방 년 · 124
곁방살이 · 124, 135
계 · 170, 444
계란 · 227, 453
계면떡 · 49
계수 · 215
계집 · 28, 35, 65, 202, 203, 211, 267, 268, 309, 321, 347, 350, 399, 414, 465
계집애 · 181
계집종 · 55
곗돈 · 230
고개 · 28, 141
고금 · 122
고기 · 40, 43, 46, 62, 85, 88, 91, 96, 98, 99, 120, 157, 161, 162, 188, 189, 194, 230, 236, 239, 243, 244, 251, 258, 282, 335, 347, 378, 388, 396, 397, 402, 418, 420, 432, 434, 442, 460, 473
고기 반찬 · 348
고깔 · 134, 187

고니 · 64, 74
고두리 · 301
고드름 · 72, 322
고라니 · 395, 434
고랑 · 24, 422
고래 · 190, 195, 367, 442, 443, 449
고려 · 175
고름 · 38
고리 · 21
고리백정 · 421
고리장 · 421
고마니 · 428
꼬막조개 · 470
고목 · 74, 218, 392, 449
고무래 · 335
고물 · 389, 460
고불통 · 112, 113
고비 · 427
고뿔 · 160, 164, 473
고삐 · 251, 480
고사리 · 53
고산 · 70
고생 · 49
고슴도치 · 205, 255, 304, 460
고약 · 55
고양 · 410
고양이 · 43, 44, 100, 116, 121, 128, 131, 134, 157, 159, 169, 174, 191, 197, 201, 202, 227, 233, 240, 297, 306, 309, 324, 330, 337, 339, 348, 362, 363, 405, 420,

438, 440, 461, 468, 469, 470, 487, 490, 493
고용·101, 291, 406, 432
고자·82, 174, 233, 364, 433
고쟁이·50
고추·104, 118, 213, 235, 377
고추나무·135
고추밭·118
고추알·377
고추장·183, 377, 387, 459, 460, 466, 492
고치·258
고향·67
곡식·205, 239, 266, 367, 395, 503
곡식 이삭·28
곤자소니·147
곤장·111, 237
골·85
골목·83, 349
골수박·313
골짜기·78
골통·380
곰·33, 144, 227, 362, 415, 440, 483
곰배팔·361
곰보·228, 230
곰팡이·191, 487
곱사등·304
곱사등이·112, 453
곳간·421, 485
공것·69

공궐·363
공물방·416
공술·70
공자·126
공작·258, 483
공조·455
공짜·70
곶감·95, 155, 443
곶감죽·363, 438
과거·43, 176, 283, 417, 418, 434
과방·138
과부·77, 100, 154, 155, 217, 233, 273, 291, 308, 353, 443
과부살이·217
과붓댁·155
과붓집·114, 167, 183, 192, 291, 415
과수·234, 433
과실나무·225
과일·113, 235
과천·309, 458
곽란·183
관·22, 34, 79, 124, 259, 289, 380, 398, 493
관가·434, 471
관덕정·378
관동·225
관리·195
관세음보살·81
관수·482
관자·470

관지 · 122
관찰사 · 196
관청 · 196, 301, 311, 378
광 · 66
광대 · 246, 371
광석 · 223
광주리 · 51, 234, 407, 446
광풍 · 393, 403
괘문 · 227
괭이 · 173, 187
괭이질 · 457
괴 · 178
괴발 · 380
교군 · 144
교룡 · 240, 406
교천 · 197
구년지수 · 310
구더기 · 44, 91, 105
구덩이 · 449
구두 · 493
구들 · 394
구력 · 443
구렁이 · 38, 116, 149, 249, 351, 415
구레나룻 · 468
구룡소 · 116, 416
구름 · 49, 247, 271, 339, 340, 352, 393, 394, 395, 405, 429, 437, 456
구리 · 90
구린내 · 38, 75
구만리장천 · 23

구멍 · 23, 44, 48, 110, 203, 259, 273, 277, 401, 416, 428, 468, 470, 474, 497
구면 · 66
구복 · 91
구슬 · 32, 100, 232, 249, 262, 383, 385, 390, 486, 493
구십리 · 49
구장질 · 423
구정 · 68
구정물 · 65, 233
국 · 76, 95, 119, 124, 173, 331, 334, 408, 429, 444, 447, 464, 489
국거리 · 414
국물 · 199, 261, 443
국상 · 357
국수 · 489
국수당 · 179
국자 · 119
국화 · 493
군내 · 127
군밤 · 204, 393
군불 · 423
군수 · 196
군자 · 34, 69, 83
군중 · 403
굴 · 329, 404
굴 껍질 · 92
굴뚝 · 63, 363, 373, 415, 427, 494
굴레 · 104, 125, 251, 384
굴원 · 149

굴회 · 366
굼드렁 · 340
굼벙이 · 84, 377, 379, 422, 491
굼벵이 · 351
굿 · 49, 58, 79, 134, 170, 174, 238, 278, 302, 315, 413, 445, 460, 495
궁둥이 · 352, 434
궁서 · 84
궁인 · 227
궤 · 60
귀 · 31, 32, 33, 53, 106, 130, 142, 159, 182, 293, 317, 326, 327, 334, 345, 417, 423, 503
귀때기 · 353
귀뚜라미 · 126, 334, 497
귀머거리 · 141, 268, 453
귀신 · 22, 27, 29, 36, 89, 102, 179, 232, 240, 258, 262, 264, 282, 349, 353, 398, 408, 449, 451
귀양 · 260
귀에지 · 157
귀엣고리 · 327
귀천궁달 · 24
귓구멍 · 106
귓문 · 41
그늘 · 92, 247, 467
그릇 · 24, 204, 230, 345, 401, 421, 428, 468, 469
그림 · 380, 395, 402, 404, 470

그림자 · 63, 94, 175, 246, 246, 271, 485, 486
그물 · 40, 42, 49, 78, 188, 194, 221, 236, 243, 252, 358, 384, 388, 390, 392, 418, 442
그물코 · 392
극락 길 · 112, 265
근원 · 346
글 · 262
글씨 · 335, 378, 404
금 · 90, 108, 180, 223, 263, 319, 389, 419
금강산 · 225, 275, 279, 393
금관자 · 195
금덩이 · 59
금두 · 150
금붕어 · 338
금산 · 81
금송아지 · 263, 470
금수강산 · 398
금자라 · 359
금정 · 427
금주 · 164, 175
금천 · 428
금탑 · 437
급제 · 396
급창 · 102, 156
기갈 · 321
기구 · 204
기둥 · 150, 164, 227, 402, 462, 468, 493

기둥뿌리 · 243
기러기 · 30, 41, 64, 101, 247, 249, 276, 296,
447, 489, 495
기름 · 23, 86, 88, 119, 142, 147, 162, 298,
338, 395, 452
기름떡 · 382
기린 · 249
기별 · 368
기생 · 171, 400
기생집 · 65
기생첩 · 202
기암절벽 · 393
기역자 · 317
기와 · 59, 469
기와집 · 198
기와쪽 · 401
기왓장 · 165, 357
기왓집 · 165
기운 · 389
기저귀 · 412
기저귀감 · 412
기차 · 168, 413, 498
기침 · 121, 427
길 · 44, 45, 50, 210, 231
길갓집 · 401
길마 · 206, 207, 408
길맛가지 · 400, 468
길쌈 · 487
길짐 · 144
길짐승 · 407

김가 · 176, 349, 459
김서방 · 184
김쌈질 · 55
김씨 · 449, 459
김칫국 · 68, 127, 128, 177, 312
깃 · 270
깊은 물 · 41
까마귀 · 68, 70, 72, 74, 98, 159, 184, 186,
205, 214, 247, 253, 272, 285, 306, 310,
313, 326, 346, 351, 354, 372, 380, 383,
385, 393, 399, 400, 450, 458, 473, 491,
493, 495
까치 · 85, 110, 175, 178
까토리 · 339
까투리 · 313, 329
깍정이 · 133
깨 · 88, 162, 318
깨소금 · 296
깻묵 · 96, 297, 485
꺽저기 · 451
껌정소 · 291
껍질 · 344, 391
꼬라지 · 71
꼬리 · 41, 76, 86, 102, 150, 157, 177, 229,
237, 265, 309, 325, 354, 384, 430, 446,
472, 480, 490, 491, 496
꼬챙이 · 70, 80, 432, 469
꼬치 · 443
꼭뒤 · 345
꼭지 · 27, 425, 499

꼴 · 54, 316
꼴뚜기 · 113, 242
꽁무니 · 314
꽁지 · 417
꽃 · 54, 61, 74, 191, 249, 262, 296, 354, 370, 371, 393, 398, 439, 455, 473, 489
꽃 노래 · 73
꽃구경 · 328
꽃무늬 · 438
꽃밭 · 115
꽃샘 · 502
꽈리 · 307
꾀 · 217, 218
꾀꼬리 · 251
꾀병 · 422
꾸러미 · 135, 394, 463
꾸중 · 308
꿀 · 61, 74, 137, 140, 161, 292, 383
꿀단지 · 328
꿈 · 97, 160, 179, 297, 312, 346, 398, 399, 406, 432, 433, 454, 457, 467
꿈자리 · 426
꿩 · 70, 129, 192, 238, 245, 248, 259, 265, 292, 300, 301, 325, 378, 381, 390, 397, 419, 438, 441, 443, 448, 480, 486, 491
끝 · 392, 468

(ㄴ)
나귀 · 90, 142, 184, 228, 307, 318, 356, 379, 426, 453
나그네 · 45, 59, 68, 81, 164, 247, 345, 352, 355
나라님 · 122
나락 · 128, 179, 199
나룻 · 467
나막신 · 110, 395, 418
나막신짝 · 199
나무 · 43, 50, 55, 165, 221, 222, 225, 226, 233, 234, 279, 282, 320, 344, 349, 382, 390, 391, 392, 393, 400, 401, 404, 408, 419, 439, 456, 467, 468, 473
나무 껍데기 · 322
나무 뿌리 · 84
나무 칼 · 317
나무팽이 · 338
나무때기 · 380
나무잎 · 404
나무접시 · 203
나무칼 · 322
나물 · 414, 492
나물밭 · 224
나미아미타불 · 433
나비 · 82, 165, 197, 249, 296, 368, 398, 489
나비잠 · 413
나이 · 94
나팔 · 402, 413, 436
나한 · 237
낙동강 · 181
낙락장송 · 46
낙엽 · 498

낙지 · 71, 179
낙태 · 362
낚시 · 243, 470
낚시밥 · 441, 444
낚시질 · 277, 386
낚싯대 · 396
낚싯줄 · 388
난리 · 104, 370, 418
난봉 · 477
난장박살 · 245
난장이 · 150, 187, 190
난초 · 298
낟알 · 165, 218
날고기 · 327, 366, 367, 421
날나리 · 35
날짐승 · 360, 406, 407
날콩 · 303
남 잡이 · 37
남대문 · 168, 176, 279, 315
남바위 · 493
남산 · 64, 102, 172, 302, 459, 492
남산골 · 312
남색 · 456
남생이 · 338
남자 · 203, 209
남자의 말 · 41
남쪽 · 304
남촌 · 102
남태령 · 310
남편 · 35, 58, 211

납청장 · 428
낫 · 335, 481
낮 · 31, 161
낮말 · 31
낮잠 · 467
낯 · 344
낯가죽 · 121
낯짝 · 109, 121
내 · 50, 89
내관 · 363
냄새 · 224, 480
냇가 · 186
냇물 · 23, 144, 403, 415, 476
냉돌 · 137
냉방 · 360
냉수 · 127, 131, 137, 188, 436, 495
냉이 · 294, 496
너구리 · 44
너울 · 256
넉가래 · 167
넉동 · 430
넉동치기 · 293
널 · 136
널감 · 498
널도깨비 · 109
넙치 · 378
넝쿨 · 472
노구 솥 · 142
노굿전 · 156
노랑개 · 155

노래 · 73, 140
노래기 · 122
노루 · 78, 172, 300, 312, 360, 419, 427, 445
노류장화 · 217, 384
노름꾼 · 352
노리개 · 171
노새 · 471
노송 · 126, 393
노수 · 426
노염 · 300
노인 · 465
노적 · 162
노처녀 · 175, 426
노파리 · 296
녹 · 60
녹두 · 188
녹두죽 · 422
녹수 · 339, 439
녹피 · 187, 251
논 · 62, 134, 460, 491
논두렁 · 261, 357
논둑 · 110
놀부 · 118, 445
놋물 · 441
놋양푼 · 203
농 · 210
농민 · 195
농부 · 239
농사 · 55, 155
농사꾼 · 200

뇌성 · 472
뇌성벽력 · 404
누걸놈 · 166
누더기 · 223, 292, 463
누렁이 · 454
누룩 · 164, 375
누른색 · 325
누에 · 191, 258, 297
누이 · 311, 439
누이네 · 215
눈 · 31, 43, 52, 130, 151, 220, 247, 293, 299, 320, 323, 329, 331, 336, 373, 375, 378, 445, 461, 486, 500
눈깔 · 302, 364
눈망울 · 490
눈물 · 36, 38, 117, 220, 261, 461
눈시울 · 299
눈썹 · 190, 244, 253, 329, 360, 362
눈알 · 385
눈치 · 105, 397
뉘 · 52, 484, 490
느티나무 · 176
늑대 · 171
늙은이 · 72
능구러이 · 125
능구리 · 72, 163
능잠봉 · 472
늦바람 · 218
늪 · 450
님 · 68

(ㄷ)

다람쥐 · 429
다리 · 50, 51, 52, 76, 133, 163, 253, 315, 358, 359, 389, 425
다릿목 · 148
다박머리 · 493
다복솔 · 467
다홍치마 · 267, 291
단간방 · 157
단속곳 · 239, 242
단술 · 472
단오 · 466
단지 · 153
단풍 · 498
달 · 24, 69, 76, 210, 370
달걀 · 142, 169, 188, 194, 204, 292, 310, 318, 414, 436, 453, 478, 488
달래 · 414
달밤 · 134, 135
달팽이 · 272, 393
닭 · 45, 51, 59, 70, 74, 130, 178, 185, 192, 224, 225, 234, 259, 292, 318, 325, 363, 378, 392, 393, 400, 407, 415, 419, 445, 483
닭도둑 · 65
닭싸움 · 91
닭똥 · 324, 432
닭발 · 380
닭장 · 410
담 · 31, 39, 55, 91, 99, 110, 160, 166, 215, 281, 303, 304, 337, 339

담돌 · 59
담배 · 361, 499
담배씨 · 152
담뱃대 · 184, 303
담뱃불 · 104, 172
담벼락 · 107, 332
담비 · 276, 483
당구 · 399
당나귀 · 70, 98, 106, 114, 149, 217, 228, 321, 328, 364, 370, 417
당랑 · 403
당상 · 349, 350
당줄 · 284, 467
대 · 49, 329
대가리 · 41, 53, 76, 95, 108, 309, 325, 393, 430, 493, 496
대갈 · 493
대갈마치 · 186
대감 · 79
대국 · 276
대꼬챙이 · 364
대나무 · 53
대낮 · 309
대단 · 30
대동강 · 122, 473, 501
대들보 · 59, 165, 230, 359, 402, 490
대란 · 341
대로 · 262
대롱 · 172
대마도 · 321

대명 · 403
대명전 · 359
대목 · 276
대문 · 22, 41
대백산 · 247
대변 · 201
대부동 · 169
대부인 · 199
대신댁 · 74
대여 · 261
대우 · 70
대장간 · 483
대천 · 60, 393
대추 · 201
대추나무 · 186, 460
대통 · 112, 304
대한 · 501
대한칠년 · 310
대호 · 70, 152
댑싸리 · 253
댓진 · 243
댕기 · 417, 466, 493
더벅머리 · 206, 417
더부살이 · 154
더위 · 76, 92, 397, 477
덕 · 346
덕담 · 237
덕석 · 130, 337, 494
덜미 · 143, 159, 250
덤불 · 388, 389

덩굴 · 223, 246
덫 · 244, 443
도감포수 · 325
도갓집 · 104, 155
도깨비 · 85, 135, 179, 220, 254, 295, 300, 305, 309, 336, 357, 366, 388, 389, 418, 419, 449, 464, 473
도끼 · 33, 42, 89, 190, 222, 236, 302, 322, 390, 398, 423, 441, 442, 450, 451, 454, 470
도끼날 · 177
도끼자루 · 189, 314
도끼질 · 457
도둑 · 27, 69, 132, 140, 161, 221, 228, 235, 269, 281, 290, 346, 384, 412, 413, 445, 449, 469, 484, 485, 498
도둑개 · 295, 358, 488
도둑괭이 · 124, 488
도둑놈 · 34, 97, 140, 179, 240, 250, 273, 359, 413, 421, 460, 479
도둑질 · 64, 76, 77, 91, 158, 162, 195, 274, 293, 449
도둑쾡이 · 147
도랑 · 252, 416
도래미타불 · 433
도래송곳 · 137
도련님 · 492
도리질 · 194, 429
도마 · 244
도방 · 66

도승지 · 117
도시락 · 158
도자전 · 334
도토리 · 87, 339
도투마리 · 382
도포 · 80, 493
독 · 22, 41, 89, 172, 217, 231, 244, 382, 417, 444, 449, 503
독 장수 · 231, 326
독사 · 41, 142, 252
독서당 · 399
독수리 · 380
독자 · 73
돈 · 33, 62, 68, 88, 160, 162, 263, 318, 386, 398, 440, 445, 454, 455, 467
돌 · 48, 51, 109, 169, 171, 181, 186, 191, 263, 265, 344, 377, 391, 392, 395, 400, 417, 422, 441, 479
돌다리 · 50, 188
돌담 · 465
돌림병 · 473
돌부처 · 210
돌절구 · 230
돌쩌귀 · 45, 354, 493
동관 · 494
동남풍 · 362
동냥 · 119, 166, 445
동냥 자루 · 80
동냥바가지 · 149
동냥치 · 73, 80

동네 · 111
동녘 · 314
동대문 · 176, 180
동력 · 171
동무 · 318, 433, 447
동방 · 371
동방삭 · 51
동생 · 484
동서 · 215
동성 · 79
동아 · 332
동이 · 393, 434
동이장수 · 255
동자 · 461
동자보살 · 260
동자삼 · 463
동정호 · 92
동지 · 311, 466, 501
동쪽 · 41, 105, 176, 247
동티 · 77
동풍 · 120, 159, 340, 443
동헌 · 132
돛 · 186, 382, 421, 429
돝 · 51, 172
돼지 · 71, 85, 121, 130, 140, 141, 279, 328, 364, 373, 393, 422, 460, 471, 493
돼지막 · 420
된장 · 105, 165, 356, 402, 420
뒷박 · 137
두건 · 229

두견 · 114
두꺼비 · 189, 358, 366, 447, 449, 454
두렁 · 252, 253, 377
두레박 · 43, 58, 388
두루마기 · 317
두룽다리 · 469
두메 · 334, 397
두부 · 50, 88, 121, 227, 324, 372, 382, 492
두역신 · 398
둑 · 453
둔필 · 52
둠벙 · 42, 112, 174
둥우리 · 246, 373, 493
뒤웅박 · 152, 246, 354
뒤주 · 68
뒤통수 · 329
뒷간 · 69, 75, 93, 122, 141, 165, 183, 197, 219, 277, 294, 328, 378, 422, 438, 448, 479
뒷걸음 · 437
뒷걸음질 · 102
뒷구멍 · 126
뒷꼭지 · 296
뒷손 · 164
뒷집 · 161
드럼통 · 370
든보기 장사 · 319
들 · 64, 127, 467
들보 · 468
들쥐 · 383

들판 · 460
등 · 111, 252, 308, 331, 338
등겨 · 65, 161, 221
등겻섬 · 352
등골 · 120
등불 · 23, 168, 244, 466
등잔 · 330
등잔불 · 172
등창 · 132, 426
따오기 · 64, 74
딱다구리 · 125
딱정벌레 · 323, 351
딴꾼 · 27
딸 · 79, 206, 207, 225, 350, 353, 389, 398
딸네집 · 353
땀 · 32, 48, 266, 274, 319
땅 · 57, 61, 62, 94, 247, 298, 320, 352, 353, 369, 370, 382, 418, 441, 456, 495
땅내 · 498
때 · 368
때꼽재기 · 464
땜질 · 135
땡감 · 23, 362
땡땡이 중놈 · 176
떡 · 48, 73, 75, 79, 99, 102, 105, 120, 129, 131, 150, 153, 158, 161, 162, 212, 220, 234, 273, 296, 306, 312, 316, 332, 338, 378, 386, 419, 420, 434, 438, 443, 455, 460, 467, 470, 471

떡장수 · 322
떡가루 · 35
떡국 · 378
떡메 · 196
떡방아 · 312
떡시루 · 428
떡잎 · 473
떡짐 · 144
떡집 · 157
떡판 · 122, 164, 314
또랑새우 · 307
똥 · 38, 54, 59, 70, 77, 99, 105, 117, 121, 123, 134, 139, 142, 148, 151, 159, 165, 166, 167, 176, 180, 185, 187, 190, 191, 200, 221, 224, 232, 238, 240, 263, 303, 305, 316, 324, 328, 347, 362, 366, 369, 382, 408, 414, 447, 449, 454, 469, 480, 484, 490
똥도둑 · 106
똥강아지 · 134
똥구멍 · 105, 126, 172, 191, 241, 305, 371
똥넉가래 · 167
똥맛 · 132
똥배 · 296
똥벌레 · 328
똥칠 · 39, 113
똥파리 · 126, 306
뚝배기 · 317, 364, 400, 444, 463
뚝비 · 250, 373
뜨물 · 131, 314

뜸 · 499

(ㅁ)

마계 · 133
마고 · 116
마누라 · 21, 154
마늘씨 · 164
마늘쪽 · 106
마당 · 153, 158, 188
마두 · 107
마디 · 427
마루 · 122, 134, 137, 146, 488
마루 구멍 · 234
마루 밑 · 25
마름 · 429
마름쇠 · 161, 349
마마 · 473
마수걸이 · 473
마의 · 152
마치 · 84
마파람 · 366, 422, 425, 503
마판 · 228
막간 · 180
막걸리 · 430
막대 · 312, 419, 469
막대기 · 46, 52, 246
막말 · 34
만고풍상 · 342
만리성 · 286
만석중 · 246

만인 · 389
맏딸 · 208
맏며느리 · 134, 212, 255, 302, 371, 407, 411, 465, 467
말 · 22, 25, 30, 31, 32, 33, 46, 47, 67, 70, 78, 79, 80, 85, 86, 105, 118, 123, 125, 141, 144, 151, 159, 173, 188, 190, 194, 218, 223, 234, 251, 266, 267, 270, 311, 318, 328, 332, 342, 351, 352, 354, 366, 370, 384, 402, 403, 405, 408, 412, 421, 429, 471, 487, 493, 499, 502, 503
말고기 · 141, 371
말고기 냄새 · 141
말똥 · 152, 261, 367
말똥 내 · 323
말뚝 · 110, 115, 124, 194, 214, 400, 416
맛 · 342
망건 · 43, 76, 82, 125, 183, 416, 445, 446, 451, 452, 467, 498
망둥이 · 111, 181, 235
망령 · 46, 262
망아지 · 189
망울 · 336
망치 · 392
매 · 28, 68, 91, 140, 245, 248, 249, 255, 293, 300, 312, 318, 325, 397, 438, 443, 461
매끼돈 · 316
매미 · 491
매부 · 439

매실 · 174
매질하기 · 112
맥주 · 47
맴돌이 · 405
맷돌짝 · 217
맷돼지 · 438
맹감 · 261
맹과니 · 296
맹꽁이 · 370
맹물 · 135, 172, 322
맹자왈 · 399
머리 · 345, 456
머리카락 · 130, 172
머리털 · 316, 417
머슴 · 55, 98, 124, 154, 183, 449, 450
머슴살이 · 291, 330
먹돌 · 47
먹칠 · 346
먼지 · 486
멍석 · 130, 420
멍에 · 255, 378
멍첨지 · 88
메 · 488
메기 · 359, 378, 488
메뚜기 · 245, 498
메밀 · 311, 478, 324
메주 · 342, 420
멧돌 · 445
며느리 · 72, 79, 83, 134, 140, 142, 206, 212, 216, 225, 226, 306, 308, 316, 330, 352,

353, 382, 385, 407, 430
먹 · 63, 488
먹미레 · 173
먹부리 · 330
면장 · 262, 474
면주인 · 131
멸치 · 185
명매기 · 359
명장질 · 423
명주 · 444
명주옷 · 226
명창 · 332
명태 · 132
명필 · 234
모과 · 113
모과나무 · 120
모기 · 114, 299, 393, 402
모닥불 · 96, 363
모래 · 237, 300, 342, 417, 477, 487
모래밭 · 384, 417, 486
모사 · 227
모시 · 464
모이 · 225, 259
모이철 · 473
모자 · 494
모종 · 107
모주 · 364
모퉁이 · 386
목 · 174, 299, 357

목걸이 · 493
목구멍 · 91, 92, 242, 368
목두기 · 343
목수 · 79, 349, 404, 457
목숨 · 22
목청 · 71
목침 · 164
목탁 · 61
목판 · 231, 438
목화 · 61, 418
목화밭 · 464
몸 · 213, 246
못 · 36, 58, 67, 84, 162, 239, 266, 402
못자리 · 118, 497
몽당비 · 127
몽둥 · 413
몽둥이 · 69, 83, 98, 132, 140, 193, 468
몽치 · 498
묘 · 34
무 · 308
무녀리 · 369
무당 · 73, 79, 97, 100, 138, 170, 187, 189, 227, 236, 309, 318
무당질 · 343
무덤 · 22, 34, 107, 264
무랍 · 34
무르팍 · 167, 418
무릇 · 324
무릎 · 65, 183

무사마귀 · 474
무송 · 495
무쇠 · 47, 86
무식 · 33, 349
무지개 · 212
문 · 32, 354
문경 · 186
문고리 · 114, 436
문둥이 · 85, 133, 164, 314
문벌 · 171
문비 · 139
문서 · 76, 207
문선왕 · 146
문설주 · 214
문어 · 143
문장 · 234
문지방 · 211, 354
문턱 · 22, 354, 430, 434
문호 · 423
물 · 23, 37, 51, 57, 58, 80, 81, 86, 87, 145, 168, 191, 228, 236, 243, 247, 283, 299, 312, 327, 338, 344, 345, 347, 356, 367, 383, 388, 392, 393, 396, 401, 408, 413, 417, 422, 428, 432, 443, 449, 459, 476, 479, 482, 486, 489, 490, 495, 503
물감 · 471
물거미 · 369, 486
물결 · 186
물고기 · 169, 181, 244, 331, 376, 385, 407, 419

물구나무 · 261
물꼬 · 199
물독 · 250, 369, 373
물동이 · 331
물때 · 334
물똥 · 82
물레바퀴 · 24
물레방아 · 257
물박달나무 · 167
물방아 · 45, 429
물방앗간 · 141, 183
물방울 · 391
물보리 · 446
물오리 · 309
물찌똥 · 366
미꾸라지 · 46, 112, 113, 245, 439, 486
미끼 · 264, 470
미나리 · 200
미늘 · 243, 396
미랭이 · 366
미역 · 154
미장이 · 298, 484
민둥산 · 395
민물 · 102
밀가루 · 229
밀동자 · 370
밑 · 305, 308, 328, 393, 417, 479, 481, 488
밑구멍 · 129, 352, 480
밑기름 · 136
밑천 · 198

(ㅂ)

바가지 · 25, 63, 152, 209, 416, 423, 444, 479
바구니 · 417
바구미 · 351
바깥 주인 · 84
바느질 · 129, 380
바늘 · 47, 54, 89, 99, 150, 162, 190, 193, 215, 276, 329, 339, 362, 393, 441, 444, 462, 502
바늘 도둑 · 65
바늘 방석 · 213
바늘귀 · 436
바늘방석 · 301
바다 · 43, 78, 392, 396, 397, 407, 417, 486
바다물 · 57, 196
바닥 · 428, 430
바닷가 · 332
바닷물 · 113, 162, 173
바람 · 42, 68, 84, 147, 175, 178, 180, 186, 222, 229, 244, 271, 293, 339, 348, 352, 363, 388, 407, 421, 476, 503
바람벽 · 334
바람풍 · 156
바리 · 80, 88
바보 · 64
바소쿠리 · 374
바위 · 356, 476, 485, 486
바자 · 155
바지 · 420
바지락조개 · 368

바지랑대 · 391, 417
바퀴 · 386, 466
박달나무 · 233
박복자 · 227
박치기 · 80
박토 · 441
반달 · 398
반딧불 · 395
반살기 · 438
반찬 · 119, 157, 187, 250, 355, 387, 420
발 · 253, 321, 374, 416, 437, 461
발가락 · 307, 461
발뒤꿈치 · 102, 345
발뒷축 · 142
발등 · 83, 100, 144, 178, 248, 345, 347, 448, 450, 451, 487
발등걸이 · 371
발바닥 · 352
발부리 · 265, 451
발싸개 · 171, 462
발자국 · 353, 479, 503
발톱 · 25, 321
밤 · 31, 372, 393, 418, 420, 480
밤 말 · 31
밤송이 · 277, 342, 476
밥 · 51, 57, 88, 99, 108, 183, 188, 229, 296, 299, 331, 407, 410, 420, 423, 440, 457, 459, 461, 492
밥그릇 · 81, 147, 267
밥맛 · 68

밥사발 · 261
밥상 · 350
밥주머니 · 165
밥풀 · 488
밧줄 · 404
방 · 138, 305, 477
방귀 · 148, 192, 221, 234, 301, 339, 395, 426
방망이 · 84, 186, 238
방바닥 · 50
방석 · 212
방석니 · 364
방아 · 47, 52, 55
방앗간 · 84, 275, 489
방앗공이 · 60, 216, 484
방울 · 130, 493
방죽 · 42
방축 · 43
밭 · 62, 220, 262, 267, 453, 491
밭갈이 · 461
밭고랑 · 422
밭도랑 · 109
배 · 43, 81, 96, 135, 154, 330
배꼽 · 135, 150, 297, 343, 393, 462
배때기 · 449
배움 길 · 262
배추 · 115, 464
배추씨 장사 · 83
배추잎 · 371
배탈 · 95
백년 · 31

백로 · 405, 458
백리 · 49
백모래 · 359
백미 · 484, 490
백복령 · 153
백사장 · 245, 300, 460
백성 · 403
백액호 · 116
백옥 · 247
백운대 · 169
백정 · 42, 65, 74, 307, 480
백정년 · 128
백지 · 51
백지장 · 274
백호 · 239
뱀 · 63, 76, 115, 128, 143, 145, 148, 167, 192, 231, 243, 255, 405
뱀 창자 · 204
뱀장어 · 244, 358, 359, 395
뱁새 · 223, 259, 377
뱃가죽 · 121
배꼽 · 323
뱃놈 · 254, 278, 454
뱃대기 · 123
뱃머리 · 131
뱃사공 · 131
뱃장구 · 254
버드나무 · 147
버들 · 217
버들가지 · 41, 403

버들잎 · 65
버릇 · 64
버선 · 410, 413, 493
버선목 · 149
버섯 · 22, 170
버스 · 413, 498
번개 · 91, 358, 395
번갯불 · 358
번지 · 457
벌 · 74, 353, 488
벌레 · 43, 44, 62, 123, 134, 198, 368, 371, 403
벌집 · 142, 473
벌초 · 239, 414
범 · 34, 37, 43, 44, 67, 70, 82, 85, 86, 90, 94,109, 115, 121, 145, 161, 169, 195, 225, 231, 244, 252, 260, 264, 270, 276, 283, 286, 295, 297, 301, 304, 329, 331, 339, 345, 353, 368, 385, 388, 396, 405, 406, 415, 420, 421, 423, 426, 427, 434, 436, 438, 439, 442, 446, 448, 467, 482, 483, 491
범두와소리 · 413
범벅 · 244
법 · 330
법당 · 96, 469
벗 · 73, 484
벙거지 · 163, 189, 363
벙어리 · 33, 80, 145, 178, 188, 207, 268, 277, 282, 289, 304, 306, 320, 326, 339, 363, 414
베 · 54, 55
베개 · 109, 197, 267
베틀 · 42
벼 · 48, 205, 394
벼락 · 91, 131, 163, 182, 235, 348, 356, 447, 448, 449
벼룩 · 114, 121, 172, 408, 421, 461, 495
벼슬 · 182
벽 · 31, 166, 339
벽력 · 472
벽해 · 401
변소 · 23
변죽 · 189, 402
별 · 43, 394
별성마마 · 117
병 · 34, 40
병가 · 289
병신 · 72, 135, 176
병아리 · 107, 310, 360, 456, 488
병조 · 183
병풍 · 122, 393, 413
병환 · 473
볕 · 25, 234
보라매 · 186
보름 · 374
보리 · 105, 159, 188, 189, 317, 426
보리 고개 · 249
보리 누름 · 214
보리 흉년 · 198

보리밥 · 492
보리밥알 · 441
보리방아 · 68, 75, 414, 489
보리밭 · 375, 444
보리술 · 464
보리알 · 100
보리죽 · 177
보릿자루 · 339
보배 · 59, 334
보살 · 126, 438
보쌈 · 452
보조개 · 98
보증수표 · 130
보퉁이 · 125
복 · 21, 136, 261, 403, 488
복령 · 23
복숭아 · 455
복철 · 51
복판 · 402
볼 · 165
볼기 · 150, 196, 448, 449
볼기짝 · 370, 371
볼모 · 356
봄 · 23, 54, 57, 98, 262
봄 꽃 · 24
봄 바람 · 141
봄비 · 465, 66
봇물 · 21, 472

(ㅅ)
사공 · 81, 301
사나이 · 268
사내 · 94, 181, 203, 350
사내자식 · 278
사냥 · 326, 423
사냥개 · 89, 366
사당 · 136, 295
사대부 · 202
사돈 · 36, 62, 140, 153, 200, 276, 286, 294, 341, 355
사돈네 · 81, 155, 275, 469
사돈집 · 155, 317
사또 · 401, 410, 413
사랑 · 66
사령 · 340
사립 · 412, 493
사명당 · 502
사모 · 195, 493
사발 · 108, 203, 254, 445, 465
사복 · 192
사슴 · 33, 87, 89, 105, 194, 264, 400
사위 · 105, 212, 213, 214, 225, 230, 276, 297, 380, 398, 427, 429
사윗감 · 206
사자 · 90, 302
사잣밥 · 143
사정 · 273
사족 · 254, 314
사주 · 259

사첫방 · 502
사초롱 · 466
사촌 · 87, 200, 226, 240, 318, 407
사향 · 33, 224
산 · 479
산동 · 341
산삼 · 234
산소 · 414, 439
산주 · 442
산지 · 442
산지기 · 398
산천 · 474
산호 · 334, 393
살강 · 149
살구 · 455
살구꽃 · 214
살림 · 59
살얼음 · 301
살인 · 23, 177, 239, 447
삵괭이 · 90
삼가래 · 422
삼각산 · 354
삼간 초가 · 295
삼간 초당 · 295
삼거웃 · 480, 496
삼경 · 448
삼국시대 · 14
삼년 · 31
삼대독자 · 101, 329
삼밭 · 224, 354

삼베 · 463
삼불출 · 35
삼색실과 · 289
삼수 · 315
삼잎 · 371
삼정승 · 259
삼척 · 502
삼천갑자 · 490
삼천포 · 433
삼청 · 502
삼촌 · 107, 193
삼추 · 311
삼현 · 25
삿갓 · 48, 134, 417, 493
상가 · 170
상감 · 316, 408
상감님 · 36
상놈 · 202, 284
상두꾼 · 61, 96
상량문 · 490
상사 · 176
상사말 · 109
상아 · 279, 400
상여 · 157, 174, 176, 454
상원 · 241, 367
상전 · 197, 237, 238, 251, 401, 406, 410
상제 · 95, 136, 167
상좌 · 349
상주 · 119, 357, 373
상처 · 319

상추 · 321
상치밭 · 224
상투 · 39, 183, 299, 399, 464
상판대기 · 121
샅 · 481
새 · 37, 39, 42, 43, 49, 55, 57, 62, 66, 67,
　 85,145, 188, 194, 196, 198, 218, 238, 243,
　 251, 252, 257, 275, 282, 292, 301, 339,
　 432, 441, 442, 457, 461
새끼 · 58, 76, 207, 239, 404, 436, 457, 468
새벽 · 189, 466
새벽 호랑이 · 82
새벽달 · 182, 292
새앙쥐 · 169, 250, 352, 358, 373, 392, 462
새우 · 190, 442, 443, 449
새우젓 · 397
새옹 · 136
새재 · 310
새침덕이 · 95
새털 · 457
색시 · 134, 224, 492
샌님 · 90, 102, 307, 356, 426, 449, 457
샘 · 346
샘물 · 37
샛길 · 258
샛바리 · 142
생나무 · 392
생마 · 384, 405
생색 · 170
생선 · 113, 134, 180

생선 토막 · 141
생원님 · 307
생이 · 182
생이별 · 103
생일 · 167
생쥐 · 233, 416
생초목 · 103
생치 · 90
생파리 · 173
서까래 · 128, 230, 462, 468
서낭 · 181
서당 · 399
서리 · 203, 249, 447
서방 · 204, 238, 248, 269, 297
서방님 · 372, 387
서방질 · 75, 80, 114, 343, 414
서슬 · 110
서울 · 138, 168, 184, 271, 279, 286, 309,
　 310, 343, 428
서쪽 · 41, 105, 176, 177, 247
서천 · 177, 352
서캐조롱 · 172
석숭 · 261
선가 · 170
선반 · 440
선불 · 146, 360
선비 · 237, 422
선산 · 170
선영 · 439
선왕재 · 446

선유봉 · 359
선짓국 · 371
선화당 · 196
섣달 · 391
섣달 그믐날 · 397
섣달그믐날 · 184
설 · 420, 464, 502
설겆이 · 212
설마 · 228
설탕국 · 378
성 · 74, 148, 169, 188, 317, 470, 477
성균관 · 192
성냥 · 463
성묘 · 414
성복 · 174
성복제 · 174
성인 · 222, 233, 249
성주 · 485
섶 · 143
세간 · 489
세단풍 · 474
세배 · 188, 214
세월 · 92
센둥이 · 454
소 · 25, 46, 48, 57, 59, 70, 75, 80, 86, 99, 110, 116, 123, 135, 138, 163, 172, 175, 177, 178, 184, 207, 222, 252, 281, 297, 304, 333, 342, 344, 347, 353, 354, 357, 360, 378 382, 388, 389, 399, 404, 412, 415, 416, 436, 437, 443, 444, 449, 457, 471, 480, 487
소도둑 · 65
소강절 · 126
소경 · 72, 139, 190, 236, 316, 329, 351, 365, 404, 436, 445, 451, 453, 466
소금 · 69, 80, 87, 111, 130, 155, 157, 172, 229, 290, 304, 317, 324, 340, 344, 362, 377, 390, 417, 487, 489
소금 장수 · 134
소금밥 · 198
소나기 · 362, 372, 487, 502, 503
소나무 · 53, 70, 172, 192, 221, 345, 404
소낙비 · 305
소대한 · 488
소라 · 173, 191
소리개 · 85, 114, 325, 390
소매 · 203, 389, 419
소문 · 223, 224
소식 · 491
소여 · 261
소진 · 379
소한 · 501
속곳 · 154, 172, 183, 187, 239, 242, 427, 480, 493, 494
속옷 · 157, 412
속한 · 322
손 · 413, 429
손가락 · 142, 204, 392, 457
손가락질 · 141, 152
손님 · 296, 318, 476

손돌 · 502
손뼉 · 389
손자 · 39, 72, 160, 216, 314, 318, 356, 376, 494
손톱 · 25, 321, 332
솔 · 287, 499
솔가지 · 182
솔개 · 378
솔개미 · 493
솔방울 · 393
솔뿌리 · 153
솔일 · 141, 145, 147, 259
솜 · 375
솜방석 · 213
솜씨 · 380, 455
솜틀 · 127
송곳 · 164, 213, 415, 469, 480, 495
송곳니 · 364
송곳집 · 470
송도 · 109, 138
송사 · 83, 88, 146, 233, 267, 319
송사리 · 181, 196, 221, 442, 443
송아지 · 74, 99, 123, 175, 212, 246, 263, 304, 353, 399, 443, 444, 449, 486
송장 · 174, 199, 423, 447
송장메뚜기 · 169
송장치레 · 269
송충 · 151, 202, 259
송파장 · 130
송편 · 299, 303

송풍나월 · 116
솥 · 52, 75, 88, 108, 145, 272, 311, 331, 390, 451, 487
솥뚜껑 · 76, 156
쇄자 · 493
쇠 · 75, 203, 269, 332, 457
쇠불알 · 310
쇠공이 · 150
쇠똥 · 483
쇠똥내 · 375
쇠뼈다귀 · 419, 470
쇠뿔 · 53, 139, 217, 393, 416, 483, 493, 503
쇠새끼 · 191
쇠스랑 · 142
쇠조각 · 33
쉰네 · 132
수고 · 136
수구문 · 180
수렁 · 147, 474
수레 · 112, 127, 140, 146, 238, 386, 403, 466
수레바퀴 · 24
수리 · 223
수미산 · 242
수박 · 50, 328, 469
수박씨 · 331
수수엿 · 430
수수잎 · 120
수숫대 · 369
수숫잎 · 187
수양 · 487

수양딸 · 382
수양산 · 226
수염 · 133, 358, 467
수은 · 399
수제비 · 465, 489
수캐 · 128
수쾨 · 192
수탉 · 234, 250, 356
수파 · 493
수파련 · 370
수풀 · 388
숙대 · 345
숙수 · 138, 395
숙향전 · 255
순 · 112
순라 · 140
순풍 · 429
숟가락 · 149, 244, 256
숟갈 · 268, 377
술 · 36, 53, 67, 70, 85, 86, 93, 97, 129, 154, 157, 170, 171, 176, 182, 191, 257, 265, 345, 429, 459, 487
술값 · 101, 459
술막 · 139
술병 · 257
술집 · 157
숨 · 31
숨바꼭질 · 130
숫돌 · 263, 331
승늉 · 182

숭산 · 243
숭어 · 181
숯 · 142, 165
숯불 · 188, 275
숲 · 257, 260
쉬 · 105, 332
쉬파리 · 246, 306
스라소니 · 482
승앗대 · 369
시객 · 396
시골 · 224, 271
시골놈 · 353
시관 · 283
시궁창 · 63
시누이 · 215, 216, 302
시늉 · 274
시래깃국 · 312
시루 · 268, 397, 417, 469
시모 · 137
시숙 · 215
시시덕이 · 96
시아버지 · 68, 187
시아비 · 136, 147, 272, 273, 341
시앗 · 154, 205, 210, 212, 461
시어머니 · 49, 68, 248, 385
시어미 · 83, 137, 140, 295, 302, 306, 330, 362, 411
시울 · 189
시장 · 321
시장 멈춤 · 87

시조 · 159, 179
시주 · 402, 433, 497
시집 · 155, 208, 412
시집살이 · 213, 269, 406
시체 · 326, 423
식기 · 292
식단 · 368
식사 · 368
식충 · 21
식칼 · 84, 236, 483
신 · 316
신랑 · 107, 444
신물 · 302
신발 · 316, 415
신선 · 199, 314
신정 · 68
신주 · 116, 447
신첨지 · 303
실 · 54, 129, 339
실뱀 · 113
심사 · 69, 242
심산 · 242
싸라기 · 57, 162, 178, 379, 484
싸리 · 253
싸리말 · 37
싸움 · 153, 154, 274, 278
싹 · 393, 394
싹수 · 394
쌀 · 31, 52, 65, 221, 237, 378, 383, 384, 461

쌀독 · 66
쌀밥 · 25, 213, 252, 263, 264
쌀섬 · 273
쌀알 · 162
쌀자루 · 168, · 266
쌈 · 345
쌈지 · 65
쌍심지 · 299
쌍언청이 · 141
쌍지팡이 · 156, 166
쌍태 · 368
썰때 · 334
쐬기 · 416
쑥구렁이 · 238
쑥떡 · 177
쓸개 · 33, 192, 464
씀바귀 · 496
씨 · 160, · 346
씨나락 · 179
씨도둑 · 480
씨름 · 416, 454
씨아 · 127, 185, 214
씨암탉 · 110, 115, 134, 338, 359
씨앗 · 29, 199
씨오쟁이 · 200

(ㅇ)

아가리 · 110, 480
아가씨 · 154
아궁이 · 468

아귀 · 254
아내 · 58, 214, 247, 283, 330
아내 행실 · 267
아들 · 206, 350, 389
아랫돌 · 423
아랫목 · 97, 134
아랫물 · 345
아랫턱 · 124
아비 · 27, 57, 58, 183, 309
아산 · 315
아우 · 337
아욱 · 464
아욱국 · 321
아이 · 39, 43, 77, 78, 88, 158, 159, 180, 218, 219, 228, 232, 269, 270, 273, 301, 308, 330, 350, 355, 361, 392, 412, 455, 477
아저씨 · 144
아전 · 93, 102, 401
아주머니 · 79
아줏가릿대 · 150
아침 · 501
악담 · 237
악머구리 · 495
악박골 · 146
악양루 · 279
악처 · 209
안 주인 · 84
안갚음 · 253
안개 · 120, 351, 352, 494, 501
안경 · 453

안반 · 138
안방 · 122, 181, 385, 411, 488
안장 · 267, 429
안장감 · 467
안주 · 134, 154
안주값 · 459
안질 · 465, 466
앉은뱅이 · 83, 148, 149, 151, 175, 284, 453
알 · 190
알밤 · 151
암소 · 347, 442, 487, 501
암치 · 163
암캐 · 268
암탉 · 121, 168, 268, 330, 369
앙재 · 28
앞길 · 499
앞장 · 170
앞집 · 161
애기 · 175, 228, 296, 503
애기 버릇 · 268
애꾸 · 151
애꾸눈 · 374
애동호박 · 137
애호박 · 118
액 · 448
앵무새 · 191, 400, 406
야지 · 457
야차 · 126
약 · 34, 40, 64, 92, 94, 183, 274, 293, 294, 366, 400, 408, 484, 485

약값 125, 157
약과 · 61, 137, 366, 383
약국 · 229
약방 · 153, 351
약방문 · 174
약재 · 153
약질 · 177
약탕기 · 400
양 · 301, 359, 444, 487
양귀비 · 370
양반 · 91, 128, 146, 183, 201, 226, 237, 258, 284, 359, 480, 497
양식 · 49, 57, 88, 433, 454
양잿물 · 69
양주 · 209, 410
양지 · 24, 359
양철통 · 101
양푼 · 400
양화도 · 359
얕은 물 · 41
어깨 · 71, 260, 335, 408
어른 · 236
어린애 · 158, 219, 465
어물 · 450
어물전 · 113, 242, 354
어미 · 204, 207, 282, 296, 404, 457
어버이 · 106, 191
어부 · 101, 440
어사 · 110
어웅 · 489

어이딸 · 87, 492
어장 · 228
어질병 · 257
어항 · 338
어혈 · 245, 366
언덕 · 141, 388
언청이 · 366, 480
얼게 · 485
얼굴 · 37, 113, 363, 404, 461, 462
얼레빗 · 25, 425
얼음 · 364, 395, 412, 457, 466, 475
얼음판 · 364
엄나무 · 82, 185
엄동설한 · 97
업족제비 · 249
엉덩이 · 123
에누리 · 156
여각 · 228
여름 · 46, 466, 470
여름 불 · 67
여물 · 347, 487
여복 · 436
여산 · 373
여수 · 60
여우 · 67, 117, 133, 146, 211, 337, 354, 427, 443
여울 · 179, 340, 490
여울목 · 357
여의주 · 348, 416, 437
여인 · 204

여자 · 202, 203, 211, 268
여편네 · 180, 204, 209, 211, 239, 268, 422
역마 · 440
역밭 · 294
역적 · 102, 312
역질 · 473
연기 · 344, 486
연꽃 · 423
연분 · 392
연시 · 310
연장 · 455
연주창 · 165
연포국 · 96
연풍대 · 172
연희궁 · 313
열녀 · 400
열매 · 54, 223, 262
열무김치 · 127
열쇠 · 421
열씨 · 191
열쭝이 · 178
열하룻날 · 96
염관 · 196
염라대왕 · 398, 408, 499
염병 · 109, 160, 177, 473
염불 · 179, 287, 313, 317, 332, 333, 339, 359, 399, 437, 468, 483
염소 · 50, 179, 286, 383, 415
염주 · 483
염천교 · 318

염초청 · 126
염통 · 332
엽자금 · 463
엿 · 114, 156, 292
엿장수 · 114, 192, 459
영감 · 210, 284, 295, 353, 464
영고탑 · 437
영남 · 141
영신 · 170
영웅 · 223
영자 · 493
옛장 · 363
오금 · 358
오기 · 101
오뉴월 · 67, 73
오동 · 182, 371
오동씨 · 182
오디 · 159
오라 · 158, 449, 450
오려논 · 30
오리 · 145, 244
오리발 · 130
오리알 · 190
오목장 · 458
오불관언 · 341
오사리 · 351
오소리 · 166
오얏꽃 · 217
오이 · 80, 277, 317, 346
오입장이 · 238

오장 · 189, 298
오줌 · 248, 255, 325, 347, 375, 450, 456, 461, 486, 489
오초 · 471
옥 · 47, 78, 108, 319, 335, 400, 463, 486
옥반 · 364
옥석 · 235
옥토 · 441
온달 · 398
온양 · 351
올가미 · 42, 410
올빼미 · 249, 250
올챙이 · 125
올케 · 215
옴 · 188
옷 · 68, 69, 98, 99, 202, 211, 292, 317, 398, 418, 420
옷감 · 450
옷칠 · 417, 493
와우각상 · 166
왈자 · 65
왕개미 · 82, 169, 191, 197
왕겨 · 187
왕대 · 346
왕대밭 · 346
왕방울 · 145, 155
왕지네 · 359
왕후장상 · 391
왜가리새 · 357
외 · 346

외덩굴 · 346
외가 · 314, 326
외갓집 · 159
외기러기 · 318
외나무 다리 · 95, 237
외며느리 · 212
외바늘 · 230
외삼촌 · 30, 216, 362, 414
외상 · 198
외손자 · 216, 427
외수 · 132
외아들 · 86, 208, 364
외양간 · 96, 252, 412, 442
외언청이 · 141
외조 · 159
외조부 · 408
왼다리질 · 65
요강 · 64, 234, 444
요강 뚜껑 · 303
요기 · 158, 248
요령 · 354
요리 · 421
요지경 · 497
욕심 · 163, 264
욕질 · 141
용 · 46, 63, 74, 97, 119, 150, 152, 169, 237, 245, 249, 255, 263, 266, 292, 340, 345, 348, 385, 388, 395, 403, 416, 437, 439, 441, 473, 483
용가마 · 393

용마 · 70, 234, 249, 355, 393
용문산 · 351, 494
용상 · 116
용수 · 168
용왕 · 58
용천검 · 59
용천배기 · 164
용트림 · 127
우거지 · 362
우렁이 · 377
우려논 · 118
우뢰 · 402, 403
우리 · 328, 493
우마 · 271, 400
우물 · 37, 38, 43, 45, 118, 161, 173, 182, 244, 304, 329, 388, 413, 417, 438, 449, 476
우박 · 372
우비 · 44
우수 · 475, 501
우수경칩 · 488
우엉송이 · 342
우황 · 298
운봉 · 482
운수 · 228
울력 걸음 · 403
울바자 · 307
울타리 · 50, 214, 246, 269
움 · 400

움돋이 · 473
움막 · 322
움집 · 438
웃돌 · 423
웃물 · 345
웅담 · 227
웅덩이 · 113
워낭 · 340
원 · 148, 292, 402, 428
원님 · 82, 102, 120, 132, 156, 423
원두한 · 200, 302
원수 · 91, 92, 237, 265
원숭이 · 50, 251, 338, 371
원앙 · 249, 339, 439
월천꾼 · 190
육각 · 25
육간대청 · 172
육갑 · 135, 176, 365
으스름 달밤 · 134
으스름달 · 292
은 · 49, 294, 441, 443
은가락지 · 493
은동곳 · 65
은서피 · 127
은장도 · 181
은진 · 248
은행 · 255, 385
은혜 · 29
음식 · 73, 447

음지 · 24, 153, 253
응달 · 369
의부자식 · 374
의붓딸 · 414
의붓아들 · 320
의붓아비 · 27, 57, 299, 353, 421, 472
의붓자식 · 116, 434
의사 · 236
의송 · 319, 379
의원 · 309
의주 · 425
이 · 50, 94
이가 · 176
이랑 · 24, 422
이리 · 115, 301, 420, 421
이마 · 43, 135, 164, 259, 322, 345, 362, 501
이무기 · 112, 201
이밥 · 188
이밥(쌀밥) · 456
이방 · 334
이불 · 134, 143, 148, 156, 260, 416
이삭 · 118
이삿짐 · 28
이슬 · 225
이슬비 · 229
이슝 · 261
이씨 · 449, 459
이웃 · 337
이월 · 24, 96
이태백 · 257

익모초 · 177, 340
인걸 · 223
인경 · 393, 492
인생 · 24
인왕산 · 62, 182, 226
인정 · 80, 89, 273
일가 · 87, 171, 215
일각 · 311
일년 · 31
일산 · 182
일월 · 24
임 · 43, 429, 436
임금 · 93
임금 망건 · 82
입 · 31, 32, 33, 34, 233, 280, 407
입맛 · 68, 312
입술 · 107, 131, 239
입씨름 · 166
입춘 · 493, 502
잉어 · 181, 484
잉어국 · 127
잎 · 344
잎샘 · 502

(ㅈ)

자가사리 · 113, 152
자각 · 262
자국 · 98
자눈 · 152
자라 · 76, 383

자랑 · 35
자루 · 79, 88, 119, 236, 403, 416, 445, 470, 480
자리 · 454
자릿저고리 · 171
자물쇠 · 493
자벌레 · 46, 491
자볼기 · 250
자수삭발 · 236
자식 · 34, 35, 204, 205, 206, 208, 214, 228, 269, 270, 404, 409, 457, 483
자인 · 374
자전거 · 493
자지 · 188, 347, 462
작대기 · 158, 391 415
작은집 · 460
잔 · 66
잔나비 · 136, 429
잔등 · 359, 397
잔디 · 399
잔생이 · 28
잔솔 · 399
잔치 · 70, 141, 153, 155, 446, 460, 470, 495, 496
잔칫날 · 228
잠 · 43
잠꼬대 · 176
잠방이 · 169
잠자리 · 457, 477

잡목 · 225
잣껍질 · 135
잣나무 · 70
잣죽 · 127
장 · 40, 44, 99, 135, 138, 150, 157, 229, 232, 312, 324, 331, 334, 429, 443, 444, 463, 465, 476, 487
장가 · 208, 311, 326
장거리 · 138
장고 · 138
장골 · 367
장구 · 318, 344, 396, 413, 423
장구소리 · 97
장군 · 223, 234, 355
장기 · 367
장꾼 · 459
장끼 · 339
장나무 · 130
장난 · 232
장날 · 268, 355
장님 · 33, 70, 139, 151, 173, 174, 179, 233, 246, 268, 321, 325, 329, 335, 349, 361, 405, 432, 436, 445
장단 · 305
장닭 · 113, 189, 267
장대 · 392
장도감 · 495
장독 · 219, 463
장마 · 80, 179, 503

장맛・178
장모・206, 213, 214
장부・44
장비・158, 277
장사・70, 84, 326, 398, 423
장사꾼・200
장삼・187
장설・460
장설간・323
장수・86, 148, 466
장승・254, 255, 369, 489
장옷・98, 114
장의・379
장자・238, 484
장작・42, 397
장작불・204
장짐・144
장판방・50
재・57, 119, 120, 170, 390, 493
재떨이・196
재목・467, 468
재상・292
잿더미・372
잿독・110
쟁기질・138
저녁・58, 345, 354, 437
저녁거리・386, 460
저승・22, 23, 43, 199
적간・183
적덕・28

적막강산・398
적삼・493
적선・386
전다리・351
전답・50
전당・339
전루・136
전루북・296
전봇대・277
전송북・296
전정・499
절・78, 183, 238, 247, 251, 285, 309, 330, 351, 433, 442, 454
절개・192
절구・369
절구통・423
절름발이・151, 224
절터・312, 327
점・100, 236, 272
점심・117, 164, 312
점심밥・44
접시・53, 89, 141, 299, 400
접시 물・23
젓가락・177
젓갈・187, 397
젓국・183, 210
정・28, 30, 32, 71
정강이・430
정배・68
정분・494

정성 · 48, 390
정수리 · 345
정승 · 227, 276, 292, 307, 473, 476
정신 · 283, 305, 314, 326
정월 · 96
정자 · 287, 499
정자나무 · 169
정지 · 405
젖 · 88, 124, 152, 158, 423
젖꼭지 · 462
젖내 · 107, 108
젖통 · 462
제 잡이 · 37
제갈량 · 398
제비 · 71, 276, 377
제사 · 58, 153, 155, 228, 277, 418, 419, 446, 450, 489
제삿날 · 134, 421
제석 · 455
제웅 · 106
제주 · 143, 164, 405
제청 · 357
젯밥 · 313
젯상 · 158, 237
조 · 304
조개 · 64, 413, 420
조개 껍질 · 474
조개젓 · 355, 397
조기 · 134, 254

조기배 · 178
조리 · 61, 493
조리 장수 · 316
조마거둥 · 107
조막손 · 305, 361, 436
조밥 · 58, 188, 462
조방 · 152, 313
조복 · 152
조상 · 116, 139, 275, 313, 319, 419
조석 · 45
조약돌 · 322
조왕 · 485
조정 · 334
조조 · 237, 363
조카 · 107, 144
족제비 · 101, 110, 121, 157, 358, 373, 446
좀 · 38, 350
좁쌀 · 59, 160, 196
종 · 76, 84, 212, 238, 251, 264, 406, 467, 487
종가 · 491
종기 · 53
종년 · 383
종놈 · 155
종로 · 138
종이 · 275
종자 · 46
종지리새 · 191
종짓굽아 · 358

좌수 · 120
좌수상사 · 79
죄 · 21, 58, 97, 198, 232, 317, 346, 347, 447, 449
주객 · 320
주걱 · 134
주둥이 · 234
주라 · 280
주름 · 84
주막집 · 155
주머니 · 308, 379, 454, 463, 480, 484
주먹 · 221, 236, 250, 274, 383
주모 · 375
주석 · 493
주인 · 38, 81, 95, 330, 429, 459
주전자 · 487
주정 · 65, 176
주춧돌 · 109
주토 · 371
죽 · 20, 50, 65, 102, 120, 141, 243, 324, 331, 360, 382, 401, 406, 428, 433, 434, 451, 461, 486
죽기 · 317
죽사발 · 261
죽산 · 357
죽음 · 24
죽젓광이 · 134
준치 · 90
줄기 · 238
줄밥 · 255

중 · 65, 72, 75, 82, 96, 111, 112, 153, 155, 170, 183, 187, 191, 234, 236, 259, 285, 287, 309, 311, 322, 330, 341, 352, 362, 365, 384, 399, 415, 423, 452, 454, 460, 465, 468, 470, 497, 501
중놈 · 145, 179, 452
중매 · 280, 412
중방 · 334
중상 · 81
중의 · 420
쥐 · 31, 44, 57, 89, 100, 115, 121, 128, 159, 165, 172, 192, 195, 217, 233, 244, 273, 309, 328, 339, 354, 355, 362, 378, 404, 438, 440, 444, 448, 458, 461, 485, 487, 490, 495
쥐구멍 · 22, 172, 234, 357
쥐꼬리 · 470
쥐똥 · 168
쥐새끼 · 191, 234
지게 · 187, 277, 383, 497
지게미 · 430
지네 · 207, 309
지랄 · 159
지랄병 · 257
지령 · 223
지름길 · 262
지리산 · 353, 356
지묵 · 42
지벌 · 446
지붕 · 151, 214, 363, 491

지신 · 485
지어미 · 465
지전시정 · 165
지척 · 23
지팡이 · 63, 89, 139, 184, 412, 461
진물 · 164
진상 · 80
진잎죽 · 127
진주 · 223, 364, 390, 393, 493
진토 · 247
질동이 · 441
질병 · 463
질투 · 203
짐 · 53, 99, 144, 248
짐승 · 39, 109, 194, 260, 330
집 · 32, 42, 52, 227
집게 · 335
집구석 · 495, 496
집돌 · 445
집안 · 233, 267, 268, 402, 475
징 · 445
짚 · 81
짚단 · 228
짚바리 · 142
짚북더기 · 463
짚불 · 249, 258
짚신 · 21, 39, 493, 494
짚신장이 · 484
짚신짝 · 105
짝 · 21

짝사랑 · 318
짠물 · 102
쪽박 · 64, 242, 348, 422, 467
쪽풀 · 456
쭉정이 · 476
찌 · 59

(ㅊ)
차돌 · 62
차반 · 210
찬장 · 312
찰거머리 · 337
참깨 · 145
참빗 · 25
참사 · 411
참새 · 38, 71, 84, 104, 145, 178, 291, 292, 377, 489
참외 · 452, 463
찹쌀 · 434
창구멍 · 146
창부 · 176
창옷 · 185
창자 · 114, 202
채반 · 168
채질 · 318, 402
책력 · 241, 466
책장 · 422
처가 · 314, 326
처가살이 · 62
처가집 · 213, 214

처남 · 414
처녀 · 77, 137, 140, 217, 225, 269, 398, 399, 405
처삼촌 · 414
처서 · 503
처숙부 · 414
천금 · 41, 389
천냥 · 61, 263
천도 · 151, 398
천둥 · 357, 395
천리마 · 246, 253, 468
천인 · 389
천자문 · 175
천장 · 160, 422
천충석 · 393
천치 · 223
철 · 262, 209, 487
청개구리 · 124
청국장 · 168
청명 · 455
청백리 · 196
청산 · 312
청심환 · 174
청천백일 · 404
청탁 · 320
체 장수 · 81, 311, 351, 429
체수 · 54
쳇바퀴 · 429
초 · 70
초갑 · 340

초남태 · 106
초당 · 295
초라니 · 72, 136, 237
초로 · 22, 85
초롱꾼 · 61
초립동 303
초상 · 118, 120, 153, 313, 355
초시 · 396
초지 · 275
초하룻날 · 96
초혼 · 413
촉새 · 259
촌년 · 93
촌놈 · 296
촛대 · 192
촛불 · 244
총 · 145, 326, 423, 470
총각 · 154, 269
총독부 · 115
총명 · 52
추렴 · 306, 461
추위 · 477
축 · 85
축수 · 68
춘포 · 185
춘향 · 190
춤 · 97, 118, 134, 136, 170, 182, 187, 191, 199, 302, 315, 389, 419, 420
춤추기 · 305
충청도 · 186, 247

치마 · 154, 319, 352
치마자락 · 32, 213
치질 · 363
칙간 · 39, 142
친구 · 74
친기 · 167
친손자 · 216
친정 · 213, 459, 460
친척 · 73
친환 · 153
칠년대한 · 310
칠성판 · 252
칠푼오리 · 57
취 · 478
침 · 127, 131, 305, 309
침통 · 152

(ㅋ)

칼 · 33, 44, 111, 153, 181, 208, 222, 231,238, 263, 279, 299, 300, 383, 396, 415, 421, 430, 468, 469
칼날 · 32, 143, 195, 403
칼자루 · 417
칼집 · 383
코 · 47, 124, 141, 147, 151, 160, 206, 220, 229, 245, 247, 308, 321, 323, 324, 327, 329, 337, 433, 462, 500
코허리 · 298
코끼리 · 179, 325, 404
코빼기 · 160

코엣고리 · 327
코털 · 428
콧구멍 · 164, 303, 352, 464
콧대 · 362
콧등 · 121, 299
콧물 · 419
콧병 · 360
콧침 · 143
콩 · 52, 99, 102, 105, 145, 146, 161, 202, 218, 263, 296, · 318, 324, 337, 346, 382, 390, 393, 484, 487
콩가루 · 111, 163, 373, 480
콩나물 · 369, 495
콩마당 · 54, 372
콩밥 · 151, 242, 243
콩밭 · 218, 313
콩싸라기 · 455
콩알 · 301, 397
콩엿 · 147
콩죽 · 159, 212, 221, 330, 331, 449
큰며느리 · 411
큰어미 · 206
큰집 · 414, 460
키 · 119, 454, 484
키질 · 119

(ㅌ)

타관 · 66
탄환 · 470
탐관 · 196

탐관오리 · 195
탑 · 390
탕건 · 416
탕관 · 305
탕구자 · 494
탕국 · 245
탕국내 · 499
탕약 · 153
태 · 105
태몽 · 97
태산 · 49, 58, 194, 222, 243, 249, 393, 426, 457
태산중악 · 394
태수 · 436
태주 · 104
태화당 · 115
탯줄 · 361
터 · 42
터서구니 · 74
터주 · 485
턱 · 356
턱석부리 수염 · 272
털 · 82, 133, 135, 169, 184, 257, 316, 397, 401, 405
털옷 · 466
털토시 · 277
토끼 · 45, 67, 74, 89, 90, 117, 168, 264, 285, 301, 356, 358, 373, 407, 426, 442, 443, 445, 457

토란 · 480
토막나무 · 169
통 · 77
통량갓 · 131
통비단 · 82
통숫간 · 237
투전 · 445
트레바리 · 160
틀 · 54
틈 · 43, 87
티 · 486
티끌 · 58, 307, 407, 426, 462
티눈 · 307, 321

(ㅍ)
파리 · 22, 35, 96, 158, 177, 231, 243, 299, 352, 358, 366
파리똥 · 454
파립 · 201
파발 · 216
파발꾼 · 440
파방 · 430
파밭 · 432
파장 · 413, 498
파주미륵 · 370
파총 · 149
판관 · 340
판돈 · 352
판수 · 365

팔 · 66
팔난봉 · 256
팔도 · 342
팔매 · 420
팔불출 · 35
팔양경 · 365
팔자 · 22, 136, 211, 255, 320
팔자치레 · 58
팥 · 145, 146, 324, 346, 393, 451
팥고물 · 153
팥알 · 372
팥죽 · 212, 313, 355, 501
팥죽내 · 499
패가 · 264, 268
패군 · 280
패독산 · 466
패랭이 · 256
패장 · 280
팽이 · 269, 474
편자 · 451
평반 · 253
평안감사 · 71
평양 · 기생 · 203
평양감사 · 204, 275
평지 · 49, 50, 141, 222, 393
평측 · 396
평택 · 315
폐기 · 427
폐풍월 · 399

포대기 · 182
포도군사 · 65, 153
포도청 · 91, 427, 450
포선 · 114
포수 · 381, 482
포육 · 165
표주박 · 106
푸닥거리 · 281
푸대 · 251
푸둥지 · 151
푸른색 · 325
푸성귀 · 112, 473
푸줏간 · 244, 341, 359, 421
푼돈 · 232
풀 · 54, 117, 140, 188, 220, 231, 236, 434, 447
풀무 · 471
풀밭 · 399
풀벌레 · 158
풀쇄기 · 498
풀칠 · 242
품 · 208
품앗이 · 60
풋고추 · 340, 356
풋나물 · 367
풍년 · 206, 241, 242, 253, 460
풍석 · 119
풍악 · 417
풍월 · 335, 399, 467

풍잠 · 90
풍지 · 492
피 · 37, 38, 114, 117, 300, 338, 448
피라미 · 221
피밥 · 213
피사리 · 54
피장 · 421
필묵 · 378
핏겨죽 · 494
평계 · 77, 114, 164, 180

(ㅎ)

하가마 · 373
하눌타리 · 59, 465
하늘 · 37, 43, 144, 152, 158, 194, 235, 247, 266, 298, 315, 320, 347, 348, 352, 353, 369, 370, 391, 392, 416, 456, 478
하루살이 · 82
하룻강아지 · 169
하룻망아지 · 329
하룻비둘기 · 390
하문 · 448, 480
하선 · 171
하인 · 197, 226
하지 · 199
하품 · 321, 427
학 · 78, 181, 237, 266, 400, 483
학질 · 255
한강 · 138, 283, 300, 347, 417, 422, 486

한라산 · 59
한량 · 65, 321
한식 · 214, 390, 455
한양 · 224
한문 · 263
할미 · 204, 364
할미 손가락 · 99
할아버지 · 39, 79, 408, 494
함박 · 444
함정 · 74, 111, 244, 252, 450
함지 · 209
함지박 · 427
합 · 463
합산 · 397
합천 · 156
항렬 · 171
항아리 · 58, 383, 416, 492
항우 · 281
해 · 49, 177
해동청 · 186
해몽 · 179, 312, 406
해산 · 118
해인사 · 156
해파리 · 228
햇볕 · 106
햇비둘기 · 390
행담 · 65
행랑 · 115, 138
행수 · 144

행주치마·211
행차·413
향·224
향청·359, 410
허공·266
허리·207, 229
허리띠·379
허벅지·150
허욕·264
허청 기둥·142
허파·106, 363
허팟줄·363
헤엄·258, 260, 388
혀·33, 34, 127, 178, 203, 233, 300, 503
혀뿌리·499
현감·458
혓바닥·131, 322
형·215, 337
형방서리·427
형산·247
형수·215
형제·30
형체·246
형틀·448
혜초·298
호·493
호구별성·300
호랑이·22, 43, 49, 67, 74, 82, 83, 87, 90, 91, 101, 102, 108, 112, 143, 146, 147, 157, 160, 172, 194, 197, 202, 211, 218, 235, 238, 244, 245, 249, 252, 253, 255, 258, 270, 278, 283, 288, 295, 301, 302, 327, 332, 341, 348, 353, 360, 366, 367, 368, 380, 381, 386, 389, 391, 421, 428, 434, 442, 446, 449, 499
호로 자식·123
호롱불·172
호마·67
호미·43
호박·64, 137, 151, 383, 438, 445, 452
호박 덩굴·256
호박국·324
호박꼭지·233, 425
호박꽃·21, 214
호박떡·53
호박씨·331
호박잎·124
호법당·469
호인·440
호장·79
호조·160, 455
호패·202, 493
호환·83, 488
혹·474
혼백·319
혼사·176, 224, 386
혼수·154
혼인·58, 144, 160, 281, 444
홀아비·100, 216, 247, 273, 438
홀어미·308

홀어미집 · 291
홈 · 172
홍동지 · 172
홍두깨 · 84, 99, 177, 238, 393, 416, 439, 444
홍시 · 50
화냥 · 269
화냥년 · 34, 455
화로 · 156, 310, 470
화로불 · 64
화룡선 · 190
화목 · 468
화살 · 31, 432, 441
화수분 · 461
화약 · 143
화재 · 119, 162, 471
화적 · 162
화초 · 99, 118, 190, 283
확 · 234
환갑 · 318, 376
환도 · 299, 493
환자 · 60, 154, 423
활 · 111, 146, 419
활량 · 372
활인불 · 483
홧김 · 75
황 · 340, 355
황달병 · 272
황모 · 63
황밤 · 151
황새 · 172, 181, 259, 328, 357, 368

황소 · 143, 146, 277, 364, 437, 501
황소 걸음 · 130
황소 불알 · 310
황아 · 113
황양목 · 369
황혼병 · 319
홰 · 244, 407
횃대 · 172
횃불 · 420
회 · 95, 171, 452
회오리 바람 · 255
효녀 · 475
효도 · 226
효성 · 271
효자 · 209, 226, 467, 475
후래자 · 156
후레아들 · 482
후리매 · 434
후추 · 377
후추알 · 377
훈장 · 200
흉 · 35, 99, 328
흉가 · 396
흉년 · 75, 160, 205, 241, 242, 245, 367, 442,
흉조 · 232
흑백 · 180, 325
흑함 · 473
흘레 · 318
흙 · 144

흙내 · 499
흙담 · 402
흙투성이 · 474
흠통 · 45

흥망성쇠 · 24
흥문제 · 358
흥정 · 102, 156, 274
흰둥이 · 457

찾아보기 II

(ㄱ)

'가갸 뒷 자도 모른다 · 335
가게 기둥에 입춘 · 493
가게 기둥에 주련 · 493
가까운 길을 버리고, 먼 길로 간다 · 190
가까운 남이 먼 일가보다 낫다 · 87
가까운 데를 가도 점심밥을 싸 가지고 가라 · 44
가까운 제 집은 깎이고, 먼 데 절은 비친다 · 100
가난 구제는 나라도 못한다 · 407
가난 구제는 나라도 어렵다 · 407
가난 구제는 지옥 늦이라 · 239
가난에도 비단 가난이다 · 108
가난은 죄가 아니다 · 21
가난이 무식이다 · 349
가난이 뼈 속까지 스며든다 · 241
가난이 싸움이다 · 198
가난이 죄다 · 198
가난이 질기다 · 199
가난하면 성도 없다 · 74
가난하면 죽는 날도 없다 · 197
가난하면 찾아오는 벗도 없다 · 73
가난하면 찾아오는 친척도 없다 · 73
가난하면 친구도 찾아오지 않는다 · 74
가난하면 친척도 멀어진다 · 74
가난하면 친한 사람이 적다 · 74
가난한 놈 앓은 틈 없다 · 197
가난한 놈은 제 성도 못 가진다 · 74
가난한 놈이 기와집만 짓는다 · 198
가난한 놈이 남의 것을 먹자니 말이 많다 · 198
가난한 놈일수록 밤 새도록 기와집 짓는다 · 198
가난한 상주 방갓 대가리 같다 · 373
가난한 양반이 향청에 들어가듯 · 359
가난한 활수가 돈 있는 부자보다 낫다 · 293
가는 년이 물 길어다 놓고 갈까 · 489
가는 년이 보리방아 찧어 놓고 갈까 · 489
가는 년이 세간 살까 · 489
가는 말에 채찍질 · 47
가는 말에도 채를 치랬다 · 47
가는 말이 고와야, 오는 말이 곱다 · 30
가는 방망이 오는 홍두깨 · 238
가는 베 짜겠다 · 380
가는 손님은 뒷꼭지가 예쁘다 · 296
가는 정이 있어야, 오는 정이 있다 · 30
가는 토끼 잡으려다가 잡은 토끼 놓친다 · 45
가다가 말면 안 가는 것만 못하다 · 279
가던 날이 장날이라 · 355
가도록 심산이라 · 242
가랑니가 더 문다 · 111

가랑비에 옷 젖는 줄 모른다 · 281
가랑이가 찢어지게 가난하다 · 241
가랑이에서 불이 난다 · 354
가랑이에서 비파 소리 난다 · 354
가랑잎에 꿩 새끼 구워 먹겠다 · 104
가랑잎에 불 붙듯 · 182
가랑잎으로 눈 가리기 · 480
가랑잎으로 눈을 가린다 · 130
가랑잎으로 똥 싸 먹겠다 · 241
가랑잎으로 하문 가리기 · 480
가랑잎이 솔잎더러 바스락거린다고 한다 · 141
가래터 종놈 같다 · 123
가려운 곳을 긁어주듯 · 116
가려운 데를 긁을 줄 알아야 한다 · 30
가로 지나 새로 지나 · 453
가루 팔러 가니 바람이 불고, 소금 팔러 가니 이슬 비 온다 · 229
가루는 칠수록 고와지고, 말은 할수록 거칠어진다 · 31
가르친 사위 · 380
가마 밑이 노구 솥 밑을 검다 한다 · 142
가마 속의 콩도 삶아야 먹는다 · 390
가마 타고 시집 가기는 틀렸다 · 425
가마가 검기로 밥도 검을까 · 272
가마가 많으면, 모든 것이 헤프다 · 461
가마솥에 노는 고기다 · 331
가만 바람이 대목을 꺾는다 · 276
가만히 먹으라니까 뜨겁다 한다 · 120
가만히 먹으라니까 얌냠하면서 먹는다 · 121
가만히 먹으라니까 큰 기침을 한다 · 121

가만히 있으면, 무식을 면한다 · 33
가물 끝에 오는 비 같다 · 439
가물(가물음)에 비 기다리듯 · 310
가물에 도랑 친다 · 44
가물에 콩 나듯 · 484
가슴에 못을 박는다 · 111
가슴이 화룡선 같다 · 190
가시나무에 가시 난다 · 346
가시어미 눈멀 사위 · 319
가시어미 장 떨어지자 사위가 국 싫다 한다 · 429
가아사가 어사보다 더 무섭다 · 110
가을 더위와 노인의 건강 · 477
가을 들판에는 대부인 마님이 나막신짝을 들고 나선다 · 199
가을 들판이 어설픈 친정보다 낫다 · 460
가을 마당에 빗자루 몽당이를 들고 춤을 추어도 농사 밑이 어둑하다 · 199
가을 바람에 새 털 · 186
가을 바람이 귓전을 스쳐가듯 · 178
가을 밭에 가면 가난한 친정에 가는 것보다 낫다 · 459
가을 볕에는 딸을 쬐이고 봄 볕에는 며느리를 쬐인다 · 212
가을 부채는 시세가 없다 · 474
가을 상추는 문 걸어 잠그고 먹는다 · 321
가을 식은 밥이 봄 양식이다 · 57
가을 아욱국은 계집 내쫓고 먹는다 · 321
가을 아욱국은 사위에게만 준다 · 321
가을 일은 미련한 놈이 잘 한다 · 55
가을 중 싸대듯 · 352

찾아보기 Ⅱ

가을 철에는 죽은 송장도 꿈적거린다 · 199
가을에 내 아비 제도 못 지내거든 봄에 의붓아비 재
　지낼까 · 57
가을에 핀 연꽃이다 · 423
가을에는 부지깽이도 덤빈다 · 199
가을에는 소 발자국에 고인 물도 먹는다 · 503
가을에는 손톱 · 발톱이 다 먹는다 · 321
가자니 태산이요, 돌아서자니 숭산이라 · 243
'가' 자 뒷 다리도 모른다 · 335
가재 걸음 · 430
가재는 개 편이다 · 85
가재는 작아도 돌을 진다 · 377
가죽 밖에 안 남았다 · 370
가죽에 흠을 내지 않고 호랑이를 잡기는
　어렵다 · 235
가죽이 있어야 털이 난다 · 344
가죽하고 뼈가 맞붙었다 · 370
가죽하고 뼈만 남았다 · 370
가지 따 먹고 외수 한다 · 132
가지 많은 나무가 잠잠할 적 없다 · 206
가지 많은 나무에 바람 잘 날 없다 · 206
가지가 줄기보다 크면 반드시 찢어지게
　마련이다 · 238
가진 것이라고는 그림자 밖에 없다 · 485
가진 것이라고는 불알 두 쪽 밖에 없다 · 485
가진 것이라고는 알몸 뿐이다 · 485
가진 놈이 더 무섭다 · 196
가진 돈이 없으면 망건 꼴이 나쁘다 · 76
가풀막을 만났다 · 245
각관 기생이 열녀 될까 · 400

간다 간다 하면서 아이 셋 낳고 간다 · 477
간도 쓸개도 없다 · 192
간에 가 붙고, 쓸개에 가 붙는다 · 132
간에 가 붙고, 염통에 가 붙는다 · 132
간에 기별도 안 갔다 · 368
간에 바람 들었다 · 175
간에 불 붙었다 · 248
간에 안 찼다 · 368
간이 콩알만 하다 · 301
간장이 시다 · 487
갇혔던 봇물이 터졌다 · 472
갇힌 새는 하늘을 그리워한다 · 66
갈고랑이 맞은 고기 · 301
갈모 형제라 · 456
갈수록 수미산이다 · 242
갈수록 첩첩 산중이다 · 243
갈수록 태산이다 · 243
갈치가 갈치 꼬리를 문다 · 111
감기 고뿔도 남 안 준다 · 164
감나무 밑에 누워 연시 입 안에 떨어지기를
　기다린다 · 310
감나무 밑에 누워도 삿갓 미사리를 대어라 · 48
감나무 밑에서도 먹는 수업을 하여라 · 48
감사 덕분에 비장나리 호사한다 · 451
감옥살이에서도 웃을 날이 있다 · 25
감은 강아지로 돼지 만든다 · 130
감은 접 붙여서 씨도둑을 하지마는, 사람은
　씨도둑질을 못한다 · 480
감자 밭에서 바늘 찾기 · 399
감자 씨와 자식 씨는 못 속인다 · 208

감장 강아지로 돼지 만든다 · 130
감출 줄은 모르고 훔칠 줄만 안다 · 329
갑갑한 놈이 송사 한다 · 83
갑자기 나는 우뢰 소리에는 귀 막을 사이가
  없다 · 403
값 싼 갈치 자반 맛만 좋다 · 463
값 싼 갈치 자반 · 463
값 싼 것이 보리술이다 · 464
값 싼 비지떡 · 464
값도 모르고 싸다 한다 · 180
값도 모르고 쌀자루 내민다 · 168
값진 진주도 진흙 조개에서 나온다 · 223
갓 마흔에 첫 버선 · 410
갓 마흔에 첫 보살 · 438
갓 사러 갔다가 망건 산다 · 452
갓 쓰고 구두 신기 · 493
갓 쓰고 망신 · 448
갓 쓰고 박치기 해도 제 멋 · 80
갓 쓰고 자전거 타기 · 493
갓 쓴 송사리가 온 바다물을 흘린다 · 196
갓방 인두 달듯 · 304
갓장이 헌 갓 쓴다 · 236
강 건너 불 구경 · 471
강 건너 불 보듯 · 471
강 건너 시아비 뭣이다 · 341
강 건너 호랑이다 · 341
강 건너 화재 · 471
강물도 쓰면 준다 · 57
강아지 똥은 똥이 아닌가 · 408
강아지에게 메주 멍석 맡긴다 · 420

강원도 삼척이다 · 502
강원도 안 가도 삼척 · 502
강원도 참사 · 411
강원도 포수다 · 353
강철이 달면 더 뜨겁다 · 75
강태공의 곧은 낚시질 · 254
강한 나무가 부러진다 · 349
강한 말은 매 놓은 기둥에 상한다 · 270
갓바치 내일 모레 · 421
갓바치에 풀무는 있으나 마나 · 471
갖에서 좀 난다 · 38
같은 값이면 과붓집 머슴살이 · 291
같은 값이면 껌정소 잡아 먹는다 · 291
같은 값이면 다홍치마 · 291
같은 값이면 은가락지 낀 손에 맞으랬다 · 294
같은 값이면 처녀 장가 · 291
같은 값이면 홀어미집 머슴살이 · 291
같은 과부면 돈 있는 과부 · 291
같은 과부면 아이 없는 과부 · 291
같은 과부면 젊은 과부 · 291
같은 깃의 새는 같이 모인다 · 85
같은 떡도 남의 것이 커 보인다 · 99
같은 떡도 맏며느리에게 주는 것이 크다 · 467
같은 떡도 맏며느리한테 주는 것이 크다 · 212
같은 병을 앓는 사람끼리는 서로 불쌍히
  여긴다 · 67
같은 열닷냥이면 과붓집 머슴살이 · 291
같은 외상이면 껌정소 잡아 먹는다 · 291
같은 품삯이면 과붓집 머슴살이 · 291
같은 품삯이면 부잣집 머슴살이 · 291

같이 다니는 거지는 동냥 못 한다 · 280
같이 우물 파고, 혼자 먹는다 · 161
같잖은 투전에 돈만 잃었다 · 445
개 가 웃을 노릇이다 · 115
개 구멍으로 통량갓을 굴려 낼 놈 · 131
개 귀의 비루를 털어 먹어라 · 163
개 그림 떡 바라듯 · 311
개 꼬라지 미워 낙지 산다 · 71
개 꼬리 삼년 두어도, 황모 못 된다 · 63
개 꼬리 삼년 묻어도, 황모 되지 않는다 · 63
개 눈에는 똥만 보인다 · 99
개 대가리에 관 · 493
개 대가리에 똥 묻기다 · 490
개 등의 등겨를 털어 먹는다 · 161
개 똥도 약에 쓰려면 없다 · 484
개 마른 뼈 물어뜯듯 · 318
개 머루 먹듯 · 328
개 목에 방울 · 493
개 못된 것이 들에 가서 짖는다 · 127
개 바위 지나간 격 · 485
개 발에 놋 대갈 · 493
개 발에 버선 · 493
개 발에 주석 편자 · 493
개 밥에 도토리 · 339
개 벼룩 씹듯 · 182
개 보름 쇠듯 · 367
개 뼈다귀에 은 올린다 · 417
개 새끼도 주인을 보면 꼬리를 친다 · 29
개 싸움에 물 끼얹었다 · 495
개 약과 먹기 · 328

개 오줌 맞는 장승 · 255
개 이가 상아 될까 · 400
개 입에서 개 말 나오고, 쇠 입에서 쇠 말
　나온다 · 489
개 입에서 상아 날까 · 279
개 입은 벌리면 똥내만 난다 · 189
개 잡아 먹고 동네 인심 잃고, 닭 잡아 먹고 이웃 인
　심 잃는다 · 285
개 장수도 올가미가 있어야 한다 · 42
개 한 마리가 헛 짖으니, 뭇 개가 따라 짖는다 ·
　145
개가 돼도 부잣집 개가 되랬다 · 291
개가 똥을 마다 한다 · 159
개가 물똥을 마다하지 않는다 · 82
개가 미치면 사람을 가리지 않고 문다 · 83
개가 약과 먹듯 · 366
개가 장승 무서운 줄 알면 오줌 눌까 · 489
개가 제 방귀에 놀란다 · 300
개가 쥐를 잡고, 먹기는 고양이가 먹는다 · 440
개가 짖는다고 다 도둑은 아니다 · 235
개가 짖을 때마다 도둑이 오는 것은 아니다 · 281
개가 콩엿 사 먹고, 버드나무에 올라가겠다 · 147
개가 핥은 것 같다 · 241
개가 핥은 죽사발 같다 · 241
개골창을 베었다 · 376
개구리 삼킨 뱀의 배 · 167
개구리 새끼는 개구리다 · 455
개구리 올챙이 적 생각을 못한다 · 125
개구리 주저앉은 뜻은 멀리 뛰자는 뜻이다 · 491
개구리 중에서도 수채 개구리다 · 371

개구리는 울다가 뱀에게 잡힌다 · 231
개구리도 옴쳐야 뛴다 · 42
개구리에게 헤엄 가르친다 · 126
개구멍에 망건 치기 · 445
개나란 쪽박에 밥 많이 담긴다 · 367
개는 먹이를 탐내어 꼬리를 흔든다 · 491
개는 안주인을 닮는다 · 95
개는 안주인을 따르고, 소는 바깥 주인을
　따른다 · 84
개는 잘 짖는다고 좋은 개가 아니다 · 27
개도 기르면, 은혜를 안다 · 29
개도 꼬리를 친 다음에 먹는다 · 29
개도 꼬리를 흔들며 제 잘못을 안다 · 265
개도 나갈 구멍을 보고 쫓아라 · 273
개도 닷새가 되면 주인을 안다 · 29
개도 뒤 본 자리를 덮는다 · 289
개도 먹어라는 똥은 안 먹는다 · 159
개도 무는 개를 돌아본다 · 88
개도 미치면 주인을 문다 · 92
개도 벼룩을 물어잡을 때가 있다 · 225
개도 부지런해야 더운 똥을 얻어 먹는다 · 45
개도 사나운 개를 돌아본다 · 88
개도 사흘을 기르면, 주인을 잊지 않는다 · 29
개도 손들 날이 있다 · 288
개도 얻어맞은 골목에는 가지 않는다 · 281
개도 제 주인은 물지 않는다 · 38
개도 제 주인을 보면 반가와한다 · 29
개도 제 주인을 알아본다 · 29
개도 제 털을 아긴다 · 257
개도 키워 준 은혜를 안다 · 29

개도 텃세 한다 · 91
개떡에도 고물이 든다 · 389
개똥 밭에 굴러도 이승이 좋다 · 261
개똥 밭에도 이슬 내릴 때가 있다 · 225
개똥 밭에서 인물 난다 · 223
개똥참외는 먼저 맡은 이가 임자다 · 238
개를 기르다가 다리를 물렸다 · 446
개를 길러놓으니까, 미친 개가 되어 주인을
　문다 · 125
개를 따라가면 칙간으로 간다 · 39
개를 친하면, 옷에 흙칠을 한다 · 39
개미 구멍으로 공든 탑이 무너진다 · 43
개미 금탑 모으듯 · 437
개미 기어간 자취 · 485
개미 떼 퍼진다 · 352
개미 떼가 용도 잡는다 · 395
개미 쳇바퀴 돌듯 · 429
개미가 객사 기둥을 건드린다 · 150
개미가 맷돌을 돌리는 것 같다 · 150
개미가 절구통을 물고 나간다 · 423
개미가 정자나무 건드린다 · 169
개미는 작아도 탑을 쌓는다 · 390
개미에게 뭣 물렸다 · 448
개미에게 불알 물렸다 · 448
개밥도둑(하늘밥도둑)이다 · 374
개살구 지레 터진다 · 127
개살구도 맛 들일 탓 · 69
개암과 은행이다 · 385
개에 남바위 · 493
개에 호패 · 493

개에게 된장 덩어리 지키게 한다 · 420
개에게 불고기를 맡긴다 · 420
개와 원숭이 사이다 · 338
개울 치고 가재 잡는다 · 441
개울물에는 큰 고기가 없다 · 397
개울이나 못은 더러운 물도 받아들인다 · 36
개장국에 초 친 맛이다 · 322
개천아 네 그르냐 눈 먼 봉사 내 그르다 · 265
개천에 내다 버릴 종 없다 · 467
개천에 든 소 · 252
개천에서 나도 저 날 탓이다 · 390
개천에서 용 난다 · 223
개하고 똥 다툰다 · 166
개한테 돈 주기다 · 443
개한테 물린 꿩 · 245
객주가 망하려니, 짚단만 들어온다 · 228
객주집 칼도마 같다 · 374
갯벌에서 게 잡다가 광주리만 잃었다 · 446
거꾸로 매달려도 사는 세상이 좋다 · 261
거둥 길 닦아 놓으니까 깍정이가 먼저
　지나간다 · 133
거둥에 망아지 따라다니듯 · 340
거문고 인 놈이 춤을 추니, 칼 쓴 놈도
　춤을 춘다 · 181
거미 줄 따르듯 · 340
거미 줄에 목을 매라 · 299
거미가 줄을 쳐야 벌레를 잡는다 · 42
거미는 작아도 줄만 친다 · 377
거미도 줄을 쳐야 벌레를 잡는다 · 43
거미줄도 줄은 줄이다 · 491

거북의 털 · 399
거북이 잔등의 털을 긁는다 · 397
거적문에 돌쩌귀 · 493
거지 꿀 얻기다 · 383
거지 노릇도 사흘 하면 못 버린다 · 64
거지 노릇만 하라는 팔자 없다 · 47
거지 눈에는 밥만 보인다 · 81
거지 발싸개 같다 · 171
거지 밥주머니에 붙은 밥풀도 떼어 먹는다 · 165
거지 베 두루마기 해 입힌 셈이다 · 317
거지 볼에 붙은 밥풀도 떼어 먹는다 · 165
거지 옷 해 입힌 셈이다 · 317
거지 자식은 거지가 된다 · 208
거지 턱을 쳐 먹어라 · 163 ·
거지가 논두렁 밑에 있어도 웃음이 있다 · 261
거지가 도승지를 불쌍하다 한다 · 117
거지가 동냥바가지 자랑한다 · 149
거지가 말 얻었다 · 148
거지가 은식기에 밥 먹는다 · 151
거지가 이밥 · 조밥 가린다 · 188
거지끼리 자루 찢는다 · 166
거지는 같이 다니지 않는다 · 280
거지는 거지 친구를 좋아한다 · 85
거지는 고마운 줄 모른다 · 92
거지는 모닥불에 살찐다 · 96
거지는 밥그릇 소리에 깬다 · 81
거지는 부엌부터 들여다본다 · 81
거지도 바가지 장단 멋으로 산다 · 25
거지도 부지런하면 더운 밥을 얻어 먹는다 · 45
거지도 손 볼 날이 있다 · 288

거지도 쌀밥 먹을 날이 있다 · 25
거지보고 요기 시키란다 · 158
거짓말 하고 뺨 맞는 것보다 낫다 · 40
거짓말도 잘 하면, 오려논 닷 마지기보다
　낫다 · 30
거짓말은 사흘 안 간다 · 40
거짓말이 외삼촌보다 낫다 · 30
걱정도 팔자다 · 154
건너다 보니 절터라 · 327
건너다 보니 절터요 찌그르하니 입맛 · 312
건넛 산보고 꾸짖는다 · 139
건넛 산 쳐다본다 · 422
건넛 산의 돌 쳐다본다 · 422
건넛 술막 꾸짖는다 · 139
건더기 먹는 놈 따로 있고, 국물 먹는 놈
　따로 있다 · 199
건더기 먹는 놈이나, 국물 먹는 놈이나 · 261
건들리지 않은 벌이 쏠까 · 488
건재약국에 백복령 · 153
걷기도 전에 날기부터 배운다 · 150
걷기도 전에 뛰기부터 배운다 · 150
걸레를 씹어 먹었나 · 152
걸음아 날 살려라 한다 · 358
검둥개 멱 감긴다 · 488
검불 속에서 수은 찾기 · 399
검은 것은 글씨라는 것 밖에 모른다 · 335
검은 고기 맛 좋다 한다 · 371
검은 고양이 눈 감은 듯 · 324
검은 구름에 백로 지나가기 · 405
검은 구름은 끼어도 비는 오지 않는다 · 394

검은 머리 가진 짐승은 구제 말란다 · 92
검은 색에는 물감이 들지 않는다 · 471
검정 소도 흰 송아지를 낳는다 · 399
검정개는 돼지 편이다 · 85
겁 많은 개가 제 집에서는 짖는다 · 101
겁 많은 고양이 쥐를 못 잡는다 · 100
겉 보리 서 말만 있으면 처가살이 할까 · 62
겉보리 돈 삼기 · 382
겉보리를 껍질채 먹은들 시앗하고야 한 집에
　살랴 · 210
게 걸음 친다 · 430
게 눈 감추듯 · 366
게 새끼는 나면서부터 집는다 · 63
게 새끼는 나타나면 잡힌다 · 23
게 새끼는 집고, 고양이 새끼는 할퀸다 · 63
게 잡아 물에 놓았다 · 432
게는 옆으로 가도 갈 데는 다 간다 · 278
게는 제 몸 크기대로 굴을 판다 · 259
게도 구럭도 잃었다 · 443
게도 구멍이 크면 죽는다 · 259
게를 똑바로 기어가게 할 수 없다 · 63
게으른 년이 삼가래 세고, 게으른 놈이 책장 센
　다 · 422
게으른 년이 섣달그믐날 빨래 한다 · 184
게으른 놈 낫질하듯 · 360
게으른 놈 저녁 때가 바쁘다 · 413
게으른 놈 짐 많이 진다 · 53
게으른 놈 짐 탐한다 · 53
게으른 놈과 거지는 사촌이다 · 407
게으른 놈이 고랑 세듯 · 422

게으른 놈이 이랑 세듯 · 422
게으른 말 짐 탐한다 · 53
게으른 선비 책장 넘기기 · 422
게으른 여편네 밭고랑 세듯 · 422
게으른 여편네 아이 핑계하듯 · 180
게으른 일꾼 밭고랑 세듯 · 422
게으름뱅이 언덕 진다 · 46
겨 먹은 개는 들켜도 쌀 먹은 개는 안 들킨다 · 237
겨 묻은 개가 똥 묻은 개를 흉본다 · 142
겨 속에 싸라기가 있다 · 484
겨 속에서 쌀 찾기다 · 383
겨 주고 겨 받는다 · 419
겨드랑을 봐도 젖통을 봤다고 한다 · 150
겨울 바람이 봄 바람보고 춥다 한다 · 141
겨울 부채요, 여름 화로다 · 470
겨울의 털옷, 여름의 갈포옷 · 466
겨울이 되어 속옷을 장만한다 · 412
겨울이 지나지 않고 봄이 올까 · 54
결창이 터진다 · 300
경 다 읽고 떼어버려야겠다 · 317
경상도에서 죽 쑤던 놈은 전라도에 가서도 죽 쑨다 · 406
경우가 삼칠장이다 · 105
경자년 가을보리 되듯 · 372
경주 돌이면 다 옥석인가 · 235
경주인 집에 똥 누러 갔다가 잡혀 갔다 · 447
경쳐 포도청이라 · 450
경치고 포도청 간다 · 450
곁방 년이 코 구른다 · 124

곁방살이 불 낸다 · 135
곁방살이 코 곤다 · 124
곁방에서 불 난다 · 135
계 술에 낯 내기 · 170
계 타고 집 판다 · 444
계란에 유골 · 227
계란이나 달걀이나 · 453
계집 둘 가진 놈의 창자는 호랑이도 안 먹는다 · 202
계집 바뀐 건 모르고, 젓가락 바뀐 건 안다 · 145
계집 입 싼 것 · 465
계집애가 오랍아 하니, 사내도 오랍아 한다 · 181
계집은 상을 들고 문지방을 넘으며 열두가지 생각을 한다 · 211
계집은 젊어서는 여우가 되고 늙어서는 호랑이가 된다 · 211
계집은 질투를 빼놓으면 두근도 안 된다 · 203
계집의 곡한 마음은 오뉴월에 서리 친다 · 203
계집의 매도 너무 맞으면 아프다 · 28
계집이 늙으면 여우가 된다 · 203
곗돈 타고 집안 망한다 · 230
고개를 영남으로 돌려라 · 141
고기 만진 손 국 솥에 씻을까 · 489
고기 만진 손 씻어 국 끓이겠다 · 165
고기 맛 본 중 구유를 핥는다 · 96
고기 새끼 하나 보고, 가마솥 부신다 · 162
고기 주다가 범에게 물렸다 · 446
고기 한 점이 귀신 천 머리를 쫓는다 · 258
고기가 물을 잃었다 · 243
고기가 썩으면 구더기가 생긴다 · 91

고기는 물을 얻어야 헤엄을 친다 · 388
고기는 씹어야 맛이 나고, 말은 해야
　시원하다 · 282
고기는 씹어야 맛이요, 말은 해야 맛이라 · 282
고기는 안 잡히고, 송사리만 잡힌다 · 442
고기도 먹어본 사람이 많이 먹는다 · 378
고기도 묵으면 어룡이 된다 · 46
고기도 용이 된다 · 46
고기를 사면 뼈도 사게 된다 · 288
고기를 잡고 나면 바리를 버린다 · 88
고기를 잡고 나면 바리를 잊게 된다 · 89
고기를 잡아 물에 넣었다 · 432
고기를 호랑이에게 먹인 셈이다 · 434
고기와 자라는 깊은 물을 좋아한다 · 70
고기의 맛을 알지 못한다 · 335
고니는 귀하게 여기고 닭은 천하게 여긴다 · 74
고니의 날개는 물에 젖지 않는다 · 64
고달픈 새는 우거진 숲으로 돌아간다 · 257
고두리에 놀란 새 · 301
고드름에 초장 친 맛이다 · 322
고래 그물에 새우가 걸린다 · 442
고래 그물에 새우가 잡혔다 · 443
고래 물 마시듯 · 367
고래 싸움에 새우 등 터진다 · 449
고래 싸움에 새우 치였다 · 449
고래 싸움에 새우가 끼어든다 · 190
고려 공사 삼일 · 93
고려적 잠꼬대 · 175
고르고 고르다가 곰보 마누라 얻는다 · 228
고르다가 곧 달걀 고른다 · 228

고리 백정 내일 모레 · 421
고리장이에게는 내일 모레가 약이다 · 421
고린 장이 더디 간다 · 476
고마니 귀신 붙었다 · 428
고마니 밭에 빠졌다 · 428
고목에서 꽃이 필까 · 392
고목은 휘어지지 않는다 · 218
고무래를 놓고 고무래정 자도 모른다 · 335
고비에 인삼 · 427
고삐 놓은 말 · 251
고삐 없는 말 · 251
고삐가 길면 밟힌다 · 480
고사리도 꺾을 때 꺾는다 · 53
고산 강아지 감 꼬챙이 물고 나선다 · 70
고슴도치 외 걸머지듯 · 460
고슴도치 외 따 지듯 · 460
고슴도치도 제 새끼가 함함하다면
　좋아한다 · 205
고슴도치도 제 새끼는 함함하다고 한다 · 205
고양 밥 먹고, 양주 구실 · 410
고양이 꼬막조개 보듯 · 470
고양이 덕과 며느리 덕은 알지 못 한다 · 330
고양이 목에 방울 달기 · 174
고양이 발에 덕석이다 · 337
(고양이) 불알 앓는 소리 · 178
고양이 소리 · 131
고양이 수파 쓴 것 같다 · 493
고양이 앞에 고기 반찬 · 348
고양이 앞의 쥐 · 309
고양이 죽은 데 쥐 눈물만큼 · 461

찾아보기 Ⅱ 563

고양이 쥐 생각한다 · 128
고양이 쥐 생각 · 487
고양이가 알 낳을 노릇이다 · 405
고양이가 이마가 있어야 망건을 쓰지 · 43
고양이가 쥐 놀린다 · 121
고양이가 쥐를 마다 한다 · 159
고양이에게 반찬 단지 맡긴다 · 420
고양이에게 반찬 달란다 · 157
고양이와 개다 · 338
고양이의 소로구나 · 128
고욤 맛 알아 감 먹는다 · 101
고욤 일흔이 감 하나만 못하다 · 291
고운 사람 미운 데 없고, 미운 사람 고운 데
　없다 · 71
고운 사람은 멱 씌워도 곱다 · 63
고운 일을 하면 고운 밥을 먹는다 · 347
고인 물이 썩는다 · 257
고자 처갓집 가듯 · 174
고자 힘줄 같은 소리 · 364
고쟁이를 열두 벌 입어도 보일 것은
　다 보인다 · 50
고추가 커야만 매운가 · 235
고추나무에 그네를 뛰고, 잣 껍질로 배를 만들어
　타겠다 · 135
고추는 작아도 맵다 · 377
고추밭에 말 달리기 · 118
고추보다 후추가 더 맵다 · 377
고추장 단지가 열둘이라도, 서방님 비위를 못 맞춘
　다 · 387
고치를 짓는 것이 누에다 · 258

곡식 이삭은 잘될수록 고개를 숙인다 · 28
곡식은 남의 곡식이 좋고 자식은 내 자식이
　좋다 · 205
곡식은 농부의 땀을 먹고 자란다 · 239
곡식은 주인 발자국 소리에 큰다 · 239
곤 달걀 놓고 병아리 기다린다 · 310
곤 닭이 꼬꼬 울까 · 392
곤자소니에 발 기름이 끼었다 · 147
곧은 나무 먼저 꺾인다 · 221
곧은 나무 쉬 꺾인다 · 221
곧은 나무는 산지기가 차지하고, 굽은 나무는 산주
　가 차지한다 · 442
곧은 나무는 재목으로 쓰이고, 굽은 나무는 화목으
　로 쓰인다 · 468
곧은 나무도 뿌리는 구부러졌다 · 320
골 나면 보리방아 더 잘 찧는다 · 75
골 난 날 의붓아비 온다 · 472
골아도 젓국이 좋고 늙어도 영감이 좋다 · 210
골이 깊어야 범도 있고, 숲이 깊어야 도깨비도
　있다 · 85
골이 상투 끝까지 났다 · 299
골짜기는 채우기 쉬워도, 사람의 마음은 채우기
　어렵다 · 78
골통만 크고 재주는 메주다 · 380 ·
곪아빠져도 마음은 조방에 있다 · 152
곪아빠져도 마음은 조방에 있다 · 313
곯은 달걀이 병아리 될까 · 488
곰 가재 뒤지듯 · 415
곰배팔이 담배 목판 끼듯 · 361
곰은 쓸개 때문에 죽고, 사람은 혀 때문에 죽는

다·33
곰이 창날 받듯·144
곰이라 발바닥을 핥으랴·483
곱사등이 짐 지나 마나·453
공 든 탑이 무너지랴·48
공것은 쓰도 달다·69
공것이라면 비상도 먹는다·69
공것이라면 소금도 짜다고 않는다·69
공것이라면 양잿물도 들고 마신다·69
공것이라면 자던 놈도 일어난다·69
공것이라면 초를 술이라고 해도 먹는다·70
공궐 지키는 내관의 상·363
공부 하랬더니 개잡이를 배운다·176
공술 한 잔 보고 십리 간다·70
공술이 맛이 더 있다·70
공술이라면 삼십리도 멀지 않다·70
공술이라면 한 잔 더 먹는다·70
공연한 제사 지내고 어물 값에 졸린다·450
공자 앞에서 논어 이야기를 한다·126
공자 앞에서 문자 쓴다·126
공작은 깃을 아끼고 범은 발톱을 아낀다·258
공작이라 날거미줄을 먹나·483
공중을 쏘아도 알관만 맞춘다·437
공짜라면 당나귀도 잡아 먹는다·70
곶감 꼬치에서 곶감 빼 먹듯·443
곶감 단 맛에 배탈 나는 줄 모른다·95
곶감죽 먹고 엿 목판에 엎어졌다·438
곶감죽을 쑤어 먹었나·363
과거 전에 창부·176
과거를 아니 볼 바에야 시관이 개떡 같다·283

과거에는 급제 못 하고 풍악은 갖춘다·417
과부 사정은 과부가 안다·100
과부 설움은 동무 과부가 안다·100
과부 시집 가듯·353
과부 아이 낳듯·308
과부 은 팔아먹기·443
과부가 아이를 낳아도 할 말이 있다·77
과부가 아이를 배도 할 말이 있다·77
과부가 찬 밥에 곯는다·217
과부는 은이 서말이다·217
과부살이 십년에 독사 안 되는 년 없다·217
과붓댁 종놈은 왕방울로 행세한다·155
과붓집 똥 넉가래 내세우듯·167
과붓집 머슴은 왕방울로 행세한다·155
과붓집에 가서 바깥양반 찾는다·183
과일 망신은 모과가 시킨다·113
과일에는 씨가 있어도 도둑에는 씨가 없다·235
곽란에 약 지으러 보내면 좋겠다·183
관 돝 배 앓기·471
관뚜껑 덮기 전에는 입찬 소리 말랬다·288
관 속에 들어가도 막말은 하지 말라·34
관 쓴 거지는 얻어 먹지 못한다·398
관 옆에서 싸움 한다·124
관가 돼지 배 앓는다·471
관덕정 설탕국도 먹어본 놈이 먹는다·378
관찰사 닿는 곳에 선화당·196
관청 뜰에 좁쌀을 펴 놓고 군수가 새를
  쫓는다·196
관청에 잡혀 간 촌 닭 같다·301
괄기는 인왕산 솔가지라·182

광대 끈 떨어졌다 · 246
광에서 인심 난다 · 66
광주 생원의 첫 서울이라 · 305
광주리에 담은 밥도 엎어질 수가 있다 · 51
광풍도 버들가지는 꺾지 못한다 · 403
괴 다리에 기름 발랐다 · 415
괴(고양이) 죽 쑤어 줄 것 없고, 새앙쥐 볼가심할
  것 없다 · 241
괴로움을 당하는 나무는 자라나지 못한다 · 394
괴발 · 개발 그린다 · 380
교룡이 비구름을 얻으면, 못 속에서 떠난다 · 240
교룡이 용 된다 · 240
교천 부자가 눈 아래로 보인다 · 197
구년지수에 해 바라듯 · 310
구년홍수에 볕 기다리듯 · 310
구더기 될 놈 · 105
구더기 무서워 장 못 담글까 · 44
구덩이를 피하려다가 우물에 빠졌다 · 449
구렁이 담 넘어가듯 · 415
구렁이 제 몸 추듯 · 149
구룡소 늙은 용이 여의주 어루듯 · 116
구룡소 용이 여의주를 어룬다 · 416
구름 갈 제 비가 간다 · 339
구름 떠다니듯 · 247
구름 사라지듯, 안개 흩어지듯 · 352
구름과 땅 사이다 · 456
구름만 짠뜩 끼고 비는 안 온다 · 429
구름은 바람 따라 모이고, 바람 따라
  흩어진다 · 271
구름을 잡으려고 한다 · 393

구름이 모여야 비가 온다 · 395
구름이 지나가면 해를 본다 · 49
구만리장천이 지척 · 23
구멍 보아가며 쐬기 깎는다 · 416
구멍 투성이에 부스럼 투성이다 · 497
구멍에서 나서 구멍으로 들어간다 · 23
구멍은 깎을수록 커진다 · 474
구멍을 보아 말뚝 깎는다 · 416
구멍을 파는 데는 칼이 끌만 못하다 · 468
구복이 원수라 · 91
구부러진 송곳 · 469
구슬 가진 것이 죄가 된다 · 232
구슬 없는 용 · 249
구슬 이지러진 것은 갈면 되지마는, 말 이지러진
  것은 바로잡을 수 없다 · 32
구슬도 깎고 다듬어야 구슬 노릇을 한다 · 262
구슬이 서말이라도 꿰어야 보배 · 390
구시월 닭이다 · 369
구시월 세단풍 · 474
구운 게 발도 떼어야 먹는다 · 390
구운 게도 다리를 떼고 먹어라 · 50
구운 게도 매어 먹어라 · 50
구운 밤에서 싹이 날까 · 393
구정물에 주정한다 · 65
구제할 것은 없어도, 도둑 줄 것은 있다 · 484
국 쏟고 뚝배기 깨었다 · 444
국물도 없다 · 443
국상에 죽산말 지키듯 · 357
국수 잘하는 솜씨가 수제비 못할까 · 489
국수당에 가서 말하듯 · 179

국에 넣은 소금이 어디 갈까 · 489
국에 덴 놈은 간장도 불어 먹는다 · 95
국에 덴 놈은 찬 물도 불고 마신다 · 95
국에 덴 사람은 푸성귀찬도 불어 먹는다 · 95
국에 덴 사람은 회도 불어 먹는다 · 95
국이 끓는지 장이 끓는지 · 331
국이 끓는지, 밥이 끓는지 다 안다 · 334
국이 끓는지, 장(醬)이 끓는지 다 안다 · 334
군 고기에 덴 놈은 회도 불어 먹는다 · 95
군밤 둥우리 같다 · 373
군밤 맛하고 새 서방 맛은 못 잊는다 · 204
군불에 밥 짓는다 · 423
군색한 감 장수는 오월부터 판다 · 102
군자 말년에 배추씨 장사 한다 · 83
군중의 입은 빼앗지 못한다 · 403
굳은 땅에 물이 고인다 · 57
굴 껍질 한 조각만 먹어도 동정호를 잊지
  않는다 · 92
굴 속에서 하늘 보기 · 329
굴 속의 새끼를 모르거든 밖에 있는 어미 쥐를
  보랬다 · 404
굴 우물에 말뚝 쓸어넣듯 · 367
굴뚝 막은 덕석 같다 · 494
굴뚝에 바람 들었다 · 363
굴뚝에서 빼 놓은 족제비 같다 · 373
굴러 온 호박 · 438
굴러온 돌이 박힌 돌을 뺀다 · 109
굴러온 돌이 박힌 돌을 성낸다 · 109
굴러온 돌이 주춧돌을 밀어낸다 · 109
굴레 벗은 말이다 · 125

굴레 씌운 말이다 · 251
굴레 씌운 몸이다 · 251
굴레 없는 말 몰듯 · 384
굴레 없는 말이다 · 125
굴원이 제 몸 추듯 · 149
굵은 베 옷도 없는 것보다 낫다 · 292
굶기를 밥 먹듯이 · 367
굶어 죽기는 정승하기보다 어렵다 · 476
굶으면 아낄 것 없이 통비단도 한끼라 · 82
굶주린 개가 뒷간을 바라보고 기뻐한다 · 69
굶주린 고양이가 쥐를 만났다 · 438
굶주린 나귀가 매를 무서워할까 · 318
굶주린 놈보고 도시락 부탁한다 · 158
굶주린 놈에게 화초다 · 283
굶주린 놈이 찬 밥, 더운 밥을 가리지 않는다 · 82
굶주린 말이 채질을 두려워할까 · 318
굶주린 매가 꿩을 만났다 · 438
굶주린 매는 사납게 덮친다 · 91
굶주린 범에 가재다 · 368
굶주린 범에게 고기를 맡긴다 · 420
굶주린 범에게 돼지막을 지키게 한다 · 420
굶주린 범은 가재도 먹는다 · 82
굶주린 범이 멧돼지를 얻었다 · 438
굶주린 범이다 · 109
굶주린 사람은 털도 먹는다 · 82
굶주린 새벽 호랑이 싸대듯 · 354
굶주린 이리에게 부엌을 지키게 한다 · 420
굶주린 이리에게 푸줏간을 지키게 한다 · 421
굶주린 호랑이 날고기 먹듯 · 366
굶주린 호랑이가 고자라고 마다하지 않는다 · 82

굼드렁 타령인가 · 340
굼벵이 천장 하듯 · 422
굼벵이가 지붕에서 떨어지는 것은 매미 될 셈이 있
  어 떨어진다 · 491
굼벵이가 지붕에서 떨어질 때는 생각이
  있다 · 491
굼벵이도 꾸부리는 재주가 있다 · 377
굼벵이도 다치면 꾸풀한다 · 84
굼벵이도 디디면 꿈틀한다 · 84
굼벵이도 떨어지는 재주는 있다 · 377
굼벵이도 제 일 하는 날은 열 번 재주를 넘는다 ·
  379
굼벵이도 제 일을 하려면 한 길을 판다 · 379
굼벵이 · 바구미 · 딱정벌레 · 거저리 · 오사리 다
  모였다 · 351
굵에 든 뱀 · 405
굵에 든 뱀 길이를 모른다 · 405
굵에 든 뱀이 몇 자인줄 아나 · 405
굽은 나무가 선산 지킨다 · 226
굽은 지팡이는 그림자도 굽어 비친다 · 63
굿 구경을 하려면 계면떡이 나올 때까지 · 49
굿 뒤에 날장구 친다 · 174
굿 뒤에 쌍장구 친다 · 174
굿 들은 무당 · 170
굿 마친 뒤 장구 · 174
굿 마친 뒤에 장구 친다 · 413
굿 하고 싶어도, 맏며느리 춤 추는 꼴 보기
  싫다 · 302
굿 해먹은 집 같다 · 495
굿해 해한 데 없고, 싸움해 이한 데 없다 · 278

궁 도령님 · 331
궁가 박가다 · 338
궁둥이에서 비파 소리가 난다 · 352
궁서가 고양이를 문다 · 84
궁인 모사는 계란에도 유골이라 · 227
궁한 뒤에 행세를 안다 · 404
궤 속에서 녹 슬은 돈으로는 똥도 못 산다 · 60
귀 구경하지 말고, 눈 구경하라 · 293
귀 막고 방울 도둑질 한다 · 130
귀 먹은 중 마 캐듯 · 423
귀 소문 말고, 눈 소문 하라 · 286
귀 없는 고기도 듣는다 · 31
귀 없는 코도 듣는다 · 31
귀 장사 하지 말고, 눈 장사 하라 · 286
귀가 도자전 마루 구멍이다 · 334
귀가 도자전이다 · 334
귀가 보배다 · 334
귀가 산호 가지다 · 334
귀는 아름다운 소리를 좋아한다 · 32
귀는 아름다운 소리만 듣고 싶어한다 · 32
귀는 커야 하고, 입은 작아야 한다 · 33
귀는 크게 열고, 입은 작게 열랬다 · 31
귀때기 떨어졌으면 다음에 와서 찾지 한다 · 353
귀뚜라미 풍류 한다 · 497
귀머거리 귀 있으나 마나 · 453
귀머거리 들으나 마나 · 453
귀머거리로 삼년, 벙어리로 삼년, 장님으로
  삼년 · 268
귀머거리에 욕질 한다 · 141
귀먹은 욕 · 141

귀신 씨나락 까 먹는 소리 · 179
귀신 이야기를 하니 귀신이 온다 · 353
귀신도 경문에 매여 산다 · 240
귀신도 떡 하나로 쫓는다 · 102
귀신도 빌면 듣는다 · 36
귀신도 사귈 탓 · 408
귀신에 복숭아나무 방망이 · 349
귀신은 경문에 막히고, 사람은 인정에
  막힌다 · 89
귀신은 속여도, 팔자는 못 속인다 · 22
귀신을 피하려다가 호랑이를 만났다 · 449
귀양이 홑벽에 가렸다 · 260
귀에 걸면 귀엣고리(귀거리), 코에 걸면 코엣고리
  (코거리) · 327
귀에 당나귀 뭣 박았나 · 106
귀에 못이 박힌다 · 182
귀에 싹이 난다 · 182
귀여워하는 할미보다 미워하는 어미가 더
  낫다 · 204
귀엽게 기른 자식이 어미 꾸짖는다 · 208
귀천궁달이 수레바퀴다 · 24
귀한 것은 상량문490
귀한 구슬은 깊은 물 속에 있다 · 383
귀한 그릇 쉬 깨진다 · 230
귓구멍에 마늘쪽 박았나 · 106
그 꼴을 보느니 신첨지 신 꼴을 보겠다 · 303
그 밥에 그 나물이다 · 492
그 장단에 춤추기 어렵다 · 305
그 항아리에 그 뚜껑이다 · 492
그늘에 핀 꽃이다 · 247

그렇게 하면 뒷간에 옻칠을 하나 · 165
그릇도 차면 넘친다 · 24
그릇은 돌면 깨지고 여자는 돌면 버린다 · 204
그릇은 빌려주면 깨지고 여편네는 돌아다니면 버
  린다 · 204
그릇이 둥글면, 거기에 담긴 물도 둥글다 · 345
그릇이 모가 지면, 거기에 담긴 물도
  모가 진다 · 345
그린 황계 두 나래를 둥당 칠까 · 393
그림의 떡이다 · 470
그림의 호랑이다 · 380
그림자 쉰 데와 숨 쉰 흔적이 없다 · 485
그림자 쉰 흔적 없다 · 485
그림자는 형체를 닮는다 · 94
그림자조차 없다 · 486
그물 코가 삼천이면 걸릴 날이 있다 · 392
그물도 안 쳐보고 고기만 없다고 한다 · 188
그물에 걸린 고기다 · 243
그물에 걸린다고 다 고기는 아니다 · 236
그물에 든 새다 · 243
그물에도 빠져나갈 구멍이 있다 · 221
그물을 벗어난 새 · 252
그물을 벗어난 토끼 도망치듯 · 358
그물을 쓰고 고기를 잡는다 · 418
그물이 천 코면 걸릴 날이 있다 · 392
그물이 커야 큰 고기를 잡는다 · 388
그슬린 돼지가 달아맨 돼지 타령한다 · 141
극락 길은 곁에 있다 · 265
극락 길을 버리고 지옥 길로 간다 · 112
근원이 깨끗하면, 흐르는 물도 맑다 · 346

근원이 맑으면 흐르는 물도 맑다 · 346
글 모르는 귀신 없다 · 262
글 못한 놈 붓 고른다 · 138
글 잘 쓰는 사람은 필묵을 가리지 않는다 · 378
글 잘하는 자식 낳지 말고 말 잘하는 자식 낳으랬다 · 30
글씨 잘 쓰는 사람은 붓을 가리지 않는다 · 378
글씨 잘 쓰는 사람은 종이와 붓을 가리지 않는다 · 378
글씨는 마음의 그림이다 · 404
긁어 부스럼 · 448
긁을수록 부스럼은 커진다 · 474
금 방망이 우려 먹듯 · 419
금 보기를 돌과 같이 하라 · 263
금 없는 곳에서는 구리가 보배 노릇을 한다 · 90
금강산 그늘이 관동 팔십리 · 225
금강산 상상봉이 평지 되어 물 밀어 배 둥둥 뜰까 · 393
금강산도 식후경 · 279
금강산도 제 가기 싫으면 그만이다 · 275
금관자 서슬에 큰 기침 한다 · 195
금년 새 다리가 명년 쇠 다리보다 낫다 · 292
금덩어리 거지 노릇 한다 · 128
금도 모르고 싸다 한다 · 180
금두 물고기가 용에 덤빈다 · 150
금방 먹을 떡에도 소를 박는다 · 48
금산 체 장수 말 꼬리 먼저 본다 · 81
금으로 만든 사발에는 흠이 없다 · 108
금은 광석에서 나온다 · 223
금이야, 옥이야 · 319

금일은 충청도, 명일은 경상도 · 247
금정을 놓아두니, 여우가 지나간다 · 427
금주에 누룩 팔러 간다 · 164
금주에 누룩 흥정 · 175
금천 원이 서울 올라 다니듯 · 428
급하기는 우물에 가서 숭늉 달라겠다 · 182
급하다고 갓 쓰고 똥 쌀까 · 54
급하다고 콩마당에서 간수 칠까 · 54
급하면 관세음보살 · 81
급하면 담도 뛰어 넘는다 · 101
급하면 바늘 허리에 실 매어 쓸까 · 54
급하면 부처 다리를 안는다 · 81
급하면 엄나무도 잡는다 · 82
급하면 임금 망건 사러 가는 돈이라도 쓴다 · 82
급히 더운 방이 쉬 식는다 · 477
급히 먹는 밥에 체한다 · 52
기가 막히는 데에는 숨 쉬는 것이 약이다 · 261
기갈이 감식 · 321
기구는 빌리면 깨지고, 여인은 돌면 버린다 · 204
기는 놈 위에 나는 놈이 있다 · 35
기도 못하는 게 날려고 한다 · 150
기도 못하면서 뛰려고 한다 · 150
기둥보다 서까래가 더 굵다 · 462
기둥뿌리가 빠진다 · 243
기둥뿌리가 썩는다 · 243
기둥뿌리가 흔들린다 · 243
기둥을 치면 대들보가 운다 · 402
기둥이야 되든 말든 목침 먼저 자른다 · 164
기러기 털은 물에 젖지 않는다 · 64
기러기도 날을 때 줄 지어 날은다 · 41

기러기도 백년의 수를 가진다 · 276
기러기도 형제는 안다 · 30
기러기떼 날듯 한다 · 495
기르는 개에도 무는 개가 있다 · 92
기른 개에게 발뒤꿈치를 물렸다 · 446
기른 개에게 손목을 물렸다 · 446
기른 범에게 잡아먹힌다 · 446
기름 먹어 본 개 같이 · 298
기름 먹인 가죽이 부드럽다 · 86
기름떡 먹기 · 382
기름에 그림 그린다 · 395
기름을 쏟고, 깨를 줍는다 · 162
기름을 엎지르고, 깨를 줍는다 · 162
기름을 지고 불로 들어간다 · 142
기름이 다 닳으면 등불은 꺼진다 · 23
기린은 잠자고 스라소니가 춤춘다 · 220
기린이 늙으면 노마만 못하다 · 218
기생의 자릿저고리 · 171
기암절벽 천층석이 눈비 맞아 썩어질까 · 393
기와 한 장 아끼다가 대들보 썩힌다 · 59
기왓집에 옻칠 하고 사나 · 165
기운이 세면 소가 왕 노릇 할까 · 389
기운이 세면 장수 노릇 하나 · 389
기차 떠나고 손 든다 · 413 ·
기차 바퀴가 박달나무란다 · 168
기차는 떠났다 · 498
기척이 없으면 개도 짖지 않는다 · 488
기침에 재채기 · 427
긴 밤에 날 새기 기다리듯 · 311
긴 병에 효자 없다 · 207

길 가에 집 짓기 · 389
길 가에서 고생하는 오얏꽃이다 · 217
길 가의 버들이다 · 217
길 닦아 놓으니까 문둥이가 먼저 지나간다 · 133
길 닦아 놓으니까 미친 년이 먼저 지나간다 · 134
길 닦아 놓으니까 소금 장수가 먼저
 지나간다 · 134
길 아니거든 가지 말고, 말 아니거든 듣지
 말라 · 277
길 아래 돌부처도 돌아앉는다 · 210
길갓집 삼년 가도 못다 짓는다 · 401
길러낸 사위 · 105
길로 가라니까 메로 간다. · 167
길쌈 잘하는 첩 · 487
길을 두고 메로 갈까 · 488
길을 떠나려거든 눈썹도 빼어 놓고 가라 · 286
길을 무서워하면 범을 만난다 · 231
길을 알면 먼저 가라 · 278
길을 알면 앞서 가라 · 44
길의 돌도 연분이 있어야 찬다 · 392
길이 아니면 가지 말고, 말이 아니면 탓하지
 말라 · 277
길이 아무리 가까와도 가지 않으면 이르지
 못한다 · 45
길이 없으니 한 길을 걷고, 물이 없으니 한 물을
 먹는다 · 184
김 매는데 주인이 아흔아홉 몫 맨다 · 81
김 빠진 맥주다 · 470
김가가 아니면 장이 안 선다 · 459
김서방이 아픈데 이서방을 침 준다 · 110

김씨 한몫 끼지 않는 장이 없다 · 459
김씨가 먹고, 이씨가 취한다 · 449
김안태를 행랑에 두겠다 · 252
김칫국 먹고 수염 쓴다 · 127
깃 없는 어린 새 그 몸을 보전치 못한다 · 270
깊은 물에는 안 빠져도, 얕은 술에는 빠진다 · 230
깊은 물은 가뭄을 타지 않는다 · 476
깊은 물이 고요하다 · 41
깊은 산에서 목마르다고 하면, 호랑이를
　본다 · 49
깊은 우물은 마르지 않는다 · 476
까마귀밥이 된다 · 247
까마귀 겉 검다고 속조차 검은 줄 아느냐 · 272
까마귀 고기를 먹었나 · 326
까마귀 날자 배 떨어진다 · 450
까마귀 대가리가 희어질까 · 393
까마귀 둥우리에 솔개미 · 493
까마귀 똥 그적그리듯 · 380
까마귀 똥 헤치듯 · 380
까마귀 똥도 약에 쓰려면 없다 · 484
까마귀 아래턱이 떨어질 소리다 · 306
까마귀 안갚음 받아 먹듯 · 253
까마귀 알 물어 감춘다 · 326
까마귀 암수를 누가 안다더냐 · 385
까마귀 어물전 보고 날듯 · 313
까마귀 열두 소리에 하나도 좋지 않다 · 72
까마귀 정신이다 · 326
까마귀 짖어 범 죽으랴 · 491
까마귀 학이 될까 · 400
까마귀가 검기로 마음도 검겠나 · 272

까마귀가 검어도 살은 아니 검다 · 272
까마귀가 먹칠해서 검어졌더냐 · 346
까마귀가 보리를 마다 한다 · 159
까마귀가 사촌 하자고 하겠다 · 372
까마귀가 오디를 마다 한다 · 159
까마귀가 희어질 때만 기다려라 · 310
까마귀도 내 땅 까마귀라면 반갑다 · 70
까마귀도 제 소리는 아름답다고 한다 · 98
까마귀도 제 자식은 예쁘다고 한다 · 205
까먹는 새를 쫓는다 · 57
까치 뱃바닥 같다 · 175
까치는 까치끼리 어울린다 · 85
까투리 북한산 다녀오듯 · 329
까투리 새끼가 콩밭에만 마음이 있다 · 313
까투리가 콩밭 생각하듯 · 313
깎은 밤 같다 · 372
깎은 서방님 · 372
깜깜 밤중이다 · 329
깨가 귀하다고 해도 기름을 짜고 나면
　버린다 · 88
깨가 쏟아진다 · 318
깨떡 먹기 · 382
깨소금 맛이다 · 296
깨어진 그릇 이 맞추기 · 401
깨어진 그릇이다 · 469
깨어진 기와다 · 469
깨어신 기와쪽 맞추기 · 401
깨어진 시루다 · 469
깨진 거울은 다시 비쳐주지 않는다 · 260
깨진 거울이다 · 341

갯묵 맛을 들였다 · 297
갯묵에 맛들인다 · 96
갯묵에도 씨가 있다 · 485
꺼진 불에서 다시 불이 붙는다 · 281
꺽꺽푸드덕 장끼 갈 제 아로롱 까토리 따라가듯 · 339
꺽저기 탕에 개구리 죽는다 · 451
껍질 상치 않게 호랑이를 잡을까 · 391
껍질 없이 털이 있을까 · 344
꼬기는 칠팔월 수수잎 꼬이듯 · 120
꼬리 먼저 친 개가 밥은 나중 먹는다 · 229
꼬리 아홉 달린 여우다 · 133
꼬리 없는 소가 남의 소 등의 파리를 잡겠다고 한다 · 177
꼬리 치는 개는 때리지 못한다 · 86
꼬리 흔드는 개는 맞지 않는다 · 490
꼬리가 길면 밟힌다 · 480
꼬리가 너무 커지면 흔들지 못한다 · 384
꼬리를 물고 일어난다 · 472
꼬리만 봐도 볼기를 봤다 한다 · 150
꼬쟁이는 타고 고기는 설었다 · 432
꼭뒤에 부은 물이 발뒤꿈치까지 흐른다 · 345
꼭지가 물렀다 · 499
꼭지를 딴다 · 425
꼴 같지 않은 말은 이도 들쳐 보지 않는다 · 283
꼴 보고 이름 짓는다 · 54
꼴뚜기 장사 · 242
꼴에 군밤 사 먹겠다 · 372
꼴에 수캐라고 다리 들고 오줌 눈다 · 128
꼴을 베어 신을 삼겠다 · 316

꼿꼿하기는 개구리 삼킨 배 · 167
꼿꼿하기는 서서 똥 누겠다 · 167
꼿꼿하기는 촛대 같다 · 192
꽁지 빠진 새 · 372
꽃 구경도 식후사 · 279
꽃 본 나비 담 넘어갈까 · 489
꽃 본 나비 불을 헤아릴까 · 489
꽃 본 나비 · 296
꽃 없는 나비 · 249
꽃 피자 임 오신다 · 354
꽃밭에 불 지른다 · 115
꽃샘 · 잎샘에 반 늙은이 얼어 죽는다 · 502
꽃은 꽃이라도 호박꽃이다 · 371
꽃은 목화가 제일이다 · 61
꽃이 부끄러워하고, 달이 숨겠다 · 370
꽃이 좋아야 나비가 모인다 · 398
꽃이 펴야 열매도 연다 · 54
꽃이라도 십일홍 되면 오던 봉접도 아니 온다 · 74
꾀 많은 늙은 새는 먹이로 잡지 못한다 · 218
꾀를 빼면 넘어지겠다 · 104
꾀병에 말라 죽겠다 · 422
꾸러미 속에 든 고기는 그대로 먹지 못한다 · 394
꾸러미에 단장 들었다 · 463
꾸부렁 자지 제 발등에 오줌 눈다 · 347
꾸부릴 때는 꾸부리고 펼 때는 펴야 한다 · 53
꾸어 온 빗자루 · 339
꾸어 온 조상은 자기네 자손부터 돕는다 · 419
꾸어다 놓은 보릿자루 · 339
꾸중 들은 새 며느리 같이 · 308

꾼 값은 말 닷 되 · 60
꿀 같은 말 속에 칼이 숨어 있다 · 41
꿀 먹은 강아지 욱대기듯 · 140
꿀 먹은 개 욱대기듯 · 140
꿀 있는 꽃이라야 벌이 찾아 간다 · 74
꿀 항아리에 개미 덤빈다 · 161
꿀단지 겉 핥기 · 328
꿀보다 약과가 달단다 · 137
꿀은 적어도 약과만 달면 쓴다 · 61
꿈 꾼 셈이다 · 432
꿈도 꾸기 전에 해몽 · 312
꿈도 꾸기 전에 해몽 한다 · 179
꿈보다 해몽이 좋다 · 179
꿈에 갚은 빚이다 · 433
꿈에 떡 맛 보듯 · 297
꿈에 본 돈도 찾아먹는다 · 160
꿈에 본 돈이다 · 398
꿈에 본 천냥 같다 · 399
꿈에 빚 갚았다 · 433
꿈에 사위 보듯 · 297
꿈에 서방 맞은 격 · 297
꿈에 얻은 돈 · 399
꿈은 아무렇게 꾸어도 해몽만 잘 해라 · 406
꿈자리가 사납더니 · 426
꿩 구워 먹은 소식 · 491
꿩 구워 먹은 자리에는 재나 있지 · 486
꿩 놓친 매 · 300
꿩 대신 닭 · 419
꿩 먹고 알 먹는다 · 441
꿩 잃고 매 잃었다 · 443

꿩은 머리만 풀에 감춘다 · 480
꿩을 닭으로 보았다 · 325
꿩을 잡는 것이 매다 · 259
끈 떨어진 둥우리 · 246
끈 떨어진 뒤웅박 · 246
끈 떨어진 만석중 · 246
끝을 찾으면, 마치까지 주어야 한다 · 392
끓는 국에 국자를 누른다 · 119
끓는 국에 맛 모른다 · 408
끓는 물로 눈 녹이기 · 382
끓는 물에 냉수 부은 것 같다 · 495
끓는 물에 덴 사람은 찬 물도 불어 마신다 · 95
끓인 죽이 밥 될까 · 401
끝 부러진 송곳 · 469

(ㄴ)

나 낳은 후에야 에미 밑이 바르거나
　기울거나 · 89
나 먹자니 싫고, 개 주자니 아깝다 · 297
나 못 먹을 밥에 재를 뿌린다 · 119
나가는 이삿짐은 밀어내고, 들어오는 이삿짐은 받
　아들인다 · 28
나가던 범이 돌아선다 · 260
나가던 범이 물러 든다 · 244
나간 놈 집구석이다 · 496
나간 놈의 몫은 있어도, 자는 놈의 몫은
　없다 · 226
나간 머슴이 일은 잘했다 · 98
나갔던 며느리 효도 한다 · 226
나갔던 상주 제청에 달려들듯 · 357

나갔던 상주 젯상 엎지른다 · 119
나귀 샌님 쳐다보듯 · 356
나귀 타고 나귀 찾는다 · 184
나귀가 나귀더러 귀가 크다 한다 · 142
나귀는 샌님만 섬긴다 · 90
나귀는 샌님만 업신여긴다 · 307
나귀도 차는 재주가 있다 · 379
나귀를 구하니 샌님이 없고, 샌님을 구하니 나귀가
　없다 · 426
나귀에 짐을 지고 타나 싣고 타나 · 453
나그네 귀는 간짓대 귀 · 81
나그네 귀는 석 자라 · 81
나그네 많은 집 저녁 굶는다 · 345
나그네 먹던 김칫국도 먹자니 더럽고 남 주자니
　아깝다 · 68
나그네 보내고 점심 한다 · 164
나그네 신세 · 247
나는 놈 위에 타는 놈이 있다 · 35
나는 놈마다 장군이다 · 223
나는 바담풍 해도 너는 바람풍 해라 · 156
나는 새도 깃을 쳐야 날아간다 · 42
나는 새도 떨어뜨리고, 닫는 짐승도 못 가게
　한다 · 194
나는 새도 생각이 있어서 난다 · 55
나는 새도 옛 집을 그리워한다 · 67
나는 새도 움직여야 난다 · 42
나는 새에게 여기 앉아라 저기 앉아라 할 수
　없다 · 275
나도 덩더꿍, 너도 덩더꿍 · 338
나도 사또 너도 사또 하면, 아전 할 놈 없다 · 401

나라 고금도 잘라 먹는다 · 122
나라 상감님 망건 값도 쓴다 · 82
나라 상감님도 늙은이 대접한다 · 36
나라님 만든 관지 판 돈도 자른다 · 122
나락 이삭 끝을 보고는 죽어도 보리 이삭 끝을
　보고는 죽지 않는다 · 199
나룻이 석자라도 먹어야 샌님 · 467
나르는 닭 보고 따라 가는 개 같다 · 419
나막신 신고 대동 배를 쫓아간다 · 395
나무 거울이다 · 470
나무 껍 껍질씹는 맛이다 · 322
나무 끝 가지가 너무 크면 부러지게 된다 · 348
나무 뚝배기 쇠 양푼 될까 · 400
나무 접시 놋 접시 될까 · 400
나무 칼로 귀를 베어도 모르겠다 · 317
나무 하려다가 범을 만난다 · 427
나무가 무성하면 도끼로 찍힌다 · 222
나무꽹이 등 맞춘 것 같다 · 338
나무는 먹줄을 따라 다듬어야 바르게 된다 · 55
나무는 바람 때문에 못 잔다 · 206
나무는 숲을 떠나 혼자 홀로 있으면, 바람을 더
　탄다 · 232
나무는 큰 나무 덕을 못 보아도, 사람은 큰 사람의
　덕을 본다 · 225
나무는 키 큰 덕을 못 입어도, 사람은 키 큰 덕을
　입는다 · 226
나무도 달라서 층암절벽에 선다 · 246
나무도 옮겨 심으면, 삼년은 뿌리를 앓는다 · 282
나무도 자주 옮겨 심으면, 자라지 못한다 · 282
나무때기 시집 보낸 것 같다 · 380

찾아보기 Ⅱ　575

나무에 오르게 해 놓고는 흔들어댄다 · 120
나무에도 못 대고 돌에도 못 댄다 · 246
나무에서 물고기 잡기 · 419
나뭇잎 하나 지는 것으로 가을을 안다 · 404
나무칼로 귀를 베어도 모르겠다 · 322
나쁜 소문에는 날개가 달렸다 · 223
나쁜 소문은 말보다 빠르다 · 223
나쁜 소문은 천리를 간다 · 223
나올 적에 봤더라면 짚신짝으로 틀어
　막을 것 · 105
나이 많은 말이 콩 마다 할까 · 487
나이 적은 딸이 먼저 시집 간다 · 416
나이가 약이다 · 94
나이보다 더 좋은 약이 없다 · 94
나중 꿀 한 식기 먹으려고 당장에 엿 한 가락
　안 먹을까 · 292
나중 꿀 한 식기보다 당장 엿 한 가락이 더
　달다 · 292
나중에야 삼수·갑산을 갈지라도 · 315
나팔이 아무리 좋아도, 불기를 잘 해야
　한다 · 402
나한에도 모래 먹는 나한이 있다 · 237
낙동강 잉어가 뛰니까, 안방 빗자루가 뛴다 · 181
낙락장송도 근본은 종자 · 46
낙숫물은 떨어진 데 또 떨어진다 · 64
낙엽도 가을이 한 철이다 · 498
낙지 판다 · 179
낙태한 고양이 상 · 362
낙화하니 오던 나비도 되돌아간다 · 203
낚시 미늘에 걸린 고기다 · 243

낚시밥만 떼였다 · 444
낚시밥은 작아도, 큰 고기를 잡는다 · 441
낚시에 용이 걸린다 · 441
낚시질을 작은 개울에서 하면 큰 고기는 잡기
　어렵다 · 386
낚싯줄이 길어야 큰 고기를 잡는다 · 388
난 나는 해 과거 했다 · 434
난 중에도 차례가 있다 · 288
난리 난 해에 과거 한다 · 418
난리가 나도 도망도 못가겠다 · 370
난리가 나도, 얻어 먹고 살겠다 · 104
난봉 자식이 마음 잡아야 삼일이다 · 477
난장박살 탕국에 어혈 밥 말아먹기 · 245
난장이 교자꾼 참여하듯 · 150
난장이 월천꾼 참여하듯 · 150
난장이 허리춤 추키듯 · 187
난초에 불 붙으니, 혜초가 탄식한다 · 298
낟알 세어 밥 한다 · 165
낟알 하나에 땀이 열 방울이다 · 287
날 궂은 날 개 사건 이 같다 · 306
날 받아 놓고 죽는 사람 없다 · 23
날 샌 올빼미 · 249
날 샌 올빼미 신세다 · 250
날 샌 은혜 없다 · 92
날 속한 이마 씻은 물 같다 · 322
날 잡아 잡수 한다 · 122
날 적에 봤더라면 도로 몰아 넣었겠다 · 105
날개 부러진 매 · 249
날개 없는 봉황 · 249
날개 없는 소문이 천리를 간다 · 224

날개 있는 것이 난다는 말은 들었어도, 날개 없는
　것이 난다는 말은 듣지 못했다 · 394
날개 털이 풍족하지 못한 새는 높이 날지
　못한다 · 394
날개도 없는 것이 날겠다고 한다 · 151
날면 기는 것이 능치 못하다 · 380
날아다니는 꿩보다 잡은 새가 낫다 · 265
날짐승과 길짐승은 함께 떼지어 살 수 없다 · 407
날콩 먹는 것이 낫겠다 · 303
낡은 섬에 곡식이 많이 든다 · 367
남 잠이가 제 잡이 · 37
남 켠 횃불에 조개 잡는다 · 420
남대문 가본 놈하고 안 가본 놈하고 다투면 안 가 본
　놈이 이긴다 · 168
남대문 문턱이 대추나무라고 한다 · 168
남대문 안 가본 놈이 이긴다 · 168
남대문에서 할 말을 동대문에서 말한다 · 176
남산 봉화 들 제 인경 치고, 사대문 열 제 순라군이
　제격이다 · 492
남산 소나무를 다 주어도 서캐조롱 장사를
　하겠다 · 172
남산골 샌님이 역적 바라듯 · 312
남산골 샌님이 역적 바란다 · 102
남산골 생원이 망하여도 걸음 걷는 보수는
　남는다 · 64
남산에서 돌을 굴리면, 김씨나 이씨 집에
　들어간다 · 459
남색은 쪽풀에서 짜냈지마는 쪽보다
　푸르다 · 456
남생이 등 맞추듯 · 338

남을 문 놈은 저도 물린다 · 347
남을 물에 넣으려면, 제가 먼저 물에 빠진다 · 37
남의 고기 한 점 먹고, 내 고기 열 점 낸다 · 230
남의 고기 한 점 먹고, 내 고기 열 점 준다 · 62
남의 고기 한 점이 내 고기 열 점보다 낫다 · 99
남의 눈에 눈물 내면, 제 눈에는 피가 난다 · 38
남의 눈에서 피를 내리려면, 제 눈에서는 고름이
　나야 한다 · 38
남의 돈 천냥이 내 돈 한푼만 못하다 · 263
남의 떡 함지에 넘어지겠다 · 122
남의 떡에 설 쇤다 · 420
남의 똥에 주저앉는다 · 449
남의 말 하기는 식은 죽 먹기 · 102
남의 말도 석 달 · 478
남의 말이라면 쌍지팡이 짚고 나선다 · 166
남의 뭣은 크다고 부지깽이로 찌른다 · 119
남의 바지 입고 새 벤다 · 420
남의 바지 입고 춤 춘다 · 420
남의 밥 보고 시래깃국 끓인다 · 312
남의 밥 보고 장(醬) 떠 먹는다 · 312
남의 밥에 든 콩이 굵어 보인다 · 99
남의 복을 끌로도 못 판다 · 264
남의 불에 가재 잡는다 · 440
남의 불에 게 잡는다 · 440
남의 불에 밥 짓는다 · 440
남의 사돈이야 가거나 말거나 · 276
남의 사위 나가거나 오거나 · 276
남의 사위 오거나 말거나 · 276
남의 사정 보다가 갈보 난다 · 273
남의 상에 감 놓아라 곶감 놓아라 한다 · 155

남의 상에 감 놓아라 배 놓아라 한다 · 154
남의 상에 술 놓아라 안주 놓아라 한다 · 154
남의 소 들고 뛰는 건 구경거리 · 69
남의 속에 있는 글도 배운다 · 407
남의 속은 동네 존위도 모른다 · 332
남의 술로 생색 낸다 · 170
남의 술에 삼십리 간다 · 85
남의 싸움에 칼 뺀다 · 153
남의 아들 생일도 우기겠다 · 167
남의 아이 한 번 때리나 열 번 때리나, 때렸단 소리
  듣기는 마찬가지다 · 455
남의 염병이 내 고뿔만 못하다 · 160
남의 염불로 극락 간다 · 437
남의 옷 얻어 입으면 걸레감만 남고, 남의 서방 얻
  어 가면 송장치례만 한다 · 26
남의 옷은 따뜻하지 못하다 · 398
남의 울타리 밑에서 산다 · 246
남의 일은 오뉴월에도 손이 시리다 · 73
남의 일이라면 쌍지팡이 짚고 나선다 · 156
남의 자식 흉보면, 제 자식도 그 아이 닮는다 · 36
남의 잔치에 감 놓아라 배 놓아라 한다 · 155
남의 제사에 감 놓아라 곶감 놓아라 한다 · 155
남의 제사에 감 놓아라 배 놓아라 한다 · 155
남의 죽음이 내 고뿔만 못하다 · 160
남의 짐이 가벼워 보인다 · 99
남의 집 과부 시집 가거나 말거나 · 155
남의 집 과부 아이 밴 데 미역 걱정한다 · 154
남의 집 금송아지가 우리 집 송아지만 못하다 ·
  263
남의 집 마누라 개짐 걱정한다 · 154

남의 집 불 구경 않는 군자 없다 · 69
남의 집 쌀밥(이밥)보다 제 집 개떡이 낫다 · 263
남의 집 쌀밥(이밥)보다 제 집 보리밥이
  낫다 · 264
남의 집 쌀밥(이밥)보다 제 집 죽이 낫다 · 264
남의 집 제사에 절한다 · 153
남의 집 찬장에 둔 밥 보고 점심 굶는다 · 312
남의 초상에 단지 · 153
남의 초상에 복 입는다 · 153
남의 친기도 우기겠다 · 167
남의 친환에 단지 · 153
남의 팔매에 밤 줍는다 · 420
남의 후리매에 밤 주워 담았다 · 434
남의 흉 한 치는 봐도, 제 흉 한 자는 모른다 · 328
남의 흉은 홍두깨로 보이고, 제 흉은 바늘로
  보인다 · 99
남의 흉이 한 가지면, 내 흉이 몇 가지냐 · 35
남의 흉이 한 가지면, 제 흉이 열 가지 · 35
남이 눈 똥에 주저앉는다 · 449
남이 떡 먹는데 팥고물 떨어지는 걱정한다 · 153
남이 은장도를 차니, 나는 식칼을 찬다 · 181
남이 장 간다고 하니, 거름 지고 나선다 · 181
남이 장에 간다 하니 무릎에 망건 씌운다 · 183
남이 치는 장단에 엉덩이춤 춘다 · 181
남이야 똥 뒷간에서 낚시질 하건 말건 · 277
남이야 전봇대로 이를 쑤시건 말건 · 277
남자는 남 모르게 두 번 웃는다 · 209
남자의 말 한 마디는 천금보다 무겁다 · 41
남자의 말은 천년 가도 변하지 않는다 · 41
남쪽을 가리키기도 하고, 북쪽을 가리키기도

한다 · 304
남촌 양반이 반역할 뜻을 품는다 · 102
남편은 두레박, 아내는 항아리 · 58
낡이라도 고목이 되면 오던 새도 아니 온다 · 74
납으로 만든 칼이다 · 469
납청장이 되었다 · 428
낯 놓고 기역 자도 모른다 · 335
낯으로 눈 가리기 · 481
낯도깨비 같다 · 135
낯도깨비를 봤나 · 300
낯도깨비에 홀렸다 · 309
낮 말은 새가 듣고, 밤 말은 쥐가 듣는다 · 31
낮 일 할 때 찬 담배 쌈지 같다 · 306
낮 일 할 때 찬 초갑 · 340
낮에 나온 도깨비 · 135
낮에 나온 도둑이다 · 161
낮에는 눈이 있고, 밤에는 귀가 있다 · 31
낮에는 보는 사람이 있고, 밤에는 듣는 사람이
   있다 · 31
낮잠에 꾼 꿈 · 467
낯가죽이 두껍다 · 121
낯가죽이 쇠가죽이다 · 121
낯짝은 사람인데, 마음은 짐승이다 · 109
내 것 잃고 내 함박 깨뜨린다 · 444
내 것 잃고 죄 짓는다 · 97
내 것 주고 매 맞는다 · 446
내 것 주고 뺨 맞는다 · 446
내 것이 아니면 남의 밭머리의 개똥도
   안 줍는다 · 108
내 돈 서푼만 알고, 남의 돈 칠푼은 모른다 · 160

내 돈 서푼이 남의 돈 백냥보다 낫다 · 263
내 딸이 고와야 사위를 고른다 · 398
내 땅 까마귀는 검어도 귀엽다 · 68
내 떡 내가 먹었거니 · 471
내(연기)마시 고양이 상 · 362
내 말은 남이 하고, 남 말은 내가 한다 · 32
내 말이 좋으니 네 말이 좋으니 하여도 달려 보아야
   안다 · 284
내 몸이 중이면 중 행세를 하라고 · 259
내 '뫗'주고 뺨 맞는다 · 446
내 물건이 좋아야 값을 받는다 · 398
내 밑 들어 남 보인다 · 479
내 발등의 불을 꺼야 아들 발등의 불을 끈다 · 83
내 발등의 불을 꺼야 아비 발등의 불을 본다 · 83
내 밥 준 개 내 발등 문다 · 446
내 배 다칠까 한다 · 123
내 배 부르니, 평안감사가 조카 같다 · 71
내 배 부르면 종의 밥 짓지 말라 한다 · 197
내 살을 찝어봐야 남의 아픔도 안다 · 332
내 얼굴에 침 뱉기 · 144
내 일 바빠 한데 방아 · 185
내 절 부처는 내가 위해야 한다 · 289
내 칼도 남의 칼집에 들어가면 찾기 어렵다 · 383
내 코가 석자 · 245
내 할 말 사돈이 한다 · 140
내가 부를 노래 사돈이 부른다 · 140
내가 부엌일을 하면 불알이 떨어진다 · 203
내가 중이 되니 고기가 천하다 · 75
내가 중이 되니 고기가 흔해진다 · 460
내관이 처가 출입하듯 · 174

내는 건널수록 깊다 · 243
내닫기는 주막집 강아지라 · 155
내뛰는 주막집 강아지라 · 155
내를 건너간 놈은 지팡이를 팽개친다 · 89
내리 사랑은 있어도, 치 사랑은 없다 · 66
내시 이 앓는 소리 · 178
내외간 싸움은 칼로 물 베기 · 208
내일 꿩보다 당장 참새가 낫다 · 292
내일 닭보다 오늘 달걀이 낫다 · 292
내일 백냥보다 당장 쉰냥이 낫다 · 292
내일 백냥보다 지금 오푼이 낫다 · 292
내일 쇠 다리보다 오늘 개 다리가 낫다 · 292
내일은 삼수·갑산을 가더라도 · 315
내일의 닭을 모르고, 오늘의 달걀만 안다 · 318
내일의 임금보다 오늘의 재상이 낫다 · 292
내일의 정승보다 당장 원이 낫다 · 292
내친 걸음이다 · 315
냅기는 과붓집 굴뚝이라 · 415
냇가 돌 닳듯 · 186
냇물은 보이지 않는데, 신발부터 벗는다 · 415
냉수 먹고 갈비 트림 한다 · 127
냉수 먹고 된 똥 눈다 · 436
냉수 먹고 이 쑤신다 · 127
냉수 먹고 주정한다 · 131
냉수도 불어 먹겠다 · 188
냉수에 이 부러진다 · 137
냉수에 이 부러질 노릇(일) · 137
냉이에 씀바귀 썩이듯 · 496
너구리도 들 굶 나갈 굶을 판다 · 44
너무 고르다가 곰보 총각 고른다 · 230

너무 고르다가 눈 먼 사위 본다 · 230
너울 쓴 거지 · 256
너의 집은 굴뚝으로 불을 때겠다 · 427
너하고 말하느니 개하고 말하겠다 · 332
너하고 말하느니 달아나겠다 · 332
너하고 말하느니 벽하고 말하겠다 · 303
넉가래 내세우듯 · 167
넉달 가뭄에도 하루만 더 개었으면 한다 · 80
넉동 다 갔다 · 430
널 뛰듯 한다 · 136
널감이 되었다 · 498
널도깨비가 복은 못 주어도 화는 준다 · 109
넓은 하늘을 보지 말고, 한 뼘 얼굴을 보랬다 · 37
넘어져도 떡 광주리에만 넘어진다 · 234
넘어지는 말이 수레를 부순다 · 112
넘어진 김에 쉬어 간다 · 420
넘어진 나무에서도 움이 돋는다 · 400
넘어진 놈 걷어찬다 · 111
넘어진 놈 발로 차기다 · 111
넘어진 놈 뺨 친다 · 111
넘어진 뒤에 지팡이 찾는다 · 412
넘어진 소경이 지팡이 탓만 한다 · 139
넘어진 장님이 개천 탓만 한다 · 139
넙치가 눈은 작아도 먹을 것은 잘 본다 · 378
네 각담 아니면 내 쇠뿔 부러지랴 · 139
네 다리 빼라, 내 다리 박자 한다 · 163
네 떡 내가 먹었더냐 · 129
네 떡이 크면, 내 떡도 크다 · 316
네 떡이 한 개면, 내 떡도 한 개다 · 316
네 말이 좋으니, 내 말이 좋으니 해도 타 봐야 안

다 · 408
네 발 짐승도 넘어질 때가 있다 · 260
네 병이야 낫든 안 낫든, 내 약값이나 내라 · 157
네 쇠뿔이 아니면 나 쇠뿔이 부러지랴 · 139
네 쇠뿔이 아니면 내 담이 무너지랴 · 139
네 집에 금송아지가 있으면 뭣 하나 · 470
네 콩이 크니, 내 콩이 크니 한다 · 145
노뭉치로 개 때리듯 · 121
노굿전에 엿을 붙였나 · 156
노는 입에 염불 하라 · 287
노닥노닥 기워도 마누라 장옷 · 98
노닥노닥 해도 비단 · 98
노루 때리던 막대를 세번이나 국 끓여 먹는다 · 419
노루 때리던 막대 · 312
노루 본 놈이 그물을 질머진다 · 78
노루 잠에 개 꿈이다 · 172
노루 친 막대 삼년 우린다 · 419
노루가 제 방귀에 놀란다 · 300
노루를 피하니, 범이 나온다 · 427
노류장화는 누구나 꺾을 수 있다 · 217
노류장화는 사람마다 꺾으려니와, 산닭 길들이기는 사람마다 어렵다 · 384
노래기 회도 먹겠다 · 171
노송 나무 밑이다 · 126
노염은 호구별성인가 · 300
노인 부랑한 것 · 465
노적 가리에 불 지르고, 싸라기 주워 먹는다 · 162
노적 섬에 불 붙여 놓고 박산 주워 먹는다 · 162
노처녀가 시집 가려니 등창이 난다 · 426

노처녀보고 시집 가라 한다 · 175
노파리가 나서 좋아한다 · 296
녹수 갈제 원앙 가듯 · 339
녹피에 갈 왈자라 · 187
논두렁에 구멍 뚫기 · 118
논 팔아 굿하니, 맏며느리가 춤 춘다 · 134
논둑 족제비 까치 잡듯 한다 · 110
논·밭은 다 팔아먹어도, 향로·촛대는 지닌다 · 491
놀기 좋아 넉동치기 · 293
놀던 계집이 결판이 나도 엉덩이 짓은 남는다 · 65
놀란 토끼 벼락 바위 쳐다보듯 · 356
놀부 심사다 · 118
놀부의 환생이다 · 118
놀부한테 선심 쓰다가 자루까지 빼앗긴다 · 445
농 속에 갇혔던 새 · 251
농민들의 선물에는 미나리도 한몫 낀다 · 200
농민은 땅을 밭으로 삼고, 관리는 농민을 밭으로 삼는다 · 195
농사 물정을 안다니까, 피는 나락 회애기 뺀다 · 128
농사 일은 머슴에게 물어 하고, 길쌈질은 계집종에게 물어 하라 · 55
농사꾼은 굶어죽어도 씨오쟁이는 베고 죽는다 · 200
높은 가지가 부러지기 쉽다 · 222
높은 나무에는 바람이 세다 · 222
높은 데 있으면 멀리 바라볼 수 있다 · 406
높은 베게를 베고 마음대로 한다 · 197

높이 올라간 용은 후회를 하게 된다 · 263
놓아 먹인 말 · 123
놓아 먹인 소 · 123
놓아 먹인다 · 341
놓친 고기 크게 뵌다 · 98
놓친 고기가 더 크다 · 98
뇌성벽력은 귀머거리도 듣는다 · 404
뇌성에 벽력 · 472
누가 홍이야 항이야 할까 · 283
누걸놈 방앗간 다투듯 · 166
누구나 벗겨 놓으면 마찬가지다 · 454
누구는 날 때부터 글을 안다더냐 · 262
누더기 속에 옥 들었다 · 463
누더기 속에서 영웅 난다 · 223
누더기 옷도 없는 것보다 낫다 · 292
누렁이나 검둥이나 그 놈이 그 놈이다 · 454
누룩만 보아도 술 취한다 · 375
누른 입술에 젖내 난다 · 107
누에가 뽕잎 갉아 먹듯 · 191
누운 것이나 엎인 것이나 · 454
누운 돼지가 앉은 돼지 나무란다 · 140
누운 소똥 누기 · 382
누운 소 타기 · 382
누워 떡 먹기 · 382
누워 잠자기 · 382
누워서 저절로 입에 들어오는 떡은 없다 · 48
누워서 침 뱉기 · 144
누이 믿고 장가 못 간다 · 311
누이 바꿈 · 225
누이 좋고, 매부 좋다 · 439

누이네 집에 어석술 차고 간다 · 215
누지 못하는 똥을 으드덕 누라 한다 · 159
눅은 데 패가 한다 · 287
눈 가리고 아옹 한다 · 130
눈 감고 아옹 한다 · 130
눈 감으면 코 베어 먹을 세상 · 220
눈 감으면 코 베어 먹을 인심 · 220
눈 구석에 쌍 가래톳 선다 · 300
눈뜨고 남의 눈 빼 먹는 세상 · 220
눈뜨고 도둑 맞는다 · 445
눈뜨고 코 베어 갈 세상 · 220
눈뜬 장님 · 335
눈 먹던 토끼 얼음 먹던 토끼는 다 각각 · 457
눈 먼 강아지 젖 탐낸다 · 151
눈 먼 개 씨암탉만 물어 죽인다 · 110
눈 먼 개 젖 탐한다 · 152
눈 먼 고양이 갈밭 매듯 · 191
눈 먼 고양이 달걀 어루듯 · 116
눈 먼 구렁이 꿩알 굴리듯 · 116
눈 먼 구렁이 달걀 어루듯 · 116
눈 먼 나그네다 · 355
눈 먼 놈이 앞장 선다 · 170
눈 먼 닭도 모이를 주워 먹을 때가 있다 · 225
눈 먼 말 워낭 소리 따라 간다 · 340
눈 먼 말을 타고 벼랑으로 간다 · 190
눈 먼 소더러 눈 멀었다 하면 성낸다 · 72
눈 먼 소에 멍에가 아홉이다 · 378
눈 먼 자식 효자 노릇 한다 · 226
눈 먼 장닭 같다 · 113
눈 먼 중 갈밭에 든 것 같다 · 191

눈 탓이나 하지 개천 나무래 뭣 하나 · 264
눈 먼 토끼 뛰듯 · 168
눈 밑에 코다 · 500
눈 벌리고 아웅 한다. · 130
눈 벌리고 에비야 한다 · 112
눈 아래 사람 없는 줄 안다 · 124
눈 안에 든 가시 같은 놈 · 110
눈 앞의 것을 못 보는 쥐다 · 192
눈 온 뒷날에는 거지가 빨래를 한다 · 501
눈 위에 서리 친다 · 427
눈 찌를 막대기는 누구 앞에나 있다 · 52
눈 풍년, 귀 풍년이다 · 460
눈 허리가 시어 못 보겠다 · 303
눈만 감으면 송장이다 · 375
눈만 감으면 염 하러 달려들겠다 · 375
눈물 없는 세상이다 · 220
눈보다 동자가 더 크다 · 461
눈빛이 종이를 뚫는다 · 373
눈시울이 떠겁다 · 299
눈썹 새에 내천자를 누빈다 · 362
눈썹 싸움을 한다 · 360
눈썹만 뽑아도 똥 나오겠다 · 190
눈썹에 불 붙는다 · 244
눈썹에서 떨어진 액이다 · 244
눈에 든 가시를 뺀 것 같다 · 295
눈에 불을 켠다 · 320
눈에 불이 난다 · 299
눈에 사람이 보이지 않는다 · 124
눈에 쌍심지가 오른다 · 299
눈에 쌍심지를 켠다 · 320

눈에서 딱정벌레가 왔다 갔다 한다 · 323
눈으로 우물 메우기다 · 417
눈은 뜨고, 입은 다물어야 한다 · 31
눈은 있어도 눈망울이 없다 · 490
눈은 있어도 망울이 없다 · 336
눈은 풍년이나 입은 흉년이다 · 241
눈을 떠야 별을 보지 · 43
눈을 껴다 놓고 우물을 판다 · 173
눈의 가시 · 302
눈이 눈썹을 못 본다 · 329
눈이 아무리 밝아도 제 코는 안 보인다 · 329
눈이 어둡다 하더니, 다홍 고추만 잘 딴다 · 118
눈이 어둡다 하더니, 바늘귀만 잘 꿴다 · 118
눈이 얼굴보다 크다 · 461
눈이 하가마가 되었다 · 373
눈이면 다 제석 눈인가 · 455
눈치가 빠르면, 절에 가도 새우젓을
　얻어 먹는다 · 397
눈치가 빠르면, 절에 가도 젓갈을
　얻어 먹는다 · 397
눈치가 빠르면, 절에 가도 조개젓을
　얻어 먹는다 · 397
눈치나 있으면 떡이나 얻어 먹지 · 105
눈 · 코 뜰 새 없다 · 247
뉘 덕으로 잔뼈가 굵었기에 · 125
뉘 애기 이름인 줄 아나 · 175
뉘 절반에 쌀 절반이다 · 461
뉘 집 부엌인들 불 때면 연기 안 날까 · 486
뉘 집 숟가락이 몇 갠지 아나 · 284
느린 걸음이 젠 걸음이다 · 51

느린 소도 성낼 적이 있다 · 75
느릿느릿 걸어도 황소 걸음 · 130
늙고 병든 몸에는 눈 먼 새도 아니 온다 · 74
늙어서 죽어도 동티에 죽는다 · 77
늙으면 아이 된다 · 218
늙으면 아이 탈 쓴다 · 218
늙은 개가 문 지키기 괴롭다 · 218
늙은 당나귀 꾀만 남는다 · 217
늙은 말은 길을 잃지 않는다 · 218
늙은 말은 짐작으로 길을 안다 · 218
늙은 말이 콩 더 달란다 · 218
늙은 새는 낟알로 잡지 못한다 · 218
늙은 소 콩밭으로 간다 · 218
늙은 영감 덜미 잡기 · 120
늙은 용이 구름을 얻었다 · 437
늙은 중이 먹을 간다 · 415
늙은 쥐는 독을 뚫는다 · 217
늙은 쥐는 쇠뿔도 뚫는다 · 217
늙은 처녀 뒷박 내던진다 · 137
늙은 천리마가 잠만 잔다 · 253
늙은이 무르팍 세우듯 · 167
늙은이 호박나물에 용 쓴다 · 374
늙은이 호박죽에 힘 쓴다 · 374
늙은이도 늙었다면 싫어한다 · 72
능구리가 되었다 · 163
능글맞은 능구렁이다 · 125
능참봉을 하니까, 거둥이 한 달에 스물아홉
번이라 · 472
늦게 심은 벼는 자랄 시기가 없다 · 394
늦게 호된 서방 만났다 · 248
늦게 호된 시어머니 만났다 · 248
늦모내기에는 죽은 중도 꿈적거린다 · 199
늦바람에 머리털 세는 줄 모른다 · 218
늦은 밥 먹고 파장 간다 · 413

(ㄷ)
다 가도 문턱 못 넘기 · 434
다 닳은 대갈마치 · 186
다 된 농사에 낫 들고 덤빈다 · 155
다 된 떡시루 깬다 · 428
다 된 죽에 코 떨어졌다 · 433
다 된 죽에 코 풀기 · 433
다 먹은 죽에 코 빠졌다고 한다 · 141
다 밝게 범두와 소리 · 413
다 삭은 바자 틈에 노랑개 주둥이 같다 · 155
다 퍼 먹은 김칫독 · 373
다듬지 않은 옥이다 · 335
다라운 부자가 활수한 빈자보다 낫다 · 197
다람쥐 쳇바퀴 돌듯 · 429
다리 밑의 까마귀가 할아비·할아비
 하겠다 · 372
다리 부러진 장수 성 안에서 호령한다 · 148
다리 뼈가 맏아들이다 · 374
다리 아래 소리 · 133
다리 아래서 원을 꾸짖는다 · 148
다리도 뻗을 자리 보고 뻗는다 · 52
다리를 건너갈 때는 말에서 내려라 · 51
다리야 날 살려라 한다 · 358
다릿목 아래서 원 꾸짖기 · 148
다박머리에 댕기 치레 하듯 · 493

다복솔은 재목으로는 못 써도 그늘은 짙다 · 467
다시 긷지 않는다고 이 우물에 똥 눌까 · 37
단 말은 병이 되고, 쓴 말은 약이 된다 · 40
단 맛 쓴 맛 다 보았다 · 342
단칸방에 사이 두고 말할까 · 157
단술 먹은 여드레만에 취한다 · 472
단오의 부채, 동지의 책력 · 466
단풍도 떨어질 때 떨어진다 · 498
닫는 말에 채질한다고 경상도까지 하루만에
   갈까 · 402
닫는 말에 채찍질 · 47
닫는 말에도 채를 치랬다 · 47
닫는 사슴을 보고 얻은 토끼를 잃는다 · 264
닫는데 발 내민다 · 119
달 밝은 밤이 흐린 낮만 못하다 · 210
달 보고 짖는 개 · 115
달걀 지고 성 밑으로 못 가겠다 · 188
달걀과 여자는 구르면 깨진다 · 204
달걀도 굴러가다가 서는 모가 있다 · 478
달걀로 돌을 친다 · 169
달걀로 백운대 친다 · 169
달걀로 성을 친다 · 169
달고 치는데 아니 맞는 장수가 있나 · 84
달군 쇠와 아이는 때려야 한다 · 269
달기는 엿집 할미 손가락이다 · 99
달도 차면 기운다 · 24
달리는 놈 발 건든다 · 119
달리는 말 위에서 꽃구경 한다 · 328
달리는 말 위에서 산 구경한다 · 328
달리는 말을 틈으로 보는 격이다 · 499

달밤에 삿갓 쓰고 나온다 · 134
달아나는 노루 보고 잡은 토끼를 놓쳤다 · 445
달콤한 사탕은 몸을 해쳐도, 쓴 약은 병을
   고친다 · 40
달팽이 뿔도 뿔은 뿔이다 · 272
달팽이가 바다를 건너다니 · 393
닭 도둑이 소 도둑 된다 · 65
닭 벼슬이 될망정, 쇠 꼬리는 되지 말라 · 292
닭 새끼 봉이 되랴 · 400
닭 싸움에도 텃세 한다 · 91
닭 잡는데 소 잡는 칼을 쓴다 · 415
닭 잡아 겪을 나그네 소 잡아 겪는다 · 59
닭 잡아 먹고 오리발 내놓는다 · 130
닭 쫓던 개 지붕 쳐다본다 · 363
닭 쫓던 개의 상 · 363
닭도 제 앞 모이를 긁어 먹는다 · 259
닭똥을 고욤으로 먹는다 · 432
닭발 그리듯 · 380
닭보다 꿩을 좋아한다 · 70
닭은 구슬을 보리알 만큼도 안 여긴다 · 100
닭은 싫어도 꿩은 사랑한다 · 192
닭의 머리는 될지언정, 쇠 꼬리는 되지
   말라 · 292
닭장에 족제비를 몰아 넣는다 · 111
담너머 감이 더 맛 있게 보인다 · 99
담 밑의 꽃이다 · 217
담 밖의 것은 눈에 보이지 않는다 · 99
담 하나 사이의 이웃이다 · 337
담긴 통의 소리는 적고 빈 통의 소리는 크다 · 77
담도 틈이 생기면 무너진다 · 281

담배씨로 뒤웅박을 판다 · 152
담뱃대 쥐고 담뱃대 찾는다 · 184
담뱃대로 가슴을 찌를 노릇이다 · 303
담뱃불에 언 쥐를 구워 먹겠다 · 172
담뱃불에 언 쥐를 쬐어가며 벗길 놈 · 172
담뱃불에 콩 구워 먹겠다 · 104
담벼락하고 말하겠다 · 332
담비는 작아도 범을 잡아 먹는다 · 276
담에 구멍을 뚫는다 · 110
담에도 귀가 있다 · 31
담에도 눈이 있고, 벽에도 귀가 있다 · 31
담은 게으른 놈이 쌓아야 하고, 방아는 미친 년이
  찧어야 한다 · 55
담을 맞 바라보면, 아무 것도 보이지 않는다 · 39
담을 쌓고 벽을 쳤다 · 339
담을 쌓고 벽을 친다 · 166
담을 쌓았다 · 339
담하고 대면하는 격이다 · 303
담하고 말하는 것이 낫겠다 · 304
닷곱 장님이다 · 321
닷곱에 참례, 서홉에 참견 · 156
닷돈 보고 보리밭에 갔다가 명주 속옷
  찢겼다 · 444
닷돈 추렴에 두돈오푼을 내었다 · 306
닷새를 굶어도 풍잠 멋으로 산다 · 90
닷새를 굶으면 쌀자루 든 놈이 온다 · 266
당구 삼년에 폐풍월 한다 · 399
당나귀 귀 치레 · 417
당나귀 못된 것이 생원님만 업신여긴다 · 114
당나귀 뒷 자랑한다 · 149

당나귀 뒷 치레 · 417
당나귀 우는 것 보고 하품 한다고 한다 · 321
당나귀 찬 물 건너가듯 · 364
당나귀는 제 귀 큰 줄 모른다 · 328
당나귀도 제 울음은 듣기 좋다고 한다 · 98
당랑이 수레를 버티는 셈 · 403
당장 먹기에는 곶감이 달다 · 286
당채련 바지 · 저고리494
대 구멍으로 하늘을 본다 · 329
대 끝에서도 삼년이다 · 49
대가리 보고 놀란 놈은 꼬리만 봐도 놀란다 · 76
대가리가 동쪽으로 가면, 꼬리는 서쪽으로
  가야 한다 · 41
대가리가 움직이면 꼬리도 움직인다 · 95
대가리는 감추고, 꼬리는 내놓았다 · 430
대가리도 못 들고, 꼬리도 못 편다 · 309
대가리를 삶으면 귀까지 익는다 · 53
대가리만 움직이고, 꼬리는 움직이지
  않는다 · 496
대가리에 쉬 슨 놈 · 105
대가리와 꼬리를 분간 못한다 · 325
대가리의 물도 안 말랐다 · 108
대가리의 피도 안 말랐다 · 108
대감 말 죽은 데는 가도, 대감 죽은 데는
  안 간다 · 79
대국 고추는 작아도 맵다 · 276
대꼬챙이 째는 소리 · 364
대낮에 도깨비에 홀렸다 · 309
대돈 추렴에 돈반 내었다 · 306
대동강도 팔아 먹을 놈 · 122

대들보 썩는 줄 모르고 기왓장 아낀다 · 165
대들보가 부러지면 사람이 다친다 · 230
대들보가 부러지면 서까래도 무너진다 · 230
대들보가 부러지면 집안이 망한다 · 230
대들보에 상량문이 빠졌다 · 490
대로 한길 노래로 여라 · 262
대롱으로 하늘 본다 · 172
대명전 대들보의 명매기 걸음 · 359
대문 밖이 저승이다 · 22
대문은 넓어야 하고, 귓문은 좁아야 한다 · 41
대백산 갈가마귀 게발 물어 던지듯 · 247
대부동에 곁낫질 한다 · 169
대사 뒤에 병풍 지고 간다 · 122
대신댁 송아지는 백정 무서운 줄 모른다 · 74
대신댁 송아지는 범 무서운 줄 모른다 · 74
대장간에 식칼이 논다 · 483
대천 가의 논은 살 것이 아니다 · 60
대천 바다가 육지 되어 사람이 다니거든 · 393
대추나무 방망이다 · 186
대추나무에 연 걸리듯 · 460
대통 맞은 병아리 같다 · 304
대통 장수 망신은 고불통이 시킨다 · 112
대한에 얼어 죽은 사람은 없어도, 소한에 얼어 죽은 사람은 있다 · 501
대한이 소한 집에 가서 얼어 죽는다 · 501
대한칠년에 비 바라듯 · 310
댐싸리 밑의 개 팔자 · 253
댓진 먹은 뱀의 대가리 · 115
댓진 먹은 뱀이다 · 243
댕기 끝의 진주 · 466

더러운 사람에게도 더럽지 않은 것이 있다 · 235
더벅머리 댕기 치레하듯 · 417
더부살이 총각이 주인 아가씨 혼사 걱정한다 · 154
더부살이 환자 걱정 · 154
더부살이가 주인 마누라 속곳 베 걱정한다 · 154
더부살이가 주인 아가씨 혼수 걱정한다 · 154
더운 날에 찬 서리 친다 · 447
더운 밥 먹고 식은 말 한다 · 174
더운 죽에 파리 날아들듯 · 243
더위 먹은 소 달만 봐도 허덕인다 · 76
더위가 가면 그늘 덕을 잊는다 · 92
더위도 큰 나무 밑에서 피하랬다 · 397
덕석이 명석인듯이 · 130
덕은 닦은대로 가고, 죄는 지은대로 간다 · 346
덜미를 잡혔다 · 250
덜미를 짚는다 · 159
덜미에 사잣밥을 질머졌다 · 143
덤불이 우거져야 도깨비가 모여든다 · 388
덤불이 자라면 도깨비가 난다 · 388
덤불이 커야 도깨비가 난다 · 389
덩굴에도 열매가 연다 · 223
덩굴은 나무에 감긴다 · 246
덩덩 하니 굿만 여긴다 · 170
덩덩 하니까 문 넘어 굿인 줄 안다 · 170
덩덩 하면 굿인 줄 안다 · 170
덫에 치인 범이다 · 244
덴 데 털 안 난다 · 401
덴 소 날치듯 한다 · 360
도감포수 마누라 오줌 짐작하듯 · 325

도감포수의 오줌 짐작이라 · 325
도갓집 강아지 같다 · 155
도갓집 강아지다 · 104
도깨비 기왓장 뒤지듯 · 357
도깨비 대동강 건너듯 · 473
도깨비 땅 마련하듯 · 418
도깨비 사귄 셈이다 · 254
도깨비 쓸개라 · 464
도깨비 장난 같다 · 305
도깨비도 수풀이 우거져야 모인다 · 388
도깨비도 수풀이 있어야 모인다 · 389
도깨비를 봤나 · 300
도깨비를 사귀었다 · 254
도깨비에 흑 뗀 셈이다 · 295
도깨비에게 세금을 맨다 · 419
도깨비에게 홀린 것 같다 · 305
도끼 가진 놈이 바늘 가진 놈을 못 당한다 · 89
도끼 들고 헤엄 친다 · 423
도끼 삶은 물 같다 · 322
도끼 없이는 장작을 팰 수가 없다 · 42
도끼가 제 자루 못 찍는다 · 236
도끼를 갈아 바늘을 만든다 · 190
도끼를 베고 잔다 · 302
도끼자루 썩는 줄 모른다 · 314
도둑 고양이가 젯상에 오른다 · 112
도둑 달아나는 것 보고, 새끼 꼰다 · 413
도둑 맞고 문 잠근다 · 412
도둑 맞고 빈지 고친다 · 412
도둑 맞고 사립 고친다 · 412
도둑 맞고 죄 된다 · 97

도둑 맞으면 아내 치마 속도 더듬는다 · 97
도둑 맞으면 어미 품도 들춰 본다 · 98
도둑 못 지키는 개다 · 469
도둑개 살 안 찐다 · 488
도둑개가 겻섬에 오른다 · 358
도둑괭이 살 찔까 · 488
도둑괭이 젯상에 오른다 · 124
도둑괭이 코 세다 · 147
도둑놈 개 꾸짖듯 · 179
도둑놈 개에게 물린 셈 · 250
도둑놈 달아나는 것 보고, 몽둥이 장만한다 · 413
도둑놈 소 몰듯 · 359
도둑놈 재워주면 새벽에 쌀섬 지고 나간다 · 273
도둑놈더러 인사불성이라 한다 · 140
도둑놈에게 가게를 맡긴다 · 421
도둑놈에게 곳간 지키게 한다 · 421
도둑놈에게 문 열어준다 · 421
도둑놈에게 열쇠 맡긴다 · 421
도둑놈은 한 죄, 잃은 놈은 열 죄 · 97
도둑놈이 몽둥이 들고 길 위에 오른다 · 140
도둑놈이 제 말에 잡힌다 · 479
도둑놈이 제 발자국에 놀란다 · 479
도둑도 제 집 문 단속한다 · 290
도둑에도 의리가 있고, 딴꾼에도 꼭지가 있다 · 27
도둑은 달을 싫어한다 · 69
도둑을 맞으려면 개도 안 짖는다 · 228
도둑을 보고도 짖지 않는다 · 469
도둑을 피하려다가 강도를 만났다 · 449
도둑의 때는 벗어도 자식의 때는 못 벗는다 · 269

도둑의 때는 벗어도 화냥의 때는 못 벗는다 · 269
도둑의 씨는 없다 · 346
도둑이 달릴까 했더니 우뚝 선다 · 140
도둑이 도둑이야 한다 · 132
도둑이 매를 든다 · 140
도둑이 제 발이 저리다 · 479
도둑이 포도청 간다 · 132
도둑질 한 사람은 오그리고 자고, 도둑 맞은 사람은 펴고 잔다 · 76
도둑질도 혼자 해먹어라 · 293
도둑질은 김씨가 하고, 오라는 이씨가 진다 · 449
도둑질은 내가 하고, 오라는 네가 져라 한다 · 158
도둑질을 하다 들켜도 발명한다 · 77
도둑질을 하다 들켜도 변명을 한다 · 77
도둑질을 해도 사모 바람에 거드럭거린다 · 195
도둑질을 해도 손이 맞아야 한다 · 274
도랑 치고 가재 잡는다 · 416
도랑에 든 소 · 252
도련님에 당나귀 · 492
도로 아미타불 · 433
도마 위의 고기가 칼을 무서워 하랴 · 318
도마에 오른 고기다 · 244
도처에 선화당 · 196
도투마리 잘라 넉가래 만들기 · 382
도포 입고 논 썰기 · 493
도포를 입고 논을 갈아도 제 멋 · 80
독 깨고 장 쏟았다 · 444
독 속에 든 자라 잡기다 · 382
독 안에 든 쥐다 · 244

독 안에서 푸념 · 172
독 안에서 하늘을 본다 · 172
독 장수 경륜 · 326
독 장수 구구는 독만 깨뜨린다 · 231
독 장수 구구 · 326
독 틈에 탕관 · 449
독사 아가리를 벗어났다 · 252
독사 아가리에 손가락을 넣는다 · 142
독사는 작아도 독이 있다 · 41
독서당 개가 맹자왈 한다 · 399
독수리는 파리를 못 잡는다 · 380
독을 보아 쥐를 못 친다 · 89
돈 나는 모퉁이 죽는 모퉁이 · 386
돈 떨어지자 입맛 난다 · 68
돈 없는 놈이 큰 떡 먼저 든다 · 162
돈 한 푼을 손에 쥐면 땀을 낸다 · 160
돈만 있으면, 개도 멍첨지라 · 88
돈만 있으면, 귀신도 부릴 수 있다 · 398
돈만 있으면, 염라대왕 문서도 고친다 · 398
돈만 있으면, 처녀 불알도 산다 · 398
돈만 있으면, 천도복숭아도 먹는다 · 398
돈에 범 없다 · 467
돈은 마음을 검게 한다 · 263
돈은 많은 것이 좋지마는, 말이 많아서는 안 된다 · 33
돈이 많으면 두역신을 부린다 · 398
돈이 없으면 적막강산이요, 돈이 있으면 금수강산이라 · 398
돈이 자가사리 끓듯 한다 · 113
돈이 장사라 · 398

돈이 제갈량 · 398
돈이 효자다 · 467
돌 위에서는 곡식이 안 된다 · 395
돌 지고 방아 찧는다 · 52
돌 진 가재 · 246 ·
돌 하나로 두 마리 새를 잡는다 · 441
돌다 보아도 마름 · 429
돌다 보아도 물방아 · 429
돌다리도 두들겨 보고 지난다 · 188
돌다리도 두들겨 보면서 건너라 · 50
돌담 배 부른 것 · 465
돌도 십년을 보고 있으면 구멍이 뚫린다 · 48
돌림병에 까마귀 울음 · 473
돌부처도 꿈적인다 · 210
돌은 갈아도 옥이 되지 않는다 · 400
돌을 들면 낯이 붉어진다 · 344
돌을 차면 발부리만 아프다 · 265
돌절구도 밑 빠질 날이 있다 · 230
돌쩌귀에 녹이 슬지 않는다 · 45
돌쩌귀에 불이 난다 · 354
동관 삼월이다 · 494
동남풍에 잇속이 그슬리겠다 · 362
동냥 자루 찢는다 · 166
동냥 자루도 제 멋에 찬다 · 80
동냥 하려다가 추수 못 본다 · 445
동냥은 아니 주고 자루 찢는다 · 119
동냥은 혼자 간다 · 280
동냥치 첩도 제 멋에 취한다 · 80
동냥치가 동냥치를 꺼린다 · 73
동네 개 짖는 소리만 못하게 여긴다 · 307

동네 무당보다 건너 마을 무당이 영하다 · 100
동네 색시 믿고 장가 못 간다 · 311
동네마다 후레아들 하나씩 있다 · 482
동녘이 번하니까 다 내 세상인 줄 안다 · 314
동녘이 번하니까 세상만 여긴다 · 314
동녘이 훤하면 세상인 줄 안다 · 314
동무 몰래 양식 내기 · 433
동무 사나워 뺨 맞는다 · 447
동방 누룩 뜨듯 · 371
동방삭이는 백지장도 높다고 하였다 · 51
동생 줄 것은 없어도, 도둑 줄 것은 있다 · 484
동서 춤 추게 · 156
동성 아주머니 술도 싸야 사 먹는다 · 79
동아 속 썩는 것은 밭 임자도 모른다 · 332
동에 번쩍, 서에 번쩍 · 354
동여맨 놈이 푸느니라 · 55
동정 못하는 며느리 맹물 발라 머리 빗는다 · 135
동지에 개딸기 찾는다 · 311
동지에 팥죽 쉬겠다 · 501
동쪽 일을 서쪽에 와서 한다 · 176
동쪽 집에서 먹고, 서쪽 집에서 잠 잔다 · 247
동쪽인지 서쪽인지 구별하지 못한다 · 105
동풍 닷냥이라 · 443
동풍 맞은 익모초 · 340
동풍 안개 속에 수수잎 꼬이듯 · 120
동헌에서 원님 칭찬한다 · 132
돛 달고 노 젓는다 · 382
돝 잠에 개 꿈이다 · 172
돼지 값은 칠푼인데 나무 값은 서돈이다 · 460
돼지 낯짝 보고 잡아 먹나 · 279

돼지 목 따는 소리 · 364
돼지 목에 진주 목걸이 · 493
돼지 색갈 보고 잡아 먹나 · 279
돼지 우리에 주석 자물쇠 · 493
돼지는 목청 때문에 백정 신명을 돋군다 · 71
돼지는 우리 더러운 줄 모른다 · 328
되 글을 가지고 말 글로 써먹는다 · 189
되 순라 잡다 · 140
되는 것도 없고 안 되는 것도 없다 · 220
되는 놈은 나무하다가도 산삼을 캔다 · 234
되는 집에는 가지 낡에서도 수박이 열린다 · 234
되는 집에는 암소가 세 마리, 안 되는 집에는
　계집이 셋 · 347
되는 집에서는 개를 낳아도 청삽살이다 · 234
되는 집에서는 닭도 봉을 낳는다 · 234
되는 집에서는 말을 낳아도 용마를 낳는다 · 234
되는 집에서는 수탉이 알을 낳는다 · 234
되로 주고, 말로 받는다 · 441
된장 맛이 좋아야 집안이 잘된다 · 402
된장에 풋고추 박히듯 · 356
된장이 아까워 개를 못 잡는다 · 165
될성부른 나무는 떡잎부터 알아본다 · 473
두 다리 쭉 뻗는다 · 253
두 다리가 세 다리로 되었다 · 498
두 동서 사이에 산 쇠다리 · 215
두 손 털었다 · 444
두 손뼉이 맞아야 소리가 난다 · 389
두 절 개 같다 · 442
두견이 목에서 피 내어 먹듯 · 114
두꺼비 돌에 치였다 · 447

두꺼비 씨름 같다 · 454
두꺼비 씨름 누가 질지 누가 이길지 · 454
두꺼비 파리 잡아먹듯 · 366
두렁에 누운 소 · 253
두렁에 든 소 · 252
두레박 줄이 짧으면, 깊은 우물의 물을 긷지
　못한다 · 388
두루 춘풍 · 116
두메에 사는 이방이 조정 일은 더 안다 · 334
두메로 장작 팔러 간다 · 397
두부 끓기다 · 382
두부 먹다가이 빠진다 · 50
두부 살에 바늘 뼈 · 374
두부 앗은 날의 파리한 돼지 · 121
두부에 못 박기 · 382
둔한 말도 열흘 가면 천리를 간다 · 403
둘러치나 메어치나 · 453
둘이서 먹다가 하나가 죽어도 모르겠다 · 322
둘째 며느리 삼아보아야 맏며느리 착한 줄
　안다 · 407
둠벙 망신은 미꾸라지가 시킨다 · 112
둠벙 망신은 송사리가 한다 · 113
둠벙을 파야 개구리가 뛰어 들지 · 42
둥둥 하면 굿만 여긴다 · 170
뒤로 오는 호랑이는 속여도, 앞으로 오는 팔자는
　못 속인다 · 22
뒤에 난 뿔이 우뚝하다 · 456
뒤에 볼 나무는 그루를 돋우어라 · 55
뒤에 볼 나무는 뿌리를 높이 잘라라 · 55
뒤에 심은 나무가 우뚝하다 · 456

뒤주 밑이 긁히면 밥맛이 더 난다 · 68
뒤집고 핥는다 · 183
뒤통수에 눈 있는 놈 없다 · 329
뒷 동산에 군밤을 묻어 싹이 날까 · 393
뒷간 개구리한테 하문을 물렸다 · 448
뒷간 기둥이 물방앗간 기둥을 더럽다 한다 · 141
뒷간 다른 데 없고 부자 다른 데 없다 · 197
뒷간 다른 데 없고 아이 다른 데 없다 · 219
뒷간 문은 열수록 구린내만 난다 · 75
뒷간 쥐가 쌀 먹을 줄 모를까 · 378
뒷간 쥐는 구린 줄 모른다 · 328
뒷간 쥐에게 하문을 물렸다 · 448
뒷간과 사돈 집은 멀어야 한다 · 294
뒷간에 가서 밥 찾는다 · 183
뒷간에 갈 적 마음 다르고, 올 적 마음 다르다 · 93
뒷간에 앉아서 개를 부른다 · 422
뒷간에서 나올 적에 서두르는 사람 없다 · 93
뒷간은 지나가도 구리다 · 479
뒷걸음에 쥐 잡는 격이다 · 437
뒷구멍으로 호박씨 깐다 · 126
뒷산 호랑이가 요사이 뭘 먹고 산다더냐 · 302
뒷손 벌린다 · 164
뒷집 마당 터진데 솔뿌리 걱정한다 · 153
뒷집 짓고 앞집 뜯어내란다 · 161
드나드는 개가 꿩을 문다 · 45
드러난 상놈이 울 막고 살까 · 284
드럼통에 옷 입혀 놓은 것 같다 · 370
드물어도 아이가 든다 · 392
듣기 싫은 말은 부드러운 말이다 · 40
듣기 싫은 말은 약이다 · 40

듣기 좋은 꽃 노래도 한두 번이다 · 73
듣기 좋은 노래도 늘 들으면 듣기 싫다 · 73
듣기 좋은 노래도 세 번 들으면 싫어진다 · 73
든보기 장사 애 말라 죽는다 · 319
듣자는 귀요, 보자는 눈이다 · 278
들 적 며느리는 날 적 송아지 · 212
들 중은 소금을 먹고, 산 중은 물을 먹는다 · 155
들어가는 것은 봐도, 나오는 것은 못 봤다 · 164
들어서 죽 쑤는 놈은 나가도 죽 쑨다 · 65
들어오는 것은 있어도, 나가는 것은 없다 · 164
들어온 놈이 동네 팔아먹는다 · 111
들여 디딘 발이다 · 315
들으면 병이 되고, 안 들으면 약이 된다 · 293
들은 말은 백년 가고, 한 말은 삼년 간다 · 92
들은 말은 삼년 가고, 한 말은 사흘 간다 · 92
들은 풍월도 한몫 끼인다 · 467
들자니 무겁고, 놓자니 깨질 것 같다 · 426
들쥐 밥 맛보기다 · 383
들지 않는 솜틀에서 소리만 요란하다 · 127
등 따시고 배 부르다 · 252
등 시린 절 받기 싫다 · 73
등 진 가재 · 246
등 치고 간 내어 먹는다 · 111
등 치고 간 낸다 · 111
등겨 먹던 개가 말경에는 쌀을 먹는다 · 65
등겻섬에 새앙쥐 엉기듯 · 352
등에는 눈이 없다 · 331
등에서 진땀 난다 · 308
등잔 밑이 어둡다 · 330
등잔불에 콩 볶아 먹을 놈 · 172

등창도 빨아주고 치질도 핥아준다 · 132
딩굴 자리 보고 씨름에 나간다 · 416
따오기는 귀하게 여기고 닭은 천하게 여긴다 · 74
따오기는 먹을 감지 않아도 희다 · 64
딱따구리가 나무에 살면서 나무를 죽인다 · 125
딱딱한 나무가 부러진다 · 233
딴 자리에서 잠은 자도 꿈은 같다 · 454
딸 다섯 치운 집에는 도둑이 안 들어 간다 · 207
딸 덕에 부원군 · 253
딸 반은 적고 딸 하나는 많다 · 207
딸 셋 치우면 기둥뿌리 남는 것이 없다 · 207
딸 셋을 여의면 기둥뿌리가 패인다 · 207
딸 셋이면 문을 열어놓고 잔다 · 207
딸 자식 두면 경상도 도토리도 굴러온다 · 225
딸네 사돈은 꽃 방석에 앉히고 며느리 사돈은 가시 방석에 앉힌다 · 212
딸에게는 팥죽 주고 며느리에게는 콩죽 준다 · 212
딸은 두 번 서운하다 · 206
딸은 산적 도둑이다 · 208
딸의 굿에 가도 자루 아홉을 가지고 간다 · 79
딸의 굿에 가도 전대가 셋 · 79
딸의 시앗은 바늘 방석에 앉히고, 며느리 시앗은 꽃 방석에 앉힌다 · 212
딸의 집에서 가져 온 고추장 · 466
딸의 차반 재 넘어가고 며느리 차반 농 위에 둔다 · 210
딸자식은 도둑년이다 · 208
땀은 벼의 거름이다 · 48
땀은 한번 나면 도로 들어가지 않는다 · 274

땅 넓은 줄 모르고, 하늘 높은 줄만 안다 · 369
땅 위에 나타난 용이다 · 249
땅 짚고 헤엄치기 · 382
땅 파다가 은 얻었다 · 441
땅내가 고소하다 · 498
땅은 비 온 뒤에 굳어진다 · 94
땅을 열 길 파면 돈 한 푼 생기나 · 61
땅을 열 길을 파도 돈 한 닢 안 나온다 · 62
땅을 자리로 삼고, 하늘을 이불로 삼는다 · 247
땅을 후비는 닭이 얻어 먹는다 · 45
때를 잃으면 복령도 말라 죽는다 · 23
때리는 놈보다 말리는 놈이 더 밉다 · 302
때리는 시늉을 하거든, 우는 시늉을 하라 · 274
때리는 시늉을 하면, 우는 시늉을 한다 · 492
때리는 시어미보다 말리는 시누이가 더 밉다 · 302
때리는 척하거든, 우는 척해야 한다 · 274
때린 놈은 가로 가고, 맞은 놈은 가운데로 간다 · 76
때린 놈은 다리를 못 뻗고 자도, 맞은 놈은 다리를 뻗고 잔다 · 76
땔 나무도 저울질 해서 때겠다 · 165
땡감 먹은 상 · 362
땡감도 떨어지고, 익은 감도 떨어진다 · 23
땡땡이 중놈 안반 너머본다 · 176
떠다니는 새는 옛 숲을 그리워한다 · 67
떠오르는 달이다 · 370
떡 고리에 손 들어간다 · 442
떡 다 건지는 며느리 없다 · 79
떡 먹은 입을 쓴다 · 131

떡 본 김에 제사 지낸다 · 419
떡 삶은 물로 옷에 풀한다 · 420
떡 삶은 물에 중의 데친다 · 420
떡 속에도 가시가 있다 · 235
떡 장수아들은 떡을 안 먹는다 · 322
떡 줄 놈은 생각도 않는데, 김칫국부터
    마신다 · 312
떡 줄 사람에게는 묻지 않고, 김칫국부터
    마신다 · 312
떡 친 데 엎드려졌다 · 314
떡 해 먹을 세상이다 · 220
떡 해 먹을 집안 · 338
떡가루 두고 떡 못 할까 · 35
떡국이 농간한다 · 378
떡도 떡같이 못 해 먹고 찹쌀 한 섬만 다 없어졌
    다 · 434
떡도 떡이려니와 합이 좋다 · 463
떡도 먹어본 사람이 먹는다 · 378
떡도 못 얻어 먹는 제사에 무르팍이 벗어지게 절 한
    다 · 418
떡도 없는 성황제에 허리 아프게 절만 한다 · 418
떡방아 소리 듣고, 김칫국 찾는다 · 312
떡에 별 떡이 있지, 사람에는 별 사람이 없다 · 455
떡집에 가서 술 달란다 · 157
떡판에 엎드려졌다 · 314
떨어진 꽃은 나무가지에 올라 피지 못한다 · 24
떨어진 주머니에 어패 들었다 · 379
떫기로 고욤 하나 못 먹겠나 · 406
떫은 배도 씹어볼만하다 · 96
떼 꿩에 매 놓기 · 397

떼 놓은 당상 · 349
떼 닭 속에는 한 마리의 학이 있다 · 483
떼어 둔 당상 좀 먹으랴 · 350
뗏말에 망아지 · 189
똥 누고 밑 안 씻은 것 같다 · 303
똥 누러 가서 밥 달란다 · 176
똥 누러 갈 적 마음 다르고, 올 적 마음
    다르다 · 93
똥 누면 분칠하여 말려 두겠다 · 165
똥 때문에 살인 난다 · 233
똥 마다는 개 없다 · 70
똥 마려운 계집 국거리 썰듯 · 414
똥 마려워하는 년 국거리 썹듯 · 414
똥 묻은 개 쫓듯 · 117
똥 묻은 개가 겨 묻은 개를 나무란다 · 141
똥 묻은 돼지가 겨 묻은 돼지를 나무란다 · 141
똥 묻은 속곳을 팔아서라도 · 316
똥 묻은 접시가 재 묻은 접시를 흉본다 · 141
똥 보고 밟는 사람 없다 · 38
똥 싸 놓고 제 자리에서 뭉기는 소리 · 105
똥 싸고 성낸다 · 148
똥 싼 년이 핑계 없을까 · 77
똥 싼 놈은 달아나고 방귀 뀐 놈이 잡힌다 · 221
똥 싼 누덕바지 치키듯 · 187
똥 주워 먹은 곰 상판때기 · 362
똥 중에는 고양이 똥이 제일 구리다 · 240
똥 찌른 막대 꼬챙이 · 469
똥 친 막대기 · 469
똥강아지 혀 안 대보는 데 없다 · 134
똥구멍 찔린 새 · 305

똥구멍으로 수박씨 깐다 · 126
똥구멍으로 호박씨 깐다 · 126
똥구멍이 찢어지게 가난하다 · 241
똥녁가래 내세우듯 · 167
똥맛도 보겠다 · 132
똥벌레가 제 몸 더러운 줄 모른다 · 328
똥은 건드릴수록 구린내만 난다 · 38
똥은 덮어도 냄새가 난다 · 480
똥은 칠수록 튀어 오른다 · 38
똥이 무서워 피하나, 더러워서 피하지 · 185
똥이 무서워 피하랴 · 185
똥인지 된장인지 모른다 · 105
똥인지 호박국인지 · 324
뚝배기 깨고 국 쏟았다 · 444
뚝배기 깨지는 소리 · 364
뚝배기 봐선 장 맛이 달다 · 463
뚝배기로 개 때렸다 · 317
뚝배기보다 장 맛이 좋다 · 463
뚝비 맞은 강아지 · 250
뚝비 맞은 개 새끼 같다 · 373
뛰기 잘하는 염소도 울타리에 부딪친다 · 286
뛰기는 역마가 뛰고, 먹기는 파발꾼이 먹는다 · 440
뛰기는 파발말이 뛰고, 먹기는 파발꾼이 먹는다 · 440
뛰는 놈 위에 나는 놈이 있다 · 35
뛰는 놈이 있으면, 나는 놈이 있다 · 35
뛰어 봤자 벼룩이다 · 408
뛰어가는 것이 아니라 굴러간다 · 360
뛰어야 벼룩이지 · 259

뜨거운 것도 목구멍에만 넘어가면 그만이다 · 92
뜨거운 국에 덴 개는 물만 봐도 무서워한다 · 76
뜨거운 국에 맛 모른다 · 408
뜨고도 못 보는 당달봉사 · 335
뜨물 먹고 주정한다 · 131
뜨물에 빠진 바퀴 눈 같다 · 373
뜨물에 튀한 놈이다 · 314
뜬 소 울 넘었다 · 436
뜬 솥도 달면 무섭다 · 75
뜬 쇠도 달면 어렵다 · 75
뜬 잎은 떼주어야 속잎이 자란다 · 274
뜸단지를 붙였다 · 356
뜸이 들었다 · 499

(ㅁ)

마계 말이다 · 133
마고 할미 가려운 데 긁어주듯 · 116
마구 뚫는 창구멍 · 146
마당 삼을 캐었다 · 442
마당 터진데 솔뿌리 걱정한다 · 153
마디에 옹이 · 427
마루 구멍에도 볕들 날이 있다 · 234
마루 넘은 수레 내려가기 · 146
마루 디딘 놈이 안방 못 들어갈까 · 488
마루 밑에도 볕 들 날이 있다 · 25
마루 아래 강아지가 웃을 노릇 · 137
마루를 빌리더니, 안방까지 빌리란다 · 122
마른 나무 꺾기 · 382
마른 나무 꺾어 잎 털기 · 382
마른 나무가 봄을 만났다 · 439

마른 나무를 태우면, 생나무도 탄다 · 392
마른 나무에 물 내기다 · 408
마른 나무에 물이 난다 · 375
마른 나무에 좀 먹듯 · 375
마른 나무에서 물이 날까 · 393
마른 날에 벼락 맞는다 · 448
마른 낡에 새 싹이 돋는다 · 439
마른 낡에 좀 먹듯 · 254
마른 논에 물 대기다 · 460
마른 놈 따라 굶는다 · 181
마른 땅, 진 땅 다 다녀봤다 · 334
마른 말이 짐 탐한다 · 151
마른 버드나무에 싹이 튼다 · 375
마름쇠도 삼킬 놈 · 161
마마 손님 배송하듯 · 117
마마 그릇되듯 · 473
마소의 새끼는 시골로, 사람의 새끼는
　서울로 · 271
마음 잡아 개 장사 · 477
마음 한번 잘 먹으면, 북두칠성이 굽어
　보신다 · 29
마음도 하나, 가는 길도 하나다 · 424
마음에 없는 염불 · 317
마음은 걸걸해도 왕골자리에 똥 싼다 · 106
마음을 잘 가지면, 죽어도 옳은 귀신이 된다 · 29
마음이 맞으면 삶은 도토리 한 알을 가지고도 시장
　멈춤을 한다 · 87
마음이 화합하면, 부처도 곤다 · 390
마치가 가벼우면 못이 솟는다 · 84
마파람에 게 눈 감추듯 · 366

마파람에 곡식이 혀를 빼물고 자란다 · 503
마파람에 돼지 불알 놀듯 · 422
마파람에 호박꼭지 떨어진다 · 425
마판이 안 되려면, 당나귀 새끼만 모여든다 · 228
막간 어미 애 평계 · 180
막걸리 거르려다가 지게미도 못 건진다 · 430
막다른 골목이 되면 돌아선다 · 83
막대기 잃은 장님 · 246
만고풍상 다 겪었다 · 342
만득이 북 짊어지듯 · 497
만만찮기는 사돈집 안방 · 317
만만한 년은 제 서방 굿도 못 본다 · 238
만만한 데 말뚝 박는다 · 194
만진 중의 외 장수 · 466
만딸은 살림 밑천이다 · 208
만머느리 손 큰 것 · 465
만며느리가 없으면, 둘째 며느리가 큰며느리
　노릇을 한다 · 411
말 가는 데 소도 간다 · 46
말 갈 데 소 간다 · 354
말 갈 데 소 갈 데 다 다녔다 · 342
말 귀에 동풍 스치듯 · 159
말 귀에 염불 · 332
말 꼬리에 파리가 천리 간다 · 246
말 다하고 죽은 귀신 없다 · 264
말 다하고 죽은 무덤 없다 · 264
말 단 집에 장 단 법 없다 · 229
말 단 집에 장이 곤다 · 229
말 대가리 설 삶아 놓은 것 같다 · 173
말 대가리에 쇠뿔 · 493

말 등에 실었던 것을 벼룩 등 위에 실을까 · 285
말 많은 집은 장 맛도 변한다 · 229
말 많은 집은 장 맛도 쓰다 · 229
말 안 하면 귀신도 모른다 · 282
말 약 먹듯 · 366
말 약 먹이듯 · 144
말 우는 데 말 가고, 소 우는 데 소 간다 · 86
말 위에 말을 얹는다 · 161
말 잃고 외양간 고친다 · 412
말 잘 하고 징역 가랴 · 30
말 잘하기는 소진·장의로군 · 379
말 죽은 데 체 장수 모이듯 · 351
말 죽은 밭에 까마귀 모이듯 · 351
말 죽은 밭의 까마귀 같이 · 495
말 타면 경마 잡히고 싶다 · 78
말 태우고 버선 깁는다 · 413
말 한 마리 다 먹고, 말고기 냄새가 난다고
  한다 · 141
말고기 자반 · 371
말고기를 다 먹고, 무슨 냄새가 난다고 한다 · 141
말고기를 다 먹고, 하문 내 난다고 한다 · 141
말과 사슴을 구별하지 못한다 · 105
말도 부끄러우면 땀을 흘린다 · 266
말도 아니고, 노새도 아니다 · 471
말도 용마라면 좋아한다 · 70
말똥도 모르고 마의 노릇 한다 · 152
말똥에 굴러도 이승이 좋다 · 261
말뚝을 삶아 먹겠다 · 124
말로 온 공을 갚는다 · 30
말로 온 동리를 겪는다 · 129

말로 해치는 것이 칼로 해치는 것보다 무섭다 · 33
말·말끝에 단장 달란다 · 157
말에 밑천 들지 않는다 · 28
말에 뿔이 났다 · 487
말에 실었던 짐을 벼룩 등에 싣는다 · 421
말에 짐을 무겁게 싫으면 걷지를 못한다 · 285
말은 노상 뛸 생각만 한다 · 78
말은 얻고 안장은 잃었다 · 429
말은 콩을 그리워한다 · 67
말은 혀를 베는 칼이다 · 33
말을 기르는 사람은 닭·돼지를 돌보지
  않는다 · 89
말을 안 하는 것이 약이다 · 294
말을 이 잡듯이 한다 · 180
말이 고우면, 비지 사러 갔다가 두부 사 온다 · 88
말이 굴레 벗고 달아난다 · 125
말이 먹다 남은 콩을 못 잊듯 · 318
말이 보증수표다 · 130
말이 삼은 소 짚신 · 471
말이 씨가 되었다 · 436
말하는 것을 개 방귀로 안다 · 307
말하는 매실 · 174
맑은 물에 고기 안 논다 · 236
맑은 샘에서 맑은 물이 난다 · 346
맑은 하늘에 벼락 맞는다 · 448
맑은 향기가 집 안에 가득하다 · 338
맛 없는 국이 뜨겁기만 하다 · 124
맛 없는 국이 맵기만 하다 · 173
맛 없는 음식이 뜨겁기만 하다 · 124
맛 있는 음식도 늘 먹으면 싫다 · 73

맛 있는 음식도 식기 전에 먹어야 한다 · 53
맛 좋고 값 싼 갈치자반 · 441
맛 좋은 실과는 겉모양도 좋다 · 90
맛은 소금이 낸다 · 377
망건 당줄이 굵어야 하나 · 467
망건 쓰고 세수 한다 · 416
망건 쓰자 파장 된다 · 498
망건 편자를 줍는다 · 451
망둥이가 뛰니까, 빗자루가 뛴다 · 181
망둥이가 제 동무 잡아 먹는다 · 111
매 밥도 못 하겠다 · 461
매 앞에 뜬 꿩이다 · 245
매 위에 장사 있나 · 84
매가 꿩을 잡아주고 싶어 잡아주나 · 248
매달린 개가 누워 있는 개를 비웃는다 · 308
매도 맞으려다 안 맞으면 서운하다 · 68
매도 먼저 맞는 놈이 낫다 · 293
매를 소리개로 보았다 · 325
맥도 모르고 침통 흔든다 · 152
맨 입에 앞 교군 서라 한다 · 144
맹감을 따 먹어도 이승이 좋다 · 261
맹꽁이 결박한 것 같다 · 370
맹물에 조약돌 삶은 맛 · 322
머리 검은 짐승은 남의 공을 모른다 · 330
머리는 끝부터 가르고, 말은 밑부터 해야 한다 · 288
머리를 삶으면, 귀까지 익는다 · 345
머리카락 뒤에서 숨바꼭질 한다 · 130
머리카락에 홈 파겠다 · 172
머리털 없는 놈 댕기 치레하듯 · 417

머리털을 베어 신발을 한다 · 316
머슴보고 속곳 묻는다 · 183
머슴살이 삼년에 주인 성 묻는다 · 330
먹고 자는 식충도 복을 타고 났다 · 21
먹고 죽기다 · 366
먹기 싫은 밥에 재나 뿌리지 · 120
먹기는 아귀 같이 먹고, 일은 장승 같이 한다 · 254
먹기는 혼자 먹어도, 일은 혼자 못한다 · 286
먹는 개는 살찌고, 짖는 개는 여윈다 · 280
먹는 놈이 똥 눈다 · 347
먹다가 보니 개떡 수제비라 · 465
먹돌도 뚫으면 굶이 난다 · 47
먹을 없는 제사에 절만 한다 · 418
먹을 것을 보면 세 치를 못 본다 · 163
먹을 콩 났다고 덤빈다 · 161
먹지 못할 풀이 오월에야 겨우 난다 · 188
먹지 않는 씨아에서 소리만 난다 · 127
먹지 않는 종 · 487
먼 데 단 냉이보다 가까운 데 쓴 냉이 · 294
먼 데 점이 영하다 · 100
먼 사촌보다 가까운 이웃이 낫다 · 87
먼저 꼬리 친 개 나중 먹는다 · 229
먼저 난 머리보다 나중 난 뿔이 무섭다 · 456
먼저 먹은 후 답답이라 · 348
먼저 배 탄 놈 나중 내린다 · 229 ·
메고 나면 상두꾼, 들고 나면 초롱꾼 · 61
메기 나래에 무슨 비늘이 있어 · 488
메기 잔등이에 뱀장어 넘어가듯 · 359
메기가 눈은 작아도 제 먹을 것은 알아본다 · 378
메뚜기도 유월이 한철이다 · 498

메밀도 굴러가다가 서는 모가 있다 · 478
메밀떡 굿에 쌍장고 치랴 · 287
메밀이 있으면 뿌렸으면 좋겠다 · 311
멧돌 잡으러 갔다가 집돝 잃었다 · 445
며느리 늙어 시어미 된다 · 83
며느리 시앗은 열도 귀엽고 자기 시앗은 하나도
　밉다 · 210
며느리 자라 시어미 되니, 시어미 티 더한다 · 83
며느리가 미우면 손자까지 밉다 · 72
며느리가 미우면, 발뒷축이 달걀 같다고
　한다 · 142
며느리는 데리고 살아도 딸은 데리고
　못 산다 · 206
며느리들 싸움이 형제 싸움이 된다 · 215
먹부리 암탉이다 · 330
멸치 한 마리는 어쭙잖아도 개 버릇이
　사납다 · 185
명주 옷은 사촌까지 덥다 · 226
명주 옷은 육촌까지 다습다 · 226
명태 한 마리 놓고 딴전 본다 · 132
모과나무 심사 · 120
모기 다리에서 피를 뺀다 · 114
모기 대가리에서 골을 낸다 · 393
모기 보고 환도 뺀다 · 299
모기도 많이 모이면, 우뢰 소리를 낸다 · 402
모난 돌이 정 맞는다 · 265
모든 냇물은 바다로 들어간다 · 23
모래 바닥에 혀를 박고 죽을 일이다 · 300
모래 위에 물 쏟기다 · 417
모래 위에 쌓은 성이다 · 477

모래로 방천 한다 · 417
모래밭에 물 붓기다 · 417
모래밭에서 바늘 찾기다 · 384
모래밭에서 오줌 누기다 · 486
모래에 싹이 난다 · 487
모로 가나 기어가나, 서울 남대문에만 가면
　그만이다 · 279
모로 가도 서울에만 가면 된다 · 279
모로 던져 마름쇠 · 349
모르는 것이 부처 · 293
모르면 약이요, 아는 게 병 · 34
모양이 개잘량이라 · 450
모주 먹은 돼지 껄때청 · 364
모처럼 능참봉을 하니까, 한 달에 거둥이
　스물아홉 번 · 472
목 마른 놈이 우물 판다 · 83
목 마른 사람에게 물소리만 듣고 갈을 추겨라
　한다 · 174
목 마른 사람에게는 물 한 모금 주는 것도
　공덕이다 · 274
목 마른 사람이 물을 얻었다 · 438
목 마른 송아지 우물 들여다 본다 · 304
목 매단 사람을 구한다면서, 그 발을 잡아
　당긴다 · 110
목 매어 죽을 놈이 높은 나무만 고를까 · 101
목 메인 개 겨 탐한다 · 152
목 멘 송아지 우물 들여다 본다 · 304
목 멘 개가 뼈다귀 탓한다 · 139
목 짧은 강아지 겻섬 넘어다보듯 · 357
목구멍에 풀칠 한다 · 242

목구멍의 때도 못 씻었다 · 368
목구멍의 때를 벗긴다 · 368
목구멍의 때를 씻는다 · 368
목구멍이 포도청 · 91
목수 많은 집이 기울어진다 · 349
목수가 많으면 집을 무너뜨린다 · 349
목수는 쇠를 깎지 못한다 · 457
목숨은 기러기 털보다 가볍다 · 22
목숨은 바람 앞의 등불과 같다 · 22
목탁 귀가 밝아야 한다 · 61
목화 신고 발등 긁는다 · 418
목화밭 배추다 · 464
몸도 하나 그림자도 하나 · 246
몸은 개천에 가 있고, 눈은 관청에 가 있다 · 311
몸은 늙어지고 시집살이는 젊어진다 · 213
몸을 구부리는 자벌레는 장차 곧게 펴려는 것이다 · 46
못 되면 조상 탓 · 139
못 먹는 감 찔러나 본다 · 119
못 먹는 고기 찔러나 본다 · 120
못 먹는 떡 찔러나 본다 · 120
못 먹는 떡에 침이나 뱉는다 · 120
못 먹는 잔치에 갓만 부숴졌다 · 446
못 먹는 죽에 재를 뿌린다 · 120
못 생긴 며느리 제삿날 병 난다 · 134
못 속의 용도 언젠가는 하늘에 오를 때가 있다 · 266
못난 색시 달밤에 삿갓쓰고 나선다 · 134
못된 나무에 열매가 많다 · 221
못된 바람은 동대문 구멍에서 다 들어온다고 · 180
못된 바람은 수구문으로 들어온다 · 180
못된 버섯이 삼월부터 난다 · 170
못된 벌레 장판 방에서 모로 긴다 · 123
못된 벌레가 쏜다 · 112
못된 소나무에 솔방울만 많다 · 221
못된 송아지 엉덩이에 뿔 난다 · 123
못된 일가가 항렬만 높다 · 171
못물에 가랑비 내렸다 · 486
못에 갇힌 고기는 옛 놀던 물을 그리워한다 · 67
못에 갇힌 고기요, 새장에 갇힌 새다 · 251
못이 마르면 고기도 궁하게 된다 · 239
못이 커야 용이 난다 · 388
못자리 판에 돌 집어 넣는다 · 118
못자리에 거름 하겠다 · 497
몽글게 먹고 가는 똥 싸라 · 263
몽당비가 우쭐댄다 · 127
몽둥이 뜸질에 앉은뱅이도 도망친다 · 83
몽둥이 장만하자 도둑 든다 · 468
몽둥이를 들고 포도청 담에 오른다 · 132
몽치 깎자 도둑 뛴다 · 498
무우 뽑다 들켰다 · 308
무우 캐다 들킨 사람 같이 · 363
무는 개는 이빨을 보이지 않는다 · 77
무는 말 있는 데 차는 말 간다 · 85
무는 말은 죽어야 안 문다 · 384
무는 아가리와 깨어진 독 서슬 같다 · 110
무당보고 춤 잘 춘다니까 발 아픈 줄도 모르고 춘다 · 187
무당은 병이 생기라고 빌고, 관 짜는 목수는 사람

죽기만 기다린다 · 79
무당은 장구소리만 나도 춤을 춘다 · 97
무당의 영신인가 · 170
무당이 제 굿 못한다 · 236
무당질 삼년에 목두기란 귀신 처음 보았다 · 343
무딘 칼은 숫돌에 갈아야 한다 · 263
무른 감도 쉬어가면서 먹어라 · 50
무른 메주 밟듯 · 342
무릇인지 닭똥인지 · 324
무섭다니까 바스락거린다 · 121
무섭지는 않아도 똥 쌌다는 격 · 180
무송이 장도감 친다 · 495
무쇠 두멍을 쓰고 늪에 빠졌다 · 450
무쇠도 갈면 바늘이 된다 · 47
무식한 도깨비 부작을 모른다 · 336
무죄한 놈 뺨 치기 · 120
묵은 장 쓰듯 · 443
문 돌쩌귀에 불이 나겠다 · 354
문 바른 집은 써도, 입바른 집은 못 쓴다 · 32
문 열고 도둑을 불러 들인다 · 445
문 풍지 떨어진 데는 풀비가 제 격 · 492
문경이 충청도가 되었다가 경상도가 되었다가 한다 · 186
문둥이 콧구멍에 박힌 마늘씨도 파 먹겠다 · 164
문둥이는 문둥이 친구를 좋아한다 · 85
문비 거꾸로 붙이고 환장이 탓 · 139
문서 없는 종 · 212
문선왕 끼고 송사 한다 · 146
문어 제 다리 끊어 먹기다 · 143
문지방이 닳도록 드나든다 · 354

문턱 높은 집에 정강이 긴 며느리 들어온다 · 430
문턱 밑이 저승이다 · 22
문턱이 닳도록 드나든다 · 354
묻은 불이 일어났다 · 472
물 건너 손자 죽은 사람 같다 · 356
물 덤벙, 술 덤벙 · 136
물 만 밥에 목이 멘다 · 299
물 만 이밥(쌀밥)에 목이 멘다 · 299
물 먹은 배를 튀긴다 · 127
물 묻은 치마에 땀 묻는 걸 꺼릴까 · 319
물 밖에 나온 고기다 · 244
물 본 기러기 · 296
물 본 기러기 산 넘어갈까 · 489
물 본 기러기 어옹을 두려워 할까 · 489
물 본 기러기가 어부를 두려워하지 않는다 · 101
물 썬 때는 나비잠 자다가 물 들어서 조개 잡는다 · 413
물 쏘듯, 총 쏘듯 · 145
물 쓰듯 · 443
물 없는 기러기 · 249
물 위에 기름 · 338
물 위에 눈 내렸다 · 486
물 잃은 고기 · 245
물 잃은 기러기다 · 447
물 장수 삼년에 궁둥이짓만 남았다 · 434
물 장수 삼년에 동이만 남았다 · 434
물 주어 먹을 사이도 없다 · 247
물 퍼런 것도 잘 보면 여러가지다 · 457
물 한 모금 마실 새 없다 · 247
물거미 뒷다리 같다 · 369

물거미 지나간 흔적이다 · 486
물고 놓은 범 · 297
물고 차는 상사말이다 · 109
물고기 밥이 되었다 · 376
물고기가 솥 안에서 논다 · 331
물고기가 용에게 덤빈다 · 169
물고기의 눈알과 구슬이 섞여 있다 · 385
물구나무를 서도 이승이 좋다 · 261
물도 모이면 못이 된다 · 392
물도 모이면 바다를 이룬다 · 392
물도 아껴 쓰면 용왕이 좋아한다 · 58
물독 뒤에서 자랐나 · 369
물독에 빠진 새앙쥐 · 250
물독에 빠진 새앙쥐 같다 · 373
물동이 이고 강변으로 물 팔러 간다 · 331
물때 · 썰때를 다 안다 · 334
물라는 쥐나 물지, 씨암탉은 왜 물어 · 115
물레방아도 쉬면 물이 언다 · 257
물리고도 아프다는 소리 못한다 · 245
물방앗간에서 고추장 찾는다 · 183
물방울이 돌을 뚫는다 · 391
물보리 한 말에 숫'뒷'을 잃었다 · 446
물에 빠져 죽는 사람보다 술에 빠져 죽는 사람이 더
   많다 · 459
물에 빠져도 정신을 잃지 말라 · 283
물에 빠져도 주머니 밖에 뜰 것 없다 · 484
물에 빠지면 짚이라도 잡는다 · 81
물에 빠진 것 건져 놓으니까 내 봇짐 내라
   한다 · 125
물에 빠진 놈 건져 놓으니까 망건 값 달란다 · 125

물에 빠진 놈 건져 놓으니까 보퉁이를
   찾는다 · 125
물에 빠진 놈 건져 놓으니까 약값 달란다 · 125
물에 빠진 놈 배 부른다 · 413
물에 빠진 새앙쥐 · 250
물에 있는 고기 금 친다 · 312
물에 죽을 팔자면, 접시 물에도 빠져 죽는다 · 23
물에도 체한다 · 50
물오리가 물에 빠져 죽을까봐 걱정한다 · 309
물은 거꾸로 흐르지 않는다 · 27
물은 깊을수록 소리가 없다 · 28
물은 아래로 흐르고, 불은 위로 올라간다 · 482
물은 얼면 차갑게 된다 · 87
물은 장애물을 피해가면서 바다에 이른다 · 392
물은 제 곬으로 흐르고, 죄는 지은대로
   간다 · 347
물은 트는대로 흐르고, 죄는 지은대로 간다 · 347
물은 트는대로 흐른다 · 86
물은 흘러도 여울은 여울대로 있다 · 490
물을 건너면 지팡이를 버린다 · 89
물을 아껴 쓰면 용왕이 돕는다 · 58
물의 고기 금 치기 · 311
물이 가야 배가 오지 · 388
물이 깊고 얕은 것은 건너봐야 안다 · 327
물이 깊어야 고기가 모인다 · 85
물이 깊어야 큰 배도 띄운다 · 396
물이 깊지 않으면 큰 배를 띄울 수 없다 · 396
물이 얕으면 돌이 보인다 · 479
물이 와야 배가 오지 · 388
물이 있어야 고기가 생긴다 · 388

물이 줄어들면 고기는 깊은 물로 돌아간다 · 85
물인지 불인지 모른다 · 168
물쿨어져도 준치, 썩어도 생치 · 90
뭣 본 벙어리 · 362
뭣 좋아지자 과부 되었다 · 425
미꾸라지 백사장에 나온 격이다 · 245
미꾸라지 용 되었다 · 439
미꾸라지 천년에 용 된다 · 46
미꾸라지 한 마리가 온 웅덩이를 흐린다 · 113
미꾸라지가 모래 쑤셨다 · 486
미끼 없는 낚시다 · 470
미늘이 없는 낚싯대로 고기를 잡지 못한다 · 396
미랭이 김칫국 마시듯 · 366
미련이 담벼락을 뚫는다 · 107
미련한 놈 가슴에 고드름이 안 녹는다 · 72
미련한 놈 똥구멍에 불송곳이 안 들어간다 · 105
미운 강아지가 부뚜막에 똥 싼다 · 134
미운 개 호랑이가 물어 갔다 · 295
미운 개가 주걱을 물고 부뚜막에 오른다 · 134
미운 고양이가 씨암탉을 물어 죽인다 · 134
미운 년이 분 바르고 요래도 밉소 한다 · 134
미운 놈 떡 하나 더 준다 · 273
미운 놈 떡 하나 주고, 우는 놈 한 번 더
　때린다 · 73
미운 마누라 죽젓광이에 이 잡는다 · 134
미운 며느리가 이쁜 손자를 낳는다 · 216
미운 벌레 모로 긴다 · 134 ·
미운 사람에게 쫓아가 인사한다 · 273
미운 아이 먼저 품어라 · 273
미운 애한테는 엿을 주고, 귀여운 애한테는 매채를
　준다 · 269
미운 열 사위 없고 고운 외며느리 없다 · 212
미운 자식 밥 많이 준다 · 270
미운 자식 밥으로 키운다 · 270
미운 중놈이 고깔을 모로 쓰고 요래도 밉소
　한다 · 134
미운 쥐도 품에 품는다 · 273
미운 파리 잡으려다 고운 파리 잡는다 · 231
미운 파리 치려다 고운 파리 상한다 · 231
미운 풀이 죽으면 고운 풀도 죽는다 · 236
미운 풀이 죽으면 고운 풀이 죽는다 · 231
미장이 집에 흙손이 없다 · 484
미장이에 호미는 있으나 마나 · 471
미장이의 비비송곳 같다 · 298
미주알 · 고주알, 밑두리 · 콧두리 캔다 · 183
미친 개 눈에는 몽둥이만 보인다 · 98
미친 개 다리 틀리듯 · 425
미친 개 범이 물어 간 것만 하다 · 295
미친 개 천연한 체한다 · 129
미친 개 호랑이 잡는다 · 170
미친 개가 주인을 안다더냐 · 125
미친 개 잡아 고기먹듯 · 163
미친 개한테는 주먹이 약이다 · 274
미친 년 나물 캐듯 · 414
미친 년 달래 캐듯 · 414
미친 놈에게 칼을 준 셈이다 · 430
미친 놈의 말에도 쓸 말이 있다 · 40
미친 놈이 뛰면 성한 놈도 뛴다 · 94
미친 놈이 미친 짓 한다 · 134
미친 사람의 말도 성인이 가려 쓴다 · 40

미친 중놈 집 헐기다 · 145
미친 체하고 떡판에 엎드린다 · 164
미친년의 속곳 가랑이 · 494
민둥산에는 고라니가 놀지 않는다 · 395
믿는 도끼에 발등 찍힌다 · 451
믿던 발이 돌에 찍혔다 · 451
믿었던 돌에 발부리 채였다 · 451
밀 밭에서 술 찾는다 · 182
밀가루 장사 하면 바람이 불고, 소금 장사 하면
 비가 온다 · 229
밀기름 새용에 밥을 지어 귀이개로 퍼서
 먹겠다 · 136
밉다니까 떡 사 먹으면서 서방질 한다 · 134
밑 빠진 가마에 물 붓기다 · 417
밑 빠진 동이에 물이 괼까 · 393
밑 없는 독에 물 붓다 · 417
밑구멍으로 노 꼰다 · 129
밑구멍으로 새끼 꼰다 · 129
밑구멍으로 숨 쉰다 · 129
밑이 구리다 · 308

(ㅂ)
바가지 밥 보고 여편네 내쫓는다 · 209
바가지 없는 거지 노릇 한다 · 416
바가지 없는 거지다 · 416
바가지는 깨진 데서 샌다 · 479
바가지로 바닷물을 된다 · 423
바가지를 긁는다 · 152
바가지를 썼다 · 444
바구니에 물 담기다 · 417

바느질 못하는 년이 바늘은 먼저 들고
 나선다 · 129
바느질 못하는 년이 실은 길게 꿴다 · 129
바느질에는 소 · 범이다 · 380
바늘 가는 데 실 간다 · 339
바늘 가진 사람이 도끼 가진 사람에게
 이긴다 · 89
바늘 구멍으로 하늘 보기 · 329
바늘 구멍으로 황소 바람 들어온다 · 502
바늘 끝만한 일을 보면, 쇠공이만큼
 늘어놓는다 · 150
바늘 끝에 알을 올려 놓겠다 · 393
바늘 끝이 뭉둥이 같다고 한다 · 150
바늘 도둑이 소 도둑 된다 · 65
바늘 방석에 앉은 것 같다 · 301
바늘 쌈지에서 도둑이 난다 · 65
바늘 잃고 도끼 낚는다 · 441
바늘로 몽둥이를 막는다 · 193
바늘보다 실이 더 굵다 · 462
바늘은 작아도 못 삼킨다 · 276
바다는 메워도, 사람의 욕심은 못 채운다 · 78
바다로 고기 팔러 간다 · 397
바닷물도 쓰면 준다 · 57
바다에 가서 토끼 찾기 · 407
바다에 가야 고기를 잡는다 · 43
바다에 가야 큰 고기를 잡는다 · 396
바다에 물 한 방울 벌어셨나 · 486
바다에 빠진 바늘 찾기 · 407
바다에 오줌 누었다 · 486
바닥 다 보았다 · 430

바닥에 구멍이 났다 · 428
바닷가 개는 호랑이 무서운 줄 모른다 · 332
바닷가에서 짠 물 먹고 자란 놈이다 · 117
바람 따라 돛을 단다 · 186
바람 부는대로 돛을 단다 · 421
바람 부는대로 물결 치는대로 · 186
바람 빌어 배 달린다 · 440
바람 앞의 등불이다 · 244
바람 앞의 촛불이다 · 244
바람 앞의 티끌이다 · 407
바람 잘 날 없는 나무는 지엽만 고달프다 · 222
바람과 그림자를 잡으려고 한다 · 175
바람도 올 바람이 낫다 · 293
바람도 지난 바람이 낫다 · 68
바람벽 뚫고 나온 중방 밑 귀뚜라미
  아들이다 · 334
바람에 날려 왔나, 구름에 싸여 왔나 : 352
바람에 잘 견디는 나무는 뿌리가 튼튼하다 · 42
바람은 바위를 흔들지 못한다 · 476
바람이 불면 나무 뿌리는 깊어진다 · 84
바람이 불어야 배가 간다 · 388
바람이 불지 않으면 나무는 흔들리지
  않는다 · 222
바람이 없으면 파도는 일지 않는다 · 222
바로 못 가면 둘러가지 · 490
바른 말 하는 사람 귀염 못 받는다 · 34
바보는 약으로 못 고친다 · 64
바쁘게 찧는 방아에도 손 놀 틈이 있다 · 499
바삐 찧는 쌀에 뉘가 많다 · 52
바위에 개 지나갔다 · 486

바지랑대로 하늘 재기 · 391
바지랑대로 하늘 찌르기다 · 417
바지 · 저고리 줄 아나 · 307
박가하고 석가하고는 면장을 하면 성을
  바꾼다 · 474
박달나무에 좀이 난다 · 233
박복자는 계란에도 유골이라 · 227
박복한 과부는 재가를 해도 고자를 만난다 · 233
박복한 놈은 떡 목판에 넘어져도 이마
  다친다 · 231
박색 소박은 없어도 일색 소박은 있다 · 211
박토 팔아 옥토 산다 · 441
반달 같은 딸 있으면, 온달 같은 사위
  삼는다 · 398
반딧불로 별을 대적할까 · 395
반찬 단지에 고양이 발 드나들듯 · 355
반찬 먹은 개 · 250
반찬 먹은 괭이 잡도리하듯 · 187
반찬 항아리가 열둘이라도, 서방님 비위를
  못 맞춘다 · 387
받아 논 당상 · 350
받아 논 밥상 · 350
받으러 와도 고운 사람 있고, 주러 와도 미운 사람
  있다 · 72
발 벗고 나선다 · 117
발살의 때꼽재기 · 464
발 새 티눈만도 못하다 · 321
발 탄 강아지 같다 · 354
발가락의 티눈만큼도 안 여긴다 · 307
발등에 불이 떨어진다 · 448

발바닥에 불이 난다 · 352
발보다 발가락이 더 크다 · 461
발을 뻗고 자겠다 · 253
발이 의붓자식보다 낫다 · 374
발이 효도 자식보다 낫다 · 374
밤 길이 붓는다 · 99
밤 비에 자란 사람이다 · 374
밤 새도록 가도 문 못 들어갔다 · 434
밤 새도록 물레질만 하겠다 · 128
밤 새도록 울다가 누가 죽었느냐고 한다 · 107
밤 새도록 통곡해도 어느 마누라 초상인지
　모른다 · 107
밤쌀 보기, 남의 계집 보기 · 209
밤 잔 원수 없다 · 92
밤송이 우엉송이 다 밟았다 · 342
밤송이 우엉송이에 다 찔려보았다 · 342
밤송이로 밑을 닦아도 제 멋이다 · 277
밤에 까마귀 잡기다 · 383
밤에 도깨비가 싸다닌다 · 220
밤이 길어야 꿈도 길게 꾼다 · 346
밤이 길어야 꿈도 많이 꾼다 · 346
밥 빌어다 죽을 쑤어 먹을 놈 · 106
밥 숟가락 놓았다 · 376
밥 위에 떡이다 · 296
밥 팔아 똥 사 먹겠다 · 106
밥 한 알이 귀신 열을 쫓는다 · 258
밥그릇이 높으니까 생일만큼 여긴다 · 147
밥보다 고추장이 많다 · 459
밥사발이 눈물이요, 죽사발이 웃음이라 · 261
밥술이나 먹게 되었다 · 252

방 안에서 범 잡는다 · 145
방귀 길나자 보리 양식 떨어진다 · 426
방귀 뀌고 성낸다 · 148
방귀가 잦으면, 똥 싸기 쉽다 · 395
방망이가 가벼우면 주름이 잡힌다 · 84
방망이로 맞고, 홍두깨로 때린다 · 84
방망이로 얻어 맞은 놈 홍두깨로 친다 · 84
방바닥에 똥을 싸도 할 말이 있다 · 490
방바닥에서 낙상한다 · 50
방앗간에서 울었어도 그 집 조상 · 275
방앗공이는 제 산 밑에서 팔아먹으랬다 · 60
방에 가면 더 먹을까, 부엌에 가면 더
　먹을까 · 305
방에서 화 내고 장에 가서 화풀이 한다 · 138
방죽을 파야 머구리가 뛰어 들지 · 42
밭 장자는 있어도, 논 장자는 없다 · 238
밭 팔아 논 사면 좋아도, 논 팔아 밭 사면
　안 된다 · 62
밭갈이를 말하는 사람은 많은데, 쟁기를 잡는
　사람은 적다 · 461
밭도랑을 베개하고 죽을 놈 · 109
밭으로 가나 둑으로 가나 · 453
배 고프다고 바늘로 허리를 저릴까 · 287
배 고픈 놈더러 요기 시키란다 · 158
배 고픈 사람이 장맛 보자 한다 · 178
배 때가 벗었다 · 147
배 먹고, 이 닦는다 · 441
배 썩은 것은 딸에게 주고 밤 썩은 것은 며느리에게
　준다 · 212
배 주고, 속 빌어 먹는다 · 445

배가 맞는다 · 337
배꼽에서 노송 나무 날까 · 393
배꼽이 떨어지겠다 · 297
배꼽이 빠진다 · 297
배꼽이 웃을 일이다 · 135
배는 물이 없으면 가지 못한다 · 395
배도 물이 있을 때 띄워야 한다 · 388
배를 같이 타고 물을 건너듯 하라 · 275
배만 나오면 제일이냐 · 276
배보다 배꼽이 더 크다 · 462
배부른 고양이는 쥐를 잡지 않는다 · 197
배부른 상전이 하인의 사정을 모른다 · 197
배에 발 기름이 끼었다 · 147
배운 도둑질 못 고친다 · 64
배움 길에는 지름길이 없다 · 262
배워야 면장이다 · 262
배지 않는 아이 낳아라 한다 · 159
배추 밑에 바람 들었다 · 115
백 개의 별이 한 개의 달 밝기만 못하다 · 457
백 번 찍어 아니 넘어가는 나무 없다 · 47
백년을 기다린다 · 310
백년을 다 살아야 삼만육천일 · 22
백두산이 무너지나, 동해수가 메워지나 · 315
백로와 까마귀다 · 458
백리에 구십리가 반이다 · 49
백모래 밭의 금자라 걸음 · 359
백미에 뉘 섞이듯 · 484
백미에는 뉘나 섞였지 · 490
백사장 모래알이다 · 460
백사장에 허를 꽂고 죽을 일이다 · 300

백성의 입을 막기는 냇물 막기보다 어렵다 · 403
백옥이 진토에 묻혔다 · 247
백운심처 처사 찾기 · 384
백일 장마에도 하루만 더 비 왔으면 한다 · 80
백전노장이다 · 379
백정년 가마 타고 모퉁이 도는 격 · 128
백정도 올가미가 있어야지 · 42
백정이 버들잎 물고 죽는다 · 65
백정이 양반 행세를 해도, 개가 짖는다 · 480
백쥐가 나와서 춤을 추고, 초상 상제가 나와 웃을
노릇이다 · 136
백지장도 맞들면 낫다 · 274
밴 아이 떨어지겠다 · 364
밴 아이 사내 아니면 계집이지 · 350
밴 아이 아들 아니면 딸이지 · 350
뱀 본 새 짖어대듯 · 145
뱀에 놀란 사람은 새끼만 봐도 놀란다 · 76
뱀은 굼틀거리는 버릇을 못 버린다 · 64
뱀의 마음에 부처의 말이다 · 128
뱀이 용이 되어 큰소리 한다 · 148
뱀이 용이 되어도 뱀은 뱀이다 · 63
뱀이 제 꼬리로 제 몸을 때린다 · 143
뱀장어 꼬리 잡는 것 같다 · 395
뱁새가 황새 걸음을 걸으면, 가랑이가
찢어진다 · 259
뱁새가 황새를 따라가면, 다리가 찢어진다 · 259
뱁새는 작아도 알만 깐다 · 377
뱁새도 수리를 낳는다 · 223
뱃가죽이 땅 두께 같다 · 121
배꼽이이 툭 튀어나와 콧구멍보고 형님

한다 · 323
뱃놈 뭣은 다 같다 · 454
뱃놈은 하루 천기를 봐야 한다 · 278
뱃놈의 개다 · 254
뱃대기에 기름이 끼는 모양이다 · 123
뱃사공 뱃머리 둘러댄다 · 131
뱃속 벌레가 놀라겠다 · 368
뱃속 아이도 달이 차야 나온다 · 392
뱃속에 거지가 들었다 · 367
뱃속에 똥만 가득하다 · 123
뱃속에 의송이 들었다 · 319
버릇을 배우라니까 과붓집 문고리 빼어 들고 엿장수 부른다 · 114
버릴 것은 똥 밖에 없다 · 108
버릴 그릇 없고, 버릴 사람 없다 · 468
버선목의 이 잡을 때 보아야 알지 · 149
버스 지나고 손 든다 · 413
버스는 떠났다 · 498
번개 잦으면, 벼락 늦으랴 · 395
번개가 끌고 가듯 · 358
번개가 잦으면 벼락을 친다 · 91
번개가 잦으면 천둥을 한다 · 395
번개를 따라가겠다 · 358
번갯불에 담뱃불 붙이겠다 · 358
번갯불에 밤 구워 먹겠다 · 358
번갯불에 콩 볶아 먹겠다 · 358
번지가 다르다 · 457
벌 쐰 사람 같다 · 353
벌거벗고 환도 차기 · 493
벌거숭이 불알에 붙듯 · 477

벌레 먹은 배추잎 같다 · 371
벌레 먹은 삼잎 같다 · 371
벌레는 쓴 맛도 모른다 · 198
벌레는 용보다 지혜로울 수 없다 · 403
벌려 놓은 굿이다 · 315
벌려 놓은 차례다 · 315
벌리나 오무리나 · 453
벌린 춤이다 · 315
벌에 쏘였나 · 353
벌에도 덤이 있다 · 157
벌집 쑤신 것 같다 · 473
벌집을 건드린다 · 142
벌초 자리는 좁아지고, 백호 자리는 넓어진다 · 239
범 가는 데 바람 간다 · 339
범 굴에 들어가야 범을 잡지 · 43
범 나비 잡아먹은듯 · 368
범 날고기 먹는 줄 모르나 · 284
범 모르는 하룻강아지 · 169
범 무서워 산에 못 갈까 · 44
범 바지락조개 먹은 것 같다 · 368
범 사냥 갔다가 토끼만 잡는다 · 442
범 아가리에 날고기를 넣은 셈 · 421
범 없는 골에서는 토끼가 스승이다 · 90
범 잡는 칼로 개를 잡는다 · 415
범 잡아 관가 좋은 일만 했다 · 434
범 잡아먹는 담비가 있다 · 483
범 잡으려다가 토끼도 못 잡는다 · 426
범 턱의 고기도 떼어 먹겠다 · 161
범도 개에게 물릴 날이 있다 · 195

범도 과부 외아들이면 물어 가다가도 놓아
　준다 · 86
범도 대호라면 좋아한다 · 70
범도 삼대 독자라면 잡아 먹지 않는다 · 86
범도 새끼 둔 골을 두남둔다 · 270
범도 시장하면, 가재를 잡아 먹는다 · 82
범도 시장하면, 나비를 잡아 먹는다 · 82
범도 시장하면, 왕개미를 잡아 먹는다 · 82
범도 위엄을 잃으면 쥐가 된다 · 94
범도 있고 개도 있다 · 483
범도 잡고 나면 불쌍하다 · 67
범도 저 자란 고향은 떠나지 않는다 · 68
범도 제 굴에 들어온 토끼는 안 잡아 먹는다 · 37
범도 제 소리하면 온다 · 353
범벅에 꽂은 숟가락이다 · 244
범에게 개를 빌린 격 · 421
범에게 날개 · 439
범에게 열두 번 물려가도, 정신을 놓지 말라 · 283
범은 가죽을 아끼고, 군자는 입을 아낀다 · 34
범은 그려도, 뼈다귀는 못 그린다 · 405
범은 더러운 것을 먹지 않는다 · 264
범은 병든 것 같이 걷는다 · 331
범은 썩은 고기를 먹지 않는다 · 264
범을 그려 뼈를 그리기 어렵고, 사람을 사귀어 그
　마음을 알기 어렵다 · 406
범을 기른 셈이다 · 446
범을 길러 화를 받는다 · 448
범의 머리를 쓰다듬고 범의 수염을 꼬다가는 범의
　밥을 면하지 못하게 된다 · 231
범의 새끼 열이면, 스라소니도 있다 · 482

범의 입을 벗어났다 · 252
범이 개 놀린다 · 121
범이 고슴도치 잡아 놓고 하품 한다 · 304
범이 도둑개를 물어 갔다 · 295
범이 됐다 이리가 됐다 한다 · 115
범이 무서우면 산에 못 간다 · 396
범이 범의 새끼를 낳고, 용이 용의 새끼를
　낳는다 · 345
범이 삼대독자를 알아보다더냐 · 329
범이 세 마리면 표범도 있다 · 482
법 모르는 관리가 볼기로 위세 부린다 · 196
법 밑에서 법 모른다 · 330
법당은 호법당이나 불무영험 · 469
벗 줄 것은 없어도, 도둑 줄 것은 있다 · 484
벗은 거지는 못 얻어 먹는다 · 288
병거지 시울 만지는 소리 · 189
병거지 시울 만진다 · 363
병거지 조각에 콩가루 묻혀 먹겠다 · 163
벙어리 냉가슴 앓듯 · 304
벙어리 마주 앉은 격이다 · 178
벙어리 발등 앓는 소리 · 178
벙어리 삼신이다 · 339
벙어리 서방질 하듯 · 414
벙어리 소지 정하듯 · 320
벙어리 속은 그 어미도 모른다 · 282
벙어리 심부름 하듯 · 188
벙어리 옛장 받았다 · 363
벙어리가 두 몫 더 떠들어댄다 · 145
벙어리가 말을 못 해도 서방질은 한다 · 80
벙어리가 말을 하겠다 · 306

벙어리가 서방질을 해도 제 속이 있다 · 289
벙어리도 아이 어미가 되면 말을 한다 · 207
벙어리의 꿈이다 · 326
벙어리하고 말하는 격이다 · 304
베 주머니에 의송 들었다 · 379
베는 석 자라도 틀은 틀대로 해야 한다 · 54
베돌던 닭도 때가 되면 홰 안에 찾아든다 · 407
베어도 움돋이 · 473
베어도 움돋이 한다 · 403
벼는 남의 벼가 커 보이고 자식은 내 자식이 커 보인다 · 205
벼락 맞은 소 뜯어 먹듯 · 163
벼락 치는 하늘도 속인다 · 131
벼룩 꿇어 앉을 땅도 없다 · 495
벼룩 오줌만 하다 · 461
벼룩도 낯짝이 있다 · 121
벼룩의 간을 내어 먹는다 · 114
벼룩의 등에 육간대청을 짓겠다 · 172
벼룩의 창자를 내어 먹는다 · 114
벼르던 애기 눈이 먼다 · 228
벼르던 제사에 물도 못 떠 놓는다 · 228
벼슬 하기 전에 일산 준비 · 182
벽창우다 · 167
변소 길과 저승 길은 대로 못 간다 · 23
변죽을 울린다 · 189
변죽을 치면 복판이 운다 · 402
별성마마 배송하듯 · 117
병 자랑은 하여라 · 257
병 주고 약 준다 · 120
병든 까마귀 어물전 돌듯 · 354

병든 놈 두고 약 지으러 가니, 약국도 두건을 썼더라 한다 · 229
병신 달밤에 체조 한다 · 135
병신 육갑한다 · 135
병신 자식 효도한다 · 226
병신보고 병신이라면 싫어한다 · 72
병신치고 육갑 못하는 놈 없다 · 176
병의 물은 저어도 소리가 나지 않는다 · 108
병조 적간이냐 · 183
병풍에 그린 닭이 홰를 칠까 · 393
병환에 까마귀 · 473
보고도 못 먹는 것은 그림의 떡 · 470
보기 싫은 반찬이 끼마다 오른다 · 355
보기 싫은 사돈이 장날마다 나타난다 · 355
보기 좋은 음식 별수 없다 · 464
보리 가랭이가 까라우냐, 팽이 가시랭이가 까라우냐 · 173
보리 갈아 이태만에 못 먹으랴 · 190
보리 고개가 태산보다 높다 · 249
보리 고개에 죽는다 · 249
보리 누름까지 세배한다 · 188
보리 누름에 선 늙은이 얼어 죽는다 · 502
보리 범벅이다 · 105
보리 주면, 오이 안 줄까 · 317
보리밥알로 잉어 낚는다 · 441
보리밥에 고추장 · 492
보리밭만 지나가도 주정한다 · 375
보쌈에 들었다 · 452
보자 보자 하니까 얻어 온 장 한 번 더 뜬다 · 135
보지 못하는 소 멍에가 아홉 · 255

보채는 아이 밥 한 술 더 준다 · 88
보채는 아이 젖 준다 · 88
복 들어오는 날 문 닫는다 · 136
복 없는 가시나가 봉놋방에 가 누워도 고자 곁에 가
　눕는다 · 233
복 없는 무당은 경을 배웠어도 굿하는 집이
　없다 · 227
복 없는 봉사가 패문을 배워 놓으면 감기 앓는 놈
　없다 · 227
복 없는 정승은 계란에도 뼈가 있다 · 227
복숭아 씨나, 살구 씨나 · 455
복은 누워서 기다린다 · 261
복철을 밟지 말라 · 51
볶은 콩 먹기 · 382
볶은 콩과 기생첩은 옆에 두고 못 견딘다 · 202
볶은 콩과 젊은 여자는 곁에 있으면 그저
　안 둔다 · 202
볶은 콩도 골라 먹는다 · 102
볶은 콩에 꽃이 피랴 · 393
볶은 콩에 싹이 날까 · 393
볼 장 다 봤다 · 430
볼모로 앉았다 · 356
봄 꽃도 한때 · 24
봄 꿩이 제 바람에 놀란다 · 301
봄 꿩이 제 울음에 죽는다 · 448
봄 사돈은 꿈에도 보기 무섭다 · 200
봄 추위가 장독을 깬다 · 502
봄 추위와 노인의 건강 · 477
봄비 잦은 것 · 465
봄비가 잦으면 가을에 부인네 손이 커진다 · 66
봄비가 잦으면 마누라 손이 커진다 · 66
봄비가 잦으면 시어머니 손이 커진다 · 66
봄에 깐 병아리 가을에 와서 세어 본다 · 107
봄에 꽃 피고 가을에 열매 연다 · 262
봄에 꽃이 피지 않으면, 가을에 열매가 열지
　않는다 · 262
봄에 밭을 갈지 않으면, 가을에 바랄 것이
　없다 · 262
봄에 밭을 갈지 않으면, 가을에 후회한다 · 262
봄에 의붓아비 재 지낼까 · 57
봄이 온다고 죽은 나무에서 꽃이 필까 · 23
봇짐을 내어주며 앉으라 한다 · 129
봇짐을 내어주며 하룻밤 더 묵으라 한다 · 129
봉 가는 데 황이 간다 · 340
봉당을 빌려주니, 안방까지 달란다 · 122
봉도 갈가마귀를 따른다 · 285
봉사 굿 보기 · 329
봉사 기름 값 문다 · 452
봉사 눈 뜬 것 같다 · 295
봉사 단청 구경 · 329
봉사 맴돌이 시켜 놓은 것 같다 · 405
봉사 문고리 잡기 · 436
봉사 씨나락 까 먹듯 · 179
봉사 안경 쓰나 마나 · 453
봉사 제 점 못한다 · 236
봉사 지팡이 찾는다 · 184
봉사 집 지키기다 · 454
봉사 하늘 쳐다보기다 · 174
봉사 헌 맹과니 만났다 · 296
봉사가(장님이) 개천을 나무란다 · 139

봉사가 보지는 못해도 꿈은 꾼다 · 97
봉사는 눈치 배우지 말고 점 배우랬다 · 278
봉사는 많은데 지팡이는 하나다 · 461
봉사는 점을 잘 쳐야 한다 · 272
봉사님 마누라는 하늘이 점지한다 · 21
봉사도 장님이라면 좋아한다 · 70
봉사보고 눈 멀었다 하면 싫어한다 · 72
봉사보고 봉사라 하면 싫어한다 · 72
봉사에게 거울을 주지 않는다 · 285
봉사에게 길 묻기다 · 183
봉사에게 등불 주기다 · 175
봉사에게 손짓 한다 · 175
봉산 수숫대 같다 · 369
봉산 참배는 물이나 있지 · 490
봉은 굶어도 좁쌀은 먹지 않는다 · 90
봉은 먹이를 탐내지 않는다 · 90
봉이 김선달 대동강물 팔아먹듯 · 131
봉이 나매 황이 난다 · 355
봉이 봉의 새끼를 낳는다 · 345
봉채에 포도군사 · 153
봉천답이 소나기를 싫다 할까 · 487
봉충다리의 울력 걸음 · 403
봉황이 닭장에서 산다 · 410
부귀빈천이 물레바퀴 돌듯 · 24
부뚜막에 땜질 못하는 며느리 이마의 털만
 뽑는다 · 135
부뚜막의 소금도 집어넣어야 짜다 · 390
부뚜막이 큰 도둑놈이다 · 460
부랑당 치른 놈의 집구석이다 · 496
부러진 칼자루에 옻칠 한다 · 417

부러질망정 휘어지지 않아야 한다 · 27
부레풀로 일월을 붙인다 · 319
부른 배 고픈 건 더 답답하다 · 304
부모가 반 팔자다 · 21
부모가 자식을 곁 낳았지 속 낳았나 · 207
부모는 문서 없는 종이다 · 207
부모는 자식이 한자만 하면 두자로 보이고 두자만
 하면 석자로 보인다 · 205
부부 사이에도 담이 있어야 한다 · 271
부부 싸움은 개싸움 · 209
부부 싸움은 밤 자면 풀린다 · 209
부부 싸움은 칼로 물 베기 · 209
부부 싸움은 해가 지면 그친다 · 209
부숴진 갓모자가 되었다 · 308
부스럼이 크면, 고약도 크게 발라야 한다 · 55
부시통에 연풍대 하겠다 · 172
부아 돋은 날 의붓아비 온다 · 299
부앗김에 서방질 한다 · 75
부엉이 곳간이다 · 485
부엉이 소리도 제 듣기에는 좋다 · 149
부엉이 소리도 제가 듣기에는 좋다 · 98
부엉이 집을 얻었다 · 440
부엌에서 숟가락 얻었다 · 149
부자 한 집이 있으면 천 집이 이를 미워한다 · 198
부자가 없는 놈 보고 왜 고기 안 먹느냐
 한다 · 197
부자는 망해도 삼년 먹을 것 있다 · 477
부잣집 가운데 자식 · 254
부잣집 떡메는 작다 · 196
부잣집 맏며느리감이다 · 371

부잣집 외상보다 거지 맞돈이 낫다 · 60
부잣집 자식 공물방 출입하듯 · 416
부전조개 이 맞듯 · 338
부조 안 한 나그네 젯상 친다 · 119
부조는 않더라도 젯상이나 치지 마라 · 158
부조도 말고 젯상 다리도 치지 마라 · 158
부지깽이를 거꾸로 심어 놓아도 살아난다 · 503
부지런한 물방아는 얼 새도 없다 · 45
부지런한 부자는 하늘도 못 막는다 · 45
부지런한 사람은 앓을 여가도 없다 · 248
부지런한 새가 벌레 더 먹는다 · 62
부처 밑을 기울이면 삼거웃이 드러난다 · 480
부처 밑을 들면 삼거웃이 나온다 · 496
부처 없는 데서 불공 하기 · 418
부처님 가운데 토막 · 108
부처님 공양 말고, 배고픈 사람 밥을 먹여라 · 29
부처님 궐이 나면 대를 서겠네 · 128
부처님 뒷이라 · 496
부처님 보고 생선 토막 먹었다고 하겠다 · 141
부처님 살지고 파리하기는 석수에게
　달렸다 · 406
부처님 위해 불공하나, 제 몸 위해 불공하지 · 79
부처님 허리 토막 · 108
부처님더러 고기 추렴 하자는 격이다 · 418
부처님더러 생선 방어 토막을 도둑해 먹었다고
　한다 · 180
부처님도 화 낼 때가 있다 · 75
부처님한테 설법 · 126
부처를 건드리면 삼거웃이 드러난다 · 496
부처에 팔 · 다리 떨어진 것이 있다 · 236

부황 난 사람보고 요기 시키란다 · 158
부황 난 집에 가서 구걸 한다 · 158
북과 아이는 칠수록 큰 소리만 난다 · 270
북두칠성이 앵도라졌다 · 426
북악이 평지 될까 · 393
북어 껍질 오그라들듯 · 254
북어 뜯고 손가락 빤다 · 442
북어 한 마리 주고 젯상 엎는다 · 113
북어와 여자는 두들겨야 한다 · 267
북은 칠수록 소리가 난다 · 38
북을 지워야 한다 · 274
분에 심어 놓으면 못 된 풀도 화초라 한다 · 99
불 난 것 보고 우물 판다 · 413
불 난 데 기름 붓는다 · 119
불 난 데 며느리 싸대듯 · 352
불 난 데 부채질 한다 · 119
불 난 데 키 들고 나간다 · 119
불 난 데서 불이야 한다 · 132
불 난 뒤에 불조심 한다 · 412
불 붙는 데 키질 한다 · 119
불 속에 뛰어든다 · 169
불 안 때도 절로 익히는 솥 · 487
불 없는 곳에 연기 없다 · 344
불 없는 화로 · 470
불 질러 놓고 끄느라고 욕 본다 · 248
불 채인 중놈 달아나듯 · 360
불 탄 강아지 않는 소리 · 178
불 탄 조기 껍질 같다 · 254
불가사리 쇠 먹듯 · 367
불감청인정 깨소금이라 · 157

불고 쓴듯하다 · 497
불나방이 등불에 덤빈다 · 168
불나방이 불 무서운 줄 모른다 · 169
불난 강변에 덴 소 날뛰듯 · 357
불도 켤 데에 켜야 아들도 낳고 딸도 낳는다 · 389
불똥이 집을 태운다 · 52
불면 날아갈듯, 쥐면 꺼질듯 · 375
불알 두 쪽 밖에는 없다 · 242
불알 두 쪽만 대그락 대그락 한다 · 242
불알에서 요령 소리 난다 · 354
불알을 긁어준다 · 133
불에 타는 개 가죽 오그라지듯 · 474
불에 타는 조기 껍질 · 474
불에 탄 개 껍질 오그라들듯 · 254
불에 탄 쇠 가죽 오그라들듯 · 254
불은 번지기 전에 꺼야 한다 · 274
불은 불씨 적에 꺼야 한다 · 274
불을 피하려다가 물에 빠졌다 · 449
불이 발등에 떨어졌다 · 248
불이 제 발등에 안 떨어지면 뜨거운 줄 모른다 · 100
붉고 쓴 장 · 465
붕어 밥알 받아먹듯 · 255
비 그쳤는데 나막신을 보낸다 · 418
비 맞으며 부추 장만한다 · 353
비 맞은 쇠똥 같다 · 483
비 맞은 용대기 · 250
비 맞은 중놈 · 179
비 오기 전에 우비를 갖추어라 · 44
비 오는 날 쇠 꼬리처럼 · 306

비 온 날 수탉 같이 · 250
비 온 날 어디 비 왔느냐 한다 · 137
비 온 뒤에 물 주기다 · 418
비 틈으로 빠져 나가겠다 · 358
비가 오거든 산소 모종을 내어라 · 107
비가 오면 모종하듯이 조상의 무덤을 이장하라 · 107
비가 와도 양반 걸음이다 · 183
비는 놈한테는 져야 한다 · 36
비는 데는 무쇠도 녹는다 · 86
비는 장수 목 벨 수 없다 · 86
비단 바지에 똥 싼다 · 121
비단 올이 춤을 추니, 베 올도 춤을 춘다 · 181
비단 옷 안 입어본 놈 있더냐 · 343
비단 옷 입고 낮 길 간다 · 430
비단 옷 입고 밤 길 가기 · 418
비단 옷에 쌀밥이다 · 252
비단 옷을 입으면 어깨가 올라간다 · 71
비단 위에 꽃무늬를 놓았다 · 438
비단결 같다 · 108
비단 · 대단 곱다 해도, 말 같이 고운 것 없다 · 30
비단이 한끼라 · 82
비둘기 붕을 비웃는다 · 308
비둘기 집 지어 놓으니 까치가 알을 낳는다 · 114
비둘기가 까치 집 차지한다 · 114
비둘기가 몸은 나에 있어도, 마음은 콩밭에 있다 · 313
비둘기는 콩밭에만 마음이 있다 · 313
비렁뱅이가 비단 얻었다 · 148
비렁뱅이(거지)가 하늘을 불쌍히 여긴다 · 117

비루 먹은 강아지 대호를 건드린다 · 152
비루 먹은 당나귀 · 370
비루 오른 강아지 범 복장거리 시킨다 · 110
비를 드니 마당 쓸어라 한다 · 188
비싼놈의 떡은 안 사 먹으면 그만이다 · 284
비위가 노래기 회 먹겠다 · 122
비위가 떡판에 가 넘어지겠다 · 122
비지 먹은 배는 약과도 싫다 한다 · 73
비짓국 먹고 용트림 한다 · 127
비파 멘 놈이 손뼉 치니, 칼 쓴 놈도 손뼉
  친다 · 181
빈 수레가 더 요란하다 · 127
빈 양철통은 굴릴수록 요란하다 · 101
빈 외양간에 소 들었다 · 252
빈 절에 구렁이 모이듯 · 351
빈 집에 소 매었다 · 252
빈 터에 강아지 모이듯 · 351
빈 통이 소리는 더 크다 · 101
빈 틈에 바람 난다 · 87
빈 틈에 바람이 난다 · 348
빈대 미워 집에 불 놓는다 · 143
빈대도 낯짝이 있다 · 121
빈대도 콧등이 있다 · 121
빌려 온 고양이 같이 · 339
빌어 먹는 놈이 콩밥을 마다 할까 · 242
빌어 먹어도, 절하고 싶지 않다 · 316
빌어는 먹어도, 다리 아래 소리는 하기 싫다 · 315
빗나간 화살이다 · 432
빗물도 모이면 못이 된다 · 58
빗자루 든 놈보고 마당 쓸어라 한다 · 158

빚 값에 계집 뺏기 · 120
빚 얻어 굿하니, 맏며느리가 춤춘다 · 134
빚 지면 문서 없는 종이 된다 · 76
빚 진 놈이 죄 지은 놈이다 · 76
빚 진 종이라 · 76
빛 좋은 개살구 · 465
빠른 걸음에 넘어지기 쉽다 · 52
빠진 도끼자루 · 189
빠진 이가 다시 난다 · 376
빨리 먹은 밥 똥 눌 때 보자 한다 · 51
빼지도 박지도 못하겠다 · 243
뺑대쑥 밭이 되었다 · 497
뺨 맞는 데 구레나룻이 한 부조 · 468
뺨 맞을 놈이 여기 때려라 저기 때려라 한다 · 148
뺨 잘 때리는 나막신 신은 깎정이다 · 110
뺨을 맞아도 은가락지 낀 손에 맞는 것이
  좋다 · 294
뻐꾸기 제 이름 부르듯 · 148
뻐꾸기도 유월이 한 철이다 · 498
뻐드렁니 수박 먹기는 좋다 · 469
뻗어가는 칡도 한이 있다 · 478
뻗장다리 서나 마나 · 453
뼈똥 쌀 일이다 · 306
뽕 내 맡은 누에 같다 · 297
뽕나무를 가리키니 느티나무라 한다 · 176
뽕도 따고, 임도 보고 · 436
뿌리 깊은 나이 가뭄 안 탄다 · 476
뿌리 없는 나무 없다 · 344
뿌리 없는 나무에 잎이 필까 · 344
뿌리가 깊이 박히면 가지도 많이 뻗는다 · 402

뿌리가 깊이 박히면 잎도 무성하다 · 402
뿌리가 깊이 뻗으면 나무는 커진다 · 401
뿌리를 뽑아야 한다 · 278
뿔 뺀 쇠 상 · 372

(ㅅ)
사공 없는 배를 탄 것 같다 · 301
사공이 배를 더 타게 마련이다 · 81
사나운 개도 사귀면 안 짖는다 · 94
사나운 범은 풀 속에 숨어 있다 · 276
사나운 암캐 같이 앙앙하지 말라 · 268
사나이가 부뚜막 맛을 알면 계집을
　못 거느린다 · 268
사내 자식 입은 하나다 · 278
사내가 부엌일을 하면 불알이 떨어진다 · 94
사냥 가는 놈이 총을 안 가지고 간다 · 423
사냥 가는데 총을 안 가지고 간다 · 326
사냥개 언 똥 들어먹듯 · 366
사당 당직은 타도, 빈대 당직 타서
　시원하다 · 295
사당 쥐 싸대듯 · 136
사대부 집 자식 잘못되면 송충이 된다 · 202
사돈 남 나무란다 · 155
사돈 집과 뒷간은 멀수록 좋다 · 294
사돈네 남의 말 한다 · 155
사돈네 논 산다 · 155
사돈네 봉송은 저울로 단다 · 275
사돈네 안방 같다 · 317
사돈네 음식은 저울로 단다 · 275
사돈네 집에 가도 부엌부터 들여다본다 · 81

사돈도 이럴 사돈 다르고, 저럴 사돈 다르다 · 36
사돈에도 이럴 사돈 있고, 저럴 사돈이 있다 · 36
사돈의 잔치에 중이 참여한다 · 153
사돈의 팔촌 · 341
사돈집 잔치에 감 놓아라 배 놓아라 한다 · 155
사돈집과 짐바리는 골라야 한다 · 286
사또 떠난 뒤에 나팔 분다 · 413
사또 상의 장 종지 · 410
사또 상의 종지 · 410
사람 죽는 줄 모르고, 팥죽 생각만 한다 · 313
사람 죽여놓고 초상 치른다 · 120
사람에 버릴 사람 없고, 물건에 버릴 물건
　없다 · 58
사람에 버릴 사람이 없으면 물건에 버릴 물건
　없다 · 468
사람으로 콩나물을 길렀다 · 495
사람은 구하면 앙문을 하고, 짐승은 구하면 은혜를
　안다 · 92
사람은 낳으면 서울로 보내고, 우마는 낳으면
　상산에 두라 · 271
사람은 늙어가고 시집은 젊어진다 · 213
사람은 잡기를 해 보아야 마음을 안다 · 479
사람의 마음은 조석변이라 · 94
사람의 마음은 하루에도 열두 번 변한다 · 94
사면발이다 · 133
사명당 사첫방 · 502
사명당이 월참하겠다 · 502
사모 쓴 도둑놈 · 195
사모에 갓끈 · 493
사모에 영자 · 493

사발 이 빠진 것 · 465
사발의 고기 잡겠다 · 254
사복 물 어미냐 지절거리기도 한다 · 192
사슴은 사향 때문에 죽고, 사람은 입 때문에
　죽는다 · 33
사슴을 가리키면서 말이라고 한다 · 194
사슴을 쫓는 사람은 토끼를 돌보지 않는다 · 89
사슴이 기린 되랴 · 400
사십에 첫 버선이라 · 410
사오경 일점에 날 새라고 꼬꼬 울까 · 393
사위 뒷 보니, 외손자 볼까 싶지 않다 · 427
사위 자식 개 자식 · 214
사위가 고우면 분지를 쓴다 · 213
사위는 백년 손이다 · 213
사자 없는 산에서는 토끼가 대장 노릇을
　한다 · 90
사자가 눈깔이 멀었다 · 302
사잣밥을 목에 매달고 다닌다 · 143
사잣밥을 싸가지고 다닌다 · 143
사정이 많으면 한 동리에 시아비가 아홉 · 273
사족 성한 병신 · 254
사족을 못 쓴다 · 314
사주에 없는 관을 쓰면, 이마가 벗어진다 · 259
사촌이 땅을 샀나, 배를 왜 앓아 · 318
사탕 발림 · 131
사탕 붕어의 겅둥겅둥이다 · 484
사후에 청심환 구한다 · 174
사흘 굶어 담 아니 넘을 놈 없다 · 91
사흘 굶어 도둑질 아니 할 놈 없다 · 91
사흘 굶어 아니 나는 생각 없다 · 97·

사흘 굶은 개는 몽둥이를 맞아도 좋다고
　한다 · 69
사흘 굶은 범이 원님을 안다더냐 · 82
사흘 길 하루도 아니 가서 · 426
사흘 길에 하루쯤 가서 열흘씩 눕는다 · 51
삭단에 떡 맛보듯 · 368
삯 매 모으듯 한다 · 184
산 개가 죽은 정승보다 낫다 · 261
산 까마귀 염불 한다 · 399
산 너머 산이다 · 243
산 모양은 보는 곳에 따라 다르다 · 326
산 밑 집에 방앗공이가 논다 · 484
산 밖에 나온 범이다 · 244
산 진 거북 · 246
산 호랑이 눈썹도 그리울 게 없다 · 253
산과 사람은 멀리서 보는 것이 낫다 · 479
산동이 대란이라도 오불관언이라 · 341
산보다 골이 더 크다 · 462
산소 등에 꽃이 피었다 · 439
산에 가서 범 잡기를 피한다 · 423
산에 가서 호랑이 이야기를 하면 호랑이가
　나온다 · 286
산에 가야 꿩을 잡는다 · 43
산에 가야 범을 잡고, 물에 가야 고기를
　잡는다 · 388
산에 가야 범을 잡지 · 43
산에 간 놈이 범을 무서워 한다 · 301
산에 물고기 잡기 · 419
산에서 물고기 찾기 · 407
산은 오를수록 높고, 물은 건널수록 깊다 · 243

산이 깊어야 범이 있다 · 85
산이 높아야 골이 깊다 · 344
산이 우니 돌이 운다 · 181
산이 울면 들이 웃고, 들이 울면 산이
　웃는다 · 503
산이 커야 굴이 크다 · 344
산이 커야 그늘이 크다 · 344
산전수전 다 겪었다 · 379
산중 놈은 도끼질, 야지놈은 괭이질 · 457
산중 농사 지어 고라니 좋은 일 했다 · 434
산중 벌이 하여 고라니 좋은 일 했다 · 434
산중의 거문고라 · 470
산지기 눈 봐라, 도끼 밥을 남 줄까 · 398
산호 서말·진주 서말 싹 날까 · 393
살(화살) 없는 활이다 · 470
살강 밑에서 숟가락 얻었다 · 149
살림에는 눈이 보배다 · 59
살아 생이별은 생초목에 불이 붙는다 · 102
살얼음을 밟는 것 같다 · 301
살진 놈 따라 붓는다 · 150
삶아 놓은 녹피 · 251
삶아 먹으나 구워 먹으나 · 454
삶아도 잇금도 안 들어간다 · 137
삶은 무에 이 안 들 소리 · 137
삶은 소가 웃다가 꾸러미 째지겠다 · 135
삶은 팥에서 싹이 나거든 · 393
삼각산 바람이 오르락 내리락 · 354
삼간 집이 다 타도, 빈대 타 죽는 것만 재미
　있다 · 295
삼간 초가 다 타져도 빈대 죽어 좋다 · 295

삼간 초당이 다 타져도 빈대 설치는 했다 · 295
삼경에 만난 액이다 · 448
삼국시대에 나왔나, 말은 굵게 한다 · 147
삼년 된 각시 호롱불에 속곳 말린다 · 172
삼년 묵은 말 가죽도 오롱조롱 소리 한다 · 503
삼년 묵은 물박달나무 · 167
삼년 벌던 전답도 다시 돌아보고 산다 · 50
삼대 구년만에 · 499
삼대 적선을 해야 동네 혼사를 한다 · 386
삼대 천치가 들면, 사대째 영웅이 난다 · 223
삼밭에 한 번 똥 싼 개가 늘 싼 줄 안다 · 224
삼베 주머니에 성냥 들었다 · 463
삼사월에 낳은 애기 저녁에 인사한다 · 503
삼수·갑산을 가서 산전을 일궈 먹더라도 · 315
삼정승 부러워 말고, 내 한 몸 튼튼히
　가져라 · 259
삼정승을 사귀지 말고, 내 한 몸을
　조심하라 · 259
삼천갑자 동방삭이도 저 죽을 날을 몰랐다 · 331
삼천갑자를 살아도, 숯 씻는 것은 처음
　보았다 · 490
삼촌 못난이 조카 장물 짐 진다 · 107
삼현·육각 잡히고 시집 간 사람 잘산 데
　없다 · 25
삽살개 뒷 다리 · 372
삿갓에 솔질 한다 · 417
삿갓에 쇄자질 · 493
상가 술로 벗 사귄다 · 170
상감님 망건 사러 가는 돈도 써야만 하겠다 · 316
상감이 약 없어 죽는다더냐 · 408

상납 돈도 잘라 먹는다 · 122
상놈은 발 덕을 본다 · 202
상놈의 새끼는 돼지 새끼 · 202
상두 복색이다 · 464
상두 술로 벗 사귄다 · 171
상두 술에 낯 내기 · 171
상두 쌀에 낯 내기 · 171
상두꾼은 연포국에 반한다 · 96
상여 나갈 때 귀에지 내 달란다 · 157
상여 뒤에 약방문 · 174
상여 메고 가다가 귀 후빈다 · 176
상여 메는 사람이나 가마 메는 사람이나 · 454
상원의 개와 같다 · 241
상원의 개와 같다 · 367
상전 앞의 종 · 251
상전은 미고 살아도, 좋은 미고 못 산다 · 238
상전을 잘못 만나면 곤장을 맞는다 · 237
상전이 벽해 되어도, 비켜 설 곳이 있다 · 401
상제 보다 복재기가 더 서러워한다 · 154
상제가 울어도 젯상의 가자미 물어 가는 것 안다 · 95
상제와 젯날 다툰다 · 167
상좌가 많으면 가마솥을 깨뜨린다 · 349
상주 보고 제삿날 다툰다 · 167
상청에서도 떡웃지짐이 제일 · 163
상추밭에 똥 싼 개는 늘 저 개 저 개 소리 듣는다 · 224
상판때기가 꽹과리 같다 · 121
새 까 먹은 소리 · 188
새 망에 기러기 걸린다 · 442

새 바지에 똥 싼다 · 121
새 발의 피 · 461
새 사람 들어 삼년은 마음을 못 놓는다 · 232
새 잡아 잔치할 것을 소 잡아 겪는다 · 59
새 집 짓고 삼년 무사하기 어렵다 · 232
새 한 마리도 백 놈이 갈라 먹는다 · 66
새끼 많이 둔 소 길마 벗을 날이 없다 · 206
새끼 아홉 둔 소 길마 벗을 날이 없다 · 207
새도 가지를 가려 앉는다 · 39
새도 나는대로 깃이 빠진다 · 282
새도 다급하면 사람 품안으로 날아든다 · 198
새도 발악하면 수레를 뒤엎는다 · 238
새도 앉는 데마다 깃이 빠진다 · 282
새도 염불을 하고, 쥐도 방귀를 뀐다 · 339
새로 집 지은 후 삼년은 마음을 못 놓는다 · 232
새를 보고 싶거든 나무를 심어라 · 43
새벽 바람 사초롱 · 466
새벽 봉창을 두들긴다 · 177
새벽 호랑이가 중이나 개를 헤아리지 않는다 · 82
새벽 호랑이가 쥐나 개나 모기나 · 82
새벽달 보려고 으스름달 안 볼까 · 292
새벽달 보려고 초저녁부터 기다린다 · 183
새벽달 보려고 초저녁부터 나앉는다 · 183
새벽에 갔더니 초저녁에 온 사람이 있더라 · 482
새벽에도 울지 않는 장닭이다 · 190
새앙쥐 고양이한테 덤빈다 · 392
새앙쥐 발싸개다 · 462
새앙쥐 새끼다 · 358
새앙쥐가 고양이 앞에 덤빈다 · 169
새우 미끼로 잉어를 낚는다 · 441

새장에 갇혔던 새가 하늘로 날아간다 · 251
새장에 갇힌 꾀꼬리 · 251
새침덕이 골로 빠진다 · 95
새하고 짐승은 함께 떼지어 살 수 없다 · 39
색시 가마에 강아지 따라가듯 · 492
색시 그루는 다홍치마 적에 앉혀야 한다 · 267
샛바리 짚바리 나무란다 · 142
생 가시아비 묶듯 · 124
생나무 휘어잡기 · 392
생마 갈기 외로 질지 바로 질지 · 405
생마 잡아 길들이기 · 384
생선 망신은 꼴뚜기가 시킨다 · 113
생원님은 종만 업신여긴다 · 307
생이 벼락 맞은 이야기를 한다 · 182
생일날 잘 먹으려고 이레를 굶을까 · 292
생쥐가 쇠뿔을 갉아먹는다 · 416
생초목에 불 붙는다 · 103
생파리 같다 · 173
서까래 감인지 도리 감인지 모르고 길다 짧다
　한다 · 128
서낭에 가서 절만 한다 · 181
서당 개 삼년에 풍월 한다 · 399
서른세해만에 꿈 이야기 한다 · 132
서리 맞은 구렁이 · 249
서울 가는 놈이 눈썹을 빼고 간다 · 286
서울 가본 놈하고 안 가본 놈하고 싸우면 가본 놈이
　못 이긴다 · 168
서울 가서 김서방 집 찾는다 · 184
서울 김서방 집도 찾아간다 · 406
서울에 가야 과거에 급제하지 · 43

서울에 안 가본 놈 있나 · 343
서울에서 매 맞고 송도에서 주먹질 한다 · 138
서울이 낭(낭떠러지)이라는 말을 듣고 삼십리부터
　긴다 · 309
서울이 낭이라니까 과천서부터 긴다 · 309
서울이 무섭다 하니까 남태령부터 긴다 · 310
서울이 무섭다니까 새재서부터 긴다 · 310
서천에 경 가지러 가는 사람은 가고, 장가 드는
　사람은 장가 든다 · 352
서천에서 해가 뜨겠다 · 177
서투른 과방 안반 타박 · 138
서투른 무당이 장고 나무란다 · 138
서투른 숙수가 안반만 나무란다 · 138
서투른 시객이 평측을 가리랴 · 396
서푼짜리 집에 천냥짜리 문호 · 423
석 자 베를 짜도 베틀 벌리기는 일반 · 55
석새 베에 씨도 안 든다 · 380
선 떡 먹고 체했다 · 362
선 떡 부스러기 · 351
선 떡이 부스러졌다 · 432
선 머슴이다 · 124
선 무당이 마당 기울다 한다 · 138
선 무당이 사람 속인다 · 189
선 무당이 사람을 살리고, 선 의원이 사람을
　살린다 · 309
선 무당이 장고 탓한다 · 138
선 손질, 후 방망이 · 231
선가 없는 놈이 배에 먼저 오른다 · 170
선반에서 떨어진 떡이다 · 440
선불 맞은 날짐승 · 360

선불 맞은 노루 · 360
선불 맞은 호랑이 · 360
선비 논 데 용 나고, 학이 논 데 비늘이
　쏟아진다 · 237
선영 명당 바람이 난다 · 439
선왕재 하고 지벌 입었다 · 446
선짓국을 먹고 발등걸이를 했다 · 371
섣달 그믐날 시루 얻으러 다니기 · 397
섣달이 둘이라도 시원치 않다 · 391
섣달이 열아흡이라도 시원치 않다 · 391
설 삶은 말 대가리 · 167
설 쇤 무 · 464
설마가 사람 죽인다 · 228
설을 거꾸로 쇤다 · 502
섬 속에서 소 잡겠다 · 172
섬 진 놈, 멱 진 놈 · 351
성(화) 나 바위 찬다 · 143
성 내어 바위를 차면 제 발부리만 아프다 · 265
성 쌓고 남은 돌 · 470
성균관 개구리 · 192
성급한 놈 술값 먼저 낸다 · 101
성난 황소 영각한다 · 146
성복 뒤에 약방문 · 174
성복 후에 약 공론하듯 · 174
성복제 지내는데 약 공론한다 · 174
성부동 남 · 337
성을 갈겠다 · 317
성인 못 된 기린 · 249
성인도 하루에 죽을 말 세 번 한다 · 233
성인이 벼락 맞는다 · 222

섶을 지고 불로 들어가려 한다 · 143
세 사람만 우겨대면 호랑이도 만들어 낼 수
　있다 · 389
세 살 난 아이 물 가에 둔 것 같다 · 301
세 살 적 버릇이 여든까지 간다 · 64
세살 적부터 무당질을 하여도, 목두기 귀신은 못
　보았다 · 343
세 살에 도리질 한다 · 429
세 잎 주고 집 사고, 한냥 주고 이웃 산다 · 282
세 코 짚신 제 날이 좋다 · 39
세월이 약이다 · 92
센 개 꼬리 시궁창에 삼년 묻었다 보아도, 센 개
　꼬리다 · 63
센 말 볼기짝 같다 · 370
센둥이가 검둥이요, 검둥이가 센둥이다 · 454
소 같이 벌어서 쥐 같이 먹어라 · 57
소 같이 일하고 쥐 같이 먹어라 · 57
소 닭 보듯, 닭 소 보듯 · 178
소 발에 쥐 잡기 · 437
소 사정을 본다는 놈이 짐 지고 소를 탄다 · 110
소 새끼는 제주로 보내고, 사람의 새끼는 서울로
　보내라 · 271
소 앞에서 한 말은 안 나도, 어미 귀에 한 말은
　난다 · 281
소 잃고 양 얻는다 · 444
소 잃고 외양간 고친다 · 412
소 잃은 놈은 소 찾고, 말 잃은 놈은 말
　찾는다 · 80
소 잡은 터전은 없어도, 밤 벗긴 자리는
　있다 · 480

소 타고 소 찾는다 · 184
소 힘은 소 힘이고, 새 힘은 새 힘이다 · 457
소가 우는데 소가 따라 운다 · 86
소가 웃다가 꾸러미 째지겠다 · 297
소경 관등 가듯 · 329
소경 문고리 잡기 · 436
소경 잠 자나 마나 · 453
소경 제 호박 따기다 · 445
소경 집 초하룻날 같다 · 351
소경 팔양경 읽듯 · 365
소경보고 눈 멀었다 하면 노여워한다 · 72
소경의 월수를 내어서라도 · 316
소경의 초하룻날 · 451
소경이 그르냐, 개천이 그르냐 · 139
소경이 저 죽을 날 모른다 · 236
소금 먹은 고양이 상 · 362
소금 먹은 놈이 물을 켠다 · 344
소금 먹은 소 굴 우물 들여다 보듯 · 304
소금 먹은 소가 물을 켠다 · 344
소금 밥에 정 붙는다 · 87
소금 섬을 물로 끌어라 하면 끈다 · 340
소금 섬을 물로 끓여라 하면 끓여라 · 157
소금 섬을 물로 끓여라 하면 끓인다 · 340
소금 좀 먹어야겠다 · 172
소금에 곰팡이 난다 · 487
소금에 아니 전 놈이 장에 절까 · 487
소금에도 곰팡 난다 · 290
소금으로 바다 메우기다 · 417
소금으로 장을 담근다 해도 곧이 들리지
 않는다 · 324

소금으로 장을 담근다 해도 곧이 안 듣는다 · 324
소금을 지고 물에 들어가도 제 멋이다 · 80
소금이 쉰다 · 487
소금이 쉴 때까지 해보자 · 317
소금이 쉴까 · 130
소금이 썩을 일이다 · 487
소금이 짜다 해도 곧이 안 듣는다 · 324
소나기 맞은 장닭 같다 · 372
소나기 맞은 중의 상 · 362
소나기 맞은 쥐 같다 · 372
소나무가 무성하면 잣나무가 기뻐한다 · 70
소나무는 깨끗한 땅에서 자란다 · 345
소나무는 정월에 대나무는 오월에 심어야
 한다 · 53
소나무는 홀로 그 절개를 지킨다 · 192
소나무의 절개는 겨울에 안다 · 404
소낙비는 오고, 황소는 도망치고, 똥은
 마렵다 · 305
소낙비는 오려하고, 똥은 마렵고, 꼴 짐은
 넘어지고, 소는 뛰어나간다 · 305
소대한에 얼어 죽지 않는 놈이 우수경칩에 얼어 죽
 을까 · 488
소더러 한 말은 안 나도, 처더러 한 말은
 난다 · 281
소더러 한 말은 없어도, 처더러 한 말은
 난다 · 281
소도 대우라면 좋아한다 · 70
소도 언덕이 있어야 비빈다 · 388
소라 껍질로 바닷물을 된다 · 173
소라가 똥 누러 가니, 거드래기가 기어

들었다 · 191
소를 못 본 사람은 송아지 보고도 크다고 한다 · 99
소리 없는 고양이가 쥐를 잡는다 · 44
소리 없는 방귀가 더 구리다 · 192
소리 없는 벌레가 구멍을 뚫는다 · 44
소리개가 까치 집 빼앗듯 · 114
소리개는 매 편이다 · 85
소리개도 오래면 꿩을 잡는다 · 390
소리개를 매로 보았다 · 325
소매 긴 김에 춤을 춘다 · 419
소매가 길면, 춤을 잘 춘다 · 389
소문 난 잔치에 먹을 것 없다 · 496
소문 난 잔치에 비지떡이 두레반이다 · 496
소문 안 난 공 뮛은 대 자요, 소문 난 공 뮛은 넉 자다 · 496
소에게 거문고 소리 들리기다 · 175
소여 · 대여에 죽어 가는 것이 헌 옷 입고 볕에 앉았는 것만 못하다 · 261
소장의 혀 · 379
소진의 혀 · 379
소한테 물렸다 · 449
소한테 염불 · 332
소한테 한 말은 안 나도, 어미한테 한 말은 난다 · 281
속 빈 강정의 잉어등 같다 · 484
속 상하는데 서방질 한다 · 75
속곳 벗고 은가락지 낀다 · 493
속곳 벗고 함지박에 들었다 · 427
속곳 열둘 입어도, 밑구멍은 밑구멍대로 다 나왔다 · 480
속에 숨은 말은 술이 몰아낸다 · 78
속에 옥을 지닌 사람은 허술한 옷을 입는다 · 78
속으로 기역자를 긋는다 · 317
속이 갈구리를 삼킨 것 같다 · 298
속히 더운 방이 쉬 식는다 · 477
손 끝의 물도 튀긴다 · 422
손 안 대고 코 풀기 · 382
손 큰 며느리가 시집살이 했을까 · 316
손가락으로 하늘 찌르기 · 392
손가락질 한다 · 141
손님에 아이가 죽어도, 동무가 있으니 낫다 · 318
손도 안 대고 코 풀려고 한다 · 311
손돌이 죽은 날이다 · 502
손샅으로 밑 가리기 · 481
손에 붙은 밥풀 안 먹을까 · 488
손으로 살 막듯 · 481
손으로 흙을 날라 산으로 옮긴다 · 107
손자 밥 떠 먹고 천장 쳐다본다 · 160
손자 잃은 영감 · 314
손자 턱에 흰 수염이 나겠다 · 318
손자 환갑 닥치겠다 · 318
손자 환갑 잔치 얻어 먹겠다 · 376
손자를 귀여워하면 할아버지 뺨을 친다 · 39
손자를 귀여워하면 할아버지 상투를 당긴다 · 39
손톱 밑에 가시 드는 줄은 알아도, 염통 밑에 쉬 스는 줄은 모른다 · 332
손톱은 슬플 때마다 돋고, 발톱은 기쁠 때마다 돋는다 · 25
솔 심어 정자라고 얼마 살 인생인가 · 287

솔 심어 정자라 · 499
솔개도 오래 되면 꿩을 잡는다 · 378
솔방울이 울거든 · 393
솔잎이 버썩 하니 가랑잎이 할 말이 없다 · 145
솔잎이 새파라니까 오뉴월만 여긴다 · 147
솜뭉치로 가슴을 칠 일이다 · 303
솜씨는 관 밖에 내 놓아라 · 380
솜으로 싸 키웠나 · 375
솟은 땀은 되들어가지 않고, 뱉은 말은 지울 수 없다 · 32
송곳 박을 땅도 없다 · 495
송곳니가 방석니 된다 · 364
송곳으로 매운 재를 끌어낸다 · 415
송도 말년의 불가살이다 · 109
송사에는 졌어도 재판은 잘 하더라 · 319
송사리만 잡힌다 · 221
송아지 간 발자국만 있고, 온 발자국은 없다 · 353
송아지 못된 것은 엉덩이에 뿔 난다 · 123
송아지 온 발자국은 있어도, 간 발자국은 없다 · 486
송아지한테 천자문 가르치듯 · 175
송장 때리고 살인 났다 · 447
송장 빼 놓고 장사 지낸다 · 423
송장 뺨치기다 · 174
송장메뚜기 같다 · 169
송충은 솔잎을 먹어야 한다 · 259
송충이 갈밭에 내려 왔다 · 151
송충이 갈잎을 먹으면 떨어진다 · 259
송파장 웃머리 · 130

송편으로 목을 따 죽지 · 299
솥 떼어 놓고 삼년 · 311
솥 속의 노는 고기다 · 245
솥 속의 콩도 쪄야 먹는다 · 390
솥 속의 콩도 쪄야 익지 · 52
솥 씻어 놓고 기다린다 · 311
솥뚜껑에 엿을 붙였나 · 156
솥에 넣은 팥이라도 익어야 먹지 · 52
솥은 검어도 밥은 검지 않다 · 272
솥은 검어도 밥은 희다 · 108
솥이 검기로 밥도 검을까 · 108
쇠 가죽 무릅쓴다 · 121
쇠 갖 한 놈 같다 · 371
쇠 귀에 경 읽기 · 332
쇠 꼬리보다 닭 대가리가 낫다 · 292
쇠 똥에 미끄러져 개 똥에 코 박을 일이다 · 300
쇠 말뚝도 꾸미기 탓 · 400
쇠 먹미레 같다 · 173
쇠 불알 떨어지면 구워 먹기 · 310
쇠 불알 떨어질까 하고 장작 지고 다닌다 · 310
쇠 살에 말 뼈 · 172
쇠 코에 경 읽기 · 332
쇠 털 뽑아 제 구멍에 박는다 · 173
쇠 힘도 힘이요, 새 힘도 힘이다 · 467
쇠 힘은 쇠 힘이고, 새 힘은 새 힘이다 · 272
쇠뼈다귀 우려 먹듯 · 419
쇠뿔도 손 대었을 때 뽑아버려라 · 53
쇠뿔에 계란 세우랴 · 393
쇠뿔은 단김에 빼라 · 53
쇠스랑 발은 세 개라도 입은 한치다 · 142

쉰네를 붙인다 · 132
수렁에 빠진 호랑이가 으르렁거린다 · 147
수렁에서 뛰면 발이 빠지고 흙투성이가
  된다 · 474
수레 위에서 이를 간다 · 140
수레도 두 바퀴로 구른다 · 386
수레의 양 바퀴다 · 466
수박 겉 핥기 · 328
수박 먹다가 이 빠진다 · 50
수양딸로 며느리 삼기 · 382
수양산 그늘이 강동 팔십리를 간다 · 226
수양이 새끼 낳아 젖 먹인다 · 487
수양이 새끼를 낳는다 · 487
수염에 붙은 불 끄듯 한다 · 358
수염의 먼지도 털어주겠다 · 133
수염이 대자라도 먹어야 양반 · 467
수파련에 밀동자 · 370
숙수가 많으면, 국맛이 짜다 · 395
숙수가 많으면, 국수가 수제비 된다 · 395
숙향전이 고담이라 · 255
순 임금이 독 장사를 했을까 · 61
순을 누르고 싹을 꺾는다 · 113
순풍에 돛 단 격이다 · 429
순풍에 돛 단 배 · 429
숟갈 한 단 못 세는 사람이 살림은 잘 산다 · 268
숟갈 한 단 못 세는 사람이 살림은 잘 한다 · 377
술 괴자임 오신다 · 429
술 덤벙, 물 덤벙 · 136
술 먹여 놓고 해장 가자고 부른다 · 129
술 받아 주고 뺨 맞는다 · 446

술 빚자임 오신다 · 429
술 샘 내는 주전자 · 487
술 안주만 보아도 끊은 술 생각이 난다 · 67
술 익자임 오신다 · 429
술 익자 체 장수 간다 · 429
술 취한 놈이 외나무 다리를 잘 건너간다 · 95
술 취한 사람은 넓은 개천을 좁은 줄 알고
  건너 뛴다 · 100
술 취한 사람이 사촌 땅 사 준다 · 240
술값보다 안주값이 비싸다 · 459
술에 취하면 임금도 없다 · 93
술은 괼 때 걸러야 한다 · 53
술은 김가가 먹고, 주정은 이가가 한다 · 176
술은 백약 중에서 으뜸이다 · 257
술을 보거든 간장 같이 대하라 · 257
술이 아무리 독해도 먹지 않으면 안 취한다 · 345
술이 술을 먹는다 · 97
술집에 가서 떡 달란다 · 157
술·담배 참아 소 샀더니, 호랑이가 물어
  갔다 · 59
숨다 보니 포도청 집이라 · 427
숨어서 활 쏜다 · 111
숨은 내쉬고, 말은 내하지 말라 · 31
숨을 쉬니 송장은 아니다 · 375
숫돌이 저 닳는 줄 모른다 · 331
숯불도 한 덩이는 죽는다 · 275
숯불을 안고 시원하기를 기다린다 · 188
숯은 달아서 피우고, 쌀은 세어서 밥
  짓는다 · 165
숯이 검정 나무란다 · 142

숲이 깊어야도깨비가 나온다 · 85
숲이 짙으면, 범이 든다 · 260
쉰 길 나무도 토막 내면 끝이 있다 · 44
쉰 길 물 속은 알아도, 한 길 사람의 속은
　모른다 · 385
쉰 밥 고양이 주기 아깝다 · 297
스스로 뿌린 씨앗은 그 자신이 거둔다 · 29
슬인 춤에 지게 지고 엉덩춤 춘다 · 181
슬픔은 나눌수록 줄고, 기쁨은 나눌수록
　커진다 · 288
시거든 떫지나 말고, 얽거든 검지나 말지 · 107
시골놈 제 말 하면 온다 · 353
시누이 뒤에는 앙큼한 시고모가 있다 · 216
시누이 하나에 바늘이 네 쌈 · 215
시누이는 친정 조카는 키워도 올케는 시누이 자식
　을 못 키운다 · 215
시들은 배추잎 같다 · 371
시루에 물 붓기다 · 417
시름은 잘해도 등허리에서 흙 떨어지는 날이
　없다 · 248
시모에게 역정 나서 개 옆구리 찬다 · 137
시시덕이는 재를 넘어도, 새침덕이는 골로
　빠진다 · 96
시아버지 죽으라고 축수했더니 동지 섣달 맨발
　벗고 물 길을 때 생각난다 · 68
시아주버니와 제수는 백년 손이다 · 215
시앗 싸움에 요강 장수 · 154
시앗 죽은 눈물만큼 · 461
시앗을 보면 길 가의 돌부처도 돌아 앉는다 · 210
시앗하고는 하품도 옮지 않는다 · 210

시어머니 죽으라고 축수했더니 보리방아 물 부어
　놓고 생각난다 · 68
시어머니가 오래 살면 개숫물통에 빠져
　죽는다 · 49
시어미 미워 개 배때기 찬다 · 137
시어미 부를 노래 며느리 먼저 부른다 · 140
시어미 죽고 처음이다 · 295
시어미 죽는 날도 있다 · 49
시어미가 오래 살자니까, 며느리가 방아 동티에 죽
　는 걸 본다 · 306
시어미가 죽으면, 며느리가 시어미 노릇을
　한다 · 411
시어미가 죽으면, 안방이 내 차지 · 411
시원찮은 국에 입 가 데인다 · 447
시원찮은 귀신이 사람 잡아간다 · 232
시장이 반찬 · 321
시장이 팥죽 · 321
시장한 사람더러 요기 시키란다 · 158
시조 하라 하니, 발 뒤축이 아프다 한다 · 159
시조를 하느냐 · 179
시지도 않아서 군내부터 난다 · 127
시집 가는데 강아지 따라간다 · 492
시집 간 딸년치고 도둑 아닌 년 없다 · 208
시집 갈 때 등창이 난다 · 426
시집 열두번 갔더니 요강 시울에 선 두른다 · 234
시집도 가기 전에 강아지 장만한다 · 412
시집도 아니 가서 포대기 장만한다 · 412
시집살이 고추 같이 맵다 · 213
시집살이 못하면 본가살이 하지 · 406
시집살이 못하면, 동네 개가 짖는다 · 269

시집살이 삼년에 열두폭 치마자락이 다
　　썩는다 · 213
식구 망나니 시숙과 계수다 · 215
식은 죽 먹고 냉방에 앉았다 · 360
식은 죽 먹기 · 382
식은 죽도 불어가면서 먹어라 · 50
식전 개가 똥을 참지 · 191
식전 마수걸이에 까마귀 우는 소리 · 473
식칼이 제 자루 못 깎는다 · 236
신 배도 맛들일 탓이다 · 96
신 속에 똥을 담고 다니나 · 369
신 신고 발바닥 긁기 · 418
신 첨지 신 꼴을 보겠다 · 303
신랑 마두에 발괄한다 · 107
신선 놀음에 도끼자루 썩는 줄 모른다 · 314
신에 붙지 않는다 · 319
신이 늙었다 · 342
신이야 넋이야 한다 · 146
신정이 구정만 못하다 · 68
신주 개 물어갔다 · 447
실 엉킨 것은 풀어도, 노 엉킨 것은 못 푼다 · 385
실뱀 한 마리가 온 바닷물을 흐린다 · 113
실성한 영감 죽은 딸네집 바라본다 · 353
실없는 말이 송사 건다 · 233
싫다 하는 술 많이 마신다 · 191
싫은데 떡 · 386
심사는 좋아도 이웃집 불 붙는 것 보고
　　좋아한다 · 69
심심하면 좌수 볼기 때린다 · 120
심은 낡이 꺾어졌다 · 433

십년 공부 나미아미타불 · 433
십년 공부 도래미타불 · 433
십년 과수로 앉았다가 고자 대감을 만났다 · 433
십년 모신 시어미 성도 모른다 · 330
십년 묵은 환자라도 지고 들어가면 그만이다 · 60
십년을 같이 산 시어미 성도 모른다 · 330
십년이나 데리고 산 아내 나이도 모른다 · 330
십년이면 강산도 변한다 · 474
십년이면 산천도 변한다 · 474
십리 갈 길손과 천리 갈 길손은 첫 걸음부터
　　다르다 · 456
십리 강변에 빨래 갈 갔더냐 · 371
십리 길에 점심 싸기 · 44
싱거운 동네 가서 구장질 하라 · 172
싱겁기는 늑대 불알이다 · 171
싱겁기는 돌 삶은 국이다 · 171
싱겁기는 맹물이다 · 172
싱겁기는 홍동지네 세벌 장물이다 · 172
싱겁기는 황새 똥구멍이다 · 172
싸고 싼 사향도 냄새 난다 · 224
싸라기 밥을 먹어도, 말 잘하는 판수다 · 379
싸라기 밥을 먹었나 · 178
싸라기 쌀 한 말에 칠푼오리라도 오리 없어
　　못 먹는다 · 57
싸리 그늘에 누운 개 팔자 · 253
싸리 밭의 개 팔자 · 253
싸리말을 태워라 · 37
싹수가 노랗다 · 394
싹이 노랗다 · 394
싼 것이 비지떡 · 464

쌀 고리에 닭이다 · 252
쌀 먹은 개 욱대기듯 · 109
쌀 먹은 개는 안 들키고 등겨 먹은 개가
　잡힌다 · 221
쌀 먹은 개는 안 맞고 등겨 먹은 개가 맞는다 · 221
쌀독에서 인심 난다 · 66
쌀은 쏟고 주워도, 말은 하고 못 줍는다 · 31
쌈 밭에 숙대 · 345
쌍언청이가 외언청이 타령한다 · 141
쌍태 낳은 호랑이 하루살이 하나 먹은 셈 · 368
썩어도 생치 · 90
썩은 고기에 벌레 난다 · 347
썩은 나무 뽑기 · 383
썩은 새끼도 쓰일 때가 있다 · 58
썩은 새끼도 쓸데가 있다 · 468
썩은 새끼로 범 잡았다 · 436
쏘아 놓은 범이다 · 244
쏘아 놓은 살(화살)이요, 엎지른 물이다 · 401
쏟아진 물이요, 깨어진 그릇이다 · 428
쑥 밭이 되었다 · 497
쑥구렁이 꿩 잡아 먹는다 · 238
쑥떡 먹고, 쓴 소리 한다 · 177
쑨 죽이 밥 될까 · 401
쓰러져가는 나무는 아주 쓰러뜨린다 · 55
쓴 맛 단 맛 다 보았다 · 342
쓴 맛을 모르는 사람은 단 맛도 모른다 · 330
쓴 배도 맛 들일 탓 · 69
쓴 약이 몸에는 좋다 · 40
쓸만한 나무가 먼저 베인다 · 222
씨 도둑은 못 한다 · 346

씨 바른 고양이 같다 · 160
씨 보고 춤을 춘다 · 182
씨아와 사위는 먹어도 안 먹는다 · 214
씨암탉 잡은 듯하다 · 338
씨앗을 베고 죽는다 · 199
씻은 팥알 같다 · 372

(ㅇ)

아끼다가 똥 된다 · 59
아끼던 것이 찌로 간다 · 59
아내 없는 처갓집 가나 마나 · 283
아내 죽은 홀아비 · 247
아내 행실은 다홍치마 적부터 그루를
　앉힌다 · 267
아내가 귀여우면 처가집 말뚝 보고도 절을
　한다 · 214
아내가 귀여우면 처가집 문설주도 귀엽다 · 214
아내가 귀여우면 처가집 지붕에 앉은 까마귀도
　귀엽다 · 214
아내가 예쁘면 처가집 울타리까지 예쁘다 · 214
아내가 예쁘면 처가집 호박꽃도 곱다 · 214
아는 걸 보니 소강절의 똥구멍에 움막 짓고
　살겠다 · 126
아는 게 병 · 34
아는 길도 물어 가라 · 50
아는 놈이 도둑놈 · 240
아는 도끼에 발등 찍힌다 · 451
아는 법이 모진 바람벽 뚫고 나온 중방 밑
　귀뚜라미다 · 334
아니 구린 통숫간이 있나 · 237

아니 때린 장구에 소리 날까 · 344
아니 땐 굴뚝에 연기 날까 · 344
아니 무너지는 하늘에 작대기 받치자 한다 · 158
아니 밴 아이 자꾸 낳아라 한다 · 159
아닌 밤중에 차시루떡 · 438
아닌 밤중에 홍두깨 · 177
아동 판수 육갑 외우듯 · 365
아들 못난 것은 제 집만 망치고, 딸 못난 것은 양사 돈 망친다 · 269
아들 밥은 앉아 먹고 딸의 밥은 서서 먹고 남편 밥은 누워 먹는다 · 209
아들네 집에 가서 밥 먹고 딸네 집에 가서 물 마신다 · 205
아들은 장가를 가면 반 남이 되고, 딸은 시집을 가면 온 남이 된다 · 208
아랫 길도 못 가고, 웃 길도 못 가겠다 · 309
아랫돌 빼서 웃돌 괸다 · 423
아랫돌 빼어 웃돌 괴고, 웃돌 빼어 아랫돌 괸다 · 423
아랫턱이 웃 입술에 올라가 붙나 · 124
아름다운 구슬에도 티가 있다 · 486
아무 것도 못하는 놈이 문벌만 높다 · 171
아무 때 먹어도 김가가 먹을 것이라 · 349
아무렇지도 않은 다리에 침 놓기 · 448
아무리 바빠도 바늘 허리 매어 쓰지 않는다 · 54
아무리 사당을 잘 지었기로 제사를 못 지내면 무엇 하나 · 469
아버지 종도 내 종만 못하다 · 264
아버지의 그림자는 밟지도 않는다 · 271
아비 · 아들 범벅 금 그어 먹는다 · 288

아비 죽은 지 나흘 후에 약을 구한다 · 183
아산이 깨어지나, 평택이 무너지나 · 315
아쉬운 감 장수 유월부터 한다 · 190
아쉬워 엄나무 방석이라 · 185
아욱으로 국을 끓여 삼년을 먹으면, 외짝 문으로 못 들어간다 · 464
아이 가진 떡 · 386
아이 난 데 개 잡는다 · 118
아이 낳기 전에 기저귀 누빈다 · 412
아이 낳기 전에 기저귀감 장만한다 · 412
아이 낳기 전에 포대기 장만한다 · 182
아이 낳는데 속옷 벗어 달란다 · 157
아이 못 낳는 년이 밤마다 용 꿈만 꾼다 · 97
아이 못 낳는 년이 밤마다 태몽 꿈만 꾼다 · 97
아이 밴 나를 어찌할까 한다 · 122
아이 밴 년 유세한다 · 122
아이 밴 여자 배 차기다 · 112
아이 보채듯 · 158
아이 자라 어른 된다 · 270
아이 치레 송장 치레 · 270
아이는 칠수록 운다 · 270
아이를 사르고 태를 길렀다 · 105
아이를 친하면, 옷에 똥칠을 한다 · 39
아이보다 배꼽이 더 크다 · 462
아이에게는 흉년이 없다 · 205
아저씨 못난 것 조카 장짐 지운다 · 144
아저씨 아저씨 하고 길짐만 지운다 · 144
아저씨 아저씨 하면서 떡짐 지운다 · 144
아주머니 떡도 싸야사 먹는다 · 79
아줏가릿대에 개똥참외 달리듯 · 150

아직 신 날도 안 꼬았다 · 425
아직 이도 아니 나서 갈비 뜯는다 · 151
아침 아저씨 저녁 쇠 아들 · 200
아침 안개에 중 이마가 벗어진다 · 501
아침에 났다가 저녁에 시드는 버섯 · 22
아침에 안개가 끼면, 이마가 벗어진다 · 501
아프지도 않은 다리에 침 준다 · 174
아프지도 않은데 뜸질 한다 · 174
아픈 상처에 소금 치기다 · 111
아홉 섬 추수한 자가 한 섬 추수한 자더러 그 한
 섬을 채워 열 섬으로 채우자 한다 · 161
아홉 일곱살 적에는 아홉 동네에서
 미워한다 · 219
아홉살 먹을 때까지는 아홉 동네서 미움을
 받는다 · 218
악담은 덕담이다 · 237
악머구리 끓듯 한다 · 495
악박골 호랑이 선불 맞은 소리 · 146
악양루도 식후경 · 279
악한 첩과 더러운 처도 빈 방보다 낫다 · 209
안 되는 놈은 넘어져도 똥 밭에 넘어진다 · 229
안 되는 놈은 넘어져도 허리가 부러진다 · 229
안 되는 놈은 달걀에도 뼈가 있는 것만 산다 · 229
안 되는 놈은 두부에도 뼈라 · 227
안 되는 놈은 뒤로 넘어져도 코가 깨진다 · 229
안 되는 놈은 집을 지어도 기둥이 부러진다 · 227
안 뒷간에 똥 누고, 안 아가씨더러 밑 씻겨
 달라겠다 · 122
안 먹겠다고 침 뱉은 물 돌아서서 다시
 먹는다 · 37

안 먹는 씨아에서 소리만 난다 · 127
안 벽 치고 밭(바깥)벽 부친다 · 133
안 벽 치고 밭벽 친다 · 133
안 보는 것이 약이다 · 293
안 본 용은 그려도 본 뱀은 못 그린다 · 385
안 본 용은 그려도 본 범은 못 그린다 · 385
안 친 북에 소리 날까 · 344
안는 암탉 잡아 먹기 · 121
안다니 똥파리 · 126
안방에 가면 시어머니 말이 옳고, 부엌에 가면
 며느리 말이 옳다 · 385
안질에 고추가루 · 465
안질에 노랑 수건 · 466
안팎 곱사등이다 · 304
앉아 똥 누기 · 382
앉아 주고 서서 받는다 · 386
앉아 준 돈 서서도 못 받는다 · 386
앉아서 천리를 본다 · 334
앉은 자리에 풀도 안 나겠다 · 117
앉은뱅이 뭣 자랑하듯 · 149
앉은뱅이 앉으나 마나 · 453
앉은뱅이 천리 대참 · 151
앉은뱅이가 서면 천리를 가나 · 148
앉은뱅이에게 신 주기다 · 175
앉은뱅이에게는 신을 주지 않는다 · 284
알 까기 전에 병아리는 세지 말랬다 · 285
알기는 오뉴월 똥파리다 · 126
알기는 칠월 귀뚜라미 · 126
알기는 태주 같다 · 104
알로 깠느냐 · 190

앓던 이 빠진 것 같다 · 295
앓아봐야 아픈 것도 안다 · 100
암치 뼈다귀에 불개미 덤비듯 · 163
암탉의 무녀리냐 · 369
암탉이 운다 · 168
암탉이 울면 집안이 망한다 · 268
암탉이 울어 날 샌 일 없다 · 268
앙재는 금년이요, 적덕은 백년이라 · 28
앞 남산 호랑이가 뭘 먹고 사나 · 302
앞 집 처녀 믿고 장가 못 간다 · 311
앞길이 구만리 같다 · 499
앞에서 꼬리 치는 개는 후에 발뒤꿈치 문다 · 102
애기 버릇 임의 버릇 · 268
애꾸가 환히 보려 하고, 절름발이가 멀리 가려
  한다 · 151
애동호박(애호박) 삼년을 삶아도 잇금도 안 들어
  간다 · 137
애매한 두꺼비 돌에 치였다 · 447
애매한 두꺼비 떡돌에 치인다 · 449
애호박에 말뚝 박기 · 118
앵무새가 말은 잘하지마는 봉황을 닮기는
  어렵다 · 400
앵무새는 말은 잘해도 날으는 새다 · 191
앵무새는 말을 잘 하지마는 날짐승이다 · 406
야윈 말이 짐 탐한다 · 188
약과 먹기 · 383
약방에 감초 · 153
약방에 전다리 모이듯 · 351
약빠른 고양이 밤 눈 못 본다 · 227
약빠른 고양이 밤 눈 어둡다 · 227

약빠른 고양이 상 못 얻는다 · 227
약빠른 고양이 앞을 못 본다 · 227
약빠른 고양이도 쥐를 놓칠 때가 있다 · 233
약에 쓸래도 없다 · 485
약재에 감초 · 153
약질 목통에 장골 셋 들어간다 · 367
약질이 살인 낸다 · 177
약탕기는 바꿔도 약은 못 바꾼다
얄미운 강아지가 생선을 물고 마루 밑으로
  들어간다 · 134
얄미운 고양이 조기 대가리를 물고 부뚜막에 올라
  간다 · 134
얄미운 고양이가 아랫목 이불 속에 똥 싼다 · 134
얄미운 년이 분 바르고 예쁘냐고 묻는다 · 134
얄미운 놈이 고기 안주가 없다고 한다 · 134
양 어깨에 동자보살이 있다 · 260
양귀비 뺨 치겠다 · 370
양귀비 외딴 친다 · 370
양반 김칫국 떠 먹듯 · 128
양반 못된 것이 장에 가 호령한다 · 146
양반 지게 진 것 같다 · 497
양반도 사흘 굶으면 도둑질 한다 · 91
양반은 글 덕을 본다 · 202
양반은 대추 세 개로 점심을 메운다 · 201
양반은 문자 쓰다가 저녁 굶는다 · 201
양반은 물에 빠져도 개 헤엄은 안 한다 · 258
양반은 배가 고파도 말을 안 한다 · 201
양반은 배가 고파도 밥 먹자고 하지 않고 장맛 보자
  한다 · 201
양반은 비를 맞아도 빨리 가지 않는다 · 258

양반은 샛길로 가지 않는다 · 258
양반은 얼어 죽어도 겻불은 안 쬔다 · 258
양반은 얼어 죽어도 짚불은 안 쬔다 · 258
양반은 이무기다 · 201
양반은 죽어도 문자 쓴다 · 201
양반은 추워도 떨린다고 않고 흔들린다고
　한다 · 201
양반은 하인이 양반 시킨다 · 226
양반은 헌 갓 쓰고도 똥 누지 않는다 · 201
양반의 새끼는 고양이 새끼 · 202
양반의 자식이 열여섯이면 호패를 찬다 · 202
양반의 집 못 되려면 초라니 새끼 난다 · 237
양반이 대추 한 개가 하루 아침 해장이라고 · 284
양반이 파립 쓰고 한번 대변 보기는 예사 · 201
양을 보째로 낳는 암소 · 487
양주 싸움은 칼로 물 베기 · 209
양지 마당의 씨암탉 걸음 · 359
양화도 색시 선유봉을 걷는다 · 359
얕은 내도 깊게 건너라 · 50
얕은 물은 소리를 내도, 깊은 물은 소리가
　없다 · 41
어깨 넘어 글 · 335
어깨 넘어 문장 · 335
어깨가 귀를 넘어까지 산다 · 376
어느 구름에 눈이 들며, 어느 구름에 비가
　들었나 · 405
어느 구름에서 비가 올지 · 405
어느 말이 물 말다 하고 여물 말다 하랴 · 79
어느 바람이 들이불까 한다 · 147
어느 장단에 춤 추랴 · 305

어느 집 개가 짖느냐 한다 · 179
어둔 밤에 눈 끔적이기 · 433
어둔 밤에 손짓 하기 · 418
어둔 밤의 등불 · 466
어둔 밤중에 홍두깨 내민다 · 177
어둠침침한 눈으로 길을 가는 사람은 바위를 보고
　엎드린 범인 줄 안다 · 325
어디 개가 짖느냐 한다 · 307
어려서 굽은 나무는 커서도 굽는다 · 64
어려서 굽은 나무는 후에 안장감이 된다 · 467
어르고 등골 뺀다 · 120
어르고 뺨 친다 · 120
어른 구경을 못하고 자란 놈이다 · 123
어른 앞에서 아이 젖 핑계 하고 논다 · 131
어른 앞에서는 개도 나무라지 않는다 · 286
어른 없는 데서 자란 놈이다 · 123
어릴 때 굽은 낡이 쇠 길맛가지 된다 · 468
어린 아이 가진 떡도 빼앗아 먹겠다 · 161
어린 아이 예뻐 말고 겨드랑 밑이나 잡아
　주어라 · 269
어린 아이 우물 가에 둔 것 같다 · 302
어린 아이 자지가 크면 얼마나 클까 · 462
어린 중 젓국 먹인다 · 131
어린애 보는 데는 찬물도 마시기 어렵다 · 219
어린애 보는 데는 찬물도 못 마신다 · 219
어린애 입 잰 것 · 465
어린애 젖 조르듯 · 158
어릴 때 굽은 길맛가지 · 400
어물전 망신은 꼴뚜기가 시킨다 · 113
어물전 털어먹고, 꼴뚜기 장사 한다 · 242

어미 본 애기 · 296
어미 잃은 송아지 · 246
어버이 죽는데 춤 출 놈 · 191
어버이 죽었는데 춤 추기 · 106
어부의 횡재다 · 440
어이딸이 두부 앗듯 · 492
어이딸이 쌍절구질 하듯 · 492
어장이 안 되려면, 해파리만 끓는다 · 228
어정뜨기는 칠팔월 개구리 · 415
어질병이 지랄병 된다 · 257
어항에 금붕어 놀듯 · 338
'어' 해 다르고, '아' 해 다르다 · 32
어혈진 도깨비 개천물 마시듯 · 366
언 사람은 봄이 돼도 옷을 껴입는다 · 98
언 수탉 같다 · 356
언덕에서 자빠진 돼지가 평지에서 자빠진 돼지를 나무란다 · 141
언제 쓰자는 하눌타리냐 · 59
언제나 정월 초하룻날이다 · 116
언제는 외조 할미 콩죽으로 살았나 · 159
언청이 굴회 먹듯 · 366
언청이 아가리에 콩가루 · 480
언청이 아가리에 토란 베어지듯 · 480
얻어 들은 풍월 · 335
얻어 먹을 것도 사돈 집 노랑 강아지 때문에 못 얻어 먹는다 · 428
얻어 먹을 것도 이웃 집 노랑 강아지 때문에 못 얻어 먹는다 · 428
얻어 먹지 못하는 제사에 갓 · 망건 부서졌다 · 446

얻은 도끼나 잃은 도끼나 · 442
얻은 떡이 두레 반이다 · 443
얻은 잠 한 번 더 떠 먹는다 · 99
얼굴보다 코가 더 크다 · 462
얼굴에 똥칠 한다 · 113
얼굴에 모닥불을 담아 붓듯 · 363
얼굴은 마음의 거울이다 · 404
얼러 키운 호로 자식 · 123
얼레빗 · 참빗 품에 품고 가도, 제 복 있으면 잘산다 · 25
얼레실을 풀었다 · 425
얼음 구멍에 잉어 · 466
얼음에 박 밀듯 · 364
얼음에 새김질 한다 · 395
얼음판에 넘어진 황소 눈깔 같다 · 364
얼음판에 자빠진 쇠 눈깔 · 364
얼크러진 그물이요, 쏟아놓은 쌀 · 384
읽은 자국도 보조개로 보인다 · 98
엄동설한에는 따신 아랫목 생각 밖에 없다 · 97
엄벙덤벙하다가 물에 빠졌다 · 426
업어나 지나 · 453
업은 아이 삼간 찾는다 · 184
업은 아이 삼년 찾는다 · 184
업은 아이 삼면 찾는다 · 184
업은 아이 이레 찾는다 · 184
업족제비가 비행기를 탔다 · 249
업혀 가는 돼지 눈 · 373
없는 놈 앓을 여가 없다 · 198
없는 놈은 빚이 밑천이다 · 198
없는 놈은 소금밥 대접도 못 한다 · 198

없는 놈은 외상이 밑천이다 · 198
없는 놈은 찬 밥, 더운 밥 안 가린다 · 82
없는 놈이 밥술이나 먹게 되면 과객 밥 한 술
　안 준다 · 196
없는 놈이 보리 흉년에 살찐다 · 198
없는 놈이 자 두 치 떡 즐긴다 · 150
없어 비단 · 185
없어 비단 치마 · 185
없으면 제 아비 제사도 못 지낸다 · 58
엉덩이에 뿔이 났다 · 123
엎더져 가는 놈 꼭뒤 찬다 · 111
엎어지면 코 닿을 데 · 500
엎어진 김에 쉬어 간다 · 419
엎어진 놈 꼭뒤 차기다 · 111
여각이 망하려니, 나귀만 든다 · 228
여덟달 반 · 105
여덟팔자 걸음 · 359
여드레 병풍 친다 · 413
여드레 삶은 호박에 도래송곳 안 들어갈 말 · 137
여드레 삶은 호박에 이 안 들 소리 · 137
여드레 팔십리 · 359
여든 나도 방아 동티에 죽는다 · 77
여든 살 난 큰 애기가 시집 갈랬드니, 차일이 없다
　한다 · 426
여든에 이 앓는 소리 · 178
여든에 이가 난다 · 487
여든에 죽어도 핑계에 죽는다 · 77
여럿이 가는데 섞이면 병든 다리도 끌려
　간다 · 403
여름 불도 쬐다 나면 섭섭하다 · 67

여름에 먹자고 얼음 뜬다 · 412
여름에 하루 놀면 겨울에 열흘 굶는다 · 46
여물 많이 먹은 소똥 눌 때 알아본다 · 347
여물 안먹고 잘 걷는 소 · 487
여복이 바늘귀를 꿴다 · 436
여산 칠십리나 들어갔다 · 373
여수가 밑천이다 · 60
여우 뒤웅박 쓰고 삼밭에 들었다 · 354
여우가 죽으니, 토끼가 슬퍼한다 · 117
여울로 소금 섬을 끌어라 하면 끈다 · 340
여자 셋만 모이면 놋양푼도 남아나지
　않는다 · 203
여자 셋만 모이면 사발도 말한다 · 203
여자 셋이 모이면 새 접시를 뒤집어 놓는다 · 203
여자 셋이면 나무접시가 드논다 · 203
여자 열이 모이면 쇠도 녹인다 · 203
여자는 늙으면 독사가 된다 · 211
여자는 사흘을 안 때리면 여우가 된다 · 267
여자는 서발 앞을 못 본다 · 204
여자는 예뻐도 욕 먹고, 미워도 욕 먹는다 · 203
여자는 제 고을 장날을 몰라야 팔자가 좋다 · 268
여자는 질투를 빼면 서근반 밖에 안 된다 · 203
여자에게는 긴 혀가 있다 · 203
여자의 말은 잘 들어도 패가하고, 안 들어도 망신
　한다 · 268
여자의 소매는 마를 새가 없다 · 203
여자의 속은 뱀 창자 · 204
여편네 셋만 모이면 접시에 구멍을 뚫는다 · 203
여편네 아니 걸린 살인 없다 · 239
여편네 팔자는 뒤웅박 팔자 · 211

여편네 활수하면, 벌어들여도 시루에
　물 붓기 · 268
여편네가 귀여우면 개죽을 쑤어 주어도 맛이
　있다 · 209
역말도 갈아 타면 낫다 · 294
역질에 흑함 되듯 · 473
연안 남대지도 팔아먹을 놈 · 133
연주창 앓는 놈의 갓끈을 핥겠다 · 165
연희궁 까마귀 골수박 파 먹듯 · 313
열 골 물이 한 골로 모인다 · 447
열 길 물 속은 알아도, 한 길 사람의 속은
　모른다 · 385
열 놈에 죽 한 사발 · 461
열 달만에 아이 낳는 줄 몰랐던가 · 330
열 벙어리가 말해도 가만히 있거라 · 277
열 사람이 지켜도 한 도둑을 못 막는다 · 384
열 사위는 밉지 않아도 한 며느리 밉다 · 212
열 성방 사귀지 말고, 한 성방 사귀라 · 39
열 소경에 한 막대 · 466
열 손가락에 어느 손가락 깨물어 아프지
　않을까 · 204
열 손가락을 어느 건 물면 아프고 어느 건 물면 안
　아프니 · 204
열 시앗은 밉지 않아도 한 시누이는 밉다 · 215
열 자식이 악처 하나만 못하다 · 209
열 집 사위, 열 집 며느리 안 되어 본 사람
　없다 · 225
열 판수가 모여도, 눈 뜬 놈은 없다 · 482
열고 보나 닫고 보나 · 453
열두 효자가 악처 하나만 못하다 · 209

열두가지 재주에 저녁거리가 없다 · 386
열두살부터 서방질을 하여도, 배꼽에 뭣 박는 놈
　처음 보았다 · 343
열매 될 꽃은 첫 삼월부터 알아본다 · 473
열무김치 맛도 안 들어서 군내부터 난다 · 127
열번 찍어 아니 넘어가는 나무 없다 · 391
열사흘 부스럼을 앓느냐 · 136
열을 듣고도 하나도 모른다 · 106
열의 한 술 밥 · 391
열의 한 술 밥이 한 그릇 푼푼하다 · 391
열이 어우러 밥 한 그릇 · 391
열흘 굶어 군자 없다 · 91
열흘 길 하루도 아니 가서 · 426
열흘 붉은 꽃 없다 · 24
염라대왕이 문 밖에서 기다린다 · 499
염라대왕이 외조부라도 · 408
염라대왕이 제 할아버지라도 · 408
염병에 까마귀 소리 · 473
염병에 땀을 낼 놈 · 109
염병에 보리죽을 먹어야 낫겠다 · 177
염병에 보리죽을 먹었나 · 177
염불 못하는 중이 아궁이에 불을 땐다 · 468
염불 빠진 년 같다 · 359
염불 외듯 · 179
염불도 몫몫이요, 쇠뿔도 각각이다 · 483
염불에는 마음이 없고, 젯밥에만 마음이
　있다 · 313
염소 물똥 싸는(누는) 것 보았나 · 179
염주도 몫몫이요, 쇠뿔도 각각이다 · 483
염천교 밑에서 돼지 홀레를 붙이는 것이

낫겠다 · 318
염초청 굴뚝 같다 · 126
엽자금·동자삼이다 · 463
엿을 물고 개잘량에 엎더러졌다 · 374
엿장수 마음대로 · 192
영감 밥은 아랫목에서 먹고 아들 밥은 웃목에서
 먹고 딸 밥은 부엌에서 먹는다 · 209
영감 죽고 처음이다 · 295
영감의 상투 · 464
영감의 상투 굵어서 무엇 하나, 당줄만 동이면
 그만이지 · 284
영감의 상투 굵으면 무엇 하나, 붙어 있으면
 되지 · 284
영고탑을 모았다 · 437
영리한 고양이 밤 눈 못 본다 · 227
영에서 뺨 맞고 집에 와서 계집 친다 · 138
옆 찔러 절 받기 · 163
예쁘지 않은 며느리가 삿갓 쓰고 으스름 달밤에
 나선다 · 134
예쁜 자식 매로 키운다 · 269
옛날 갑인날 콩 볶아 먹던 날 · 499
오그라진 개 꼬리 대 봉투에 삼년 두어도
 안 펴진다 · 64
오금아 날 살려라 한다 · 358
오기에 쥐 잡는다 · 101
오뉴월 감기는 개도 아니 앓는다 · 465
오뉴월 겻불도 쬐다 나면 서운하다 · 67
오뉴월 녹두 깝대기 같다 · 188
오뉴월 닭이 여북해서 지붕을 후비랴 · 185
오뉴월 닭이 오죽해서 지붕에 올라가랴 · 185

오뉴월 더위에는 암소 뿔이 물러 빠진다 · 501
오뉴월 두룽다리 · 469
오뉴월 똥파리 같다 · 306
오뉴월 병아리 하루 볕이 새롭다 · 456
오뉴월 불도 쬐다 나면 섭섭하다 · 67
오뉴월 소나기는 말 등을 두고 다툰다 · 502
오뉴월 소나기는 쇠 등을 두고 다툰다 · 503
오뉴월 소나기에는 닫는 말 한쪽 귀는 젖고, 한쪽
 귀는 안 젖는다 · 503
오뉴월 쇠 불알 늘어지듯 · 360
오뉴월 쉬파리 같다 · 306
오뉴월 품앗이도 먼저 갚으랬다 · 60
오뉴월 하루 볕도 무섭다 · 456
오뉴월 하루만 더 쬐도 낫다 · 456
오뉴월 황소 불알 떨어지기를 기다린다 · 310
오뉴월에 똥 도둑도 못 해 먹겠다 · 106
오뉴월에 얼어 죽는다 · 322
오뉴월은 배 양반이요, 동지 섣달은 뱃놈 · 201
오는 떡이 두터워야 가는 떡이 두텁다 · 86
오는 말이 고와야, 가는 말이 곱다 · 30
오는 말이 미우면, 가는 말도 밉다 · 30
오는 정이 있어야, 가는 정이 있다 · 30
오달지기는 사돈네 가을 닭이다 · 469
오동 숟가락으로 가물치국을 먹었나 · 371
오동나무 보고 춤을 춘다 · 182
오동씨만 보아도 춤을 춘다 · 182
오라는 딸은 안 오고, 외통 며느리만 온다 · 353
오란 데는 없어도 갈 데는 많다 · 248
오래 살면 시어미 죽을 날도 있다 · 49
오래 살자니 또랑새우 뭣 하는 것을 보겠다 · 307

오래 앉으면 새도 화살을 맞는다 · 231
오래 해먹은 면주인 · 131
오랜 원수를 갚으려다가 새 원수가 생긴다 · 265
오려논에 물 터 놓기 · 118
오르지 못할 나무 쳐다보지도 말라 · 279
오리 홰 탄 것 같다 · 244
오리를 보고 십리 간다 · 200
오리알에 제 똥 묻은 격 · 190
오리알에 제 똥 묻은 줄 모른다 · 190
오목장이 아무리 분주해도 제 볼장만 본다 · 458
오소리 감투가 둘이다 · 166
오이를 거꾸로 먹어도 제 멋 · 80
오이를 거꾸로 먹어도 제 소청 · 277
오이에는 씨가 있어도, 도둑에는 씨가 없다 · 346
오입장이 헌 갓 쓰고 똥 누기는 예사다 · 238
오장까지 뒤집어 보인다 · 189
오장이 뒤집힌다 · 298
오줌 누고 그것 볼 여가도 없다 · 248
오줌 누고 그것 털 여가도 없다 · 248
오줌 누는 사이에 십리 간다 · 456
오줌에도 데겠다 · 375
오지啊이 넓다 · 154
오초의 흥망 내 알 바 아니다 · 471
오후 한량 쓴 것이 없다 · 321
옥반에 진주 굴듯 · 364
옥에 티 · 486
옥에나 티가 있지 · 108
옥을 쪼지 않으면, 그릇을 이루지 못한다 · 47
온 바닷물을 다 먹어야 짜냐 · 162
온 바닷물을 다 켜야 맛이냐 · 162

온면 먹을 제부터 그르다 · 425
온양 온정에 전다리 모이듯 · 351
온통으로 생긴 놈 계집 자랑, 반편으로 생긴 놈 자식 자랑 · 35
올가미 없는 개 장사 · 410
올림대 놓았다 · 376
올챙이 적 생각은 못하고, 개구리 된 생각만 한다 · 125
옳은 일을 하면, 옳은 귀신이 된다 · 29
옳은 일을 하면, 죽어도 옳은 귀신이 된다 · 27
옴 덕에 자지 긁는다 · 188
숯은 달아서 피우고, 쌀은 세어서 밥 짓는다 · 165
옷은 새 옷이 좋고 님은 옛 님이 좋다 · 68
옷은 새 옷이 좋고 사람은 옛 사람이 좋다 · 69
옷을 격해 가려운 데 긁기 · 418
옷을 입고 가려운 데 긁는다 · 418
옷이 날개다 · 99
옷이 찢어지면 새 것으로 갈아 입는다 · 211
와우각상의 싸움이다 · 166
왈자가 망하여도 왼다리질 하나는 남는다 · 65
왕개미 똥구멍에 거미줄 나온다 · 191
왕개미가 정자나무 흔든다 · 169
왕대밭에서 왕대 난다 · 346
왕방울로 솥 가시듯 · 145
왕지네 마당의 씨암탉 걸음 · 359
왕후장상에 씨가 있나 · 391
왜 감중련을 하였노 · 339
왜가리새 여울목 넘어다보듯 · 357
외 넝쿨에 가지 열렸다 · 472

찾아보기 Ⅱ

외 덩굴에 가지 열릴까 · 346
외 보살, 내 야차 · 126
외 손뼉이 울까 · 389
외 심은 데 외 난다 · 346
외 심은 데 콩 나랴 · 346
외갓집 콩죽에 잔뼈가 굵었겠나 · 159
외나무 다리에서 만날 날 있다 · 237
외로 지나 바로 지나 · 453
외모는 거울로 보고, 마음은 술로 본다 · 265
외바늘 귀 터지기 쉽다 · 230
외삼촌 물에 빠졌나 · 362
외삼촌 사는 고을에는 가지도 말랬다 · 216
외삼촌 산소에 벌초하듯 · 414
외손자는 업고 친손자는 걸리면서 업은 놈 발 시리다고 한다 · 216
외손자는 절구만 못하다 · 216
외손자를 귀애하느니 방앗공이를 귀애하지 · 216
외손자를 귀여워하지 말고 절굿공이를 귀여워하랬다 · 216
외손자를 봐주느니 파밭이나 매랬다 · 216
외손자를 안느니 방앗공이를 안지 · 216
외아들 잡아 먹힌 할미 상 · 364
외아들에 효자 없다 · 208
요강 뚜껑으로 물 떠 먹은 셈 · 303
요지경 속이다 · 497
욕심이 부엉이 같다 · 163
욕심이 사람 죽인다 · 264
욕을 들어도 감투 쓴 놈한테 들어라 · 294
용 가는 데 구름 간다 · 340
용 꿈 꾸었다 · 439
용 될 고기는 모이철부터 알아본다 · 473
용 못된 이무기 · 112
용 못된 이무기 심술만 남았다 · 119
용가마에서 삶은 돼지가 멍멍 짖거든 · 393
용대기 내세우듯 · 149
용마 갈기 사이에서 뿔이 날까 · 393
용문산 안개 두르듯 · 494
용문산에 안개 모이듯 · 351
용상에 앉힌다 · 116
용의 꼬리보다 닭의 머리가 낫다 · 292
용이 물 밖에 나오면 개미가 침노한다 · 74
용이 물을 잃었다 · 245
용이 여의주를 얻고, 범이 바람을 탄 격이다 · 437
용이 여의주를 얻고, 하늘에 오른다 · 437
용이 여의주를 얻으면, 하늘로 올라가고야 만다 · 348
용이 올라갔다 · 483
용천검을 쓸 줄 알아야 한다 · 59
용천배기(문둥이) 콧구멍에서 마늘씨를 빼 먹고 말지 · 164
우거지 상 · 362
우는 가슴에 말뚝 박듯 · 114
우는 아이 똥 먹인다 · 119
우둔한 것이 범 잡는다 · 225
우렁이도 두렁 넘을 꾀가 있다 · 377
우마가 기린 되랴 · 400
우물 가에 애 보낸 것 같다 · 302
우물 길에서 반살기 받는다 · 438
우물 안의 개구리 · 329

우물 안의 고기 · 329
우물 옆에서 말라 죽겠다 · 173
우물에 가서 숭늉 달라 한다 · 182
우물에 든 고기다 · 244
우물에 똥 누기 · 118
우물을 들고 마시겠다 · 182
우물을 파도 한 우물을 파라 · 45
우박 맞은 잿더미 같다 · 372
우수 뒤에 얼음 같이 · 475
우수·경칩에 대동강 풀린다 · 501
우습게 본 풀에 눈 찔린다 · 447
우황 든 소 같이 · 298
운봉이 내 마음 알지 · 482
운수가 사나우면 짖던 개도 안 짖는다 · 228
울고 먹는 씨아라 · 185
울고 싶자 때린다 · 472
울고 싶자 뺨 때린다 · 473
울력 걸음에 봉충다리 · 403
울며 겨자 먹기 · 185
울바자가 헐어지니 이웃 집 개가 드나든다 · 307
울지 않는 아이 젖 줄까 · 88
움막에 단 장 · 322
움집 안에서 떡 받는다 · 438
웃 돌도 못 믿고, 아랫 돌도 못 믿는다 · 309
웃 입술이 아래 입술에 닿나 · 124
웃는 낯에 침 뱉으랴 · 288
웃물이 맑아야, 아랫물이 맑다 · 345
웃물이 흐리면, 아랫물도 흐리다 · 345
원님과 급창이 흥정을 해도 에누리가 있다 · 156
원님도 보고 환자도 탄다 · 423

원님보다 아전이 더 무섭다 · 102
원님에게 물건을 팔아도 에누리가 있다 · 156
원님이 심심하면 좌수 볼기를 친다 · 120
원두한이 사촌을 모른다 · 200
원두한이 쓴 외 보듯 · 302
원수 인간 외나무 다리에서 만난다 · 237
원수는 외나무 다리에서 만난다 · 237
원숭이 똥구멍이다 · 371
원숭이 불기짝인가 · 371
원숭이도 나무에서 떨어진다 · 50
원앙이 녹수를 만났다 · 439
원을 만나거나 시주를 받거나 · 402
월천꾼에 난장이 빠지듯 · 190
웬 떡이냐 · 438
웬 불똥이 튀어 박혔나 · 362
위에 떨어진 물이 발등에 떨어진다 · 345
위하는 아이 눈이 먼다 · 228
유복한 과수는 앉아도 요강 꼭지에 앉는다 · 234
유월 장마에는 돌도 큰다 · 503
유월 저승을 지나면 팔월 신선이 돌아온다 · 199
육모진 모래를 팔모지게 밟았다 · 342
윤달 든 황양목인가 · 369
으슥한 데서 꿩 알을 낳는다 · 129
은진은 강경으로 꾸려간다 · 248
은행나무 격이다 · 255
음식 같잖은 개떡제비에 입 천장 덴다 · 447
음식 싫은 건 개나 주지, 사람 싫은 건 할 수 있나 · 249
음지가 양지 되고, 양지가 음지 된다 · 24
음지의 개 팔자 · 253

읍에서 매 맞고 장거리에서 눈 흘긴다 · 138
응달의 숭앗대 · 369
응석으로 자란 자식 · 123
의가 좋으면 세 어이딸이 도토리 한 알을 먹어도
　시장 멈춤을 한다 · 87
의가 좋으면 천하도 반분 한다 · 66
의논이 맞으면, 부처도 앙군다 · 390
의뭉한 두꺼비 옛말 한다 · 189
의붓딸이 새남하듯 · 414
의붓아비 소 팔러 보낸 것 같다 · 353
의붓아비 아비라 하랴 · 27
의붓아비 제삿날 물리듯 · 421
의붓자식 다루듯 · 116
의붓자식 옷 해 준 셈이다 · 434
의사가 제 병 못 고친다 · 236
의젓잖은 며느리가 사흘만에 고추장 세 바탱이
　먹는다 · 135
의젓하기는 시아비 뺨 치겠다 · 147
의주를 가려면서 신 날도 안 꼬았다 · 425
이 굿에는 춤추기 어렵다 · 305
이 날 춤추기 어렵다 · 305
이 떡 먹고 말 말아라 한다 · 158
이 빠진 강아지 언 똥에 덤빈다 · 151
이 빠진 개 뒷간 만났다 · 438
이 빠진 사발 · 470
이 샘물 안 먹는다고 똥 누고 가더니, 그 물이
　맑기도 전에 다시 와서 먹는다 · 37
이 세상은 언제나 꽃 동산이 아니다 · 26
이 아픈 날 콩밥 한다 · 243
이 우물에 똥을 누어도, 다시 그 물을 먹는다 · 37

이 자리에 춤추기 어렵다 · 305
이 장 떡이 큰가, 저 장 떡이 큰가 · 306
이 절도 못 믿고, 저 절도 못 믿는다 · 309
이 중도 못 믿고, 저 중도 못 믿는다 · 309
이 팽이가 돌면 저 팽이가 돈다 · 474
이가 자식보다 낫다 · 374
이고 지고 가도, 제 복 없으면 못산다 · 25
이기는 것이 지는 것이다 · 277
이도 나기 전에 갈비 뜯는다 · 151
이도 머리에 있으면 검어진다 · 94
이도 아니 나서 콩밥을 씹는다 · 151
이도 아니 나서 황밤을 먹는다 · 151
이도 없는 것이 뼈다귀를 즐긴다 · 151
이도 없는 놈이 갈비 먼저 뜯는다 · 151
이도 없는 놈이 알밤 깨문다 · 151
이랑이 고랑 되고 고랑이 이랑 된다 · 24
이렇게 대접할 손님이 있고, 저렇게 대접할 손님이
　따로 있다 · 36
이른 새끼 살 안 찐다 · 239
이름 난 잔치에 배 고프다 · 496
이름 좋은 하눌타리 · 465
이리 앞의 양 · 301
이리 해라 저리 해라 한다 · 305
이마를 뚫어도 진물도 아니 난다 · 164
이마를 찔러도 피 한 방울 안 나겠다 · 164
이마빡의 피도 안 말랐다 · 108
이마에 내천자를 그린다 · 362
이마에 부은 물이 발뒤꿈치로 흐른다 · 345
이마에 송곳을 박아도 진물 한 점 안 난다 · 164
이밥(쌀밥)이면 다 젯밥인가 · 456

이불 깃 보아가며 발 뻗는다 · 416
이불 밑에 엿 묻어두었나 · 156
이불 속에서 하는 일도 안다 · 260
이불 속에서 활개친다 · 148
이불 안 활개 · 148
이사할 때 강아지 따라다니듯 · 340
이에서 신물이 난다 · 302
이웃 사촌 · 87
이웃집 무당 영하지 않다 · 100
이웃집 새 처녀도 내 정지에 들여 세워 보아야
　안다 · 405
이월 바람에 검은 쇠뿔이 오그라진다 · 503
이월에 보리 환상 갔다가 얼어 죽겠다 · 322
이태백도 술병 날 때 있다 · 257
익모초 같은 소리 · 177
익은 고기 보고 침 안 삼키는 사람 없다 · 78
익은 밥 먹고, 선 소리 한다 · 137
익은 밥이 날로 돌아갈 수 없다 · 401
인간 구제는 지옥 늦이라 · 239
인걸은 지령이라 · 223
인경 꼭지가 말랑말랑해질까 · 393
인사 알고 똥 싼다 · 137
인색한 부자가 손 쓰는 가난뱅이보다 낫다 · 197
인생은 뿌리 없는 부평초 · 24
인생은 초로 · 22
인왕산 그늘이 강동 팔십리를 간다 · 226
인왕산 차돌을 먹고 살기로 사돈의 밥을
　먹으랴 · 62
인정에 겨워 동네 시아비가 아홉 · 273
인정은 바리로 싣고, 진상은 꼬챙이로 꿴다 · 80

일 안 하는 가장이다 · 469
일가 못된 건 계수 · 215
일가 못된 것이 항렬만 높다 · 171
일각이 삼추 같다 · 311
일도 못 하고, 불알에 똥칠만 한다 · 426
일승일패는 병가의 상사 · 289
일월은 크고, 이월은 작다 · 24
일전오리 밥 먹고, 한푼 모자라 치사를 백번이나
　한다 · 188
일천석 불 붙이고, 쌀알을 줍는다 · 162
잃은 도끼나 얻은 도끼나 · 454
임을 보아야 아이를 낳지 · 43
임자 없는 용마 · 249
입 가리고 고양이 흉내 · 131
입 썼는다 · 131
입만 가지면 서울 이서방 집도 찾아 간다 · 396
입맛 나자 노수 떨어진다 · 426
입술에 침이나 바르지 · 131
입술이 없으면, 이가 시리다 · 239
입씨름 한다 · 166
입에 든 혀도 깨문다 · 233
입에 쓴 약이 병에는 좋다 · 40
입에서 신물이 난다 · 302
입에서 젖내 난다 · 108
입은 거지는 얻어 먹어도, 벗은 거지는 못 얻어
　먹는다 · 41
입은 비뚜러져도, 말은 바로 하라 · 280
입은 비뚜러져도, 주라는 바로 불어라 · 280
입은 사람을 해치는 도끼로도 된다 · 33
입의 혀 같다 · 340

입이 걸기가 사복 개천 같다 · 192
입이 광주리만 해도 말은 못 하리라 · 407
입이 도끼날 같다 · 177
입이 여럿이면, 금도 녹인다 · 389
입찬 말은 묘 앞에 가서 하라 · 34
입찬 말은 무덤 앞에 가서 하라 · 34
입추의 여지가 없다 · 495
입춘을 거꾸로 붙였나 · 502
잉어가 뛰니까, 망둥이도 뛴다 · 181
잉어국 먹고 용트림 한다 · 127
잉어・숭어가 오니, 물고기라고 송사리도
　온다 · 181

(ㅈ)

자가사리가 용을 건드린다 · 152
자각 나자 망령 · 262
자기 자식의 잘못 모르고, 자기 곡식 잘된 것
　모른다 · 98
자눈도 모르고 조복 마른다 · 152
자는 놈 입에 콩가루 떨어넣는다 · 111
자는 놈의 몫은 없어도 나간 놈의 몫은 있다 · 46
자는 범 깨우지 말랬다 · 286
자는 범 콧침 주기 · 143
자는 중도 떡이 다섯이다 · 234
자는 호랑이 불침 놓기 · 143
자다가 낚의 다리 긁는다 · 176
자다가 벼락을 맞는다 · 448
자다가 봉창 두들긴다 · 177
자다가 생 병을 얻었다 · 448
자다가 잠꼬대 한다 · 176

자던 아이 깨겠다 · 137
자라 보고 놀란 가슴 솥뚜껑 보고 놀란다 · 76
자라는 나무 순 꺾지 않는다 · 270
자랑 끝에 불 붙는다 · 35
자랑 끝에 쉬 슨다 · 35
자루 베는 칼 없다 · 236
자루 빠진 도끼다 · 470
자루 속의 송곳은 삐져 나온다 · 480
자루 없이 동냥 한다 · 416
자루 찢는다 · 166
자리와 여자는 새 것이 좋다 · 202
자반뒤집기다 · 360
자발없는 귀신은 무랍도 못 얻어 먹는다 · 34
자벌레가 몸을 꾸부리는 것은 장차 펴기 위한
　것이다 · 491
자볼기를 맞겠다 · 250
자빠진 김에 쉬어 간다 · 420
자빠진 놈 꼭뒤 차기다 · 111
자수삭발 못 한다 · 236
자식 겉 낳지 속은 못 낳는다 · 207
자식 기르는 것 보고, 시집 가는 계집 없다 · 409
자식 낳아 장모 준다 · 214
자식 둔 골에는 호랑이도 두남 둔다 · 270
자식 둔 골은 범도 돌아본다 · 270
자식 둔 사람은 도둑놈 보고 흉보지 말라 · 34
자식 둔 사람은 화냥년 보고 웃지도 말고, 도둑놈
　보고도 흉보지 말라 · 34
자식 많은 어미 허리 펼 날 없다 · 207
자식 밥은 먹어도 사위 밥은 못 먹는다 · 214
자식 속에는 앙칼이 들어 있고 부모 속에는 부처가

들어 있다 · 205
자식 없는 사람은 울지 않아도 자식 있는 사람은
　운다 · 207
자식 자랑과 남편 자랑은 팔불출의 하나 · 35
자식 자랑은 팔불출의 하나, 아내 자랑은 삼불출의
　하나 · 35
자식 추기 반 미친 놈, 계집 추기 온 미친 놈 · 35
자식 키우는 법 배우고, 시집 가는 여자
　못 봤다 · 409
자식과 불알은 짐스러운 줄 모른다 · 204
자식은 가정의 거울이다 · 404
자식은 먹고 남아야 부모에게 주고 부모는
　먹지 않고 자식에게 준다 · 205
자식은 생물 장사 · 483
자식은 쓰고 남은 돈을 부모에게 주고, 부모는
　자식에게 주고 남은 돈을 쓴다 · 205
자식은 어려서 자식이다 · 208
자식은 장가 들기 전까지가 제 자식이다 · 206
자식은 품 안에 들 때내 자식이다 · 208
자식을 두고 돌아서는 어미는 발자국마다 피가
　고인다 · 206
자식을 키워봐야 어미 속을 안다 · 100
자인 장 바소쿠니 · 374
작게 먹고 가는 똥 누지 · 263
작년에 고인 물을 금년에 흘린다 · 415
작년에 먹은 오려 송편이 다 넘어 오겠다 · 303
작년이 옛날이다 · 474
작대기로 하늘 재기 · 391
작대기로 하늘 찌르기 · 391
작대기를 휘두르며 개를 부린다 · 415

작살 맞은 물고기 · 244
작살 맞은 뱀장어 · 244
작살 설 맞은 뱀장어 도망친다 · 358
작아도 고추알 · 377
작아도 콩싸라기, 커도 콩싸라기 · 455
작아도 후추알이다 · 377
작은 것만 보던 사람은 천지가 크다는 것을 알지
　못한다 · 331
작은 고기 가시 세다 · 276
작은 고추가 더 맵다 · 377
작은 나무는 서까래로 쓰인다 · 468
작은 놈은 쥐나 개가 도둑질 하듯 하고, 큰 놈은
　고래가 삼키듯 범이 채가듯 한다 · 195
작은 도끼도 연달아 치면, 큰 나무를 눕힌다 ·
　390
작은 돌을 피하려다가 큰 돌에 치였다 · 450
작은 며느리 보고 나서 큰 며느리 무던한 줄
　안다 · 407
작은 못에 든 고기다 · 402
작은 배는 무거운 짐을 감당하기가 어렵다 · 384
작은 복은 제게 달렸고, 큰 복은 하늘에
　달렸다 · 21
작은 절에 괴가 두 마리 · 238
작은 틈만 있어도 배는 가라앉는다 · 43
작은 아비 제삿날 지내듯 · 414
작작 먹고 가늘게 싸라 · 263
잔 고기 가시 세다 · 104
잔 잡은 팔이 밖으로 펴지 못한다 · 66
잔 잡은 팔이 안으로 굽는다 · 66
잔나비 밥 짓듯 · 136

잔나비 잔치 · 429
잔디 밭에서 바늘 찾기 · 399
잔뜩 먹고 뱃장구만 친다 · 254
잔생이 보배라 · 28
잔솔 밭에서 바늘 찾기 · 399
잔치 끝의 쇠뼈다귀다 · 470
잔치 집에는 같이 못 가겠다 · 141
잔치 치른 뒤 같다 · 495
잔치에는 먹으러 가고 장사에는 보러 간다 · 70
잔칫날 기다리다가 굶어 죽는다 · 228
잘 가다가 삼천포로 빠졌다 · 433
잘 낳자는 자식이 눈 먼다 · 228
잘 뛰는 염소가 울타리에 뿔 걸린다 · 50
잘 자라는 나무 순 치기다 · 112
잘 자랄 나무는 떡잎부터 안다 · 473
잘 짖는 개는 물지 않는다 · 395
잘 짖는 개는 사냥을 못 한다 · 395
잘 춘다 잘 춘다 하니까 시아버지 앞에서 속곳 벗고 춤춘다 · 187
잘 한다 잘 한다 하니까 지게 지고 방으로 들어간다 · 187
잘 한다 잘 한다 하니까 하루 아침에 왕겨 한 섬을 다 분다 · 187
잠을 자야 꿈을 꾸지 · 43
잠자리 꼬리 감추다 · 477
잠자리는 같은데 꿈은 다르다 · 457
잡목에도 과실나무 접을 붙인다 · 225
잡아 삼킬듯이 본다 · 356
잡으라는 쥐는 안 잡고, 씨암탉만 문다 · 176
잡은 범의 꼬리 놓아버리기도 어렵다 · 243

잡은 새를 날려보낸다 · 432
장 단 집에는 가도, 말 단 집에는 가지 말라 · 40
장 없는 놈이 국 즐긴다 · 150
장가 들러 가는 놈이 불알 떼어 놓고 간다 · 326
장거리 수염 난 것 모두 네 할아비냐 · 168
장구 깨진 무당 같다 · 318
장구를 쳐야 춤을 추지 · 396
장군 나매 용마 난다 · 355
장군 나면 용마 나고, 문장 나면 명필 난다 · 234
장군 멍군 · 454
장군 집에서 장군 난다 · 223
장꾼 셋만 모여도 김가는 있다 · 459
장꾼보다 엿장수가 더 많다 · 459
장꾼은 하나인데, 풍각장이는 열둘이다 · 459
장난 끝에 살인 난다 · 232
장난이 아이 된다 · 232
장난치는 과붓집 수퇘다 · 192
장님 갓난 아이 더듬듯 · 361
장님 거울 보기다 · 329
장님 노릇은 말아도, 벙어리 노릇은 하랬다 · 33
장님 눈 가리기다 · 173
장님 담너머 보기다 · 174
장님 둠벙 들여다본다 · 174
장님 등불 쳐다본다 · 174
장님 문 바로 들었다 · 436
장님 제 닭 잡아 먹었다 · 445
장님 코끼리 말 한다 · 325
장님 코끼리 말하듯 · 179
장님 파밭 맨다 · 432
장님 파밭에 들어갔다 · 432

장님도 제 집은 잘 찾아간다 · 349
장님이 더듬어봐도 알 노릇 · 405
장님이 장님을 인도하면, 둘이 다 개천에
　빠진다 · 233
장님이 장님을 인도한다 · 151
장님이 집 골목을 틀리지 않는다 · 349
장닭이 울어야 날이 새지 · 267
장대로 하늘 재기 · 392
장독보다 장 맛이 좋다 · 463
장독하고 아이는 얼지 않는다 · 219
장마 도깨비 여울 건너가는 소리 · 179
장마다 망둥이 날까 · 235
장모 될 여자는 사윗감 코부터 본다 · 206
장부가 칼을 빼었다가 도로 꽂나 · 44
장비더러 풀벌레를 그려라 한다 · 158
장비하고는 싸움 안 하면 그만이다 · 277
장사 지내러 가는 놈이 시체 두고 간다 · 326
장사꾼은 밑진다면서 땅 산다 · 200
장사꾼은 일가도 모른다 · 200
장사꾼은 친척도 없고 친구도 없다 · 200
장설간이 비었다 · 323
장승 같다 · 369
장승만 하다 · 369
장옷 쓰고 엿 먹는다 · 114
장자 집에서도 거지 집에서 얻어 오는 것이
　있다 · 484
장작불과 계집은 쑤석거리면 탈 난다 · 204
장판방에서 자빠진다 · 50
재 들은 중 · 170
재는 넘을수록 높고, 물은 건널수록 깊다 · 243

재떨이와 부자는 모일수록 더럽다 · 196
재미 나는 골에 범 난다 · 231
재수 없는 놈은 곰을 잡아도 응담이 없다 · 227
재에 호춤 · 493
재주는 곰이 하고, 돈은 호인이 받는다 · 440
재주를 다 배우니 눈이 어둡다 · 433
잰 놈 뜬 놈만 못하다 · 52
잰 말이 성내 가면 뜬 말도 도그내 간다 · 46
잿독에 말뚝 박는다 · 110
쟁과 북이 맞아야 한다 · 274
쟁기질 못하는 놈이 소 탓한다 · 138
저 건너 빈 터에서 잘살던 자랑하면 무슨 소용이
　있나 · 284
저 긷지 않는다고 우물에 똥 눌까 · 38
저 먹자니 싫고, 남 주자니 아깝다 · 297
저 중 잘 달아난다 하니까 고깔 벗어 들고
　달아난다 · 187
저 중 잘 뛰다니까 장삼 벗어 걸머지고 뛴다 · 187
저녁 굶은 년에 떡 두레 · 437
저녁 굶은 시어미 상이다 · 362
저녁 굶은 초 · 497
저녁 두 번 먹었나 · 354
저녁 먹을 것은 없어도, 도둑 맞을 것은
　있다 · 484
저녁 무지개에는 밭에 딸을 보내고 아침
　무지개에는 며느리를 보낸다 · 212
저는 잘난 백정으로 알고, 남은 헐은 정승으로
　안다 · 307
저런 걸 낳지 말고 호박이나 낳았더라면 국이나
　끓여 먹지 · 106

저렇게 급하면 할미 속으로 왜 아니 나와 · 182
저승 길이 대문 밖에 있다 · 22
적도 모르고 가지 딴다 · 152
적삼 벗고 은가락지 낀다 · 493
적은 물이 새면 큰 배가 가라앉는다 · 43
적은 복은 부지런해서 얻지마는, 대명은 막지
  못한다 · 403
적적할 때는 내 볼기짝 친다 · 287
전당 잡은 촛대 · 339
전루북에 춤 추겠다 · 136
전루북에 춤 춘다 · 296
전송북에 춤 춘다 · 296
전정이 구만리 같다 · 499
절 모르고 시주하기 · 433
절 하고 뺨 맞는 일 없다 · 28
절구 천중만 하다 · 369
절도 할 데다 해야 아들도 낳고 딸도 낳는다 · 389
절름발이 원행 · 151
절에 가면 중 노릇 하고 싶다 · 78
절에 가면 중 되고 싶고 마을에 가면 속인 되고
  싶다 · 78
절에 가서 젓국을 찾는다 · 183
절에 간 색시 · 251
젊은 과부의 울음소리는 산천초목도
  울린다 · 217
점심 싸 들고 나선다 · 117
점잖은 개 부뚜막에 오른다 · 129
접시 굽에도 담을 탓이다 · 53
접시 물에 빠져 죽지 · 299
접시 밥도 담을 탓이다 · 53

젓가락으로 김칫국 집어 먹을 놈 · 177
젓갈 가게에 중이라 · 187
정 들었다고 정말 말라 · 32
정강이가 맏아들보다 낫다 · 374
정배도 가려다 못 가면 섭섭하다 · 68
정성이 있으면, 한식에도 세배 간다 · 390
정성(효성)이 지극하면 돌 위에 풀이 난다 · 48
정수리에 부은 물이 발뒤꿈치까지 흐른다 · 345
정승 날 때 강아지 난다 · 276
정승 될 아이는 고뿔도 안 한다 · 473
정신 없는 늙은이 죽은 딸네집 간다 · 353
정신은 꽁무니에 차고 다닌다 · 314
정신은 문둥이 아비라 · 314
정신은 빼어 꽁무니에 차고 있다 · 314
정신은 처가로 간다 하고 외가로 간다 · 326
정신은 처가에 간다 하고 외가에 가겠다 · 314
정신은 침 뱉고 뒤지 하겠다 · 305
정에서 노염이 난다 · 28
정월 초하룻날에 먹어 보면 이월 초하룻날에 또
  먹으려 한다 · 96
정이월에 대독 터진다 · 502
정직한 사람의 자식은 굶어 죽지 않는다 · 41
젖 떨어진 강아지 같다 · 158
젖 먹는 강아지 발 뒤축 문다 · 124
젖 먹던 힘까지 다 든다 · 423
젖통보다 젖꼭지가 더 크다 · 462
제 갖에 좀 난다 · 38
제 갖에 침 뱉기 · 144
제 계집을 잃고 제 아비를 의심한다 · 309
제 꼴에 배 사 먹는다 · 177

제 도끼로 제 발등 찍는다 · 450
제 돈 칠푼만 알고 남의 돈 열네잎은 모른다 · 318
제 똥 구린 줄 모른다 · 328
제 밑 들어 남 보인다 · 479
제 밑 핥는 개 · 328
제 발등에 오줌 누기 · 144
제 발등을 제가 찍는다 · 450
제 발등의 불을 끄지 않는 놈이 남의 발등의 불을
 끌까 · 487
제 발등의 불을 먼저 끄고 아비 발등의 불을
 끈다 · 83
제 발등의 불을 먼저 끄랬다 · 287
제 밥 덜어 줄 샌님은 물 건너부터 안다 · 457
제 밥 먹고 큰집 일하듯 · 414
제 밥 먹고, 상전 일 한다 · 410
제 방귀에 놀란다 · 301
제 배가 부르니, 평양감사가 조카 같이
 보인다 · 71
제 버릇 개 못 준다 · 64
제 버릇 남 못 준다 · 64
제 복 개 줄까 · 488
제 부모 나쁘다고 내버리고, 남의 부모 좋다고 내
 부모라 할까 · 27
제 아비 아이 적만 못하다 · 106
제 앞에 안 떨어진 불은 뜨거운 줄 모른다 · 329
제 얼굴 가죽을 벗긴다 · 115
제 얼굴 못나서 거울을 깬다 · 138
제 얼굴에는 분 바르고, 남의 얼굴에는 똥
 바른다 · 139
제 오라를 졌다 · 450

제 오줌을 먹는다 · 450
제 옷감을 제가 찢는다 · 450
제 인심이 좋으면, 초 나라 가달도 사귄다 · 408
제 재주에 제가 넘어졌다 · 450
제 절 부처는 제가 위하랬다고 · 289
제 죄 남 안 준다 · 347
제 집 제사는 모르면서 남의 집 제사 알까 · 489
제 코도 못 닦는 것이 남의 코 닦으려고
 한다 · 151
제 털 뽑아 제 구멍에 박는다 · 173
제 팔자 개 못 준다 · 22
제 흉 열 가진 놈이 남의 흉 한 가지 본다 · 142
제 힘을 모르고 강가에 씨름 갈까 · 488
제가 눈 똥에 주저앉는다 · 447
제가 제 뺨을 친다 · 317
제가 춤 추고 싶어서 동서를 권한다 · 156
제게서 한 말이 제게로 돌아간다 · 32
제년 추석에 먹은 오려 송편이 나온다 · 303
제년 팔월에 먹은 오려 송편이 나온다 · 303
제를 제라니 샌님 보고 벗 하잔다 · 147
제비는 작아도 강남 간다 · 377
제비는 작아도 알만 낳는다 · 276
제수 흥정에 삼색실과 · 289
제웅으로 만들었나 · 106
제주 말 갈기 서로 뜯어 먹는다 · 164
제주 말 갈기 외로 질지 바로 질지 · 405
제주 말 제 갈기 뜯어 먹기 · 143
젯상 앞에서 개가 꼬리를 쳐야 그 집안이
 잘된다 · 237
조 비비듯 한다 · 304

조개 껍질은 녹슬지 않는다 · 64
조개젓 단지에 괭이 발 드나들듯 · 355
조그만 실뱀이 온 강물을 다 휘젓는다 · 113
조그만 실뱀이 온 바닷물을 흐린다 · 113
조기배에는 못 가리라 · 178
조리 장수 매끼돈을 내어서라도 · 316
조리에 옻칠 하기 · 493
조마거둥에 격쟁한다 · 107
조막손이 달걀 도둑질 했다 · 436
조막손이 달걀 떨어뜨렸다 · 305
조막손이 달걀 만진다 · 361
조밥도 많이 먹으면 배 부르다 · 58
조밥에도 큰 덩이 작은 덩이가 있다 · 462
조상 같이 안다 · 319
조상 신주 모시듯 · 116
조상보다 팥죽에 마음이 있다 · 313
조선 공사 삼일 · 93
조약돌을 피하니까, 수마석을 만난다 · 427
조잘거리는 아침 까치 · 178
조조는 웃다가 망했다 · 363
조조의 화살이 조조를 쏜다 · 237
족제비 난장 맞고 홍문재 넘어가듯 · 358
족제비 잡아 꼬리는 남 준다 · 446
족제비는 꼬리 보고 잡는다 · 101
족제비도 낯가죽이 있다 · 121
족제비도 콧등이 있다 · 121
족제비를 잡으니까 꼬리를 달란다 · 157
존대하고 뺨 맞지 않는다 · 28
좁쌀 만큼 아끼다가 담돌 만큼 손해 본다 · 59
좁쌀 영감이다 · 152

좁쌀 한 섬을 두고, 흉년 들기를 기다린다 · 160
좁은 입으로 말하고, 넓은 치맛자락으로
　못 막는다 · 32
종가가 망해도, 신주보·향로·향합은
　남는다 · 491
종과 상전은 한 솥의 밥이나 먹지 · 406
종기는 곪았을 때 짜야 한다 · 53
종년 간통은 누운 소 타기 · 383
종로에서 뺨 맞고 한강에 가서 눈 흘긴다 · 138
종로에서 뺨 맞고 행랑 뒤에서 눈 흘긴다 · 138
종이 종을 부리면, 식칼로 형문 한다 · 84
종이도 네 귀를 들어야 바르다 · 275
종지리새(종다리) 열씨 까듯 · 191
종짓굽아 날 살려라 한다 · 358
좋은 소문은 기어가고, 나쁜 소문은
　날아간다 · 224
좌수 볼기 치기 · 120
좌수상사라 · 79
죄 지은 놈 옆에 있다가 벼락 맞는다 · 447
죄 지은 놈은 서 발을 못 간다 · 347
죄는 도깨비가 짓고, 벼락은 고목이 맞는다 · 449
죄는 막동이가 짓고, 벼락은 샌님이 맞는다 · 449
주객이 청탁을 가릴까 · 320
주린 까마귀 빈 통수 엿본다 · 184
주머니 돈이 쌈지 돈 · 454
주머니에 들어간 송곳이다 · 480
주먹 맞은 감투다 · 250
주먹 큰 놈이 어른이다 · 236
주먹으로 물 찧기 · 383
주먹은 가깝고 법은 멀다 · 221

주모 보면, 염소 똥 보고도 설사한다 · 375
주인 기다리는 개가 지리산만 쳐다본다 · 356
주인 많은 나그네 밥 굶는다 · 45
주인 많은 나그네 조석이 간 데 없다 · 45
주인 배 아픈데 머슴이 설사한다 · 450
주인 장 엎자 손 국 싫다 한다 · 429
주인보다 객이 많다 · 459
주인집 장 떨어지자 나그네 국 마단다 · 429
주제에 수캐라고 다리 들고 오줌 눈다 · 128
주토 광대를 그렸다 · 371
죽 떠 먹은 자리 · 486
죽 먹은 설거지는 딸 시키고 비빔 그릇 설거지는 며
　느리 시킨다 · 212
죽 쑤어 개 바라지 했다 · 434
죽 쑤어 개 좋은 일만 했다 · 434
죽고 보면 여섯 자 · 285
죽기가 서러운 것이 아니라, 아픈 것이
　서럽다 · 317
죽기는 그릇 죽어도 발인이야 택일 아니
　할까 · 287
죽기는 서럽지 않으나, 늙기가 서럽다 · 317
죽는 년이 밑 감출까 · 488
죽는 놈이 탈 없으랴 · 344
죽도 밥도 안 된다 · 428
죽어 대령 · 250
죽어 석 잔 술이 살아 한 잔 술만 못하다 · 273
죽어도 삼잔이라 · 156
죽어도 시집 울타리 밑에서 죽어라 · 269
죽어보아야 저승을 알지 · 43
죽어서 넋두리도 하는데 · 282

죽어서도 무당 빌어 말하는데 살아서 말
　못 할까 · 282
죽으러 가는 양의 걸음 · 359
죽은 고기 안문하기 · 112
죽은 고양기가 산 고양이 보고 아옹 한다 · 137
죽은 고양이가 아옹 하니까, 산 고양이가 할 말이
　없다 · 306
죽은 나무에 꽃이 핀다 · 439
죽은 뒤에 약방문 · 175
죽은 뒤에 초혼의 제 지낸다 · 413
죽은 석숭보다 산 돼지가 낫다 · 261
죽은 시어머니도 방아 찧을 때 생각난다 · 68
죽은 아이 업고 왔다 갔다 한다 · 355
죽은 자식 나이 세기 · 284
죽은 자식 눈 열어 보기 · 284
죽은 자식 자지 만지기 · 285
죽은 자식 자지 자랑 하지 마라 · 284
죽은 자식의 귀 모양 좋다 하지 마라 · 284
죽은 중에 곤장 익히기 · 111
죽은 중에 매질하기 · 112
죽을 나무 밑에 살 나무 난다 · 234
죽을 놈이 한 배에 탔다 · 254
죽을 데도 쓸 약이 있다 · 279
죽을 병에도 살릴 약이 있다 · 279
죽을 수가 닥치면 살 수가 생긴다 · 401
죽음에 들어 노소 있나 · 24
죽이 끓는지 밥이 끓는지 · 331
죽이 풀려도 솥 안에 있다 · 451
죽인지 코인지 · 324
줄 없는 거문고 · 249

줄밥에 매로구나 · 255
중 나라에 가서 상투 찾는다 · 183
중 도망은 절에나 가서 찾지 · 384
중 먹을 국수는 생선을 속에 두고 담는다 · 287
중 무우 상직하듯 · 311
중 술 취한 것 · 465
중 양식이 절 양식이다 · 454
중 절 싫으면 떠나야지 · 285
중놈 돝고기 값 치른다 · 452
중매 보고 기저귀 장만한다 · 412
중매는 잘 하면 술이 석 잔이고, 못 하면 뺨이 석 대다 · 280
중상 아래 반드시 날랜 사람이 있다 · 81
중은 뭣을 해도, 무릎을 꿇고 한다 · 65
중은 중이라도 절 모르는 중이다 · 330
중의 관자 구멍이다 · 470
중의 망건 사러 가는 돈이라도 · 82
중의 빗 · 399
중의 상투 · 399
중의 시주 바가지 같다 · 497
중의 얼게 값 · 485
중의 이마 씻은 물 · 322
중이 고기 맛을 보더니 절에 빈대 껍질이 안 남는다 · 96
중이 고기 맛을 보면 법당에 파리가 안 남는다 · 96
중이 고기 맛을 안다고 촌에 내려가 외양간 널판자를 핥는다 · 96
중이 고기 맛을 알면 법당에 오른다 · 96
중이 고기 맛을 알면 절에 빈대가 안 남는다 · 96

중이 미우면 가사도 밉다 · 72
중이 제 머리 못 깎는다 · 236
중이 팔양경 읽듯 · 365
중이 회 값 문다 · 452
쥐 구멍에도 눈이 든다 · 22
쥐 구멍에도 볕들 날이 있다 · 234
쥐 구멍으로 통량갓을 굴려 낼 놈 · 131
쥐 구멍을 찾는다 · 357
쥐 꼬리는 송곳집으로나 쓰지 · 470
쥐 먹을 것은 없어도, 도둑 맞을 것은 있다 · 485
쥐 밑도 모르고 은서피 값을 친다 · 127
쥐 본 고양이 · 490
쥐 불알도 모른다 · 336
쥐 안 잡는 고양이다 · 469
쥐 잡는 데는 천리마가 고양이만 못하다 · 468
쥐 잡으려다가 독만 깼었다 · 444
쥐 죽은 듯 · 495
쥐 초 먹은 것 같다 · 362
쥐 포육 장수다 · 165
쥐가 꼬리를 물고 · 354
쥐도 들 굶, 나갈 구멍이 있다 · 44
쥐를 때리려 해도 접시가 아깝다 · 89
쥐면 꺼질까, 불면 날까 · 319
쥐새끼가 쇠새끼를 보고 작다고 한다 · 191
쥐새끼가 열두해 나니 방귀를 뀐다 · 234
지게를 지고 제사를 지내도 제 멋이다 · 277
지나 업어나 · 453
지나는 불에 밥 익힌다 · 420
지네 발에 신 신긴다 · 207
지는 것이 이기는 것이다 · 277

지리산 포수다 · 353
지린 것은 똥이 아닌가 · 408
지붕의 호박도 못 따는데, 천도 따겠단다 · 151
지성이면 감천이다 · 48
지신에 붙이고, 성주에 붙인다 · 485
지어먹은 마음이 사흘을 못 간다 · 477
지어미 손 큰 것 · 465
지전시정에서 나비 쫓아가기 · 165
지절대기는 똥 본 오리라 · 145
지척의 원수가 천리의 벗이라 · 87
지킬 사람 열이 도둑할 놈 하나를 못 당한다 · 384
진 날 개 사귄 이 같다 · 306
진 밭과 장가 처(妻)는 써먹을 때가 있다 · 267
진상 가는 송아지 배때기를 찼다 · 449
진상은 꼬챙이로 꿰고, 인정은 바리로
　실는다 · 80
진잎죽 먹고 잣죽 트림 한다 · 127
진주가 열 그릇이라도 꿰어야 구슬 · 390
질동이 깨뜨리고 놋동이 얻는다 · 441
질병에 감홍로 · 463
짐 벗고 요기할 날 없다 · 248
짐승도 한번 혼난 골짜기에는 가지 않는다 · 260
집 태우고 못 줍는다 · 162
집 태우고 바늘 줍는다 · 162
집게 놓고 에이(A) 자도 모른다 · 335
집과 계집은 가꾸기 탓 · 399
집도 절도 없다 · 247
집안 귀신이 된다 · 204
집안 귀신이 사람 잡아 간다 · 451
집안 망신은 며느리가 시킨다 · 113

집안이 결딴나려면, 생쥐가 춤을 춘다 · 233
집안이 망하려면, 맏며느리 턱에 수염이
　생긴다 · 233
집안이 망하면 조상 탓 · 139
집안이 안 되려면, 구정물 통에서 호박꼭지가 춤을
　춘다 · 233
집안이 화합하려면 베개 밑 송사는 듣지
　않는다 · 267
집에서 새는 바가지는 들에 가도 샌다 · 63
집에서 새는 쪽박 들에서도 샌다 · 64
집을 사자면, 이웃을 본다 · 282
징으로 밥 하나 먹고 괭새 하나 못 이긴다 · 375
짚 그물로 고기를 잡을까 · 390
짚북더기에 단 장 들었다 · 463
짚불 꺼지듯 · 249
짚신·감밭에 사립쓰고 간다 · 493
짚신도 제 날이 좋다 · 39
짚신에 구슬 감기 · 493
짚신에 국화 그리기 · 493
짚신에 정분 칠하기 · 494
짚신은 제 날에 맞는다 · 39
짚신장이 헌 신 신는다 · 484
짝 잃은 기러기 · 247
짝 잃은 원앙 · 249
짝사랑 외기러기 · 318
짝새가 황새 걸음을 하면, 다리가 찢어진다 · 259
짠물 고기는 민물에서 놀지 않는다 · 102
짧은 두레박 줄로 깊은 우물 물을 긷지
　못한다 · 43
짧은 쇠조각으로 살인할 수 있다 · 33

짧은 시간도 돈이다 · 265
쪽박 쓰고 비 피하기 · 348
쪽박과 사람은 있는대로 쓴다 · 467
쪽박을 쓰고 벼락을 피해 · 348
쫓겨 가다가 경치 볼까 · 248
쭈그렁 밤송이 삼년 간다 · 476
쭈그렁 밤송이 삼년 달렸다 · 476
쭈그리고 앉은 손님 사흘만에 간다 · 476
쭉정이 삼년 간다 · 476
찌나 삶으나 · 455
찔러 피를 낸다 · 448
찧는 방아에도 손이 드나들어야 한다 · 47

(ㅊ)
찬 물 먹고 냉돌 방에서 땀 낸다 · 137
찬 물도 상이라면 좋다 · 69
찬 물도 위 아래가 있다 · 36
찬 물에 기름 돈다 · 338
찬 물에 불알 오그라들듯 · 254
찬 물의 돌 · 191
찬 밥에 국 적은 줄만 안다 · 313
찬 소리는 무덤 앞에 가 하라 · 34
찰거머리 정 · 337
참깨가 기니 짧으니 한다 · 145
참새 굴레 씌우겠다 · 104
참새 방앗간이지 · 489
참새 얼려 잡겠다 · 104
참새가 방앗간에 치어 죽어도 쩩 하고
　죽는다 · 84
참새가 방앗간을 그저 지날까 · 489

참새가 아무리 떠들어도, 구렁이는 움직이지
　않는다 · 38
참새가 작아도 알만 잘 깐다 · 377
참새가 짜르냐 기냐 한다 · 145
참새를 까 먹었나 · 145
참새를 볶아 먹었나 · 145
참외를 버리고, 호박을 먹는다 · 452
채반이 용수가 되도록 우긴다 · 168
책력 보아가며 밥 먹는다 · 241
챈 발에 곱 챈다 · 243
챈 발에 되챈다 · 243
처가집 밥 한 사발은 동네 사람이 다 먹고도
　남는다 · 213
처가집 세배는 보리 누름에 간다 · 214
처가집 세배는 살구꽃 펴서 간다 · 214
처가집 세배는 앵도 따 먹고 간다 · 214
처가집 세배는 한식 지나고 간다 · 214
처가집에 송곳 차고 간다 · 213
처남의 댁네 병 보듯 · 414
처녀 불알 · 399
처녀가 늙어가면 산으로 맷돌짝 지고
　오른다 · 217
처녀가 아이를 낳고도 할 말이 있다 · 77
처녀가 아이를 낳았나 · 140
처녀가 한증을 해도 제 마련은 있다 · 289
처녀들은 말 방귀만 뀌어도 웃는다 · 217
처녀면 다 확실한가 · 235
처삼촌 뫼에 벌초하듯 · 414
처삼촌 어미 뫼에 벌초하듯 · 414
처서에 비가 오면 독의 곡식도 준다 · 503

처서에 비가 오면 항아리의 쌀이 준다 · 503
처숙부 뫼에 성묘하듯 · 414
천 길 물 속은 알아도 계집 마음 속은
　모른다 · 386
천 마리 참새가 한 마리 봉만 못하다 · 291
천냥 빚도 말로 갚는다 · 30
천냥 빚에 말이 비단 · 30
천냥 잃고 조리 걸기 · 61
천년하청을 기다린다 · 310
천둥에 개 뛰어들듯 · 357
천둥에 떨어진 잠충이 같다 · 357
천리 길도 십리 · 71
천리 길도 한 걸음으로부터 · 46
천리마 꼬리에 쉬파리 따라간다 · 246
천인이 찢으면 천금이 녹고, 만인이 찢으면 만금이
　녹는다 · 389
철 나자 망령 난다 · 262
철 들자 망령 난다 · 46
첩 정은 삼년, 본처 정은 백년 · 209
첫 나들이를 한다 · 373
첫 사위가 오면 장모 신을 거꾸로 신고
　나간다 · 213
첫 술(숟가락)에 배 부르랴 · 47
첫 술에 배 부를까 · 407
첫 아들 낳기가 정승 하기보다 어렵다 · 211
첫 애 낳고 나면 평양감사도 뒤돌아 본다 · 204
첫날 밤에 아이 낳으라는 격이다 · 159
청국장인지 쥐똥인지 모르고 덤빈다 · 168
청명하면 대마도를 건너다 보겠네 · 321
청명한 날이면 청국도 들여다 보겠네 · 321

청백리 똥구멍은 송곳부리 같다 · 196
청산에 매 띄워 놓기 · 312
청상과부의 울음소리는 하늘도 울린다 · 217
청천백일은 소경이라도 밝게 안다 · 404
청하니까 매 한 대 더 때린다 · 452
체 보고 옷 짓는다 · 54
체 장수 말 죽기만 기다린다 · 311
쳇곗돈 내서 장가 들고는 동네 머슴 좋은 일
　시킨다 · 434
체수 맞춰 옷 마른다 · 54
체수 보고 옷 지으랬다고 · 54
초남태 같다 · 106
초년 고생은 양식 지고 다니며 한다 · 49
초년 고생은 은 주고 산다 · 49
초당 삼간 다 타도 빈대 죽어 좋다 · 295
초라니 수고채 메듯 · 136
초라니 열은 보아도 능구리 하나는 못 본다 · 72
초록은 동색 · 85
초립동이 장님을 보았다 · 303
초사흘 달은 잰 며느리가 본다 · 379
초상 난 데 춤 춘다 · 118
초상 난 집 개 · 355
초상 난 집에서 사람 죽은 것은 안 치고, 팥죽 들어
　오는 것만 친다 · 313
초상 집의 주인 없는 개 · 355
초생달은 잰 며느리가 본다 · 379
초시가 잦으면 급제 한다 · 396
초저녁 구들이 따뜻해야 새벽 구들이
　따뜻하다 · 394
초지장도 맞들면 낫다 · 275

초하룻날에 먹어 보면 열하룻날에도 간다 · 96
촉새가 황새를 따라가다 가랑이가 찢어진다 · 259
촌 닭이 관청 닭 눈 빼 먹는다 · 378
촌 처녀 자란 것은 모른다 · 225
촌년이 아전 서방을 하면 날 새는 줄을 모른다 · 93
촌년이 아전 서방을 하면 중의 꼬리에 단추를
　붙인다 · 93
촌년이 아전서방을 하면 갈지 자 걸음을 걷고,
　육계장 아니면 밥을 안 먹는다 · 93
촌놈은 똥배 부른 것만 친다 · 296
촌놈은 밥그릇 높은 것만 친다 · 296
총각 오장은 얕아야 좋고, 처녀 오장은 깊어야
　좋다 · 269
총독부 말뚝이다 · 115
총명은 둔필만 못하다 · 52
추녀 물은 항상 제 자리에 떨어진다 · 349
축은 축대로 붙는다 · 85
춘포 창옷 단벌 호사 · 185
춘향이가 인도환생 했다 · 190
춤기는 삼청 냉돌이다 · 502
취중에 이웃집 땅 사 준다 · 86
취한 놈 달걀 팔듯 · 414
치 위에 치가 있다 · 35
치고 보니 삼촌이라 · 193
치도 하여 놓으니까 거지가 먼저 지나간다 · 134
치마가 스물네 폭이가 · 154
치마가 열두 폭인가 · 154
치마에서 비파 소리가 난다 · 352
치마폭이 넓다 · 154
치지 않은 장구에 소리 날까 · 344

치질 앓는 고양이 모양 · 363
친 사람은 다리를 오그리고 자고, 맞은 사람은
　다리를 펴고 잔다 · 76
친구 망신은 곱사등이가 시킨다 · 112
친손자는 걸리고 외손자는 업고 가면서 업힌 아기
　갑갑해 한다 빨리 걸어라 한다 · 216
친손자는 걸리고 외손자는 업고 간다 · 216
친손자는 봄볕에 놀리고 외손자는 가을볕에
　놀린다 · 216
친정 밥은 쌀밥이고 시집 밥은 피밥이다 · 213
친정 방은 솜 방석이고 시집 방은 바늘
　방석이다 · 213
친한 사이에도 담을 쌓으랬다 · 28
칠년대한에 단비 온다 · 438
칠년대한에 대우 기다리듯 · 310
칠성판에서 뛰어났다 · 252
칠십에 능참봉을 하니, 하루에 거둥이
　열아홉 번 · 472
칠월 사돈은 꿈에 볼까 무섭다 · 200
칠월 손님은 범보다 무섭다 · 200
칠월 열쭝이 모양 · 178
칠월 저녁 해에 황소 뿔이 녹는다 · 501
칠월에 들어온 머슴이 주인 마누라 속곳
　걱정한다 · 154
칠팔월 수숫잎 · 187
칠푼짜리 굿에 열네푼 든다 · 460
침 먹은 지네 · 309
침 뱉고 밑 씻겠다 · 305
침도 바람 보고 뱉으랬다 · 289

(ㅋ)

칼 든 놈은 칼로 망한다 · 238
칼 든 놈이 먼저 죽는다 · 231
칼고 뜀뛰기 · 143
칼 잡을 줄 모르는 사람에게 요리를 시킨다 · 421
칼 팔아 소 산다 · 222
칼날 잡은 놈이 자루 쥔 놈을 당할까 · 403
칼날 쥔 놈이 자루 쥔 놈을 당할까 · 403
칼날 흠은 고쳐도, 말 흠은 못 고친다 · 32
칼날을 밟는다 · 143
칼날이 제 몸에서 녹이 난다 · 195
칼도 날이 서야 쓴다 · 396
칼로 베고 소금 친다 · 111
칼에 찔린 상처는 쉽게 나아도, 말에 찔린 상처는 낫기 어렵다 · 33
칼을 물고 토할 노릇이다 · 300
칼을 뽑고는 그대로 집에 꽂지 않는다 · 279
코 끝에서 불이 난다 · 147
코 끝에서 쇠똥내 난다 · 375
코 떼어 주머니에 넣었다 · 308
코방귀만 뀐다 · 307
코 아니 흘리고 유복하랴 · 47
코 아래 입이다 · 500
코허리가 저리고 시다 · 298
코가 쉰댓자나 빠졌다 · 245
코가 어디 붙은지 모른다 · 329
코가 우뚝하다 · 124
코끼리는 이만 보아도 소보다 크다는 것을 알 수 있다 · 404
코를 막고 냄새를 피한다 · 160

코를 맞댄다 · 337
코를 잡아도 모르겠다 · 321
코에서 단내가 난다 · 323
코에서 말똥내가 난다 · 323
코털이 세다 · 428
콧구멍 같은 집에 밑구멍 같은 나그네 온다 · 352
콧구멍 둘 마련하기가 다행이다 · 303
콧구멍에 낀 대추씨 · 464
콧구멍이 둘이니 숨을 쉬지 · 303
콧대에 바늘 세울 만큼 골이 진다 · 362
콧등이 부었다 · 299
콧등이 세다 · 167
콧병 든 병아리 같다 · 360
콩 났네, 팥 났네 한다 · 145
콩 마당에서 서슬 치겠다 · 182
콩 반 머리만 한 것도 남의 몫에 지어 있다 · 263
콩 반쪽이라도 남의 것이라면 손 내민다 · 161
콩 본 비둘기다 · 296
콩 심어라, 팥 심어라 한다 · 146
콩 심은 데 콩 나고, 팥 심은 데 팥 난다 · 346
콩 한 쪽도 나눠 먹는다 · 337
콩과 보리를 구별하지 못한다 · 105
콩나물만 먹고 자랐나 · 369
콩마당에 넘어졌다 · 372
콩알로 귀를 막으면 천둥 소리가 안 들린다 · 397
콩으로 두부를 만든다 해도 곧이 안 듣는다 · 324
콩으로 메주를 쑨다 해도 곧이 안 듣는다 · 324
콩을 팥이라 해도 곧이 듣는다 · 324
콩이야, 팥이야 한다 · 146
콩죽 먹는 놈 따로 있고 똥 싸는 놈 따로

있다 · 221
콩죽은 내가 먹고, 배는 남이 앓는다 · 330
콩죽은 내가 먹었는데, 배는 왜 네가 앓느냐 · 331
쿵그렁 하면 굿만 여겨 선산 무당이 춤을
　춘다 · 170
크고 단 참외 · 463
크는 나무의 순을 꺾는다 · 113
큰 고기는 그물을 뛰어 넘는다 · 194
큰 고기는 그물을 찢는다 · 194
큰 고기는 깊은 물에 있다 · 189
큰 고기는 작은 고기를 잡아 먹는다 · 91
큰 고기는 큰 그물로 잡아야 한다 · 40
큰 고기도 놓치고 송사리도 놓쳤다 · 443
큰 굿 한 집에 저녁이 없다 · 58
큰 그릇을 작은 데 쓴다 · 421
큰 나무가 쓰러지는 것을 밧줄 한 가닥으로 지탱할
　수 없다 · 404
큰 나무는 기둥과 들보로 쓰인다 · 468
큰 냇물은 마르지 않는다 · 476
큰 무당이 있으면 작은 무당은 춤을 안 춘다 · 73
큰 방축도 개미 구멍으로 무너진다 · 43
큰 북에서 큰 소리 난다 · 346
큰 소 잃고, 송아지 달아났다 · 444
큰 소 큰 소 하면서 꼴 아니 준다 · 116
큰 소도 잃고 송아지도 잃었다 · 443
큰 솥 밑에서 작은 솥이 자란다 · 226
큰 일 치른 집에 저녁거리 있고, 큰 굿 한 집에 저녁
　거리 없다 · 460
큰 일이면 작은 일로 두 번 치르라 · 53
큰 집을 지으면 제비와 참새도 좋아한다 · 71

큰 집이 기울어져도 삼년 간다 · 477
큰 집이 천칸이라도 밤에 자는 자리는 여덟자 밖에
　안 된다 · 284
큰어미 날 지내는데, 작은어미 떡 먹듯 · 162
큰어미 제사에 작은어미 배탈 난다 · 367
큰어미 죽으면 풍년이 든다 · 206
큰집 잔치에 작은집 돼지 잡는다 · 460
키 장수 집에 헌 키 · 484
키 큰 염소 똥 누기 · 383
키 큰 염소 똥 누듯 · 415
키가 크나 작으나 하늘에 안 닿기는
　마찬가지다 · 454

(ㅌ)

타고난 팔자는 관 속에 들어가도 못 속인다 · 22
타관 도방에서는 구면이 내 식구다 · 66
타관 양반이 누가 허좌수인 줄 아나 · 277
타는 닭이 꼬꼬하고 그을린 돝이 달아난다 · 51
타는 불에 부채질 한다 · 119
탄환 없는 총이다 · 470
탐관오리는 매 같이 먹고 이리 같이 먹는다 · 195
탐관의 밑은 안반 같고 염관의 밑은
　송곳같다 · 196
탕건 쓰고 세수 한다 · 416
탕관에 두부장 끓듯 · 305
탕국내가 고소하다 · 499
탕약에 감초 · 153
태만 길렀다 · 106
태백산 백액호가 송풍나월 어루듯 · 116
태산과 새털이다 · 457

태산으로 달걀을 누른다 · 194
태산을 넘으면 평지를 본다 · 49
태산이 광풍에 쓰러질까 · 393
태산이 평지 된다 · 222
태산중악 만장봉이 모진 광풍에 쓰러질까 · 394
태수 덕에 나팔 소리 들었다 · 436
태수 되자, 턱 떨어졌다 · 433
태화탕이다 · 115
탯줄을 잡는다 · 361
터를 닦아야 집을 짓는다 · 42
터서구니 사나운 집에는 까마귀도 앉지
  않는다 · 74
터주에 놓고 조왕에 놓고 나면 아무 것도
  없다 · 485
터진 꽈리 보듯 · 307
턱 떨어진 개 지리산 쳐다보듯 · 356
턱석부리 수염은 모두 네 시아비냐 · 272
털 뜯은 꿩 · 372
털 벗은 솔개미 · 372
털 하나도 안 뽑는다 · 164
털도 안 뜯고 먹겠다 한다 · 169
털도 없이 부얼부얼한 체한다 · 133
털만 보고는 말 좋은 줄 모른다 · 405
털어서 먼지 안 나는 놈 없다 · 486
털을 불어가면서 흠을 찾는다 · 184
털을 뽑아 신을 삼겠다 · 316
털토시를 끼고 게 구멍을 쑤셔도 제 재미다 · 277
토끼 덫에 여우 걸렸다 · 443
토끼 도망간다 · 358
토끼 둘 잡으려다가 하나도 못 잡는다 · 45

토끼 새끼가 나이 먹어 희다더냐 · 285
토끼 입에 콩가루 묻은 것 같다 · 373
토끼가 제 방귀에 놀란다 · 301
토끼가 죽으니 여우가 슬퍼한다 · 67
토끼를 다 잡으면 사냥개를 삶는다 · 89
토끼를 잡고 나면 올무를 버린다 · 89
토막 보고 목수 안다 · 404
토막나무에 낫걸이 · 169
토하고 싶어도 토하지 않는다 · 178
통째로 먹는 놈은 맛도 모른다 · 328
틈 난 돌이 터지고, 태 먹은 독이 깨진다 · 348
틈으로 보나 열고 보나 · 453
틈으로 보는 흰 말 지나가듯 · 22
티끌 모아 태산 · 58
티끌 중의 티끌이다 · 462
티끌만큼도 안 여긴다 · 307
티끌이 눈에 들어가니 태산이 안 보인다 · 426

(ㅍ)

파고 세운 장나무 · 130
파리 목숨이다 · 22
파리 발 비빈다 · 158
파리 보고 칼 뺀다 · 299
파리 위에 날나리가 있다 · 35
파리는 여윈 말에 더 덤빈다 · 352
파리똥도 똥이다 · 454
파리한 강아지 꽁지 치레하듯 · 417
파방에 수수엿 장수 · 430
파장에 수수엿 · 430
파주미륵이다 · 370

판관 사령이다 · 340
판돈 일곱 잎에 노름꾼은 아홉 · 352
판수는 죽는 날이 없을까 · 287
팔 고쳐주니까 다리 부러졌다고 한다 · 375
팔난봉에 뫼 썼다 · 256
팔대 독자 외아들이라도 울음 소리는 듣기
　싫다 · 73
팔도를 무른 메주 밟듯 하였다 · 342
팔백금으로 집을 사고, 천금으로 이웃 산다 · 282
팔십에 이가 난다 · 376
팔이 들이굽지 내 굽나 · 66
팔이 안으로 굽는다 · 66
팔자 도망 못 간다 · 22
팔자 도망은 독 안에 들어도 못 한다 · 22
팔자가 사나우니까 의붓아들이 삼년
　만이라 · 320
팔자가 사나우면 시아비가 삼간 마루로
　하나 · 136
팔자가 사나우면 총각 시아비가 삼간 마루로
　하나 · 136
팔자가 좋으면 동이장수 맏며느리가
　되었으랴 · 255
팔자는 독에 들어가서도 못 피한다 · 22
팔자는 무덤에 가기 전에는 못 피한다 · 22
팔자에 없는 감투를 쓰면, 이마가 쪼개진다 · 259
팥으로 메주를 쑨대도 곧이 듣는다 · 324
팥을 콩이라 해도 곧이 듣는다 · 324
팥이 풀어져도 솥 안에 있다 · 451
팥죽 단지에 새앙쥐 달랑거리듯 · 355
팥죽내가 난다 · 499

패군한 장수는 용맹을 말하지 않는다 · 280
패는 곡식 이삭 빼기 · 118
패독산에 승검초 · 466
패랭이에 숟가락 꽂고 산다 · 256
패장은 말이 없다 · 280
팽이와 아이는 때려야 한다 · 269
편한 개 팔자 부러워 마라 · 265
평반에 물 담은 듯 · 253
평양 기생을 열 번 얻어도 정은 들 수 있다 · 203
평양감사도 저 싫으면 그만이다 · 275
평지에서 낙상한다 · 50
평택이 깨어지나, 아산이 무너지나 · 315
포도군사의 은동곳 물어 뽑는다 · 65
포선 뒤에서 엿 먹는다 · 114
포수라고 다 범 잡나 · 482
표주박으로 바닷물을 된다 · 106
표주박을 차고 바람을 잡는다 · 106
푸닥거리 했다고 마음 놓을까 · 281
푸대에 든 원숭이다 · 251
푸둥지도 안 난 것이 날려고 한다 · 151
푸른 풀도 자세히 보면 다르다 · 457
푸른색과 누른색을 분간하지 못한다 · 325
푸성귀는 떡잎부터 안다 · 473
푸성귀에 더운 물 끼얹는다 · 112
푸성귀에 소금 친다 · 112
푸줏간에 든 소다 · 244
푸줏간에 들어가는 소 걸음 · 359
푸줏간의 중이다 · 341
푼돈에 살인 난다 · 232
풀 먹은 개 나무란다 · 140

풀 방구리에 쥐 드나들듯 · 355
풀 베기 싫어하는 놈이 단 수만 센다 · 422
풀 쑤어 개 좋은 일만 했다 · 434
풀 없는 밭 없다 · 220
풀기 빠진 모시 적삼이다 · 464
풀밭에서 바늘 찾기 · 399
풀쇄기도 오뉴월이 한철이다 · 498
풀을 베고 뿌리도 뽑는다 · 54
풀을 베면 뿌리를 없이 하라 · 54
풀을 없애려면 뿌리까지 뽑아라 · 54
품 속에 들어온 새는 잡지 않는다 · 37
품 안에 있어야 자식이다 · 208
풋고추에 절이김치 · 340
풋나물 먹듯 · 367
풍년 개 팔자 · 253
풍년 거지 · 242
풍년 거지 더 섧다 · 242
풍년 거지 쪽박 깨뜨린 형상 · 242
풍년 거지의 팔자라 · 242
풍년 두부 같다 · 372
풍년에 굶주린다 · 242
풍년에 팔 것 없고, 흉년에 살 것 없다 · 242
피 다 뽑은 논 없고 도둑 다 잡은 나라 없다 · 221
피 맛 본 호랑이다 · 112
피 맛을 본 귀신 달라들듯 · 169
피도 눈물도 없다 · 117
피라미만 잡힌다 · 221
피로 피를 씻는다 · 338
피를 입에 물고 남에게 품으면, 제 입이 먼저
 더러워진다 · 37

피를 토하고 죽을 노릇이다 · 300
피사리에서는 뿌리째 뽑아야 한다 · 54
피장이 내일 모래 · 421
핏겨죽에 탕구자 · 494
펑계 김에 떡 함지에 넘어진다 · 164
펑계 김에 서방질 한다 · 114
펑계 없는 무덤 없다 · 77
펑계가 좋아서 사돈네 집에 간다 · 77
펑계 · 펑계 도라지 캐러 간다 · 180

(ㅎ)

하나는 용이 되고, 하나는 뱀이 되었다 · 255
하나를 들으면, 백을 통한다 · 104
하나를 보면(들으면), 열을 안다 · 104
하나만 알고 둘은 모른다 · 107
하늘 높은 줄 모르고, 땅 넓은 줄만 안다 · 370
하늘 보고 손가락질 한다 · 152
하늘 보고 침 뱉기 · 144
하늘 울 때마다 벼락 칠까 · 235
하늘과 땅 사이다 · 456
하늘도 끝 갈 날이 있다 · 478
하늘도 두렵지 않고, 땅도 무섭지 않다 · 320
하늘로 올라가랴, 땅속으로 들어가랴 · 251
하늘로 올라갔나, 땅으로 들어갔나 · 353
하늘로 호랑이를 잡는다 · 194
하늘에서 떨어졌나, 땅에서 솟았나 · 352
하늘을 도리질 친다 · 194
하늘을 보아야 별을 따지 · 43
하늘을 쓰고 도리질 한다 · 194
하늘을 올라만 가고 내려올 줄 모르는 용은 후회할

때가 있다 · 263
하늘의 별 따기다 · 394
하늘의 별 따기 · 399
하늘이 남대문 구멍만 하다 · 315
하늘이 돈잎만 하다 · 315
하늘이 돈짝만 하다 · 315
하늘이 만든 화는 피할 수 있으나, 제가 만든 화는 피할 수 없다 · 347
하늘이 무너져도, 솟아날 구멍이 있다 · 401
하늘이 무너지고, 땅이 갈라진다 · 298
하늘이 콩짝만 하다 · 315
하던 지랄도 멍석 펴 놓으면 안 한다 · 159
하라는 파총에 감투 걱정한다 · 149
하루 가다 보면 소도 보고 말도 본다 · 25
하루 굶은 것은 몰라도 헐벗은 것은 안다 · 287
하루 물림이 열흘 간다 · 55
하루 저녁에 단속곳 셋 하는 여편네 속곳 벗고 산다 · 239
하루살이나 하는 판 · 82
하룻강아지 범 무서운 줄 모른다 · 152
하룻강아지 호랑이를 모른다 · 169
하룻길을 가다 보면 소 탄 놈도 보고 말 탄 놈도 본다 · 25
하룻망아지 서울 다녀오듯 · 329
하룻밤에 단속곳 열두벌 짓는 년이 속곳 없이 산다 · 242
하룻밤을 자도 만리성을 쌓아라 · 286
하룻밤을 자도 헌 각시 · 269
하룻비둘기 재를 못 넘는다 · 390
하선·동력으로 시골에서 생색 낸다 · 171

하지가 지나면 발을 물꼬에 담그고 산다 · 199
하지도 못하는 놈이 잠방이 벗는다 · 169
하품에 폐기 · 427
학은 거북이 나이를 부러워한다 · 78
학은 굶주려도 곡식은 먹지 않는다 · 266
학이 곡곡하게 우니, 황새도 곡곡 하고 운다 · 181
학질을 뗐다 · 255
한 가닥으로 합사를 못 꼰다 · 397
한 가랑이에 두 다리 넣는다 · 359
한 갯물이 열 갯물을 흐린다 · 113
한 굴에 든 여우다 · 337
한 귀로 듣고, 한 귀로 흘린다 · 326
한날 한시에 난 손가락도 길고 짧다 · 457
한 남자가 열 계집 마다 않는다 · 203
한 남편의 처첩이 몇이라도 한 줄의 생물 · 211
한 노래로 긴 밤을 세울까 · 289
한 놈의 계집들은 한 덩굴에 열린다 · 211
한 다리가 천리 · 87
한 다리로 가지 못한다 · 389
한 다리로 못 간다 · 290
한 달 봐도 보름 본다 · 374
한 달 잡고 보름은 못 본다 · 330
한 달이 크면, 한 달은 작다 · 24
한더위에 털 감투 · 469
한데 앉아서 음지 걱정한다 · 153
한 동네에서는 명창이 없다 · 332
한 되 떡에 한 말 고물이다 · 460
한 되 병에 두 되는 들지 않는다 · 381
한 되 주고, 한 섬 받는다 · 441
한 마리 개가 짖으면, 온 동네 개가 짖는다 · 240

한 마리 고기가 온 강물을 흐린다 · 113
한 말 등에 두 길마 지울까 · 408
한 말 주고 한 되 받는다 · 444
한 말에 두 안장이 없다 · 267
한 말은 삼년 가고, 들은 말은 백년 간다 · 31
한 말은 일년이요, 들은 말은 삼년이다 · 31
한 몸에 두 지게 못 진다 · 383
한 못에는 두 교룡이 살지 못한다 · 406
한 밥그릇에 두 술(숟가락)이 없다 · 267
한 배 새끼에도 흰둥이 검둥이가 있다 · 457
한 번 가도 화냥년, 두 번 가도 화냥년 · 455
한 번 나물밭에 똥 눈 개는 늘 눈다고 의심
  받는다 · 224
한 번 똥 눈 개가 일생 눈다고 · 224
한 번 실수는 병가의 상사 · 289
한 번 쥐면 펼 줄을 모른다 · 165
한 불당에서 내 사당 네 사당 하느냐 · 278
한 살 더 먹고 똥 싼다 · 106
한 섬씩 뺏아 백 섬 채운다 · 197
한 소경이 여러 소경을 인도한다 · 190
한 손뼉이 울지 못한다 · 389
한 솜씨로 만든 연장이다 · 455
한 송이 꽃도 꽃은 꽃이다 · 455
한 솥의 밥 먹고도 송사 한다 · 88
한 술 밥에 배 부르랴 · 47
한 술 밥에 배 부를까 · 407
한 술 밥으로 주린 배를 채우지 못한다 · 407
한 아들에 열 며느리 · 206
한 알 까먹은 새도 날린다 · 57
한 어깨에 두 짐 지울까 · 408

한 어미 자식에도 오롱이 · 조롱이가 있다 · 457
한 여름에 부채를 얻었다 · 441
한 올도 흐트러지지 않는다 · 495
한 외양간에 암소가 두 마리 · 442
한 일 보면 열 일 안다 · 404
한 입으로 온 까마귀질 한다 · 186
한 잎도 없는 놈이 두돈오푼 바란다 · 312
한 자루에 양식 넣어도 송사 한다 · 88
한 자를 써도 지묵은 있어야 한다 · 42
한 자를 짜도 베틀은 차려야 한다 · 42
한 자식은 미워도 열 시앗은 밉지 않다 · 205
한 잔 먹은 김에 노래 한다 · 419
한 잔 술에 눈물 난다 · 36
한 잔 술에 정이 든다 · 71
한 점의 고기 맛으로 솥 안의 국 맛을 안다 · 404
한 집 닭이 울면 온 동네 닭이 운다 · 224
한 집에 있어도 시어미 성도 모른다 · 330
한 청에 있으면서 김수항의 성을 모른다 · 330
한 치 건너 두 치 · 87
한 치 앞도 모른다 · 335
한 치 앞을 못 본다 · 335
한 치 앞이 지옥이다 · 499
한 치가 한 자보다 길게 쓰일 때가 있다 · 469
한 치도 없는 놈이 두치닷푼 바란다 · 312
한 치만 보지, 두 치는 못 본다 · 335
한 치의 기쁨에는 한 자의 걱정이 따른다 · 25
한 푼 아끼다가 백냥 잃는다 · 59
한 품에 든 임의 마음도 알 수 없다 · 77
한강 모래사장에 혀를 박고 죽을 일이다 · 300
한강 물이 제 곬으로 흐른다 · 347

한강에 그물 놓기다 · 283
한강에 돌 집어 넣기다 · 417
한강에 배 지나갔다 · 486
한강이 녹두죽이라도 쪽박이 없어
　못 먹겠다 · 422
한냥 장설에 고추장이 아홉돈어치 · 460
한냥 추렴에 닷돈 냈다 · 461
한냥짜리 굿 하다가 백냥짜리 징 깼었다 · 445
한라산이 금덩이라도 쓸 놈이 없으면
　못 쓴다 · 59
한량이 죽어도 기생집 울타리 밑에서 죽는다 · 65
한번 엎지른 물은 다시 주워 담지 못한다 · 51
한번 채인 돌에 다시 채이지 않는다 · 51
한번 체한 사람은 그것을 다시 먹지 않는다 · 101
한식에 죽으나 청명에 죽으나 · 455
한양 소식은 시골로 가야 잘 듣는다 · 224
한푼짜리 푸닥거리에 두부 값이 오푼 · 460
할 일이 없으면 오금을 긁어라 · 287
할아버지 떡도 커야 사 먹는다 · 79
할아버지 모자를 손자가 쓴다 · 494
할퀴지 않는 고양이 없고 앙칼 없는 고양이
　없다 · 201
함부로 나는 새가 그물에 걸린다 · 49
함정 파고 그 함정에 빠졌다 · 450
함정에 빠진 놈 돌로 친다 · 111
함정에 빠진 호랑이는 토끼도 깔본다 · 74
함정에 빠진 호랑이다 · 244
함정에서 뛰어나온 뱀 · 252
함지 밥 보고 마누라 내쫓는다 · 209
함흥차사다 · 353

합천 해인사 밥이냐 · 156
항아리 속에 든 자라 잡기다 · 383
항아리 쓰고 하늘 보기다 · 416
항우도 낙상할 적이 있다 · 261
항우도 댕댕이 덩굴에 넘어진다 · 281
항우도 호박 넝쿨에 걸려 넘어진다 · 281
해가 서산으로 기울어진다 · 499
해가 서쪽에서 뜨겠다 · 177
해는 저물고 갈 길은 멀다 · 255
해는 중천에 뜨면 기울고, 달은 차면
　이지러진다 · 24
해동청 보라매 · 186
해변 강아지 범 무서운 줄 모른다 · 169
해변 개가 산골 부자보다 낫다 · 239
해변 까마귀 골수박 파 먹듯 · 313
해산한 데 개 잡는다 · 118
해장거리다 · 383
해장거리도 안 된다 · 383
햇볕 구경을 못 하고 자랐나 · 106
햇비둘기 재를 넘을까 · 390
행담 짜는 놈은 죽을 때도 버들잎을 둘러메고
　죽는다 · 65
행랑에서 불 낸다 · 115
행수 행수 하고 짐 지운다 · 144
행실을 배우라니까 포도청 문고리를 뺀다 · 114
행주치마 입에 물고 입만 빵긋한다 · 211
행차 뒤에 나팔 분다 · 413
향기 없는 꽃이다 · 191
향기도 악취도 모른다 · 105
향기로운 미끼에는 반드시 물릴 고기가

있다 · 264
향은 싸고 싸도 냄새가 난다 · 224
향청에서 개폐문 하겠다 · 410
허공을 보고 가다가 개천에 빠진다 · 266
허기진 강아지 물찌똥에 덤빈다 · 366
허리 부러진 호랑이 · 249
허리띠 속에 상고장 들었다 · 379
허리춤에서 뱀 집어 던지듯 · 192
허벅지를 보고 배꼽 봤다 한다 · 150
허벅지만 봐도 무엇 봤다 한다 · 150
허욕이 패가라 · 264
허울 좋은 하눌타리 · 465
허청 기둥이 칙간 기둥을 흉본다 · 142
허파에 바람이 들었다 · 363
허파에 쉬 슨 놈이다 · 106
허팟줄이 끊어졌다 · 363
헌 고리도 짝이 있다 · 21
헌 머리에 이 모이듯 · 163
헌 분지 깨고 새 요강 물어준다 · 444
헌 옷 속에 옥 들었다 · 379
헌 짚신도 짝이 있다 · 21
헛 짖는 개 소리가 크다 · 224
헤엄 잘 치는 놈 물에 빠져 죽고, 나무에 잘 오르는
  놈 나무에서 떨어져 죽는다 · 50
헤엄 잘 치는 사람은 물에 빠져 죽고, 말 잘 타는
  사람은 말에서 떨어져 죽는다 · 260
혀 밑에 죽을 말이 있다 · 33
혀 아래 도끼 들었다 · 34
혀는 몸을 베는 칼이다 · 33
혀는 짧아도 침은 길게 뱉는다 · 127

혀는 칼보다 날카롭다 · 33
혀뿌리가 아직도 마르지 않았다 · 499
혀에 굳은 살이 박히겠다 · 178
현감이라고 다 과천 현감인가 · 458
혓바닥에 침이나 묻혀라 · 131
혓바닥째로 넘어간다 · 322
형방서리 집이다 · 427
형산의 백옥이 흙 속에 묻혔다 · 247
형은 내어 놓고 형수는 감춘다 · 215
형은 먹으라 하는데 형수는 먹지 말라 한다 · 215
형이니 아우니 한다 · 337
형제 간에는 콩도 반쪽씩 나눠 먹는다 · 30
형제 사이에도 담이 있다 · 215
형체와 그림자가 서로 불쌍히 여긴다 · 246
형체와 그림자가 짝이 된다 · 246
형틀 지고 와서 볼기 맞는다 · 448
호랑이 굴에 가야 호랑이 새끼를 잡는다 · 43
호랑이 꼬리를 밟았다 · 244
호랑이 꼬리를 잡은 듯, 살얼음을 디딘 듯 · 301
호랑이 날고기 먹는 줄 모르나 · 327
호랑이 날고기 먹는다 · 367
호랑이 담배 먹을 적 · 499
호랑이 대가리의 이를 잡는다 · 143
호랑이 뒤를 따르는 여우의 위세다 · 146
호랑이 새끼는 산에서 커야 하고, 사람의 새끼는
  글방에서 커야 한다 · 270
호랑이 새끼는 자라면 사람을 물고야 만다 · 348
호랑이 식사다 · 368
호랑이 아가리를 벗어나지 못한다 · 245
호랑이 아가리에서 벗어났다 · 252

호랑이 안 잡았다는 늙은이 없다 · 218
호랑이 앞의 개다 · 301
호랑이 없는 골에서는 토끼가 선생 노릇을
　한다 · 90
호랑이 없는 산에서는 삵괭이가 호랑이 노릇을
　한다 · 90
호랑이 입보다는 사람 입이 더 무섭다 · 386
호랑이 입을 더듬는다 · 143
호랑이 잡고 볼기 맞는다 · 449
호랑이 잡는 포수는 호랑이만 잡고, 꿩 잡는
　포수는 꿩만 잡는다 · 381
호랑이 잡으려다가 토끼도 못 잡는다 · 442
호랑이 차반이다 · 367
호랑이 코빼기에 묻은 것도 떼어 먹는다 · 160
호랑이가 고슴도치를 놓고 하품 한다 · 255
호랑이가 날개를 얻었다 · 194
호랑이가 뭘 먹고 사나 · 302
호랑이끼리 싸우면 다 같이 살지 못한다 · 238
호랑이는 가죽을 아낀다 · 258
호랑이는 그려도 그 뼈는 못 그린다 · 332
호랑이는 덮친다 · 91
호랑이는 뒷걸음질을 하지 않는다 · 102
호랑이는 미워도 가죽은 아름답다 · 235
호랑이는 삼대독자도 모른다 · 101
호랑이는 썩은 고기를 먹지 않는다 · 108
호랑이는 죽어서 가죽을 남기고, 사람은 죽어서
　이름을 남긴다 · 258
호랑이는 죽은 고기는 먹지 않는다 · 278
호랑이도 곤하면 잔다 · 258
호랑이도 시장하면 가재를 잡아 먹는다 · 197

호랑이도 시장하면 나비를 잡아 먹는다 · 197
호랑이도 시장하면 왕개미를 먹는다 · 197
호랑이도 쏘아 놓고 나면 불쌍하다 · 67
호랑이도 제 말 하면 온다 · 353
호랑이도 제 새끼 둔 곳을 아낀다 · 270
호랑이도 제 새끼는 안 잡아 먹는다 · 288
호랑이도 죽을 때는 제 굴에 가 죽는다 · 288
호랑이도 죽을 때는 제 집을 찾는다 · 288
호랑이를 그린 것이 개처럼 되었다 · 428
호랑이를 길러 후환을 입는다 · 446
호랑이를 탄 기세다 · 147
호랑이에게 개를 꾸어주었다 · 421
호랑이에게 고기 달란다 · 157
호랑이에게 물려 갈 줄 알면 누가 산에 갈까 · 83
호랑이에게 물려가도 정신을 차려라 · 283
호랑이와 사슴은 같이 놀지 않는다 · 87
호마는 북풍을 그리워한다 · 67
호미로 막을 것을 가래로 막는다 · 43
호박 덩굴 뻗듯 한다 · 256
호박꽃에도 벌 · 나비는 온다 · 21
호박떡도 더워서 먹어야 한다 · 53
호박씨를 까는지 수박씨를 까는지 · 331
호박에 침 주기 · 383
호박은 더러운 먼지를 빨아들이지 않는다 · 64
호박은 덩굴 속에서 큰다 · 289
호박이 굴렀다 · 438
호박이 넝쿨채로 굴러 떨어졌다 · 438
호박이 떨어졌다 · 438
호박잎에 청개구리 뛰어 오른다 · 124
호장 댁네 죽은 데는 가도, 호장 죽은 데는 가지

않는다 · 79
호조 담을 뚫겠다 · 160
호조 돈이나 공조 돈이나 · 455
호환을 미리 안다면 누가 산에 갈까 · 488
호환을 미리 알면 산에 갈 이 뉘 있으랴 · 83
혹이 나고 무사마귀가 달린다 · 474
혼백이 상처 했다 · 319
혼사가 깨진 색시는 절름발이가 된다 · 224
혼사말 하는데 상사말 한다 · 176
혼인 날에 똥 싼다 · 144
혼인 집에서 신랑 잃어버렸다 · 444
혼인에 트레바리 · 160
혼인치레 말고 팔자치레 하랬다 · 58
혼자 사는 동네에서 구장질 · 면장질
　다 한다 · 423
혼자서 북 치고 장구 친다 · 423
혼자서는 아이 못 낳는다 · 286
홀아비 사정 보다가 과부 아이 밴다 · 273
홀아비 사정은 홀아비가 안다 · 100
홀아비 삼년에는 이가 서말이다 · 216
홀아비 장가 간다 · 438
홀아비는 이가 서말이다 · 216
홀어미 아이 낳듯 · 308
홈통은 썩지 않는다 · 45
홍두깨로 소를 몬다 · 416
홍두깨로 주고 바늘로 받는다 · 444
홍두깨에 꽃이 피겠다 · 393
홍두깨에 꽃이 피었다 · 439
홍시 떨어지면 먹으려고, 감나무 밑에 가서 입을
　벌리고 누워 있다 · 310

홍시 먹다가 이 빠진다 · 50
화 난 년 보리방아 찧는다 · 414
화로 들고 쇠 불알 떨어지기를 기다린다 · 310
화로가에 엿을 붙이고 왔나 · 156
화로불을 쬐던 사람은 요강만 봐도 쬔다 · 64
화살 하나로 두 마리 새를 잡는다 · 441
화살은 쏘고 주워도, 말은 하고못 줍는다 · 31
화수분을 얻었나 · 461
화약을 지고 불로 들어간다 · 143
화재 난 데 도둑질 · 162
화재 난 데 풍석질 한다 · 119
화적 봇짐 털어 먹는다 · 162
화초 밭의 괴석 · 190
화초밭에 말 달리기 · 118
화초밭에 말 맨다 · 118
화초밭에 불 놓는다 · 118
확 깊은 집에 주둥이 긴 개가 들어온다 · 234
활량의 사포 같다 · 372
활을 당겨 콧물을 닦는다 · 419
활이야 살(화살)이야 한다 · 146
활인불이 골마다 있다 · 483
홧김에 서방질(화냥질) 한다 · 75
황달병 환자는 세상이 노랗다 한다 · 272
황새 논두렁 넘어본다 · 357
황새 조 알 까먹은듯 · 368
황새가 황새보고 멀쑥하다고 한다 · 328
황새와 조개 싸움에 어부만 이득 본다 · 440
황소 뒷걸음 치다가 쥐 잡았다 · 437
황소 뒷걸음질에 쥐 잡기 · 437
황소 불알 떨어지면, 구워 먹으려고 다리미에 불

담아 다닌다 · 310
황소 제 이불 뜯어 먹기 · 143
황소 한 마리 가지고 다투지 않는다 · 277
황아 장수 망신은 고불통이 시킨다 · 113
황혼병에 걸렸다 · 319
횃대 밑에 더벅머리가 셋이면 날고 뛰는 놈도
  별 수가 없다 · 206
횃대 밑에서 호랑이 잡고 나가서 쥐구멍
  찾는다 · 172
횃대 밑에서 호랑이 잡는다 · 172
회오리 바람 벗었다 · 255
효성이 지극하면 돌 위에 풀이 난다 · 271
효자 · 효녀가 나면 집안이 망한다 · 475
후래자 삼배 · 156
훈장의 똥은 개도 안 먹는다 · 200
훔친 놈의 죄보다 잃은 놈의 죄가 크다 · 58
훔칠 줄만 알고, 감출 줄은 모른다 · 380
훗장 떡이 클지 작을지 누가 아나 · 332
훗장에 쇠 다리 먹으려고 이 장에 개 다리
  안 먹을까 · 292
휘는 버들가지는 부러지지 않는다 · 41
흉가집도 사귈 탓 · 396
흉년 거지 · 442
흉년 메뚜기다 · 245
흉년에 배운 장기 · 367
흉년에 어미는 굶어 죽고 아이는 배 터져
  죽는다 · 205
흉년의 떡도 많이 나면 싸다 · 75
흥이 없으면, 며느리 다리가 희다고 한다 · 142
흥조가 들려면, 장맛부터 변한다 · 232

흐르는 물도 아껴 쓰면 용왕이 복을 준다 · 58
흐르는 물은 썩지 않는다 · 257
흑백을 가린다 · 180
흑백이 앞에 있어도 보이지 않는다 · 325
흘러가는 물 퍼 주기 · 383
흘러가는 물도 떠 주면 공이다 · 29
흙내가 고소하다 · 499
흙담에 그림 그리기 · 402
흙으로 만든 부처가 냇물을 건너간다 · 144
흠 없는 옥이다 · 108
흥망성쇠와 부귀빈천이 물레바퀴 돌듯 · 24
흥이야 항이야 · 155
흥정은 붙이고, 싸움은 말리랬다 · 274
희고도 곰팡이 슨 놈 · 191
흰 개 꼬리 굴뚝에 삼년 두어도, 흰 개 꼬리다 · 63
흰 개도 검어진다 · 94
흰 것은 종이요 검은 것은 글씨다 · 335
흰 술은 사람의 얼굴을 누르게 하고, 황금은
  사람의 마음을 검게 한다 · 93
흰 죽에 코 · 324
흰죽 먹다가 사발 깨었다 · 445
힘 센 아이 낳지 말고, 말 잘하는 아이
  낳으랬다 · 30
힘 센 집에 져다 놓은 것 없다 · 235

김도환(金道煥)
1927년 생.
1945년 대구계성중학교 졸업.
1947년 국립 대구사범대학 전문부 이과 2년 수료
1951년 국립 대구사범대학 교육학과 졸업.
1956년 부산대학교 문리과대학 전임강사.
1972년 부산대학교 사범대학 교수.
1975년 부산대학교 교육대학원장.
1976년 문학박사 학위 취득(부산대학교).
1981년 미국 펜실베이니어 주립대학에서 연수.
1992년 정년퇴임 후 현재 부산대학교 명예교수.
1993년 부산시 문화상(인문·사회과학 분야) 수상.
□ 저서
問答法의 理論과 技術(부산: 親學社).
精神衛生(부산: 親學社).
試驗問項作成法(부산: 硏文社, 1972).
敎育心理學(부산: 第一文化社).
敎育의 心理學的 基礎(부산: 第一文化社, 1977).
學力測定(부산: 第一文化社, 1977).
韓國俗談의 妙味(부산: 第一文化社, 1978).
韓國의 敎訓俗談(부산: 福祉出版社, 1981).
敎育行動의 心理(서울: 載東文化社, 1984 共著).
敎育心理學槪要(서울: 螢雪出版社, 1987).

한울아카데미
한국속담활용사전

ⓒ 도서출판 한울, 1995

지은이 | 김도환
펴낸이 | 김종수
펴낸곳 | 도서출판 한울
초판 1쇄 발행 | 1995년 7월 20일
초판 3쇄 발행 | 2009년 2월 10일

주소 | 413-832 파주시 교하읍 문발리 507-2(본사)
       121-801 서울시 마포구 공덕동 105-90 서울빌딩 3층(서울 사무소)
전화 | 영업 02-326-0095, 편집 02-336-6183
팩스 | 02-333-7543
홈페이지 | www.hanulbooks.co.kr
등록 | 1980년 3월 13일, 제406-2003-051호
Printed in Korea.
ISBN 978-89-460-4005-2 01710

* 가격은 겉표지에 있습니다